ECONOMÍA MUNDIAL

Segunda edición

ECONOMÍA MUNDIAL

Segunda edición

José María Vidal Villa
Catedrático de Economía Mundial
Universitat de Barcelona

Javier Martínez Peinado
Profesor Titular de Economía Mundial
Universitat de Barcelona

Colaboradores/as

Dolors Casares Vidal
Profesora Titular de Economía Mundial
Universitat de Barcelona

Ramón Sánchez Tabarés
Profesor Titular de Economía Mundial
Universitat de Barcelona

Ramón Franquesa Artés
Profesor Titular de Economía Mundial
Universitat de Barcelona

Pedro Talavera Déniz
Profesor Titular de Economía Mundial
Universitat de Barcelona

Irene Maestro Yarza
Profesora Titular de Economía Mundial
Universitat de Barcelona

Jordi Vilaseca i Requena
Profesor Titular de Economía Mundial
Universitat de Barcelona

Gemma Cairó i Céspedes
Profesora de Economía Mundial
Universitat de Barcelona

Mc Graw Hill

MADRID • BUENOS AIRES • CARACAS • GUATEMALA • LISBOA • MÉXICO • NUEVA YORK
PANAMÁ • SAN JUAN • SANTAFÉ DE BOGOTÁ • SANTIAGO • SÃO PAULO
AUCKLAND • HAMBURGO • LONDRES • MILÁN • MONTREAL • NUEVA DELHI • PARÍS
SAN FRANCISCO • SIDNEY • SINGAPUR • ST. LOUIS • TOKIO • TORONTO

ECONOMÍA MUNDIAL. Segunda edición

Edificio Valrealty, 1.ª planta
Basauri, 17
28023 Aravaca (Madrid)

ISBN: 84-481-2776-5
Depósito legal: M. 4.548-2010

Editor: David Fayerman Aragón
Diseño de cubierta: EDYGE
Compuesto en: FER Fotocomposición, S. A.
Impreso en: Closas-Orcoyen, S. L.

IMPRESO EN ESPAÑA - PRINTED IN SPAIN

Contenido resumido

Contenido

PARTE III

LA INFRAESTRUCTURA DEL SISTEMA MUNDIAL: LOS RECURSOS MUNDIALES

PARTE IV

LA ESTRUCTURA DEL SISTEMA CAPITALISTA MUNDIAL: LAS RELACIONES CENTRO-PERIFERIA

PARTE V

LA SUPERESTRUCTURA DEL SISTEMA MUNDIAL: LOS ORGANISMOS ECONÓMICOS MUNDIALES

Prólogo a la primera edición

La creciente relevancia que la temática de la economía mundial ha adquirido en las últimas décadas, tanto en medios académicos, universitarios o no universitarios, como en los medios de comunicación, ha dado lugar a la proliferación de libros, ensayos, artículos y otras publicaciones a este respecto.

Sin embargo, no existe en el ámbito académico, al menos según nuestro conocimiento, un manual de Economía Mundial cuyo enfoque sea prioritariamente el de la llamada «economía real». Habitualmente, el enfoque utilizado es el de la teoría económica convencional, más orientado hacia la explicación de las relaciones comerciales y financieras entre economías nacionales mediante modelos abstractos que hacia la explicación de los rasgos estructurales de la economía mundial como conjunto de todas esas economías. Son manuales referidos a lo que en la literatura económica se conoce como «Economía Internacional». Por otra parte, existen obras referidas a las organizaciones económicas supranacionales y a las relaciones internacionales desde una perspectiva más institucional y jurídica.

En nuestro caso, el enfoque es otro. Entendemos que existe un ámbito específico de conocimiento que es la Economía Mundial, con rasgos estructurales propios organizados en torno a un sistema económico dominante, el *Sistema Capitalista Mundial*. Este ámbito supera el simple contacto o interrelación entre economías nacionales. A diferencia de la «Economía Internacional», que explica el ámbito mundial a partir de las economías nacionales, nuestro propósito es explicar cómo ese todo mundial, que es más que la suma de sus partes, influye y determina la dinámica de cada economía nacional. Por ello, nuestro enfoque tiene la pretensión de ser *global*, entendiendo por tal el carácter *mundial* de los fenómenos, agentes y variables económicos. Y tiene también la pretensión de ser *real*, por contraposición a la reducción usual de estudiar sólo *la circulación* (financiera o comercial) en sentido estricto: pretende abordar la problemática económica desde su origen, siguiendo la tradición de los economistas clásicos, institucionalistas y marxistas, es decir, *desde la producción*. Se trata, pues, de describir primero *cómo y dónde se produce mundialmente* para el mercado mundial, considerando como derivados el resto de fenómenos que atañen a la distribución, la circulación, el cambio y el consumo. Y, por último, pretende ser *estructural*, por contraposición a coyuntural, es decir, atendiendo más a los rasgos que articulan estable y definitoriamente la acción de los diferentes agentes económicos que a la manifestación efímera de sus comportamientos.

Todo ello implica el uso de un método específico, el *económico-estructural*, para elaborar un discurso sobre la economía que es ciertamente descriptivo, pero que también se pretende analítico e, incluso, teórico. El texto que se pone a disposición de los lectores es, además, el resultado de una experiencia docente dilatada (dos décadas) de un conjunto de profesores de la Facultad de Ciencias Económicas de la Universidad de Barcelona, tanto en la asignatura de Estructura Económica Mundial que se impartió tradicionalmente desde la fundación de esta Facultad, como de la nueva asignatura de Economía Mundial, asignatura troncal de los nuevos planes de estudio.

El enfoque es global y es estructural. Quiere ello decir que no está limitado a una visión sesgada desde uno u otro país. Pretende detectar los principales problemas de la estructura económica mundial y pretende también ofrecer algunas explicaciones al respecto. Este trabajo se inscribe, además, en una trayectoria marcada por nuestras publicaciones y libros anteriores[1] así como artículos o capítulos de libro elaborados por los diferentes autores de este manual, que son todos ellos profesores de «Economía Mundial» del Departamento de Política Económica y Estructura Económica Mundial de la Facultad de Ciencias Económicas de la Universidad de Barcelona.

La responsabilidad de la dirección y la coordinación de la obra es del catedrático de la asignatura Dr. José María Vidal Villa y el profesor Dr. Javier Martínez Peinado. Por su parte, el Dr. Jordi Vilaseca i Requena se encargó del tratamiento estadístico y la presentación formal de la obra.

---

[1] Entre otros: J. M. Vidal Villa: *Teorías del Imperialismo*. Anagrama, Barcelona, 1976; J. M. Vidal Villa y J. Martínez Peinado: *Estructura Económica y Sistema Capitalista Mundial*. Pirámide, Madrid, 1987 y 1990; J. M. Vidal Villa: *Hacia una economía mundial*. Plaza y Janés, Barcelona, 1990; y en C. Berzosa (Coord.): *Tendencias de la economía mundial hacia el 2000*. IEPALA, Santander, 1990.

En cuanto a la redacción concreta de cada capítulo es necesario precisar lo siguiente:

- Los capítulos que aparecen *sin firma* han sido redactados conjuntamente por los profesores Martínez Peinado y Vidal Villa.
- El resto de capítulos aparecen firmados por sus autores, que son los Dres. Dolors Casares, Ramón Franquesa, Irene Maestro, Ramón Sánchez Tabarés, Pedro Talavera y Jordi Vilaseca.
- Gemma Cairó, profesora del Departamento, redactó el apéndice sobre teorías del desarrollo y colaboró en el tratamiento de datos.
- Las alumnas Esther Inglada, Rosa García Miralles, Mercè Carreras y Mónica Puig colaboraron en diferentes momentos de la elaboración del libro en la recopilación de datos y elaboración de estadísticas.

El libro está principalmente dirigido a alumnos de primer ciclo de licenciatura. Por ello, el nivel elegido es conscientemente sencillo y asequible, sin disminuir el rigor requerido. Está pensado básicamente para alumnos de ciencias económicas, ciencias sociales y ciencias políticas. No obstante, en algunos casos y cuando se ha considerado pertinente, se han introducido elementos de profundización que permitan el uso de este libro a alumnos de cursos más avanzados, por ejemplo, alumnos de segundo ciclo que estudien «Economía del Desarrollo» o alumnos de cursos de postgrado que se especialicen en «Desarrollo y Cooperación».

El contenido se ha dividido en cinco Partes. En las dos primeras se exponen las bases metodológicas y conceptuales necesarias para la explicación del Sistema Capitalista Mundial y de los factores de su desarrollo histórico. En las tres restantes se aborda el estudio tanto empírico como teórico de dicho Sistema, abordando las características del uso de los recursos humanos, naturales y materiales a escala mundial (la *infraestructura* del Sistema), las características estructurales y relaciones económicas entre las partes del Sistema, su Centro y su Periferia (la *estructura* del Sistema), y las instituciones de regulación de la base económica sistémica (la *superestructura* del Sistema).

La estructura de cada capítulo consta de una *parte central*, en la que se aborda la temática propia del capítulo; una *bibliografía breve*, ni mucho menos exhaustiva, que pretende citar algunos de los libros en castellano más representativos o recientes del tema estudiado; *recuadros* complementarios, que aclaran algunos aspectos del tema y que, en general, se refieren a aspectos coyunturales; y, por último, *lecturas para la reflexión*, en las que se recogen textos, bien escritos por autores significativos en la historia de la ciencia económica, bien por especialistas reconocidos en la materia, o bien simplemente que induzcan al lector a la búsqueda y profundización en nuevas fuentes bibliográficas. Además, cuando los temas lo requieren, se han incorporado *gráficos* y *cuadros estadísticos*, así como *esquemas* sintéticos. Cada capítulo, por último, se introduce brevemente y finaliza con un *resumen* de forma que se destaquen las principales *ideas* y *palabras clave* del mismo.

Por último, cabe añadir que esta obra no se ha pensado exclusivamente en términos catalanes o españoles. La experiencia de los profesores de Estructura Económica Mundial de la Facultad de Ciencias Económicas de la Universidad de Barcelona en el estudio de América Latina[2] nos ha permitido tener siempre como punto de mira fundamental la realidad latinoamericana, además de la europea y, por supuesto, la realidad de conjunto, es decir, la economía mundial.

Barcelona, marzo de 1995.

José María Vidal Villa
Javier Martínez Peinado

---

[2] J. M. Vidal Villa (Dir.): *Estructura y dinámica comparada de América Latina, 1960-1985*. ICI, Madrid, 1990.

— J. M. Vidal Villa y J. Martínez Peinado: *Desarrollo socioeconómico en América Latina. Un estudio comparado*. AECI, Madrid, 1992.

— Equip d'Estructura Econòmica Mundial: *Amèrica Llatina, el Carib i Catalunya. Estructura i desenvolupament socioeconòmic*. Comissió Amèrica i Catalunya, Generalitat de Catalunya, Barcelona, 1992.

— P. Talavera (Coord.): *La crisis económica en América Latina*. Sendai, Barcelona, 1992.

— J. Vilaseca: *Los esfuerzos de Sísifo. La integración económica en América Latina y el Caribe*. Madrid, La Catarata, 1994.

Prólogo a la segunda edición

Al presentar esta segunda edición del manual de Economía Mundial no podemos sino empezar agradeciendo la excelente acogida que ha tenido, no sólo en España sino también en América Latina, lo que ha dado lugar a varias reimpresiones. No obstante, el transcurso del tiempo hacía evidente la necesidad de una nueva edición revisada y puesta al día, sobre todo teniendo en cuenta las numerosas novedades, de diversa índole, que han ocurrido desde 1995, año de la primera edición.

Por una parte, la propia realidad de la mundialización económica se ha ido imponiendo, dando lugar a una verdadera explosión bibliográfica sobre el tema de la «globalización». El esfuerzo teórico y académico para hacer frente a las nuevas exigencias analíticas se ha manifestado, en España, en la aparición de varios nuevos manuales que versan sobre la economía y la estructura económica mundiales. En 1999, y a partir de un encuentro entre profesores e investigadores sobre la materia, se creó la Asociación de Economía Mundial, se ha iniciado la publicación de una revista sobre Economía Mundial (la primera de ese tipo en España), y se prevén nuevos encuentros periódicos[1]. A nivel internacional, sucesivos Seminarios y encuentros en México y Brasil han consolidado la Red de Estudios sobre Economía Mundial (REDEM), que coordina el Dr. Jaime Estay[2], y la Red de Economía Global/Global Economy Network (REG/GEN), que coordina, junto con la Cátedra UNESCO de Economía Global y Desarrollo Sostenible, el profesor Theotonio Dos Santos. En ellas y con ellos, con todos los colegas e instituciones implicadas, esperamos seguir desarrollando la investigación y la docencia desde la que consideramos única perspectiva científica posible: la global, la sistémica, la estructural.

Y así lo pensamos porque, por otra parte, la propia realidad del llamado «proceso de globalización» está demostrando que sólo desde una perspectiva sistémica se puede entender cabalmente nuestro mundo actual y futuro. Sin embargo, no hemos querido ampliar la nueva edición con análisis específicos sobre la globalización, y no lo hemos hecho para mantener sus dimensiones didácticas y su carácter marcadamente académico. Los lectores interesados pueden acudir a otras obras nuestras de carácter más ensayístico[3]. Lo que sí se ha hecho en la presente edición es actualizar, hasta donde ha sido posible, datos y eventos.

Con relación a esta actualización quisiéramos destacar algunas novedades respecto a la edición anterior que, en sí mismas, se explican por la propia dinámica de la mundialización —aunque sea mediatizada por las instituciones y organismos internacionales.

Así, la clasificación de las regiones sistémicas realizada por varias organizaciones de las NN.UU. ha adquirido, desde mediados de los años noventa, un carácter geográfico más que económico o social —lo que sin duda remite a la propia crisis del concepto de «desarrollo», «vías de desarrollo», etc.—, con lo que se ha tenido que actualizar incorporando dicha perspectiva (ello se hace especialmente patente, por ejemplo, en el caso de la agricultura). Otro cambio radical ha sido el ocasionado por la desintegración del bloque soviético y la incorporación de sus ex componentes al Sistema Capitalista Mundial, de formas y en espacios diferentes. Al respecto, es notorio el peso que pierde Rusia en la producción de varios recursos (especialmente visible en el caso de los minerales), y los problemas de comparación con años anteriores. La forma que se ha escogido para minimizar dichos problemas ha sido la de incluir en determinadas ocasiones el rublo «ex URSS» para años anteriores a 1990.

En cualquier caso, la revisión a fondo de todas las estadísticas nos ha mostrado el acierto del enfoque estructural, ya que las características estructurales (y las tendencias que de ellas emanan) que se postulaban en la edición anterior se han manifestado, con los nuevos datos, como tales, es decir, estructurales y lógicas. Resulta, así, reforzada la elección del análisis estructural más que el coyuntural, y el objetivo del manual se mantiene en el fondo y en la forma: ser un instrumento útil para el análisis y la com-

---

[1] Mayo de 2000, Universidad de León.

[2] http: ll redem.buap.mx.

[3] J. M. Vidal Villa: *Mundialización. Diez tesis y otros artículos*, Icaria, Barcelona, 1996.
— J. Martínez Peinado: *El capitalismo global*, Icaria, Barcelona, 1999

prensión de lo más sustantivo, profundo y perdurable de la base económica del actual Sistema Capitalista Mundial.

Por último, también queremos destacar como novedad la incorporación, al equipo autor de esta obra, de la Dra. Gemma Cairó i Céspedes, también profesora de Economía Mundial, que ha colaborado con el Dr. J. Vilaseca i Requena en la actualización de los Capítulos 20 y 28 y se ha hecho cargo de las tareas de compaginación y tratamiento informático. El Dr. Vilaseca, que continúa siendo coautor del manual, ocupa en la actualidad un cargo académico en la Universitat Oberta de Catalunya, que le mantiene físicamente alejado del quehacer cotidiano de los autores del manual, pero muy próximo en cuanto a su disposición y colaboración en el proyecto común.

Esperamos que esta nueva edición encuentre la misma buena acogida que la primera.

Barcelona, enero 2000.

JAVIER MARTÍNEZ PEINADO
JOSÉ MARÍA VIDAL VILLA

PARTE

I

Metodología y conceptos

CAPÍTULO 1

La sociedad y las ciencias sociales: Método y especialización

La economía mundial forma parte de la realidad objetiva, que es lo que la ciencia intenta explicar sistemáticamente. No toda percepción de la realidad es científica y menos en el ámbito del estudio de las sociedades. Este capítulo es una breve introducción a la metodología científica y a su utilización en el estudio de la sociedad y de su actividad económica. Se exponen las diversas escuelas que han abordado esta temática, así como el proceso de especialización de la ciencia económica.

1.1. LA REALIDAD SOCIAL COMO REALIDAD OBJETIVA

Se entiende por *realidad objetiva* el conjunto de hechos, fenómenos o acontecimientos cuya existencia es ajena a la voluntad del investigador (o de cualquier ser humano), que tienen existencia por sí mismos (que existen, tanto si se conocen como si no) y que los científicos deben intentar explicar (ejemplo: es una realidad objetiva que la Tierra gira alrededor del Sol, tanto si se sabe como si no).

Históricamente se han utilizado dos enfoques para intentar explicar dicha realidad:

— El enfoque *subjetivo*: que inventa leyes de funcionamiento de los hechos y fenómenos y pertenece al pensamiento idealista (religiones, etc. Un ejemplo sería la relación histórica bíblica como voluntad divina).
— El enfoque *objetivo*: trata de descubrir las leyes que rigen el funcionamiento de lo real y pertenece al pensamiento racionalista y materialista (científico).

La realidad es única, total. Pero para acceder a su conocimiento, se parcela. La primera parcelación de la realidad la divide en realidad natural y realidad social. Esta última se configura como la *sociedad.*

Se entiende por sociedad el conjunto de seres humanos relacionados entre sí a través de conexiones estables cuyo fin es lograr *de forma colectiva* la satisfacción de las necesidades de cada miembro del conjunto, asegurando la subsistencia individual y del grupo.

La sociedad forma parte de la realidad objetiva y puede ser por tanto objeto de investigación científica. Pero no siempre lo fue: durante siglos se consideró que el devenir social respondía a designios divinos, o al azar, o a la voluntad de unos pocos, etc. Es decir, primó un enfoque subjetivo.

El objetivo de este libro es explicar la economía mundial, que es una parte de la realidad social del planeta. Se hace necesario, entonces, tratar de cómo se puede analizar dicha realidad objetiva.

1.2. EL MÉTODO CIENTÍFICO

El método científico es el proceso intelectual ordenado, lógico y coherente que se utiliza para descubrir y explicar los hechos, fenómenos o acontecimientos de la realidad objetiva.

Para adecuarse mejor a las características del objeto de estudio, pueden emplearse diferentes tipos de método:

— *Deductivo*: opera desde lo general hacia lo particular. Utiliza básicamente la observación. Es el método propio de la Ciencia Social.
— *Inductivo*: opera desde lo particular hacia lo general. Utiliza básicamente la experimentación. Es el método propio de la Ciencia Natural.
— *Analógico*: descubre y explica hechos o fenómenos por comparación. Es propio de ciencias como la antropología, la arqueología, etc. En ocasiones se utiliza complementariamente a los anteriores.

El estudio científico de la realidad mediante el método deductivo se efectúa a través de diversas fases. Estas *fases del método deductivo* corresponden a los pasos que recorre el investigador hasta formular teorías sobre el funcionamiento del objeto de estudio. Estas fases son las siguientes:

— *Observación*: para determinar con precisión el objeto de estudio.
— *Abstracción*: consiste en un proceso intelectual a través del cual se aíslan conceptualmente los fenómenos o leyes más generales.
— *Concreción progresiva*: supone la incorporación acumulativa de nuevos datos (variables, etc.) que dan mayor complejidad al objeto de estudio y lo aproximan a su manifestación real objetiva.
— *Verificación*: consiste en la utilización de técnicas de contrastación para validar o refutar las conclusiones obtenidas (en economía, supone usualmente la utilización de métodos estadísticos).

El método deductivo permite establecer leyes a los diferentes niveles de abstracción:

— A mayor nivel de abstracción, mayor generalidad de la ley y menor complejidad del fenómeno explicado.
— A menor nivel de abstracción, mayor concreción de la ley, mayor complejidad y menor generalidad.

Ejemplo: para analizar y comprender el desarrollo del sector textil londinense en el capitalismo inglés del siglo XIX pasaríamos por las siguientes fases:

1. Nivel de abstracción máxima: capitalismo (leyes generales de funcionamiento, caracterización de una sociedad capitalista, etc.).

2. Primer nivel de concreción-histórica: en el siglo XIX (características de la fase de libre concurrencia, de profundización del mercado interno nacional, etc.).
3. Segundo nivel de concreción-nacional: inglés (características de la economía inglesa en esa época, estructura social, etc.).
4. Tercer nivel de concreción-sectorial: textil (características de los inputs y outputs del sector, dimensión y formas de competencia de las empresas, relaciones laborales, etc.).
5. Cuarto paso de concreción-espacial: en Londres.

Y así sucesivamente.

1.3. LA CIENCIA

Una definición de ciencia comúnmente aceptada es la que la considera como la actividad intelectual que, mediante la aplicación de un método, intenta explicar alguna parcela de la realidad objetiva.

¿Cómo avanza la ciencia?

La historia del conocimiento científico no es un devenir lineal sino que está inmerso en la propia historia social. La síntesis de ambas historias (la de la ciencia y la social) es asimismo objeto de estudio. La pregunta a responder sería: ¿cómo avanza el conocimiento científico de la realidad?

Para responder a dicha pregunta cabe seguir a T. Kuhn[1], que utiliza los siguientes tres conceptos claves:

— Paradigma: es una «verdad» comúnmente aceptada por el conjunto de científicos que practican una ciencia. Son la base que permite la elaboración de teorías y sobre ellos se asienta el conocimiento científico de cada ciencia normal o madura.
— Ciencia completa, normal o madura: es el conjunto de proposiciones que forman un paradigma o que se deducen de un paradigma. Tiene un método propio adecuado a la explicación del objeto de conocimiento de que se trate. Explica parcelas determinadas de la realidad objetiva (ciencia natural, social, etc.).
— Revolución científica: es el cambio en uno o varios paradigmas que convierte en obsoletas las antiguas teorías y permite la elaboración de nuevas teorías. (Ejemplo: en física, Einstein y la teoría de la relatividad; en antropología, Darwin y la teoría de la evolución de las especies; en economía, como se verá posteriormente, Marx, los neoclásicos, Keynes..., etc.)

[1] T. Kuhn: *La estructura de las revoluciones científicas*. FCE, 1962.

La no linealidad del desarrollo científico se debe en parte a dificultades u obstáculos en principio ajenos a la propia labor científica y tienen más que ver con condicionantes políticos, ideológicos, de intereses personales o corporativos, etc. Los nuevos paradigmas chocan contra la actitud conservadora y tradicional de aquellos que mantienen su estatus socio-académico sobre los viejos paradigmas. A lo largo de la historia de la ciencia el debate científico entre los «innovadores» y los «tradicionales» ha estado jalonado de rechazos, persecuciones y marginación. A pesar de todo, los nuevos paradigmas acaban imponiéndose.

En la historia de la ciencia ha habido tres grandes revoluciones globales:

— La primera revolución científica afecta a la ciencia natural. Se produce históricamente en el Renacimiento (siglos XVI-XVIII). Sobre la base de la filosofía racionalista se desarrollan ciencias como la física, la química inorgánica, la medicina, la biología, la astronomía, etc. Estos primeros científicos pretenden responder a las preguntas ¿qué? y ¿por qué?
— La segunda revolución científica afecta a la técnica, a través de la aplicación sistemática de la ciencia a la producción. Su marco histórico son los siglos XVIII-XIX. Con una filosofía positivista se desarrollan sobre nuevos paradigmas la ingeniería, la arquitectura, la tecnología, las ciencias aplicadas... Ahora se trata de responder a la preguntas ¿para qué? y ¿cómo?
— La tercera revolución científica concierne a las teorías del desarrollo sociohistórico. Durante los siglos XIX-XX, la adopción de la filosofía materialista-evolucionista desarrolla sobre nuevos paradigmas la historia, la arqueología, la antropología y las ciencias sociales en general. Las preguntas a responder ahora son ¿de dónde?, ¿a dónde? o ¿quién?

Condiciones del discurso científico

No todo pensamiento con lógica y coherencia internas es científico. Un discurso, para que sea científico, tiene que cumplir diversos requisitos:

— Debe hacer referencia a la realidad objetiva (por ejemplo, no puede ser científica una discusión sobre la existencia o la voluntad de Dios o sobre el sexo de los ángeles, o sobre «lo que habría pasado si no hubiera pasado lo que efectivamente pasó»).
— Debe hacer referencia a una parcela de dicha realidad, es decir, se requiere una acotación precisa de lo que se pretende explicar y, por consiguiente, hacer abstracción de todo aquello que no es relevante dentro de la parcela investigada.
— Debe existir una lógica interna del discurso, lo que implica la posibilidad de modelización y la existencia de reglas de enlace entre los

conceptos y las leyes formuladas a distinto nivel de abstracción.
— Debe suponer la aceptación del carácter histórico de las leyes formuladas (que no son leyes eternas). En definitiva, se trata de la aceptación de la relatividad al propio marco histórico del objeto y del sujeto del estudio, dado que la realidad objetiva es dinámica.

Aplicación del método

La aplicación del método científico debe tener como resultado la elaboración de conceptos y la construcción de teorías sobre el funcionamiento del objeto de estudio. En este proceso deberán formularse, entonces:

— Una(s) hipótesis: o formulación de una(s) proposición(es) que se supone que explica(n) la realidad que se trata de conocer.
— Una conceptualización: o elaboración de términos que designen con precisión los hechos, fenómenos o acontecimientos que se pretende explicar. Un concepto sólo puede referirse a un solo hecho o fenómeno.
— Una teorización: o construcción de teorías explicativas del objeto de estudio, mediante la utilización de los conceptos elaborados y la aplicación del método científico. Estas teorías pueden constituir dos tipos de modelos en función del grado de abstracción en el que se formulen:

a) Modelo teórico abstracto-real.
b) Modelo teórico concreto.

Un ejemplo integrador de todo este proceso de aplicación del método científico al conocimiento en el caso de la producción y circulación de mercancías es el siguiente: como se verá en capítulos posteriores, se partirá de la hipótesis de que las mercancías se intercambian según su valor, lo que se formulará como ley del valor. Se introducirá entonces una conceptualización a diversos niveles de abstracción: en el más alto se definirán el «valor de cambio» de la mercancía, la «plusvalía», el «valor de la fuerza de trabajo»,...; en un nivel de abstracción más concreto, o más próximo a la realidad, estos conceptos se concretarán en otros como son el «precio de producción», la «ganancia»,...; y, en el proceso de concreción progresiva hacia los fenómenos más visibles, se elaborarán los conceptos correspondientes a «precio de mercado», «beneficio», «salario»... Por último, toda la reflexión sobre el funcionamiento de la ley del valor en el capitalismo se engloba en la teoría del valor-trabajo, que intenta explicar la realidad económica (a diferentes niveles de abstracción) sobre la base de que el trabajo humano es la fuente de todo valor. El modelo de la teoría del valor-trabajo es un modelo teórico abstracto-real. A partir de él se construyen otros modelos teórico-concretos (por ejemplo, los de «desarrollo capitalista autocentrado», «desarrollo capitalista extravertido», «relaciones económicas Centro-Periferia», etcétera) que, en definitiva, nos acercarán a la explicación de la economía mundial concreta que pretendemos entender científicamente.

1.4. LA CIENCIA SOCIAL Y SU ESPECIALIZACIÓN: LA CIENCIA ECONÓMICA

A partir del tronco común de la filosofía como marco general del pensamiento humano, y sobre la base de la aplicación de los métodos científicos, se desprenden tres grandes grupos de ciencias, cuya división se establece en función de su objeto de estudio: las ciencias formales (matemáticas, lógica, etc.), las ciencias naturales (química, física, biología, etc.) y las ciencias sociales.

En rigor, en lugar de «ciencias sociales» se debería hablar en singular. La ciencia social es única porque su objeto es la explicación de la realidad social y ésta es única, aunque compleja. Esta complejidad es la que obliga a la especialización en «ciencias sociales» que abordan parcelas diferenciadas de la realidad social y que obviamente están relacionadas entre sí. Entre ellas cabe citar: la *Historia* (en referencia no a la mera recopilación o narración de datos y hechos, sino a la interpretación de la evolución de la sociedad humana); el *Derecho* (ordenación sistemática de las normas de comportamiento social); la *Política* (explicación de los conceptos de «soberanía», «poder», «Estado», etc.); la *Sociología* (que es la más reciente, y no es aún una ciencia «madura» en el sentido de Kuhn, y se basa en la descripción y aplicación de técnicas estadísticas para el conocimiento de los comportamientos sociales), y, por supuesto, la *Economía*.

La ciencia económica: origen y evolución

La ciencia económica surge de la necesidad de explicar los fenómenos propios de la parcela de la realidad social que atañen a la creación y la distribución de la riqueza. Se desarrolla básicamente a partir de la aparición del capitalismo. Con anterioridad únicamente hay algunas referencias a la economía sin que existan tratamientos globales del tema que puedan catalogarlos como sistemáticamente científicos.

Se suele considerar como precursores inmediatos de la ciencia económica a los autores englobados en el término de «Mercantilistas», a W. Petty y a algunos pensadores de la Ilustración francesa.

La ciencia económica se creó y desarrolló bajo la denominación de *economía política*, que es la ciencia que se ocupa de las leyes de la producción, la distribución, el cambio y el consumo. Entre otros fenómenos, la economía política intenta explicar las leyes de la acumulación del capital.

El paradigma central de la economía política es la libertad, como lo es también en las ciencias jurídica y política nacidas en el siglo XVIII. En el caso de la economía política tal paradigma se refiere esencialmente a las siguientes libertades:

— Libre competencia.
— Libre contratación de los trabajadores.
— Libre mercado en las relaciones entre productores y consumidores.
— Libre cambio en el comercio entre países.
— Libre movimiento de personas, espacial y sectorial.
— Libre movimiento del capital, espacial y sectorial.

La ideología de la que surge esta ciencia es el *liberalismo* y entronca con las corrientes de libre pensamiento propias del siglo XVIII y principios del XIX. Por ello cabe pensar que *la economía política es la ciencia que explica las leyes de funcionamiento del capitalismo.*

La evolución de la ciencia económica como ciencia «normal», con sus paradigmas y revoluciones correspondientes, se podría resumir de la siguiente forma:

a) Los «*clásicos*» fueron los primeros autores que desarrollaron esta ciencia. Enunciaron las leyes más generales de funcionamiento del capitalismo, entre otras la ley del valor-trabajo. Su concepción era ahistórica: identificaron las leyes de la economía capitalista como leyes «eternas» de toda organización social (mediante la acción de la llamada «mano invisible»). Sus análisis y debates configuraron una auténtica «ciencia normal» en la que el énfasis explicativo giraba en torno a la producción y distribución de riqueza y las ventajas del librecambio y de la división del trabajo.

Se considera a Cantillon, Adam Smith, David Ricardo, T. Malthus, Rodbertus, Sismondi y, más tardío, a Stuart Mill, como los principales autores clásicos.

b) De la escuela clásica surge como corriente independiente la *escuela marxista*, en lo que se puede considerar la primera revolución científica en la economía política. Basada en la obra de K. Marx (*El Capital*) y F. Engels, mantiene el ámbito de globalidad de la economía clásica, pero desarrolla bajo una nueva óptica la teoría del valor-trabajo, al resolver el problema de cómo se obtiene el excedente productivo, introduciendo el concepto de «plusvalía». También revoluciona la noción de evolución histórica y cambio social a través del paradigma de la lucha o conflicto entre clases sociales como motor de la historia. Explica las leyes de la acumulación de capital y del desarrollo capitalista y, a diferencia de los clásicos, las considera como leyes históricas, no eternas.

Esta escuela tuvo importantes desarrollos posteriores a Marx, a través de las aportaciones de autores como K. Kautsky, Rosa Luxemburg, R. Hilferding, N. Bujarin, Lenin, Grossman y más recientemente autores como M. Dobb, P. Baran, P. Sweezy, E. Mandel, Samir Amin y muchos otros. El desarrollo de esta escuela ha tenido tanta importancia teórica y práctica (en el ámbito político y económico) en los últimos cien años que incluso los debates en su seno han dado lugar a la formación de subescuelas, «ortodoxias» y «heterodoxias», habiéndose acuñado términos como «neomarxismo», «postmarxismo», etc., para describir los contenidos de diversas corrientes surgidas del tronco común marxista. En este sentido, en los últimos años cabe destacar la aparición de la llamada corriente regulacionista (Boyer, Lipietz, Aglietta).

c) La *escuela neoclásica* surge también del tronco común de la economía clásica, pero cambiando radicalmente de ámbito de conocimiento: ya no se tratará de descubrir las leyes en las relaciones de producción y distribución, sino en la relación entre medios escasos y usos alternativos. Incluso cambia de denominación: pasa de llamarse «economía política» a denominarse «economía» (*economics*). Supone también una revolución científica y, teniendo en cuenta su vinculación a la necesidad de dar respuesta a la revolución científica de Marx, algunos autores la han denominado contrarrevolución científica. Ya no se pretende la explicación global del capitalismo, sino la de aspectos parciales del mismo: teoría del consumidor, de la producción, del coste, etc., que culminan con las teorías del equilibrio parcial y general en los mercados. Partiendo de premisas rígidas (libre competencia sin fisuras), elabora modelos del comportamiento teórico de productores, consumidores, compradores y vendedores, basado en la maximización racional individual de utilidades. Incorpora un amplio aparato de cálculo matemático (marginalismo). Su ámbito específico de referencia es lo que se denomina microeconomía. Su paradigma esencial es la libre competencia (más otra serie de supuestos extremadamente restrictivos) y la neutralidad total del Estado.

Los modelos neoclásicos son altamente abstractos, extremadamente formalizados, carentes de contenido real y ahistóricos. Sus principales autores son Marshall, Jevons, Pareto, Cournot, Walras, etcétera, y tiene continuidad hasta nuestros días, ya que ha configurado la que se considera «economía convencional», dominante en la esfera académica.

d) A partir de la crisis económica de 1929 y la gran recesión consiguiente, se hizo patente la inoperatividad de la doctrina neoclásica. Frente a ella apareció la llamada «*nueva ciencia económica*», encabezada por J. M. Keynes (1936: *Teoría general de la ocupación, el interés y el dinero*). La obra de Keynes inaugura la denominada Macroeconomía. Su ámbito de conocimiento es la economía en su conjunto y las leyes que intenta descubrir atañen al conjunto de la economía. Será la base de la economía del bienestar, de la política económica y de la intervención del Estado en economía. Junto con el propio Keynes, se consideran autores significativos en la imposición de esta corriente a Harrod, Kahn, etc.

La «revolución keynesiana», más que una revolución científica, cabe entenderla como una respuesta a la extrema debilidad en que había quedado la economía convencional respecto al acontecer económico real. Prueba de ello es que al cabo de pocos años se llegó a lo que se podría considerar hoy como la ciencia económica «normal» convencional, a través de la llamada «gran síntesis neoclásica», mediante la cual se integran la macroeconomía keynesiana y la microeconomía neoclásica en un cuerpo teórico-analítico no exento de contradicciones, debates e insuficiencias, que se manifiestan especialmente en estos últimos años de crisis. Algunos autores de esta corriente son Samuelson, Hicks y Modigliani.

Por otra parte, hay que destacar que a partir de la obra de P. Sraffa se desarrollará otra corriente crítica de la economía neoclásica ortodoxa, basada en la recuperación del pensamiento de David Ricardo. Este movimiento neorricardiano ha tenido su principal expresión en la llamada «escuela de Cambridge» (Inglaterra), cuya autora más destacada fue la economista Joan Robinson.

e) Al margen de estas corrientes, pero vinculadas en mayor o menor medida con alguna o con todas ellas, se han desarrollado dos escuelas importantes como son la *estructuralista* y la *institucionalista*, a las que se hará referencia con más detalle en el próximo capítulo.

La especialización de la ciencia económica

La evolución de la ciencia económica cristaliza en la actual economía convencional cuya docencia se subdivide en tres grandes materias:

— Teoría económica: identificada con la explicación de modelos neoclásicos y keynesianos (micro y macroeconomía).

— Política económica: cuyo objeto principal es la explicación de las formas de intervención del Estado en la economía.

— Estructura económica: que pretende explicar lo que se denomina «economía real», es decir, los hechos y fenómenos en que se manifiesta el capitalismo. Básicamente se refiere (habitualmente) a economías «sectoriales», «nacionales» o a la economía «mundial».

Estos tres enfoques de la economía se han subdividido a su vez en innumerables especializaciones. Así, en el ámbito de la teoría económica encontramos las teorías de los precios, del consumo, de la inversión, etc. En el de la política económica, las políticas fiscal, monetaria, regional, industrial, agrícola, etc. Y la estructura económica se especializa a nivel mundial, nacional, regional, sectorial, etc.

Esta clasificación no es exhaustiva. Procede de la tradición germánica y francesa y no coincide plenamente con la clasificación anglosajona, que modernamente ha tendido a considerar exclusivamente dos grandes grupos: la teoría abstracta (*economics*) y el análisis aplicado (*applied economics*), con múltiples especializaciones *ad infinitum* en cada una de ellas.

Esta ultraespecialización ha sido criticada y ridiculizada por economistas como J. K. Galbraith, que afirma que la superespecialización ha dado lugar a la existencia de grandes expertos en un tema y al propio tiempo absolutos analfabetos en el resto. Como muchos otros, considera este autor que los economistas convencionales, en particular los universitarios, se alejan cada vez más de la realidad objetiva que deberían pretender explicar y que sus modelos cada vez más altamente sofisticados sólo sirven como entretenimiento para ellos mismos. No es de extrañar, pues, que exista un clamor por una vuelta a la realidad y al enfoque globalizador. En resumen, al terreno de la economía política clásica.

Precisamente esta necesidad de comprender la globalidad antes de concretar en sus ámbitos parciales es la que pretende cubrir el método estructural en economía, que tiene tanto un componente teórico como una vocación empírica para la descripción y comprensión de la realidad económica. De este tema se ocupa el próximo capítulo.

RESUMEN

En este capítulo se ha definido la *realidad objetiva* como objeto de la *ciencia* y se ha expuesto cómo su conocimiento, para ser científico, debe cumplir una serie de reglas que configuran precisamente un método específico. Cuando el objeto científico es la sociedad, el *método* científico pertinente suele ser el método *deductivo*. La ciencia no avanza linealmente, sino a través de *revoluciones científicas*, que imponen nuevos *paradigmas* para explicar la realidad, que a su vez configuran la nueva *ciencia «normal»*. Este proceso es o ha sido especialmente conflictivo en las ciencias sociales; en la *ciencia económica* existen *diferentes escuelas* que han supuesto en su momento auténticas revoluciones o «contrarrevoluciones» científicas. La *especialización* de la ciencia económica, que ha llegado a extremos inverosímiles, ha hecho perder la visión real y holística del acontecer socioeconómico, por lo que cabe retomar dicha óptica a partir de la utilización del método estructural.

LECTURAS PARA LA REFLEXIÓN

«(En el campo de la realidad social) la única ciencia posible es la ciencia de la sociedad, ya que el hecho social es uno: nunca es "económico", "político", o "ideológico", etc., aunque hasta cierto punto pueda ser tratado bajo el enfoque particular de cada una de las disciplinas universitarias tradicionales (Economía, Sociología, Ciencias Políticas, etc.). Pero esta operación de aproximación particular sólo tiene posibilidades de ser científica en la medida en que conozca los límites y prepare el campo para la ciencia global de la sociedad.»

S. Amin: *La acumulación a escala mundial*, Siglo XXI, Madrid, 1974.

«Hacia mediados del siglo XIX el capitalismo industrial había triunfado sobre la vieja sociedad. No era ya muy necesario, al menos en Inglaterra, luchar contra el predominio del interés de la tierra; Estados Unidos, por otra parte, no teniendo un pasado feudal que le estorbara, nació burgués al fin de sus días coloniales. No había ya tampoco la misma necesidad de crear una sociedad económica como una unidad conceptual opuesta a las antiguas sanciones autoritarias. Los hombres no se interesaban ya en aquellas soluciones que fueron precisamente la preocupación de los economistas burgueses cien años antes. Además, el instrumento que Ricardo forjó se había dedicado después a empleos peligrosos en las manos de Marx. La nueva economía subjetiva sirvió así un doble propósito. Dio una nueva justificación al orden burgués, y justificó en forma todavía más convincente una época que no creía ya en la "mano invisible" y en la "ley natural". Al mismo tiempo, con un análisis del precio del mercado, proporcionó una técnica más adecuada para los problemas más detallados, más microscópicos con que el capitalismo en su plenitud ocupaba cada vez más el espíritu de sus servidores. En realidad esta importante apología del *laissez-faire* casi no es más que una hábil prestidigitación.»

M. Dobb: *Introducción a la economía*. FCE, México, 1981.

«La especialización es una conveniencia científica, no una virtud científica. Ella permite, entre otras cosas, el aprovechamiento de un amplio espectro de talentos. Hace unos veinticinco años había en la Universidad de California no ya especialistas en teoría económica, o en teoría de los precios, o en precios agrícolas, o en precios de la fruta, sino especialistas en precios de ciruelas y de los cítricos. No eran unos grandes hombres, pero hacían un trabajo útil y eran muy respetados por los productores de ciruelas y por las cooperativas de cítricos. Habrían sido mucho menos útiles si se hubieran expuesto a los riesgos de problemas más cósmicos (...).»

J. K. Galbraith: *El nuevo estado industrial*. Ariel, Barcelona, 1967.

PALABRAS CLAVE

- Conocimiento científico
- Método científico
- Paradigmas
- Ciencia normal
- Revolución científica
- Economía política
- Escuelas económicas
- Especialización

BIBLIOGRAFÍA BREVE

M. Blaug: *La metodología en la ciencia económica*. Alianza, Madrid, 1993.
D. McCloskey: *Si eres tan listo. La narrativa de los expertos en economía*. Alianza, Madrid, 1993.
J. L. Sampedro: *Realidad económica y análisis estructural*. Aguilar, Madrid, 1961.

CAPÍTULO 2
El método económico-estructural

En el capítulo anterior se expresó la idea de que el estudio de la realidad económica no puede parcializarse y se expuso que los modelos teóricos convencionales dejan de considerar elementos tan esenciales de la propia realidad que llegan incluso a invalidarse como explicativos. Como alternativa, en el presente capítulo se exponen los rasgos esenciales del método económico-estructural.

Esta opción metodológica es el resultado de una larga y compleja síntesis de aportaciones, algunas provenientes de economistas y otras, más sistematizadas, procedentes de diversas escuelas de pensamiento. A lo largo de la historia de la ciencia económica han sido varios y muy diferentes los autores que han pensado la economía o partes de ella como un conjunto de estructuras y de ahí la variedad de fuentes del método económico-estructural. En cualquier caso, las escuelas que aquí se abordarán como más significativas son la estructuralista, la institucionalista y la marxista, por este orden, que es el inverso al cronológico. Es decir, históricamente apareció primero la marxista, después la institucionalista y por último la estructuralista. Previamente a estas escuelas se tratarán algunas aportaciones que desde la economía apuntaban al uso de este tipo de método.

La aportación fundamental del enfoque estructural al análisis económico se basa en el carácter global del mismo. Interesa destacar la utilidad y necesidad de este método para, posteriormente, poder entender cabalmente el Sistema económico capitalista mundial, porque dicho Sistema es una totalidad, es una realidad objetiva configurada como una unidad estructurada, en la que sus elementos —desarrollo, subdesarrollo, Centro o Periferia— sólo pueden comprenderse dentro de dicho conjunto.

2.1. EL MÉTODO ESTRUCTURAL EN ECONOMÍA

Se consideran corrientes precursoras del método estructural en economía a un conjunto variado de análisis que gravitan en torno al conocimiento de la economía real, que estudian, cuantifican y miden sus elementos y las relaciones entre ellos. La elección y definición de estos elementos, sus interrelaciones, o la construcción de modelos matemáticos que las expresen tal y como se supone que se manifiestan en la realidad económica objetiva, proceden de diversas aproximaciones, distintas tanto en su ubicación histórica como por su teoría y método. Se pueden citar las siguientes:

— El enfoque espacial de la actividad económica, que analiza la distribución locacional y la interdependencia en los marcos regionales. Destacaron autores como Von Thünen, pionero de la teoría de la localización, Lösch, W. Isard, Boudeville y otros, que configuran la moderna economía regional.

— La modelización matemática de la econometría, que permitió formalizar un mayor número de relaciones entre variables económicas.

— La contabilidad social y los modelos de interrelación sectorial, que definieron estadísticamente las principales macromagnitudes y flujos productivos, comerciales y financieros que describen la economía real. El precursor más destacado de este enfoque es el fisiócrata F. Quesnay y su «Tableau Economique» y, más recientemente, su cultivador principal ha sido W. Leontiev, inventor de la «tabla input-output».

— Las aportaciones de los autores pioneros en introducir el término de «estructura económica» en sus trabajos. Aunque cada uno dio su particular concepción de la misma, lo común en todos ellos fue la necesidad de recoger con este concepto aspectos fundamentales del acontecer económico que no eran contemplados o eran inabarcables por la teoría económica convencional contemporánea. Se consideran más significativos a los siguientes:

- Wagemann (1928), que la consideró enmarcada por los parámetros de totalidad, descripción y realidad.
- Eucken (1939), que la identificó con el orden y la organización.
- Akerman (1939), que elaboró el «Análisis causal» en el que se enfatizaba la invariabilidad a corto plazo de la estructura económica y se definían los límites del cambio estructural.
- J. R. Hicks (1942), que definió la estructura económica en un sentido anatómico.
- Perpiñá Grau (1936 y 1952) que primero la consideró como un resultante de factores naturales y políticas económicas y posteriormente como un «resultado total orgánico de un orden de actuaciones humanas».
- F. Perroux (1939, 1949 y 1959), que realizó sucesivas aproximaciones a este concepto, insistiendo en las ligazones y proporciones y en los movimientos lentos, como características definitorias.
- A. Marchal (1952), que insistió también en el retardo relativo en el cambio estructural.
- Tinbergen (1952), quien, con un enfoque econométrico de la estructura, definió una «matriz mínima» para definirla.

De las diferentes definiciones de «estructura económica» de estos y otros autores se deriva una ambigüedad que hace imposible que se cumplan las exigencias de un cuerpo teórico científico. Sí que se consiguió, a partir de estas aportaciones, una clarificación de ciertas características definitorias de la «estructura económica» como dimensión o categoría específica de la realidad económica:

— La totalidad comprensiva.

— La interrelación entre los elementos o variables.

— La relativa estabilidad o permanencia de dicha interrelación.
— El carácter empírico, cuantitativo y descriptivo del método estructural (por oposición a lo etéreo de los modelos de la teoría económica).

La opción por la utilización del método estructural en economía dio lugar en España a la creación de una disciplina universitaria bajo la denominación de *Estructura económica*, en cuyo desarrollo destaca, entre otras, la obra pionera de J. L. Sampedro.

Además de este conjunto de aportaciones, hay que destacar también a la corriente de pensamiento conocida como *estructuralismo latinoamericano*. En ella se incluyen un variado conjunto de autores que, a partir de la obra de R. Prebisch en los años cincuenta, y desde la Comisión de las Naciones Unidas Para América Latina (CEPAL), vieron la necesidad de pensar los problemas del subdesarrollo y las limitaciones del desarrollo económico en las economías latinoamericanas de una forma más global, realista y social que la que ofrecía la teoría económica convencional. Las obras de O. Sunkel, P. Paz, A. Pinto, C. Furtado, F. H. Cardoso y muchos otros configuraron una línea de pensamiento que derivaría en lo que se ha llamado la *escuela de la dependencia*, que será tratada en el capítulo correspondiente a las teorías del (sub)desarrollo.

En cualquier caso, el atomismo y la extrema variedad del pensamiento estructural habría hecho muy difícil, si no imposible, la construcción de un modelo teórico operativo para afrontar, con las debidas exigencias científicas, el estudio de la *realidad económica* (sectorial, regional, nacional o mundial) en tanto que realidad estructurada. Estas deficiencias son las que se podrán superar a partir de las aportaciones del estructuralismo, el institucionalismo y el marxismo, como escuelas de pensamiento más sistematizadas y extendidas.

2.2. LA ESCUELA ESTRUCTURALISTA

El estructuralismo es una corriente metodológica relativamente reciente que tiene su origen en ciencias distintas a la económica. Sus impulsores más significativos fueron F. de Saussure (en la lingüística), Levy-Strauss (en la antropología), Piaget (en la pedagogía y la psicología) y Foucault (en la filosofía y la sociología), entre otros. La práctica del estructuralismo está ampliamente difundida en el pensamiento europeo a excepción del anglosajón, pero nunca adquirió importancia significativa en EE.UU.

El método del estructuralismo se basa en la noción de *estructura*. Se entiende por estructura la conjunción de:

— Una *totalidad* (un todo o una unidad) que abarca una parcela completa de la realidad y que es más que la suma de sus partes.
— Unos *elementos* o partes que constituyen dicha totalidad y que sólo pueden ser completamente cognoscibles en tanto en cuanto se considera su posición y su relación en esa totalidad.
— la *posición de dichos elementos* en el todo. Si los elementos no ocupan la posición que les corresponde, la estructura no existiría o sería otra estructura.
— la *relación* de los distintos elementos entre sí. Esta relación es una relación fuerte, es decir, si no existe, no existe tampoco la estructura. Las relaciones pueden ser de oposición o de complementariedad.
— Una *dinámica, cambio* o *evolución* de las estructuras. Se considera que toda estructura tiene un alto grado de estabilidad pero está sometida a un proceso dinámico de reproducción y de cambio (excepto las estructuras formales: lógicas, matemáticas,...). Conforme se reproduce la estructura, cambian o evolucionan los elementos, su posición, sus relaciones,..., cambia en última instancia la propia estructura. El proceso de cambio puede ser de dos tipos: paulatino (que implica evolución) o brusco (que implica revolución).

Como ejemplos de estructuras se podrían citar los siguientes:

— En lingüística: sujeto-verbo-predicado (frase afirmativa), verbo-sujeto-predicado (frase interrogativa). No importa el idioma (castellano, catalán, francés, etc.), importa la estructura.
— En antropología: la evolución de la familia como estructura: matriarcal, patriarcal, amplia, estricta, etc.
— En matemáticas: teoría de conjuntos, estructuras algebraicas, etc.
— En astronomía: el sistema planetario.
— En anatomía: el cuerpo humano. Éste es uno de los mejores ejemplos para que se entienda qué es una estructura: un todo (el cuerpo), unos elementos (los órganos, el tronco, las extremidades, etcétera); una posición (la que corresponde y no otra: todas las partes del cuerpo humano puestas en una estantería no son el cuerpo humano); unas relaciones (las que vinculan a cada elemento entre sí); un proceso de cambio (el cuerpo humano se reproduce y evoluciona desde el feto hasta el cadáver: siempre es cuerpo humano, pero cambia sin romper su estructura).

Cuando se analizan estructuras reales es imprescindible introducir el *tiempo* como factor que incide y define su dinámica. Surgen entonces tres variantes:

— El *análisis sincrónico*: la sincronía es el eje de simultaneidad. Se considera cada estructura en un momento del tiempo y se pueden comparar estructuras sin atender a su posible proceso de cambio o evolución (por ejemplo, se comparan la estructura del cuerpo humano y la del cuerpo animal o las estructuras económicas de dos o más países o las estructuras demográficas de dos o más poblaciones). También se denomina *análisis transversal*.

- El *análisis diacrónico*: la diacronía es el eje de sucesión. Se estudia la evolución temporal de la estructura y las modificaciones ocurridas en su proceso de reproducción (por ejemplo: las edades por las que atraviesa el cuerpo humano o, en economía, el proceso de formación del capitalismo en general o en un país). También se denomina *análisis longitudinal*.
- El *análisis acrónico*: la acronía significa la no consideración del tiempo. Las estructuras en este caso son eternas, ajenas al tiempo (por ejemplo: 3 × 2 = 6; en general todas las estructuras formales de la matemática y la lógica son acrónicas).

Las principales aportaciones de la escuela estructuralista que se incorporarán al análisis económico-estructural serán precisamente de este carácter teórico-metodológico: el método estructural se define como un método científico para captar la realidad en su totalidad a través de las relaciones más permanentes que vinculan los elementos de esa realidad.

2.3. LA ESCUELA INSTITUCIONALISTA

La escuela institucionalista surge a finales del siglo XIX y principios del XX y se desarrolla como una reacción ante el pensamiento neoclásico. Los autores institucionalistas entienden que no existe la libre competencia y que se han producido cambios profundos en el capitalismo que obligan a utilizar un nuevo enfoque para explicarlo. Se ha considerado que esta escuela, básicamente norteamericana, engarza con la llamada Escuela Histórica Alemana (en la que destacan autores como Sombart y otros) que también había proclamado la necesidad de hacer «aterrizar» en la realidad histórica una ciencia económica cada vez más alejada de ella por la presión neoclásica.

El fundador de esta escuela fue Th. Veblen (norteamericano de ascendencia noruega), que publicó en 1899 su *Teoría de la clase ociosa*, obra que se considera, junto con otras del mismo autor, el origen del institucionalismo.

Sin embargo, esta escuela no es conocida con la denominación de «institucionalista» hasta que fue así bautizada por Hamilton en 1919 en la *American Economic Review*, la revista de la *American Economic Association*.

Algunos autores importantes de esta escuela fueron, en la primera mitad de este siglo, Commons, Mitchell, Hobson, Lubin y Clark (todos anglosajones). Tras un período de opacidad, derivada de la implantación de la nueva economía keynesiana y de la posterior síntesis neoclásica, el institucionalismo vuelve a surgir en la década de los cincuenta. El principal neoinstitucionalista es J. K. Galbraith (considerado el «economista de la abundancia» por sus análisis del capitalismo desarrollado). También G. Myrdal (sueco, Premio Nobel de Economía, considerado el «economista de la pobreza» por sus trabajos pioneros sobre el subdesarrollo) puede ser considerado neoinstitucionalista. El neoinstitucionalismo está presente hoy en día como corriente significativa tanto en la *Radical Economics* norteamericana como en la *European Association for Evolutionary Political Economy*.

La denominación de esta escuela procede del concepto de *institución*. Es un concepto relativamente ambiguo, cuyo uso difiere según los autores y los objetos de conocimiento (filosóficos, sociales, económicos, etc.). El término tiene una doble acepción:

- Como hábito mental, uso o costumbre (así es utilizado por autores como Ortega y Gasset y Veblen).
- Como organismo público, semipúblico o privado (así es utilizado, por ejemplo, por R. Tamames).

La institución como *uso social* representa una acción individual que es automática, irracional y extraindividual. Por ejemplo, las religiones, el hábito del trabajo ligado a la manutención («el que no trabaja no come»), la moda, etc.

La acción y los efectos de estos usos sociales son tan fuertes o más que las leyes escritas. Quien no los cumple resulta marginado de la sociedad. Tales usos sociales se expresan en general bajo el impersonal «los demás». Son la base de la ideología dominante y del comportamiento colectivo. Son mucho más difíciles de cambiar que las propias leyes escritas.

La institución como *organismo* o *grupos* representa un conjunto más «personalizado», jurídicamente o por tipo de actividad. Se habla así, por ejemplo, de las «instituciones del Gobierno», las «instituciones financieras», las «instituciones políticas» (sindicatos, partidos políticos), la «Iglesia», la «Universidad», etc.

Esta ambigüedad ha supuesto una de las deficiencias teórico-metodológicas de esta escuela y hay que remitirse directamente a los distintos autores para comprender su aportación específica al análisis estructural. En cualquier caso, como quedó dicho, el origen de esta corriente está en la obra de Th. Veblen.

Veblen y la *American Economic Association*

El pensamiento de Veblen se inspiró en tres fuentes principales: el evolucionismo de Darwin, la obra de Marx (de quien aceptó la idea de clases sociales pero no la lucha de clases) y la obra de Marshall, a quien consideraba un gran teórico y a su teoría una teoría atractiva y sugerente, pero falsa, por cuanto las premisas de las que partía (libre competencia, etc.) ya no existían en la realidad de finales del siglo XIX.

Veblen estudió únicamente la sociedad norteamericana de dicha época y observó los cambios que se habían producido en ella. Los más esenciales hacían referencia a la composición de clases de la sociedad. Distinguió así entre:

— *Los que pueden*: los propietarios del capital.
— *Los que saben*: los técnicos, científicos y empresarios.
— *Los que hacen*: los obreros, empleados y campesinos.

Señaló entonces la idea de que los propietarios no aportan nada a la creación de riqueza de la sociedad. Forman lo que él llamó *la clase ociosa*, parasitaria y rentista.

Distinguió entre la esfera del negocio («business»), en la que los rentistas practican la adquisición de dinero y la industria («industry»), que es en la que realmente se crea la riqueza y que no coincide con la primera.

Los responsables del incremento de la productividad, del avance tecnológico y en general del progreso son los técnicos. La tecnología sería el motor del desarrollo y los técnicos deberían ser los que gobernaran el país. Ello representaría un *orden nuevo*, especie de despotismo ilustrado moderno (esta idea fue recogida, distorsionada y utilizada posteriormente por los fascismos). De no ser así, y de perdurar el poder de los «ociosos», la sociedad correría el riesgo de convertirse en una *barbarie civilizada*.

La gran influencia de Veblen en sus contemporáneos se evidenció cuando en 1925 se le pidió que presidiera la *American Economic Association*, que él rechazó («no me la ofrecieron cuando yo la necesitaba», arguyó).

Los continuadores de Veblen desarrollaron su actividad en torno a la *American Economic Review*. En ella y bajo su influencia se desarrollaron algunos conceptos que aún siguen siendo básicos en la ciencia económica. Aportaron la dimensión sociológica, el análisis sistemático de la economía real y financiera (fueron, de hecho, los primeros «macroeconomistas), técnicas de análisis cuantitativo, etc. Precisamente se ha visto en su «excesivo» empirismo, en contraposición a su debilidad lógico-teórica, una de las causas de su incapacidad para revolucionar la ciencia académica, a diferencia del keynesianismo que sí lo conseguiría.

El neoinstitucionalismo

Aunque el institucionalismo no se convirtiese en escuela dominante, sus aportaciones llegaron a impregnar el estudio de la economía real. Y desde la década de los cincuenta aparecieron, con nuevos bríos, trabajos sobre la nueva realidad económica que, tanto en el Centro como en la Periferia, seguía desafiando al formalismo, ahistoricismo y desprecio por la economía real de la teoría económica dominante en las Universidades. Por sus características metodológicas, ideológicas y de contenido, dichos trabajos se consideran como continuadores del institucionalismo clásico y de ahí el término de neoinstitucionalistas aplicado a los autores que los han desarrollado.

De entre ellos destacan J. K. Galbraith y G. Myrdal, como autores pioneros en el estudio de los cambios en el capitalismo desarrollado y en la explicación del subdesarrollo, respectivamente.

J. K. Galbraith es un economista y político norteamericano cuya vinculación con J. F. Kennedy fue notoria. Embajador de su país en la India y Yugoslavia y asesor del Gobierno demócrata de Kennedy, forma parte del «establishment» norteamericano. A pesar de ello, es el crítico más duro, desde un punto de vista no marxista, de la teoría neoclásica y de la economía convencional.

Ya en sus principales obras hasta 1970 (*El capitalismo americano, La sociedad opulenta, La hora liberal, El nuevo Estado industrial, El crack del 29*), además de una actitud crítica generalizada con respecto a la teoría económica convencional, Galbraith propone una nueva manera de estudiar la economía norteamericana, para lo cual introduce nuevos conceptos tales como el *poder compensatorio*, la *tecnoestructura*, el *complejo militar-industrial* y la *sociedad opulenta*. Estos conceptos y las realidades que designan, que caracterizan los cambios ocurridos tanto en el capitalismo en general como en las sociedades capitalistas en concreto, serán tratados detenidamente en los capítulos correspondientes. En el Recuadro 2.1 se resume brevemente la articulación entre ellos para destacar el alejamiento de la visión institucionalista de Galbraith con respecto a la ortodoxia neoclásica.

Y si K. Galbraith representa el análisis institucionalista del capitalismo desarrollado, G. Myrdal es, a su vez, el autor pionero en aproximarse a la economía del subdesarrollo, haciendo hincapié en la especificidad de sus «instituciones», que hacen tan inservible como en el caso del capitalismo desarrollado a la teoría económica ortodoxa. En sus obras de los años cincuenta y sesenta (*Teoría económica y países subdesarrollados, El drama asiático: una investigación sobre la pobreza de las naciones, Reto a la pobreza, Solidaridad o desintegración*, etc.) se plantea la falsedad del paradigma de la consecución del crecimiento con equilibrio y, por el contrario, se argumenta la existencia de un *proceso causal acumulativo* que fomenta el desarrollo desigual entre regiones y países, lo que provoca el *círculo vicioso de la pobreza*, dadas las características institucionales del subdesarrollo.

En definitiva, el institucionalismo ha reaparecido con fuerza analítica y académica en las últimas décadas, incluso desbordando su origen americano. Como ejemplo de ello, baste citar la creación y desarrollo, durante los años noventa, de la *European Association for Evolutionary Political Economy*, con presencia en todos los países europeos a nivel profesional y académico.

RECUADRO 2.1. UNA VISIÓN ALTERNATIVA DEL CAPITALISMO AMERICANO (K. GALBRAITH)

La economía capitalista, según el esquema neoclásico, funciona mediante automatismos que se producen en el marco de la libre competencia. El equilibrio se alcanza necesariamente y la competencia entre precios y calidades determina los beneficios empresariales.

Pero la realidad es que ya no existe la libre competencia. En la sociedad capitalista contemporánea actúan millones de pequeñas y medianas empresas que dependen de una forma u otra de unos cientos de grandes *Corporaciones* que ejercen un efecto de dominio sobre el conjunto económico. A través de su poder monopolístico sobre el mercado están en condiciones de fijar precios y salarios para maximizar sus beneficios. En la estructura organizativa de la Corporación se produce la separación cada vez mayor entre la propiedad (accionistas) y el poder de decisión, que queda en manos de los Gerentes, Jefes y Técnicos, sector que constituye la *Tecnoestructura*. La potencia de las grandes Corporaciones da lugar a que ya no actúen las «fuerzas ciegas del mercado», sino la negociación colectiva, las asociaciones de consumidores, el Estado, etc., que constituyen los *Poderes Compensatorios* del poder de las Corporaciones.

El peso creciente de la Tecnoestructura y la sustitución del libre juego del mercado por el Poder Compensatorio llevan a la planificación en el seno de la empresa y a una *Economía Mixta*, en la que se entrecruzan las acciones de las grandes Corporaciones, las pequeñas y medianas empresas y el *Estado*.

Es de particular importancia el papel del Estado, que deja de ser neutral, convirtiéndose en elemento activo tanto en la producción (Corporaciones públicas) como en el consumo (Estado cliente). En este último aspecto su papel como cliente casi exclusivo de la industria armamentística crea una relación estructural entre las Corporaciones del sector, el Pentágono y la Administración, constituyéndose el *Complejo militar-industrial*, cuyos intereses influyen poderosamente en la economía y política tanto interior como exterior.

Todos estos cambios en la esfera de la producción y la distribución han tenido efectos sobre el conjunto de la sociedad. Los notables incrementos de producción y productividad de las Corporaciones exigen una expansión dirigida del consumo, que deriva en el *consumismo*, en el que la supuesta «soberanía del consumidor» es sustituida por la presión publicitaria, el imperio de la moda, la obsolescencia acelerada y programada de los productos que exigen su rápido recambio, la creación de nuevas necesidades, etc. Los patrones de consumo en esta *sociedad opulenta* dejan de estar regidos por las necesidades de los consumidores y pasan a estar regidos por las necesidades de venta de las empresas productoras.

Todo ello muestra la profundidad de los cambios que se han producido en la economía capitalista norteamericana y la inutilidad de la teoría neoclásica para explicar su realidad.

2.4. LA ESCUELA MARXISTA

El marxismo es heredero de tres corrientes de pensamiento: la filosofía de Hegel, la economía política clásica (principalmente la obra de David Ricardo) y el socialismo utópico. Marx utilizó conceptos de estas tres tendencias, pero construyó un método nuevo, global: el *materialismo dialéctico* en filosofía y el *materialismo histórico* como ciencia social. Los paradigmas fundamentales de este último son la división de la sociedad en clases antagónicas, el conflicto entre dichas clases como motor de la historia, la consideración del trabajo como única fuente del valor y de la riqueza, etc.

La importancia del marxismo para el método económico-estructural descansa en que esta escuela, partiendo de la economía clásica, estudia el funcionamiento del capitalismo como conjunto de estructuras sociales, económicas y político-ideológicas. Y de ahí, generalizando, formula teorías sobre las distintas formas de organización económica y social.

Se pueden distinguir, entonces, dos grandes grupos de conceptos, referentes unos a la economía y otros a las estructuras. En realidad, en el estudio del capitalismo de Marx se usan todos esos conceptos articuladamente. Pero en los desarrollos posteriores de la escuela marxista se pueden encontrar autores «sólo» economistas (que desarrollan la teoría económica marxista que explica el funcionamiento del capitalismo) y autores que fijan su atención más en la dinámica histórica de las estructuras socioeconómicas y político-sociales.

Los conceptos fundamentales en los que se basa la óptica marxista del funcionamiento económico proceden de la economía política clásica y los principales son los siguientes:

— Trabajo: es la actividad humana que transforma recursos, naturales o previamente creados, en objetos útiles. Por extensión, se considera también trabajo a la prestación de servicios.
— Producción: es el resultado de la aplicación del trabajo a los recursos, naturales o no, de la cual surgen los productos, que pueden ser de dos tipos:

  • Medios de consumo: que satisfacen directamente una necesidad humana.
  • Medios de producción: los utilizados para producir otros productos.

— Distribución: es la forma de reparto del producto global de la sociedad. Lo producido se distribuye entre todos los miembros de la sociedad en función de las relaciones sociales de distribución imperantes en ella. El volumen a repartir depende de la producción. La forma de distribuir depende de las relaciones sociales, principalmente de la forma que adopta la *propiedad sobre los medios de producción*. En el capitalismo la distribución se efectúa a través de dos tipos de rentas: salarios y beneficios.
— Consumo: corresponde a la utilización de los productos y depende de la distribución, que es previa al acto de consumir. El consumo depende a su vez, indirectamente, de las necesidades humanas. Se divide en dos tipos: el consumo productivo representa la utilización de productos en la producción de otros productos, y el consumo improductivo corresponde a la utilización de productos para satisfacer directamente necesidades humanas. En este acto de consumo el producto desaparece del circuito económico.
— Proceso de cambio o intercambio: en algunas sociedades (las mercantiles) corresponde al proceso de circulación de los productos. Los productos destinados al cambio adoptan un nombre especial: *mercancías*, que tienen tanto un *valor de uso* (en tanto que satisfacen una necesidad, como productos que son) y un *valor de cambio* (que es el que les sirve para el intercambio).

Todas estas actividades económicas se desarrollan en sociedades concretas a lo largo de la historia, pero no siempre del mismo modo. La forma de realizar la producción, la distribución, el consumo, etc., depende, para Marx y sus seguidores, de las relaciones que establecen para llevarlas a cabo las distintas clases sociales y la relación básica que determina a las demás es la relación de propiedad respecto a los medios de producción. Como a lo largo de la historia esta relación ha ido cambiando, el conjunto de estas relaciones, es decir, la estructura económica de las sociedades, ha ido variando también. Por ende, las distintas maneras de producir, de distribuir el producto y el excedente, de consumir y de intercambiar, han configurado la historia material de la humanidad.

Es aquí donde se introduce el segundo conjunto de conceptos al que se hacía referencia, conceptos que designan, a diferentes grados de abstracción, dichas estructuras económicas.

Marx fue el primero en definir el concepto de estructura económica como el conjunto de relaciones de producción. A partir de ese concepto definió también el *modo de producción* como la *base económica de una sociedad* en la que se conjugan la estructura económica y el desarrollo de las *fuerzas productivas*, o recursos materiales y humanos que se destinan a la actividad económica. Posteriormente, el pensamiento estructuralista influyó con fuerza a la escuela marxista, en una simbiosis fecunda en la filosofía, la historia, la antropología, la sociología y la propia economía.

En este proceso de reformulación de los conceptos estructurales del marxismo tuvo un papel muy destacado el filósofo francés L. Althusser, quien, junto con E. Balibar, M. Harneker, N. Poulantzas, P. Vilar, M. Godelier, Sereni, Luporini y otros, dotó de nuevos contenidos y rigor (no exentos de polémica) al estructuralismo marxista. La conceptualización de las estructuras socioeconómicas según esta síntesis estructuralismo-marxismo será objeto del próximo capítulo.

Volviendo al contenido económico del pensamiento marxista, hay que señalar que todo su aparato conceptual y metodológico estuvo en principio abocado al estudio de un modo de producción concreto, el capitalista, y a cómo se desarrolló el capitalismo en las sociedades europeas a partir de las estructuras feudales. Los conceptos económicos que Marx introdujo como propios de este modo de producción son los que configuran su aportación «revolucionaria» a la economía política clásica.

Así, Marx mantuvo la teoría clásica del valor-trabajo, pero distinguió entre trabajo y fuerza de trabajo, que es la capacidad para trabajar que el trabajador vende al propietario de los medios de producción, el capitalista, a cambio de un salario. Con esta distinción Marx resolvió el problema del origen del excedente o beneficio, que tenía bloqueada a la economía clásica. La diferencia entre el valor creado por el trabajador en el proceso de trabajo y el valor de su propia fuerza de trabajo vendida a cambio del salario corresponde al *plusvalor* o *plusvalía*, que es precisamente la fuente del beneficio capitalista. De este concepto surge el de *explotación* de la clase trabajadora así como la explicación de los antagonismos de clase en las sociedades capitalistas.

Por otra parte, el carácter histórico (no eterno) del capitalismo como modo de producción significa que el concepto de *capital* se debe entender sólo en el contexto de esas determinadas relaciones de producción y que es en sí mismo una relación social y no una cosa (una máquina, dinero, etcétera). Y dado el antagonismo en dicha relación social, la temática en torno al cambio estructural (evolución, transformación o superación de la estructura capitalista) adquiere especial relevancia.

Esta explicación dotaba al enfoque económico marxista de un contenido revolucionario, no ya científico (en el sentido de Kuhn explicado en el capítulo anterior), sino social y político. De ahí que siguiera un camino propio y contrapuesto a la economía dominante neoclásica. Y en este camino también surgieron polémicas e interpretaciones distintas de la dinámica económica capitalista y sus cambios entre los economistas marxistas.

La escuela marxista ha constituido un cuerpo de teoría económica denso y vivo, siempre corolario con la propia dinámica real del capitalismo. A las aportaciones de los autores más inmediatos a Marx como K. Kautsky, Lenin, R. Luxemburg, N. Bujarin, R. Hilferding, etc., hay que añadir, como destacables, las de Grossman, M. Dobb, P. Sweezy, P. Baran, H. Magdoff, E. Mandel, Samir Amin o Ch. Bettelheim, por citar sólo algunos de los que a su vez han encabezado cierto tipo de subescuelas, entre muchos otros. El cuerpo teórico y conceptual resultante será tratado en la Parte II, dedicada precisamente a la explicación del modo de producción capitalista.

En definitiva, la escuela marxista aporta una explicación del funcionamiento económico del capitalismo que conlleva en sí mismo un carácter estructural, al estudiar teórica y empíricamente las estructuras de la producción, distribución y circulación tal como se producen en estructuras sociales reales determinadas.

RESUMEN

El método económico-estructural es el resultado de la aplicación del *método estructural* en economía. Dicha aplicación se ha consolidado a partir de diversas fuentes, unas procedentes de la propia ciencia económica (caso del *estructuralismo latinoamericano*, el *institucionalismo* y *neoinstitucionalismo* norteamericanos, o las obras de autores aislados como Perroux, Akerman, etc., en Europa), otras desde otras disciplinas, como es el caso del *estructuralismo*. En el caso del *marxismo*, ambos aspectos, el económico y el estructural, se recogen conjuntamente. En todos los casos, la intención es estudiar y comprender la *realidad* económica como una *totalidad* en la que los *elementos* están *posicionados* e *interrelacionados* de una manera *estable*, que en definitiva es quien los define individualmente. También es común, por tanto, el rechazo más o menos matizado de la economía neoclásica, ante su incapacidad de abordar de forma global, realista y empírica la estructura y dinámica de la economía.

LECTURAS PARA LA REFLEXIÓN

«En el siglo XXI se seguirá leyendo a Marx. Para entonces estará claro que el desprecio por Marx de los años setenta y ochenta, nacido del hipermarxismo de 1968, fue sólo, como éste, otro despiste de la misma labilidad pequeñoburguesa. Estará claro, como lo está hoy, que Marx es un clásico. Se seguirá leyendo, si es que algo se lee: si no se produce antes la catástrofe cuyo presentimiento anda reprimiendo tanta gente, con la ayuda del angelical Tofler o con la del siniestro obeso Kahn. De todos modos, ni la catástrofe arrinconaría definitivamente a Marx, sino que algún marxólogo extraterrestre que asistiera al espectáculo podría sostener que el desenlace estaba previsto en la "ruina común de las clases en lucha" del *Manifiesto comunista*.»

M. Sacristán Luzón: «¿Qué Marx se leerá en el siglo XXI?»,
en *Materiales, 16-17*, 1983.

«La arcaica distinción teórica entre lo bajo y lo honorable en el modo de vida de un hombre conserva hoy mucha de su antigua fuerza. Tanto es así que hay muy pocos miembros de la clase más elevada que no tengan una repugnancia instintiva por las formas vulgares de trabajo. (...) Se condena y evita sin titubear un instante las apariencias vulgares, las habitaciones mezquinas (es decir, baratas) y las ocupaciones vulgarmente productivas. (...) La abstención del trabajo no es sólo un acto honorífico meritorio, sino que llega a ser un requisito impuesto por el decoro. La insistencia en la propiedad como base de la reputación es muy ingenua e imperiosa durante los estadios primeros de la acumulación de riqueza. Abstenerse del trabajo es la prueba convencional de la riqueza y, por ende, la marca convencional de una buena posición social.»

Th. Veblen: *Teoría de la clase ociosa*. FCE, México, 1944.

«(Para Veblen) aunque la clase ociosa se adueñara de bienes, sin devolver a cambio ningún servicio productivo, hacíalo con la plena aprobación de la comunidad. (...) Lejos de ser considerados como malbaratadores y despojadores, los hombres que se elevaban hasta el rango de ociosos eran considerados como personas fuertes y hábiles. (...) De modo, pues, que Veblen veía en la vida moderna la herencia del pasado. La clase ociosa había cambiado sus ocupaciones, había refinado sus métodos, pero su finalidad continuaba siendo la misma: apoderarse de bienes, mediante la rapiña, sin trabajar. Ya no buscaba, desde luego, el botín o las mujeres; esa clase de barbarie ya no existía. En cambio, buscaba el dinero, y la acumulación de dinero y su derroche o exhibición sutil venía a ser la contrapartida moderna de los cueros cabelludos arrancados y colgados en las tiendas de campaña de los indios. No sólo proseguía la clase ociosa en sus viejas normas de rapiña, sino que se sentía realzada por las viejas actitudes de admiración hacia la fortaleza personal.»

R. L. Heilbroner: *Vida y doctrina de los grandes economistas*. Orbis, Barcelona, 1984.

PALABRAS CLAVE

- Método estructural
- Economía real
- Estructuralismo
- Institucionalismo
- Neoinstitucionalismo
- Marxismo

BIBLIOGRAFÍA BREVE

T. Bottomore: *Dicccionario del pensamiento marxista*. Tecnos, Madrid, 1984.
J. K. Galbraith: *Historia de la economía*. Ariel, Barcelona, 1993.
J. L. Sampedro y R. Martínez Cortiña: *Estructura económica*. Ariel, Barcelona, 1973.
Th. Veblen: *Teoría de la clase ociosa*. FCE, México, 1966.

CAPÍTULO 3
Las estructuras socioeconómicas

Las estructuras socioeconómicas son los conjuntos articulados de relaciones y elementos que configuran la parte más global, estable, profunda y definitoria de la realidad económica objetiva.

Para descubrirlas el investigador debe realizar, aplicando el método científico deductivo, un proceso de abstracción para extraer esos rasgos estructurales de la sociedad, eligiendo aquellas relaciones entre sus miembros que considere que constituyen su estructura. Por otra parte, a través del proceso de concreción progresiva se toman en consideración más elementos y más relaciones, de tal forma que se pueden definir estructuras socioeconómicas más básicas o más complejas.

En este capítulo se procederá de dicha forma, comenzando por definir la *estructura económica* al nivel más general de las relaciones económicas entre los grupos sociales, según su participación en los procesos económicos de producción, distribución, circulación y consumo. A continuación se añadirán a esta estructura las relaciones y los elementos que atañen a la tecnología y a los distintos recursos que se involucran en la actividad económica, dando lugar a una estructura más compleja que se definirá como el *modo de producción* de una sociedad. Posteriormente se incorporarán, en el proceso de concreción progresiva, los aspectos no económicos e históricos que, junto con los anteriores, definen a las sociedades concretas como estructuras aún más complejas, que se definirán como *formaciones sociales*. A partir de ahí, e incorporando entonces las relaciones entre las formaciones sociales, se definirá una nueva estructura, más amplia y global, que es el *sistema económico* o *sistema de formaciones sociales*.

Todo ello se hará desde un punto de vista sincrónico. En un último apartado se introducirá, entonces, el análisis diacrónico para abordar la problemática de la regulación, evolución y cambio en estas estructuras.

Quedará completa así la conceptualización necesaria para abordar el estudio del Sistema Capitalista Mundial, objetivo último de este libro, y quedará justificada la ordenación del mismo: el modo de producción capitalista, las formaciones sociales capitalistas y la estructura del propio Sistema Mundial.

3.1. LA ESTRUCTURA ECONÓMICA

La estructura económica es el conjunto de *relaciones económicas* estables que se producen entre los miembros de una sociedad en el ámbito de su actividad económica. Son de tres tipos:

1. *Relaciones de producción*: son las que regulan la forma específica en que cada individuo se inserta en el proceso de producción, definiendo su posición en la estructura económica. Son a su vez de dos tipos:

a) Las que atañen a la propiedad de los medios de producción. Dicha propiedad puede ser colectiva, privada-individual, privada-colectiva (por ejemplo, una Sociedad Anónima), etc.

La propiedad tiene diversos ámbitos de definición y ejecución. Hay que distinguir entre:

— La propiedad jurídica: designa al propietario jurídico de los medios de producción, pueda o no disponer directamente de ellos. En última instancia, el propietario jurídico es el que puede decidir sobre la enajenación de su propiedad.
— La posesión real: designa a quienes pueden decidir directamente sobre el uso de los medios de producción, sean o no propietarios de ellos. La posesión real se da como conjunción de la posesión efectiva (poder sobre el uso de los medios de producción) y de la posesión técnica (derivada del conocimiento técnico y de la utilización práctica del medio de producción).
— Cuando se dan conjuntamente la propiedad jurídica y la posesión real, se dice que se tiene la propiedad real de los medios de producción.
— La apropiación del producto resultante del uso de los medios de producción y del excedente (diferencia entre lo producido y el coste de producirlo) se realiza en base a las relaciones anteriores. La apropiación puede ser opaca (caso del capitalismo) o transparente (caso del tributo en el feudalismo). La apropiación formal se produce cuando se es propietario jurídico de los medios de producción y puede estar en pugna con la apropiación real, que se consigue por aquellos que disponen efectiva y técnicamente de los medios de producción. Por supuesto, cuando se da la propiedad real, el propietario se apropia realmente de todo el producto y del excedente.

En el Recuadro 3.1 se exponen algunos ejemplos al respecto para ilustrar la importancia de estas distinciones en el marco de la propiedad.

b) La *división del trabajo*, que puede ser:

— Social: según el papel a cumplir en la actividad económico-social: la tripleta vebleniana de «los que tienen/los que saben/los que hacen», o la de Marx de «capitalistas/obreros», o la que distingue «trabajo intelectual/trabajo manual», etc.
— Técnica: según las tareas a desempeñar en el proceso productivo: «ingeniero/capataz/operario», etc.
— Sectorial: según los diversos sectores económicos: agricultura, comercio, industria manufacturera, banca y finanzas, servicios, etcétera.

RECUADRO 3.1. DISTINTAS MANERAS DE SER PROPIETARIO

En las sociedades feudales, el propietario jurídico de la tierra y quien la poseía efectivamente era el señor feudal, pero la posesión real de los medios de producción estaba en manos de los campesinos, quienes por tanto estaban en condiciones de decidir el volumen del excedente producido. El rey, como cualquier otro señor feudal, era propietario jurídico de sus tierras y al propio tiempo era soberano político del conjunto de la sociedad. Por esa razón tampoco podía apropiarse de todo el excedente, en pugna con la apropiación efectiva por parte de la nobleza. En el inicio del capitalismo, aunque el capitalista era el propietario jurídico y poseía efectivamente los medios de producción (decidía cuándo y cómo se tenían que utilizar), el conocimiento del proceso de producción por parte del ex artesano proletarizado le daba a éste parte de la posesión técnica, lo que mermaba el poder del capitalista en cuanto al volumen del excedente a apropiarse. De ahí el desarrollo de la organización fabril del proceso de trabajo y de la progresiva pérdida del *know how* por parte del trabajador, como medida imprescindible para que el capitalista ejerciese la propiedad real de sus medios de producción.

En el capitalismo avanzado, la organización de la propiedad del capital en Sociedades Anónimas vuelve a diferenciar a los accionistas, propietarios jurídicos, de los que disponen efectiva y técnicamente del capital, decidiendo en la práctica su uso real. Estos últimos configuran lo que Galbraith llamó la Tecnoestructura, posesora real de los medios de producción. Por ello la Tecnoestructura se apropia de parte del excedente en forma de sueldos, gratificaciones, dietas, etc., mientras que los accionistas, propietarios formales, lo hacen en la medida que decide la Tecnoestructura, a través del dividendo.

2. *Relaciones de distribución*: son las que determinan la parte del producto y del excedente que corresponden a cada individuo o colectivo de individuos en el reparto del producto social. Dependen, pues, de las relaciones de producción y de la apropiación derivada de ellas. En el capitalismo adoptan la forma de salarios y beneficios (rentas, dividendos, intereses, etc.).

3. *Relaciones de consumo*: dependen de las de distribución y en última instancia de las de producción. Determinan la forma en que se utiliza la parte que corresponde a cada individuo en función de la distribución. Por ejemplo, en el capitalismo todo el salario se gasta en medios de consumo improductivo, parte de los beneficios se utiliza en consumo improductivo y parte en consumo productivo (inversión).

Las *clases sociales* que conforman cada sociedad son los elementos de la estructura económica, posicionados e interconectados en su seno de una manera objetiva e independiente de la voluntad de los individuos que las componen, según las relaciones económicas antes descritas.

3.2. LAS FUERZAS PRODUCTIVAS

Definidas las relaciones entre las clases sociales, el siguiente paso es considerar las relaciones entre la sociedad y los instrumentos y objetos de trabajo. Es decir, se trata de considerar el conjunto de los recursos humanos, las condiciones naturales de la producción, las materias primas que éstas ofrecen, los medios de producción que las transforman, el conocimiento técnico que posee la sociedad para dicha transformación, etc.

Este conjunto configura las *fuerzas productivas*, que se definen como la estructura de recursos materiales e intelectuales de que dispone una sociedad y que pone en funcionamiento para su subsistencia y para la reproducción de su estructura económica.

Las fuerzas productivas están siempre caracterizadas por un determinado *grado de desarrollo*, que se define por el nivel cuantitativo y por las características cualitativas de los recursos utilizados. Conforme aumenta la masa y la calidad de inputs introducidos en la producción y, consiguientemente, el output a disposición de la sociedad, se considera que el grado de desarrollo de las fuerzas productivas es más alto. El desarrollo de las fuerzas productivas debe permitir, así, producir cada vez más con menor esfuerzo relativo y dependiendo cada vez menos de los límites que impone la Naturaleza. De ahí que se identifique el desarrollo de las fuerzas productivas como el *progreso* de una sociedad.

La estructura de las fuerzas productivas está representada en el Esquema 3.1.

Debe resaltarse, sin embargo, que las fuerzas productivas son un conjunto estructurado y que por tanto todos sus elementos están interrelacionados. El desarrollo desigual entre ellos, o la ruptura de algunas de sus interrelaciones (por ejemplo, el agotamiento de un recurso, o el deterioro medio-

ESQUEMA 3.1. LAS FUERZAS PRODUCTIVAS

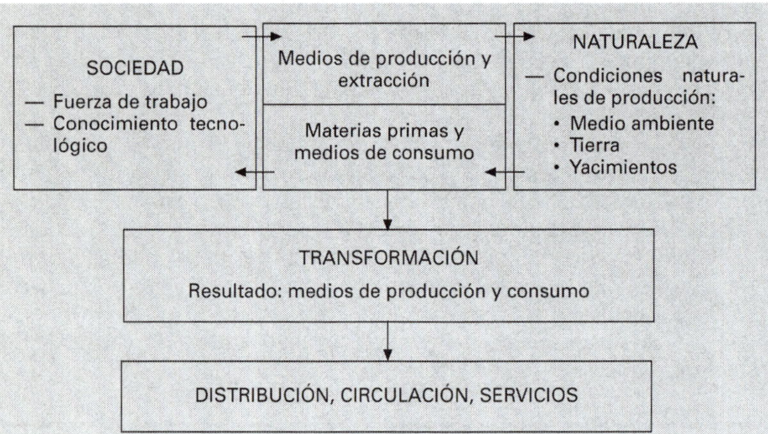

Explicación: La Naturaleza aporta unas condiciones determinadas (clima, suelo, recursos biológicos, minerales, fuentes energéticas, etcétera) que la sociedad utiliza a partir de su conocimiento científico y técnico, del volumen de su fuerza de trabajo y de los medios de producción (instrumentos de trabajo) de que dispone. Así obtiene nuevos medios de producción, materias primas y medios de consumo. Se pueden distinguir, en primer lugar, entre las actividades directamente ligadas con la Naturaleza y las que ya están desligadas de ella; y, en segundo lugar, según las características de las condiciones naturales de la producción se diferencian la agricultura, la minería, etc., en el primer caso, y según el carácter transformador o no se diferencian la industria del comercio, los servicios, etc., en el segundo caso. En todas ellas tiene lugar el desarrollo de las fuerzas productivas.

ambiental), puede dificultar el desarrollo de la estructura de las fuerzas productivas como bloque o, en otros términos, puede cuestionar el progreso.

En las relaciones entre las fuerzas productivas hay que distinguir entre las que relacionan entre sí los recursos materiales y las que relacionan los recursos materiales con el ser humano productor.

— La relación interna entre los instrumentos de trabajo (medios de producción) y los objetos de trabajo (materias primas) es fundamentalmente técnica.
— La relación externa de los instrumentos y objetos de trabajo con el ser humano es de carácter social, puesto que en ella se manifiesta la *propiedad*. Esta relación tiene dos dimensiones:

  • La material, que es el trabajo, como actividad que relaciona físicamente los tres elementos (ser humano/instrumento/objeto) y que por tanto adquiere carácter social, no individual. Esto implica considerar irrelevantes los modelos de tipo «Robinson Crusoe» para explicar la realidad. El trabajo se aplica en una determinada estructura económica, no en una isla desierta.
  • La intelectual, que es la dimensión tecnológica, que sintetiza el conocimiento y control del proceso material de trabajo y refleja la elección y desarrollo de los objetos e instrumentos de trabajo para elevar el nivel de progreso. Por tanto, también la tecnología tiene un carácter social, vinculado a la estructura económica en que se desarrolla.

3.3. EL MODO DE PRODUCCIÓN

Hasta aquí se han elaborado los conceptos de estructura económica, para expresar la parte fundamental de la organización económica de la sociedad y de fuerzas productivas, para expresar los recursos materiales e intelectuales con que cuenta dicha organización. Se ha destacado que ambos conjuntos están interrelacionados. Por tanto, se puede definir una estructura más compleja que recoja a ambos como elementos y a sus interrelaciones como las constitutivas de la nueva estructura, que se denomina *modo de producción*.

Un modo de producción es un conjunto estructurado de relaciones económicas específicas y de fuerzas productivas con un determinado nivel de desarrollo.

Es, pues, un modelo teórico, elaborado a un alto nivel de abstracción, que recoge los aspectos más globales, profundos y estables del desarrollo y funcionamiento de la sociedad. En definitiva, se trata de expresar como unidad estructurada la forma de relacionarse para producir (y distribuir y consumir, derivadamente) y la forma de definir y realizar el progreso. Dicho de otra forma: la manera, forma o modo de producir, distribuir y consumir de una sociedad está definida por su estructura económica y el grado de desarrollo de las fuerzas productivas.

La interacción que se da entre las relaciones económicas (de producción, distribución,...) y el grado de desarrollo de las fuerzas productivas en el seno del modo de producción es del siguiente tipo: el grado de desarrollo de las fuerzas productivas posibilita las relaciones económicas y su reproducción, las limita si no alcanza un determinado nivel o las impone a partir de un nivel superior; por otra parte, y en sentido inverso, las necesidades impuestas por la reproducción de la estructura económica y de sus clases sociales impulsan el desarrollo específico de las diversas fuerzas productivas y su forma de articularse, es decir, diseñan la articulación sectorial y los niveles de productividad del trabajo.

Es decir, el «progreso» no es una categoría universal (aunque así se considera cuando se habla del «progreso de la humanidad» o se hacen prospectivas generalizadoras y abstractas para el futuro), sino que es característico de cada modo de producción. Por tanto, hay que hablar con calificativos: progreso capitalista o desarrollo capitalista de las fuerzas productivas.

Si se produce un desajuste irreversible entre los dos componentes del modo de producción, la ruptura en su estructura provoca que la sociedad no pueda seguir produciendo, distribuyendo y consumiendo de la misma manera (del mismo modo), y por tanto se impondrá la necesidad de un cambio estructural y la sociedad organizará las relaciones entre sus miembros y progresará sobre las bases de otro modo de producción.

En la historia de las sociedades ha habido varios modos de producción. Aunque el concepto de modo de producción tal y como se ha definido hasta ahora es un concepto teórico-abstracto, que se refiere a la explicación de las leyes generales de funcionamiento económico de la sociedad, es, sin embargo, un concepto real, que hace referencia a la realidad objetiva. Ello permite, por tanto, establecer una tipología de modos de producción.

Tipología de los modos de producción

Al diferenciar los distintos modos de producción que se pueden abstraer de la historia real es importante resaltar que la tipología resultante no implica necesariamente un orden de sucesión histórica, es decir, no es una cronología. Algunos de ellos han coexistido simultáneamente en sociedades concretas. Es decir, un modo de producción puede ser *dominante* o, por el contrario, *subordinado* a otro modo de producción, lo cual quiere simplemente decir que la parte más significativa de las relaciones económicas y del progreso de una sociedad se definen de una manera (modo de producción dominante), aunque existen una parte de la organización social y algunas fuerzas productivas desarrolladas que presentan características estructurales diferentes (modo o modos de producción subordinados).

La tipología de modos de producción que se presenta a continuación se basa en ese carácter de dominación o subordinación que ha adoptado cada uno de ellos en la historia social.

a) Modos de producción dominantes:

- — Modo de producción comunitario primitivo.
- — Modo de producción tributario:
    - Precoz (modo de producción feudal).
    - Desarrollado (asiático, americano).
- — Modo de producción capitalista.

b) Modos de producción subordinados (combinados con otros):

- — Modo de producción esclavista.
- — Modo de producción mercantil simple:
    - Artesanal con mercado local.
    - Artesanal con comercio lejano.

c) Además de los anteriores, se ha argumentado sobre la existencia de otros modos de producción, aunque su definición y su propia existencia real ha sido objeto de polémicas. Tales serían:

- — Modo de producción comunista.
- — Modo de producción soviético.
- — Modo de producción socialista.
- — Modo de producción doméstico.

En cada uno de estos modos de producción son específicas o propias de él las siguientes características:

- — La forma de propiedad de los medios de producción.
- — La estructura de clases sociales.
- — La división del trabajo.
- — La forma de apropiación y distribución del producto y del excedente (derivada de las formas de propiedad).
- — Los niveles cuantitativos del producto social y del excedente (determinados por el progreso) y las formas cualitativas del excedente (tributo, beneficio, etc.).

RECUADRO 3.2. NO HAY MODOS DE PRODUCCIÓN ETERNOS

Ninguna clase dominante deja de serlo por propia voluntad. A lo largo de la historia las clases sociales han variado, como lo han hecho los recursos disponibles, la dependencia de la Naturaleza y el conocimiento técnico. Pensar en todos estos elementos simultáneamente para caracterizar una sociedad es pensar en su modo de producción, y advertir cuán variadas han sido las sociedades a lo largo de la historia es admitir que no hay modos de producción eternos.

El modo de producción históricamente más difundido fue el *tributario desarrollado*, definido por algunos autores como el *modo de producción asiático*. Sus relaciones económicas estaban definidas por complejas relaciones de propiedad: la formal era del emperador (rey, sátrapa, etcétera) y la posesión real de los aldeanos, que pagaban tributo al señor. Este excedente, apropiado de forma directa y visible, servía para la reproducción de la clase dominante al servicio del emperador (funcionarios, mandarines, guerreros, sacerdotes, etc.) no propietaria de tierras, cuya función era realizar las tareas improductivas. La agricultura es la actividad en la que se vuelca el desarrollo de las fuerzas productivas y el progreso o nivel de desarrollo de las sociedades basadas en este modo de producción se mide por el nivel cuantitativo de excedente conseguido, que permitía más volumen demográfico, más potencia militar, etc. La fuerte centralización política permitía grandes obras de irrigación, colonización de nuevas tierras, etc., y la estabilidad era grande. De hecho, esta manera de producir no evolucionará, sino que será destruida por el colonialismo europeo.

El modo de producción *feudal* es considerado como una derivación o caso especial del tributario. La estructura económica es más compleja: la propiedad de la tierra es del noble (señor feudal) y el campesino es siervo y paga tributo. El rey es soberano (políticamente) pero no propietario de toda la tierra. La inestabilidad de la estructura de clases es, por tanto, mayor, con un excedente más repartido. El nivel de desarrollo de las fuerzas productivas es menor que en el caso anterior al faltar la centralización del poder y la dispersión en la propiedad de la tierra. Las formaciones sociales en las que dominó (Europa, Japón) formaron, según Samir Amin, la «periferia» con respecto a las sociedades tributarias más avanzadas (China, India, Persia).

El hilo histórico que pasa por el modo de producción tributario combinado con el esclavista (Grecia, Roma), se convierte en tributario precoz (feudal) en Europa y se combina con la pequeña producción mercantil (en la que el propietario de los medios de producción es quien los trabaja), que implica un mayor progreso por la división del trabajo y un peso mayor a la industria. La apropiación del excedente empieza ya a ser opaca a través del mercado. La debilidad del modo feudal frente al ascenso de la estructura y el progreso mercantiles da lugar finalmente al *capitalismo,* que como modo de producción ha logrado, desde Europa, su expansión mundial en sólo dos siglos. Este camino «eurocentrista» es la muestra del paso de una situación periférica (el feudalismo europeo con respecto a los Estados tributarios de Oriente) a una posición central (Europa capitalista). Y la historia continúa...

— El desarrollo sectorial de las diversas fuerzas productivas y su peso en el desarrollo global (en unos modos de producción la agricultura es dominante, en otros lo es la industria, etc.).

En el Recuadro 3.2 se ejemplifica, al hilo de la historia, esta tipología y algunas características de algunos de estos modos de producción.

En definitiva, los modos de producción son estructuras teóricas que pretenden reflejar la *base económica* de la sociedad.

Pero la dimensión económica no es la única dimensión de la realidad social. Y el modo de producción es una estructura más teórica que histórico-concreta. Para incorporar las instancias no económicas y avanzar un paso más en la concreción progresiva se necesita un nuevo concepto que es el de *formación social.*

3.4. LA FORMACIÓN SOCIAL

El concepto de formación social se refiere a una sociedad concreta en un momento determinado de la historia. Como concepto, se formula a un nivel más bajo de abstracción que el de modo de producción, puesto que tiene en cuenta más relaciones y elementos de la realidad social.

Una formación social es una comunidad estructurada, determinada espacial e históricamente, que se reproduce en su existencia económica y social a través del tiempo.

Hay conceptos y términos que hacen referencia, aparentemente, a la misma realidad que pretende reflejar el concepto de «formación social»: país, nación, Estado, etc. Sin embargo, no están definidos de la misma manera, puesto que el concepto de formación social es producto del método estructural, mientras que los otros son más ambiguos y producto de análisis variados y en ocasiones divergentes procedentes de la geografía, la política, etc.

Al estudiar la realidad histórico-empírica de la sociedad mediante el método estructural se hace evidente que la formación social supone, por una parte, una *combinación **real** de modos de producción y de instancias no económicas* (políticas, jurídicas, de conciencia social, etc.). Y, por otra parte, *es una estructura que articula los diferentes niveles de la existencia social*, que son tres:

1. Los recursos materiales e intelectuales de que dispone cada sociedad para su subsistencia y reproducción en cada momento: su población y su capacidad de trabajo, el entorno medioambiental, los recursos naturales en su territorio, los medios de producción, el nivel de desarrollo técnico y científico para su utilización, etc. Todo este conjunto constituye la *infraestructura* de la formación social.
2. Las distintas clases y grupos sociales y las relaciones establecidas entre ellos, que determinan objetivamente la posición de los individuos en la sociedad y las condiciones materiales de su existencia como miembros de la colectividad. Ésta es la *estructura* de la formación social, la parte más significativa de la cual es la estructura económica tal y como fue definida anteriormente.
3. El conjunto de manifestaciones sociales que se producen en la sociedad fuera de la esfera de la actividad económica, aunque se derivan de ella y al propio tiempo actúan sobre ella: la ideología, la cultura, las instituciones políticas, la religión, etc. Más o menos explícitamente, todo ello es la expresión de la conciencia social sobre la propia organización de la comunidad, su justificación y el conjunto de mecanismos institucionales para reproducir la estructura existente, usando con ese fin la infraestructura disponible.

   Este conjunto de instancias e instituciones no económicas configura la *superestructura* de la formación social.

La infraestructura, la estructura y la superestructura son los tres elementos de la formación social, y como ésta es un conjunto estructurado las relaciones entre ellos son de carácter estable y fuerte:

— Las *relaciones entre la infraestructura y la estructura* son del mismo carácter que las que existen entre las fuerzas productivas y la estructura económica, definidas anteriormente: los recursos materiales de que dispone una comunidad limitan por su escasez, o imponen por su abundancia, la estructura social, los tipos de clases sociales, etc.; en sentido recíproco, la utilización y desarrollo de los recursos existentes se efectúan para reproducir la estructura social vigente y así el progreso puede ser impulsado o bloqueado según los intereses de la clase dominante en la estructura.

— La *relación entre la estructura y la superestructura* es más compleja. Sin duda las instituciones y la conciencia social emanan de la estructura, puesto que la racionalidad, la ideología, el aparato político-administrativo, la normativa jurídica, etc., son desarrolladas más o menos conscientemente para defender los intereses de la clase dominante, el principal de los cuales es mantenerse como tal clase dominante, aunque también es necesario, para la estabilidad de la estructura económico-social, que las clases dominadas o subordinadas a la dominante acepten su papel en dicha estructura. Pero, por otra parte, el entramado superestructural llega a hacerse tan complejo, la conciencia social llega a formularse en usos y costumbres tan irracionales (las «instituciones» de la escuela institucionalista), las normas jurídico-políticas alcanzan tal nivel de burocratización endogámica, etc., que, como resultado, la propia superestructura se dota de autonomía relativa en el devenir social.

  Ello puede provocar desajustes en la relación estructura-superestructura, en los que esta última puede acusar cierto retardo a las necesidades de la estructura (por ejemplo, las resistencias feudales a la estructura de clases capitalista) o bien acelerar modificaciones en ella en base a su propia dinámica (el mejor ejemplo de esto último son los procesos en las sociedades ex soviéticas, en las que desde la superestructura anterior se están creando las nuevas clases sociales y las nuevas relaciones económicas capitalistas).

En la teoría de la historia se ha incurrido en ocasiones en el error de minusvalorar la influencia de la superestructura en la dinámica de la estructura, pensando que siempre sería de menor importancia que la recíproca. Esta óptica ha sido calificada como determinismo histórico, ya que pretendía explicar el desarrollo histórico de las sociedades casi exclusivamente a partir del cambio en su base económica. En realidad, las formaciones sociales, al ser estructuras, son algo más complejo que una mera pirámide en las que las relaciones infraestructura-estructura-superestructura fueran una línea ascendente de una sola dirección. Contra dicho determinismo histórico, el método estructural enseña que, aunque efectivamente el papel de toda superestructura es reproducir la base económica existente, la instancia dominante en la dinámica social puede ser cualquiera de las tres, dependiendo ello del tipo de base económica. Así, en un tipo de sociedades el nivel dominante será el político, en otras el económico, en otras el medioambiental, etcétera, en función de los modos de producción dominantes.

En cualquier caso, es el modo de producción dominante (su estructura económica específica) el que calificará a la formación social, y la tipología de modos de producción es aplicable entonces a la de las formaciones sociales. Encontramos así, en la historia, formaciones sociales tributarias, feudales, mercantil-esclavistas, capitalistas, etc.

— *La interrelación entre la infraestructura y la superestructura* está fundamentalmente mediatizada por la estructura. Sin embargo, en determinados casos puede encontrarse una «línea directa» entre ambos niveles. Por ejemplo: una concepción religiosa que, como la bíblica, define al hombre como el «rey de la creación», infunde a la relación con la Naturaleza un sesgo unidireccional y de dominación, que actualmente se consideraría «antiecológico», pero que ha influido de la misma manera en sociedades con distinta estructura económica. Recíprocamente, la dependencia (por desconocimiento) de la Naturaleza se ha hecho presente en la propia existencia de algunas religiones. Otro ejemplo de cómo la problemática en la infraestructura puede influir directamente en la superestructura es la preocupación actual por desarrollar una nueva conciencia y crear nuevas instituciones para enfrentar el deterioro medioambiental global del planeta.

En suma, la formación social es una estructura más concreta que el modo de producción, pero definida a partir de él. En el Esquema 3.2 se representa la relación conceptual entre ambos.

ESQUEMA 3.2. LOS MODOS DE PRODUCCIÓN EN LA FORMACIÓN SOCIAL

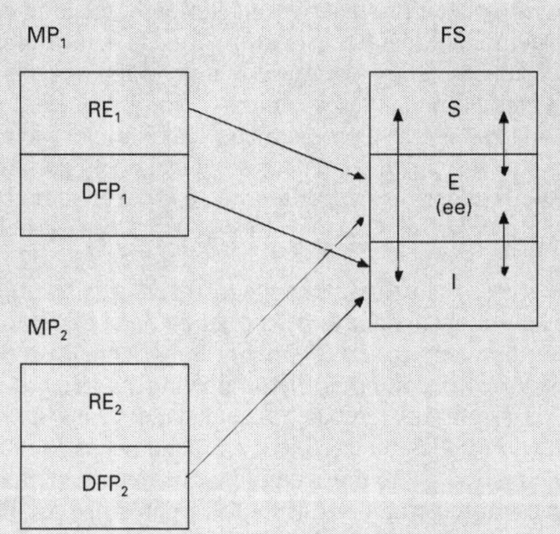

Explicación: La estructura de clases sociales de la formación social (E) es la resultante de la combinación de relaciones económicas (RE) definidas en los diversos modos de producción (MP_1, MP_2) que existen en esa formación social (FS). Por ejemplo, en una formación social en la que exista el modo de producción capitalista y el mercantil simple existirán capitalistas, trabajadores asalariados y trabajadores por cuenta propia (industriales, comerciantes, profesionales, etc.), configurando una estructura económica (ee) como base de la estructura social, en la que estas clases se manifestarán como burguesía, proletariado y pequeña burguesía, respectivamente.

La infraestructura de la formación social (I) está determinada por los niveles de desarrollo de las fuerzas productivas (DFP) característicos de los modos de producción presentes en esa formación social. En el ejemplo anterior, las actividades económicas en las que se trabaje de modo capitalista tendrán un nivel de desarrollo mayor y pesarán más en la infraestructura que aquellas realizadas según el desarrollo mercantil simple (nivel artesanal). La industria jugará un papel primordial (será una sociedad «industrializada»), mucho mayor que en otra formación social donde no existiera el modo de producción capitalista.

La superestructura de la formación social (S) no está definida por los modos de producción directamente, sino indirectamente a través de la configuración de la base económica de la formación social.

Las relaciones de oposición, dominación o subordinación que existan entre los modos de producción (MP_1, MP_2) se manifestarán superestructuralmente en las alianzas y antagonismos de clases sociales, con sus proyectos políticos, ideológicos, etc., propios. En general, la superestructura tenderá a asegurar la perpetuación de la estructura económica propia del modo de producción dominante mediante las leyes, los aparatos de Estado, etc., que excluirán asimismo a lo que sea antagónico con ella. E integrará las estructuras económicas diferentes pero no antagónicas, subordinándolas (por ejemplo, la formación social capitalista de EE.UU. durante gran parte del siglo XIX integró la estructura económica esclavista y la mercantil simple junto con la capitalista, hasta que la primera se hizo antagónica con la última y entonces fue suprimida).

Cualquier formación social se reproduce a lo largo del tiempo y su dinámica está definida por los continuos ajustes que se realizan entre sus tres componentes estructurales. Si en algún momento los desajustes entre ellos son insalvables (derrumbe de la infraestructura, antagonismo revolucionario entre sus clases sociales, etc.), la formación social se romperá como estructura (antigua), y sobre la articulación de los nuevos contenidos de sus instancias (nuevos recursos, o nueva estructura económica, etc.) se desarrollará de otra manera una nueva formación social, que posiblemente retendrá numerosos aspectos de la anterior, aunque no dominantes.

3.5. EL SISTEMA ECONÓMICO

En un paso más en la concreción histórico-real hay que considerar que las sociedades han estado generalmente conectadas con otra u otras. Las formaciones sociales se han relacionado históricamente de diversas maneras, estableciendo conexiones más endebles o más fuertes y estables. En este último caso, se puede llegar a un punto en el que lo que ocurre en una formación social (en su infraestructura, en su estructura o en su superestructura) sólo puede entenderse teniendo en cuenta sus relaciones exteriores. Es necesario entonces incorporar un nuevo concepto para designar esa nueva totalidad de la que la formación social individual es sólo una parte. Este nuevo concepto es el de sistema económico.

Un sistema económico es un conjunto estructurado de formaciones sociales que mantienen entre sí interrelaciones fuertes, profundas, estables y tales que su posición en el sistema define su dinámica interna.

Como conjunto de formaciones sociales, el sistema económico está metodológicamente definido al mismo nivel de abstracción histórico-concreto que el concepto de formación social, es decir, es también una comunidad estructurada con tres niveles: la infraestructura, la estructura y la superestructura sistémicas. Pero es una estructura más compleja, porque abarca una totalidad mayor y un mayor número de relaciones:

— *La estructura del Sistema es un conjunto de relaciones entre formaciones sociales* «completas». Es decir, al hablar de estructura sistémica no hablamos sólo de relaciones entre clases sociales (por ejemplo, burguesía mundial/proletariado mundial), sino también de relaciones entre países (por ejemplo, países ricos/países pobres, Centro/Periferia). El carácter de una formación social integrada estructuralmente en un sistema económico viene definido por su posición en el mismo, posición que no puede variar sustancialmente si no cambia la estructura del sistema. Por otra parte, la estructura sistémica, es decir, la forma de relacionarse entre sí las formaciones sociales que componen el sistema, está determinada a nivel más profundo por un modo de producción dominante, que da nombre al Sistema (sistema feudal, sistema capitalista, sistema socialista, etc.).

— *La infraestructura del Sistema es el conjunto de infraestructuras* de las formaciones sociales que en él se integran, pero es un conjunto estructurado según la totalidad sistémica, no una mera yuxtaposición de recursos humanos y materiales. La división sistémica del trabajo, la productividad y, en definitiva, el desarrollo de las fuerzas productivas en la globalidad del Sistema no tiene por qué ser homogénea para sus componentes.

— *La superestructura del Sistema no viene determinada por la mera yuxtaposición de las superestructuras de las formaciones sociales que lo componen*, sino que tiende a ser específica y propia, capaz de asegurar la explotación «racional» (o armónica con los intereses de la estructura) de las fuerzas productivas del Sistema.

— Pueden producirse *procesos subsistémicos* (creación de estructuras de varias formaciones sociales mediante la integración económica y/o política) que pueden alcanzar un nivel más avanzado que el del propio sistema global. Estos subsistemas tienen un efecto ambiguo en el desarrollo del sistema total: por una parte son un paso adelante en la articulación de las formaciones sociales que lo integran, pero, por otra, pueden introducir factores de disgregación o falta de armonía (por competitividad o antagonismos) en el funcionamiento sistémico total.

En el Esquema 3.3 se refleja la relación del Sistema con los otros conceptos analizados en este capítulo.

En definitiva, el concepto de sistema es un modelo teórico-real que recoge *todas las estructuras* que componen la realidad económica a diferentes grados de abstracción y por tanto es el idóneo para convertirse en el objeto de estudio más global, totalizador y real de la actual economía mundial.

3.6. DINÁMICA ESTRUCTURAL: REGULACIÓN Y CAMBIO ESTRUCTURAL

Hasta aquí se han definido las estructuras fundamentales de la realidad económica objetiva, explicitando las relaciones y elementos de dicha realidad que en cada caso se toman en consideración. Su estudio se ha efectuado de un modo *sincrónico*, aunque se ha hecho referencia a las consecuencias de las rupturas posibles entre los elementos de las estructuras (cambio de modo de producción, desestructuración de una formación social, etc.). Ahora se trata de retomar esta problemática, es decir, se tratará a continuación de definir, a través del análisis *diacrónico* de las estructuras, qué cambios en los elementos y/o relaciones de una estructura significan sólo una *evolución* de esa estructura y cuáles implican una *modificación definitiva*

ESQUEMA 3.3. LA FORMACIÓN DEL SISTEMA ECONÓMICO

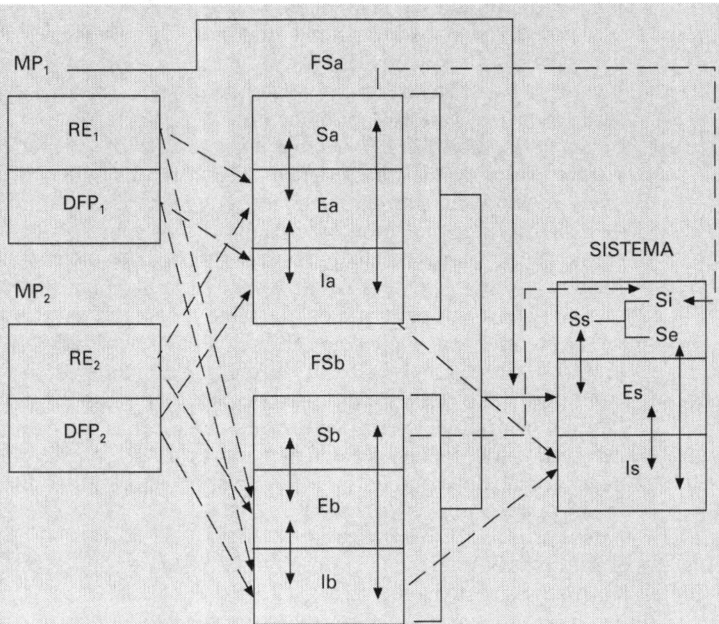

Explicación: Como en el Esquema 3.2, los modos de producción (MP_1 y MP_2) presentes en las formaciones sociales (FSa y FSb) configuran sus infraestructura, estructura y superestructura (Ia e Ib, Ea y Eb, Sa y Sb, respectivamente). La relación que se da entre las formaciones sociales se convierte en estructural (estable, global y fuerte) cuando el modo de producción dominante en ellas (en este caso, el MP_1) es el que diseña dicha relación, la cual se constituye entonces como *estructura sistémica* o del sistema. El conjunto de recursos de FSa y FSb (Ia e Ib) pasan a configurar la *infraestructura sistémica*, que es utilizada según las características del desarrollo de las fuerzas productivas propio del modo de producción dominante en la estructura sistémica (MP_1). En la *superestructura sistémica* (Ss) se pueden distinguir aquellas instituciones y organismos resultado de la yuxtaposición de las superestructuras de las formaciones sociales (Si) —por ejemplo, organismos intergubernamentales— y aquellas otras más específicas de la globalidad sistémica, (Se) resultado directo de la estructura del sistema —por citar ejemplos reales: el Consejo de Seguridad de las Naciones Unidas, la Comisión Trilateral, el Club de Roma, la Internacional Socialista, etc.

y la sustitución de la antigua por una nueva estructura (una nueva forma de relacionarse los antiguos y/o nuevos elementos, que se denomina *cambio de estructuras* o *cambio estructural*).

Las estructuras sociales y económicas siempre están en movimiento, porque la misma realidad está siempre modificándose. El reflejo del movimiento real en los componentes estructurales puede afectar a uno a varios de ellos y los demás se van adaptando por el propio funcionamiento del todo estructural. Éste posee unos *mecanismos de regulación*, que son los que permiten que la estructura pueda asumir esos cambios sin cambiar ella misma, y que son muy variados y específicos de cada estructura (en la realidad son mecanismos económicos, coercitivos, políticos, etc.). Pero cuando la acumulación de tales cambios impide el mantenimiento de las relaciones definitorias de cada estructura, es cuando se impone su cambio.

Por ejemplo: se ha visto que la *estructura económica* está definida por una serie de relaciones económicas:

— Relaciones de producción, que incluyen:

- Relaciones de propiedad jurídica.
- Relaciones de posesión efectiva, técnica y real.
- Relaciones de propiedad real.
- Relaciones de apropiación (jurídica o formal, efectiva, técnica y real).

— Relaciones de distribución.
— Relaciones de consumo.

A lo largo del proceso dinámico de reproducción económica y social, algunas de estas relaciones se van modificando: las distintas formas de posesión pueden pasar de unas clases a otra (la dominante), modificando la apropiación, o lo pueden hacer las de distribución —si una clase dominada se apodera de parte del excedente—, etc. Siempre y cuando estas modificaciones no alteren qué clase es la propietaria de los medios de producción, las estructura económica se definirá del mismo modo (feudal, capitalista, etc), aunque se podrá hablar de etapas, estadios o formas diferentes (por ejemplo, las estructuras feudales en Europa en el siglo IX y en el siglo XIV, o las estructuras feudales europeas y la japonesa, o la estructura capitalista en un país desarrollado y la de un país subdesarrollado). Cuando algunos de los mecanismos de regulación fallan, es cuando se desarrollan otros que incorporen esas modificaciones para mantener la reproducción global. El ejemplo más ilustrativo de esto último podría ser el binomio Mercado/Estado como mecanismos de regulación en la estructura económica capitalista: cuando el mercado, en la crisis de los años treinta, demostró su ineficacia, el Estado entró en acción, pero en la crisis actual se vuelve a cuestionar su eficacia reguladora; y a lo largo de todo el proceso, la estructura económica ha evolucionado pero no ha dejado de ser capitalista.

Lo mismo ocurre con las *fuerzas productivas*. El *progreso* es por sí mismo evolución y mejora de las técnicas y recursos manteniendo su interrelación, pero llega un momento en que se traspasa el umbral que permitía esa articulación de las fuerzas productivas existentes y su desarrollo exige un cambio radical: cambiar las fuentes de energía, o el volumen y calidad de los recursos humanos, o el nivel científico-técnico, etc.

Como estructura de las dos anteriores, el *modo de producción* reflejará sus cambios y evoluciones parciales, y por tanto también sufrirá modificaciones en su seno, que pueden constituir *fases* (en el capitalista, por ejemplo, la fase concurrencial, la fase monopolista de base nacional y la fase monopolista de base mundial) o *formas* distintas (el feudal, como forma «degenerada» del tributario, por la mayor debilidad de su clase dominante).

Los mecanismos de regulación del modo de producción funcionan para adecuar permanentemente en su evolución el desarrollo de las fuerzas productivas a la estructura económica y viceversa. La moderna *escuela regulacionista* (de origen francés) define distintos *modos de desarrollo* de un modo de producción, resultado de las diferentes soluciones en la adecuación de las dimensiones social y técnica del modo de producción. Así, por ejemplo, en el capitalismo se puede distinguir un modo de desarrollo basado en la libre competencia y en la acumulación extensiva de otro modo de desarrollo del mismo modo de producción capitalista basado en el monopolio y la acumulación intensiva.

En cualquier caso, cuando la estructura económica o el desarrollo de las fuerzas productivas han acumulado tal cantidad de cambios cuantitativos o cualitativos que hacen inservibles tales mecanismos, sobrevendrá el cambio de modo de producción. El ejemplo más clásico es el paso del feudalismo al capitalismo, con fuerzas productivas encorsetadas por la estructura feudal y una nueva clase emergente (la burguesía) necesitada de nuevas relaciones socioeconómicas para imponer la nueva forma de producir.

A su vez, la *formación social* y el *sistema*, definidos en el nivel histórico-concreto, hacen más visibles estas diferencias entre *evolución* y *revolución*. En el caso de la formación social, su superestructura es el lugar donde se manifiesta la conciencia y la voluntad institucional tanto de «cambiar algo para que nada cambie» en su estructura económico-social (reformismo, evolución), como de la necesidad del cambio total, estructural (revolución). Y los mecanismos de regulación políticos, jurídicos, de política económica, etc., son reflejo de la base económica. En el caso del sistema, se puede intentar exclusivamente mejorar el papel de una formación social en la estructura sistémica (el Nuevo Orden Económico Internacional tantas veces pedido para los países subdesarrollados), con lo que la estructura del sistema no cambia, o romper definitivamente con esa estructura, separándose del sistema (*desconexión*). En el caso de que la superestructura sistémica no esté totalmente desarrollada, los mecanismos de regulación serán más ineficientes o débiles y ello creará más inestabilidad al sistema como estructura, como precisamente se tendrá ocasión de mostrar en el caso del Sistema Capitalista Mundial.

RESUMEN

La *estructura económica* (ee) de una sociedad es el conjunto de relaciones de producción, distribución y consumo establecidas entre las clases sociales. Tales relaciones están definidas por las relaciones de propiedad y posesión de los medios de producción y de apropiación del producto y excedente sociales. La estructura económica se basa en la utilización de las *fuerzas productivas* (FP), que es el conjunto de recursos materiales y humanos de que dispone una sociedad para su subsistencia y reproducción. Incluyen la población como fuerza de trabajo, las condiciones de producción que ofrece la Naturaleza —tierra, yacimientos, entorno medioambiental, etc.—, los medios de producción, el nivel científico y técnico, etc. El desarrollo de las fuerzas productivas configura el *progreso* de una sociedad, y junto a la estructura económica constituyen su *base económica*. El conjunto estructurado de la estructura económica y el desarrollo de las fuerzas productivas es el *modo de producción* (MP) de una sociedad. El modo de producción es un concepto teórico-abstracto que explica cómo se organiza la sociedad para producir y cómo realiza su progreso. A partir de él, y en el proceso de concreción progresiva, se define la *formación social* (FS) como la combinación de modos de producción y de instancias no económicas que se dan en una sociedad determinada históricamente. La formación social es una estructura que articula los tres niveles de la sociedad: la *infraestructura* (recursos), la *estructura* (clases sociales y relaciones entre ellas) y la *superestructura* (conjunto de instituciones políticas, jurídicas, conciencia social, etc.). Cuando varias formaciones sociales se relacionan de una manera estable y fuerte, constituyen un *sistema económico de formaciones sociales*, cuya estructura viene dada por las relaciones que se establecen entre las formaciones sociales. El sistema económico es la estructura más amplia, que más estructuras de la realidad abarca, y es el concepto adecuado para abordar el estudio de la economía mundial. Todas estas estructuras (ee, FP, MP, FS y sistema) están sometidas a la *evolución* y al *cambio estructural*.

LECTURAS PARA LA REFLEXIÓN

«En la producción material de su existencia, los hombres entran en relaciones determinadas, necesarias, independientes de su voluntad; estas relaciones de producción corresponden a un grado determinado de desarrollo de sus fuerzas productivas materiales. El conjunto de estas relaciones de producción constituye la estructura económica de la sociedad, la base real, sobre la cual se eleva una superestructura jurídica y política y a la que corresponden formas sociales determinadas de conciencia. El modo de producción de la vida material condiciona el proceso de vida social, política e intelectual en general. No es la conciencia de los hombres lo que determina la realidad; por el contrario, la realidad social es la que determina su conciencia. Durante el curso de su desarrollo, las fuerzas productivas de la sociedad entran en contradicción con las relaciones de producción existentes, o, lo cual no es más que su expresión jurídica, con las relaciones de propiedad en cuyo interior se habían movido hasta entonces. De formas de desarrollo de las fuerzas productivas que eran, estas reacciones se convierten en trabas de estas fuerzas. Entonces se abre una era de revolución social. El cambio que se ha producido en la base económica trastorna más o menos lenta o rápidamente toda la colosal superestructura. Al considerar tales trastornos importa siempre distinguir entre el trastorno material de las condiciones económicas de producción (...) y las formas jurídicas, políticas, religiosas, artísticas o filosóficas; en una palabra, las formas ideológicas, bajo las cuales los hombres adquieren conciencia de este conflicto y lo resuelven. Así como no se juzga a un individuo por la idea que él tenga de sí mismo, tampoco se puede juzgar tal época del trastorno por la conciencia de sí misma. Es preciso, por el contrario, explicar esta conciencia por las contradicciones de la vida material, por el conflicto que existe entre las fuerzas productoras sociales y las relaciones de producción.»

K. Marx: *Contribución a la crítica de la Economía Política. Prólogo*. 1859.

«La historia se ocupa de las sociedades. Para que estas sociedades sean estudiables, es necesario poder expresar las relaciones internas a través de un esquema de estructura. Pero la historia se ocupa de sociedades en movimiento. Dicho de otro modo, debe construir esquemas estructurales de funcionamiento (y no solamente de relaciones estáticas), y debe dar cuenta no sólo de las principales estructuras teóricas existentes en el mundo en tal o cual momento, sino también de contradicciones, de las tensiones, que llevan a los cambios de estructuras, a lo que podríamos llamar desestructuraciones y reestructuraciones. (...) Observemos que la permanencia de una lengua, de un folclore, de "prácticas" de diversos tipos, que desempeñan un papel tan importante en las "etnias", forma parte de las estructuras mentales de larga duración. (...) Para un historiador, el problema consiste en saber si, en las "desestructuraciones" y en las "reestructuraciones" de otro género, de un modo de producción a otro, tal o cual tipo de "estructura mental" refuerza o debilita la antigua estructura global, acelera o retrasa el paso a la nueva.»

P. Vilar: *Iniciación al vocabulario del análisis histórico*. Crítica, Barcelona, 1982.

«Con demasiada frecuencia los historiadores han puesto la etiqueta de "revolución" a los cambios que constantemente se producen en el curso de la historia. Detectaron una "Revolución Urbana" en los albores de la historia, una "Revolución Comercial" en la Europa del siglo XI, una "especie de Revolución Industrial" en la Holanda del siglo XI y una "Revolución Industrial" en la Inglaterra del siglo XIII. Sin embargo, todas estas "revoluciones", al menos desde nuestra perspectiva, tuvieron muy poco de revolucionario. Produjeron algunos cambios, pero no alteraron el carácter fundamental de la economía de las sociedades en cuyo seno tuvieron lugar. Cuando aparecieron las primeras "ciudades", las sociedades que experimentaron el nuevo fenómeno siguieron siendo fundamentalmente agrícolas y las "ciudades" no pasaron de simples órganos de un mundo agrícola un poco más complejo. A menudo no eran más que los centros de recaudación de las rentas agrícolas.»

C. M. Cipolla: *Historia económica de la población mundial*. Crítica, Barcelona, 1979.

PALABRAS CLAVE

- Estructura económica
- Relaciones de producción
- Fuerzas productivas
- Progreso
- Modo de producción
- Formación social
- Infraestructura
- Estructura
- Superestructura
- Sistema económico
- Regulación
- Cambio estructural

BIBLIOGRAFÍA BREVE

S. Amin: *El desarrollo desigual*. Fontanella, Barcelona, 1975.

R. Boyer: *La Teoría de la Regulación: un análisis crítico*. Alfons el Magnanim, Valencia, 1992.

M. Godelier: *Economía, fetichismo y religión*. Siglo XXI, Madrid, 1974.

J. M. Vidal Villa y J. Martínez Peinado: *Estructura económica y Sistema Capitalista Mundial*. Piramide, Madrid, 1987.

PARTE

II

El desarrollo capitalista

CAPÍTULO 4
La estructura económica capitalista

Se inicia en este capítulo el estudio del *modo de producción capitalista*, que es el modo de producción dominante en el sistema económico mundial. Y para su explicación se partirá de la *teoría objetiva del valor* de las mercancías. En realidad, se trata de comenzar describiendo la *producción y circulación de mercancías*, que es la base económica de la sociedad mercantil simple, e introducir posteriormente las clases sociales y las relaciones de producción capitalistas, es decir, *la propiedad privada de los medios de producción* (que también se da en el modo de producción mercantil) *y el trabajo asalariado* (que sólo se da en el capitalista).

A partir de ahí se verá cómo esa «capitalización» de las relaciones mercantiles, que se manifiesta como *ciclo del capital*, produce durante el proceso de producción (y no en el de circulación) el *valor excedente o plusvalía* y cómo se pueden expresar en términos de valor las *relaciones estructurales básicas* que conforman la estructura económica capitalista.

Mediante el proceso metodológico de la concreción progresiva, por último, se llevará la explicación desde el ámbito más teórico de los valores hasta el ámbito más real de los precios.

4.1. EL VALOR DE LAS MERCANCÍAS: VALOR DE USO, VALOR DE CAMBIO Y UTILIDAD

Producto es todo aquel objeto material resultante de la aplicación de trabajo humano a los recursos, naturales o no, para su transformación en objetos útiles.

Los productos poseen *valor de uso* y proporcionan *utilidad*. El *valor de uso* viene dado por las características y propiedades materiales del producto. Es, pues, objetivo e independiente del consumidor. La *utilidad* es el grado de satisfacción de las necesidades del consumidor que proporciona el valor de uso del producto. Es, pues, subjetiva.

Ejemplos:

— El valor de uso de un abrigo, dadas las características de esta prenda de vestir, es abrigar, proteger del frío, etc. Su utilidad será grande en un clima frío, pero pequeña en un clima caliente.
— El valor de uso de una manzana viene dado por sus características nutritivas, de sabor, digestivas, etc. La utilidad de la primera manzana que consume una persona puede ser alta; la de la quinta será muy baja (incluso negativa), pero el valor de uso de esa quinta manzana es igual que el de la primera, puesto que tienen las mismas propiedades.

De las diferencias entre estos dos conceptos surgen dos enfoques de la llamada Teoría del valor:

— El valor de uso es la base de la *Teoría objetiva del valor*, formulada por la escuela clásica y recogida por la escuela marxista, también conocida como *Teoría del valor-trabajo*.
— La utilidad es la base de la *Teoría subjetiva del valor*, formulada por la escuela neoclásica, también conocida como *Teoría de la utilidad*.

Cuando los productos se destinan al intercambio se dice que poseen *valor de cambio* y reciben el nombre de *mercancías*. Todas las mercancías son productos pero no todos los productos son mercancías. Por ejemplo: los productos agrarios de subsistencia son productos; los mismos productos agrarios en el mercado local son mercancías.

Las mercancías no están destinadas directamente a la satisfacción de necesidades, de consumo o de producción, de su productor, sino que su objetivo es el de proporcionar otras mercancías o dinero a su propietario. Por ejemplo: un fabricante de zapatos que produce 10.000 pares no los quiere usar (realizar su valor de uso) sino que los quiere vender (realizar su valor de cambio) para conseguir con su venta otros valores de uso distintos a los zapatos o dinero.

Para intercambiarse entre sí las mercancías deben tener un valor de cambio equivalente, de tal manera que en el acto de cambio no resulte perjudicado ninguno de los agentes (comprador y vendedor).

Debe existir, por tanto, una medida homogénea del valor que permita establecer dichas equivalencias. Esa medida homogénea no puede referirse a ninguna característica física de la mercancía: peso, tamaño, color, densidad, etc. Por tanto, no se trata del valor de uso. Tampoco puede servir la valoración subjetiva del posible comprador, ya que la valoración diferirá de un comprador a otro. Por tanto, no se trata de la utilidad. Tiene, pues, que encontrarse una *medida objetiva* del valor.

Para ello se observa que todas las mercancías son fruto del *trabajo* humano, desarrollado en un proceso de trabajo o producción. En dicho proceso intervienen diferentes trabajadores que efectúan un *trabajo concreto* que es heterogéneo (sastre, carpintero, etc.) y que da como resultado los diferentes valores de uso: el trabajo concreto del sastre es hacer prendas para vestir, abrigar, etc.; el trabajo concreto del carpintero es hacer sillas para sentarse, etc.

Por tanto, el trabajo concreto no sirve como medida homogénea del valor, puesto que remite al valor de uso.

Sin embargo, todo trabajo concreto representa un uso de energías físicas y mentales del trabajador. A este gasto de energía se le denomina *trabajo abstracto* y permite la aproximación a la homogeneidad, puesto que es común en todos los procesos de trabajo, independientemente de su resultado material.

No obstante, no todos los trabajadores tienen la misma pericia, ni trabajan con igual destreza o rapidez. Cada trabajador ejerce su trabajo en lo que se denomina *tiempo de trabajo individual* (TTI), que es heterogéneo.

A nivel del conjunto de la sociedad existe sin embargo un *tiempo de trabajo socialmente necesario* (TTSN) para la producción de cada mercancía, que viene determinado por el nivel tecnológico y la cualificación media propias de cada rama de la producción. Es decir, el TTSN está determinado por el nivel de desarrollo de las fuerzas productivas.

El tiempo de trabajo socialmente necesario para producir una mercancía sirve como medida homogénea del valor de cambio. El valor de una mercancía es igual al tiempo de trabajo socialmente necesario para producirla.

A partir de aquí se puede formular la *ley del valor* que funciona en toda sociedad mercantil, que postula que *las mercancías se intercambian según el tiempo de trabajo socialmente necesario incorporado en ellas*.

Así, según la ley del valor, si una silla requiere una hora de trabajo por término medio y un trabajador necesita dos horas para producir una silla, en el intercambio sólo obtendrá como equivalente el valor de una hora y no de dos. Por consiguiente:

TTI > TTSN ⇒ Coste mayor, pérdidas.
TTI < TTSN ⇒ Coste menor, beneficios extraordinarios.

Por tanto, la producción mercantil exige la introducción del desarrollo técnico. Los diferentes productores intentarán, para conseguir beneficios extraordinarios, aumentar la productividad y disminuir el tiempo de trabajo individual o bien tendrán que ponerse a la altura de los innovadores para no sufrir pérdidas cuando las innovaciones se hayan extendido y hayan hecho disminuir el TTSN.

En suma, la ley del valor resume las fuerzas actuantes en una sociedad productora de mercancías, ya que regula:

- Las proporciones en que se intercambian las mercancías (según el TTSN incorporado en cada una).
- El volumen de producción de cada una de ellas (si se produce en demasía, el exceso será tiempo de trabajo malgastado y se tendrá que reducir la cantidad producida).
- La asignación de la fuerza de trabajo y de los recursos a las diferentes ramas de la producción.

4.2. CIRCULACIÓN SIMPLE DE MERCANCÍAS

La circulación mercantil exige que el intercambio esté libre de «engaño», «timo» o cualquier desviación no económica de la regla de equivalencia. El *mercado*, que es el reflejo externo de la ley del valor, funciona gracias a esta rígida ley: los intercambios son intercambios de equivalentes.

Por ejemplo, si

1 mesa = 8 horas de TTSN

y

1 silla = 1 hora de TTSN

entonces, según la ley del valor, en el mercado se intercambiarán:

1 mesa = 8 sillas

Cada productor produce un tipo de mercancía (o pocos) y necesita muchas y diversas para consumir y producir. Por tanto, a cambio de sus mercancías debe obtener en el mercado otras muchas mercancías de valor de cambio equivalente pero de valor de uso diferente. Las mercancías, entonces, se intercambian según el siguiente esquema:

$$M - M'$$

siendo M y M' dos mercancías diferentes y

$$\text{valor de cambio de } M = \text{valor de cambio de } M'$$
$$\text{valor de uso de } M \neq \text{valor de uso de } M'$$

Ahora bien, obsérvese que este intercambio de M por M' sólo se dará si al vendedor de M le interesa conseguir precisamente M' y en la cantidad ofertada por el productor de M' y viceversa. La operación $M - M'$ es, de hecho, un *trueque* mercantil. Conforme aumenta el número de necesidades y de diferentes mercancías en el mercado, su circulación fluida y el crecimiento de los intercambios exigen la superación del trueque. La forma de superarlo consiste en que exista una mercancía que sea aceptada por todos como equivalente del valor de todas las demás mercancías, de tal manera que cualquier productor puede cambiar su mercancía M por esa mercancía equivalente y, posteriormente, conseguir con esta última la M' deseada, en la cantidad y momento que desee. Esta mercancía equivalente general da origen al *dinero*.

Ahora el productor lleva sus mercancías al mercado, las vende y obtiene dinero por ellas, con el cual compra las mercancías que necesita. Este proceso se denomina *circulación simple de mercancías* y en él no se crea nuevo valor. Esquemáticamente se representa así:

$$M - D - M' \qquad M, M' = \text{mercancías}$$
$$V = V = V \qquad D = \text{dinero}$$
$$M \neq M' \qquad V = \text{valor}$$

y consiste en *vender para comprar*.

Las funciones del dinero

Tradicionalmente el dinero se ha definido por las funciones que cumple: instrumento de cambio, medio de pago, reserva de valor, etc. En la teoría económica convencional esas funciones se expresan como la demanda de dinero por motivo de transacciones, por motivo de precaución y por motivo de especulación. Aquello que «funcione» con esos fines será dinero. El problema se plantea cuando hay muchas cosas que pueden cumplir algunas de esas funciones y en tal sentido pueden funcionar como «dineros parciales» (por ejemplo: obras de arte, metales preciosos, sellos, etc., como reservas de valor y especulación; papeles o piezas de metal como medio de circulación; etc.). Una definición «funcionalista» del dinero («dinero es lo que funciona como dinero») sólo cabe en una teoría subjetiva del valor, en la que la demanda, derivada de la utilidad, es el polo central en la explicación del funcionamiento económico.

En la teoría objetiva del valor, sin embargo, se puede definir la esencia del dinero previamente a sus funciones.

En la circulación de mercancías se hace necesario que una de ellas se convierta, por aceptación social, en *equivalente general* del valor de todas las demás. Esa mercancía tiene, como todas y previamente a convertirse en mercancía-dinero, un valor de uso y un valor de cambio, dado este último por el trabajo socialmente necesario incorporado en su producción. Es con este valor con el que se comparan los valores de las demás mercancías. Y ¿cuál es el valor de uso de la mercancía dinero? Como en toda mercancía, dicho valor de uso corresponde a las características materiales que posee como producto.

¿Cómo se elige la mercancía equivalente-general? Sin duda, la aceptación social que la convertirá (y sólo a ella) en dinero será el resultado de un largo proceso a través del cual esa mercancía muestra cualidades especiales para cumplir las funciones requeridas:

— En cuanto a su valor de cambio, tiene que contener mucho valor, puesto que tiene que reflejar el valor total de todas las demás mercancías. Tiene, pues, que «costar» mucho trabajo producirla.

— En cuanto a su valor de uso, tiene que tener unas características materiales tales que sea fácilmente divisible en pequeñas cantidades (para realizar múltiples transacciones), que sea imperecedera, que sea fácilmente transportable, etc. Por otra parte, debe simbolizar bien el poder de la riqueza en la tradición y conciencia sociales.

Por todo ello no es extraño que las mercancías-dinero más importantes en la historia fueran los metales preciosos, el oro y la plata.

A partir de su aceptación social, la mercancía-dinero puede cumplir sus funciones:

1. *Medida de valores*: el dinero tiene un valor (producto del TTSN) y los valores de las demás mercancías se expresan en una cantidad de la mercancía equivalente general. Fijando dicha cantidad (por ejemplo, una onza de oro) se consigue un patrón de precios (los valores de las mercancías se expresan en precios: *M* vale tres onzas de oro), y considerando sus múltiplos y submúltiplos funciona como unidad de cuenta.
2. *Medio de circulación*: para las transacciones, el valor de la mercancía-dinero viene ahora fijado externamente, mediante la acuñación, y es independiente del valor real de la cantidad que circula. Por tanto, la mercancía-dinero puede sustituirse por dinero-signo (papel, aleaciones, etc.), que representa, cuando está circulando, más valor que el que tiene intrínsecamente (como papel, aleación, etcétera). El valor del dinero en circulación es, pues, meramente nominal y depende, en última instancia, de la confianza que se tiene en que tras el signo del dinero existe, efectivamente, ese valor en términos de la mercancía equivalente-general. La base de esa confianza debe ser la convertibilidad, y, en su ausencia, el poder social.

   La disociación entre el dinero y los signos del dinero, por otra parte necesaria para un volumen de transacciones creciente y más rápido, crea la posibilidad de crisis de intercambio, crisis comerciales y crisis monetarias.
3. *Medio de atesoramiento*: como reserva de valor, o con fines especulativos, el dinero vuelve a mostrar su valor (variable) como en la primera función, vuelve a funcionar como equivalente-general. La no circulación que supone el atesoramiento es una forma de control de la propia cantidad en circulación y sobre todo del valor de los signos del dinero.

Todas estas funciones contradictorias entre sí las cumple el dinero en cualquier sociedad mercantil. En el capitalismo, el dinero pasa a funcionar como capital, y se agregan nuevas tensiones entre la circulación monetaria (circulación capitalista de mercancías) y la circulación financiera (circulación del capital-dinero) en las que no cabe profundizar en el actual contexto analítico.

4.3. CIRCULACIÓN CAPITALISTA DE MERCANCÍAS

A diferencia de la circulación simple de mercancías, en este caso de lo que se trata es de *comprar para vender*. El productor no pretende obtener nuevas mercancías a cambio de las que ha producido. Su objetivo es otro: obtener más dinero que el que empleó para comprar. Esquemáticamente se representa así:

$$D - M - D' \qquad \text{donde} \qquad D' > D$$

Se trata de una relación mercantil y por tanto no puede haber engaño. Según la ley del valor, tiene que producirse un intercambio de equivalentes. Ello sólo es posible si las mercancías que se compran tienen menos valor que las mercancías que se venden, lo cual sólo es posible si las mercancías compradas sufren un previo proceso de transformación antes de ser vendidas. Dicho proceso es su proceso de producción. Esquemáticamente se representa así:

$$D - \left[\begin{matrix} MP \\ FT \end{matrix}\right] - M - D'$$

$$V \;=\; V \;<\; V' \;=\; V'$$

D, D' = dinero
MP = medios de producción
FT = fuerza de trabajo
M = mercancía
V, V' = valor

Este proceso se denomina *ciclo del capital* (más adelante se definirá con mayor precisión el concepto de «capital»).

La peculiaridad de este proceso radica en que las mercancías compradas son distintas de las mercancías que serán vendidas. Se compran *medios de producción* (máquinas, materias primas, energía, edificios, etc.) y *fuerza de trabajo*. Ambas mercancías tienen una característica común: su valor de uso es producir otras mercancías. Estas «otras mercancías» son las que serán vendidas y tienen la peculiaridad de que poseen más valor que los medios de producción y la fuerza de trabajo empleados en su producción, lo cual implica que *en el proceso de producción se ha creado nuevo valor*.

Este fenómeno tiene lugar en virtud de la acción de la ley del valor. En efecto, la aplicación de la fuerza de trabajo a los medios de producción implica *tiempo de trabajo*, que es precisamente la fuente de valor. El nuevo valor creado contiene plusvalor o *plusvalía*.

En la circulación capitalista de mercancías (ciclo del capital) tienen lugar los siguientes tres pasos:

1.

$$D - \left[\begin{matrix} MP \\ FT \end{matrix}\right.$$

Intercambio de equivalentes en el mercado

$$V = V$$

Esta primera transformación del capital se efectúa en el mercado y consiste en la conversión del dinero en medios de producción y fuerza de trabajo. Se produce una inversión de la forma del capital (se le da la «vuelta») y de ahí su nombre: *inversión*.

2.

$$\left.\begin{matrix} MP \\ FT \end{matrix}\right] - M$$

Creación de nuevo valor: proceso de producción

$$V < V'$$

En esta segunda transformación, el capital, a través del proceso de producción, se convierte en las mercancías que ya contienen el nuevo valor.

3.

$$M \text{ ——— } D'$$

Intercambio de equivalentes en el mercado

$$V' = V'$$

Esta tercera transformación se efectúa en el mercado e implica la realización (venta) de las mercancías producidas, es decir, su nueva conversión en dinero, cuyo volumen será superior al inicial. Esta fase también se denomina *realización de la plusvalía*.

Por consiguiente, se constata que en el mercado no se crea valor: *el valor se crea en el proceso de producción*.

4.4. LA PRODUCCIÓN DE NUEVO VALOR

Los medios de producción son mercancías ya producidas y por tanto poseen valor. Este valor se transmite íntegro al valor de las mercancías nuevas (concepto similar pero no idéntico al de amortización). Permanece constante en el proceso de producción. Por ello, recibe el nombre de *capital constante* y se designa con una *c*.

La fuerza de trabajo al realizar su valor de uso —trabajar— crea nuevo valor. Este nuevo valor se incorpora a las nuevas mercancías íntegramente.

Sin embargo, el nuevo valor creado no coincide con el propio valor de la fuerza de trabajo, que es menor. El valor de la fuerza de trabajo se denomina *capital variable* y se designa con una *v*. Este nuevo valor, que corresponde a la retribución de la fuerza de trabajo, se crea antes de que el propietario del capital pague el salario a los trabajadores. Es decir, los trabajadores adelantan al capitalista lo que será su propio salario.

El resto del nuevo valor, el que excede al capital variable, forma el excedente o *plusvalía*, designada como *pl*. Este nuevo valor se lo apropia íntegramente el capitalista.

El valor de las nuevas mercancías será el siguiente:

$$V' = c + v + pl$$

o genéricamente

$$V = c + v + pl$$

Esta ecuación representa la expresión de la ley del valor cuando actúa en la estructura económica capitalista. En ella se observa que:

$c + v$ = capital total invertido o coste total de producción (aparentemente, el capitalista «desembolsa» la cantidad v correspondiente a los salarios de los trabajadores, aunque en realidad los trabajadores sólo perciben su salario después de haber creado las mercancías que ya poseen el nuevo valor, es decir, «adelantan» su propio valor v al capitalista).
$v + pl$ = nuevo valor creado.
pl = nuevo valor que se apropian los capitalistas.

La relación capitalista-obrero es una relación contractual. En el contrato laboral se estipulan legalmente el salario y la jornada de trabajo (horario, etc.). Se trata de una relación mercantil que, como toda relación mercantil, entraña un intercambio de equivalentes.

Por tanto, el salario debe ser equivalente al valor de la mercancía vendida por el trabajador: su fuerza de trabajo.

El valor de la fuerza de trabajo corresponde al tiempo de trabajo socialmente necesario para producir las mercancías que integran el consumo del trabajador y de su familia y que aseguran su reproducción y cualificación. Es un valor socialmente determinado y depende de la historia y las condiciones propias de cada sociedad.

A lo largo de la jornada de trabajo, el trabajador crea un nuevo valor que excede al valor de su fuerza de trabajo. La diferencia entre el nuevo valor creado y el valor de la fuerza de trabajo es la plusvalía.

Ejemplo:

Jornada de trabajo		
(A) 4 horas	+	(B) 4 horas
capital variable		plusvalía

Existen dos maneras de incrementar la plusvalía:

— *Plusvalía absoluta*: consiste en incrementar el tiempo de trabajo de los trabajadores sin modificar su remuneración (por ejemplo, pasar de 8 a 12 horas con el mismo salario). En definitiva, aumentar la masa de plusvalía producida alargando la parte (B). Es la base de la acumulación extensiva del capital.

— *Plusvalía relativa*: consiste en incrementar la productividad de los trabajadores, de tal manera que la recuperación del valor de la fuerza de trabajo se realice en menos tiempo. En definitiva, aumentar la masa de plusvalía producida acortando la parte (A) (por ejemplo, abaratar los medios de consumo del trabajador, sus gastos de transporte, de cualificación, etc., o hacérselos pagar a la sociedad en su conjunto; otro método es aumentar la intensidad del trabajo mediante aumentos de ritmo, cadenas de montaje, etc.). Es la base de la acumulación intensiva del capital.

4.5. EL CAPITAL: FORMAS, FUNCIONES Y FRACCIONES

El concepto de capital, aunque parezca lo contrario, es uno de los conceptos de utilización más ambigua tanto en el lenguaje coloquial como en el planteamiento teórico convencional. Se identifica al capital con el dinero, la riqueza, las máquinas, las fábricas, etc. Si esto fuera así, todas las sociedades en la historia de la humanidad habrían sido capitalistas, puesto que siempre ha habido herramientas, talleres, etc., por muy rudimentarios que fuesen. También se habla de «bienes de capital» como sinónimo de medios de producción, frase que, si consideramos lo anterior, se observa que no quiere decir, en sí, absolutamente nada.

Por ello, se hace preciso definir con más precisión el concepto de capital.

Se entiende por capital una *relación de propiedad* establecida entre el capitalista y todos aquellos objetos materiales o servicios personales que le permitan aumentarlo, especialmente con la fuerza de trabajo. Es decir, el capital no es la «cosa», sino la relación de propiedad sobre las «cosas».

El capital es, por tanto, la expresión de la propiedad privada sobre el dinero, los medios de producción, la fuerza de trabajo contratada y las mercancías producidas. Por tanto, en términos económicos, el capital es todo valor producido en condiciones de propiedad privada de los medios de producción y de fuerza de trabajo libre y asalariada, valor que se utiliza para producir más valor.

Así, una máquina es capital (constante) si es utilizada por fuerza de trabajo asalariada para producir plusvalía, lo mismo que la propia fuerza de trabajo es capital (variable) cuando se usa para dicho fin. Y el dinero sólo es capital cuando se invierte para obtener el beneficio capitalista, pero no funciona como tal cuando se intercambia por medios de consumo.

Como se ha visto anteriormente, en el ciclo del capital éste asume *tres formas*:

— *Capital-dinero*: D, D'.
— *Capital productivo*: MP y FT durante el proceso de producción.
— *Capital-mercancías*: M (MP, FT), M'.

Hay que resaltar que a lo largo del ciclo siempre existe el mismo capital, es decir, siempre existe el mismo propietario, la misma relación de propiedad, pero esta propiedad se ejerce sobre objetos distintos. Además, a lo largo del ciclo del capital, éste se valoriza, crece. Tan capital es el dinero que se invierte, como los medios de producción y la fuerza de trabajo que se compran y que se combinan durante el proceso productivo, como las mercancías que se han producido y se tienen que vender para recuperar el capital inicial y aumentarlo. Siempre es el mismo capital cualitativamente, aunque cuantitativamente haya crecido.

Desde el punto de vista del papel que cumplen en el proceso de creación de valor, el capital tiene dos *funciones* diferentes:

— *Capital constante*: formado por los medios de producción (máquinas, energía, materias primas, instalaciones, suelo, edificios, etcétera).
— *Capital variable*: utilizado para comprar la fuerza de trabajo. (Recordemos que este capital es «avanzado» por el trabajador al capitalista, al crear las mercancías que poseen el nuevo valor.)

Estos dos conceptos suelen confundirse con los conceptos contables de capital fijo y capital circulante. Pero no son sinónimos. El capital constante corresponde a todo el capital fijo (máquinas, instalaciones, edificios, etcétera) y parte del capital circulante (energía, materias primas, etc.). Por su parte, el capital variable incluye sólo la fuerza de trabajo que es parte del capital circulante.

Por último, hay que considerar las diversas actividades en las que, a partir de la división sectorial del trabajo, se vuelca la producción de capital. El capital total se fracciona para «atender» los diferentes sectores económicos y por ello se definen diversas *fracciones* del capital: capital agrario, capital industrial, capital bancario, capital financiero, capital inmobiliario, capital comercial, capital especulativo, etc.

Cada una de estas fracciones se valoriza sobre la base de la creación de valor en el proceso de producción social global (sobre la plusvalía general), pero los beneficios percibidos por cada una de ellas son diferentes: ganancias, intereses, alquileres, renta de la tierra, ganancias especulativas, etc.

4.6. LAS RELACIONES ESTRUCTURALES BÁSICAS

Tanto el «valor» como el «capital» son expresiones de unas determinadas *relaciones económicas*. Como se vio en el Capítulo 3, tales relaciones son las que definen la *estructura económica*. Por eso, las relaciones que se establecen entre las clases sociales en el modo de producción capitalista se pueden expresar en términos de «valor», con los conceptos que se han visto hasta ahora.

En la expresión de la ley del valor

$$V = c + v + pl$$

están contenidas, así, las *relaciones estructurales básicas* de la economía capitalista, que se obtienen interrelacionando los tres componentes de V.

La tasa de plusvalía

Esta relación mide el peso relativo del trabajo no pagado (plusvalía) con respecto al trabajo pagado (capital variable). Se denomina también *tasa de explotación*. El capitalista intentará aumentarla (por los ya citados métodos de acumulación intensiva o extensiva) y los trabajadores intentarán reducirla mediante el aumento de salarios. A nivel concreto, este antagonismo se expresa en la lucha sindical.

$$pl' = \frac{pl}{v}$$

Composición orgánica del capital

Relaciona el capital constante con el capital total invertido. Mide el grado de utilización de medios de producción y por tanto la relación entre trabajo muerto o cristalizado y trabajo vivo.

$$c' = \frac{c}{c + v}$$

Tasa de ganancia

Expresa la relación entre la plusvalía y el capital invertido. Mide la rentabilidad del capital.

$$g' = \frac{pl}{c + v}$$

A través de un simple procedimiento aritmético se demuestra que la tasa de ganancia puede expresarse como una función de las dos restantes relaciones estructurales básicas:

$$g' = \frac{pl}{c + v} = \frac{v \cdot pl}{v(c + v)} = \frac{pl \cdot c + v \cdot pl - pl \cdot c}{v(c + v)} =$$

$$= \frac{pl(c + v)}{v(c + v)} - \frac{pl \cdot c}{v(c + v)} = \frac{pl}{v} - \frac{pl}{v} \cdot \frac{c}{c + v} =$$

$$= pl' - pl' \cdot c' = pl'(1 - c') = g'$$

De esta última expresión se deduce que la tasa de ganancia varía directamente con la tasa de plusvalía e inversamente a la composición orgánica de capital. Esta relación está en la base de la explicación de la *tendencia decreciente de la tasa media de ganancia*, como se expondrá posteriormente.

4.7. VALOR Y PRECIO

En la realidad no se manifiestan los valores como tales (son opacos), sino como precios (son visibles). Para llegar a ellos, aplicando el método deductivo, hay que avanzar en la concreción progresiva, es decir, hay que introducir mayor número de elementos para acercar más a la realidad el discurso teórico. En este caso la primera concreción consiste en introducir en la explicación la consideración del carácter social de la producción, es decir, la existencia de numerosos productores y numerosos consumidores que se enfrentan entre sí en el mercado.

La explicación que sigue corresponde a la formación de precios en una economía cerrada y en condiciones de competencia perfecta, lo cual exige la existencia de libre movilidad de capitales y de fuerza de trabajo y la no intervención del Estado. Y esta primera concreción se mantiene en el *terreno del valor*.

Un supuesto adicional, en este caso arbitrario pero útil para facilitar la explicación, es que la economía está dividida en tres sectores (I, II, III) que la abarcan por completo.

La tasa media de ganancia

Se parte de la expresión general de la ley del valor:

$$V = c + v + pl$$

Si esta ley actuara de forma independiente en cada sector ocurriría lo siguiente:

	c	v	pl	V	g'
I	100	100	100	300	50 %
II	200	100	100	400	33,3 %
III	300	100	100	500	25 %

Se ha supuesto que las tasas de plusvalía son iguales en los tres sectores (cosa que debe ocurrir en la realidad) y que la inversión en capital constante es diferente, es decir, la composición orgánica del capital es diferente. Si la ley del valor funcionara independientemente en cada sector, las tasas de ganancias serían diferentes, mayor en el sector con menor inversión en capital constante. Ahora bien, dada la existencia de libre movilidad de capitales, todos los capitales fluirían hacia el sector I, el más rentable, y no habría producción en el resto de sectores.

En la realidad esto no ocurre así. Existe una tendencia profunda que lleva a la igualación de las tasas de ganancia, de tal manera que todos los capitales perciban una remuneración porcentual igual. Se trata de la *tasa media de ganancia*, cuya expresión general es la siguiente:

$$G' = \frac{\Sigma pl}{\Sigma(c + v)}$$

La tasa media de ganancia en el ejemplo anterior sería:

$$G' = \frac{300}{600 + 300} = \frac{1}{3} = 33{,}3\ \%$$

La *masa de ganancia*, es decir, el volumen de ganancia correspondiente a cada sector, sería el resultado de aplicar la tasa media de ganancia al capital total invertido en cada uno de ellos:

$$g = G'(c + v)$$

Esta expresión asegura que cada capitalista percibe como remuneración del capital que ha invertido *la misma tasa de ganancia*, pero como los capitales invertidos son diferentes, cada capitalista percibirá una *masa de ganancia* diferente proporcional al volumen de capital invertido. En resumen, *la tasa media de ganancia asegura la remuneración del capital de forma proporcional al volumen de capital total invertido.*

Formación del precio de producción

Mediante la acción de la tasa media de ganancia cada capital debe percibir una remuneración proporcional al volumen invertido. Por consiguiente, el precio de producción (precio en fábrica, no en el mercado) o precio de coste debe incluir la amortización del capital ($c + v$) más la ganancia que se espera obtener. La ecuación del precio de producción es la siguiente:

$$P_p = c + v + G'(c + v)$$

Mediante el *cuadro de transformación* se obtienen los resultados siguientes:

	c	v	pl	V	$G'(\%)$	g	P_p
I	100	100	100	300	33,3	66,7	266,7
II	200	100	100	400	33,3	100	400
III	300	100	100	500	33,3	133,3	533,3
Total	600	300	300	1.200		300	1.200

En este cuadro se observa lo siguiente:

— La pl del sector I es mayor que la g del sector I.
— La pl del sector II es igual que la g del sector II.
— La pl del sector III es menor que la g del sector III.
— El V del sector I es mayor que el P_p del sector I.
— El V del sector II es igual que el P_p del sector II.
— El V del sector III es menor que el P_p del sector III.

Estas desigualdades muestran que se produce *transferencia de valor y de plusvalía* de unos sectores a otros (en el ejemplo, del sector I al III). Esta transferencia es el efecto de las diferentes inversiones de capital constante en cada sector.

Ahora bien, a nivel global se produce lo siguiente:

$$\Sigma\, pl = \Sigma\, g$$
$$\Sigma\, V = \Sigma\, P_p$$

lo cual quiere decir que, al nivel de la totalidad social:

— No existe más ganancia que la que procede de la plusvalía.
— No existe más valor que el producido en el proceso de valorización del capital.

Por consiguiente, a nivel social se cumple la expresión

$$V = c + v + pl$$

y, al propio tiempo, se cumple la remuneración proporcional a los capitales invertidos en virtud de la acción de la tasa media de ganancia. Por tanto, las leyes obtenidas al nivel más concreto no desmienten las obtenidas al nivel más abstracto.

Precio de producción y precio de mercado

La transformación por la primera concreción se mantiene, como se indicó, en el terreno del valor. El precio de producción es la expresión del coste de producción más la ganancia esperada por el capitalista. Es un precio *anterior al mercado*. En el mercado el precio sufre una nueva alteración y es necesaria, pues, una segunda concreción.

En el mercado los precios oscilan en función de la *oferta y la demanda*. Pero esta oscilación no es la única explicación de su nivel. Por el contrario, existe un eje en torno al cual actúan la oferta y la demanda: ese eje es el precio de producción.

El precio de mercado es el precio *empíricamente observado* por los capitalistas y es precisamente el que permitirá realizar —o no— las mercancías producidas y por tanto convertir la plusvalía en ellas contenida en un volumen de dinero superior al invertido.

Ahora bien, la oscilación del precio de mercado en torno al precio de producción da lugar a las situaciones de la Figura 4.1.

Así, en el mercado se pueden producir que:

$P_m > P_p \rightarrow G'(c + v) + B$
$P_m = P_p \rightarrow G'(c + v)$
$P_m < P_p$:
1. $(P_p - P_m) < G'(c + v) \rightarrow g > 0$
   $g < G'(c + v)$
2. $(P_p - P_m) = G'(c + v) \rightarrow g = 0$
3. $(P_p - P_m) > G'(c + v) \rightarrow g < 0$

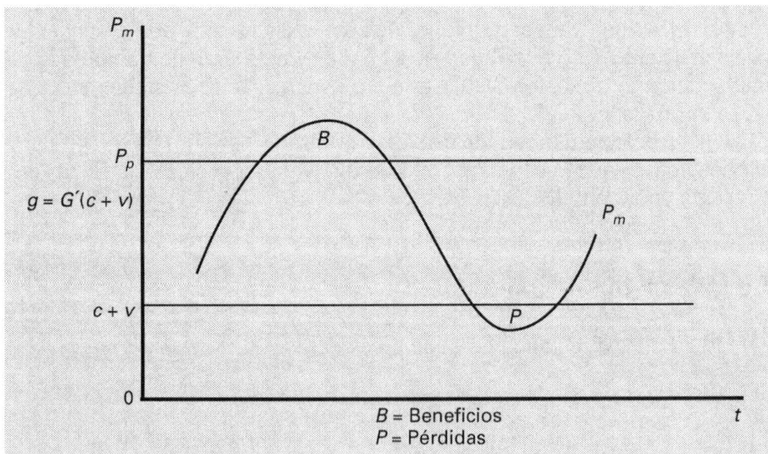

Figura 4.1. OSCILACIÓN DEL PRECIO DE MERCADO.

Es decir, de las cinco posiciones posibles del precio de mercado con respecto al precio de producción, sólo en una se producen *pérdidas* ($g < 0$).

Cuando $g = 0$, se recupera el capital invertido ($c + v$) y no hay ni pérdidas ni ganancias. A esta situación se le denomina en Teoría Económica «mínimo de explotación».

En el resto de posiciones hay ganancias y en una de ellas, además de la ganancia derivada de la tasa media de ganancia, se produce un superbeneficio (B).

RESUMEN

La producción y circulación de mercancías está regulada por la *ley del valor*, que postula que éstas se intercambian según el *tiempo de trabajo socialmente necesario* invertido en su producción. En circulación simple de mercancías (vender para comprar) aparece el *dinero* como medida de valores, medio de circulación y reserva de valor. En condiciones capitalistas (comprar para vender obteniendo beneficio), la fuerza de trabajo es una mercancía más, cuyo valor de uso es el trabajo y su valor de cambio lo que cuesta (re)producirla. En el proceso de producción, el trabajador produce más valor que su propio valor de cambio y esa diferencia es la *plusvalía* (pl), que se apropia el capitalista. Los otros dos componentes del valor total producido (V) son el *capital constante* (c) (los medios de producción, materias primas, etcétera, que transmiten su valor a la mercancía final) y el *capital variable* (v) (que se paga al trabajador). Por tanto, c y v corresponden a las dos *funciones* del capital en el proceso de producción. El *capital* es, pues, una relación social que cristaliza en los elementos de la producción y a través de su ciclo asume diversas formas: *capital-dinero*, *capital-mercancía* y *capital productivo*. Y, dependiendo del sector económico en que se invierte, se distinguen sus *fracciones*: capital industrial, agrícola, comercial, bancario, etc. A partir de los tres componentes del valor se pueden definir las *relaciones estructurales básicas* de la economía capitalista, que son la *tasa de plusvalía* (pl/v), la *composición orgánica de capital* ($c/(c + v)$) y la *tasa de ganancia* ($pl/(c + v)$). Pero cada capitalista no se apropia de la plusvalía generada en «su» proceso de producción, sino que la plusvalía total se reparte, en base a una única *tasa media de ganancia* (G'), entre los capitalistas según su capital invertido, dando lugar a los *precios de producción*, que incluyen el coste de producción ($c_i + v_i$) y la *ganancia* ($g_i = G'(c_i + v_i)$), en torno a los cuales fluctúan los *precios de mercado*.

EJERCICIOS

1. Sea una economía capitalista con tres sectores. En el sector menos capitalizado (I) se invierten 50 unidades de valor (u.v.) en capital constante, con una composición orgánica de 1/2. En el sector intermedio (II) se invierten 100 u.v. en capital constante, con una composición orgánica de 2/3. En el sector más tecnificado (III) se invierten 225 u.v. en capital constante, y su composición orgánica es del 90 por 100. Sabiendo que la tasa de plusvalía en los tres sectores es del 100 por 100, calcular los precios de producción de los tres sectores. ¿Por qué la ganancia que obtiene el sector I es menor que la plusvalía que se produce en ese sector?

   Solución:

   Del enunciado se deduce:

   a) $pl' = 100\ \%$

   por tanto: $pl_1 = v_1$, $pl_2 = v_2$ y $pl_3 = v_3$

   b) $c'_1 = 1/2 = c_1/(c_1 + v_1)$
   $c_1 = 50$

   por tanto: $50/(50 + v_1) = 1/2$, lo que hace que $v_1 = 50 = pl_1$

   $c'_2 = 2/3$
   $c_2 = 100$

   por tanto: $100/(100 + v_2) = 2/3$, lo que hace que $v_2 = 50 = pl_2$

   $c'_3 = 0{,}9$
   $c_3 = 225$

   por tanto: $225/(225 + v_3) = 0{,}9$, lo que hace que $v_3 = 25 = pl_3$

   Ya se puede escribir el cuadro de transformación:

Sector	c	v	pl	V	$G'(\%)$	g	P_p
I	50	50	50	150		25	125
II	100	50	50	200	25 %	37,5	187,5
III	225	25	25	275		62,5	312,5
Total	375	125	125	625		125,0	625,0

ya que:

$$G' = \frac{125}{500} = 0{,}25$$

y entonces:

$$g_1 = G'(c_1 + v_1) = 0{,}25\,(50 + 50) = 25$$
$$g_2 = G'(c_2 + v_2) = 0{,}25\,(100 + 50) = 37{,}5$$
$$g_3 = G'(c_3 + v_3) = 0{,}25\,(225 + 25) = 62{,}5$$

y por consiguiente:

$$P_{p1} = g_1 + c_1 + v_1 = 25 + 50 + 50 = 125$$
$$P_{p2} = g_2 + c_2 + v_2 = 37{,}5 + 100 + 50 = 187{,}5$$
$$P_{p3} = g_3 + c_3 + v_3 = 62{,}5 + 225 + 25 = 312{,}5$$

En cuanto a la pregunta del enunciado, la respuesta es que, dado que es el sector menos capitalizado (con menos capital invertido), la remuneración que le corresponde según la tasa media de ganancia es también menor que la plusvalía en él producida, parte de la cual se la apropian los capitalistas más poderosos.

2. Sea una economía capitalista con sectores con idéntica composición orgánica de capital. Los precios de producción son, respectivamente, de 45, 90 y 180 u.v. y obtienen una ganancia de 5, 10 y 20 u.v. Si la tasa de plusvalía es en los tres sectores del 50 por 100, calcular la tasa media de ganancia. En comparación con el ejemplo anterior, ¿qué característica peculiar tiene esta economía?

   Solución: $G' = 12{,}5\ \%$.

3. Sea una economía capitalista con cuatro sectores. La tasa de plusvalía es del 50 por 100 excepto en el sector III, en el que la plusvalía es de 40 u.v., el coste de producción de 175 u.v. y la ganancia obtenida de 35 u.v. El sector I produce un valor total de 125 u.v. y obtiene una ganancia de 20 u.v.; el sector II produce un valor total de 150 u.v. obteniendo una ganancia de 25 u.v.; y el sector IV produce un valor total de 350 u.v. y obtiene una ganancia de 60 u.v. Con estos datos, calcular los precios de producción de los cuatro sectores.

   Solución: $P_{p1} = 120$ u.v.; $P_{p2} = 150$ u.v.; $P_{p3} = 210$ u.v.; $Pp_4 = 360$ u.v.

LECTURAS PARA LA REFLEXIÓN

«La utilidad, por tanto, no es la medida del valor de cambio, aunque es algo absolutamente esencial al mismo. Si una cosa fuese completamente inútil —en otras palabras: si no pudiese en modo alguno contribuir a nuestro bienestar—, estaría desprovista de valor de cambio, cualquiera que fuese su escasez o la cantidad de trabajo necesaria para conseguirla. El valor de cambio de las cosas que poseen utilidad tiene dos orígenes: su escasez y la cantidad de trabajo requerida para obtenerlas. Hay algunos bienes cuyo valor está determinado por su escasez únicamente. La cantidad de tales bienes no puede ser aumentada por el trabajo y, por tanto, no se puede reducir su valor aumentando la oferta. Pertenecen a esta clase las estatuas y pinturas notables, monedas y libros raros, y los vinos de calidad especial. (...) Sin embargo, estas cosas forman una parte muy pequeña de aquella masa de bienes que se cambian diariamente en el mercado. (...) Siempre que hablamos, pues, de bienes, de su valor de cambio y de las leyes que rigen sus precios relativos, nos referimos exclusivamente a aquellos bienes cuya cantidad puede ser aumentada por efecto de la actividad humana, y en cuya producción interviene, sin restricciones, la competencia. (...) Que esto es el fundamento del valor de cambio de todas las cosas (...) es una doctrina de la mayor importancia en la economía política, pues nada dio origen a tantos errores y tantas diferencias de opinión en esta ciencia como la imprecisión de los conceptos atribuidos al término valor.»

D. Ricardo: *Principios de Economía Política y de tributación*. Seminarios y Ediciones, Madrid, 1973.

«Una variación del tipo de beneficio supone un patrón distinto de precios relativos (...) Por consiguiente, resulta que una variación de la distribución altera lo que debe distribuirse. Este enigma tuvo ocupado a Ricardo hasta el día de su muerte. Marx adoptó la noción de que los precios de los productos son proporcionales al tiempo-trabajo necesario para producirlos y le dio una nueva y sorprendente interpretación —todos los productos se intercambian por sus valores y esto también es cierto en el caso de la propia fuerza de trabajo—. En efecto, la fuerza de trabajo se "produce" con el tiempo de trabajo necesario para cubrir la subsistencia del trabajador. Puesto que el output es superior al salario, el trabajo produce más valor del que recibe. Así, de la teoría del valor se dedujo la teoría de la explotación. Los economistas ortodoxos respetaban a Ricardo, pero esta interpretación de su análisis era muy contraria a sus ideas. Se esforzaron por alegar que el enigma de Ricardo sobre la unidad de medida implicaba que en realidad tenía intención de admitir que el capital crea valor, al igual que el trabajo. Pero hubiesen podido dar el quite a Marx de otra forma mucho mejor; en vez de modificar la solución del problema de los precios relativos, cambiaron el problema. En los años 1870 una nueva ola invadió la economía: la teoría de la oferta y la demanda.»

J. Robinson: *Teoría económica y economía política*. Martínez Roca, Barcelona, 1973.

PALABRAS CLAVE

- Mercancía
- Valor de uso
- Valor de cambio
- Tiempo de trabajo socialmente necesario
- Dinero
- Capital
- Capital constante
- Capital variable
- Plusvalía
- Tasa de plusvalía
- Composición orgánica del capital
- Tasa de ganancia
- Precio de producción
- Precio de mercado

BIBLIOGRAFÍA BREVE

M. Desai: *Lecciones de teoría económica marxista*. Siglo XXI, Madrid, 1978.
B. Fine y L. Harris: *Para releer «El Capital»*. FCE, México, 1985.
E. Mandel: *Tratado de economía marxista*. Era, México, 1975.
P. M. Sweezy: *Teoría del desarrollo capitalista*. FCE, México, 1972.

CAPÍTULO 5

La dinámica estructural capitalista (I): Leyes

En el capítulo anterior se han analizado los componentes básicos de la estructura económica capitalista. Ahora hay que considerar, desde el punto de vista *diacrónico*, las *leyes* de funcionamiento de esa estructura, es decir, cómo se reproduce dinámicamente.

Por tanto, se tratará de la reproducción del modo de producción, es decir, de cómo se reproducen como un todo articulado las relaciones económicas y las fuerzas productivas en el proceso de producción y realización de la plusvalía.

A dicho proceso de reproducción se le denomina *proceso de acumulación de capital* y se dice «acumulación» porque la dinámica capitalista consiste básicamente en la utilización continua del capital (como valor y como relación social) para obtener más capital.

El estudio de la dinámica capitalista se dividirá en dos partes. En este capítulo se abordan algunas de las *leyes* fundamentales que rigen la acumulación de capital, poniendo de manifiesto los conflictos, contradicciones y desequilibrios que comporta su actuación. Se tratarán, así, el *desempleo estructural* de la fuerza de trabajo, la *dificultad del equilibrio oferta-demanda* y la presión estructural que impulsa la *caída de la tasa media de ganancia*, contradictoria con el motor del comportamiento capitalista, que es el de maximizar los beneficios.

La continua «superación» de tales conflictos y contradicciones, que constituye la auténtica «historia» del desarrollo capitalista, serán tratados como *efectos* de estas leyes en el próximo capítulo.

5.1. LA LEY DE SOBREPOBLACIÓN RELATIVA

Al explicar la actuación de la *ley del valor* en la sociedad mercantil simple ya se puso de manifiesto que dicha ley impulsa el avance técnico para rebajar el tiempo de trabajo individual. Esto significa que en el modo de producción mercantil simple cabe esperar un mayor desarrollo de las fuerzas productivas que en los modos no mercantiles.

En el caso capitalista, esta presión al progreso se acentúa a causa de las necesidades de la estructura económica capitalista, tal como se analizó a través de las relaciones estructurales básicas: para aumentar la escala de producción de plusvalía, para aumentar la tasa de plusvalía, para obtener más masa de ganancia, etc., los capitalistas, individualmente, están obligados a introducir el progreso técnico en los procesos de producción.

De ahí que el desarrollo capitalista haya supuesto un enorme desarrollo de las fuerzas productivas en relación a los modos precapitalistas, desarrollo realizado especialmente en la actividad de transformación (industria), que es la que tiene menos limitaciones naturales para la expansión: la posibilidad de producir mercancías transformadas es infinita, siempre se puede producir una nueva mercancía y de una nueva forma, cosa que no ocurre en la agricultura o en la explotación de recursos naturales, donde la Naturaleza recuerda su existencia exógena a la voluntad humana.

Por otra parte, las actividades de la circulación y distribución de las mercancías producidas, aunque también pueden ser objeto de progreso (y de hecho lo son, y extraordinariamente, con el desarrollo capitalista), se derivan necesariamente de lo ya producido y por tanto el desarrollo de las fuerzas productivas en esas actividades se deriva siempre del desarrollo de las fuerzas productivas en la actividad industrial.

Se considerará, pues, progreso capitalista, a aquel desarrollo de las fuerzas productivas motivado y dirigido por las necesidades de la estructura económica capitalista, que son las de aumentar el capital y la plusvalía producida en todos los procesos de valorización del capital.

La necesidad del avance técnico, bien para mejorar su posición competitiva, bien para no ser desplazado del mercado, es ineludible para el capitalista y provoca una dinámica continua de sustitución del trabajo del obrero manual por el trabajo mecánico.

La ampliación de la escala de producción da lugar a una composición orgánica creciente, lo que significa que *el capital constante crece más que el capital variable*. Es decir, la tendencia capitalista de sustituir el trabajo «vivo» por trabajo «muerto» en los procesos de producción crea un exceso relativo del primero (fuerza de trabajo) respecto al uso del segundo (medios de producción): cada vez hay más medios de producción, pero a la vez se necesita menos fuerza de trabajo para su uso

Entre los economistas clásicos, D. Ricardo ya había destacado esta característica del desarrollo capitalista. Pero fue K. Marx quien mejor explicitó su dimensión de ley insoslayable y escribió en *El Capital*:

> «Este descenso relativo del capital variable, descenso acelerado con el incremento del capital total y que avanza con mayor rapidez que éste, se revela, por otra parte, invirtiéndose los términos, como un crecimiento absoluto constante de la población obrera, más rápido que el del capital variable o el de los medios de ocupación que éste suministra. Pero este crecimiento no es constante, sino relativo: la acumulación capitalista produce constantemente, en proporción a su intensidad y a su extensión, una población obrera excesiva para las necesidades medias de explotación del capital, es decir, una población obrera remanente o sobrante (...).
>
> (...) Al producir la acumulación de capital, la población obrera produce también, en proporciones cada vez mayores, los medios para su propio exceso relativo. Es ésta una ley de población peculiar del régimen de producción capitalista. (...) Esta superpoblación se convierte, a su vez, en palanca de acumulación de capital. Más aún, en una de las condiciones de vida del régimen capitalista de producción. Constituye un ejército industrial de reserva, un contingente disponible (...) (que) brinda (al capital) el material humano, dis-

puesto siempre para ser explotado a medida que lo reclamen sus necesidades variables de explotación e independientemente, además, de los límites que puede oponer el aumento real de la población»[1].

El proceso de sustitución de trabajadores por maquinaria que D. Ricardo explicó y que Marx elevó al rango de ley de la acumulación capitalista ha sido una constante en la historia del capitalismo y se ha manifestado como la existencia permanente de desempleo, de fuerza de trabajo que es expulsada del proceso de producción y/o que no logra entrar en él. El desempleo, pues, es una *característica estructural del desarrollo capitalista.*

En numerosas ocasiones se ha intentado desmentir esta ley de la acumulación capitalista arguyendo que la auténtica causa del desempleo no es el uso capitalista de los medios de producción sino el volumen de la población, que se enfrenta a una «escasez» de recursos productivos. Pero esta argumentación es falaz. En primer lugar, es empíricamente contrastable, tanto transversal como longitudinalmente, la existencia del desempleo estructural en sociedades con volúmenes de población muy variados y con dinámicas demográficas diversas. Por poner sólo dos ejemplos: el auge económico de las décadas posteriores a la Segunda Guerra Mundial se hizo en el marco de una insólita explosión demográfica llamada el «baby boom» en los países desarrollados, y por otra parte las mayores tasas de desempleo conocidas en dichos países se están generando en un período de claro estancamiento demográfico. Se volverá a ello al tratar la relación población-economía en el Capítulo 10.

Pero la razón fundamental de la inconsistencia del argumento que culpa del desempleo al volumen de población es de índole teórica: el desempleo o la insuficiencia de recursos para ocupar a la población no es una categoría universal, sino característica de cada manera de organizar la producción, de cada manera de usar los medios de producción, de los distintos fines de la producción (satisfacer directamente necesidades, obtener beneficios, etc.). Es decir, es característica de cada modo de producción. En los modos precapitalistas, con bajo desarrollo de las fuerzas productivas, puede existir la *sobrepoblación absoluta*, al enfrentarse la población a unos recursos mínimos determinados por la Naturaleza. La historia demuestra que entonces funcionan los mecanismos de adaptación en la población: desplazamientos espaciales, hambrunas, etcétera (los llamados remedios malthusianos). Pero en el capitalismo, la sobrepoblación es causada por lo contrario, por unos recursos máximos: es a causa del aumento de los medios de producción por lo que se queda fuerza de trabajo sin poderlos usar. En términos estrictos, no es precisamente la cantidad de medios de producción la que genera población «sobrante», sino el uso capitalista de los medios de producción, con el fin de maximizar la ganancia individual del capitalista. Por eso se caracteriza a esta sobrepoblación como relativa.

[1] K. Marx: *El Capital*, págs. 533 a 535. Según la edición de FCE, México, 1973.

Puede concebirse que, en términos teóricos, otro modo de producción con el mismo alto desarrollo de las fuerzas productivas podría permitir que la población trabajase mucho menos tiempo en actividades más variadas, etc. El reparto del trabajo implicaría menos esfuerzo, gracias a esa abundancia de medios de producción y tecnología. Pero la «racionalidad económica» (capitalista) sólo considera el coste/beneficio individual (del capitalista) y consideraría «irracional» que trabajando «poco» se asegure la subsistencia y el progreso. La visión de los economistas sobre el reparto del trabajo va acompañada, indefectiblemente, de la disminución de salarios, para lograr objetivamente mantener la tasa de plusvalía y la tasa de ganancia, aunque el discurso académico-profesional lo vincule a una «racionalidad» eterna, inmutable, propia del «orden natural» o de la «mano ciega» del mercado.

Establecido el carácter estructural de la sobrepoblación relativa que se manifiesta como desempleo, se pueden considerar diversos tipos de desempleo:

- — El desempleo tecnológico, producto del aumento de la composición orgánica del capital y del desarrollo de las fuerzas productivas. Expresa que cada vez hace falta menos cantidad de fuerza de trabajo para realizar las actividades productivas. Y aunque se creen nuevas actividades que pudieran absorber a los trabajadores desplazados, el progreso tecnológico en dichas nuevas actividades y ramas productivas acabarán teniendo el mismo efecto.
- — El desempleo cíclico, ocasionado por el cierre o reducción de actividad en empresas en crisis.
- — El desempleo latente, que se refiere a los contingentes de fuerza de trabajo que están por el momento al margen del proceso de valorización de capital, ocupados o no en actividades no capitalistas (en la agricultura, en la esfera doméstica), etc.
- — El desempleo estacionario, que aparece periódicamente en aquellas actividades que tienen un período de producción discontinuo (por ejemplo, en la agricultura, en algunos servicios como el turismo, etc.).
- — Etcétera.

Pero el desempleo no es sólo resultado de la dinámica estructural del modo de producción capitalista. Es también un mecanismo de ésta para mantener bajo el precio de la fuerza de trabajo (el salario) y fortalece la posición del capitalista en la relación capital/trabajo («las máquinas no piden aumento de salario ni hacen huelgas»). El volumen y características del «ejército de reserva» es, así, uno de los mecanismos de regulación de la dinámica de la tasa de plusvalía.

Por último, hay que destacar que, además de no poder absorber a toda la fuerza de trabajo disponible, la dinámica capitalista tampoco puede, en ocasiones, aprovechar toda la capacidad y el conocimiento de la fuerza de trabajo efectivamente ocupada, dando lugar al fenómeno del *subempleo*: la fuerza de trabajo empleada trabaja en tareas de menor cualificación que la que posee.

5.2. LA REPRODUCCIÓN AMPLIADA DEL CAPITAL Y LA PROPORCIONALIDAD

La racionalidad del modo de producción capitalista estriba en obtener el máximo beneficio posible para incrementar el capital. Esta racionalidad implica una de las características principales del capitalismo: su tendencia intrínseca a la expansión. Un capital que no crece se extingue como tal capital.

El crecimiento del capital, identificado con el crecimiento económico, se produce a través de los procesos de acumulación, es decir, de lo que se denomina *reproducción ampliada del capital.*

La forma que adopta el crecimiento del capital, es decir, el desarrollo capitalista, no es uniforme ni armónica. Las decisiones de invertir y de cuánto invertir son tomadas independientemente por multitud de capitalistas que sólo conocerán *ex post* la justeza de su decisión. La racionalidad de la misma, por otra parte, no está vinculada a cubrir estrictamente las necesidades del mercado, sino a maximizar el beneficio individual. Por eso se puede decir que la producción capitalista es anárquica. En virtud de dicha *anarquía de la producción*, el crecimiento adopta la forma de *ciclos económicos*, que serán tratados en el próximo capítulo. Ésa es la peculiar forma de manifestarse el desarrollo capitalista. La situación de equilibrio es, contra lo que opina la economía convencional, una situación excepcional y claramente inestable.

Para que haya crecimiento se tiene que asegurar previamente la reproducción de las condiciones que permiten la producción capitalista. Estas condiciones son las siguientes:

— Reproducción de los medios de producción gastados y sustitución por nuevos, de la misma o de nueva tecnología. Este proceso permite el incremento de la productividad y está vinculado al progreso técnico.
— Reproducción de la fuerza de trabajo e incremento del número de trabajadores empleados. Esto no se contradice con la ley de sobrepoblación relativa, puesto que lo que ésta plantea es que el aumento de c será mayor que ese aumento de v.
— Reproducción de las condiciones generales de funcionamiento de la sociedad (políticas, jurídicas, etc.) y adecuación a los procesos de crecimiento.
— Reproducción del capital y ampliación del mismo.

Este último proceso corresponde a la acumulación de capital. Para su estudio se procederá en dos pasos: en primer lugar se expondrá, con fines exclusivamente didácticos, el proceso de *reproducción simple*, es decir, aquel proceso que permite reproducir en volumen el capital implicado en el proceso de producción, *sin crecimiento* y, por tanto, sin acumulación. En segundo lugar, se explicará la acumulación o *reproducción ampliada* del capital.

Reproducción simple

A partir de unos supuestos y una hipótesis que caracteriza la no acumulación, se trata de descubrir cuáles son las condiciones para el equilibrio.

Los supuestos de partida son los siguientes:

— Competencia perfecta: libre movilidad de capitales y de fuerza de trabajo.
— Dos únicas clases sociales: capitalistas, propietarios de los medios de producción y trabajadores, no propietarios de los medios de producción.
— Dos sectores (no arbitrarios), que abarcan la totalidad de la producción:

I. Sector productor de medios de producción.
II. Sector productor de medios de consumo.

Esta clasificación en dos sectores se fundamenta en dos diferencias fundamentales entre ellos:

— Diferencia en el *valor de uso* de las mercancías producidas: el valor de uso de las mercancías producidas por el sector I es volver a entrar en el proceso de valorización del capital (como capital constante). El valor de uso de las mercancías producidas por el sector II se realiza en el consumo improductivo.
— Diferencia en la *propiedad* sobre cada tipo de mercancías: los asalariados no pueden ser propietarios de medios de producción pues, por definición, si lo fueran, pasarían a ser capitalistas.

Las hipótesis en el caso de la reproducción simple de capital son que:

— Los asalariados gastan todos sus ingresos (v) en mercancías del sector II (medios de consumo).
— Los capitalistas gastan todos sus ingresos (pl) en mercancías del sector II, es decir, no hay acumulación.

La reproducción del capital se produce en la fase $M' - D'$ del ciclo del capital, en el mercado, e implica la realización (venta) de las mercancías que ya poseen el nuevo valor.

En el mercado actúan la oferta y la demanda: la oferta expresada en mercancías y la demanda expresada en dinero. Las mercancías han sido producidas en función de la ley del valor y por tanto:

$$M = V = c + v + pl$$

En el equilibrio la oferta y la demanda deben ser iguales. No deben quedar mercancías sin vender y debe haber suficiente dinero en manos de los consumidores para comprarlas.

El funcionamiento del proceso para llegar al equilibrio es el siguiente:

	Oferta	Demanda
I	$M_1 = c_1 + v_1 + pl_1$	$= c_1 + c_2 \qquad = D'_1$
II	$M_2 = c_2 + v_2 + pl_2$	$= v_1 + v_2 + pl_1 + pl_2 = D'_2$

donde c_1 y c_2 expresan la demanda de reposición de medios de producción gastados (en cierta forma, la amortización) en cada sector, v_1 y v_2 el consumo de los trabajadores y pl_1 y pl_2 el consumo de los capitalistas.

En las anteriores expresiones, la oferta expresa volúmenes de mercancías y la demanda volúmenes de dinero, con la peculiaridad de que *ambas son iguales en valor* para que, en el equilibrio, se produzca el *intercambio de equivalentes*.

Las *ecuaciones de equilibrio* derivadas de las dos ecuaciones anteriores son:

$$v_1 + pl_1 = c_2$$
$$c_2 = v_1 + pl_1$$

Ambas ecuaciones son aparentemente iguales y de hecho lo son en valor. Pero, sin embargo, expresan cosas diferentes. En la primera ecuación, v_1 y pl_1 son mercancías-medios de producción y c_2 es dinero. En la segunda ecuación, c_2 representa mercancías-medios de consumo y v_1 y pl_1 son dinero.

En definitiva, la ecuación genérica del equilibrio se expresa así:

$$c_2 = v_1 + pl_1$$

Si no se estuviese en situación de equilibrio (que normalmente no se produce) se darían las dos siguientes situaciones:

Oferta > Demanda → Sobreproducción
Oferta < Demanda → Escasez

Obsérvese la complejidad de la ecuación, o, en otras palabras, la enorme exigencia que implica para que se alcance el equilibrio: a partir de decisiones individuales de inversión de unos capitalistas (los del sector II), el valor añadido en el otro sector (el sector I) tiene que ser equivalente. Leído al revés: la capacidad de consumo de las clases sociales implicadas en la producción de medios de producción tiene que equivaler a la parte del valor producido en el sector II dedicado a la reposición de sus medios de producción.

Reproducción ampliada de capital

Este proceso corresponde al de acumulación del capital y por tanto hay crecimiento.

Los supuestos e hipótesis del caso anterior se mantienen salvo en los siguientes aspectos:

— Los capitalistas gastan parte de sus ingresos en la adquisición de medios de producción (sector I) para efectuar la nueva inversión que permitirá la acumulación.

— La parte de los ingresos de los capitalistas gastada en medios de producción (demandados al sector I) se designa por F_1. La parte gastada en adquirir medios de consumo (demandados al sector II) se designa por F_2. Debe cumplirse que:

$$F_1 + F_2 = 1$$

— A efectos únicamente expositivos, se supone que en el proceso de reproducción ampliada no crece el volumen de fuerza de trabajo empleada. Es decir, sólo crece c y no crece v. Este supuesto no refleja la realidad, pero permite aislar el fenómeno de la acumulación de capital en medios de producción.

El funcionamiento del proceso para llegar al equilibrio es el siguiente:

	Oferta	Demanda
I	$M_1 = c_1 + v_1 + pl_1$	$= c_1 + c_2 + F_1(pl_1 + pl_2) = D'_1$
II	$M_2 = c_2 + v_2 + pl_2$	$= v_1 + v_2 + F_2(pl_1 + pl_2) = D'_2$

Operando:

	Oferta	Demanda
I	$M_1 = c_1 + v_1 + (F_1 + F_2)pl_1$	$= c_1 + c_2 + F_1(pl_1 + pl_2) = D'_1$
II	$M_2 = c_2 + v_2 + (F_1 + F_2)pl_2$	$= v_1 + v_2 + F_2(pl_1 + pl_2) = D'_2$
I	$M_1 = c_1 + v_1 + F_1pl_1 + F_2pl_1$	$= c_1 + c_2 + F_1pl_1 + F_1pl_2 = D'_1$
II	$M_2 = c_2 + v_2 + F_1pl_2 + F_2pl_2$	$= v_1 + v_2 + F_2pl_1 + F_2pl_2 = D'_2$

y simplificando se llega a las *ecuaciones de equilibrio en régimen de reproducción ampliada*:

$$v_1 + F_2 pl_1 = c_2 + F_1 pl_2$$
$$c_2 + F_1 pl_2 = v_1 + F_2 pl_1$$

También en este caso ambas ecuaciones son aparentemente iguales y de hecho lo son en valor. Pero los primeros términos de cada ecuación representan mercancías mientras que los segundos representan dinero.

La ecuación de equilibrio genérica en el caso de la reproducción ampliada de capital es:

$$c_2 + F_1 pl_2 = v_1 + F_2 pl_1$$

De nuevo, como en el caso de la reproducción simple, se pone de manifiesto, por la complejidad de la fórmula y la heterogeneidad de las decisiones implicadas, la dificultad, ahora agrandada, de la consecución y el mantenimiento del equilibrio. Más bien cabe esperar una sucesión de desequilibrios que pueden obedecer a muy diversas razones (tantas como variables entran en la ecuación y no se olvide que aquí se ha utilizado una versión mínima, muy restrictiva, de la acumulación: sólo crece c y a una tasa igual para los dos sectores).

Las anteriores ecuaciones permiten reflejar los siguientes conceptos:

$c_1 + c_2 + F_1(pl_1 + pl_2) + v_1 + v_2$: → inversión total.
$c_1 + c_2 + F_1(pl_1 + pl_2)$: → inversión bruta en medios de producción.
$F_1(pl_1 + pl_2)$: → acumulación. Nueva inversión en medios de producción. Inversión neta.
c_1 y c_2: → demanda de reposición de medios de producción gastados (en cierta forma, la amortización).

En términos de asimilación de estas magnitudes de valor a las macromagnitudes de la Contabilidad Nacional, se podrían establecer las siguientes igualdades:

$c_1 + c_2 + v_1 + v_2 + pl_1 + pl_2$ = Producto Nacional Bruto.
$v_1 + v_2 + pl_1 + pl_2$ = Renta Nacional (valor añadido neto).
F_1 = tasa de inversión.
F_2 = tasa de consumo.

La condición de equilibrio en la reproducción ampliada expresa la interacción entre la producción y el mercado. También manifiesta la interconexión necesaria entre la producción de plusvalía, la inversión en la producción de medios de consumo y el valor añadido en la producción de medios de producción. En suma, es una síntesis de la relación entre la capacidad de producir de una economía y su capacidad de consumir. El que ambas capacidades se desarrollen simultáneamente de una forma armónica o equilibrada es algo tan difícil en la estructura capitalista (con los supuestos de partida) como lo es conseguir la condición de equilibrio a partir de multitud de decisiones de inversión y consumo inconexas.

Por último, los esquemas de proporcionalidad entre los sectores antes descritos ilustran la formación de un *mercado interno capitalista*, en el que son simultáneas la producción capitalista de medios de producción y la producción capitalista de medios de consumo.

El resultado final del proceso es el *crecimiento del capital* fruto de la reproducción ampliada o acumulación, como se observa en la Figura 5.1.

5.3. LA TENDENCIA DECRECIENTE DE LA TASA MEDIA DE GANANCIA

La formación de la tasa media de ganancia se produce en virtud de la acción conjunta de todos los capitalistas y todos los capitales. Es una de las llamadas «fuerzas ciegas del mercado». Ahora bien, cada capitalista sabe que, para aumentar su producción y reducir el precio de sus mercancías como arma competitiva, le conviene incrementar su productividad individual y para ello debe introducir cada vez una mayor proporción de medios de producción ($\Delta c > \Delta v$) en la inversión total.

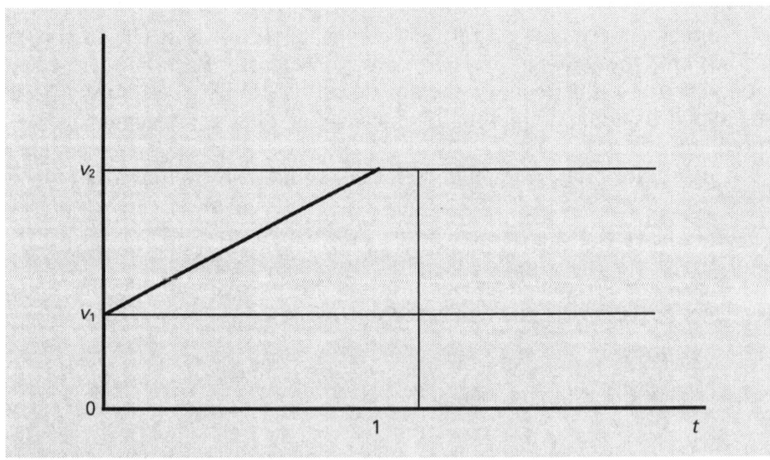

Figura 5.1.

Esta actitud es racional individualmente pero da lugar a un efecto no deseado: el decrecimiento de la tasa media de ganancia (G'), en virtud de la expresión:

$$G' = PL' (1 - C')$$

donde

PL' = tasa de plusvalía global.
C' = composición orgánica del capital global.

En la anterior expresión se observa que la tasa media de ganancia varía positivamente con la tasa de plusvalía global, mientras que varía negativamente con la composición orgánica del capital global.

El comportamiento racional de cada capitalista consiste en la búsqueda de su máximo beneficio y éste se obtiene, aparentemente, mediante una reducción relativa de sus costes salariales y un aumento de su productividad, lo cual se consigue aumentando su inversión en medios de producción (máquinas más eficientes, nuevas tecnologías, etc.). Ello da lugar a que el crecimiento del capital constante sea mayor que el del capital variable y que, por tanto, la composición orgánica individual crezca. Si éste es el comportamiento racional de un capitalista, lo es también de todos los capitalistas. Ahora bien, cuando actúan racionalmente todos los capitalistas, buscando su máximo beneficio, el efecto social derivado es el contrario: la tasa media de ganancia desciende (aunque es posible que la masa de ganancia de cada capitalista aumente).

Efectivamente, si C' crece más rápidamente que PL', entonces G' desciende. Considerada la globalidad del capital, esta presión a la caída de G' manifiesta la dificultad creciente de valorizar la masa también creciente del capital. O sea, el problema fundamental es el de conseguir suficiente masa de plusvalía para remunerar a un capital continuamente acrecentado por la reproducción ampliada. Y aunque el aumento de C' puede provocar un aumento de PL' (por aumento en la productividad e intensidad en el trabajo), este aumento tiene límites naturales (la jornada de trabajo, el valor de la fuerza de trabajo) y sociales (la lucha sindical), mientras que el aumento de C' no los tiene.

Esta tendencia se enfrenta a poderosas *fuerzas contrarrestantes* que la distorsionan, e incluso pueden llegar a evitarla en la realidad. Entre otras, se pueden citar las siguientes:

— La caída de los salarios por efecto del desempleo, que hace aumentar PL'.
— El descenso del capital variable por aumento de la productividad del trabajo, que hace que se reduzca el valor de la fuerza de trabajo. Éste es un caso en el que el aumento de C' es acompañado por un incremento de PL'.
— La explotación de sectores precapitalistas (que implica la extensión del capital para articularse con estos sectores, lo que dará lugar al colonialismo y al imperialismo, que serán tratados posteriormente).
— El abaratamiento de los elementos del capital constante, bien por innovación tecnológica, bien a través de su destrucción, bien a través de la limitación de la capacidad productiva. Ello reduce o neutraliza el aumento de C'.
— La «exportación» de capital constante, es decir, retirarlo del mercado interno en el que se forma la G'. Este fenómeno también está ligado a la expansión «exterior» del capital y al imperialismo».
— La imposición de barreras a la libre movilidad de capitales que es consustancial a la formación de G'. Ello da lugar al fenómeno del monopolismo, a través de la concentración y centralización del capital, como se explicará en el próximo capítulo.
— Etcétera.

En general, se trata de mecanismos que tienden a aumentar PL' y/o a frenar el crecimiento de C'. Hasta qué punto pueden evitar permanentemente la crisis de sobreacumulación de capital ha sido y es un tema de gran calado teórico y político, en torno al cual ha existido un extenso debate, en el que no se entra en el actual contexto analítico. Lo que más interesa destacar ahora es que estos mecanismos contrarrestantes se convierten en auténticos mecanismos de regulación de la dinámica estructural capitalista y su actuación da lugar a variaciones en el modo de desarrollo del propio modo de producción capitalista.

La ley de la tendencia decreciente de la tasa media de ganancia y de la actuación de sus mecanismos contrarrestantes explica, así, una buena parte de las modificaciones que tienen lugar en la estructura económica y en el progreso capitalista, a la vez que plantea sus límites.

A lo largo de este capítulo se ha visto cómo la actuación de las leyes de sobrepoblación, de equilibrio en la proporcionalidad y de la tendencia a la caída de la tasa media de ganancia, da como resultado una serie de fenómenos y modificaciones en la dinámica capitalista: el desarrollo cíclico, la concentración y centralización del capital, la expansión exterior, etc., que se pueden considerar como *efectos* de dichas leyes y como tales serán tratados en el próximo capítulo.

RESUMEN

El modo de producción capitalista se reproduce dinámicamente a través de la *acumulación de capital* que supone el crecimiento de la composición orgánica del capital a nivel global. La acumulación de capital está regida por leyes económicas objetivas, entre las cuales destacan:

1. La ley de *sobrepoblación relativa*: al ser el crecimiento del capital constante mayor que el del capital variable, se crea una sobrepoblación relativa o fuerza de trabajo sobrante para las necesidades de la acumulación de capital; esta sobrepoblación relativa se expresa como *desempleo*, que tiene carácter estructural (no coyuntural) en el capitalismo.
2. La condición de *equilibrio* entre la oferta y la demanda, que articula la producción de medios de producción y la producción de medios de consumo en unas *proporciones* de valor producido y demanda solvente muy estrictas para la *reproducción ampliada del capital*. Como en el capitalismo existe la anarquía de las decisiones de inversión y consumo, más que el equilibrio serán frecuentes los desequilibrios por sobreproducción y subconsumo.
3. La ley de la *tendencia decreciente de la tasa media de ganancia*, según la cual, a medida que crece la masa de capital, es cada vez más difícil rentabilizarlo a la tasa de ganancia existente, por lo que ésta tiende a decrecer. Existen *causas contrarrestantes* de esta tendencia que elevan la tasa de plusvalía y/o frenan el crecimiento de la composición orgánica de capital.

EJERCICIOS

1. De una economía capitalista se conocen los siguientes datos:

— La plusvalía en el sector I es de 100 u.v.
— La plusvalía en el sector II es de 200 u.v.
— La tasa de plusvalía en ambos sectores es del 100 por 100.
— La composición orgánica en el sector I es del 75 por 100 y en el sector II es del 50 por 100.

a) Calcular los precios de producción de cada sector.
b) ¿Es posible la reproducción simple en esta economía? ¿Por qué?
c) Si aumenta la extracción de plusvalía en el sector I hasta ser $pl' = 175\ \%$, ¿cuál será la F_1 que, *ceteris paribus*, permitirá el equilibrio en reproducción ampliada?
d) Si la tasa de inversión fuese del 30 por 100, ¿en qué sector quedarían mercancías sin vender (siendo $pl'_1 = 175\ \%$)?

Solución:

Primero se completará el cuadro de transformación:

— Como $pl'_1 = pl'_2 = 100\ \%$, entonces:

$$v_1 = pl_1 = 100$$
$$v_2 = pl_2 = 200$$

y entonces:

$$c'_1 = 0{,}75 = c_1/(c_1 + 100) \quad \text{de donde} \quad c_1 = 300$$
$$c'_2 = 0{,}50 = c_2/(c_2 + 200) \quad \text{de donde} \quad c_2 = 200$$

— A partir de aquí, $G' = 300/800 = 37{,}5\ \%$

$$g_1 = 0{,}375\ (300 + 100) = 150$$
$$g_2 = 0{,}375\ (200 + 200) = 150$$

Por tanto:

a) $P_{p1} = 300 + 100 + 150 = 550$
$P_{p2} = 200 + 200 + 150 = 550$

b) La condición de equilibrio en la reproducción simple es:

$$c_2 = v_1 + pl_1$$

En este caso:

$$200 = 100 + 100$$

Por tanto, sí se cumple la condición, y sí es posible la reproducción simple.

c) Si $pl'_1 = 175\ \%$ y $v_1 = 100$, entonces $pl_1 = 175$. La condición de equilibrio en la reproducción ampliada es:

$$c_2 + F_1\, pl_2 = v_1 + F_2\, pl_1$$

Por tanto:

$$200 + F_1\,200 = 100 + (1 - F_1)\,175 \quad \text{de donde} \quad F_1 = 0{,}2$$

d) Si ahora $F_1 = 0{,}3$, $F_2 = 0{,}7$, y los términos de la ecuación de equilibrio serían:

$$200 + 0{,}3 \cdot 200 > 100 + 0{,}7 \cdot 175$$
$$260 > 225{,}5$$

Luego no hay capacidad suficiente para realizar el valor de las mercancías del sector II. Es en este sector donde quedarán mercancías sin vender a causa de la excesiva tasa de acumulación.

2. De una economía capitalista en equilibrio en reproducción ampliada se conocen los siguientes datos:

— La tasa de consumo de los capitalistas es de 2/3.
— En el sector I, el valor total producido es de 800 u.v., y el capital constante es de 400 u.v.
— La tasa de plusvalía en los dos sectores es del 100 por 100.
— La masa total de ganancias es de 300 u.v.

Calcular las composiciones orgánicas y los precios de producción de cada sector. ¿A partir de qué precios de mercado se obtienen ganancias en cada sector?

Solución:

— Como $pl'_1 = 100\ \%$, entonces $v_1 = pl_1$. Si $V_1 = 800$ y $c_1 = 400$,

$$V_1 = c_1 + v_1 + pl_1 = c_1 + 2pl_1 = 400 + 2pl_1 = 800 \quad \text{de donde} \quad v_1 = pl_1 = 200$$

— Como la suma de ganancias es igual a la suma de plusvalías,

$$g_1 + g_2 = 300 = pl_1 + pl_2$$

y entonces

$$pl_2 = 300 - 200 = 100$$

— Como esta economía está en equilibrio en reproducción ampliada, se tiene que cumplir que:

$$c_2 + (1 - F_2)\,pl_2 = v_1 + F_2 \cdot pl_1$$
$$c_2 + 1/3\,(100) = 200 + 2/3\,(200)$$

de donde $c_2 = 300$.

— Ya se pueden calcular las composiciones orgánicas de cada sector:

$$c'_1 = 400/600 = 2/3$$
$$c'_2 = 300/400 = 3/4$$

— Y para calcular los precios de producción:

$$G' = 300/1000 = 0{,}3$$
$$g_1 = 0.3 \cdot 600 = 180$$
$$g_2 = 0.3 \cdot 400 = 120$$

por lo que

$$P_{p1} = 600 + 180 = 780 \quad \text{y} \quad P_{p2} = 400 + 120 = 520$$

3. En una economía capitalista en equilibrio en reproducción ampliada, el sector I tiene una tasa de plusvalía del 80 por 100, mientras que la del sector II es del 100 por 100. La tasa media de ganancia es del 30 por 100 y la plusvalía obtenida en el sector productor de medios de producción es de 100 u.v. Si el coste de producción total ha sido de 400 u.v. y la tasa de consumo de los capitalistas es de 0,125, calcular los precios de producción de cada sector.

Solución: $P_{p1} = 338$; $P_{p2} = 182$.

LECTURAS PARA LA REFLEXIÓN

«(...) La opinión mantenida por la clase trabajadora de que el empleo de la maquinaria es frecuentemente perjudicial para sus intereses no está fundada en un prejuicio ni en un error, sino que se ajusta a los principios más correctos de la economía política.»

D. Ricardo: *Principios de Economía Política y de tributación*. Seminarios y Ediciones, Madrid, 1973.

«Si bien el sistema capitalista establece el marco de acción de las clases y los individuos; si bien es el capital y su acumulación quien establece los fundamentos para la liberación humana, precisa, paradójicamente, a través del desarrollo de las formas de explotación que reducen el tiempo laboral necesario para la reproducción de los trabajadores, el límite último del desarrollo capitalista son los seres humanos, la humanidad trabajadora. Pero esto es así porque el capital se enfrenta a su límite histórico, en la medida en que no pueda asegurar ya la reproducción de sus explotados. La tasa decreciente de ganancia fuerza al capital a reducir los salarios, de tal manera que llega a cuestionar la propia reproducción de la fuerza de trabajo. (...) Porque la acumulación de capital tiende a destruir las bases mismas de esa acumulación es por lo que el capitalismo descansa sobre una contradicción explosiva. (...) Lebowitz capta lúcidamente que "sin contradicción no hay movimiento; sin la caída de la tasa de ganancia no hay innovación, ni creciente productividad laboral, ni creciente composición orgánica del capital, etc., es decir, no hay movimiento".»

J. A. Moral Santín: *La acumulación del capital y sus crisis.* Akal, Madrid, 1986.

PALABRAS CLAVE

- Leyes económicas
- Acumulación de capital
- Sobrepoblación relativa
- Desempleo
- Reproducción ampliada del capital
- Equilibrio
- Caída de la tasa media de ganancia
- Factores contrarrestantes

BIBLIOGRAFÍA BREVE

M. Desai: *Lecciones de teoría económica marxista.* Siglo XXI, Madrid, 1978.
B. Fine y L. Harris: *Para releer «El Capital».* FCE, México, 1985.
E. Mandel: *Tratado de economía marxista.* Era, México, 1975.
J. A. Moral Santín y H. Raymond: *La acumulación del capital y sus crisis.* Akal, Madrid, 1986.
A. Shaikh: *Valor, acumulación y crisis.* Tercer Mundo Editores, Bogotá, 1990.
P. M. Sweezy: *Teoría del desarrollo capitalista.* FCE, México, 1972.

CAPÍTULO 6
La dinámica estructural capitalista (II): Los efectos

6.1. EL CICLO ECONÓMICO

El crecimiento del capital deriva del proceso de acumulación, resultante de la tendencia expansiva intrínseca del capitalismo. Pero la forma del crecimiento, es decir, el desarrollo, no es uniforme, en virtud de la anarquía de la producción. Por el contrario, está sometida a continuos vaivenes que dan lugar a los *ciclos económicos*. El primer efecto de las leyes de la acumulación capitalista es, por consiguiente, que *el desarrollo capitalista es un desarrollo cíclico*.

Los ciclos surgen, en principio, por la *no adecuación de la oferta y la demanda en el mercado*. La actuación de las leyes referidas a las condiciones de equilibrio en la reproducción ampliada y a la tendencia decreciente de la tasa media de ganancia se manifiestan en el mercado como sobreproducción y/o subconsumo:

— En la sobreproducción, los capitalistas individuales actúan racionalmente cuando incrementan su propia producción suponiendo que el mercado la podrá absorber. Pero desconocen las decisiones de producción de otros capitalistas, que también actúan racionalmente incrementando su producción. Ello da lugar a que se produzca más de lo que el mercado puede absorber.

— En el subconsumo se trata de que las rentas salariales generadas en el proceso de producción tienen menos valor que el de los medios de consumo salariales, lo cual provoca que se produzca más que lo que puede ser absorbido por los trabajadores. Asimismo, en el sector de medios de producción el valor de las mercancías producidas supera la capacidad de reproducción ampliada de los capitalistas. Es decir, no se genera la *demanda solvente* suficiente.

Tanto la sobreproducción como el subconsumo se manifiestan en el mercado como mercancías sin vender a los precios que remuneran la ganancia del capitalista. La sobreproducción es, pues, relativa y sólo lo es con respecto a la obtención de un determinado margen de beneficios. Tras la sobreproducción relativa se encuentra, entonces, la presión a la caída de la tasa media de ganancia producida por la sobreacumulación.

Este fenómeno es una muestra de la contradicción propia del capitalismo entre el crecimiento de la *capacidad de producir* y el crecimiento de la *capacidad de consumir*.

Duración del ciclo

Los ciclos tienen diferente duración, en función de las causas que los ocasionan. En general se suelen dividir en tres tipos:

— *Ciclos largos*: también llamados Kondratiev, en honor al economista ruso que los descubrió. Son ciclos de duración variable en torno a los cincuenta años y, aunque este autor los vinculó a la dinámica de la inversión, otros autores como Schumpeter los interpretaron a partir del ritmo de las innovaciones y de la implantación de nuevos sistemas tecnológicos que dan lugar a nuevos medios de producción, de transporte y de consumo. Más recientemente, Samir Amin, Mandel, Gunder Frank y Wallerstein y otros han hablado de «ondas largas» que afectan a la totalidad del sistema económico, con dos fases, la de crecimiento (fase A) y la de descenso (fase B). En la fase B entra en crisis paulatinamente no sólo el antiguo sistema tecnológico y productivo, sino también el orden institucional sistémico.

— *Ciclos medios*: son los ciclos propiamente económicos y se derivan de la acumulación de capital individual que origina la anarquía de la producción y la no adecuación de la oferta y la demanda en el mercado. Su duración es variable, entre siete y doce años. El ciclo medio fue descubierto y formulado por primera vez por Juglar, quien habló de una duración de entre ocho y diez años. Cuando se van creando barreras a la libre concurrencia de capitales y se desarrolla el capitalismo monopolista, esta duración ha tendido a crecer, llegando a durar más de veinte años. Entre el ciclo medio y el ciclo largo se sitúa, en términos de duración, el ciclo de Kuznets, de unos treinta años.

— *Ciclos cortos*: de una duración de entre uno y cuatro años son los llamados *ciclos coyunturales*, resultantes de procesos de adecuación de la oferta a la demanda en el mercado en lapsos breves de tiempo. Corresponden a pequeños auges y pequeñas recesiones, es decir, a la oscilación de la oferta y la demanda en torno a un hipotético punto de equilibrio. Kitchin, que definió el ciclo corto en base a los movimientos del tipo de interés y los precios al por mayor, le adjudicó una duración de entre tres y cuatro años. Pero incluso se ha argumentado la existencia de ciclos cortos según las coyunturas políticas (elecciones) y otra multitud de factores.

Los tres ciclos se combinan entre sí y caracterizan conjuntamente la situación económica concreta de cada período. Schumpeter, en concreto, consideró que en cada movimiento largo se incluían seis ciclos Juglar, y en cada Juglar tres ciclos cortos de cuarenta meses.

Fases del ciclo medio

El ciclo económico es un proceso continuo que atraviesa por cuatro fases:

— *Auge.*
— *Crisis.*
— *Depresión.*
— *Recuperación.*

En el *auge* hay una utilización máxima de las fuerzas productivas. El desempleo de fuerza de trabajo será mínimo y la utilización de la capacidad instalada, máxima. El sistema de crédito se expande para facilitar la inversión y la realización del valor de las mercancías producidas (crédito a la inversión y al consumo) e incluso puede mantener «artificialmente» esta fase, o la imagen de la misma, durante un tiempo. Es decir, el auge en la producción de capital puede haber acabado (cada vez cuesta más vender mercancías al precio remunerativo para el capital), pero la ilusión del dinero-signo impide la conciencia de dicho final. De ahí que el estallido de la crisis se suele manifestar como crisis comerciales y monetario-financieras.

La *crisis* es el momento de interrupción generalizada del proceso de acumulación. Como no se puede rentabilizar el capital invertido, se inutiliza rápidamente capital constante y se reduce el capital variable que no se puede valorizar. Se manifiesta en cierres de empresas, aumento del desempleo, disminución de utilización de la capacidad instalada, etc.

La *depresión* es el período en el que se remodelan las fuerzas productivas y van tomando posiciones los nuevos capitales emergentes. En general, se trata de eliminar las trabas a la recuperación de la tasa de ganancia y de superar los desajustes en la proporcionalidad entre la capacidad de producir y la capacidad de consumir.

La *recuperación,* por último, supone la paulatina puesta en marcha de las nuevas fuerzas productivas, mejorar las condiciones para la inversión y la realización, etc., hasta que culmina en un nuevo auge.

Los ciclos medios se generan siempre en el capitalismo. No obstante, su duración e intensidad han variado a lo largo de la historia. En la fase concurrencial del capitalismo marcaron la tónica de su desarrollo y determinaron la transformación del capitalismo concurrencial en monopolista, así como la intervención del Estado con políticas anticíclicas. Estas modificaciones estructurales suponen cambios importantes en la duración y profundidad del ciclo, aunque no lo eliminan.

La sucesión de ciclos da lugar a cambios sustanciales en el propio funcionamiento del capitalismo. Efectivamente, la «limpieza» de empresas obsoletas y anticuadas que se produce en las fases de crisis y depresión permite el mantenimiento en activo de las empresas más rentables, que suelen ser las más grandes. Ello abre el camino a la *concentración y centralización* del capital, fenómenos que acabarán eliminando las condiciones de libre competencia y suscitarán la transición de la fase concurrencial a la fase monopolista del capitalismo.

En resumen, si como se vio en la Figura 5.1 la acumulación expresa el crecimiento del capital, el ciclo expresa, por su parte, la forma de

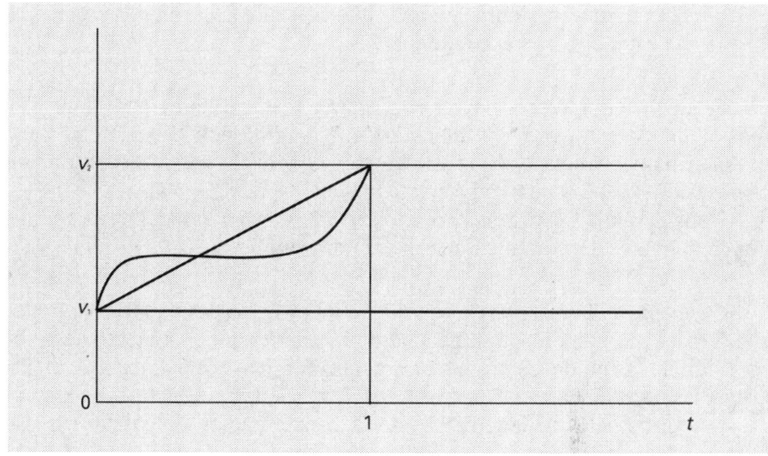

Figura 6.1.

este crecimiento, es decir, el desarrollo capitalista, como refleja la Figura 6.1.

6.2. CONCENTRACIÓN Y CENTRALIZACIÓN DEL CAPITAL

A través del desarrollo cíclico se produce una continua desaparición de empresas que son expulsadas por la crisis. En el aspecto técnico de la actuación de la ley del valor, subsistirán a la crisis las empresas que en cada rama productiva utilizan un tiempo de trabajo individual menor que el tiempo de trabajo socialmente necesario (marcado, en la fase de auge, por las empresas ahora obsoletas) debido a la introducción de mejoras en la productividad. Estas mejoras en la productividad pueden ser debidas tanto a la innovación tecnológica como a la reducción del capital variable o a una combinación de ambas. El tiempo de trabajo individual de estas empresas «más competitivas» se convierte, a lo largo de la fase de depresión, en el nuevo tiempo de trabajo socialmente necesario. Así se obliga a todos los competidores a alcanzar el mismo desarrollo de las fuerzas productivas.

Por tanto, si el primer efecto de las leyes de la acumulación capitalista es el desarrollo cíclico, el segundo efecto es que a través de aquél se genera un proceso que es tanto material como social:

— Material: las masas de capital necesarias para resistir el ciclo y relanzar la acumulación son cada vez mayores.

— Social: el número de personas que controlan esas masas crecientes de capital es cada vez menor.

Es decir, en ese proceso se concentran más capitales para controlar más medios de producción y fuerza de trabajo, producir más mercancías y obtener más ganancias y cada vez menor número de personas centralizan la posesión de ese capital engrandecido.

Considerando esta *concentración* y *centralización* del capital más concretamente, se pueden caracterizar como sigue:

Concentración de capital: se trata de un proceso principalmente material o físico, con repercusiones económicas tales como el aumento de la dimensión de las unidades productivas, de las fábricas y, en definitiva, de las empresas productivas.

Las principales características de la concentración de capital son las siguientes:

— Δ del tamaño medio de las empresas. Crece la dimensión del capital invertido, de los medios de producción instalados, del volumen de producción y de los obreros empleados.
— Δ de la escala de la producción. Se produce más por obrero empleado y por unidad de capital empleada, es decir, aumenta la productividad
— Δc más que proporcional a Δv: $\rightarrow \Delta C'$.
— Δ del grado de desarrollo de las fuerzas productivas.

Históricamente, la concentración del capital afectó en primer término a empresas del sector I (siderurgia, cemento, electricidad, astilleros navales, ferrocarriles, etc.). Posteriormente afectó al Sector II (automóviles, alimentación, etc.) e incluso en los sectores improductivos (grandes superficies comerciales, etc.). Sólo a partir de la actual revolución tecnológica, y en el marco de la globalización de las actividades económicas a escala mundial, se ha dado un cierto proceso de desconcentración espacial de algunas actividades.

Este aumento de la dimensión de las empresas tiende a impedir y de hecho acaba impidiendo la inversión de capital de capitalistas individuales y determina, por tanto, el segundo aspecto del proceso, la *centralización* del capital.

Centralización del capital: este fenómeno, derivado del anterior, es un fenómeno estrictamente económico. Consiste en que son necesarios capitales cada vez más grandes para intervenir en algunas ramas de la producción. El mecanismo que funcionaba en la fase concurrencial según el cual los capitales individuales se movían hacia las ramas con mayor rentabilidad deja de operar (desaparece o queda muy mermada la libre movilidad de capitales entre ramas). No cualquier capitalista individual dispone de la *masa de capital-dinero* para invertir en una siderurgia o en la construcción de un ferrocarril. Surge así la necesidad de agrupar los capitales. La centralización del capital consiste precisamente en la agrupación de muchos capitales individuales para llevar a efecto una actividad productiva, una *empresa* productiva.

La centralización de capitales tiene un efecto derivado que consiste en que *son cada vez menos los capitalistas que controlan cada vez más capital*. Este hecho da lugar a una estratificación entre los propios capitalistas, algunos de los cuales dejan de intervenir en la producción y se convierten en meros rentistas. La consecuencia es que el *control* del capital se centraliza y la *decisión* sobre su uso recae en menos personas. Es decir, *se opera un cambio en la propiedad real del capital en el propio seno de la clase capitalista.*

Las principales formas de centralización del capital son:

— *Las sociedades anónimas.*
— *La bolsa.*
— *La banca y el sistema financiero.*

La *sociedad anónima* consiste en la puesta en común de varios capitales individuales. El conjunto de los capitales aportados es el capital social, cuya propiedad (privada colectiva) pertenece a la empresa (S. A.), mientras que cada capitalista se mantiene como propietario (propiedad privada individual) de la parte proporcional del capital acorde con su aportación, que se plasma en acciones. La S. A. se organiza de forma democrática en función de las acciones, no de las personas. La posesión real del capital social se centraliza en el Consejo de Administración, controlado por el socio mayoritario o que posee el apoyo de los propietarios de la mayoría de las acciones. No cualquier capitalista puede decidir sobre lo que se ha de hacer con el capital de la empresa, e incluso se generaliza el desconocimiento de su funcionamiento fuera del Consejo de Administración. Éste es quien decide sobre el uso de todo el capital: dónde se invierte, qué y cuánto se produce, cierre o apertura de sucursales, empleo, sueldos y salarios, etcétera. Decide además el volumen de beneficios a distribuir (dividendos), que es siempre inferior a la ganancia de la empresa. La diferencia se utiliza para autofinanciación, remuneración de ejecutivos, etc. (recuérdese, en este sentido, el concepto de Tecnoestructura de Galbraith). Los capitalistas que tienen capacidad de decisión sobre el capital social son los *empresarios*, mientras que los exclusivamente receptores de dividendos son los *rentistas*.

La *bolsa* es un mercado de títulos de propiedad. A ella acuden los capitalistas cuando se quieren desprender de sus acciones y a ella acuden los empresarios cuando tratan de captar fondos de otros capitalistas. Es por tanto un mercado de valores (propiedad) y un mercado de papeles (acciones, signo de propiedad). Lo que se comercia es la propiedad individual que da derecho a la percepción de dividendos. Por tanto, hay que distinguir entre el *valor objetivo de la acción* (que depende de la ganancia esperada por la empresa) y el *valor de mercado de la acción* (que depende de la oferta y la demanda de acciones). Esta diferencia da lugar a la *especulación*, que permite obtener beneficios (o pérdidas) sin relación con la actividad empresarial real.

El *sistema bancario* y financiero es el agente más efectivo de la centralización del capital. A partir del dinero depositado por los depositantes, el banco concede créditos para la circulación y para la inversión por los que cobra un interés superior al que paga a los depositantes. La diferencia es el beneficio del negocio bancario y como está en disposición de crear dinero bancario la masa de créditos (y, por consiguiente, el volumen de beneficios) se puede acrecentar sin más límite que el de la confianza de los depositantes. Por otra parte, el banco puede intervenir en bolsa comprando acciones en sociedades anónimas ajenas, con lo que obtiene dividendos y puede también invertir como socio mayoritario en empresas, con lo que participa no sólo en los dividendos, sino también en la ganancia. Por último, si el banco está constituido como sociedad anónima controlará, además de los capitales ajenos, los capitales de los accionistas minoritarios, que sólo percibirán como remuneración los dividendos, siempre menores que la ganancia creada por el negocio bancario.

A todo este entramado de relaciones económicas, en particular a la inversión del capital bancario en la industria, se le denomina *capital financiero* [1], la posesión del cual origina una subclase entre los capitalistas: la *oligarquía financiera.* El sistema bancario y financiero se convierten en el principal agente centralizador de capital debido a las enormes posibilidades de utilizar grandes masas de capital ajeno.

La *concentración* y la *centralización* del capital son la base del *capitalismo monopolista*. La palabra «monopolio» en sentido estricto designa la existencia de una sola empresa oferente en un mercado determinado. Sin embargo, por extensión se habla de *situación de monopolio* o de capitalismo monopolista para designar aquella economía en la que han dejado de operar las reglas de la competencia propias de la fase concurrencial y en su lugar operan pocas empresas de gran dimensión que distorsionan la actuación libre del mercado y determinan los precios de forma relativamente independiente de la demanda.

El capitalismo monopolista es la situación en la que pocas empresas de cada rama, o de algunas ramas, imponen sus decisiones al conjunto del mercado y arrastran tras de sí al conjunto de la economía.

Las empresas monopolistas ejercen su dominio sobre el mercado y sustituyen la antigua competencia en función de precios y calidades por otro tipo de competencia basada en la publicidad, el diseño, la tecnología, etcétera, e, incluso, por ninguna competencia cuando el control del mercado es total.

Las empresas monopolistas cristalizan en *grandes Corporaciones*, cuyas características serán tratadas con más detalle en el Capítulo 18.

6.3. LA EXPANSIÓN «EXTERIOR»

En la explicación correspondiente a la tendencia decreciente de la tasa media de ganancia ya se indicó que algunas de sus fuerzas contrarrestantes apuntaban al «desbordamiento» de los límites del mercado interno. Hablar de expansión exterior del capital significa, en este contexto, la ampliación del marco de la acumulación de capital (del proceso de valorización y del proceso de realización) hacia otros mercados y hacia otras economías diferentes al primitivo mercado interno en el que se forma la G', se busca el equilibrio en la reproducción ampliada, etc. Este proceso de expansión será dirigido por el capital financiero, fruto del proceso de concentración y centralización del capital.

La expansión exterior no tiene lugar sólo como respuesta a los problemas de la caída de la rentabilidad o a los problemas de sobreproducción. Se puede argumentar también su necesidad a partir de la propia reproducción ampliada. En este caso, la implicación principal del argumento es que si la reproducción ampliada del capital es imposible en un marco cerrado (y exige entonces la expansión exterior), la acumulación capitalista tiene un límite claro: cuando haya abarcado todas las actividades económicas y todos los mercados, el modo de producción capitalista será incapaz de reproducirse.

Como al nivel de abstracción del modo de producción no se ha considerado la dimensión «nacional» del mercado interno, no tendría mucho significado definir la expansión exterior en base a los países o naciones origen y destino de dicha expansión, aunque en la realidad concreta se manifieste así. Por claridad terminológica, sin embargo, se usará el término de *internacionalización* para expresar el proceso de expansión del capital. Más concretamente, la internacionalización del capital es el mecanismo de la expansión exterior.

La internacionalización del capital

El capital se expande como relación social (propiedad) y a través de las diferentes formas que adopta a lo largo de su ciclo. En el proceso de internacionalización del capital cabe distinguir:

[1] R. Hilferding expuso sistemáticamente el origen y el funcionamiento del capital financiero en su obra *El capital financiero*, publicada en 1911.

1. La *internacionalización del capital-mercancía*: se refiere a la expansión exterior de la circulación de M (medios de producción y fuerza de trabajo) y M' (mercancías producidas). En términos concretos, se manifiesta como el comercio exterior y las migraciones económicas.
2. La *internacionalización del capital-dinero*: se refiere a la expansión exterior de la circulación de D y D'. En términos concretos, este proceso se manifiesta en la inversión «extranjera» y en el sistema monetario-financiero internacional.
3. La *internacionalización del capital productivo*: se refiere a la expansión exterior del propio proceso de producción. En términos concretos, se manifiesta en la producción multinacional con plantas industriales en diferentes países, acoplando componentes o repitiendo el mismo proceso productivo para vender en un mercado mundial. La internacionalización de esta forma del capital presupone la internacionalización de las dos formas anteriores, puesto que implica la inversión «extranjera» (internacionalización de $D - M$) y el mercado mundial (internacionalización de $M' - D'$).

Por otra parte, la internacionalización del capital como relación social significa la expansión de la relación salarial y de la competencia intercapitalista, así como la multinacionalización de la propiedad. En realidad, éste es el verdadero contenido de la expansión exterior y sus manifestaciones son de gran importancia:

— La cultura del valor de cambio y del beneficio individual se va extendiendo a todas las actividades y modos de producción, destruyendo aquellos que se le oponen y subordinando a los que le pueden ser útiles por un tiempo según las necesidades de la acumulación de capital.

— La subsistencia de los trabajadores se vinculará al mercado capitalista de fuerza de trabajo, eliminando la producción para el autoconsumo privado o colectivo.

— Existirá una tendencia según la cual todos los recursos (del mundo), naturales o humanos, serán puestos a producir directa o indirectamente una plusvalía que será apropiada por una minoría cada vez más minoritaria en función del proceso de centralización. Y todo ello a través, fenoménicamente, del mecanismo del «mercado», asignando los recursos mundiales de tal forma que se constituye en «mercado mundial».

— Por último, hay que destacar que en la clase trabajadora se puede producir una segmentación entre aquellos grupos que se benefician de la expansión exterior del capital y los que no. Aparece así, en un contexto de mundialización de la clase trabajadora, una subclase trabajadora privilegiada (que Lenin denominó aristocracia obrera) que, si bien tiene intereses antagónicos con la clase capitalista para la que trabaja, es solidaria con ella al aprovecharse de las ventajas de la expansión exterior.

Límites de la expansión: estancamiento y derrumbe

Entre las teorías del imperialismo de principios de siglo destaca la aportación de Rosa Luxemburg (*La acumulación de capital*, 1913). Esta autora, política y revolucionaria marxista de origen polaco, planteó la expansión exterior como una exigencia de la reproducción ampliada y teorizó el proceso que lleva intrínsecamente al capitalismo hacia el estancamiento y el derrumbe.

La tesis que sostuvo Rosa Luxemburg es que es imposible la realización de las mercancías que contienen la plusvalía necesaria para la acumulación en una economía capitalista concurrencial cerrada, por cuanto no existe la demanda solvente necesaria para ello.

Este planteamiento no era nuevo en la economía política. Ya Sismondi y Malthus, en la escuela clásica, habían argumentado la crisis capitalista como una crisis de subconsumo. Mucho más tarde, Keynes retomará el análisis malthusiano al respecto. Sin embargo, R. Luxemburg es la autora que elabora la teoría más completa y coherente al respecto y su aportación tiene consecuencias muy significativas en los análisis posteriores sobre la economía mundial.

En esencia, la argumentación de R. Luxemburg es la siguiente:

A) *El problema*

a) Con los supuestos usuales de una economía capitalista cerrada en competencia perfecta, la condición de equilibrio en la reproducción ampliada exige un aumento de la demanda solvente para realizar el valor de las mercancías que incorporan el aumento de valor (plusvalía)

b) Se definen las rentas primarias como aquellas que surgen directamente del proceso de producción, antes de la redistribución de rentas que se produce en el conjunto de la sociedad. Cada modo de producción tiene unas rentas primarias características. En el capitalismo, las rentas primarias son sólo dos: los salarios (cuya magnitud en valor coincide con el capital variable (v) y la plusvalía, que adopta la forma externa de beneficios.

Las rentas derivadas proceden de la redistribución de las rentas primarias. En el capitalismo son muy variadas: intereses, alquileres, impuestos, salarios de los trabajadores improductivos, etc.

c) El problema es que, en términos de dinero, la plusvalía es $d = D' - D$. La diferencia entre el capital-dinero inicial (D) y el capital-dinero necesario para realizar la plusvalía, es decir, *d*, *no existe en el circuito económico* (si no está contenida en *D*, ¿de dónde surge la *d* necesaria para realizar el valor contenido en *pl*?). Por tanto, no existe la demanda solvente en dinero que permite realizar el valor de dichas mercancías.

Por consiguiente, si se mantiene la hipótesis de dos clases sociales, capitalistas y trabajadores, perceptores de dos rentas primarias, plusvalías y salarios, una de las cuales (la plusvalía) no se puede convertir en dinero, cabe concluir que mediante el propio funcionamiento del capitalismo *no se crea la demanda solvente que se requiere*.

B) *La solución*

Algunos autores contemporáneos de Rosa Luxemburg argumentaron que la demanda solvente podía proceder de lo que denominaron terceras personas: trabajadores improductivos, clero, funcionarios, militares, burocracia, perceptores de alquileres, etc. Era un razonamiento en la línea de Malthus.

Sin embargo, las rentas de estos sectores de la población *son rentas derivadas, no son primarias* y por tanto no resuelven el problema que, en última instancia, queda circunscrito a la generación de rentas primarias.

Otros autores argumentaron que la demanda solvente procedía del comercio exterior y que era preciso abandonar la hipótesis de economía cerrada. Sin embargo, si el comercio exterior se realiza entre empresas capitalistas el problema subsiste y únicamente aumenta el ámbito territorial en que se desarrolla el proceso, pues *el comercio exterior por sí solo no genera rentas primarias*.

La solución a esa contradicción, según Rosa Luxemburg, no surge de *dentro del modo de producción capitalista sino desde fuera de él*. Es decir, hay que abandonar la hipótesis de existencia de dos únicas clases sociales y hay que suponer que existen más, que son, a su vez, perceptoras de rentas primarias.

Por consiguiente, las *fuentes de demanda solvente* para la creciente producción capitalista tienen que ser de *origen no capitalista*. Tales fuentes son las siguientes:

— *Clases sociales no capitalistas* de la población de un país capitalista tales como:

- Campesinos, que perciben la renta de la tierra (renta primaria).
- Artesanos, que perciben la renta procedente de la pequeña producción mercantil (renta primaria).

— *Países no capitalistas* cuyas fuentes de renta primaria sean de origen esclavista, tributario, de comercio lejano o de cualquier otro tipo.

Ambos son fuentes de demanda solvente para la producción creciente del capitalismo.

C) *Consecuencias y tendencias*

Ahora bien, el capitalismo absorbe toda actividad con la que se relaciona. De tal modo que, en el interior de los países capitalistas avanzados, las clases sociales precapitalistas han tendido a ser convertidas en las clases propias del capitalismo (capitalistas o asalariados) y han acabado por desaparecer como clases precapitalistas. La creación de los mercados interiores y la conversión de la tierra en capital (libre compraventa de la tierra, etcétera) acabaron con las dos fuentes de renta primaria que surgían de dichas actividades.

De ahí que, a finales del siglo XIX y principios del XX, la principal fuente de renta primaria fuera la procedente de países no capitalistas, lo cual explica el fuerte impulso del *imperialismo*, es decir, de la *expansión exterior del capitalismo* europeo y norteamericano.

Sin embargo, era fácil prever que el capitalismo iría impregnando las economías y las sociedades de los pueblos coloniales (como efectivamente así ocurrió), con lo cual dichas fuentes primarias también tenderían a desaparecer.

En consecuencia, a largo plazo, *el capitalismo tiene intrínsecamente una tendencia a la universalización que lleva en su seno la semilla del estancamiento y, en el límite, cuando toda actividad económica y todo país sean capitalistas, provocará su derrumbe, puesto que no se podrá realizar la reproducción ampliada*.

D) *Críticas y vigencia*

La tesis de Rosa Luxemburg fue criticada por muchos autores, entre otros Lenin, quien recordó que Rosa Luxemburg olvidaba en su argumentación un elemento esencial, cual era la *velocidad de circulación del dinero*. En definitiva, el no tener en cuenta la esfera monetario-financiera es la mayor debilidad formal del argumento.

Sin embargo, y a pesar de algunos errores, la *capacidad predictiva del futuro* de la obra de Rosa Luxemburg ha demostrado ser muy alta. La óptica «subconsumista» y de la tendencia al estancamiento está presente en autores muy significativos de la escuela marxista que estudia la economía capitalista mundial como P. Sweezy, P. Baran, S. Amin y otros.

En los capítulos correspondientes a las relaciones entre el Centro y la Periferia del Sistema Capitalista Mundial se volverán a encontrar derivaciones de este enfoque. También se ha argumentado que la URSS y los países llamados socialistas eran fuentes importantes de rentas primarias de origen no capitalista que podían jugar el papel de demanda solvente para el capitalismo. Con el fin de esas experiencias políticas y económicas el capitalismo tiende más que nunca hacia la mundialización y, de ser cierta la teoría de Rosa Luxemburg, hacia el estancamiento y el derrumbe.

6.4. PERIODIZACIÓN

Hasta aquí se han analizado los principales efectos que tienen las leyes que rigen la dinámica del modo de producción capitalista, el proceso de acumulación de capital. Y se ha visto cómo el desarrollo cíclico, la concentración y centralización de capitales y la expansión exterior están estrechamente relacionados entre sí y que todos juntos implican numerosas modificaciones tanto en las relaciones económicas como en el desarrollo de las fuerzas productivas que caracterizan estructuralmente al modo de producción.

Estas modificaciones no significan que el modo de producción deje de ser el capitalista, ni que se tenga que definir sincrónicamente de otra manera: sigue siendo una manera de producir basada en la propiedad privada de los medios de producción que permite la apropiación privada del excedente producido por la fuerza de trabajo asalariada. Cabe decir que los fenómenos de la crisis, la centralización del capital, la expansión exterior, etcétera, actúan como mecanismos reguladores de la dinámica estructural capitalista y las modificaciones que conllevan dan lugar a diversas *fases* y *modos de desarrollo* del capitalismo.

Definir estas fases y modos de desarrollo es establecer una *periodización del modo de producción capitalista.*

Se pueden utilizar dos ópticas para establecer dicha periodización:

1. Una visión abstracta, ahistórica y sincrónica de cada fase, caracterizándola de modo general. Esta óptica da lugar a una periodización estructural, aplicable a todas las formaciones sociales capitalistas.
2. Una visión concreta e histórica de los cambios operados en el desarrollo capitalista en formaciones sociales específicas. En este caso se considera que las características de cada fase son específicas de cada desarrollo histórico, concreto, y no se puede generalizar. Se pueden periodizar, entonces, el desarrollo capitalista en EE.UU., en Inglaterra, en España, en México, etc., pero las fases definidas en cada uno de ellos no son aplicables automáticamente a otros países. Se trata de una periodización histórica.

Fases estructurales

Atendiendo a las características de las relaciones económicas y de la forma del progreso capitalistas, se pueden establecer tres fases. Las dos primeras se refieren al funcionamiento del modo de producción en un mercado interno «individual» (nacional) y la tercera hace referencia a la articulación de todos los mercados internos posibles formando un mercado «global» (mundial). Las tres fases son:

1. La fase concurrencial que se caracteriza por:

— Libre movilidad de capitales y fuerza de trabajo.
— Libre funcionamiento de la ley del valor («libre mercado»): formación de una única tasa media de ganancia que remunera proporcionalmente a los capitalistas y regula la competencia entre éstos a través de precios y cantidades.
— Extracción de plusvalía más en forma absoluta que relativa (acumulación extensiva del capital).
— Neutralidad económica del Estado.
— Anarquía de la producción, y por consiguiente desarrollo capitalista cíclico.
— Desarrollo de las fuerzas productivas (el progreso) que se centra en el paso de la manufactura al maquinismo: el sector predominante en el mercado interno es la industria.

2. La fase monopolista de base nacional, que implica la existencia de diferentes mercados internos protegidos y la expansión exterior de carácter imperialista. Se caracteriza por:

— Trabas a la libre movilidad de capitales y fuerza de trabajo.
— Segmentación en el seno de las clases sociales: aparición de la oligarquía financiera y de la aristocracia obrera.
— Distorsión en el funcionamiento de la ley del valor: jerarquización de tasas de ganancia y competencia entre grandes empresas no a través de precios de productos homogéneos, sino mediante los mecanismos de captación de las rentas de los consumidores para la venta de productos heterogéneos (publicidad, etc.).
— Extracción de plusvalía más en forma relativa que absoluta (acumulación intensiva de capital).
— Intervención del Estado en la economía con políticas anticíclicas.
— Aunque el desarrollo cíclico no desaparece, la intervención estatal y la capacidad de los monopolios de controlar la capacidad de producir y el mercado atenúan la anarquía de la producción y la duración del ciclo se alarga.

— El progreso da un salto cuantitativo (aumento de la dimensión y escala de la producción, por la concentración de capital) y cualitativo (desarrollo científico y tecnológico, nueva organización y racionalización del proceso de trabajo). Por otra parte, y aunque la industria sigue siendo el pilar del progreso, se desarrollan extraordinariamente las actividades improductivas («terciarización» de la economía).

3. La fase monopolista de base mundial (mundialización), que se desarrolla a partir de la expansión exterior del capitalismo monopolista y por tanto tiene características de la fase anterior. Pero al unificar todos los mercados capitalistas en un único mercado «mundial», se dan también en esta fase características de la fase concurrencial, en el sentido de:

— Libre movilidad de capitales a nivel internacional.
— Tendencia a la formación de una única tasa media de ganancia entre los capitales mundializados.
— Competencia entre monopolios internacionales (grandes Corporaciones multinacionales) en cada rama productiva, que adopta características de la fase monopolista, pero vuelve a surgir también la competencia propia de la fase concurrencial basada en precios, cantidades, calidades e, incluso, salarios.
— Se establece una nueva división internacional del trabajo a través de la internacionalización del capital productivo. A través de ella se segmenta la clase obrera mundial.
— Nuevo avance en el desarrollo de las fuerzas productivas para permitir la mundialización de la actividad empresarial: revolución tecnológica que afecta a los transportes y comunicaciones, a la gestión, a la segmentación de la producción.
— El Estado (nacional) pierde influencia o capacidad de maniobra frente a la mundialización económica y la acción de las empresas multinacionales.

En definitiva, esta fase recoge teóricamente las modificaciones estructurales que han ocurrido y están ocurriendo en el capitalismo mundial en las últimas décadas del siglo XX. Como fase estructural, está todavía en proceso de desarrollo y algunas de sus características no se han desplegado plenamente, o lo están haciendo con impedimentos y contradicciones frente a las estructuras capitalistas que atraviesan todavía por las dos fases anteriores.

Es decir, en una formación social concreta, o en el propio Sistema Mundial, se pueden encontrar simultáneamente capitales que se reproducen en la fase concurrencial, capitales monopolistas que operan sólo en el mercado interno nacional y capitales monopolistas de base mundial que operan internacionalmente.

Las fases estructurales, por tanto, no implican una sucesión histórica, sino una jerarquización por evolución estructural: el capital que se reproduce en la fase monopolista de base nacional subordinará a sus intereses al capital nacional en fase de libre concurrencia, pero a su vez estará subordinado al capital multinacional.

Fases históricas según la escuela regulacionista

El establecimiento de una periodización histórica en el desarrollo capitalista se debe principalmente a la moderna *Escuela regulacionista*, en la que destacan autores como Aglietta, Boyer, Lipietz, Jessop, Boccara, De Bernis, etc. Esta escuela (ciertamente desde aportaciones muy heterogéneas) ha buscado racionalizar formalmente los cambios ocurridos en el desarrollo capitalista concreto en diversas formaciones sociales a través de la definición de los *mecanismos de regulación* y las modificaciones que han sufrido. Sus tesis, no exentas de polémicas, se pueden resumir como sigue:

— En la evolución del capitalismo en las formaciones sociales existen *modos de desarrollo* (MD) históricamente específicos y temporalmente limitados.
— Cada modo de desarrollo se compone de un *modo de regulación* (MR) y de un *régimen de acumulación* (RA) que, aunque interrelacionados, mantienen en su origen una cierta autonomía.
— El *modo de regulación* es el conjunto integrado de instituciones que regula las relaciones intercapitalistas, la relación capital/trabajo, las relaciones financieras, la intervención del Estado en la economía y la relación de las empresas nacionales con la economía internacional. Es, pues, el marco de interrelaciones entre las unidades económicas. En la historia se pueden identificar dos modos de regulación: el *competitivo* (MRC) y el *monopolista* (MRM).
— El *régimen de acumulación* está definido por las características organizativas y tecnológicas del proceso de producción y de la inversión, la composición de la demanda efectiva (beneficios, salarios e impuestos) y la articulación de los modos no capitalistas en la estructura económica capitalista. Caracteriza, pues, al progreso y a la dinámica de crecimiento. En la historia se identifican dos regímenes de acumulación: el *extensivo* (RAE) y el *intensivo* (RAI), definidos en base a la forma predominante de extracción de plusvalía.
— Existen, por tanto, una serie de combinaciones posibles entre los modos de regulación y los regímenes de acumulación, que determinan un único modo de desarrollo que opera durante un determinado tiempo, hasta que la adaptación entre ambos se rompe. Los

modos de desarrollo resultantes de estas combinaciones son específicos de cada formación social, por lo que serán objeto de tratamiento en posteriores capítulos.

Para adelantar un ejemplo baste señalar que la historia del capitalismo en EE.UU. presenta tres modos de desarrollo:

— Durante gran parte del siglo XIX, el *modo de desarrollo* es una combinación del modo de regulación competitivo y el régimen de acumulación extensivo.
— Desde finales del siglo XIX hasta la crisis de la Gran Depresión el *modo de desarrollo* consistió en un régimen de acumulación intensivo emergente y un modo de regulación competitivo modificado, pero insuficiente para adaptarse a ese régimen de acumulación (la crisis de los años treinta sería producto de esta inadaptación).
— Desde entonces el *modo de desarrollo* se basaría en un modo de regulación monopolista y un régimen de acumulación intensivo y es el llamado modo de desarrollo fordista cuya crisis, que se inicia a finales de los años sesenta, forma parte de la crisis actual.

La periodización estructural caracteriza a la dinámica histórica del capitalismo por el predominio de una u otra de sus fases en cada situación concreta y, a diferencia de la periodización de enfoque regulacionista, permite la elaboración de una periodización del sistema en su conjunto. Se trata de reducir el nivel de abstracción desde el ámbito del modo de producción al ámbito de las formaciones sociales y, por ende, del sistema. Éste es el contenido del próximo capítulo.

RESUMEN

La forma del crecimiento capitalista es el *desarrollo cíclico*, en el que la acumulación de capital atraviesa por fases de auge, crisis, depresión y recuperación. La duración de los ciclos es variable y da lugar a los ciclos cortos (de coyuntura), medios (económicos) y largos (tecnológicos). Por otra parte, en la dinámica capitalista se produce un proceso de *concentración* y *centralización* del capital, mediante el cual la dimensión de las empresas es cada vez mayor y el capital engrandecido es controlado por cada vez menos capitalistas. Las formas principales de centralización son la formación de sociedades anónimas, la bolsa y la banca y el sistema financiero, que dan lugar a una situación de monopolio y a la aparición de una oligarquía financiera. La *expansión exterior* es también una respuesta a las dificultades de la acumulación de capital en el mercado interno y se desarrolla mediante la *internacionalización del capital* como relación social y en sus formas de mercancía, dinero y capital productivo. La necesidad de la reproducción ampliada del capital explica la expansión exterior como la *articulación de los modos de producción no capitalistas al capitalista* para disponer de sus rentas primarias, pero plantea también los límites de la misma cuando el capital lo abarque todo. Todos estos elementos de la dinámica capitalista suponen modificaciones estructurales en el modo de producción, que permiten establecer una *periodización* que puede ser estructural o histórica. En la periodización estructural se definen las fases concurrencial, monopolista de base nacional y monopolista de base mundial del capitalismo, y en la histórica se analizan los cambios concretos en el desarrollo capitalista en cada formación social.

LECTURAS PARA LA REFLEXIÓN

«Si la producción capitalista constituye un mercado suficiente para sí misma, la acumulación capitalista (considerada objetivamente) es un proceso ilimitado. Si la producción puede subsistir, seguir aumentando sin trabas, esto es, si puede desarrollar ilimitadamente las fuerzas productivas, aunque el mundo entero esté dominado por el capital, cuando toda la humanidad se componga exclusivamente de capitalistas y proletarios asalariados, se derrumba uno de los pilares más firmes del socialismo de Marx. (...) Si la producción capitalista constituye un mercado suficiente para sí misma y permite cualquier ampliación para el total del valor acumulado, resulta inexplicable otro fenómeno de la moderna evolución: la lucha por los más lejanos mercados y por la exportación de capitales, que son los fenómenos más relevantes del imperialismo actual, resultaría totalmente incomprensible. ¿Para qué tanto ruido? ¿Para qué la conquista de las colonias, las guerras del opio y las peleas actuales por los pantanos del Congo y los desiertos de Mesopotamia? Sería mucho más conveniente que el capital se quedara en casa a darse buena vida. Krupp produce alegremente para Thyssen, Thyssen para Krupp, no necesitan ocuparse más que de invertir los capitales una y otra vez en las propias explotaciones y ampliarlas mutuamente de un modo indefinido. El movimiento histórico del capital resulta sencillamente incomprensible, y, con él, el imperialismo actual. O queda también la inapreciable declaración de Pannekoek (...): la búsqueda de mercados no capitalistas es ciertamente "un hecho, pero no una necesidad". Esto constituye una verdadera perla de la concepción materialista de la historia. (...) Si aceptamos el supuesto de (estos) "expertos", el socialismo como fin último, y el imperialismo como su estadio preparatorio, dejan de ser una necesidad histórica. Aquél se convierte en una loable solución de la clase obrera, y éste es una indignidad y un deslumbramiento de la burguesía.»

R. Luxemburg: *La acumulación de capital*. Grijalbo, Barcelona, 1978.

«Las ondas largas de signo expansivo son períodos en los que las fuerzas que operan contra la tendencia a la caída de la tasa media de ganancia actúan con fuerza y de forma sincronizada. Las ondas largas de signo depresivo son períodos en los que las fuerzas que operan contra la tendencia a la caída de la tasa media de ganancia son más escasas, más débiles y están claramente menos sincronizadas. El hecho de que esto se produzca en ciertos puntos de inflexión sólo puede explicarse a la luz de un análisis histórico concreto de un período dado del desarrollo capitalista que conduce a tal punto de inflexión.»

E. Mandel: *Las ondas largas del desarrollo capitalista*. Siglo XXI, Madrid, 1986.

PALABRAS CLAVE

- Ciclo
- Sobreproducción
- Subconsumo
- Crisis
- Concentración
- Centralización
- Monopolismo
- Internacionalización
- Imperialismo
- Periodización

BIBLIOGRAFÍA BREVE

M. Aglietta: *Regulación y crisis del capitalismo*. Siglo XXI, Madrid, 1979
S. Amin y otros: *Dinámica de la crisis global*. Siglo XXI, México, 1983.
R. Hilferding: *El capital financiero*. Tecnos, Madrid, 1985
R. Luxemburg: *La acumulación de capital*. Grijalbo, Barcelona, 1978.
E. Mandel: *El capitalismo tardío*. Era, México, 1979.
Ch. Palloix: *La internacionalización del capital*. Blume, Madrid, 1978.

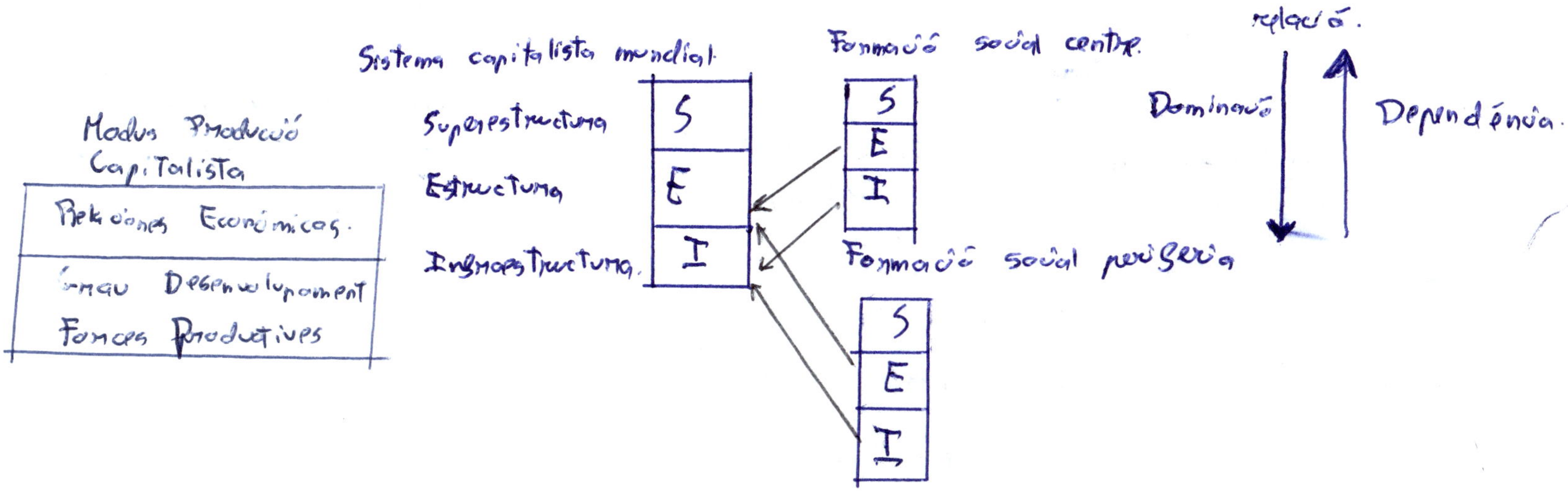

Monopoli → Grans corporacions → Multinacionals
↓
expansió.

D - M - D' → D - [MP / Ft] - M - D'

Comerç mundial
↓
Monopoli → Nacional] Mercat interior ↳ Estat.
Monopoli → Mundial] Mercat mundial. ↳ Multinacional

Internacionalització
M → comerç exterior → Colonial.
D → → Imperialisme.
Productiu → Multinacional → Neoimperialisme

Tot → SCM
elements → centre / perifèria.
Posició: ordenar.
relació → C ⇄ P

Caract. centre:

1) Desenvolupament ~~autònom~~: creació salari i mercat intern.
Evolució del feudalisme al capitalisme = Europa + Japó + EEUU + Canadà + Nova Zelanda + Austràlia. { extermini població

2) Economies integrades i ~~...~~ articulades: integració dels sectors productius.

3) Economies diversificades: tot tipus de producte pel mercat intern

4) Economies expansives = causa imperialisme → sortir al exterior

5) Economies Desenvolupades = econòmic i social al centre.

6) Tendència a universalització = abarcar totes les esferes de les relacions humanes. Model acumulació central (interior).

Caract. Perifèria (Àsia, Àfrica i Amèrica llatina):

1) Desenvolupament induït = capitalisme impossat.

2) Economies desintegrades i desarticulades = es destrueixen les societats pròpies. Economia capitalista deformada (baixa relació entre sectors productius)

3) Economies especialitzades = en les necessitats de la metròpoli, monoproductors.

4) Economies duals: 2 sectors. 1) Capitalista: en propietat extrangera, ↑ tecnologia i productivitat per al mercat mundial
2) de subsistència: destinat a autoconsum o mercat local, antic, propietat intern.

5) Marginalització = del cicle capitalista

6) Països perifèrics = subdesenvolupades.
Model d'acumulació extravertit (acumulació imposada per l'exterior).

CAPÍTULO 7
La formación del Sistema Capitalista Mundial

En capítulos anteriores se ha expuesto el funcionamiento del modo de producción capitalista, tanto desde la perspectiva sincrónica como diacrónicamente. Se ha destacado, en este último caso, cómo la expansión exterior es esencial para la reproducción del propio modo capitalista de producir.

En el proceso de concreción progresiva, procede ahora pasar del nivel abstracto-teórico típico del estudio del «modo de producción» al nivel histórico-concreto que caracteriza a los conceptos de «formación social» y «sistema». Es decir, se trata de considerar cómo se desarrolló realmente el capitalismo en las diversas formaciones sociales y cómo las articuló hasta formar un sistema mundial.

En este capítulo no se trata de realizar un resumen histórico exhaustivo, sino de expresar, a través de la consideración histórica, la acción real de las leyes de desarrollo del capitalismo y sus efectos.

En primer lugar se tratará de la capitalización de las formaciones sociales que primero vivieron dicho proceso. Posteriormente se abordará cómo el desarrollo capitalista impulsó la expansión exterior, dando lugar al imperialismo. A partir de los procesos de articulación imperialista de las colonias se formará lo que después será la Periferia del Sistema Mundial, siempre supeditada a su Centro.

Por último, se tratarán los procesos de desconexión operados en el Sistema Imperialista (básicamente a raíz de las guerras mundiales: la revolución rusa y la revolución china) y la consolidación definitiva de un Sistema Económico Capitalista Mundial, basado en la mundialización del modo de producción que le da nombre.

7.1. EL DESARROLLO HISTÓRICO DEL CAPITALISMO

El término «capitalismo» se identifica con la forma concreta de manifestación de las leyes del modo de producción capitalista en las diferentes formaciones sociales. En lenguaje coloquial se utiliza como sinónimo de «países capitalistas», de «economía de libre mercado», etc.

El capitalismo se inició como actividad periférica en el seno de sociedades europeas en las que el modo de producción dominante era el feudal. Se desarrolló principalmente en ciudades inglesas, francesas, alemanas, belgas, holandesas y del norte de Italia y de España (País Vasco y Cataluña). Durante siglos —entre el XV y el XVIII—, el capitalismo estuvo subordinado al modo feudal dominante.

Surgió en los «burgos» —y de ahí el nombre de «burguesía» para la clase propiamente capitalista—, a través de la transformación de la actividad mercantil simple de artesanos y comerciantes en actividad capitalista. Los siervos liberados, los soldados licenciados, la población flotante de las ciudades y los trabajadores excedentes del campo formaron la base del futuro «proletariado», así denominado por su volumen y dinamismo demográfico (de prole: muchos hijos).

El proceso que permitió crear las condiciones para la difusión generalizada del capitalismo se denomina acumulación originaria de capital. Mediante dicho proceso, la burguesía emergente consiguió hacerse con los recursos y riqueza necesarios para iniciar la capitalización de la producción, asalariando fuerza de trabajo que quedó «libre» de sus actividades de subsistencia anteriores. Las principales fuentes de la acumulación originaria de capital en Europa fueron:

1. Los metales preciosos (oro y plata) de las colonias de América.
2. La práctica de la usura (banqueros, comerciantes, etc.).
3. La conversión de la tierra en mercancía. Es decir, el fin de las relaciones de dominio señorial y la aparición de las relaciones mercantiles que se derivan de la compraventa de tierras.
4. La crisis de la organización gremial de los artesanos.

Los dos primeros puntos hacen referencia a la disponibilidad de masas de dinero para convertirlo en capital. Las dos últimas hacen referencia a las condiciones internas de formación de la estructura capitalista a partir de y a costa de la estructura feudal precedente.

Del feudalismo al capitalismo

En el cambio interno de estructuras que se fue operando a lo largo de la acumulación originaria destacan la capitalización de la esfera productiva, de la esfera circulatoria y de la tierra.

A) *Del taller artesanal a la fábrica capitalista*

La producción capitalista representó un enfrentamiento con la producción artesanal agrupada en gremios u oficios, cuyas características principales eran las siguientes:

- Los medios de producción eran utilizados directamente por sus propietarios en el proceso de trabajo.
- La estructura jerárquica era por una parte muy rígida (maestros, oficiales y aprendices), pero por otra parte el aprendiz llegaría algún día a oficial y el oficial se independizaría como maestro.
- El conocimiento del proceso de producción (la técnica de trabajo) se transmite íntegro del maestro al aprendiz a lo largo del tiempo.
- Para poder ejercer un oficio, el aspirante tenía que ser aceptado por el gremio correspondiente.

— El trabajo se realizaba principalmente sobre pedido: a demanda individualizada, oferta individualizada. La escala de la producción era, entonces, limitada.
— El mercado tenía una dimensión local discontinua (esporádica o periódica: ferias).

Esta estructura gremial era incompatible con la estructura capitalista, porque, y en correspondencia con los puntos anteriores:

— El propietario capitalista de los medios de producción no los trabaja directamente: el trabajo lo realiza fuerza de trabajo asalariada.
— No por trabajar toda su vida en la empresa el trabajador asalariado se convertirá en capitalista.
— El capitalista debe hacerse con el conocimiento del proceso de trabajo y reducir y parcializar al máximo el que tiene el trabajador, para controlar la posesión técnica de los medios de producción.
— El capitalismo exige que el capitalista pueda invertir su capital donde más le convenga, sin necesidad de ser admitido por ningún tribunal de maestros.

De aquí que la transformación de la esfera productiva artesanal-feudal para adecuarla a la estructura capitalista y al desarrollo de las fuerzas productivas necesario para la acumulación de capital pasara por diferentes etapas:

— Taller artesano.
— Trabajo a domicilio.
— Taller manufacturero (sin división técnica del trabajo).
— Fábrica: introducción a gran escala de las máquinas, que implican la *especialización de tareas* y la *división del trabajo*, con pérdida paulatina del conocimiento del proceso global de producción por parte de los trabajadores.

El obrero artesanal, a domicilio o en los primeros talleres capitalistas, elaboraba el producto íntegramente. En el taller capitalista, y especialmente en la fábrica, el trabajador efectúa una función determinada, pero ya no elabora el producto completo. En este proceso los trabajadores han sido expropiados de sus herramientas y de su «saber hacer».

A través de dichas etapas se impone la propiedad real de los medios de producción por parte del capitalista, así como su control sobre el proceso de trabajo. Posteriormente, la propia dinámica capitalista de concentración y centralización del capital dará lugar a nuevas etapas en la organización y características técnicas del proceso de trabajo, siempre buscando completar o perfeccionar dicha propiedad y dicho control: la gran industria mecanizada con cadenas de montaje, la automatización y la robotización, que serán tratadas específicamente en un capítulo posterior.

B) *De la feria medieval al mercado interno nacional*

La limitación del mercado local y de la oferta sobre pedido fue superada por el capitalismo ensanchando el mercado tanto espacialmente como a nivel de contenido, puesto que ya no se trata sólo del mercado de medios de consumo y de producción, sino también del mercado laboral (ya que la fuerza de trabajo pasa a convertirse en mercancía):

— A nivel espacial se pasa de la feria medieval al mercado local, luego comarcal o regional y finalmente nacional. La formación, consolidación y profundización del mercado interno nacional, tanto de medios de producción y consumo como de fuerza de trabajo, da lugar a la formación de los Estados-nación.
— A nivel de contenido, se cambia la propia orientación de la producción y el consumo: de la producción de subsistencia y autoconsumo se pasa a la producción capitalista de los medios de consumo salariales; de la producción sobre pedido se pasa a producir mercancías homogéneas en gran cantidad para consumidores anónimos.

El desarrollo de esta «economía de mercado» capitalista exigía la libre movilidad de capitales entre los sectores productivos (sin las ataduras gremiales) y la libre movilidad de trabajadores (libertad de contratación y despido) y de ahí que la primera fase del desarrollo capitalista estuviese marcada ideológicamente por el liberalismo económico como reivindicación ante las estrechas superestructuras feudales, cuyo bastión principal era la propiedad de la tierra, que se convirtió en el punto de fricción principal entre las antiguas clases dominantes y la nueva clase emergente, la burguesía.

C) *La mercantilización de la tierra*

La tierra era la condición natural de producción, el recurso natural más importante en las sociedades precapitalistas. Su propiedad basaba el poder de la clase dominante y su explotación aseguraba la reproducción de dicha clase a través de la apropiación del excedente que proporcionaba. Por otra parte, aseguraba el autoconsumo a los campesinos, que además estaban ligados a la tierra por lazos de servidumbre.

Si la burguesía tenía que extraer el excedente del trabajo asalariado, para ello tenía que conseguir dos cosas: que hubiera suficientes trabajadores «libres» y que sus medios de subsistencia fueran lo más baratos posible. Para lograr ambas cosas simultáneamente sólo había una solución: explotar la tierra de forma capitalista, es decir, introducir el trabajo asalariado y el desarrollo de las fuerzas productivas en la explotación agropecuaria. El auténtico triunfo de la burguesía no llegó hasta la realización de *reformas agrarias* que privatizaron las tierras comunales y mercantilizaron las grandes extensiones de tierra propiedad de los terratenientes y el clero.

Las formaciones sociales capitalistas europeas, americanas y asiáticas

Todos estos procesos, que constituyen la capitalización de la base económica, tomaron cuerpo en las diferentes sociedades europeas y en Japón a lo largo de un dilatado período. No en todas ellas se produjo de la misma manera ni se llegó al mismo grado de capitalización.

Las características infraestructurales, estructurales y superestructurales de los diferentes países de *Europa* determinaron la mayor o menor facilidad de imposición de la forma capitalista de producir en su seno:

— En lo que se refiere a la infraestructura, la disposición de recursos energéticos (yacimientos de carbón, energía hidráulica) y materias primas (hierro, etc.) posibilitó posiciones de vanguardia en la Revolución Industrial: Inglaterra, Bélgica, Alsacia y Lorena en Francia, la cuenca del Rhur en Alemania, el País Vasco y Asturias en España, etc. El desarrollo de la industria textil y la industria alimentaria fueron también base del despegue capitalista, incluso en zonas sin recursos mineros y energéticos considerables, tales como Holanda, el norte de Italia, Cataluña y varias regiones de Alemania y Francia. También fue importante la disposición de recursos humanos y científicos y la orografía y condiciones de transporte (el «retraso» de la Península Ibérica en la capitalización ha sido achacado, entre otras causas, a deficiencias en estos aspectos).

— En lo que se refiere a la estructura, la menor o mayor estabilidad feudal y la mayor o menor penetración mercantil facilitaron o dificultaron la capitalización de las relaciones sociales. El norte y el occidente de Europa vieron emerger burguesías potentes que se apoyaron en un principio en el mercantilismo practicado por el Estado de las monarquías absolutistas, que dependían de ellas para la financiación de las interminables guerras intereuropeas.

— En lo que se refiere a la superestructura, hubo dos componentes fundamentales en el cambio: la lucha contra el poder absoluto del monarca, a nivel jurídico-político, y el protestantismo a nivel religioso. La llamada Revolución Gloriosa inglesa (1688) y la Revolución Francesa (1789) son los paradigmas de la idea de sociedad democrática y civil (constitucional) que necesitaba la burguesía para romper definitivamente las rigideces oscurantistas feudales, imponer la reforma agraria e impulsar el progreso en el contexto de la libertad política y económica. El imperio napoleónico sirvió para extenderlas por toda Europa.

El nacionalismo se desarrolló como ideología pareja al liberalismo y generó la conciencia nacional que impulsó la creación de los Estados-nación, que se configuraron tras las guerras napoleónicas a lo largo de la primera mitad del siglo XIX. A pesar de los múltiples conflictos, revoluciones internas y de la inestabilidad política y social, hacia 1870, tras la unificación italiana y alemana, ya se dibuja una Europa de Estados-nación muy similar a la actual, salvo por la pervivencia del Imperio austrohúngaro y los restos del Imperio otomano.

En *Estados Unidos*, la independencia (1776) permitió desplegar desde cero un capitalismo modélico. Sin las trabas feudales que hubo que eliminar en Europa, en Estados Unidos se creó una potente burguesía que pudo explotar al máximo los amplísimos recursos naturales de un territorio prácticamente «vacío». El genocidio de la población aborigen permitió la ocupación de tierras por los colonos sin impedimentos de ningún tipo y la inmigración irlandesa, alemana y escandinava, principalmente, proporcionó los recursos humanos. Hacia el sur, el naciente Estado de la Unión se anexionó la Florida, la Luisiana y tras la guerra con México Texas y 2 millones de kilómetros cuadrados al norte del Río Bravo (1848). No obstante, la existencia de formas esclavistas de explotación en el sur distorsionaba el mercado capitalista de fuerza de trabajo. La Guerra de Secesión (1861-1865) unificó el mercado interno, tanto de mercancías como laboral, y consolidó la expansión exterior hacia el Pacifico, la legendaria «conquista del Oeste». Estados Unidos se convirtió, así, en el país paradigmático de la construcción del capitalismo: progreso, individualismo, liberalismo y democracia.

En *Japón*, el proceso de capitalización fue dirigido e impulsado desde el propio Estado. La capitalización de Japón fue la más tardía, durante la Era Meiji (1868-1912): se abolió por decreto el orden feudal (1871), se instauró la monarquía constitucional y se impulsó la industrialización. Esta «tardanza» explica que la estructura capitalista emergente tuviera claros signos de monopolismo e imperialismo desde su origen. Es de destacar que Japón es la única formación social no europea —tanto EE.UU. como Canadá y Oceanía eran sociedades europeas en territorios no europeos— que tuvo un desarrollo capitalista autónomo. Ello se debe tanto a su estructura de clases interna como a un hecho fundamental: Japón fue la única sociedad no europea que *nunca fue colonia* de los europeos y por ende nunca se integró de forma dependiente y subordinada al sistema imperialista.

7.2. LA FORMACIÓN DEL CENTRO Y LA PERIFERIA

Una vez constituidos los mercados interiores nacionales y consolidados los Estados-nación en Europa, EE.UU. y Japón, el capitalismo inició una etapa de *expansión exterior* que le llevaría a dominar el conjunto del mundo. Esta expansión corresponde en el interior de cada país a la fase monopolista de base nacional y se desarrolla paralelamente al *imperialismo* capitalista.

Esta expansión del capitalismo en el mundo se originó en algunos países europeos y se extendió a todo el planeta *a partir de dichos países* (primero, España y Portugal; después, Inglaterra, Holanda, Francia y Bélgica). Para caracterizar correctamente este proceso hay que recordar que las formas del capital se pueden internacionalizar de manera relativamente autónoma y por tanto definen diversas «etapas» en el proceso de expansión desde sus inicios hasta la actualidad. Las dos primeras etapas culminan con la formación del Sistema Capitalista Mundial mediante el *colonialismo* y el *imperialismo* y la tercera supone la consolidación de dicho Sistema, una vez realizados los procesos de descolonización, sobre la base de la mundialización económica operada por el *neoimperialismo*. Éste será ejercido desde el *Centro* del Sistema adaptando a la *Periferia* a las necesidades del propio Centro.

La expansión exterior: el imperialismo

La primera época del *colonialismo* se basó en la internacionalización del capital-mercancía. Se caracteriza por la búsqueda de *nuevos mercados* para las mercancías de origen industrial producidas en las metrópolis y por la búsqueda de *materias primas minerales o agrarias*. Políticamente corresponde a la formación de los imperios inglés, francés, holandés y belga y a la expansión de los EE.UU. hacia el territorio del «Oeste». La expansión se produjo mediante guerras de conquista y anexión territorial de los pueblos conquistados. Los países colonizados quedaron bajo la protección de las leyes arancelarias de la metrópoli, es decir, pasaron a ser «mercado interior» distorsionado de la economía metropolitana.

Las relaciones económicas se pueden esquematizar del siguiente modo:

$$\text{Metrópoli} \xrightarrow{\text{Mercancías } (V = c + v + pl)} \text{Colonia}$$

$$\text{Metrópoli} \xleftarrow[\text{Dinero} = D' \text{ y materias primas}]{} \text{Colonia}$$

El comercio exterior en esta época significa que la plusvalía creada en las metrópolis se realizaba, en parte, en forma de dinero en las colonias. Por otra parte, ese comercio era desigual: funcionaba como intercambio de equivalentes en sentido metrópoli-a-colonia, pero asumía la forma de *pillaje* (no relación de equivalentes) en el sentido colonia-a-metrópoli.

La segunda época del *colonialismo* constituye propiamente el *imperialismo* y estuvo basada de forma predominante en la internacionalización del capital-dinero. En esta fase, la expansión exterior del capitalismo asume una nueva forma: además de la exportación de mercancías comienza a adquirir una importancia mayor la *exportación de capital-dinero* con el fin de ser invertido en las colonias para producir mercancías que serán exportadas hacia las metrópolis. En este caso, la plusvalía se crea en las colonias y se convierte en dinero en las metrópolis. Además, las plusvalías realizadas en las colonias son remitidas a las metrópolis en forma de beneficios. Es la época de la transformación de las colonias en territorios de monocultivo o monoproducción (plantaciones y enclaves mineros).

Las relaciones económicas se pueden esquematizar del siguiente modo:

$$\text{Metrópoli} \xrightarrow{\text{Dinero} = D = c + v} \text{Colonia}$$

$$\text{Metrópoli} \xleftarrow[\text{Dinero} = D' = c + v + pl]{} \text{Colonia}$$

Una de las particularidades de esta relación es que la tasa de plusvalía obtenida en las colonias era mayor que la de las metrópolis, lo cual permitía una mayor rentabilización del capital invertido. A esta segunda fase de la expansión exterior del capitalismo corresponde el término de *imperialismo*, que se desarrolló básicamente entre 1870 y 1945. En el Recuadro 7.1 se ejemplifican las relaciones metrópoli-colonia en el caso de Gran Bretaña y la India.

El primer autor que trató el tema del imperialismo fue Hobson, economista inglés vinculado al pensamiento institucionalista, socialcristiano y autor en 1902 de un libro titulado *Imperialism*.

Pero el principal divulgador de la teoría del imperialismo capitalista fue *Lenin*, en su obra *El imperialismo, fase superior del capitalismo* (1917). Lenin recibió la influencia de otros autores, como el propio Hobson, Hilferding, Rosa Luxemburg o Bujarin, y de hecho aportó pocas cosas nuevas respecto a ellos. Pero si su obra se hizo más famosa y «paradigmática» que la de los otros autores para la escuela marxista posterior fue porque dicho libro tiene la virtud de condensar en un solo texto las principales aportaciones de su época sobre el imperialismo. En el Recuadro 7.2 se resume la aportación de Lenin.

APÉNDICE 7.1. LA COLONIZACIÓN BRITÁNICA DE LA INDIA

GEMMA CAIRÓ i CÉSPEDES

Uno de los ejemplos más significativos de la expansión exterior de las metrópolis europeas es la colonización de la India por Gran Bretaña desde principios del siglo XVII, expansión que desembocará en unas estructuras coloniales capitalistas que serán las que originaran y potenciaran el subdesarrollo y la pauperización de la economía india.

Antes de la colonización británica, la estructura social y económica india presentaba rasgos típicos del modo de producción tributario, caracterizado por la propiedad comunitaria de la tierra y la existencia de un Estado central fuerte. En particular, la estructura social de la India se basaba en comunidades rurales sustentadas por la agricultura y la industria artesana, lo que les permitía autoabastecerse. La conquista y el saqueo inglés destruye esa base económica y transforma la organización social tradicional, dejando a su población sumida en la pobreza y dependiente de los intereses económicos de la potencia colonizadora.

En una primera etapa de la colonización, la expansión del capitalismo británico en la India se realizó a través de la Compañía de las Indias Orientales y se caracterizó por un doble flujo comercial desigual: la exportación de productos ingleses al extenso mercado indio y la exportación de materias primas indias para abastecer a la industria inglesa. La alta calidad y bajo precio de los productos indios, sobre todo en artículos de confección, hizo que la penetración inglesa en ese mercado no fuera fácil. Adoptó formas que fueron más allá de las estrictamente económicas. En un primer momento, el gobierno británico frenó las importaciones que Gran Bretaña venía realizando de productos textiles indios mediante el establecimiento de elevados impuestos a la importación textil, que iban del 10 al 30 por 100 de su valor. Posteriormente, esta medida se complementó, gracias a la conquista y al dominio político-administrativo de la práctica totalidad del territorio indio, con la liberalización de los aranceles a la importación en la India de todos los productos ingleses. Así, entre 1814 y 1835, el volumen de productos de algodón exportados desde Inglaterra hasta la India pasó de 1 millón a 51 millones de yardas, mientras que el número de piezas de algodón exportadas por la India a Inglaterra pasó de 1.250.000 a 306.000. La consecuencia no podía ser otra que la destrucción de la industria artesanal india y el empobrecimiento de sus tejedores e hiladores, de manera que a mediados del siglo XIX la India era importadora de productos como el algodón, la seda, la lana, el cristal o el papel, todos ellos productos que antaño la India producía a unos niveles de calidad muy superiores a los ingleses.

Los efectos de la colonización sobre la agricultura y el campesinado no fueron menos dramáticos. La necesidad de abastecimiento de la industria inglesa de primeras materias de origen agrario conllevó la reestructuración de la producción agrícola, el cambio de propiedad de la tierra y la escasez de productos alimenticios, impidiendo la reproducción de la sociedad india y provocando importantes olas de hambre. A partir del siglo XVIII, la producción agrícola tradicional de la India, principalmente arroz y trigo, base de la dieta de su población, se mantiene o se incrementa levemente, mientras que, paralelamente, se expande la producción de productos agrícolas no alimenticios mediante extensas plantaciones de algodón, yute, té e índigo. Desde mediados del siglo XIX se inicia un crecimiento continuo de las exportaciones de productos alimenticios indios. En 1921, la India, una sociedad básicamente agrícola, se convierte en importadora neta de productos alimenticios, necesarios para su abastecimiento. En el período 1900-1945, la producción de productos alimenticios tiene un crecimiento del orden del 3 por 100, mientras que la de materias primas de origen agrícola lo hace al 45 por 100.

A mediados del siglo XVIII, la conquista de nuevos territorios permite a la Compañía la recaudación de impuestos sobre el suelo en determinadas provincias, pero pronto trasladará esta función a los Zamindaire, nombrándolos propietarios del suelo, lo que facilitará la concentración de la propiedad de la tierra en manos de una minoría. Paralelamente, los excesivos impuestos que debía pagar el campesino al poder colonial y las condiciones desfavorables del arrendamiento provocan el progresivo endeudamiento del campesinado, que a menudo se verá obligado a endeudarse para alimentar a su familia. Todo ello conduce a que, a partir del 1800, ya se observe un incremento del número de muertos por inanición.

En la segunda mitad del siglo XIX se inicia la segunda etapa del colonialismo, el imperialismo, de manera que la expansión del capitalismo en la India adopta una nueva forma, complementaria de la anterior, caracterizada por la exportación de capital (excedentario en Gran Bretaña). La actividad inversora británica en la India se concentra en la construcción de ferrocarriles y líneas ferroviarias, que en 1900 ya alcanzan las 25.000 millas, con el doble objetivo de llegar a las zonas de abastecimiento de materias primas y de poder introducir los productos ingleses en cualquier punto del territorio indio. La inversión en ferrocarriles no

RECUADRO 7.1. LA COLONIZACIÓN BRITÁNICA DE LA INDIA (*Continuación*)

sólo se realizó en detrimento de otro tipo de inversiones que hubieran sido más beneficiosas para la economía india, sino que además no crearon ningún tipo de articulación en la economía nacional. La construcción ferroviaria fue fuertemente criticada por los nacionalistas indios, ya que se trataba de un volumen de inversión que, dirigida a sectores como la energía eléctrica o la agricultura (para sistemas de irrigación), hubiese permitido un desarrollo económico considerable. Por otro lado, las materias primas industriales y los medios de producción tales como el hierro, los vagones o incluso el carbón, necesarias para esta inversión, fueron importadas de Inglaterra, lo que benefició a la economía inglesa y no permitió el surgimiento de una industria pesada en la India. Ésta era la lógica de la expansión del capitalismo a partir de la metrópoli hacia la colonia.

La India se convirtió en la colonia agrícola de la Inglaterra industrial, de tal manera que la colonización favoreció la acumulación primitiva y la industrialización de Inglaterra. De hecho, una sociedad como la india, que en los siglos XVI y XVII tenía muchas posibilidades de industrialización basada en una industria manual eficiente, un superávit agrícola y unos ricos yacimientos de minerales, se encontró en una situación de retroceso provocado por la expansión exterior del capitalismo inglés, por el colonialismo y el imperialismo, que dio lugar a un proceso de desarrollo del subdesarrollo.

RECUADRO 7.2. LENIN Y EL IMPERIALISMO

El pensamiento de Lenin sobre el imperialismo se centra en las contradicciones del capitalismo que posibilitaban y hacían necesaria la revolución socialista mundial. Para él, el capitalismo había entrado en su fase superior, el imperialismo, que caracterizó concretamente a través de cinco puntos de carácter económico y dos puntos de carácter sociopolítico referentes al «aburguesamiento» de la clase obrera en las metrópolis. Estos puntos son los siguientes:

1. La concentración y la centralización del capital dan lugar al surgimiento de monopolios.
2. El capital bancario y el capital industrial se funden para dar lugar al capital financiero. Este último es la base de una nueva fracción de clase dominante: la oligarquía financiera.
3. La exportación de capitales es la forma típica del imperialismo y predomina sobre la exportación de mercancías.
4. Se tiende a la formación de asociaciones monopolistas que se reparten los diferentes mercados del mundo.
5. Las potencias capitalistas culminan el reparto del mundo entre ellas.
6. Merced a la explotación de las colonias se genera el suficiente excedente para permitir la formación de una fracción de la clase obrera «rica» en los países colonialistas: se trata de la «aristocracia obrera».
7. La existencia de tal excedente permite que la política interior de los países colonialistas se haga socialdemócrata (vacaciones pagadas, seguros sociales, jornada de ocho horas, etc.). La política exterior es militarista y racista.

El imperialismo, fase superior del capitalismo (publicada como ensayo popular) no fue la única obra de Lenin sobre el tema, ya que polemizó en otras contra la socialdemocracia europea que votó los créditos de guerra para el primer conflicto mundial. Su caracterización de la política belicista y socialchovinista como el principal enemigo del socialismo en aquellos momentos le llevó a crear plataformas pacifistas y a vincular la propia revolución socialista en Rusia a la paz. Y también vinculó prematuramente las luchas de liberación nacional antiimperialistas a la extensión del socialismo mundial. Por ello su obra es fundamental para entender los procesos políticos de descolonización posteriores. En suma, la importancia de Lenin en este tema es mucho mayor en el contexto histórico político que en el estrictamente teórico-económico.

El reparto del mundo

El reparto del mundo entre las potencias imperialistas se consuma plenamente entre 1870 y 1918, como se observa en el Cuadro 7.1, según los datos ofrecidos por Lenin en su obra sobre el imperialismo.

Las principales potencias colonialistas eran Inglaterra, Francia, Holanda y Bélgica. Como residuos de su anterior imperio colonial quedaban España y Portugal. Y tres potencias recién constituidas como Estado-nación (Alemania, Italia y Japón) pugnaban por crear su propio imperio colonial, enfrentándose para ello con las otras potencias imperialistas: las dos contiendas mundiales del siglo XX tuvieron una raíz de rivalidad interimperialista entre ambos grupos de países, en particular la Primera Guerra Mundial.

Por su parte, EE.UU. consolidó su expansión exterior *sui generis* en el territorio continental que hoy ocupa, más posteriores anexiones como la de Alaska, Hawai y las frustradas de Cuba, Puerto Rico, Panamá e, incluso, Yucatán. Al amparo de la doctrina Monroe («América, para los americanos», 1823), con una retórica anticolonialista y antieuropea, los norteamericanos se reservaron el derecho, y lo ejercieron en numerosas ocasiones, de intervenir militarmente en cuantas ocasiones les pareciera necesario en el territorio de América Latina, de tal modo que los países latinoamericanos, sin ser colonia de los EE.UU. en sentido estricto, eran prácticamente su «territorio protegido».

Las colonias fueron repartidas entre las diferentes metrópolis de la siguiente forma:

— Australia correspondía básicamente al Imperio británico.
— Polinesia se repartió entre ingleses, franceses y norteamericanos.
— Asia fue colonizada básicamente por ingleses (Indostán, Medio Oriente), franceses (Indochina) y holandeses (Indonesia). Con posterioridad, Japón intentó expansionarse en Asia: colonización de Corea, parte de China e intentos de anexión de la Rusia asiática.

Cuadro 7.1. El reparto del mundo.

	Porcentaje de la superficie de cada territorio 1870	1900
Australia	100,0	100,0
Polinesia	56,8	98,9
Asia	51,5	56,6
América	27,5	27,2
África	10,8	90,4

— China no llegó a ser nunca una colonia en sentido estricto. Su territorio se repartió en zonas de influencia entre las diferentes potencias, pero mantuvo su soberanía como Estado. Sólo Japón conquistó una parte de China (Manchuria) y se la anexionó como protectorado. La situación china se puede considerar semicolonial.
— América Latina mantuvo su independencia política, pero pasó a ser dominada económicamente por Estados Unidos, que practicó una nueva forma de imperialismo que después será bautizada como neoimperialismo.
— África era el continente menos colonizado en 1870. La carrera por la conquista de territorios dio lugar a ocupaciones de ingleses (desde Egipto hasta África del Sur en el Índico, más Nigeria y Ghana en el Atlántico), franceses (Madagascar y la costa ecuatorial atlántica, además del norte de África) y belgas (Congo, hoy Zaire, más Ruanda y Burundi). Portugal mantuvo su imperio en Angola, Mozambique y Guinea. Estados Unidos creó y protegió a Liberia (Estado «negro» para asentar a los «negros libertos» por la Guerra de Secesión norteamericana) y sólo permaneció como país independiente el reino de Abisinia. En el territorio africano trataron de expandirse los alemanes (Tanganika, Togo, Camerún, Namibia y el intento frustrado de colonizar Marruecos) e italianos (Libia, y posteriormente Somalia y Abisinia, hoy Etiopía y Eritrea). Esta expansión dio lugar a enfrentamientos bélicos que desembocaron en la Primera y Segunda Guerras Mundiales. Mención aparte merece Sudáfrica, colonizada por los ingleses y holandeses y escenario de frecuentes guerras entre unos y otros que culminan con la llamada «guerra de los boers» (1899-1902). Esta república instauró un régimen racista que se ha mantenido hasta la década de los noventa, en el siglo XX.
— Rusia, por último, creó un amplio imperio hacia el Pacífico y el sur, pero con características claramente precapitalistas, semejantes a las de otros dos imperios residuales contemporáneos: el austrohúngaro y el otomano.

El Cuadro 7.2 muestra la importancia de la colonización de algunas potencias.

El imperialismo representó, en consecuencia, la universalización del capitalismo y dio origen al *Sistema Capitalista Mundial* como forma de organización de las relaciones económicas entre países (metrópolis y colonias) con estructuras económicas diferentes, todas ellas dentro del ámbito del capitalismo (es decir, con predominio del modo de producción capitalista). Este Sistema se constituyó en torno a dos bloques: el *Centro* (constituido por las metrópolis) y la *Periferia* (constituida por las colonias y semicolonias).

Cuadro 7.2. El reparto de las colonias.

	1870		1914	
	Superficie	Población	Superficie	Población
Inglaterra	22,5	251,9	33,5	393,5
Rusia	17,0	15,9	17,4	33,2
Francia	0,9	6,6	10,6	55,5
Alemania	—	—	2,9	12,3
EE.UU.	—	—	0,3	9,7
Japón	—	—	0,3	19,2

Superficie: Millones de kilómetros cuadrados colonizados.
Población: Millones de habitantes colonizados.

Los procesos de descolonización y el neoimperialismo

El imperialismo económico había sido acompañado, en general, por una ideología racista según la cual «el hombre blanco» y su «civilización» (cristiana, capitalista-burguesa) eran superiores al resto de razas y culturas. Se justificaba así, superestructuralmente, la destrucción o subordinación de los modos precapitalistas y la desarticulación estructural de las formaciones sociales coloniales basadas en ellos, que eran vistas como «primitivas» y «atrasadas».

Tres factores favorecieron el proceso de independencia de las colonias:

— El movimiento socialista europeo, que había denunciado el imperialismo y el nacional-chovinismo y que en función del «internacionalismo proletario» reivindicaba el derecho a la autodeterminación e independencia de las colonias. Muchos *movimientos de liberación nacional* se inspiraron en este pensamiento: Mao Tse Tung en China, Ho Chi Minh en Vietnam, Kim Il Sung en Corea. En África, líderes como Patricio Lumumba en el Congo Belga, Samora Machel en Mozambique, Seku Ture en Guinea, Amílcar Cabral en Guinea-portuguesa y muchos otros. Y en América Latina, Fidel Castro y Ernesto «Che» Guevara

— La formación de élites en las colonias, educadas en el pensamiento europeo (liberal o socialista): Gandhi en la India, Sukarno en Indonesia, Nasser en Egipto, Ben Bella en Argelia, Burguiba en Túnez, Nkrumah en Ghana, Nyerere en Tanzania, Kenyatta y el movimiento «mau-mau» en Kenia y muchos otros

— Los conflictos interimperialistas, sobre todo la Segunda Guerra Mundial, en los que la «civilización» del hombre blanco demostró su cara más brutal.

Estos fueron los factores determinantes en la formación del movimiento anticolonial. EE.UU. desempeñó un papel importante en este sentido, así como la Sociedad de Naciones y la Organización de las Naciones Unidas surgida tras el segundo conflicto bélico mundial.

Las potencias imperialistas europeas respondieron más o menos diligente e inteligentemente a la marea del sentimiento anticolonial. Gran Bretaña optó, en general, por una política descolonizadora rápida, delegando en las clases dominantes autóctonas el proceso («protectorados») y salvaguardando la articulación económica con los intereses de la metrópoli (la Commonwealth). A Francia le costó más, puesto que su modelo de asimilación dejaba menos autonomía a las clases dirigentes de las colonias y tuvo que enfrentarse a numerosas guerras de liberación nacional, las más importantes de las cuales fueron las de Indochina y de Argelia. Holanda, que pretendía un camino intermedio entre el modelo británico y el francés, acabó en puro militarismo ante el nacionalismo socialista y religioso en Indonesia y su intervención armada fue criticada incluso por las otras potencias imperialistas.

El proceso de descolonización previo a la Segunda Guerra Mundial afectó básicamente a zonas de emigración europea (Canadá y Australia) y parcialmente al Oriente Medio, por la caída del Imperio otomano, aliado de Alemania en el conflicto, que fue repartido entre Gran Bretaña (Arabia, Irak, Palestina) y Francia (Siria y Líbano). Por otra parte, Egipto (1920 y 1936) e Irán (1930) obtuvieron la independencia formal de Gran Bretaña, pero continuaron sometidos al Imperio británico hasta alcanzar su plena soberanía con posterioridad a la Segunda Guerra Mundial.

Fue en las dos décadas posteriores a la Segunda Guerra Mundial cuando el proceso de descolonización afectó a prácticamente la totalidad de las colonias, excepto a las de dos países (Portugal y España) que, bajo regímenes dictatoriales de índole fascista, se mantuvieron, sin embargo, neutrales en la contienda. La independencia de las colonias de estos dos países se producirá en la segunda mitad de los años setenta.

Según las diferentes regiones, los procesos de descolonización culminaron de la siguiente forma:

— En Asia: India, Pakistán y Ceilán (Sri Lanka) consiguen la independencia de Gran Bretaña en 1947, Birmania en 1948 e Indonesia (de Holanda) en 1949. Paralelamente, Corea y China habían expulsado a los japoneses de su territorio e iniciado la revolución socialista, que en Corea llevará a la partición de la península tras la intervención norteamericana (1950-1953) y en China culminará con el triunfo de Mao Tse Tung en 1949. En la Península Indochina, el imperialismo francés fue derrotado militarmente en Vietnam y en 1954 culminan su independencia Vietnam, Camboya y Laos (Acuerdos de Ginebra). En 1957 consiguieron la independencia Singapur y Malasia (que se constituyó como Federación con Brunei, norte de Borneo y Sarawak en 1963).

— En África, la mayor parte de los países consiguieron la independencia política entre 1956 y 1962. Francia fue quien enfrentó luchas de liberación nacional más violentas en el norte (la insurrección argelina comienza en 1954 y durará hasta 1962). En 1956 alcanzan la independencia Marruecos, Túnez y Sudán; en 1957, Ghana; en 1958, Guinea; en 1960, Camerún, Togo, Madagascar, Congo Belga (Zaire), Somalia, Congo-Brazaville (Rep. del Congo), República Centroafricana, Chad, Gabón, Dahomey (Benin), Níger, Alto Volta (Burkina Faso), Costa de Marfil, Senegal, Mali, Nigeria y Mauritania; en 1961, Sierra Leona y Tanganika; en 1962, Argelia, Ruanda, Burundi y Uganda; en 1963, Zanzíbar y Kenia, y en 1964, Malawi y Rodesia del Norte (Zambia). Quedarán casi exclusivamente las colonias portuguesas (hasta 1975-1976) y el colonialismo racista blanco en Rodesia del Sur y en Sudáfrica. El primero se mantuvo hasta 1980, con la independencia de Zimbabwe, y, en el caso sudafricano, se mantendrá el «apartheid» racista hasta los años noventa y el triunfo de Mandela en las primeras elecciones realmente democráticas. La última colonia que ha accedido a la independencia es Namibia (1992). Eritrea, por su parte, ha logrado la secesión de Etiopía.

— En América, el proceso de descolonización se limitó a las colonias caribeñas. En la década de los sesenta consiguieron la independencia Jamaica (1962), Trinidad y Tobago (1962) y Barbados (1966) y en la década de los setenta y primeros de los ochenta el resto de colonias, Surinam (Guayana holandesa), Guyana (Guayana inglesa), así como otras islas del Caribe.

7.3. LAS RUPTURAS HISTÓRICAS DEL SISTEMA: LAS DESCONEXIONES

RAMÓN FRANQUESA ARTÉS

Al margen de los conflictos interclasistas nacionales y coloniales que jalonaron la implantación capitalista, sólo el denominado socialismo real supuso una experiencia efectiva y estable al margen del Sistema Capitalista Mundial. El proceso que se inicia con la Revolución de Octubre en Rusia, en plena Primera Guerra Mundial, y que acabaría consolidando el llamado bloque socialista, consiguió durante un largo tiempo limitar y condicionar el proceso de expansión del capitalismo en un área geográfica importante e incluso, en algunos momentos, amenazar su propia continuidad.

Las *revoluciones socialistas* supusieron una *ruptura* efectiva del Sistema. Se produce una ruptura cuando concurren una *revolución política*, que desplaza las anteriores superestructuras políticas, jurídicas, etc., por otras nuevas y una *revolución económica y social*, que supone cambios en el régimen de propiedad y en la estructura (disolución de las antiguas clases sociales dominantes terratenientes y capitalistas, reforma agraria, etc.).

La ideología que sustentó los procesos de ruptura en el Sistema fue el marxismo, sistema de pensamiento que se origina con Marx y Engels; y que posteriormente sería desarrollado por un gran número de autores de diversos campos del conocimiento desde la filosofía hasta la política, de la economía a la antropología. Destaquemos que la naturaleza crítica del pensamiento marxista fue a veces alterada y petrificada para convertirse en una ideología cerrada (con apariencia de neorreligión), que sirvió para justificar todo tipo de errores políticos, en algunos Estados socialistas que reivindicaban su origen en ese pensamiento. Aun así el marxismo crítico ha mantenido su desarrollo, tanto en el Centro como en la Periferia del sistema capitalista (a veces tolerado y a veces sometido a cruel persecución), como en los sistemas desconectados (aquí a veces empleado para organizar y legitimar el nuevo Estado, pero también en algunas de sus lecturas perseguido como herejía).

Marx entendía el *proceso de transición socialista al comunismo* como un régimen socioeconómico en el que cada individuo recibía de la sociedad en función proporcional al trabajo que desarrollaba y en el que por tanto había desaparecido la explotación del hombre por el hombre. El *modo de producción comunista* se situaba en un horizonte indeterminado cuando, además de haber desaparecido el capitalismo completamente del escenario mundial, se suponía que la sociedad había sido educada en tal forma que sería posible que cada uno aportase en función de sus posibilidades y capacidades y a cambio demandase de ella y obtuviese lo que necesitase. Sería una sociedad sin clases, sin Estado y sin diferencias entre los seres humanos por razones económicas o sociales. Asimismo, implica la existencia de abundancia material y sólo sería posible a nivel mundial.

Precisamente porque este orden de cosas no era una alternativa real a la sociedad capitalista de ese momento, Marx proponía el proceso de transición que definía como *socialismo*. Se trataba de un proceso social en el que cada individuo aportaba y recibía de la sociedad según su trabajo. Las revoluciones socialistas del siglo XX son una experiencia histórica de intentos de *transición*, es decir, de aplicación concreta de los principios de organización socialista para superar el capitalismo y abrir la posibilidad futura de una sociedad comunista.

Ambos casos (socialista y comunista) se caracterizan por la abolición de la propiedad privada de los medios de producción (del capital). Históricamente se pueden considerar tres formas de cambios en la propiedad privada de los medios de producción:

a) La *nacionalización*, que supone negar el reconocimiento de los derechos de propiedad a los propietarios no nacionales (capitalistas extranjeros). Los medios de producción pasan a ser de agentes nacionales públicos o privados.
b) La *estatalización*, que implica que los medios de producción privados pasan a ser propiedad del Estado, ya procedan de propietarios privados nacionales o extranjeros.
c) La *colectivización*, que implica que la propiedad es asumida por los colectivos laborales de un sector, los ciudadanos de un área geográfica (localidad, región, etc.) o los trabajadores de una empresa.

Cada una de estas formas presenta ventajas e inconvenientes y no necesariamente deben ser excluyentes ni entre sí, ni con la coexistencia con formas de propiedad privada (comercio, campesinado, etc.). En el plano teórico Marx no formuló un planteamiento concreto de lo que debía ser un proceso de socialización de los medios de producción, puesto que entendía que éste era un problema que debía resolverse en el contexto de los procesos históricos reales.

La primera revolución socialista se consolidó en parte del antiguo Imperio ruso, conformando la URSS. Aunque después de 1917 se produjeron diversos intentos revolucionarios en otros países (Alemania, Hungría, Finlandia, etc.), todos ellos fracasaron y la URSS quedó prácticamente aislada en su proyecto socialista hasta el final de la Segunda Guerra Mundial.

Al igual que la Primera Guerra Mundial acabó por producir los estallidos sociales que condujeron a la revolución soviética, la Segunda Guerra Mundial acabaría estimulando procesos revolucionarios tanto en Europa (Italia, Grecia, Yugoslavia, Albania...) como, sobre todo, en el mundo colonizado: China, Indochina, Corea, etc. Como consecuencia de esos movimientos sociales y de la ocupación efectiva por el ejército soviético de Europa oriental, un gran número de países se desconectó del Sistema: Albania, Hungría, Yugoslavia, Checoslovaquia, Rumania, Alemania oriental, Polonia y Bulgaria en Europa, y Mongolia, Corea del Norte y Vietnam del Norte en Asia. Especialmente en Europa se tendió a instaurar mecánicamente un modelo de organización «calcado» de la URSS.

Finalmente, con el proceso de descolonización, diversos movimientos de liberación nacional acabaron por evolucionar hacia regímenes socialistas: por ejemplo en Cuba, Vietnam, Laos, Camboya, Angola, Mozambique, etc.

En todos los casos el modelo soviético fue un punto de referencia determinante. Por tanto, la crisis de la URSS en los años ochenta tendría efectos muy importantes sobre todo ese conjunto de países, condicionando los intentos de desconexión.

A continuación se tratarán sucintamente los rasgos generales de los procesos soviético, europeo oriental y chino, aunque cabe indicar que existen otros procesos socialistas como el de Corea del Norte, Vietnam y Laos o el de Cuba, que tienen sus propias peculiaridades.

La revolución soviética

La Revolución de Octubre de 1917 fue la primera ruptura histórica con el capitalismo. Provocada por la guerra que acentuó la miseria del pueblo ruso y provocó millones de muertos, se extendió en un país sometido a un régimen feudal en el campo y al capitalismo en algunas ciudades industriales.

Los *soviets*, nuevos organismos de poder de democracia directa que organizaban a obreros, soldados y campesinos, impusieron las propuestas de Lenin de reparto de la tierra y salida inmediata de la guerra. Pero en 1918 el Estado soviético fue atacado por once países capitalistas, incluyendo aquellos que habían luchado entre sí en la Primera Guerra Mundial y que advertían el peligro de la extensión del proceso revolucionario. De la primera fase revolucionaria en la que las fábricas y campos estaban colectivizadas por sus trabajadores, se pasó a la fase del *comunismo de guerra*, para hacer frente a la guerra civil. En el curso de esos años (1919-1921) la requisa reemplazó al mercado y a la planificación, se militarizó la gestión de las fábricas y el conjunto de la vida social y económica. Finalmente, el Ejército Rojo venció a las tropas «blancas» y expulsó del país a los ejércitos de las potencias intervencionistas: Canadá, Inglaterra, Alemania, EE.UU., Francia, Rumania, Turquía, Japón, etc. Pero Rusia quedó empobrecida y desorganizada como consecuencia de la guerra.

Tras la guerra se implantó la *Nueva Política Económica* (NEP), sobre la base de limitar la gestión del Estado a los sectores estratégicos y permitir el funcionamiento del área privada supeditada a la pública. Se abolió la requisa y se dio un papel al mercado. Aunque la NEP permitió recuperar la economía del país, pronto se abrió el *Gran Debate* sobre el modelo de socialismo a seguir.

De este proceso de discusión política y económica salió reforzado Stalin, que obtuvo poderes muy amplios para desplazar a Trotsky, que proponía un sistema ultracentralizado de gestión y una rápida acumulación industrial. Una vez en el poder, Stalin, con una ambición personal ilimitada, en lugar de aplicar la vía cooperativa, descentralizada y de acumulación lenta sobre el campo, aplicó en la práctica las tesis económicas de Trotsky, de forma mucho más radical. En la medida que ello suponía una agresión contra el campesinado, los comunistas quedaron aislados de la mayoría del país y se evolucionó por una senda autoritaria, que eliminó todo debate político en la URSS, instaurándose en la práctica un régimen unipersonal.

El *período estalinista* se extendió de 1928 a 1953 y configuró lo que después se exportaría como modelo soviético. En el plano económico se caracterizaba por:

— Estatalización del conjunto de la economía.
— Ausencia de mecanismos de participación democrática.
— Rápida acumulación en la industria pesada.
— Práctica anulación de los mecanismos de mercado a todos los niveles
— Extensión de la planificación (producción, precios, etc.) a toda la actividad económica.

Con un sistema de gestión piramidal, en el que las empresas dependían de los Ministerios, éstos del GOSPLAN y éste de Stalin, la URSS vivió un período de rápido crecimiento, pero de creciente pérdida de eficiencia y de soporte social. En la medida que la URSS se desarrollaba, su economía se tornaba más compleja y su gestión implicaba el crecimiento de una extrema *burocratización*, que tenía que garantizar el absoluto control desde el Centro de un tejido cada vez más amplio y diverso. La centralización establecía rígidos mecanismos de igualación, que al diferenciar poco los salarios, produjo la desaparición del incentivo económico. Éste fue reemplazado por el estímulo «ideológico» y la represión (campos de trabajo, desplazamientos de mano de obra, etc.). Aunque ese proceso de acumulación permitió a la URSS derrotar al nazismo en la Segunda Guerra Mundial, resultó a la larga insoportable para su propia población.

En 1956 se inició la *desestalinización*, con Kruschev. Se intentaron reformar algunos aspectos del anterior modelo, pero en un país en el que había desaparecido la vida política en el seno de la sociedad no fue posible ir más allá de reducir la presión sobre el sector agrario e introducir algunas reformas marginales en la industria y el comercio.

La *burocracia* creada por el estalinismo impidió que las reformas avanzaran hacia una mayor descentralización económica (que hubiese implicado a medio plazo una democratización) y desplazó a Kruschev para dar paso a Brezhnev y a una larga era de *estancamiento* (hasta 1985). Esa época consolidó la estructura de gestión estalinista (ultracentralización, estatalización, ausencia de mercado, gestión piramidal...). El resultado, sin control social y sin incentivos económicos, no podía ser otro que la generalización de la ineficiencia y la corrupción. El acceso a importantes recursos mineros en Siberia permitió alargar la vida de un modelo extensivo ineficiente, a lo largo de un período que fue el más mediocre de la historia de la URSS.

En el contexto de crisis económica, la URSS generaba hostilidad en el Sistema Capitalista Mundial. Desde inicios de los años cincuenta estaba sometida a la Guerra Fría, que la obligaba a desviar una parte de su excedente hacia el gasto militar en detrimento del crecimiento. En este contexto el desafío que suponía para el sistema capitalista la existencia de la URSS no le permitía derrochar sus recursos de forma tan ineficiente. Cuando a inicios de los ochenta Reagan accedió a la presidencia de los EE.UU., emprenderá un programa militar conocido como «Guerra de las Galaxias» que deja fuera de juego a la URSS. Era evidente que con aquella estructura económica no era posible desarrollar una defensa suficiente, frente a un programa que requería una tecnología punta y una inversión enorme.

Cuando en 1985 Gorbachov, con la *Perestroika*, intentó reformar el modelo era ya tarde. Se pretendió una reforma que desestatalizara el socialismo reduciendo la planificación a los aspectos estratégicos, dando mayor protagonismo a los trabajadores con la autogestión de las empresas públicas, utilizando el mercado para dar poder a los consumidores, etc. Se pretendía recuperar el espíritu de la NEP preestalinista y propugnar un sistema socialista que se caracterizase por el mantenimiento de la economía planificada, pero únicamente a través de la planificación de las grandes macromagnitudes determinantes del desarrollo nacional, la autonomía de la gestión de las empresas y la democratización de la vida política. Pero la democratización del país, muy atrasado políticamente por decenios de autoritarismo, no le permitió encontrar soporte para instituir este tipo distinto de modelo socialista.

Quienes detentaban el poder real, aprovechando la pasividad de los propietarios formales (el conjunto de los ciudadanos del país), se apropiaron de los recursos productivos de la URSS. La burocracia económica (directores de empresas), sin apenas resistencia de la población, aprovechó las reformas para transformar su usufructo privilegiado de los recursos públicos en propiedad privada. Con el señuelo de asimilar capitalismo a desarrollo económico, apoyándose en los medios de comunicación de masas, hicieron creer con éxito que privatizando, la gestión sería más eficiente y el país más próspero. Pero desde 1985 hasta 1999 la esperanza de vida se ha reducido en Rusia de 62 a 58 años. Con el afán de apropiarse de los recursos públicos las burocracias de cada república federal estimularon nacionalismos en las diversas federaciones para justificar su particular apropiación, frente a la burocracia de Moscú. Este proceso llevó a desguazar la URSS, desorganizando un tejido económico integrado, que una vez fracturado no pudo resistir la competencia exterior. El proceso continuó dentro de la Federación Rusa, en la que las regiones autónomas más ricas en recursos minerales (Cáucaso, Siberia) iniciaron también un proceso de secesión, que ha sido causa de diversas guerras (Chechenia, Dazguekistán, etc.).

El impulso social de la Revolución de Octubre se había agotado y parte de la burocracia del Partido Comunista aprovechó la *Perestroika* para transformarla en su beneficio, convirtiendo la reforma en una privatización. Hoy, una parte de esa burocracia se ha convertido en los nuevos capitalistas de una formación social insertada subordinadamente en el Sistema Capitalista Mundial.

La experiencia histórica de la URSS muestra cómo las transformaciones en el modo de producción pueden conducir a un país periférico atrasado a la industrialización y el desarrollo; pero también que ese proceso es enormemente complejo, que las soluciones simplistas pueden llevar el germen de la destrucción del proceso y que para garantizarlo es imprescindible el control de la sociedad sobre sus gestores, aun a costa de ralentizar los cambios estructurales. A pesar del derrumbamiento final de ese sistema, en la medida que la desigualdad separa cada vez más a una parte de la población mundial del desarrollo y el bienestar, la experiencia soviética en sus aportaciones positivas y negativas es un elemento de referencia importante para los grupos sociales y nacionales marginados por el Sistema Capitalista Mundial.

Los países socialistas de Europa oriental

El proceso revolucionario ruso despertó en todo el mundo expectativas de cambio. La inmensidad del territorio soviético y su aislamiento permitió la viabilidad de un proceso autónomo que originó procesos miméticos. Un primer reflejo de ello fueron las insurrecciones «soviéticas» que se extendieron por poner un ejemplo de los campos de Andalucía (donde en los años veinte se ocupaban los latifundios al grito de ¡Viva Rusia!) a Berlín (donde la Liga Espartaquista dirigió una insurrección que estableció episódicamente la Unión Soviética Alemana en 1920). Un segundo reflejo fue la formación de la Tercera Internacional, que agrupó a los partidos comunistas que se iban formando en todo el mundo.

Pero con la crisis de finales de los años veinte, paradójicamente se produjo un retroceso generalizado del movimiento social. El comunismo pasó a aglutinar los movimientos revolucionarios de todo el mundo, constituyéndose partidos comunistas (PC) no sólo en el mundo desarrollado, sino en las colonias. Pero pronto los PC quedaron confinados en general a una vida marginal, después de sufrir graves derrotas en todo el mundo: la república soviética de Finlandia es ocupada por tropas alemanas en 1918; la república soviética de Hungría se sostiene sólo de marzo a agosto de 1919; en Eslovaquia la república soviética es aplastada en tres semanas en 1919; en Bulgaria en 1923 se acaba con la insurrección soviética en Sofia y el norte del país; en México la revolución campesina de Zapata y Pancho Villa degenera en los años veinte en un Estado autoritario de la burguesía mexicana; en China los nacionalistas rompen la coalición con los comunistas y declaran ilegal al PCCh en 1927, asesinando a decenas de miles de personas en Cantón, Shanghai y otras ciudades industriales; en Italia el partido socialista se convierte en comunista y encabeza una insurrección que efectúa ocupaciones de fábricas en el norte, las fuerzas conservadoras acaban con la rebelión y se amparan en el partido fascista, que establecerá un régimen autoritario; en Alemania fracasados los intentos revolucionarios a inicios de los veinte, la década acaba abriendo paso a una «revolución» conservadora con el advenimiento del nazismo; en España los militares acaban con la «república de trabajadores» tras tres años de guerra civil en 1939.

En ese contexto, desde 1917 hasta 1945, la URSS aparece como una alternativa, que será asumida de forma acrítica e idealizada. Un cambio muy importante en el pensamiento marxista predominante se produce al aceptarse desde la izquierda revolucionaria de todo el mundo (de forma consciente o inconsciente) que el socialismo (aunque sobre la forma de organización política autoritaria, ese acuerdo no fuera tan amplio) era el que existía en la URSS y que además ese era el único posible.

Cuando al final de la Segunda Guerra Mundial aparezca una nueva correlación de fuerzas, que permita la desconexión del sistema de un cierto número de países, en su mayor parte estos países imitarán la organización económica soviética de manera mimética.

El sistema soviético (estatalizado, ultracentralista, sin utilizar el mercado en la distribución de bienes, etc.) se aplicó incluso en situaciones en las que otros mecanismos de socialización habían obtenido resultados mejores (en plena guerra, cooperativas agrarias en China, empresas colectivas en Yugoslavia, etc.). Este tipo de mecanismo resultó de cierta utilidad al acabar la guerra, puesto que permitió acelerar la reconstrucción. Sin embargo, en los países que previamente disponían de un cierto tejido industrial, rápidamente el modelo se mostró como ineficiente.

En países como Hungría, Yugoslavia, Checoslovaquia se produjo la paradoja de que el orden socialista, en lugar de liberar las capacidades productivas, las estaba estrangulando.

En la medida que la población percibía que el modelo era ineficiente, aumentó la inestabilidad política y se produjeron diversos conflictos.

En Yugoslavia, la propia Liga Comunista, dirigida por Tito, apreció el problema y enfrentándose a Stalin introdujo un modelo autogestionario, que permitió el desarrollo notable de las zonas más industrializadas. Sin embargo el modelo, en parte por la presión de la URSS, no pudo introducir mecanismos de compensación territorial, con lo que las diferencias entre repúblicas, lejos de paliarse, se agravaron.

En Hungría, en 1956 se produjo una insurrección contra la sovietización del país, la protesta que inició este proceso fue apoyada por sectores del propio PC húngaro. La insurrección fue aplastada militarmente por el ejército soviético, con la ayuda de otro sector del PCH.

En Checoslovaquia en 1968 es el propio PC, con Dubcek, quien inicia una serie de reformas para introducir el mercado como forma de asignación de algunos productos, descentralizar la gestión pública empresarial y democratizar la vida política. El proceso de reformas conocido como la «Primavera de Praga» será abortado militarmente por la URSS, sin ningún tipo de soporte social.

En Polonia, el bajo peso real de la izquierda al final de la Guerra Mundial impidió una reforma agraria estatalista a imagen de la URSS, pero en la década de los ochenta irrumpe un movimiento obrero impulsado por la Iglesia católica que exige mayores salarios. Aumentos que el rígido modelo de producción centralizado no puede satisfacer a causa de su ineficacia.

Países como Bulgaria, Rumania o Albania que partían de un nivel de desarrollo muy bajo gozaron hasta finales de los ochenta de una mayor estabilidad, dado que el «modelo soviético» en esas condiciones tenía una utilidad mayor. Suponía crear un sector industrial pesado, generalizar la educación, la sanidad, la vivienda, etc.

Frente a esta situación, la URSS practicó una suerte de imperialismo político, que por otra parte (a diferencia del que practicaban las potencias capitalistas del Centro) implicaba financiar económicamente las deficiencias de estos países, para mantener la estabilidad política. Éstos obtenían de la URSS, a cambio de mantenerse dentro del bloque «socialista», créditos a bajos tipos de interés, recursos naturales (especialmente energéticos) a bajo precio, maquinaria, productos de consumo, etc.

La copia mimética del modelo soviético supuso además una organización autárquica de cada economía nacional. Lo que en el caso de la URSS tenía cierta viabilidad por sus dimensiones, en el caso de los pequeños países de Europa oriental no tenía ningún sentido. Así, con economías cerradas, sin medios de pago transparentes ni para el área socialista, dio lugar a que los diversos países socialistas no llegasen a integrar una comunidad económica similar a la CEE en Europa occidental. El CAME (Consejo Económico de Ayuda Mutua) nunca pasó de ser un organismo de cooperación, jamás estableció un espacio económico común integrado y mucho menos avanzó hacia la constitución de un espacio político único.

Con este tipo de estructura no era de extrañar que una vez se inició el proceso de desmantelamiento del socialismo en la URSS se produjera un rápido desmoronamiento del «socialismo» en los países de Europa oriental, como efectivamente así ocurrió a finales de la década de los ochenta y cuyo hito más espectacular fue la caída del «Muro de Berlín».

La revolución china

El proceso revolucionario en China fue producto de una larga lucha de base campesina que se inició a mediados de los años veinte y se consolidó en la lucha contra el imperialismo japonés y los grandes propietarios chinos. Mao Tse Tung dirigió ese proceso de dimensiones legendarias, desde las primeras pequeñas zonas liberadas de campesinos desposeídos, hasta la victoria del Ejército Popular en 1949.

El proceso chino tuvo una relativa autonomía de la URSS, porque Stalin jamás creyó posible una revolución socialista de base campesina. Durante un primer período de *reconstrucción nacional* (1949-1952), el nuevo poder popular trató de unificar administrativamente el país, estabilizar la moneda y recuperar las infraestructuras. El sector económico socialista se constituyó sobre la expropiación del capital y tierras de cuatro familias (el capital burocrático) que detentaban la mayor parte de las propiedades industriales, mineras y de transporte, así como de derechos censales sobre la tierra.

En la siguiente fase de *construcción socialista* (1952-1957) se empezó a practicar una política de desarrollo del sector industrial a partir del Estado. En este período Mao forzó a los campesinos a organizarse en cooperativas de forma acelerada. Durante la desestalinización se inició una campaña de liberalización denominada de las *Cien Flores* (1957), en la que aparecerá una fuerte contestación social a la cooperativización acelerada.

Para recuperar la iniciativa política Mao propugna el *gran salto adelante* (1957-1962). En lugar de las cooperativas se crean las comunas populares. Cada una de ellas agrupa a decenas de miles de personas. Se intenta organizar inmensas empresas socialistas en el campo, que fracasan relativamente al apoyarse en formas de producción anticuadas (azada y mano de obra) al no disponer el Estado de capital suficiente. A lo largo de los diversos procesos, a pesar de que se producen enfrentamientos políticos con la URSS, en realidad Mao intentó reiteradamente aplicar el paradigma del modelo soviético. Aun introduciendo diferencias, se insiste en el planteamiento de sustituir los mercados por la distribución administrativa; constituir grandes empresas estatales; priorizar la industria pesada, etcétera, a pesar de repetidos fracasos y desajustes.

Tras graves desequilibrios en la producción agraria, y a pesar de su prestigio de héroe nacional, Mao es apartado del poder y se abre un período de *reajuste* (1962-1966), que permite estabilizar de nuevo el país y estimular el crecimiento.

Pero Mao no se resignó a tener un papel secundario y a sus 73 años, y apoyado en el Ministro de Defensa (Lin Piao) y la juventud, lanzó la *revolución cultural* (1966-1976) con el fin de cambiar radicalmente las relaciones de producción y avanzar directamente hacia el comunismo. El resultado de este proceso fue la paralización del país por diez años, aunque no se consolidó una centralización política de tipo soviético y existieron notables procesos de autoorganización de los comités revolucionarios. Pero el modelo de socialismo maoísta tampoco proporcionó la estabilidad suficiente para el desarrollo y progreso, al plantear una economía sin mecanismos de intercambio horizontal, con un rígido igualitarismo que no estimulaba la productividad, con unas empresas agrarias (comunas) de una dimensión superior a la gestionable dado el nivel tecnológico disponible, etc.

En 1977 se cerró, tras la muerte de Mao, la revolución cultural y se abrió la etapa de las cuatro modernizaciones y de *reforma económica*, liderada por Teng Shiao-Ping. Se trataba de reformar profundamente el sistema de planificación, concentrando la acción del Gobierno en la manipulación de pocas y estratégicas variables macroeconómicas que le permitiesen controlar con flexibilidad el conjunto de la economía: precios de garantía, precios de productos básicos, nivel impositivo de empresas y consumidores, inversión estratégica, etc. Gran parte de la anterior acción de gobierno ultracentralizada se diluyó a través de la constitución de mercados de trabajo, financieros, tecnológicos, mercancías, etc., a todos los niveles (comarca, cantón, provincia, etc.), que permitirían a las empresas desarrollar relaciones entre sí.

La reforma económica ha tenido un éxito indudable en cuanto al crecimiento económico. Desde 1977, China está creciendo a niveles muy altos, superiores al 7 por 100 anual. Su renta per cápita ha pasado de los 120 dólares per cápita a los 860 dólares en 20 años (alcanzando los 3.570 si medimos el PIB en PPA), a pesar de que la población aún crece de forma importante.

El papel del Estado sigue siendo fundamental y, lejos de diluirse al renunciar a la ultracentralización, sigue siendo determinante en el desarrollo económico. La inversión del Estado en sus empresas fue en 1986 prácticamente el triple de la de 1978. En lo que se refiere a la formación de capital humano, los estudiantes en las universidades públicas son ahora 40 veces los de 1970.

Resulta evidente que gracias a la desconexión del Sistema Capitalista Mundial ha sido posible este desarrollo. China se ha reservado el controlar cómo se insertaba en el mercado mundial, hacia dónde se dirigían las inversiones que entraban en el país, qué especialización productiva adoptaba, etc., a la vez que ha mantenido el compromiso de garantizar a su población unas condiciones de vida aceptables, empezando por garantizar el empleo productivo. Queda fuera de duda que la *reforma* ha sido el período de desarrollo más estable y de mayor vitalidad en toda la historia de China: no resulta ninguna nimiedad que con un 7 por 100 del total mundial de las tierras de labor el país haya resuelto, en lo fundamental, el problema del abastecimiento de alimentación y ropa de un 20 por 100 de la población del planeta.

Sin embargo, no es posible paralizar el desarrollo social sobre los éxitos del pasado. La «desconexión» de China no significa aislamiento; al contrario, su comercio exterior ha aumentado significativamente, y aunque es un comercio tutelado y dirigido a objetivos económicos de crecimiento y acumulación, cabe plantearse, sin embargo, hasta qué punto puede hablarse hoy del mantenimiento de China al margen del Sistema Capitalista Mundial.

Es el peculiar carácter del proceso chino, con elementos sustanciales de socialismo, el que ha permitido su evolución en una vía de desarrollo nacional. Esos elementos de socialismo han permitido la creación de un mercado interno, que estimula a su vez el desarrollo, a diferencia de otros grandes países de la Periferia como India, Pakistán, Brasil, etcétera.

El proceso chino se halla amenazado por presiones externas e internas. Los países del Centro (en especial EE.UU.) ven con temor el crecimiento de una formación social que comprende el 20 por 100 de la población mundial (1.300 millones de habitantes frente los 270 de EE.UU.). Si hasta los años setenta el mayor temor era la presencia de un modelo alternativo al sistema capitalista, ahora se centra en la competencia que plantea en el mercado mundial su industria emergente. China representa la mitad de la mano de obra industrial de la Periferia y empieza a tener capacidad para influir en los mercados mundiales a diferencia de los otros países de la Periferia. Así, la crisis asiática de finales de los noventa la ha afectado en un grado mucho menor que a sus vecinos. Sin embargo, sus competidores pueden apostar por debilitar internamente a China. Aquí sus debilidades internas pueden jugar un papel importante. Por una parte las actitudes con sus minorías nacionales (especialmente en el Tíbet) pueden abrir un proceso de secesión. Por otra, mucho más grave, las desigualdades sociales y regionales, así como la pérdida de legitimidad política, pueden descomponer el país.

Como en la URSS, la copia de su modelo ha producido la emergencia de una burocracia política, que en parte ha pasado a constituir una nueva clase social. Sin embargo, existen diferencias notables. Por una parte, a diferencia de Rusia, existe un gran volumen de pequeña propiedad privada y cooperativa (propiedad social) que necesita del marco estatal intervencionista para asegurar su desarrollo frente a la globalización. Por otra parte, la burocracia política gestiona unas empresas públicas en un marco jurídico mucho más definido que en el caso de la URSS, en un marco en que existe un mercado regulado. La apropiación privada de éstas es técnicamente más compleja y sólo sería posible en una situación de caos político. Finalmente, la propia experiencia de la URSS disuade a la burocracia de emprender una vía de privatizaciones, ya que al final de ese proceso intuyen que se encontrarían con la desestructuración económica y política del país. En China, el Estado sigue funcionando, marcando límites entre los burócratas que han pasado a desarrollar el sector privado y los que se mantienen en la estructura administrativa. A través de campañas políticas sucesivas (impulsadas por el Partido Comunista y el Estado, pero también por el sector privado que exige reglas transparentes) se penaliza el mantener una doble actividad.

Sin embargo, el punto débil de China está, como en la URSS, en la falta de legitimidad política. Se trata de un proyecto que se reclama socialista, pero que no establece mecanismos efectivos de participación política de los ciudadanos. Se trata de un gobierno para el pueblo pero sin el pueblo. Las autoridades chinas han desarrollado en los últimos años una formación social que estimula a la población a enriquecerse por medio de su trabajo y han establecido un marco legal que favorece este proceso, garantizando una cierta protección frente a la globalización del Sistema Capitalista. Sin embargo, esas autoridades siguen manteniendo una estructura política jerárquica, que estimula a obedecer y no a participar en los asuntos públicos.

Un Estado no puede mantener su legitimidad sobre un proceso revolucionario que ocurrió hace 50 años. Hoy son más los resultados económicos que la historia lo que da solidez a su gobierno. Pero éste no se sostendrá eternamente sobre la base del crecimiento económico. Es más, para que éste opere de forma positiva y sostenible para el conjunto de la población es fundamental la existencia de mecanismos de control social. En la perspectiva de futuro, en China jugará un papel trascendental el grado de participación y control popular del actual proceso de desarrollo y crecimiento económico. La existencia efectiva de ese control, que puede adoptar formas distintas a los sistemas parlamentarios occidentales, es lo que realmente puede garantizar que el capital social público que se está creando no sea objeto de privatización por una nueva clase dominante amparada en la tradición autoritaria del Estado. En cualquier caso, la existencia de una economía social diversificada y de un sector público descentralizado hasta nivel municipal, que contrapesa la estructura económica central (banco central, energía, transporte, etc.), son una cierta garantía en esa dirección.

7.4. LA MUNDIALIZACIÓN CAPITALISTA

Por mundialización capitalista se entiende el proceso de creación de un único mercado interno mundial que funciona mediante la universalización de la ley del valor. Es decir: la acumulación de capital, las relaciones estructurales básicas, la articulación entre la producción de medios de producción y la producción de medios de consumo, el desarrollo cíclico, etc., tienen lugar a escala mundial.

Desde el punto de vista del modo de producción, significa que tanto las relaciones económicas como el desarrollo de las diversas fuerzas productivas (población, recursos, tecnología) se definen ahora a escala mundial.

Desde el punto de vista del Sistema, significa la mundialización de la base económica (infraestructura más estructura). Ello implica que los recursos de que dispone ahora un país dependen del uso sistémico de los recursos totales del mundo y que las relaciones entre las clases sociales en dicho país están definidas por las relaciones de clase globales a nivel mundial.

Tras los procesos de descolonización, el mecanismo de articulación entre economías ahora políticamente independientes fue el del *neoimperialismo*.

El neoimperialismo está basado en la internacionalización del capital productivo y corresponde a la fase de capitalismo monopolista de base mundial que llega hasta nuestros días. Se mantienen los procesos anteriores de internacionalización del capital-mercancía y del capital-dinero y se inicia la internacionalización del capital productivo. Es decir, se culmina la internacionalización del ciclo completo del capital. El agente principal de este proceso son las *empresas multinacionales*, que organizan la acumulación a escala mundial a través de la *división internacional del trabajo* y la *segmentación espacial del proceso productivo*.

La forma de dominación es básicamente económica, lo cual permitió que las colonias accedieran a la independencia política sin menoscabo de la consolidación del Sistema Mundial Centro/Periferia. Frente a los mecanismos de regulación del Sistema basados en la política imperialista, ineficaces y contestados tras los conflictos mundiales, el neoimperialismo ha supuesto un conjunto de nuevos mecanismos de regulación para perpetuar la reproducción de la estructura capitalista a nivel mundial.

Desde el punto de vista histórico, el proceso de mundialización de la economía toma cuerpo después de la Segunda Guerra Mundial y se despliega efectivamente desde finales de la década de los sesenta, cuando las mutaciones en los sistemas tecnológicos en la producción, en los transportes y en las comunicaciones permitirán el rapidísimo avance de la producción y circulación de mercancías, servicios y dinero «mundializados».

Sin embargo, este proceso relativamente reciente fue claramente previsto por N. Bujarin en su obra *Economía mundial e imperialismo*, de 1915. Además de sus aportaciones teóricas sobre la ciencia económica (por ejemplo, en su obra *Economía política del rentista*, contra la visión neoclásica), Bujarin fue el precursor de la interpretación de dos grandes fenómenos de la evolución del capitalismo: la internacionalización del capital y la constitución del Sistema en Centro y Periferia. Bujarin introdujo por primera vez esta terminología en el pensamiento económico. En el Recuadro 7.3 se exponen las tesis principales de este autor al respecto y se puede constatar la altísima capacidad predictiva de su pensamiento.

En definitiva, el actual Sistema Capitalista Mundial es el producto del acontecer histórico del desarrollo capitalista que ha tenido lugar tanto a nivel nacional como mundial. En el Esquema 7.1, que retoma (ahora concretamente) el Esquema 3.3, se plasma tanto la formación como el contenido estructural de dicho Sistema.

Aparece entonces nítido el objeto de estudio de este libro y se justifica el método seguido hasta el momento para abordarlo: la economía mundial actual sólo se puede entender como un complejo conjunto estructurado de unidades, relaciones y acciones económicas e institucionales, cuya comprensión exige un tratamiento también estructurado a través del estudio de la infraestructura, la estructura y la superestructura del Sistema Mundial en su Centro y en su Periferia.

RECUADRO 7.3. N. BUJARIN Y LA ECONOMÍA MUNDIAL

N. Bujarin, en su libro *La economía mundial y el imperialismo*, escrito en 1915 y publicado en 1917, explicó la economía capitalista de su época y sus tendencias futuras con respecto a tres temas principales:

a) Economía mundial. Concebida como algo conceptualmente distinto a la mera yuxtaposición de economías nacionales y a las relaciones internacionales entre países, abordó su explicación haciendo referencia a los siguientes puntos:

— División internacional del trabajo. Existe un proceso de especialización productiva de los diferentes países, derivado de condicionamientos económicos y políticos, es decir, del carácter de metrópoli colonialista o de colonia de los territorios afectados. Ello da lugar a una clasificación que permite distinguir entre:

- Países industrializados (Europa, EE.UU.).
- Países no industrializados:

1. Agrarios (Polonia, Ucrania, colonias).
2. Mineros (energéticos y no energéticos) (colonias).

— Desarrollo desigual. El desarrollo económico de los diferentes tipos de países es desigual. Se produce una desigualdad entre los países industrializados-ricos y los países (colonias) agrarios-mineros-pobres. Se reproduce a escala mundial, en cierto sentido, la diferenciación campo-ciudad que existe a nivel nacional. En los países (colonias) pobres se implanta una economía dual con dos pilares:

- Agricultura de plantación o enclave minero, de carácter plenamente capitalista y propiedad extranjera.
- Agricultura de subsistencia, atrasada.

— Gran desarrollo (desigual) de las fuerzas productivas. En el período de expansión imperialista del capitalismo, paralelo al monopolismo de base nacional, tiene lugar un gran desarrollo de las fuerzas productivas, en particular en lo que atañe al transporte y las comunicaciones: navegación, ferrocarril, inicio de la aviación... Este desarrollo, controlado por las metrópolis coloniales, favorece el contacto rápido entre países y colonias y representa la base material para la creación del mercado mundial.

— Mercado mundial. El mercado de algunas mercancías desborda las barreras nacionales y comienza a ser mundial: es el caso de las materias primas agrarias o mineras procedentes de los países-colonia. Se inicia la formación de precios a nivel mundial.

— Economía mundial. La consolidación del mercado mundial abre el camino para la aparición de la economía mundial, aún en formación, que estaría integrada por dos grupos de países: los ricos-industriales y los pobres-agrarios-mineros. Estos últimos son periféricos con respecto a los primeros que serían centrales. Esta es la primera vez que se utiliza esta terminología.

b) Economías nacionales. Son las propias de los países metropolitanos-ricos-colonialistas y sus características principales son las siguientes:

— Economías industrializadas desarrolladas con base nacional.

— Economías monopolistas con cárteles, trusts y holdings. Empresas de gran dimensión.

— Economías protegidas económica y políticamente por Estados fuertes.

— Economías expansivas, tanto en el interior como hacia el exterior, lo cual da lugar a rivalidad interimperialista, que se manifiesta en guerras comerciales (mercados finales, abastecimiento de materias primas), políticas y militares (la causa de la Primera Guerra Mundial fue un enfrentamiento interimperialista).

c) Relaciones internacionales. A pesar de las pugnas entre países por el control de territorios coloniales y a pesar de la competencia entre empresas nacionales por el control de los mercados internacionales o del mercado mundial, se observa una tendencia profunda hacia la constitución de una economía que abarque a todo el mundo.

En su época, lo esencial era:

— Rivalidad interimperialista.

— Anexión violenta de territorios a los imperios coloniales.

La tendencia a largo plazo muestra, por el contrario, una necesaria eliminación de la rivalidad interimperialista, derivada del propio desarrollo del capitalismo que tiende a extender la monopolización a todo el mundo. Este proceso puede culminar de dos maneras:

— Formación de trusts mundiales (actuales empresas multinacionales), que eliminarían la competencia a escala mundial.

— Formación de un Estado mundial en cuyo seno se desarrolle la competencia intermonopólica de las diferentes empresas mundiales. A esta situación se la denomina superimperialismo.

ESQUEMA 7.1. LA FORMACIÓN DEL SISTEMA CAPITALISTA MUNDIAL

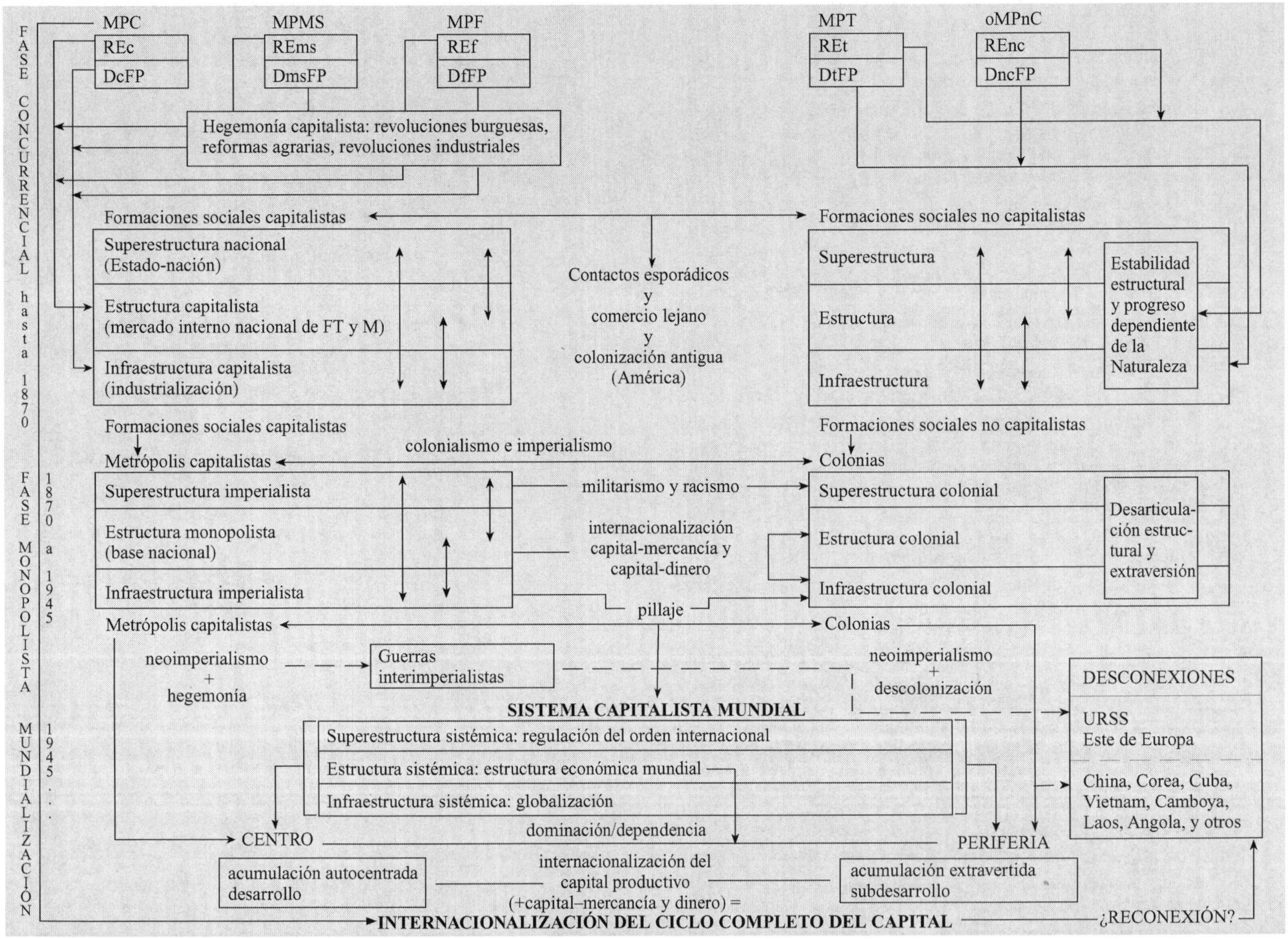

ESQUEMA 7.1. LA FORMACIÓN DEL SISTEMA CAPITALISTA MUNDIAL (*Continuación*)

Explicación:

MPC: modo de producción capitalista.
REc: relaciones económicas capitalistas.
DcFP: desarrollo capitalista de las fuerzas productivas.

MPMS: modo de producción mercantil simple (producción y/o comercio artesanal).
REms: relaciones económicas mercantiles simples.
DmsFP: desarrollo mercantil simple de las fuerzas productivas.

MPF: modo de producción feudal.
REf: relaciones económicas feudales.
DfFP: desarrollo feudal de las fuerzas productivas.

MPT: modo de producción tributario
REt: relaciones económicas tributarias
DtFP: desarrollo tributario de las fuerzas productivas

oMPnC: otros modos de producción no capitalistas.
REnc: relaciones económicas no capitalistas características de dichos modos.
DncFP: desarrollos no capitalistas de las fuerzas productivas característicos de dichos modos.

El modo de producción capitalista se hace hegemónico en algunas formaciones sociales a partir de las estructuras mercantiles y feudales, mediante la revolución institucional, económica y técnica que supone la capitalización de las estructuras económicas en dichas sociedades. En la fase concurrencial del MPC (desde finales del siglo XVIII hasta el último tercio del siglo XIX) prima la formación y consolidación de los mercados internos nacionales y la consiguiente formación y consolidación de los Estados-nación en Europa, Norteamérica y Japón. Los contactos que tienen estas formaciones sociales capitalistas con el resto del mundo se enmarcan en la acumulación originaria del capital, en el colonialismo de América y en el comercio lejano con Asia y África, en los que las formaciones sociales tributarias avanzadas gozan de gran estabilidad estructural.

Conforme se desarrolla la dinámica capitalista hacia el monopolismo y el colonialismo-imperialismo, las formaciones sociales no capitalistas son incorporadas al naciente sistema capitalista como colonias. Se desarticulan como estructuras estables, puesto que sus recursos son utilizados para satisfacer las necesidades del mercado interno de las metrópolis capitalistas. Por medio de la ocupación militar se asegura la regulación superestructural de la explotación de la base económica (infraestructura + estructura) de las colonias, realizada económicamente a través de la internacionalización del capital-mercancía y del capital-dinero. El resultado final es que, mientras las formaciones sociales capitalistas-imperialistas mantienen su estructuración interna y articulan a las clases sociales en los intereses comunes nacional-imperialistas, las formaciones sociales coloniales se desestructuran: la regulación superestructural es exterior, la infraestructura se explota según necesidades exteriores y la articulación entre las clases sociales precapitalistas se define por la capitalización de origen exterior, que margina, subordina o destruye a los grupos y actividades de subsistencia y mercantiles previamente existentes. Como las relaciones imperialistas entre las metrópolis y las colonias adquieren un carácter estable y fuerte (sobre todo por la vía política), se forma ya un Sistema de formaciones sociales, constituido por un Centro imperialista y una Periferia colonial.

Las guerras interimperialistas fruto de la competencia entre los capitales monopolistas de base nacional, junto con el ascenso del movimiento socialista anticapitalista y antiimperialista, producen la inestabilidad de este Sistema y dan como resultado, por una parte, una serie de desconexiones por medio de revoluciones socialistas (URSS, China, etc.) y, por otra parte, un proceso generalizado de descolonización.

La tercera fase del modo de producción capitalista, la mundialización, articula, a través del neoimperialismo, la reproducción ampliada del capital internacionalizado en todas sus formas (mercancía, dinero, y ahora capital productivo), a las formaciones sociales capitalistas ya independientes políticamente, manteniendo así el Sistema Centro/Periferia sobre nuevas bases económicas.

RESUMEN

La hegemonía del modo capitalista de producir en las formaciones sociales feudales se consiguió a lo largo de un largo proceso histórico en el que se pasó *del taller artesanal a la fábrica capitalista*, se formaron y consolidaron los *mercados internos de mercancías y de fuerza de trabajo* y se *mercantilizó la tierra*. A través de las *revoluciones burguesas* se constituyeron los *Estados-nación*, que fueron el marco del desarrollo capitalista en su fase concurrencial. Las necesidades de expansión exterior de la acumulación de capital en las formaciones sociales capitalistas resultantes dieron lugar al *colonialismo e imperialismo*, a través de la *internacionalización del capital-mercancía* y del *capital-dinero*, durante la fase monopolista de base nacional del modo de producción. Los imperios supusieron la articulación de todas las formaciones sociales capitalistas (*metrópolis*) y no capitalistas (*colonias*), dando lugar a un *sistema imperialista* de formaciones sociales. Los monopolios se repartieron los mercados y las metrópolis imperialistas se repartieron el territorio mundial, en un marco de competencia monopolista-imperialista que dio lugar a dos guerras mundiales. Las *revoluciones socialistas* que produjeron *desconexiones* del sistema imperialista y los *procesos de descolonización* más o menos revolucionarios exigieron un nuevo mecanismo de articulación económica mundial, el *neoimperialismo*. Con la *internacionalización del capital productivo* se alcanza la internacionalización total del ciclo del capital. La nueva fase del modo de producción así inaugurada, la *mundialización* (fase monopolista de base mundial), permite consolidar el actual *Sistema Capitalista Mundial* de formaciones sociales constituido por un *Centro* en el que se da la acumulación autocentrada y el desarrollo y una *Periferia* caracterizada por la acumulación extravertida y el subdesarrollo.

LECTURAS PARA LA REFLEXIÓN

«En forma muy breve, el argumento de Weber era que la doctrina de la predestinación, característica de las ramas calvinistas del movimiento protestante, planteó en la mente del creyente una gran ansiedad con respecto a su salvación. (...) El calvinista era impulsado a buscar maneras de tranquilizarse a sí mismo sobre su destino. (...) Desde luego, tal forma de vida conduciría a una rápida acumulación de capital, comportamiento racional y éxito en los negocios. (...) Weber, hay que advertirlo, no era monista. Nunca arguyó que era únicamente el protestantismo el que había conducido al capitalismo; en realidad, alegó específicamente otros factores para completar su interpretación de la moderna economía industrial: el florecimiento de la moderna nación-Estado, basada en la burocracia profesional, los avances científicos y el triunfo del espíritu racionalista. Pero se planteó el problema del capitalismo con una perspectiva universal. Quería saber por qué el capitalismo industrial apareció en Occidente, especialmente en la Europa del Noroeste, y no, por ejemplo, en China, que tan sólo pocos siglos antes había sido, con mucho, la más rica y la más avanzada, política, económica y tecnológicamente hablando. Y encontró que el protestantismo era una de las principales características diferenciadoras.»

D. S. Landes: *Estudios sobre el nacimiento y desarrollo del capitalismo*. Ayuso, Madrid, 1971.

«Durante toda su historia, hasta la revolución Meiji (1867-1868), el Japón estuvo bajo la influencia de la cultura china; los estímulos e iniciativas culturales venían de China, bien directamente o bien a través de Corea. Los japoneses alcanzaron su desarrollo original adaptando la cultura importada a su tradición cultural propia y a las condiciones locales. No obstante, siempre hubo una gran diferencia cultural entre ambos países, y el Japón hubo de repetir una y otra vez el proceso de importar, asimilar y modificar la cultura china, al objeto de mejorar su propio nivel de conocimientos y civilización. (...) Después de la revolución Meiji se instauró un proceso similar entre el Japón y los países occidentales, cuya ciencia y técnica importó aquél para desarrollar su cultura y su economía.»

M. Morishima: *Por qué ha triunfado el Japón*. Crítica, Barcelona, 1984.

«En África (y también en las Antillas y en Oriente) el poder colonial organizaba "razzias", imponía el servicio obligatorio y procedía a masivos reclutamientos forzosos de jóvenes nativos. Vertían verdaderos cargamentos de senegaleses, sudaneses, voltaneses, argelinos y marroquíes sobre los campos de batalla de Champagne, Lorena y Flandes. Allí, las tropas coloniales morían en primera línea. Generalmente servían de escudo a los ejércitos metropolitanos. Las colonias se transformaron rápidamente en un vivero casi inagotable de carne de cañón. (...) El total de tropas coloniales reclutadas por Francia en el período 1914-1918 se eleva a 607.000 soldados.»

J. Ziegler: *Viva el Poder. Crítica de la razón de Estado*. IEPALA, Madrid, 1987.

PALABRAS CLAVE

- Revolución burguesa
- Estado-nación
- Mercado interno
- Sistema imperialista
- Metrópoli
- Colonias
- Desconexiones
- Descolonización
- Neoimperialismo
- Sistema Capitalista Mundial
- Centro
- Periferia

BIBLIOGRAFÍA BREVE

S. Amin: *La acumulación a escala mundial*. Siglo XXI, Madrid, 1974.
—: *La desconexión*. IEPALA, Madrid, 1991.
Ch. Bettelheim: *La lucha de clases en la URSS* (2 vols.). Siglo XXI, Madrid, 1976 y 1978.
—: *La construcción del socialismo en China*. Era, México, 1966.
N. Bujarin: *La economía mundial y el imperialismo*. Pasado y Presente, Córdoba (Argentina), 1977.
G. Frank: *La acumulación mundial*. Siglo XXI, Madrid, 1985.
H. Grimal: *Historia de las descolonizaciones del siglo XX*. IEPALA, Madrid, 1989.
I. Wallerstein: *El moderno sistema mundial*. Siglo XXI, Madrid 1979.

PARTE

III

La infraestructura del Sistema Mundial: Los recursos mundiales

CAPÍTULO 8
El análisis empírico del Sistema Centro/Periferia

JORDI VILASECA i REQUENA

En los capítulos anteriores se han tratado las bases teóricas e históricas de la formación del Sistema Capitalista Mundial como objeto de conocimiento. Antes de iniciar el estudio pormenorizado de los componentes estructurales de dicho Sistema, corresponde completar la visión metodológica global con el tratamiento de los *instrumentos empíricos* que permitan la observación de los fenómenos económicos en los que se manifiestan la estructura y dinámica de la economía mundial.

La observación empírica de la realidad económica abre camino al análisis de datos económicos o simplemente *economía empírica*. Este enfoque se diferencia claramente de la *economía teórica* en el sentido de que ésta explica las leyes abstractas fundamentales del funcionamiento de la sociedad, mientras que la economía empírica «mide» lo que ha sucedido y lo que sucede en la realidad observable.

Así pues, para explicar el funcionamiento concreto de la realidad económica es necesario describir qué es lo que ha ocurrido y lo que ocurre en la sociedad y de ahí que a esta dimensión del análisis económico se le denomine también *economía descriptiva*.

En el marco de la economía descriptiva, en este capítulo se tratarán las principales variables y los indicadores más significativos que se utilizan para comparar las economías nacionales y los principales problemas que atañen a su uso. En un capítulo posterior, una vez estudiadas las estructuras del Centro y de la Periferia del Sistema, se abordarán con más detalle las limitaciones estructurales de dichos indicadores y, en general, de la economía descriptiva, para el análisis del desarrollo económico.

8.1. LA MEDICIÓN DE LA ECONOMÍA REAL

Los instrumentos principales para definir los fenómenos económicos a nivel empírico son las *variables económicas*:

Por variable económica se entiende cualquier categoría económica susceptible de variación.

Si el enfoque para explicar un fenómeno es sincrónico, las variables serán de corte transversal (registro de los acontecimientos en un momento determinado); si es diacrónico, las variables serán de serie temporal (registro de los acontecimientos a lo largo del tiempo).

El valor de una variable es el resultado de la medición directa de un hecho o un fenómeno. Cuando éstos no son susceptibles de medición directa, entonces se utilizan los *indicadores económicos*:

Un indicador económico es la medición de un hecho, un fenómeno o un acontecimiento de forma indirecta, a través del uso de una o más variables combinadas entre sí.

Los indicadores económicos a nivel cuantitativo se construyen a través de diversas variables. Pueden ser simples o compuestos. Los primeros constan de una sola variable, mientras que los complejos contienen varias variables.

Una variable o un indicador económico deben cumplir ciertos *requisitos* para ser considerados como tales:

— Tienen que ser idóneos, es decir, reflejar correctamente la realidad que se pretende cuantificar.
— Tienen que ser completos, es decir, cubrir con efectividad lo que se pretende reflejar.
— Han de cumplir los principios de homogeneidad y de comparabilidad.

8.2. COMPARABILIDAD INTERNACIONAL

El estudio teórico de la economía mundial es arduo y complejo. Esta dificultad no es sólo de índole teórica, sino que se manifiesta también en el estudio cuantitativo, a través del análisis empírico. Los principales problemas aparecen por tres causas diferentes: la realidad a comparar es heterogénea, las variables que se utilizan suelen ser monetarias (lo que conlleva a menudo que la descripción de la realidad sea incompleta) y los datos pueden ser no homogéneos, lo que dificulta la comparabilidad. Ello sin contar, naturalmente, con los problemas derivados de la propia existencia y fiabilidad de datos, que es deficiente en muchas economías, sobre todo las periféricas.

Problemas derivados de la medición de realidades diferentes (heterogeneidad)

La existencia de países diferentes plantea, entre otros, los siguientes problemas:

1. *Heterogeneidad en la definición de necesidades* a cubrir por el desarrollo económico. Las diferencias climáticas, de culturas, etc., determinan en muchas ocasiones objetivos diferentes de la actividad económica y por tanto hay variables que tienen escaso sentido en la comparación de según qué países.

Ejemplos:

— Aunque el uso de aparatos de aire acondicionado suele considerarse como indicador de alto bienestar, los condicionantes climáticos sesgarán la comparabilidad.

— La medición de la incorporación de la mujer al mercado de trabajo no refleja, en muchos casos, el papel real de la mujer en la economía, especialmente cuando, por razones religiosas y culturales, la mujer es discriminada «formalmente», aunque realice las principales tareas agrícolas, comerciales o domésticas en las economías periféricas.
— En un país desarrollado se considera «bienestar» el consumo de una amplia gama de artículos, mientras que en otros tal consumo se considera despilfarrador o incluso sintomático de «malestar».

2. *Conceptuales*: pueden existir diferencias de definición de una misma variable en los diferentes países.
Ejemplos:

— La escolarización primaria: algunos países consideran la edad de escolarización primaria entre los 5 y los 11 años, mientras que otros la consideran entre los 6 y los 12 años.
— La tasa de urbanización: algunos países consideran que existe un núcleo urbano a partir de 2.000 habitantes, otros a partir de 10.000.

3. *De continuidad*: existe una dificultad adicional para medir las variables o indicadores de los diferentes fenómenos que atañen a la economía mundial a través del tiempo, debido tanto a que las estimaciones estadísticas de los diferentes años no son comparables como a los cambios sobrevenidos en la propia realidad que se trata de medir.
Ejemplo:

— La creación y/o desaparición de Estados, la ruptura de series sobrevenida por conflictos bélicos externos o internos, etc.

Problemas de las variables monetarias

1. *Inflación*. Los precios generalmente distorsionan la medida de la economía real.
Ejemplos:

— A nivel transversal: imagínense dos países cuyo volumen de producción real es el mismo pero uno de ellos registra una tasa de inflación superior al otro. El resultado será que el país cuya tasa de inflación es mayor mostrará un volumen de producción en términos monetarios superior al otro país. La solución es *deflactar* las variables monetarias con el *deflactor implícito del PIB*. El resultado es la expresión monetaria del PIB en términos constantes.
— A nivel longitudinal: si se quieren comparar las tasas de crecimiento de dos o más países, hay que poner en primer lugar en términos constantes dichas tasas para cada uno de ellos, puesto que los niveles diferenciales de inflación pueden falsear, como en el ejemplo anterior, la comparación.

2. *Moneda diferente*. Cada país del mundo tiene una moneda diferente. Por tanto, las variables estimadas en términos monetarios no permiten la comparación entre países.
Ejemplo:

— El PIB de España se valora en pesetas mientras que el de Chile se cuantifica en pesos chilenos, lo que hace imposible su comparación.

La solución es expresar estas variables en la misma moneda, a través de los *tipos de cambio*. En general, se utiliza el dólar de Estados Unidos, aunque también es posible utilizar cualquier otra moneda (por ejemplo, en la Unión Europea muchas estadísticas vienen expresadas en ECUS).

3. *Poder adquisitivo*. La solución del problema anterior suscita otro problema, derivado de la aplicación del tipo de cambio. En general, expresar las variables monetarias en dólares de EE.UU. o en cualquier otra moneda no propia del país puede distorsionar la realidad debido tanto a la existencia de bienes y servicios no comercializables internacionalmente como a las distintas políticas monetarias locales con respecto a la moneda de referencia.
Ejemplos:

— Imagínense dos países con el mismo volumen físico de producción real. La producción de cada país siempre está expresada en su moneda nacional. Si se procede a homogeneizar las variables entre ambos países, el PIB aparecerá expresado en dólares de EE.UU. o cualquier otra moneda utilizada para la comparación. El problema aparece cuando, aun teniendo un PIB igual, al ser expresado en otra moneda, su magnitud quedará distorsionada por la evolución del tipo de cambio y, por consiguiente, el país con una mayor devaluación respecto a la moneda de referencia manifestará un menor volumen de PIB o viceversa.
— Dados los niveles de inflación y estructura de precios relativos de bienes y servicios no comercializables internacionalmente diferentes en España y EE.UU., un dólar en este segundo país puede tener más poder de compra en EE.UU. que el equivalente en pesetas (según el tipo de cambio) en España. En este caso, los turistas españoles en EE.UU. se sentirán «ricos». Lo mismo ocurre con las comparaciones salariales entre países: un salario monetario «me-

nor» puede, de hecho, suponer una mejor calidad de vida si con él se accede, directa o indirectamente, a más bienes y servicios (porque son más baratos o son ofrecidos por el Estado).

La solución para comparar las variables monetarias sin reflejar las distorsiones aludidas es expresarlas en *paridad de poder de compra*. Desde los años setenta existe el Programa de Comparación Internacional, que en la actualidad ofrece estimaciones del Producto Interior Bruto per cápita expresado en estos términos de paridad de poder adquisitivo para la mayoría de los países del mundo.

Problemas derivados de los propios datos

Evidentemente, el problema fundamental en cualquier estudio de economía empírica deriva de la propia *existencia de los datos*. Es decir, si existen o no existen los datos que se requieren. La solución a la inexistencia de datos es su estimación, a través de diversos métodos.

La calidad de los datos es otro problema de difícil solución debido a que el investigador debe realizar un acto de fe para aceptar la fiabilidad de los datos disponibles. Este problema puede aparecer por dos razones:

- En primer lugar, la base de datos puede contener errores de la fuente original; hay que tener en cuenta que los datos económicos originales se elaboran a partir de los diferentes Institutos de Estadística de cada país, que lógicamente pueden ser más o menos sofisticados (por ejemplo, en el último censo de la población española se detectó un error de un millón de habitantes).
- En segundo lugar, la calidad de los datos viene determinada por alguna de las fuentes de datos que tiene a su alcance el investigador. Aunque el criterio más aconsejable es utilizar siempre una única fuente de datos, si la fiabilidad de algunos de ellos es dudosa, conviene comparar con otras fuentes estadísticas.

Las unidades de medida también requieren una atención especial. Algunas variables están expresadas en porcentajes o en tantos por mil, otras en unidades monetarias, también pueden reflejarse en volumen físico, etc. Por ello, la elaboración de las *bases de datos* ha de cuidar que las observaciones de una variable estén siempre expresadas en la misma unidad de medida.

El conjunto de todos y cada uno de estos problemas da lugar a lo que en términos estadísticos se conoce como *errores de la homogeneidad de los datos*. Por consiguiente, el primer reto que se afronta en la economía empírica y descriptiva es homogeneizar los datos que se utilizarán.

Para que una base de datos no esté sesgada por errores de homogeneidad debe reunir los siguientes requisitos:

- *Comparabilidad*. Necesariamente las variables que se utilizan deben cubrir lo mismo en cada país y en todos los períodos.
- *Contenido*. Es imprescindible comprobar si la elaboración de los datos es homogénea en su contenido o no lo es.
- *Asociación o correlación conceptual*. Los datos han de adecuarse a los conocimientos teóricos que explican el fenómeno de que se trate.

Por ejemplo, un alto PIB per cápita debe corresponder a una alta esperanza de vida; a una baja tasa de mortalidad infantil y a una alta productividad en la industria, etc.

Por último, hay que señalar que las *unidades de medida* de las variables pueden ser de varios tipos:

- *Cantidades*: toneladas de acero, barriles de petróleo, número de hijos, años de vida, etc.
- *Valor*: valor de mercado del acero o del petróleo producido en un mes o en un año, etc.
- *Precio* (*unitario*): precio de mercado de una tonelada de acero o de un barril de petróleo, etc.
- *Tanto por x*: tanto por unidad, tanto por ciento, tanto por mil, etcétera.

Cuando las variables están medidas en unidades monetarias y reflejan una evolución temporal, entonces se puede distinguir entre:

- Precios corrientes, precios nominales o términos nominales.
- Precios constantes, precios reales o términos reales, expresados sobre un año base.

8.3. MÉTODOS Y FUENTES ESTADÍSTICAS

Instrumentos estadísticos

Un estudio empírico de la economía mundial puede abordarse desde una óptica estática (conocidos también como estudios de corte transversal) o desde una óptica dinámica (estudios temporales o de series históricas). Por ello hay que distinguir entre los instrumentos dirigidos al análisis estático y los referidos al dinámico.

Los instrumentos estadísticos más usuales en economía descriptiva son los siguientes:

— *Tasas de crecimiento*: siempre se utilizan para realizar análisis dinámicos. Las tasas de crecimiento pueden ser mensuales, anuales, quinquenales, decenales, etc.

— *Números índices*: es un instrumento estadístico que mide los cambios de una variable o un grupo de variables. Pueden utilizarse indistintamente para análisis transversales o temporales. Los números índices pueden ser:

- Números índices
  - Simples
  - Complejos
    - Sin ponderar
      - De la media aritmética
      - De la media agregativa
    - Ponderados
      - De Laspeyres
      - De Paasche
      - De Fisher

Los números índices complejos muestran la variación de dos o más series de valores u observaciones. Es decir, resumen en una sola serie dos o más series originariamente observadas. Mientras que los números índices simples muestran la variación de una sola serie de valores u observaciones.

— *Números índices temporales*: la base del índice viene determinada por el año base. En este caso 100 es el año de referencia y se expresa como (Base 100 = año).

— *Números índices transversales*: la base del índice viene determinado por el individuo de referencia. Por tanto, es 100 el individuo base y se expresa como (Base 100 = individuo).

— *Porcentajes*: es la medida por excelencia que permite la relativización de las observaciones. Permite calcular estructuras, dinámicas y pesos de los individuos. En general, el tanto por x puede expresarse en tanto por unidad, en tanto por cien, en tanto por mil, etc. Únicamente hay que distinguir entre lo que es un aumento porcentual y un aumento de puntos porcentuales.

— *Estadísticos descriptivos*: se utilizan normalmente en el análisis univariante. Son medidas que permiten conocer con profundidad el comportamiento individualizado de las variables. Estos estadísticos pueden ser de posición, de dispersión y de forma.

1. *Medidas de posición:*

   - *Media*: es la suma de los valores observados dividido por el número de observaciones.
   - *Error estándar de la media*: es la desviación estándar dividido por la raíz cuadrada del número de observaciones.
   - *Mediana*: Es el valor que corresponde a la variable que deja a ambos lados el 50 por 100 de las observaciones.
   - *Moda*: es el valor más frecuente de la variable; sin embargo, es posible que no exista un valor que sea repetitivo de la variable, en este caso la moda corresponde al valor mínimo de la variable.

2. *Medidas de dispersión*:

   - *Máximo*: valor máximo de la variable.
   - *Mínimo*: valor mínimo de la variable.
   - *Rango*: recorrido de la variable. Es el valor máximo menos el valor mínimo.
   - *Varianza*: es la media aritmética de los cuadrados de las diferencias de los valores de la variable con respecto a su media.
   - *Desviación estándar*: es la raíz cuadrada positiva de la varianza.

3. *Medidas de forma*:

   - *Coeficiente de asimetría*: mide el grado de asimetría o sesgo de la variable.
   - *Curtosis*: mide el grado de apuntamiento de la variable.

4. *Procedimientos de modelización*:

   - *Análisis de correlaciones* de las variables. Mide el grado de relación que existe entre las variables que se estudian.
   - *Análisis de la regresión*: es una técnica estadística que permite construir modelos causales. La regresión puede ser simple (con una variable independiente) o múltiple (con dos o más variables independientes).
   - *Análisis multivariante*: es una técnica que permite manipular gran cantidad de variables, para poder sistematizar la información. Los métodos multivariantes más utilizados habitualmente es el *análisis clúster* y el *análisis factorial*.

Fuentes estadísticas

Existe un gran número de publicaciones estadísticas internacionales que permiten recopilar los datos primarios necesarios para elaborar una base de datos.

Las fuentes estadísticas pueden agruparse a partir de dos criterios: el *ámbito de países* a los que se hace referencia (mundial, regional y nacional) y el *ámbito conceptual* al que se refiere (macromagnitudes de la Contabilidad Nacional, sector agrícola, sector industrial, comercio exterior, etc.). En ambos criterios lógicamente hay que indicar que algunas fuentes estadísticas se solapan y a menudo se pueden hallar dos datos sobre el mismo fenómeno que no coinciden numéricamente.

El acceso a este tipo de fuentes es relativamente complejo y depende de la dotación que disponen las distintas bibliotecas de las Universidades, los Institutos de investigación, organismos oficiales, etc. A efectos de ejemplo, y sin ninguna pretensión de exhaustividad, en el Recuadro 8.1 se recogen algunas de las fuentes estadísticas «primarias» más utilizadas en los estudios de economía internacional.

RECUADRO 8.1. FUENTES ESTADÍSTICAS INTERNACIONALES

Organismo	Sector	Título
NACIONES UNIDAS (DAESI-OE)	General	Anuario Estadístico
	Población	Anuario Demográfico
	Energía	Anuario Estadísticas Mundiales Energía
	Industria	Estadísticas Industriales
	Comercio	Anuario Estadísticas Comercio Internacional
	Contabil. Nacional	Anuario de Cuentas Nacionales
NNUU (DAESI)	General	Estudio Económico Mundial
PNUD	General	Informe Desarrollo Humano
UNCTAD	Comercio	Anuario de Productos Básicos
FNUAP	Medio Ambiente	Varios
	Población	Varios
OIT	Fuerza trabajo	Anuario Estadísticas del Trabajo
	Fuerza trabajo	Boletín Trimestral
ONUDI	Industria	Desarrollo Industrial
FAO	Agricultura	Anuario Producción Anuario Comercio
	Pesca	Anuario Producción Anuario Comercio
	Silvicultura	Anuario Producción
	Sector Primario	El Estado Mundial de la Agricultura y Alimentación
UNESCO	Educación y Cultura y Comunicaciones	Anuario

Organismo	Sector	Título
BM	General	World Tables
	Deuda Externa	Debt Tables
	General	Informe Desarrollo Mundial
FMI	Finanzas	Estadísticas Financieras Internacionales
	Comercio	Direction of Trade
	General	World Economic Outlook
OCDE	General	Estadísticas Retrospectivas
	General	Perspectivas Económicas
	Energía	Estadísticas de la Energía
	Trabajo	Estadísticas de Trabajo
	Contabil. Nacional	Cuentas Nacionales
	Finanzas	Cuentas Financieras
	Sector Público	Estadísticas del Sector Público
	Comercio	Comercio Exterior
EUROSTAT	General	Estadísticas Generales
	Comercio	Estadísticas de Comercio
	Energía	Anuario de la Energía
	Industria	Estadísticas Industriales
	Agricultura	Estadísticas Agrícolas
	Finanzas	Estadísticas Financieras y Monetarias
	Sector Público	Estadísticas Cuentas Sector Público
	Demográficas	Estadísticas Demográficas
	Regionales	Estadísticas Regionales
CEPAL	General	Anuario Estadístico

RECUADRO 8.1. FUENTES ESTADÍSTICAS INTERNACIONALES (*Continuación*)

WEBS INTERNET

Análisis Económico Centro/Periferia

«Biblioteca virtual de NN.UU.»: http://www.12go.com/un
«EUROSTAT»: http://www.europa.eu.int/comm/euroestat/eurostat
«REDEM: Red de Estudios de la Economía Mundial»: http://redem.buap.mx
«STATISTICS»: http://www.ul.ie/edc/stat

Instituciones Internacionales

«Banco Internacional de Desarrollo». http://www.iadb.org
«CEPAL: Com. Eco. para América Latina y Caribe». http://www.eclac.cl
«FAO: Food and Agriculture Organization». http://www.fao.org
«Fondo Monetario Internacional». http://www.imf.org
«Instituciones de la UE». http://www.europa.eu.int/virtuis
«Naciones Unidas». http://www.un.org/Depts/unsd
«Organización Internacional del Trabajo». http://www.oit.org
«PNUD». http://www.undp.org
«UNCTAD». http://www.unctad.org
«Unión Europea». http://www.europa.eu.int
«United Nations Commission on Population». http://www.unep.org/popin/unpopcom
«United Nations Enviroment Program». http://www.unep.unep.no

Organizaciones militares

«OTAN». http://www.nato.in
«Western European Union». http://www.weu.com

ONG medioambientales

«AEDENAT». http://www.anesvad.com
«Greenpeace». http://www.greenpeace.es
«Global Exchange». http://www.globalexchange.org

ONG de Cooperación y solidaridad

«Ayuda en Acción». http://www.ayudaenaccion.org
«C3A. Campaña Contra el Comercio de Armas». http://www.pangea.org
«Cruz Roja». http://www.cruzroja.es
«Intermón». http://www.intermon.org
«Manos Unidas». http://www.seker.es/web/munidas
«Médicos sin fronteras». http://www.msf.org

8.4. INDICADORES SOCIOECONÓMICOS

Al comienzo del capítulo se distinguía entre un indicador y una variable. Los primeros se definen como un conjunto de variables que describen un hecho o un fenómeno no susceptible de medición por una sola variable.

Para estudiar la economía mundial desde una perspectiva real (es decir, la que se fija en el factor humano y en su actividad de producción y circulación de las mercancías) hay que abarcar los siguientes ámbitos:

— El demográfico.
— La actividad de la población.
— La producción y renta.
— La calidad de vida.
— El comercio exterior.

El conjunto de estos cinco ámbitos permite definir estructuralmente, y desde una perspectiva real, las características socioeconómicas de los países. A continuación, y por el mismo orden, se presentan y definen las variables e indicadores más comunes utilizados para el análisis de dichos ámbitos [1].

[1] La siguiente selección de variables no es exhaustiva, sino que tiene un sentido posibilista, para que cualquier estudiante, y en relación a las fuentes estadísticas disponibles, pueda encontrar la información necesaria. Por otra parte, las definiciones de las variables e indicadores que aquí se incluyen son las de más común aceptación. En términos estrictos, cada fuente estadística incorpora la definición estricta de la(s) variable(s) específica sobre la(s) que informa(n), y el investigador debe ceñirse a ellas para la comparación, interpretación, etc.

Población

El conjunto de variables e indicadores demográficos permiten analizar las características poblacionales de los países. La forma de abordar el estudio de este ámbito supone trabajar con distintos tipos de variables:

— Variables de volumen de población, que denotan un contenido de dimensión y permiten discriminar los países entre muy poblados o poco poblados. Como variables de dimensión, aunque no poblacional, se incluyen las de superficie territorial, que en relación con las anteriores dan lugar a los indicadores de densidad.

— Variables que se refieren a la estructura de la población, que a su vez comprende la estructura por edades y género, la distribución espacial, etc. La relación entre las variables de la estructura por edades y la estructura por género permiten dibujar la pirámide de población.

— Variables que se refieren a la dinámica poblacional o a su movimiento. Estas variables informan sobre los nacimientos, defunciones y desplazamientos en una población, y el conjunto de ellas expresa el crecimiento de dicha población.

— Variables cualitativas de la población referidas al ciclo vital. Este conjunto de variables muestran información sobre las características de la base humana de cada país.

RECUADRO 8.2. VARIABLES E INDICADORES DE POBLACIÓN

Población total: Estimación de los datos de la población total a mitad de año. Se suele expresar en miles o millones de habitantes.

Densidad: Número de habitantes dividido por una extensión territorial (nacional, regional, local, etc.), que se suele expresar en kilómetros cuadrados, hectáreas, millas al cuadrado, etc.

Grado de urbanización (Población urbana): Porcentaje de la población total que vive en zona urbana.

Tasa de dependencia demográfica: Porcentaje de la población menor de 15 años y mayor de 65 años respecto a la población entre 15 y 65 años.

Tasa de rejuvenecimiento de la población: Porcentaje de la población menor de 15 años respecto a la población total.

Tasa de envejecimiento de la población: Porcentaje de la población mayor de 65 años respecto a la población total.

Tasa de población femenina (masculina): Porcentaje de la población femenina (masculina) sobre el total de habitantes.

Tasa bruta de natalidad (o de mortalidad): Número de nacidos vivos (o de defunciones) por cada mil habitantes.

Tasa de crecimiento vegetativo: Diferencia entre la tasa de natalidad y la tasa de mortalidad.

Tasa de crecimiento de la población: Teóricamente esta tasa es el resultado de sumar al crecimiento vegetativo el saldo migratorio (emigración menos inmigración). Sin embargo, en la práctica la tasa de crecimiento de la población se calcula a partir del volumen de la población total.

Tasa de fecundidad (total): Promedio de hijos vivos que tendría una mujer durante toda su vida si a cada edad diera a luz conforme a las tasas de fecundidad imperantes en cada cohorte.

Tasa de mortalidad infantil (0-1 o 0-5 años): Número de niños que mueren antes de cumplir 1 o 5 años de edad por cada mil nacidos vivos en un año dado.

Población estacionaria: Se considera que la población es estacionaria cuando las tasas de mortalidad por edades y por sexos no han variado durante largo tiempo, mientras que las tasas de fecundidad han permanecido en un nivel de renovación, es decir, cuando la tasa de reproducción neta (número de hijas que tendrá una recién nacida) es igual a 1 y la tasa de crecimiento es igual a 0.

Esperanza de vida (al nacer): Número medio de años de vida que le restarían vivir a las personas que nacen, si estuvieran sometidas en el futuro a las mismas condiciones de mortalidad presentes, tal como lo indican los datos que abarcan un período reciente.

Actividad de la población

Las variables e indicadores de este ámbito dan información sobre las actividades económicas que realiza la población de cada país. Estas variables también pueden referirse a los volúmenes de activos (en los distintos sectores, de diferentes edades y género, etc.) o a la estructura (composiciones porcentuales de la población activa por sectores, edad y género, tipos de ocupación o categorías de empleo).

Las estadísticas de población activa y de empleo son un ejemplo paradigmático de las dificultades anteriormente señaladas respecto a existencia y fiabilidad de datos, homogeneidad y continuidad. La propia Oficina Estadística de la Organización Internacional del Trabajo cambió en 1988 la clasificación utilizada anteriormente (que databa de 1968), con lo que en algunos casos es muy problemática la creación de series históricas.

Producción y renta

Las variables en este caso deben informar sobre qué y cómo producen y consumen (gastan) los diferentes países. Se trata de reflejar el output generado por la actividad de la población y por tanto está estrechamente relacionado con ella, mediante el concepto de productividad.

El conjunto de variables (macromagnitudes nacionales y magnitudes sectoriales y factoriales) y de las relaciones entre ellas es más complejo que en los demás ámbitos y supone por sí mismo la elección de una determinada metodología para la contabilización de las actividades económicas. Dicha metodología, que implica una determinada forma de concebir y realizar la Contabilidad Nacional, no ha sido siempre la misma, lo que ha producido serios problemas para la comparabilidad internacional. Los Sistemas de Contabilidad Nacional propuestos por los principales organismos internacionales tratan de mejorar y homogeneizar las metodologías a seguir por los diferentes países, aunque cabe destacar que estos propósitos, si bien han logrado un mínimo de unificación que hace posible la comparabilidad transversal y longitudinal, están sujetos permanentemente a un proceso dinámico de revisión y perfeccionamiento (el recuadro correspondiente se complementa con el Apéndice 8.1 en el que se resume una de estas metodologías, en concreto la correspondiente al Sistema Europeo de Cuentas Nacionales).

RECUADRO 8.3. VARIABLES E INDICADORES DE ACTIVIDAD DE LA POBLACIÓN

Población económicamente activa (PEA) o fuerza de trabajo: Población ocupada o en busca de trabajo en el momento de la estimación. Es la población incorporada al mercado de trabajo.

Población ocupada: La población que trabaja con un contrato de trabajo legal.

Población desempleada: La población que busca un puesto de trabajo.

Población activa de la agricultura (o subsectores): Población activa que se dedica a actividades agropecuarias (o subsectores).

Población activa de la industria (o subsectores): Población activa que se dedica a actividades industriales (o subsectores).

Población activa de los servicios (o subsectores): Población activa que se dedica a actividades del sector terciario (o subsectores).

Tasa de actividad general: Es el resultado de dividir la población activa con respecto a la población total.

Tasa de participación en la agricultura: Porcentaje de la población activa agrícola con respecto a la población activa total.

Tasa de participación en la industria: Porcentaje de la población activa industrial con respecto a la población activa total.

Tasa de participación en los servicios: Porcentaje de la población activa en el sector de los servicios con respecto a la población activa total.

Tasa de desempleo: Número de desempleados dividido por la población activa.

Tasa de actividad femenina: Porcentaje de la población activa femenina con respecto a la población femenina en edad de trabajar.

Tasa de participación de la mujer en la fuerza de trabajo: Porcentaje de las mujeres activas respecto a la población activa total.

Tasa de asalarización: Porcentaje de asalariados respecto a la población activa total.

Independientemente de las técnicas concretas de la Contabilidad Nacional, las consideraciones fundamentales a tener presente en el estudio de este ámbito son las siguientes:

— La distinción entre la producción interior de un país y la de los nacionales del país (realizada en él o en el extranjero).
— La distinción entre la producción bruta y la neta (que no incluye la amortización).
— La distinción entre la producción expresada en precios de mercado o en coste de los factores.
— La distinción entre el origen de la producción total (aportación de los diversos sectores económicos o remuneración de los factores) y cómo se gasta (consumo privado, consumo público, inversión y comercio exterior).
— La relativización del volumen de la producción a la población y a la población activa, global y sectorialmente.
— Y, como en casos anteriores, la distinción entre variables de volumen, variables de estructura (composiciones porcentuales), variables de dinámica (tasas), entre precios reales y precios nominales, etcétera.

Calidad de vida

Aunque el concepto de «bienestar» es relativo al contexto sociohistórico de cada sociedad, parece plausible considerar que la mejora en la calidad de vida se consigue mediante el acceso a una serie de medios de consumo materiales y servicios que permiten, en cada contexto social, satisfacer las necesidades no sólo básicas a nivel individual (alimentación, salud, educación y vivienda), sino también de carácter social (comunicación, participación, etc.). Por otra parte, el carácter subjetivo y personal de los «gustos» del consumidor podría hacer aparentemente imposible una generalización del concepto mismo (ejemplo: alguien que se marea en coche no puede

RECUADRO 8.4. VARIABLES E INDICADORES DE PRODUCCIÓN Y RENTA

Producto Interior Bruto (PIB): Producción total para uso final de bienes y servicios de una economía, realizada tanto por nacionales como por extranjeros residentes en el país.

Producto Nacional Bruto (PNB): Valor agregado total, interno y externo, producido por nacionales, residentes o no en el país.

Remuneración de los asalariados (RA): Comprende todos los pagos en dinero y en especie realizados por los empleadores en concepto de remuneración por el trabajo realizado por sus asalariados durante un período, generalmente un año.

Excedente Bruto de Explotación (EBE): Comprende todas las rentas generadas en el proceso de producción, así como el consumo de capital fijo.

Formación Bruta de Capital (FBK): Representa el valor de los bienes duraderos, destinados a fines no militares, adquiridos por las unidades productoras residentes con el fin de utilizarlos durante más de un año en sus procesos de producción, y además incluye la diferencia entre las entradas y salidas de existencias durante el período considerado.

Productividad general: Producción por unidad de trabajo. Es la relación entre el PIB total y la PEA total. Es un indicador de eficiencia y del potencial total de la producción económica. Todas las productividades se expresan en unidades monetarias por activo.

Productividad agrícola/industrial/servicios: Producción agrícola/industrial/servicios por unidad de trabajo del sector agrícola/industrial/servicios. Es la relación entre el PIB agrícola/industrial/servicios y la PEA agrícola/industrial/servicios. Es un indicador de eficiencia y del potencial total de la producción agrícola/industrial/servicios.

Producto Interior Bruto per cápita (PIBpc): Es la producción por persona. Se suele utilizar tanto el PIB como el PNB dividido por el número de habitantes del país. Se expresa en unidades monetarias por habitante, aunque para la comparabilidad internacional se utilizan los dólares de EE.UU.

PIB per cápita Real (Paridades de Poder Adquisitivo): Con la utilización de tipos de cambio oficiales para convertir las cifras en moneda nacional en dólares de EE.UU. no se pretende medir los poderes adquisitivos relativos de las monedas de cada país. El Proyecto de Comparación Internacional de Naciones Unidas ha elaborado medidas del PIB real en una escala comparable internacionalmente, utilizando como factores de conversión, en lugar del tipos de cambio, las paridades de poder adquisitivo (PPA) expresados en dólares PPA.

considerar bienestar el uso del mismo, puesto que le causa malestar; o escuchar una canción de Julio Iglesias, que puede proporcionar «bienestar» a un oyente, puede suponer una auténtica tortura para otro).

Las variables e indicadores referidos a este ámbito deben informar sobre el nivel de bienestar de la población de un país. A pesar del problema conceptual y moral que incorpora el término «bienestar», se considera convencionalmente que los bienes y servicios que componen la base objetiva del bienestar son los referidos a la alimentación, sanidad, educación, los medios de producción domésticos y las disponibilidades de ocio y cultura. Evidentemente, en una sociedad mercantil el acceso a tales medios está íntimamente ligado al nivel de ingreso y al consumo de energía, por lo que a menudo se ha considerado que los indicadores de estos últimos tipos son buenos indicadores también del nivel de bienestar y de calidad de vida.

RECUADRO 8.5. VARIABLES E INDICADORES DE CALIDAD DE VIDA

Consumo de calorías per cápita: Equivalente calórico de la oferta neta de alimentos de un país (producción más importaciones menos exportaciones) dividida por su población. Se puede expresar en miles de calorías o en porcentaje sobre los considerados requerimientos mínimos.

Consumo de proteínas: Oferta diaria de proteínas por habitante. Se puede expresar en gramos o en porcentaje sobre requerimientos mínimos.

Índice de producción de alimentos per cápita: Cantidad anual media de alimentos producidos per cápita en relación con la producida en el año correspondiente.

Población con acceso a agua potable: Porcentaje de la población que tiene acceso razonable y suficiente a un suministro de agua apta para el consumo.

Médicos (o personal sanitario) por habitantes: Número de médicos (o personal sanitario) en actividad por cada mil habitantes. En ocasiones se utiliza la inversa: número de habitantes por cada médico (o personal sanitario) en activo.

Camas hospitalarias por habitantes: Número de camas en hospitales públicos y privados por mil habitantes. Como en el caso anterior, en ocasiones se utiliza la inversa.

Acceso a servicios de salud: Porcentaje de la población que puede recabar servicios locales de salud, con un tiempo máximo de una hora de marcha a pie o de desplazamiento en medios locales de transporte.

Acceso a servicios de saneamiento: Porcentaje de la población que tiene acceso razonable a medios sanitarios para la eliminación de excrementos y desechos.

Escolarización de primer grado: Porcentaje de alumnos de educación primaria respecto a la población en edad de estar escolarizada en primaria.

Escolarización de segundo grado: Porcentaje de alumnos de educación secundaria respecto a la población en edad de estar escolarizada en secundaria.

Escolarización de tercer grado: Porcentaje de alumnos de educación de tercer nivel respecto a la población en edad de estar escolarizada en la universidad.

Tasa de analfabetismo: Porcentaje de personas de quince años o más que no saben leer ni escribir, sobre el total de población de esa edad. Se utiliza también la contraria, tasa de alfabetización (adultos), que es el «porcentaje de personas de quince años o más que pueden leer, escribir y comprender una exposición corta y sencilla sobre su vida cotidiana».

Promedio de años de escolarización: Promedio de años de enseñanza recibida por personas de veinticinco años o más.

Receptores de televisión: Número de televisores por cada mil habitantes.

Receptores de radio: Número de aparatos por mil habitantes.

Automóviles de turismo: Número de habitantes por cada automóvil de turismo. También se valora como número de automóviles de turismo por cada mil habitantes. «Automóviles de turismo» son aquellos vehículos en los que caben hasta nueve personas sentadas, incluidos los taxis, jeeps, etc.

Teléfonos: Número de habitantes por cada línea de teléfono instalada. Esta variable también puede definirse como número de líneas instaladas por cada mil habitantes.

Consumo de papel de diario, o número y tirada de periódicos diarios: Expresados por habitante en el primer caso y por mil habitantes en el segundo.

Consumo de energía comercial per cápita: Consumo de productos derivados del petróleo (incluida electricidad) por habitante.

Comercio exterior

El conjunto de variables que definen las características del comercio exterior permiten estudiar la relación comercial de un país con el resto del mundo y sus implicaciones tanto para el interior del propio país como para el resto de países con los que comercia.

Al respecto se pueden considerar diversas dimensiones:

— Las variables de volumen de comercio permiten analizar la importancia del país en el global del comercio mundial.

— El grado de cobertura cuantifica el déficit o superávit comercial del país con respecto al exterior.

— Las variables de estructura de las exportaciones e importaciones por productos muestran el grado de especialización del comercio del país y su dependencia en productos determinados

— El grado de concentración comercial se refiere a la diversificación del comercio en muchos o pocos mercados, es decir, si el comercio del país depende de muchos o pocos clientes y proveedores.

— La importancia relativa del comercio en la generación del PIB de cada país permite definir el grado de extraversión de la economía nacional.

RECUADRO 8.6. VARIABLES E INDICADORES DE COMERCIO EXTERIOR

Exportaciones: Ventas de mercancías que realiza el país al resto del mundo durante un año. La valoración se realiza sobre una base *fob* (libre a bordo).

Importaciones: Compras de mercancías que realiza el país al resto del mundo durante un año. La valoración se realiza sobre una base *cif* (coste, seguro y flete).

Importaciones por proveedores: Porcentaje de las importaciones de un país o grupo de países respecto a las importaciones totales.

Exportaciones por clientes: Porcentaje de las exportaciones a un país o grupo de países respecto a las exportaciones totales.

Estructura de las importaciones: Porcentajes de las importaciones por productos respecto a las importaciones totales.

Estructura de las exportaciones: Porcentajes de las exportaciones por productos respecto a las exportaciones totales.

Saldo de Balanza Comercial (global, por países o por productos): Exportaciones menos importaciones (globales, por países o por productos).

Tasa de cobertura (global, por países o por productos): Porcentaje de las exportaciones respecto a las importaciones (globales, por países o por productos).

Grado de extraversión exportadora: Porcentaje de las exportaciones totales con respecto al PIB.

Grado de extraversión importadora: Porcentaje de las importaciones totales con respecto al PIB.

Grado de extraversión comercial: Porcentaje de las exportaciones más las importaciones con respecto al PIB.

Relación Real de Intercambio: Relación entre el índice de precios medios de exportación de un país y su índice de precios medios de importación.

APÉNDICE 8.1. METODOLOGÍA DEL SISTEMA EUROPEO DE CUENTAS NACIONALES

El «Sistema europeo de cuentas económicas integradas» (sec) constituye la versión comunitaria del sistema revisado de contabilidad nacional de Naciones Unidas. A partir de una base de definiciones y clasificaciones comunes se realiza una descripción cuantitativa coherente de las economías de los países miembros y proporciona el lenguaje económico común indispensable para la realización de trabajos que utilizan este grupo de variables e indicadores.

Diferencia entre Producto Interior (PIB) y Nacional (PNB)

PNB = PIB + Saldo de las rentas de los factores con el extranjero.

El saldo de las rentas de los factores con el extranjero es igual al ingreso factorial neto del exterior (ingreso percibido del exterior por los residentes por concepto de trabajo y capital), menos los pagos análogos efectuados a no residentes que contribuyen a la economía nacional.

Diferencia entre Producto Bruto y Neto

PIN = PIB – Consumo de capital fijo (Amortizaciones).
PNN = PNB – Consumo de capital fijo (Amortizaciones).

Diferencia entre precios de mercado y coste de factores

En primer lugar, hay que distinguir entre producto y valor añadido, que aunque cuantitativamente miden lo mismo, se diferencian cualitativa y conceptualmente, ya que mientras el valor añadido es una variable sectorial (se calcula a partir de la actividad productiva de los diversos sectores económicos) el producto es una variable agregada.

La diferencia entre los dos tipos de precios, de mercado y coste de factores, tiene su origen en la distribución del PIB por origen de rentas (Distribución funcional).

1. RA + EBE = VABcf; VABcf + Tp – Sub = VABpm
2. RA + EBE = PIBcf; PIBcf + Tp – Sub + Timp + IVA = PIBpm

Siendo:

VABcf: Valor Añadido Bruto a coste de factores.
VABpm: Valor Añadido Bruto a precio de mercados.
PIBcf: Producto Interior Bruto a coste de factores.
PIBpm: Producto Interior Bruto a precio de mercados.
RA (*Remuneración de los asalariados*): Sueldos y salarios + Cotizaciones sociales.
EBE (*Excedente Bruto de Explotación*): Rentas (mixtas + agrarias + comerciantes, empresarios y profesionales + Administraciones públicas + capital + alquileres) + intereses y dividendos + beneficios retenidos por sociedades y empresas + amortizaciones.
Tp: Impuestos a la producción.
Sub: Subvenciones.
Timp: Impuestos a la importación.

Por consiguiente:

— VABpm no tiene correspondencia con el PIB.
— PIBpm no tiene correspondencia con el VAB.
— VABcf = PIBcf.

Así pues, la diferencia entre los costes de factores y los precios de mercado es que estos últimos contienen en el precio los diversos impuestos más las subvenciones.

La distribución sectorial del PIB se define como:

VABcf = VAB agricultura + VAB Industria + VAB servicios = PIBcf

La distribución del PIB por gastos (Cuadro Macroeconómico):

$$\text{PIBpm} = C + G + \text{FBKfija} + \text{Var. exist.} + X - M$$

Siendo:

C: Consumo privado.
G: Consumo del gobierno.
FBKfija: Formación bruta del capital fija.
Var. exist.: Variación de existencias.
X: Exportaciones.
M: Importaciones.

La agrupación de ciertas variables genera las siguientes identidades:

— Consumo interior = $C + G$.
— FBK = FBKfija + Variación existencias.
— Demanda Interior = Consumo Interior + FBK.

Diferencia entre precios nominales y precios reales

Como se indicaba al principio del capítulo la utilización de variables monetarias conlleva una serie de problemas a tener en cuenta.

La utilización de unidades monetarias puede realizarse en moneda local (lo que no permite comparaciones) o en moneda extranjera homogénea.

Además, cuando se intente analizar evoluciones de las variables monetarias hay que tener en cuenta que estas variables muestran el contenido de la inflación y por consiguiente es necesario eliminar este efecto para observar la evolución real.

En este sentido, hay que distinguir entre:

— Moneda nacional { precios corrientes / precios constantes

— Dólares { precios corrientes / precios constantes

RESUMEN

La observación empírica de la realidad económica abre camino al análisis de datos económicos o simplemente *economía empírica*. Los elementos fundamentales de la economía empírica son las variables y los indicadores. Los indicadores fundamentales de descripción de la economía real son: demográfico, actividad de la población, renta y producto, bienestar y comercio exterior. Cada uno de ellos se constituye por un numero indeterminado de variables. El tratamiento de estos indicadores y variables permite modelizar y verificar las teorías elaboradas a partir del método estructural. Los datos del conjunto de países y años que se estudian se encuentran en lo que se denomina las fuentes estadísticas.

LECTURAS PARA LA REFLEXIÓN

«Cada año, los organismos internacionales, regionales y nacionales publican numerosas recopilaciones de estadísticas económicas y sociales que abarcan el mundo en general o las regiones más importantes de éste. Hay mucha copia y repetición —y al mismo tiempo diferencias notables entre las estadísticas publicadas—. Basándose en estas estadísticas, organismos y científicos llevan a cabo numerosos estudios analíticos que aparecen en publicaciones oficiales o académicas. Muchas de las estadísticas publicadas no son fiables o por otras razones no son comparables, y muchos de los análisis comparativos de ellas constituyen un ejercicio inútil. Incluso cuando las estadísticas son suficientemente comparables para justificar su uso en un análisis, los métodos de análisis empleados son demasiado a menudo muy poco apropiados para el tipo de datos estudiados, e incluyen supuestos que no son válidos. (...) En justificación de los datos malos se argumenta, a veces, que las cifras utilizadas son las mejores disponibles y que el progreso científico no puede hacerse sin datos.»

D. McGranahan, E. Pizarro y C. Richard: *Medición y análisis del desarrollo socioeconómico*. Instituto de Investigación de las Naciones Unidas para el Desarrollo Social, Ginebra, 1985.

PALABRAS CLAVE

- Economía empírica
- Economía descriptiva
- Variable
- Indicador
- Fuente estadística
- Datos
- Comparabilidad
- Fiabilidad
- Homogeneidad
- Indoneidad

BIBLIOGRAFÍA BREVE

T. Domingo y otros: *Métodos y ejercicios de Economía Aplicada*. Pirámide, Madrid, 1987.

D. McGranahan, E. Pizarro y C. Richard: *Medición y análisis del desarrollo socio-económico*. Instituto de Investigación de las Naciones Unidas para el Desarrollo Social, Ginebra, 1985.

OCDE: *Lista OCDE de indicadores sociales*. Ministerio de Trabajo y Seguridad Social, Madrid, 1985.

J. M. Vidal Villa (Dir.): *Evolución y cambio estructural en la economía mundial: 1960-1980*. Fundación Banco Exterior, Colección Investigaciones, Madrid, 1987.

CAPÍTULO 9

El proceso de reproducción de la población mundial

El estudio de cualquier población humana exige la adopción combinada de dos ópticas: la estática y la dinámica.

El análisis estático o sincrónico de la población desvela la estructura demográfica, que incluye la composición por género y edades (visualizable en las pirámides de población), su composición por estatus económico, estado civil, actividad económica y laboral, su distribución espacial, etc. Es como si se fotografía en un momento determinado una población con una cámara capaz de captar todas las características que el investigador necesita para su estudio.

El análisis de la dinámica demográfica, por su parte, trata de los movimientos de esa población: el movimiento natural (natalidad y mortalidad) y el movimiento migratorio (emigración e inmigración).

En términos del análisis estructural, el estudio sincrónico y diacrónico de la población es el análisis de su proceso de reproducción.

En este capítulo se tratará exclusivamente del análisis del proceso de reproducción de la población mundial, proceso que muestra unas características tales que lo han situado en el centro de polémicas sobre las perspectivas negativas que tiene y tendrá para la economía y la subsistencia en el futuro, dada la explosión demográfica en la Periferia y el envejecimiento de la población en el Centro del Sistema.

La relación economía-población se abordará en el capítulo siguiente. Su objetivo será estudiar las interconexiones y determinaciones recíprocas, lo que permitirá llegar a conclusiones sobre las perspectivas del proceso de reproducción de la población mundial en el marco de la reproducción del Sistema.

9.1. EL PROCESO DE REPRODUCCIÓN DE LA POBLACIÓN

Las personas que componen una población son seres vivientes que se reproducen a sí mismos y a la especie:

- La reproducción de sí mismos se basa en los medios de subsistencia (alimentos, vivienda, vestidos, sanitarios, higiene, etc.) que consigue mediante la actividad económica. Es, por tanto, un proceso no sólo biológico, sino económico-social.
- La reproducción de la especie se basa en la procreación, que en la especie humana está influida por la estructura familiar, la cultura respecto al sexo, el control sanitario, etc. No es, pues, una dinámica meramente biológica como en las especies animales, sino que la procreación también tiene un marcado carácter social.

El conjunto de procesos vitales que explican cómo nacen, viven y mueren los seres humanos (en general, o en una comunidad concreta) constituyen el *proceso de reproducción de la población* (PRP).

Para estudiar el proceso de reproducción de una población concreta hay que analizar las características estructurales de dicha población desde una óptica sincrónica (estática) y desde una óptica diacrónica (dinámica). Es decir, se analiza la estructura demográfica y la dinámica demográfica.

Los elementos fundamentales de la estructura demográfica son:

- El volumen de la población.
- Su distribución espacial.
- La composición por edades.
- La composición por género.
- El grado y características de la urbanización.
- La actividad económica sectorial.
- La actividad económica por género y edad.
- La composición por clases sociales y el estatus de los diferentes grupos sociales.

Los elementos fundamentales de la dinámica demográfica son:

- La natalidad.
- La mortalidad.
- Los movimientos migratorios.

Todos estos aspectos estructurales y dinámicos están íntimamente relacionados entre ellos, de manera que sólo por cuestiones pedagógicas se pueden aislar unos de otros en su tratamiento.

El proceso de reproducción de una población es, pues, un conjunto estructurado pero muy complejo, en cuyo estudio se puede profundizar *ad infinitum* destacando características más generales o más minuciosas de la población objeto de estudio. El desarrollo científico del estudio de la población corre a cargo de una disciplina específica, la Demografía, con vertientes de análisis histórico, estadístico y muestral, etc.

A continuación, y desde un punto de vista general, se describirán las características más relevantes del *proceso de reproducción de la población mundial*, es decir, se tratarán los aspectos más significativos de la estructura y de la dinámica de la población mundial.

9.2. LA ESTRUCTURA DE LA POBLACIÓN MUNDIAL

La revolución agronómica que precedió y acompañó a la primera Revolución Industrial permitió, al aumentar la oferta de alimentos, un crecimiento sostenido de la población. Este carácter sostenido del crecimiento po-

dependència alta ↗ perifèria = joves menors
↘ centre = vells

blacional era desconocido hasta entonces en los países en los que se iniciaba el desarrollo capitalista, ya que en las sociedades precapitalistas dicho crecimiento había sido cíclico, determinado por las condiciones naturales. Se puede afirmar, pues, que el capitalismo fue acompañado desde sus inicios por el crecimiento demográfico. Posteriormente, la extensión planetaria del Sistema Capitalista fue acompañada de dos fenómenos antitéticos: mientras que en el Centro del Sistema culminaba la *transición demográfica* y caía la tasa de crecimiento demográfico, en la Periferia se consolidaban las bases de una *explosión demográfica* y de un crecimiento de la población alto y persistente. Ambos procesos, por otra parte, irán acompañados de un acelerado ritmo de *urbanización* que a la postre ha definido otro de los grandes problemas demográficos actuales, al formarse enormes aglomeraciones urbanas muy difíciles de regular y de controlar.

Como resultado de ello, la población mundial actual tiene unas características estructurales bien definidas. A continuación se tratarán los componentes más significativos de la estructura demográfica mundial, para posteriormente tratar los aspectos dinámicos.

Volumen de la población

En 1950, el número estimado de habitantes del planeta era de unos 2.500 millones. Treinta años más tarde se alcanzaban los 4.500 millones. A finales de 1999 se anunciaba que se habían alcanzado los 6.000 millones. Ello hace buenas las hipótesis media y baja de las Naciones Unidas, que estiman, para el año 2000, 6.091 o 6.062 millones, respectivamente. Para el año 2025 la proyección da 8.039 o 7.474 millones, y para el 2050, 9.367 o 7.662 millones de habitantes.

Asia ha sido siempre el continente más poblado, y lo seguirá siendo, aunque será África la única región del mundo que se prevé que más duplicará su población durante la primera mitad del siglo XXI, mientras que Europa verá disminuir su número de habitantes (Cuadro 9.1).

Cuadro 9.1. La población mundial por grandes áreas, 1996-2050.

Región	1950	1996	2025	2050
Mundo	2.524	5.768	8.039	9.367
África	224	739	1.454	2.046
Asia	1.402	3.488	4.785	5.443
Europa	547	729	701	638
América Latina y Caribe	166	484	690	810
Norteamérica	172	299	369	384
Oceanía	12,6	29	41	46

Fuente: NN.UU.: *World Population Prospects. The 1996 Revision*, Nueva York, 1998.

Cuadro 9.2. Las potencias demográficas, 1950, 1996 y 2050.

País	1950	País	1996	País	2050
China	555	China	1.232	India	1.533
India	358	India	945	China	1.517
EE.UU.	158	EE.UU.	269	Pakistán	357
Federación Rusa	102	Indonesia	200	EE.UU.	348
Japón	84	Brasil	161	Nigeria	339
Indonesia	80	Federación Rusa	148	Indonesia	318
Alemania	68	Pakistán	140	Brasil	243
Gran Bretaña	51	Japón	125	Bangladesh	218
Italia	47	Nigeria	115	Irán	170
Francia	42	México	93	R. D. del Congo	165
Bangladesh	42	Alemania	82	México	154
Pakistán	40	Vietnam	75	Filipinas	131
Ucrania	37	Irán	70	Vietnam	130
Nigeria	33	Filipinas	69	Egipto	115

Fuente: NN.UU.: *World Population Prospects. The 1996 Revision*, Nueva York, 1998.

También habrá cambios muy significativos en los próximos cincuenta años respecto a las «potencias demográficas» o países más poblados, como muestra el Cuadro 9.2. En 1970, sólo siete de los quince países más poblados de la Tierra eran de la Periferia. En 1996 eran ya once. En el año 2050, EE.UU. es el único país del Centro que aparece en la lista de los quince países más poblados, entre Pakistán y Nigeria.

Distribución de la población mundial

La distribución de la población mundial es muy desigual. Como se puede observar en el Gráfico 9.1, casi cuatro quintas partes de dicha población se encuentran en la Periferia del Sistema, mientras que en el Centro (y si excluimos de él a la ex URSS) sólo vive el 15 por 100.

Estructura por edades y género

Esta desigualdad, además, no puede sino agudizarse en el futuro dada la estructura de edades de ambas regiones. Como muestra el Cuadro 9.3, más

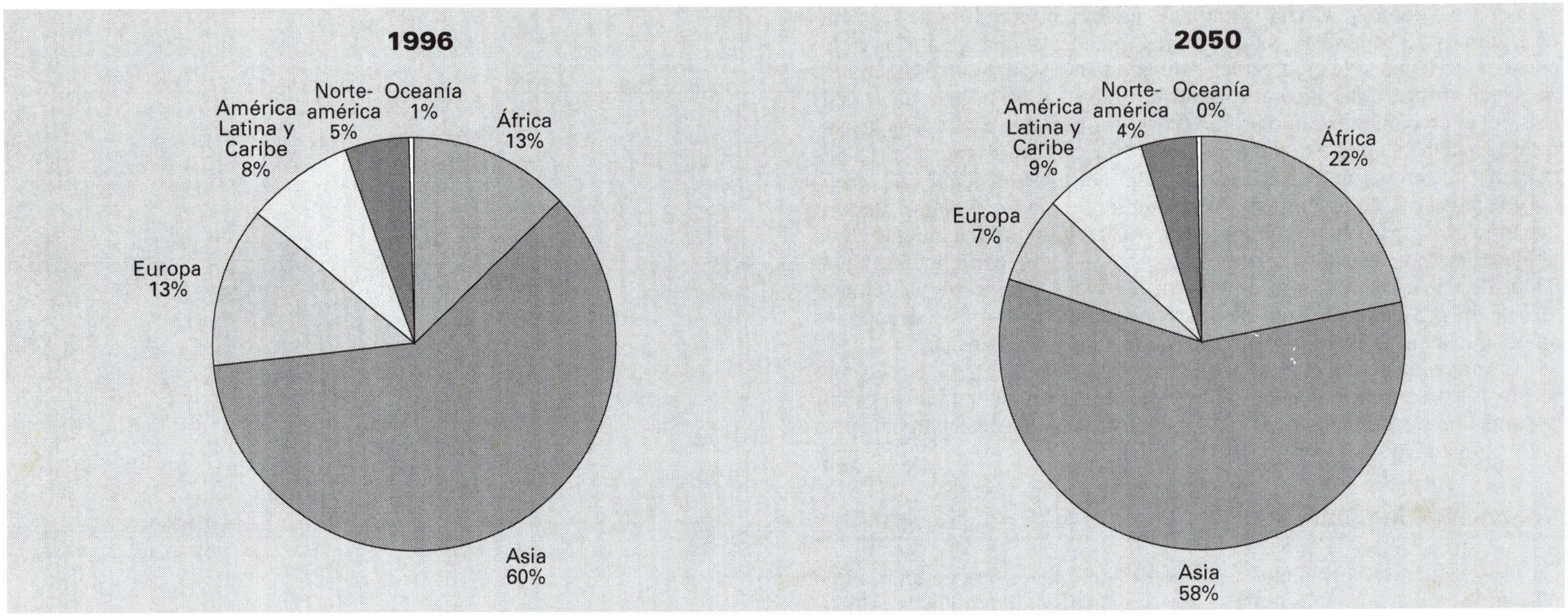

Fuente: NN.UU.: *World Population Prospects. The 1996 Revision,* Nueva York, 1998.

Gráfico 9.1. DISTRIBUCIÓN DE LA POBLACIÓN MUNDIAL POR GRANDES REGIONES, 1996 y 2050.

de la tercera parte de la población de la Periferia (y en el caso de África, más de dos quintas partes) es menor de quince años, lo que supone un potencial de crecimiento demográfico muy significativo. Mientras que la participación de los mayores de 65 años en la población total del Centro es creciente (algunas estimaciones hablan de un aumento de dos puntos porcentuales cada diez años), en la Periferia se encuentran más del 80 por 100

Cuadro 9.3. Estructura de edades por grandes regiones, 1995.

Región	(Porcentaje de la población total de cada región) Grupo de edad Menos de 15	15-64	Más de 65
Mundo	31	62	7
África	44	53	3
América Latina	33	62	5
Asia	31	63	6
Europa	18	65	17
Norteamérica	20	65	15

Fuente: NN.UU.: *Demographic Yearbook,* 1996.

Cuadro 9.4. ¿Dónde están los niños?

Región	Porcentaje de la población mundial menor de 15 años, 1995
África	17,7
América Latina	9,0
Asia del Sur	28,4
Asia del Este	20,2
Resto Asia	12,8
Norteamérica	3,6
Europa	7,9
Oceanía	0,4
Mundo	100,0

Fuente: NN.UU.: *Demographic Yearbook,* 1996.

de los niños menores de quince años del mundo, que serán los adultos jóvenes que formarán familias en los próximos años (Cuadro 9.4).

Por lo que se refiere a la composición por género, se estima que el ratio hombres/mujeres en el mundo es de 101 hombres por cada 100 mujeres, aunque las diferencias entre las grandes regiones (95 en Norteamérica y Europa, 99 en África, 105 en Asia) obedecen más a diferencias de esperanza de vida que al comportamiento al nacer. Así, como la esperanza de vida femenina en el Centro es en general mayor que la masculina, acaba habiendo más mujeres que hombres y el ratio es menor de 100. Es decir, no se puede esperar que el potencial de crecimiento demográfico se atenúe por el hecho de que hayan «menos» mujeres que hombres en la Periferia, como no se puede deducir una recuperación demográfica en el Centro por el predominio femenino.

La diferente estructura demográfica en el Centro y la Periferia queda bien reflejada en la comparación de las pirámides de población de España y México presentada en el Gráfico 9.2, en el que se puede observar la «forma hucha» de una población en proceso de envejecimiento (España), en contraposición a la «forma triángulo» que refleja una población expansiva (México), así como el predominio femenino en las edades superiores en el caso español.

Urbanización

En cuanto a la relación de la población con el espacio, las irregularidades son también muy acusadas. El proceso de *urbanización* no ha dejado de agudizarse en todo el mundo desde la implantación y desarrollo del capitalismo y ha adquirido especial significación en la Periferia del Sistema en las dos últimas décadas. Como se recoge en el Cuadro 9.5, el fenómeno de la urbanización ha llevado a que hoy en día casi la mitad de la población mundial se considere urbana.

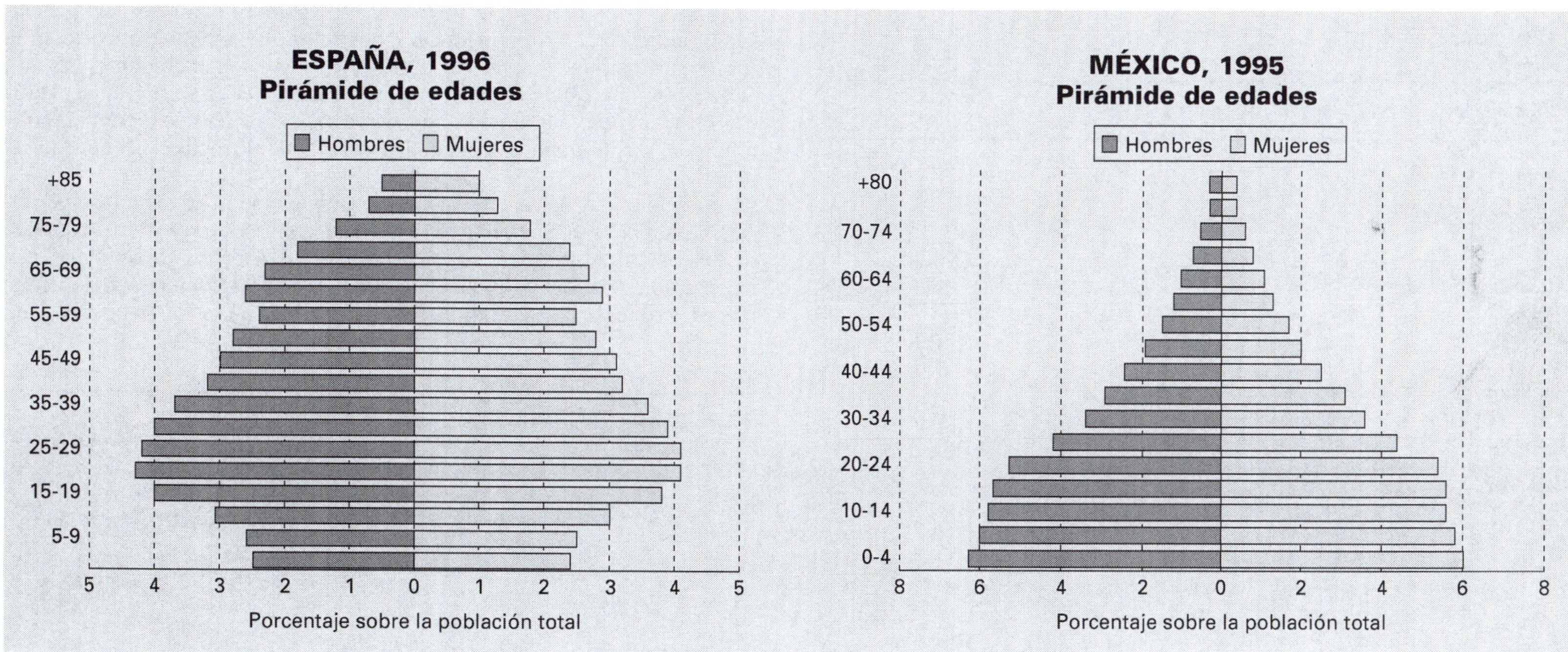

Fuente: NN.UU.: *Demographic Yearbook*, 1996, y CEPAL: *Anuario Estadístico*, 1996. (Proyecciones con hipótesis media.)

Gráfico 9.2. PIRÁMIDES DE POBLACIÓN DE MÉXICO Y ESPAÑA.

Cuadro 9.5. El proceso de urbanización.

Año	Porcentaje de población urbana Mundo	Centro	Periferia
1950	29,2	53,8	17,0
1955	31,2	57,0	19,0
1960	34,2	60,5	22,1
1965	35,5	63,6	23,4
1970	36,6	66,6	24,7
1975	37,8	68,8	26,4
1980	39,5	70,3	28,9
1985	42,2	71,6	32,8
1990	45,2	72,6	37,1
1995	48,1	73,6	41,2
2000	51,1	74,9	45,1
2005	53,9	76,3	48,6
2010	56,5	77,9	51,8
2015	59,3	79,6	55,0
2020	62,0	81,1	58,2
2025	64,6	82,5	61,2

Fuente: NN.UU.: *World Urbanization Prospects*, 1996.

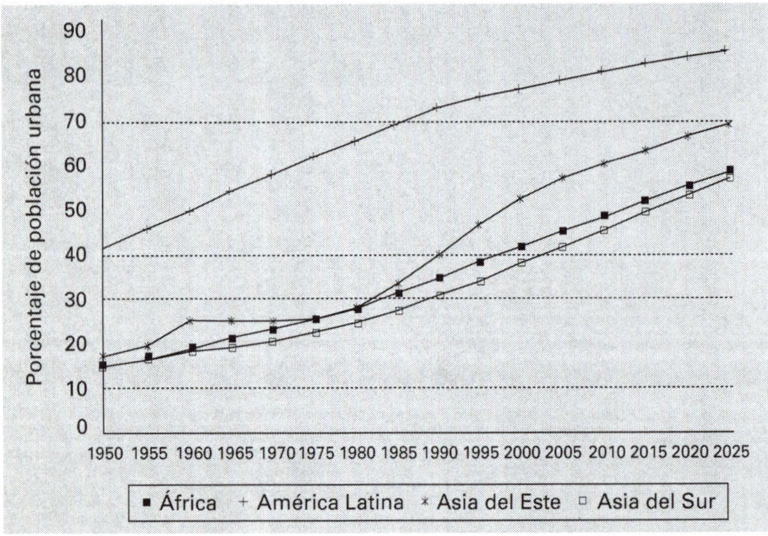

Fuente: NN.UU.: *World Urbanización Prospects*, 1990.

Gráfico 9.3. Dinámica de la urbanización en la periferia.

En el Gráfico 9.3 se representa la dinámica y perspectivas de este proceso para las grandes regiones de la Periferia. Se observa que sólo América Latina, que partió de una integración anterior en el Sistema Capitalista y, por tanto, de tasas de urbanización superiores, tiene en perspectiva una tendencia decreciente en el crecimiento de la urbanización, por razones de saturación (igual que ocurre en el Centro). La población urbana de África y Asia, sin embargo, aumentará a tasas progresivas. Merece la pena destacar que el «bache» en el proceso de urbanización que presenta Asia del Este en los años sesenta y setenta se debe a la Revolución Cultural China, que impuso una política de ruralización.

Se puede concluir, por tanto, que la creciente urbanización de la población mundial marcará las próximas décadas, con importantes consecuencias de tipo político, social y económico.

Pero aunque este proceso esté dentro de la lógica del desarrollo capitalista, que unifica así las tendencias del Centro y la Periferia, lo que se ha convertido en su principal consecuencia problemática, especialmente en la Periferia, es la aglomeración urbana. Si en los países desarrollados ha existido un cierto equilibrio en el tamaño de las ciudades, e incluso en la actualidad se da un cierto reflujo desde las grandes ciudades hacia enclaves urbanos cercanos de mediano tamaño, este fenómeno no existe en la Periferia. Como indican los Cuadros 9.6 y 9.7, las aglomeraciones urbanas están y estarán, cada vez más, mayoritariamente en la Periferia, convertidas en megápolis de aluvión sin los servicios sanitarios y comunitarios mínimos, y con grandes dificultades para la planificación y control urbanísticos.

Para terminar de caracterizar este fenómeno de la urbanización periférica, es importante destacar que no se debe considerar tan sólo el *volumen* de población de la metrópoli, sino también la *densidad* urbana, pues tan inmanejable social y políticamente puede ser una aglomeración de veinte millones como una de cuatro, según el espacio de que se disponga. El Cua-

Cuadro 9.6. Distribución de las aglomeraciones urbanas.

Región	Número de megaciudades* > 5 millones de h. 1970	1990	2000	> 8 millones de h. 1970	1990	2000
Mundo	20	34	45	10	20	28
Centro	9	11	11	5	6	6
Periferia	11	23	34	5	14	22

* NN.UU. considera megaciudades a partir de 8 millones de habitantes.
Fuente: NN.UU.: *World Urbanization Prospects*, 1996.

Cuadro 9.7. Las megaciudades del mundo, 1992 y 2010.

Megaciudad	País	Población (millones) 1992	2010
Tokio	Japón	25,8	28,9
Nueva York	EE.UU.	16,2	17,2
Los Ángeles	EE.UU.	11,9	13,9
Osaka	Japón	10,5	10,6
Moscú	Rusia	9,2	10,4
París	Francia	9,4	9,6
Londres	Gran Bretaña	7,3	7,3
São Paulo	Brasil	19,2	25,0
México D. F.	México	15,3	18,0
Shanghai	China	14,1	21,7
Bombay	India	13,3	24,4
Buenos Aires	Argentina	11,8	13,7
Seúl	Corea	11,6	13,8
Beijing	China	11,4	18,0
Río de Janeiro	Brasil	11,3	13,3
Calcuta	India	11,1	15,7
El Cairo	Egipto	9,0	13,4
Dacca	Bangladesh	7,4	17,6
Delhi	India	8,8	15,6
Jakarta	Indonesia	10,0	17,2
Estambul	Turquía	7,0	11,8
Lagos	Nigeria	8,7	21,1

Fuente: NN.UU.: *World Urbanization Prospects*, 1992.

dro 9.8 ofrece una comparación de densidades urbanas ilustrativa al respecto y da una idea de lo que puede significar el hacinamiento urbano.

Actividad económica de la población

El siguiente aspecto de la estructura demográfica a analizar es la actividad de la población. La tasa de actividad global de la población mundial se estima en un 45 por 100 de activos sobre la población total, aunque es superior en el Centro (49 por 100) que en la Periferia (44 por 100 en conjunto, 39 por 100 en las regiones menos desarrolladas). Dada la definición de población activa o fuerza de trabajo, la estructura de edades tiene cierta influencia en esta diferencia ya que aquellas poblaciones con un segmento 15-65 años predominante en el total de la población ofrecerán, por meras razones aritméticas, una mayor tasa de actividad. Pero también hay razones económico-estructurales para esta diferencia en las tasas de actividad en los diferentes países y regiones.

Cuadro 9.8. Las ciudades más densas, 1980-1988*.

Ciudad	País	Población por km^2
Calcuta	India	88.35
Manila	Filipinas	45.839
Cairo	Egipto	29.393
Mashhad	Irán	21.132
Casablanca	Marruecos	12.133
Amman	Jordania	11.104
Guadalajara	México	10.286
Tokio	Japón	13.973
Nueva York	EE.UU.	8.722
París	Francia	20.647
Barcelona	España	17.433

* Cada ciudad es la más densa de su país.
Fuente: PNUD.: *Informe sobre el Desarrollo Humano*, 1993.

Distribución sectorial

Muy vinculada a la distribución rural/urbana se halla la *distribución sectorial* de la población. Considerando los tres grandes sectores de la actividad económica, es obvio que el proceso de urbanización ha sido un corolario del descenso de la población dedicada al sector primario. El Cuadro 9.9

Cuadro 9.9. El descenso de la población activa agrícola.

Región	Población activa en la agricultura (%) 1965	1975	1996
Mundo	57,6	52,8	45,1
África	76,4	71,5	69,5
Latinoamérica	41,2	33,4	21,5
Asia	72,7	67,9	60,2
Europa	24,0	16,8	10,4
Norteamérica	15,8	13,0	9,6
Oceanía	24,6	20,8	19,3

Fuente: FAO: *Anuario de Producción*, diversos años.

muestra, por grandes regiones geográficas, esta caída de la población rural en las últimas décadas.

La población que abandona la agricultura se adscribe a los sectores de industria, comercio y servicios. Sin entrar por ahora en el significado estructural de la distribución sectorial, cabe señalar que el desarrollo capitalista ha potenciado estas últimas actividades, de tal manera que el desarrollo desigual del capitalismo en los diversos países ha supuesto una desigual distribución de la población activa en ellos. Esto se hace visible en el Gráfico 9.4, en el que se ha representado la posición mundial, la del Centro y la de la Periferia en base a la distribución sectorial de su población activa. Además se ha situado en el gráfico a varios países que representan un cierto modelo al respecto. Los fenómenos más visibles en el gráfico son los siguientes:

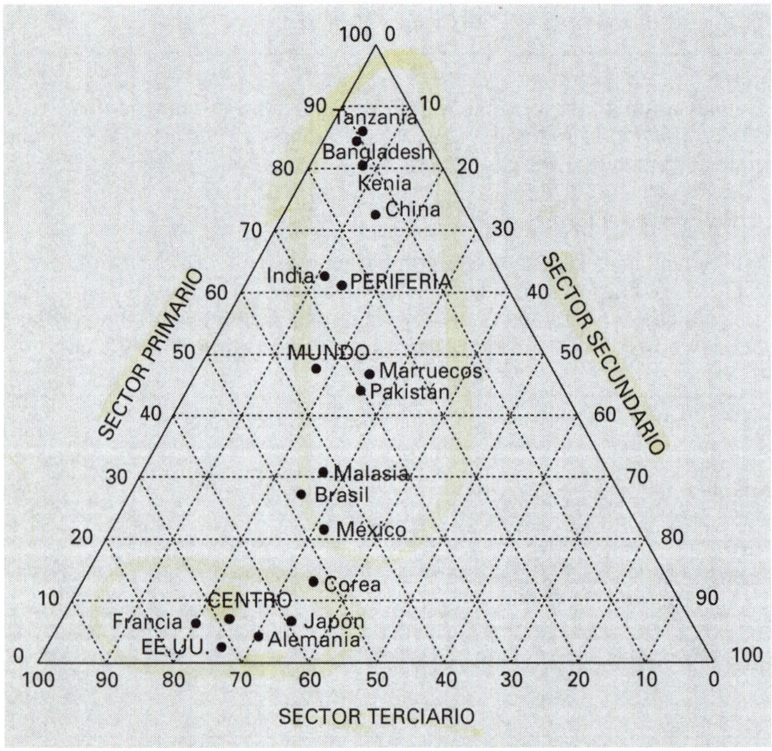

Gráfico 9.4. DISTRIBUCIÓN DE LA POBLACIÓN ACTIVA.

— En el Centro se sitúan los países más industriales (Alemania, Japón) y los más terciarios (EE.UU., Francia).

— En la Periferia se han incluido varios subgrupos, que se distinguen por sus diferentes composiciones sectoriales (la base de las cuales será objeto de análisis en capítulos posteriores, cuando se analicen más extensamente las tipologías periféricas):

- Corea, México, Brasil y Malasia, exportadores de manufacturas y con más población en el sector terciario que en el primario.
- Marruecos y Pakistán, con un empleo industrial significativo, pero con una población agrícola todavía mayoritaria.
- China e India, como gigantes demográficos fundamentalmente agrarios, aunque con un nivel de industrialización significativo.
- Kenia, Tanzania y Bangladesh, como típicos países predominantemente agrarios y con escaso empleo industrial.

El resultado es la claramente distinta zona en que se sitúa cada grupo, alrededor de una síntesis mundial que muestra que a pesar de los avances técnicos, de la urbanización, de la nueva era tecnológica, etc., en la actualidad todavía la actividad económica de casi la mitad de la población mundial sigue estando ligada a la explotación de la tierra.

Actividad por edad y género

Otros aspectos destacables de la actividad de la población mundial son los referentes a la *actividad por edades y por género.*

En el primer caso es remarcable que, aunque la mayoría de los países tienen legislaciones respecto a la edad mínima para trabajar, el *trabajo infantil* es significativo en numerosas economías periféricas. Aunque existen pocos datos al respecto, porque gran parte del trabajo de los niños no entra en las estadísticas oficiales (es trabajo sumergido o doméstico-rural), algunas estimaciones de la Organización Internacional del Trabajo, recogidas en el Cuadro 9.10, resultan ilustrativas.

En los países del Centro no existe constancia de actividad de la población por debajo de los 15 años (con las excepciones de Portugal y Grecia, con tasas de actividad de 2,2 y 1,1 por 100 respectivamente). En la Periferia, sin embargo, el fenómeno es común a todo tipo de economías, desde las más pobres y agrícolas hasta las más urbanas e industrializadas.

En el caso de la actividad por género el fenómeno más destacable a nivel mundial es la progresiva incorporación de la mujer al mercado laboral, lo que se manifiesta en un incremento tanto de la *tasa de participación de la mujer en la fuerza de trabajo* (TPF) como de la *tasa de actividad femenina* (TAF). A nivel mundial, se estima que el 34 por 100 de la población activa son mujeres (TPF), y esta tasa es mayor en el

Cuadro 9.10. Trabajo infantil, 1989-1996.

País	Tasa de actividad, 0-14 años 1989-1992	1995-1996
Burkina Faso	69,7	—
Tailandia	42,1[1]	—
Etiopía	41,0	—
Burundi	36,4	—
Bangladesh	36,4	33,3
Costa de Marfil	23,5[2]	—
Senegal	25,7[3]	—
Bolivia	20,6	11,6
Brasil	18,6	20,5
Nicaragua	16,7	9,9
México	10,1	17,3
Egipto	8,6	1,61
Argentina	6,7	—
Gambia	—	16,4
Sudán	—	22,2
Pakistán	—	11,6

[1] Tasa de actividad 13-14 años. A destacar que la TAF de esa cohorte es del 42,7. La tasa de actividad 11-12 años es del 7,8 por 100.

[2] La tasa de actividad 0-9 años es del 4,7 por 100.

[3] La tasa de actividad 0-9 años es del 9,8 por 100.

Fuente: OIT: *Anuario de Estadísticas del Trabajo*, 1993 y 1997.

Centro (42,4 por 100) que en la Periferia (32,6 por 100). Dentro del Centro, las mayores TPF se dan en Europa del Norte (48 por 100) y en Norteamérica (45 por 100), y las menores en la Europa mediterránea (36 por 100). En el área «ex socialista» también alcanzaba valores por encima del 45 por 100.

En el Centro, el sector que acoge la mayor parte de la actividad femenina es el terciario, mientras que en la Periferia es el primario. Y precisamente por el carácter rural de la actividad de muchas mujeres en la Periferia, se considera que las tasas de actividad femenina están infravaloradas en muchos casos. Ello sin contar, además, con los condicionantes socioculturales que hacen que muchas veces el trabajo de la mujer no sea ni siquiera reconocido. Así, las sociedades con predominio religioso católico o islámico suelen ofrecer tasas de actividad femenina menores que otras sociedades con predominio de otras religiones. El Cuadro 9.11 recoge algunos ejemplos ilustrativos al respecto.

Cuadro 9.11. La actividad de la mujer, 1990-1996.

País	Tasa de actividad femenina, >15 años	1990-1993 Total	1997 Total
Burkina Faso	75,3	48,1	46,4
Burundi	90,6	54,2	51,3
Etiopía	55,5	34,1	35,6
Bangladesh	67,4	40,2	44,4
Tailandia	76,5	52,6	55,5
Egipto	30,0	18,0	22,2
Marruecos	25,1	16,8	27,1
Irán	9,0	5,5	—
Argentina	29,1	21,0	24,9
México	34,0	22,6	25,7
Brasil	44,0	30,5	32,1
Bolivia	33,8[1]	30,7	37,3
Túnez	22,6[1]	—	12,7
Sudán	21,9[1]	—	16,9

[1] 1995-1996.

Fuente: OTI: *Anuario de Estadísticas del Trabajo*, 1993 y 1997, y PNUD: *Informe sobre el Desarrollo Humano*, 1999.

Composición por clases y estatus

Las clasificaciones de la población en distintos grupos definidos por su estatus suelen ser arbitrarias y ofrecen especiales dificultades si se pretenden generalizar a nivel mundial. La mayor dificultad es la empírica ya que, conceptualmente, y a partir de la teoría de los modos de producción, sí que se podrían definir las clases sociales que están presentes en una sociedad como resultado de la combinación de los modos de producción que configuran la base económica de dicha sociedad. En el Recuadro 9.1 se recoge una atrevida aportación en este sentido.

En términos más fenoménicos, sin embargo, la estructura poblacional por grupos y clases sociales se puede asociar a la composición de la población activa según las características del estatus y categoría de empleo. La OIT ofrece, en este sentido, la siguientes clasificaciones:

a) Clasificación Internacional de la Situación en el Empleo (CISE, 1993):

1. Empleados.
2. Empleadores a sueldo o salario.

RECUADRO 9.1 LAS CLASES SOCIALES EN EL MUNDO

En un artículo publicado en 1980*, Samir Amin realizó un intento de descripción de las clases sociales en el Sistema Mundial, y presentaba el siguiente cuadro:

La estructura de clases del sistema imperialista (1975)

	Millones activos	**%**	**Ingreso medio por activo ($)**	**Ingreso agregado (miles de millones $)**	**%**
CENTROS					
Campesinos	35	3	4.300	150	6
Trabajadores:					
Categoría inferior	50	4	3.000	150	6
Categoría superior	60	4	4.500	270	10
Pequeña burguesía proletarizada	110	8	5.200	570	21
Burguesía y clase media	90	7	12.000	1.080	40
Desempleados	25	2	—	—	—
TOTAL CENTROS	370	27	6.000	2.220	83
ÁREAS PERIFÉRICAS					
Campesinos:					
Pobres	600	44	200	120	4
Medianos	150	11	400	60	2
Capitalistas y terratenientes	50	4	1.000	50	2
Trabajadores	50	4	600	30	1
Pequeña burguesía proletarizada	80	6	800	65	2
Burguesía y clase media	20	1	6.800	135	5
Desempleo urbano	50	4	—	—	—
TOTAL PERIFERIAS	1.000	73	460	460	17
TOTAL	1.370	100	100	2.680	100

Según este autor, no se podría hablar únicamente de las dos clases sociales propias del modo de producción capitalista (capitalistas y trabajadores), debido a la pervivencia de otros modos de producción en el sistema mundial. Pero, en cualquier caso, se establecerían dos estructuras de grupos como caracterizadoras de la composición por clases de la población mundial:

1. Una primera estructura relacionaría las clases del Centro, que suponen una quinta parte del total mundial y que obtienen en conjunto cuatro quintas partes del ingreso mundial, con las de la Periferia.
2. Una segunda estructura relacionaría a la clase dominante mundial (del Centro y de la Periferia), que supone un 11 por 100 del total de la población «activa» y que obtiene más de la mitad del ingreso mundial, con las clases dominadas: los campesinos, los trabajadores y la pequeña burguesía, tanto del Centro como de la Periferia.

* Samir Amin: «The class structure of the contemporary imperialist system». *Monthly Review*, vol. 31, n.° 8, enero 1980.

3. Trabajadores por cuenta propia.
4. Miembros de cooperativas de productores.
5. Trabajadores familiares auxiliares.
6. Trabajadores inclasificables por su situación.

b) Clasificación Internacional Uniforme de Ocupaciones (CIUO, 1988):

1. Miembros del poder ejecutivo y de los cuerpos legislativos y personal directivo de la administración pública y de empresa.
2. Profesionales científicos e intelectuales.
3. Técnicos y profesionales de nivel medio.
4. Empleados de oficina.
5. Trabajadores de los servicios y vendedores de comercio y mercados.
6. Agricultores y trabajadores calificados agropecuarios y pesqueros.
7. Oficiales, operarios y artesanos de artes mecánicas y de otros oficios.

8. Operadores de instalaciones y máquinas y montadores.
9. Trabajadores no calificados (todos los sectores).
10. Fuerzas armadas.

Ambas clasificaciones se pueden cruzar con la distribución sectorial, ofreciendo así un cuadro complejo muy significativo de la estructura poblacional. Sin embargo, sólo existen datos de este tipo (que incluso pueden llegar a incluir el género) para algunos países y es imposible, por tanto, generalizar a nivel mundial o regional. A modo de ejemplo, el Cuadro 9.12 recoge, sobre estimaciones en cifras absolutas de la OIT, la composición de la población activa de nueve países por categoría de estatus y dentro de cada categoría por algunos sectores. Los países elegidos tratan de reflejar ciertos tipos de modelos regionales.

El primer fenómeno destacable es que la tasa de asalarización en los tres países del Centro es muy superior a la de los demás países, con el extremo de EE.UU. (91 por 100). Y, en sentido contrario, es minoría en ellos la categoría de capitalistas y trabajadores por cuenta propia. Y aunque no existen datos de la desagregación en esta categoría, es evidente que en las economías periféricas se refiere más a los trabajadores por cuenta propia que a los capitalistas, como lo demuestra la adscripción mayoritaria de los primeros a la agricultura y al comercio. La población asalariada en la industria diferencia bien, por una parte, a los países más industrializados (los del Centro y Corea y México) del resto, y por otra parte caracteriza bien el caso de terciarización de la población de EE.UU., como ya se vio en el Gráfico 9.4. El trabajo familiar no remunerado se da sobre todo en la agricultura y es mayor en las economías periféricas que en las centrales. El caso de Bolivia expresa bien el modelo periférico de inexistencia de minifundios y de terciarización hipertrófica y marginal de la población que trabaja por cuenta propia y asalariada (¡en porcentaje mayor que en EE.UU.!). Se dibuja, en definitiva, una estructura en la que se hace evidente cómo el desarrollo desigual de la capitalización en estos países configura estructuras de clase y ocupacionales también diferentes.

Todo lo anterior caracteriza globalmente la estructura del proceso de reproducción de la población mundial. El siguiente paso es considerar esta estructura en movimiento.

Cuadro 9.12. Estructuras por categorías de estatus y sectores en algunos países.

País	Año	Empleadores y trabajadores por cuenta propia				Asalariados					Trabajo familiar no remunerado			
		% PEA	% categoría			% PEA	% categoría				% PEA	% categoría		
			1	2	3		1	2	3	4		1	2	3
Nigeria	1986	64,6	49,1	4,9	35,4	18,8	5,3	3,5	4,0	65,2	10,7	96,2	0,2	2,5
Filipinas	1992	37,0	61,0	6,0	21,6	40,5	18,6	17,3	7,4	34,8	13,9	82,3	3,7	11,3
Bolivia	1991	35,6	2,1	19,2	50,4	52,9	1,2	15,9	12,3	46,5	5,7	4,8	28,4	55,5
Egipto	1989	26,7	57,6	8,1	18,3	45,7	12,8	19,3	5,7	39,6	20,7	88,5	5,8	4,5
Corea	1992	28,0	32,7	10,4	34,3	59,3	1,9	35,0	15,2	20,3	10,2	51,9	32,1	9,0
México	1990	24,9	40,0	10,3	24,6	66,2	13,7	23,6	14,1	26,4	2,4	76,7	4,2	10,4
Japón	1990	13,0	24,4	13,9	25,1	76,4	0,8	26,6	21,3	28,2	7,5	41,0	11,3	2,5
EE.UU.	1992	8,0	14,2	4,0	16,7	91,0	1,8	18,1	21,0	35,5	0,2	32,7	—	—
España	1992	17,5	23,6	12,1	32,8	71,1	5,4	24,4	16,4	29,1	3,9	37,4	9,6	41,0

% PEA: Porcentaje de la categoría respecto a la población económicamente activa total.
1: Porcentaje de la categoría empleada en la agricultura.
2: Porcentaje de la categoría empleada en la industria manufacturera.
3: Porcentaje de la categoría empleada en comercio y hostelería.
4: Porcentaje de la categoría empleada en servicios sociales y personales.
Fuente: OTI: *Anuario de Estadísticas del Trabajo*, 1993.

9.3. LA DINÁMICA DE LA POBLACIÓN MUNDIAL

El crecimiento natural de la población mundial ha experimentado una aceleración continuada desde finales del siglo XIX debido a sucesivas *caídas de la mortalidad*. El lapso de tiempo que tarda la natalidad en adaptarse a dichas caídas, reduciéndose a su vez, da lugar a las llamadas explosiones demográficas. Se ha considerado que la primera explosión demográfica de la historia de la humanidad se dio en el período neolítico, con la «revolución agrícola» que supuso la propia aparición y consolidación de la agricultura.

Pero la explosión demográfica más significativa, por el volumen de población que ha generado, es la ocasionada por la Revolución Industrial, o sea, la que acompaña al desarrollo del capitalismo. Esta explosión demográfica ocurrió primero en el Centro y bastante después en la Periferia. Se han producido dos grandes inflexiones en la mortalidad en cada región y cada época. La primera caída de la mortalidad (en la Europa de la revolución agronómica e industrial) se debió fundamentalmente a la mejora del estado nutricional y de salubridad, que hizo caer el impacto de numerosas enfermedades infecciosas. Los avances médicos posteriores (ya bien entrado el siglo XIX) consolidaron esta caída, y más tarde será también una revolución de carácter «sanitario» la que explicará la segunda caída de la mortalidad, esta vez en la Periferia, después de la Segunda Guerra Mundial.

La adaptación de la natalidad a la primera caída de la mortalidad en el Centro es lo que dio lugar a la teoría de la transición demográfica, según la cual esta adaptación se inscribe en el propio proceso de desarrollo económico. Sin embargo, la explosión demográfica en la Periferia no ha sido contrarrestada con dicha transición, y de ahí la perplejidad con que en las últimas décadas se vivió y razonó este fenómeno. En realidad, se supone y se proyecta que la caída de la natalidad ha empezado hace pocos años y se espera que se acentúe en las próximas décadas. Pero el *gap* demográfico alimentado en el intervalo de casi cuarenta años ha sido de tal magnitud, y ha configurado una estructura demográfica tan joven, que no se espera sino hasta mediados del siglo XXI la estabilización de la población mundial.

En el Gráfico 9.5 se representa esta dinámica, y se hace manifiesta la importancia de la explosión demográfica de la Periferia, mucho más acusada y rápida que la del Centro en el siglo XIX, y que ha mantenido hasta la actualidad tasas de crecimiento superiores al 2 por 100 anual. Teniendo en cuenta el volumen poblacional de la Periferia, ello supone que el crecimiento de la población mundial mantiene sus mismas características. También se hace patente en este gráfico el fenómeno denominado «baby boom», que tuvo lugar en las dos décadas posteriores a la Segunda Guerra Mundial en el Centro del Sistema y que supuso un fuerte impacto para la teoría de la transición demográfica entonces en boga, ya que se trataba de un fenómeno simultáneo de gran auge económico y de aumento de la natalidad (contradictorio con dicha teoría). Esta «paradoja» será tratada en el próximo capítulo.

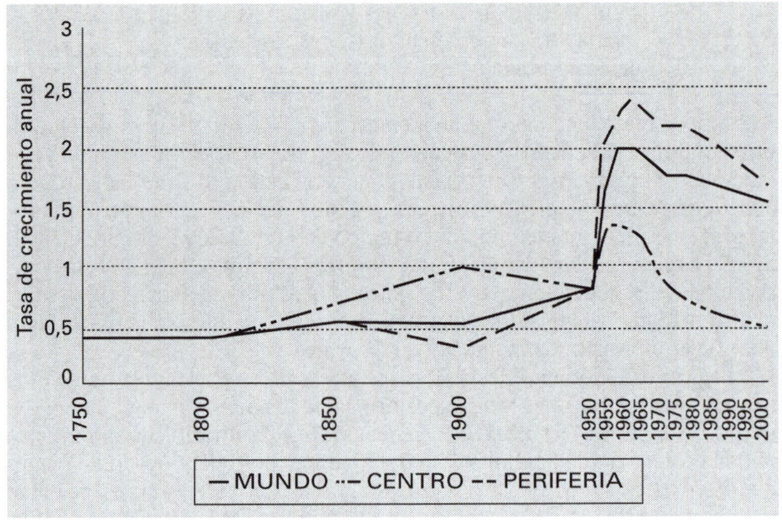

Fuente: 1750-1950: CEPAL/NN.UU.: *Conferencia Mundial de Población*, 1974, FCE, México.
1950-1980: NN.UU.: *La situation demografiques dans le monde*, 1979. Nueva York, 1981.
1980-2000: Banco Mundial: *Informe sobre el Desarrollo Mundial*, 1993.

Gráfico 9.5. RITMO DE CRECIMIENTO DE LA POBLACIÓN MUNDIAL, 1750-2000.

Se predijo que la caída de la tasa de crecimiento a partir de los años setenta adoptaría un tendencia sostenida a partir de los noventa, y de ahí que progresivamente las NN.UU. han ido atemperando sus pronósticos sobre el número de habitantes del futuro, y ha habido que revisar muchas proyecciones a la baja. Para el período 1997-2015 se esperan tasas de crecimiento anual del 1,1 por 100 para el total mundial, del 0,3 por 100 para el Centro (prácticamente sólo será la población norteamerica la que crezca), el 1,4 por 100 para el conjunto de la Periferia, y el 2,2 por 100 para, dentro de ella, los países «menos adelantados». En cualquier caso, la población mundial se habrá multiplicado por más de tres desde 1950.

Los dos componentes de este movimiento natural de la población son la mortalidad y la natalidad, y la tasa de crecimiento derivada de su resta se ha representado en el Gráfico 9.6, en el que se pueden visualizar estas tendencias en la globalidad del Sistema y en sus componentes. En el Gráfico 9.7 se han especificado, para las grandes regiones geográficas de la Periferia, el comportamiento de la natalidad y de la mortalidad.

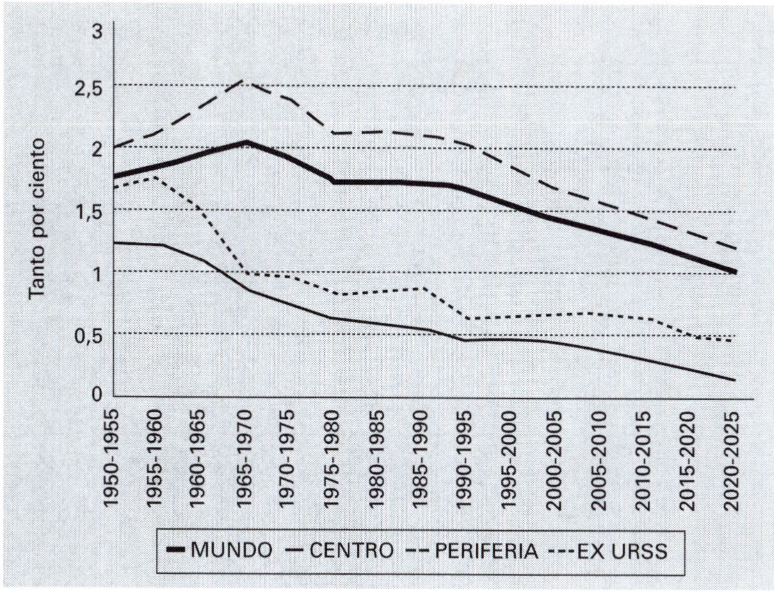

Fuente: NN.UU.: *World Population Prospects*, 1992.

Gráfico 9.6. CRECIMIENTO VEGETATIVO, 1950-2025.

La mortalidad

En la caracterización de la dinámica de la mortalidad hay que destacar, además de su papel en la explosión demográfica, el efecto en la *esperanza de vida al nacer* y las diferencias en las tasas de *mortalidad infantil* según el nivel de desarrollo.

Respecto a la *esperanza de vida* es destacable su persistente crecimiento en los últimos cuarenta años. A nivel mundial se ha pasado de 46 a 65 años en este período y se prevé que en el 2025 se alcancen los 73 años (75 las mujeres, 70 los hombres). Las diferencias Centro-Periferia se han acortado en este período: si en los años cincuenta se partía de esperanzas de vida muy desiguales (66 años en el Centro, 41 años en la Periferia), en los noventa la diferencia se había reducido (75 en el Centro, 63 en la Periferia) y se prevé un acercamiento mayor para el 2025 (78,6 en el Centro, 71,2 en la Periferia). En ambas regiones a las mujeres se les predice mayor longevidad que a los hombres. Y en el caso de los países desarrollados, este aumento de la longevidad implica que la tasa bruta de mortalidad aumentará tendencialmente a partir del siglo XXI por puras cuestiones biológicas y de la estructura de edades, superando en el 2025 (10,4 ‰) la de los años cincuenta (10,1 ‰). En la Periferia, dada la estructura de edades, no se dará este fenómeno, aunque las estimaciones para Asia del Este, que incluyen Japón y China, sí registran un repunte similar al de Europa y Norteamérica vinculado al envejecimiento. Por otra parte, tanto en África —por las guerras, enfermedades asociadas y el sida— como en la ex URSS —por el grave deterioro de las condiciones de vida de una parte significativa de la población— se está observando, en los últimos años, un aumento de las tasas de mortalidad de algunas cohortes.

En lo que se refiere a la *mortalidad infantil* (menores de 5 años), la tendencia evidente es a su disminución, como expresa el Cuadro 9.13, aunque las diferencias entre el Centro y la Periferia son y seguirán siendo dramáticas durante muchas décadas, en una proporción curiosamente casi constante: por cada niño que muere en el Centro mueren cinco en la Periferia (a nivel de países concretos la proporción puede llegar a ser más escalofriante, como en los casos de muchos países africanos con mortalidad infantil doble que la de la media periférica). Su necesaria disminución, por otro lado, está en la base del mantenimiento del potencial demográfico futuro.

Cuadro 9.13. La mortalidad infantil, 1950-2025.

Período	**Defunciones de menores de 5 años por mil nacidos vivos** **Mundo**	**Centro**	**Periferia**
1950-1955	155	56	180
1955-1960	139	41	162
1960-1965	118	32	136
1965-1970	102	26	116
1970-1975	92	22	105
1975-1980	86	19	98
1980-1985	77	16	87
1985-1990	68	15	76
1990-1995	62	12	69
1995-2000	56	10	63
2000-2005	51	9	57
2005-2010	45	9	50
2010-2015	40	8	44
2015-2020	35	7	39
2020-2025	31	7	34

Fuente: NN.UU.: *World Population Prospects*, 1992.

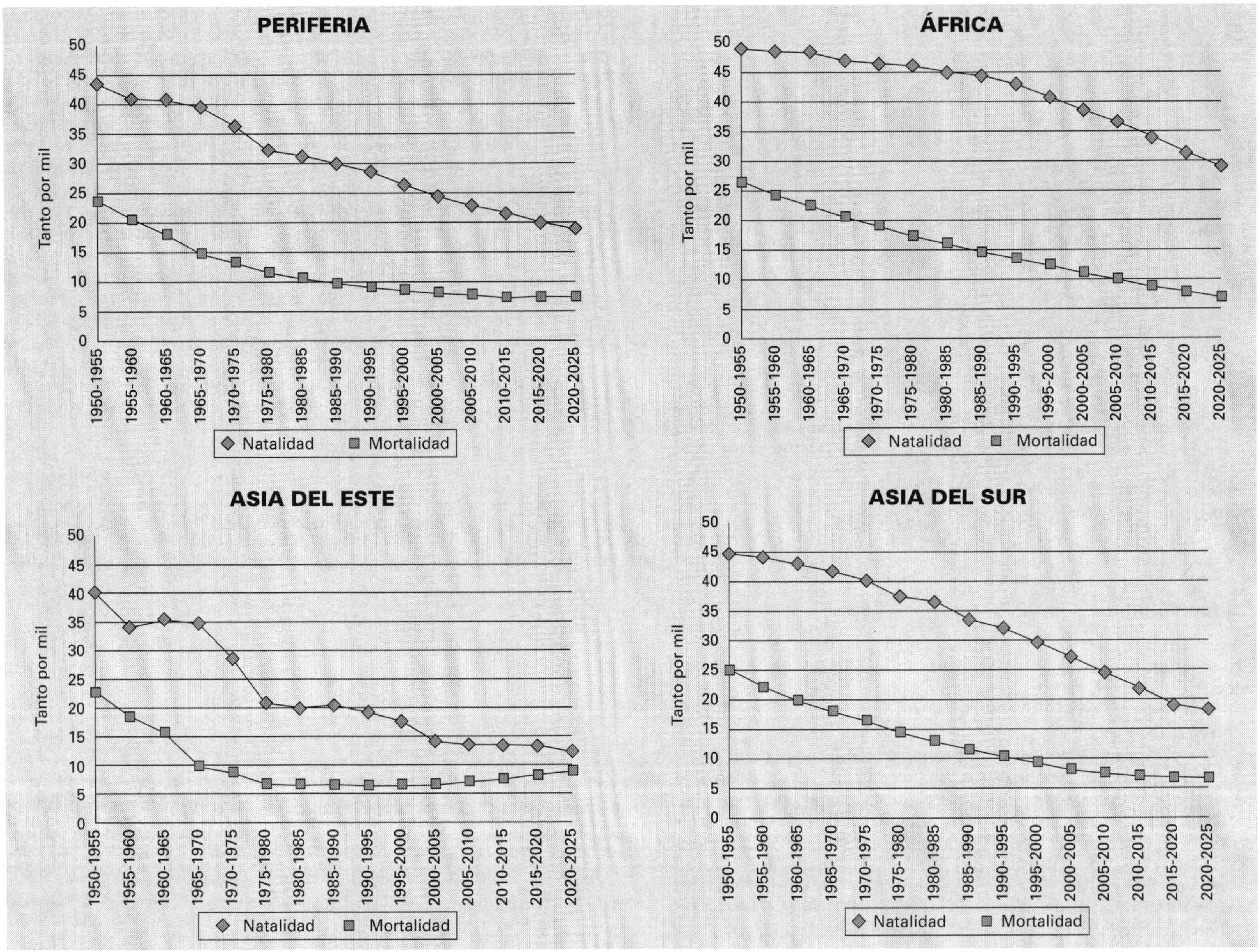

Gráfico 9.7. MOVIMIENTO NATURAL DE LA POBLACIÓN, 1950-2025.

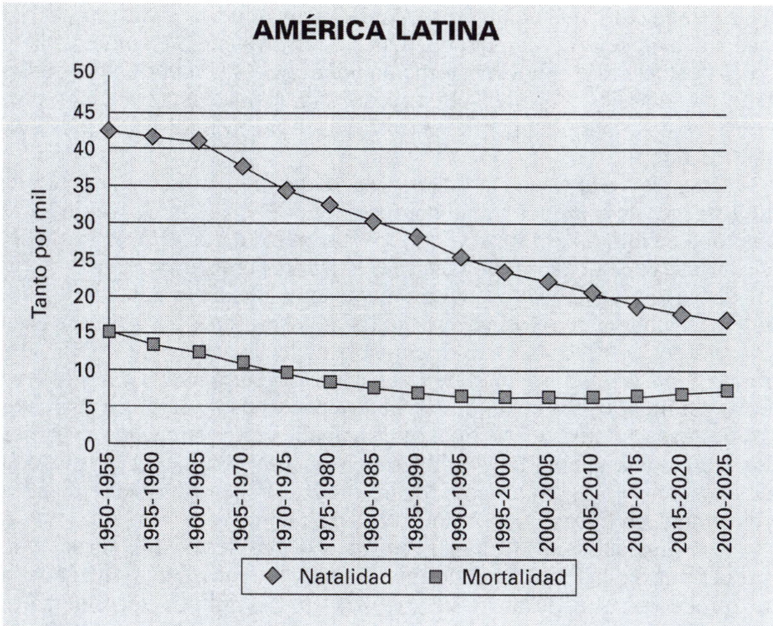

Gráfico 9.7. MOVIMIENTO NATURAL DE LA POBLACIÓN, 1950-2025 (*Continuación*).

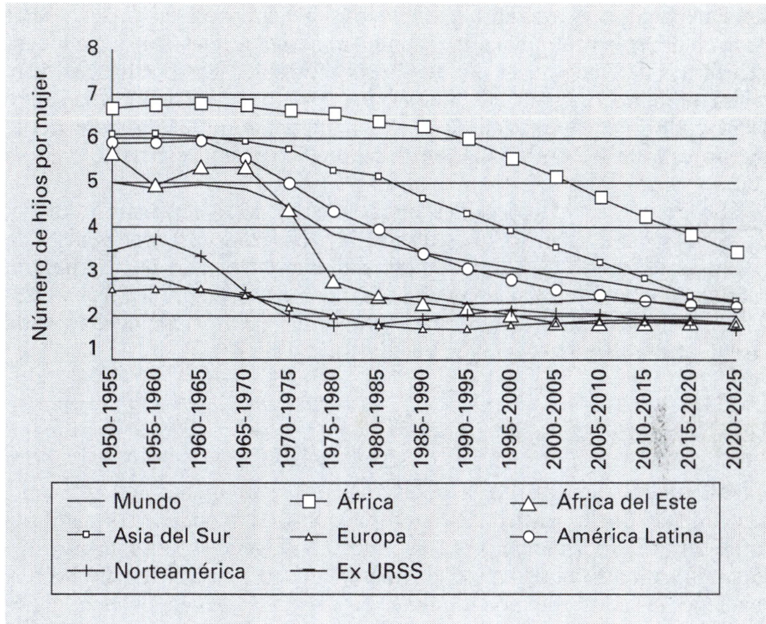

Fuente: NN.UU.: *World Population Prospects*, 1992.

Gráfico 9.8. FECUNDIDAD TOTAL POR MUJER, 1950-2025.

La natalidad

El comportamiento de la natalidad, como se puede observar en los Gráficos 9.6 y 9.7, presenta una característica definitoria: tras un mantenimiento en la Periferia de tasas superiores al 40 por 1.000, a partir de los años setenta comienza un declive persistente que se supone que continuará en las próximas décadas. En el Centro, por su parte, el «baby boom» supuso que, aunque también con tendencia decreciente, la tasa de natalidad se mantuviera por encima del 20 por 1.000 hasta dicha década y a partir de entonces el descenso se hace muy acusado.

La variable más directamente explicativa de la natalidad es la fecundidad, es decir, la relación del número de nacimientos respecto a la estructura por edades de la población femenina. El Gráfico 9.8 muestra la *tasa de fecundidad total* (el número de hijos que tendría una mujer a lo largo de su vida reproductiva si se comportara de acuerdo con las tasas de fecundidad por edades prevalecientes) para distintas regiones y para el mundo.

Respecto al Centro del Sistema es destacable cómo el «baby boom» tuvo mayor significación en Norteamérica que en Europa, cómo existe cierto repunte en la fecundidad conforme las niñas del «baby boom» se hacen adultas (la edad de la madre al tener el primer hijo se ha retardado en los países desarrollados casi en diez años), y cómo, en cualquier caso, la caída prevista para las próximas décadas deja al Centro con una tasa de fecundidad inferior a 2 hijos por mujer, es decir, por debajo de las necesidades de reposición. La fecundidad en la ex URSS presenta una gran estabilidad a lo largo del período considerado, siempre entre 2 y 3 hijos por mujer, aunque probablemente hoy sea inferior.

En las otras regiones geográficas se observa como caso claramente diferenciado de los demás el de Asia del Este, dominado demográficamente por el comportamiento de China y Japón. En ambos países la fecundidad tiene un importante repunte, aunque por razones distintas: el típico «baby boom» postbélico en el caso japonés y razones político-ideológicas en el chino (en el sentido de no restringir la natalidad). Posteriormente la caída es mucho más acusada: se impondrá una política antinatalista coercitiva en China y en Japón se mantendrá la tendencia típica de un país central.

Pero, a excepción de estos dos casos, el modelo de comportamiento de la fecundidad en la Periferia es muy similar, y, a los efectos que interesan en el análisis estructural-económico, se resumen en una frase: a pesar de la caída de la mortalidad, la fecundidad permanece estable y a altos niveles (más de cinco hijos) durante las primeras décadas postbélicas. Este mantenimiento (incluso crecimiento en África y América Latina entre 1950 y 1965) es el corazón de la explosión demográfica de la Periferia, puesto que de la mortalidad, en principio, no puede esperarse sino su caída.

En definitiva, el proceso de reproducción de la población mundial tiene unas características tales que se ha convertido en protagonista de cualquier escenario de futuro. En ese contexto y con esas previsiones, no cabe duda que el tercer elemento de la dinámica demográfica, las *migraciones*, se constituirán como objeto primordial de atención cuando ya la tasa de crecimiento vegetativo es declinante.

Los movimientos migratorios

La movilidad espacial de la población es tan antigua como la propia humanidad. En las sociedades precapitalistas, las condiciones naturales impusieron desplazamientos de enormes contingentes poblacionales que llegaron a modificar el carácter demográfico y social de casi todas las formaciones sociales a lo largo de miles de años. Los movimientos migratorios implicaron nuevos asentamientos, nuevos equilibrios demográficos en los orígenes y en los destinos y, en definitiva, la configuración de las bases culturales y económicas de las diversas formaciones sociales, de tal manera que se puede ciertamente afirmar que no existe en la historia de la humanidad ninguna sociedad que no sea producto directo, en alguno o varios momentos de su historia, del trasiego, mezcla y síntesis de poblaciones migrantes, es decir, del mestizaje. Así ha sido y, con seguridad, así seguirá siendo en la historia humana.

Se pueden distinguir tres tipos de migraciones, atendiendo a sus diferentes causas: las migraciones *ambientales*, las migraciones *políticas* y/o a causa de las guerras y las migraciones *económicas*.

1. Las migraciones ambientales se refieren a los desplazamientos poblacionales relacionados con el deterioro de las condiciones naturales de la producción (agotamiento de tierras, deforestación, sequías, etc.) o con desastres ecológicos (accidentes nucleares, contaminación, etc.) en los lugares de origen. Se pueden considerar de este tipo a la mayor parte de las migraciones durante el precapitalismo y actualmente están adquiriendo nueva importancia como respuesta a acontecimientos de esta naturaleza en algunas regiones concretas del África subsahariana, de la ex URSS y de América Central y del Sur (en concreto, en la Amazonia).

2. Las migraciones por motivos políticos o bélicos constituyen el denominado movimiento de refugiados. Hasta hace pocos años, estos desplazamientos sólo habían sido considerados puntualmente significativos, ya que únicamente adquirían importancia cuantitativa en las coyunturas bélicas o postbélicas o ante la persecución política desatada por golpes de Estado dictatoriales. Pero, en última instancia, esos desplazamientos eran considerados como temporales puesto que llevaban implícita la posibilidad del retorno.

Después de la Segunda Guerra Mundial y tras el reasentamiento de millones de desplazados por el conflicto, la política de inmigración hacia este tipo de migrantes estuvo protagonizada por el derecho de asilo que legislaron las democracias capitalistas sin mayores problemas.

En la década de los ochenta el volumen mundial de refugiados aumentó espectacularmente, pasando de menos de 10 millones en 1980 a más de 17 millones en 1990 y a partir de entonces no ha dejado de crecer. La Guerra del Golfo creó 5 millones de refugiados, la guerra en la ex Yugoslavia otros 2 millones y los continuos conflictos en África no cesan de aumentar los desplazamientos de este tipo. En la actualidad, se estima que en África los refugiados superan los 7 millones, en Asia los 8 millones (la mayoría en Pakistán e Irán), en Oriente Medio los 2 millones (sólo de refugiados palestinos), en Europa y en América Latina, un millón...

Este gran aumento ha causado dos tipos de problemas diferentes según sea el Centro o la Periferia el destino de asilo. En el caso de África o Asia los problemas son de mera subsistencia en los campos de refugiados, puesto que los recursos a ellos dedicados tienen las limitaciones del propio subdesarrollo del país de asilo. En el caso del Centro, sin embargo, se ha planteado el solapamiento entre el desplazamiento político y la migración económica, lo que ha provocado que se planteen políticas inmigratorias muy restrictivas ante el espectacular aumento de solicitudes de asilo.

3. Las migraciones económicas, por último, se refieren a los desplazamientos provocados por la búsqueda de más o mejores oportunidades en el mercado de fuerza de trabajo y por tanto son consustanciales al desarrollo del capitalismo, con el que adquirirán la máxima importancia. Las causas económicas de la migración y sus efectos en la economía serán objeto de tratamiento en el próximo capítulo; ahora se trata tan sólo de destacar la importancia cuantitativa y cualitativa de estos movimientos en la formación de la economía mundial.

En las migraciones económicas se pueden distinguir dos tipos: las «internas» (o nacionales) y las «externas (o internacionales). En el primer caso, los desplazamientos más significativos son los del campo a la ciudad o *migración rural-urbana*. Es un tipo de movimiento que, como se vio anteriormente al tratar la temática de la urbanización, es constante durante el desarrollo del capitalismo a nivel tanto del Centro como de la Periferia.

En lo que se refiere a las *migraciones internacionales*, cabe decir que, históricamente, la dirección de los grandes flujos migratorios en las primeras fases del capitalismo se produjo desde las metrópolis hacia las colonias destacando los casos de América, Oceanía y África como destino de los

Cuadro 9.14. La migración económica desde la periferia.

País receptor	Millones			Porcentaje total inmigrantes		
	1960-69	1970-79	1980-89	1960-69	1970-79	1980-89
EE.UU.	1,6	3,3	5,5	50	76	87
Alemania	1,5	2,8	2,6	23	40	48
Gran Bretaña	—	1,1	1,1	—	55	52
Canadá	0,2	0,7	0,8	18	48	66
Australia	0,1	0,3	0,5	9	27	47
Suecia	—	0,1	0,1	6	17	40

Fuente: PNUD: *Informe sobre el Desarrollo Humano*, 1992.

europeos. La emigración transoceánica se desarrolló paralelamente a la dinámica económica cíclica de las metrópolis capitalistas, de tal manera que fue máxima hasta los años veinte de este siglo y descendió a raíz de la Gran Depresión. Entre 1846 y 1890 la emigración europea era de un ritmo anual de casi 400.000 personas y entre 1890 y 1910 ese ritmo subió hasta alcanzar casi el millón de emigrantes anuales. Entre 1820 y 1932 se estima que, sobre una migración internacional global de unos 60 millones de personas, 54 millones se habrían dirigido hacia América y de ellos unos 34 millones a EE.UU. La estructura y dinámica demográfica de este nuevo Centro estuvo marcada desde un principio por el fenómeno inmigratorio, que llegó a ser responsable de más del 40 por 100 del crecimiento demográfico entre 1880 y 1910.

Después de la Segunda Guerra Mundial, el auge en el centro y norte de Europa occidental atrajo a varios millones de emigrantes del sur de la región (Portugal, España, Italia, Yugoslavia, Grecia, Turquía). Empleados en los sectores más significativos de la industrialización fordista, la crisis de este modelo desde la segunda mitad de los setenta supuso el regreso de muchos emigrantes (especialmente españoles, italianos y portugueses), reduciéndose así la presencia «extranjera» perteneciente a países europeos.

Desde la óptica mundial, el hecho más significativo es que a partir de los años cincuenta el flujo migratorio internacional cambia de sentido y será a partir de entonces mayoritariamente desde la Periferia hacia el Centro. Ello fue especialmente significativo en EE.UU., con flujos de emigrantes procedentes de América Latina. El mismo fenómeno se produjo también en Europa, donde los inmigrantes de la Periferia se establecieron de forma estable (caso de los asiáticos y caribeños en Gran Bretaña, ma-

Cuadro 9.15. Inmigrantes en Europa, 1995.

	Residentes magrebíes, turcos y de la antigua Yugoslavia residentes en países europeos seleccionados, población total y fuerza de trabajo											
			Argelia		Marruecos		Túnez		Turquía		Antigua Yugoslavia (%)	
	PET	FTET	%PET	%FTET	%PET	%FTET	%PET	%FTET	%PET	%FTET	%PET	%FTET
Austria	—	269,7	—	—	—	—	—	—	—	20,7	—	54,4
Bélgica	909,8	353,3	1	0,9	15,4	12,8	0,6	0,6	9	6,3	0,9	0,9
Dinamarca	222,7	—	—	—	1,5	—	—	—	16	—	12,6	—
Francia	3.596,6	1.573,3	17,1	15,6	15,9	12,6	5,7	5,1	5,5	4,2	1,5	2,1
Alemania	7.173,9	2.569,2	0,2	—	1,1	—	0,4	—	28,1	29,3	11,1	18,3
Italia	991,4	—	—	—	9,5	—	4,1	—	—	—	5,2	—
Holanda	757,1	221	0,1	—	21	14,5	0,3	—	24,1	17,6	3,9	—
Noruega	160,8	—	—	—	1	—	—	—	2,8	—	10,9	—
España	499,8	138,7	—	1,9	15	37	—	—	—	—	—	—
Suecia	531,8	220	—	—	—	—	—	—	3,8	3,2	17,3	6,8
Suiza	1.330,6	728,7	—	—	—	—	—	—	5,9	4,9	22,1	18,5
Reino Unido	2.060	1.031,7	—	0,1	—	0,2	—	0,2	1,4	1,3	—	0,8

Fuente: OCDE: *Trends in International Migration. Annual report 1996*. París, 1997.
Notas: PET: = Población extranjera total; FTET: = Fuerza de trabajo extranjera total.

grebíes y del África negra en Francia, turcos en Alemania, como contingentes más importantes), a diferencia de los inmigrantes de origen europeo cuyo retorno al país de origen fue mucho mayor. El Cuadro 9.14 define bien este cambio de tendencia, mostrando cómo casi la mitad de la inmigración en Europa y la mayor parte de los inmigrantes en la América del Norte anglosajona proceden de la Periferia, cuando antes procedían de los países europeos. En el Cuadro 9.15, por su parte, se expresa la importancia relativa de los trabajadores inmigrantes periféricos (legales) en algunas economías europeas.

En el caso de Japón, la inmigración desde la Periferia asiática también se ha acentuado extraordinariamente en la última década. Y, en todos los casos, se admite que las cifras oficiales existentes subestiman la realidad, dada la inmigración ilegal, en algunas ocasiones estimada como equivalente o incluso superior a la legal.

Dada la estructura de edades y la dinámica demográfica prevista, se ha especulado insistentemente sobre la presión demográfica que desde la Europa del Este y la Periferia se ejercerá sobre los países del Centro. En esta temática están presentes consideraciones de tipo cultural, social e incluso de racismo, ya que la integración de los emigrantes, como en cualquier situación pasada en la historia de las migraciones, supone una serie de modificaciones en la comunidad receptora.

De la misma manera que la emigración colonial-imperialista desde el Centro a la Periferia incluyó el exterminio de poblaciones autóctonas, el tráfico de esclavos y dio como resultado la ocupación mundial territorial del «hombre blanco» (algún autor ha enfatizado que la «población caucásica» pasó de constituir el 22 por 100 de la raza humana en 1800 a ser el 35 por 100 en 1930), las características del proceso de reproducción de la población mundial han impuesto, con el desarrollo de la mundialización, una inflexión. Y ésta es de tal magnitud que sólo cabe pensar en un futuro más intercultural y multiétnico en la distribución espacial de la población, so pena de que, en caso contrario, surja con fuerza el conflicto y el racismo.

RESUMEN

El *proceso de reproducción de la población* mundial a partir del desarrollo del capitalismo se ha caracterizado por las *explosiones demográficas* y las modificaciones profundas en las *características estructurales* de la población. Las primeras se han debido a fuertes *caídas de la mortalidad*: en el Centro acompañada posteriormente por la *caída de la natalidad*, pero en la Periferia esta adaptación no se ha producido en décadas, por lo que se mantiene un extraordinario *potencial demográfico* para el futuro. Las modificaciones en la estructura demográfica han afectado a la *urbanización*, a la *actividad sectorial* de la población, a la *incorporación de la mujer al mercado de fuerza de trabajo* y al *estatus ocupacional*, generalizando la *asalarización*. Durante todos estos procesos los *movimientos migratorios* han actuado como mecanismos de regulación y las desigualdades actuales y futuras en el PRP mundial parecen exigir un nuevo papel a los desplazamientos poblacionales.

LECTURAS PARA LA REFLEXIÓN

«Toda sociedad agrícola (...) tiende a seguir unas pautas definidas en la estructura y las fluctuaciones de los índices de natalidad y mortalidad. Los índices brutos de natalidad son invariablemente muy altos: entre el 35 y el 55 por 1.000, mientras que el promedio de hijos nacidos de una mujer "casada" (...) al finalizar su período de fertilidad (a los cuarenta y cinco o cincuenta años) es de cinco como mínimo. (...) Los índices de mortalidad son también muy elevados, pero normalmente son inferiores a los de natalidad. Por lo general, oscilan entre el 30 y el 40 por 1.000. (...) Con la Revolución Industrial tienden a desaparecer los horribles "picos" del segundo índice citado. (...) El descenso repentino del índice de mortalidad, unido al hecho de que algunos países de los llamados "subdesarrollados" no están preparados para los cambios culturales que comporta la Revolución Industrial (especialmente en lo que respecta al control de la natalidad), ocasiona un dramático ensanchamiento del "vacío demográfico".»

Carlo M. Cipolla: *Historia económica de la población mundial.*
Crítica. Barcelona, 1978.

«No se puede plantear hoy una solución política de puertas abiertas, eso es absolutamente imposible. Hay que tener en cuenta el hecho de que al final del siglo XX el mundo ha pasado de una situación en la cual era abierto y la movilidad de personas era una movilidad muy importante, a otra diferente: (antes) se podía viajar por el mundo sin pasaporte. Concretamente, antes de la Primera Guerra Mundial podía viajarse por Europa sin pasaporte.

Ahora parece una conquista de la Europa Unida que se pueda viajar sin pasaporte; sin embargo, antes se llegaba a América sin pasaporte. Por el hecho de estar en América un individuo era ciudadano americano. Ese período se acabó. Es la lógica del Estado nacional. (...) No hay un mundo vacío que se vaya a llenar con inmigrantes, eso no existe. Hay una lógica nacional muy cruel y muchos de los movimientos migratorios de los últimos cincuenta años son movimientos de refugiados, que es lo contrario de la inmigración. (...) Opino que Europa comete un error con esta política actual de cerrar puertas y me parece que tendrá que abrir las puertas con mucho juicio en los próximos diez o veinte años.»

Massimo Livi-Bacci: *Inmigración y desarrollo: Comparación entre Europa y América.* ITINERA Cuadernos, n.° 3. Fundación Paulino Torras Domènech, Barcelona, 1991.

«No cabe duda de que el balance demográfico global del mundo está cambiando aceleradamente. Las naciones ricas del mundo actual se están convirtiendo rápidamente en minoría. En 1950, el 20 por 100 de los nuevos bebés nació en el mundo industrializado. En la actualidad, la cifra es del 12 por 100 y para el año 2000 habrá descendido al 11 por 100. Las poblaciones ricas y las pobres en rápida expansión le dan un nuevo impulso a la migración internacional. Si las oportunidades internacionales no avanzan hacia las personas inevitablemente comenzarán a avanzar hacia las oportunidades internacionales. También es mucho más probable que los habitantes de países en desarrollo vean sus vidas trastocadas por guerras, desastres naturales y degradación ambiental, lo cual aumenta las probabilidades de que emigren. (...) Hay entre 12 y 15 millones de personas internamente desplazadas en los países en desarrollo, y probablemente entre 14 y 16 millones de refugiados políticos. Si se calcula con la experiencia del pasado, sólo alrededor del 5 por 100 de ellos llegarán al norte.»

PNUD: *Informe sobre el Desarrollo Humano*, 1992.

PALABRAS CLAVE

- Proceso de reproducción de la población
- Estructura demográfica
- Proceso de urbanización
- Actividad de la población
- Clases sociales
- Dinámica demográfica
- Explosión demográfica
- Migraciones internacionales

BIBLIOGRAFÍA BREVE

C. M. Cipolla: *Historia económica de la población mundial.* Crítica, Barcelona, varias ediciones.

M. Livi-Bacci: *Historia mínima de la población mundial.* Ariel, Barcelona, 1990.

NN.UU.: *World Population Prospects.* Nueva York, diversos años.

M. Reinhard y A. Armengaud: *Historia de la población mundial.* Ariel, Barcelona, 1966.

B. Sutcliffe: *Nacido en otra parte.* Hegoa, Bilbao, 1998.

CAPÍTULO 10
La relación economía-población

La percepción de la relación entre la población y la economía, o entre la estructura y dinámica demográficas y el desarrollo económico y la producción de riqueza, ha sido siempre polémica. En términos generales, se puede afirmar que pocos han sido los pensadores y analistas que se han mostrado, a lo largo de la historia, conformes y satisfechos con el tamaño poblacional y con el crecimiento demográfico de su época. De ahí que se haya postulado la regulación del proceso de reproducción de la población y que, en el caso de los que opinan que tal proceso es irregulable, se haya caído en un profundo pesimismo porque se considera que el binomio población-recursos es una bomba de relojería indesconectable.

Como se vio en el capítulo anterior, las características del actual proceso de reproducción de la población mundial han inducido a expandir este tipo de sentimiento en la opinión pública y académica. El impacto del ámbito demográfico en la esfera económica ha sido, desde el economista clásico Malthus, objeto de polémicas, y a ello se dedica el primer epígrafe de este capítulo, en el que se tratan los modelos malthusianos y las críticas a ellos.

Todos esos planteamientos se fijan, en general, en sólo un aspecto de la relación población-economía, a saber, la *influencia de la población en la economía*. Pero es indispensable tomar en cuenta también la influencia recíproca en esta relación, es decir, cómo la estructura y la dinámica económicas influyen en la estructura y dinámica poblacionales. La *influencia de la economía en la población* es, en el mundo real, muy importante, y su conocimiento es indispensable para actuar consistentemente sobre el binomio población-recursos.

Metodológicamente, además, es necesario prestar especial atención a cómo el modo de producción y las demás estructuras socioeconómicas determinan, en mayor o menor medida, las características del proceso de reproducción de una población. De esta manera, al endogenizar las variables demográficas en las leyes de reproducción económica, el binomio población-recursos, sea cual sea su signo, queda relativizado a cada estructura económica, ya que tanto los recursos como la población estarían explicados según cada régimen de producción.

Como este enfoque es más escaso y reciente que el del binomio población-recursos, más tradicional y popular, en el presente capítulo se le presta una mayor atención, especificando las *determinaciones de lo económico tanto en la estructura demográfica como en la dinámica demográfica*. A partir de ahí, y considerando el proceso de *mundialización económica* en curso (que afecta también a la fuerza de trabajo/población) y la eficacia de las *políticas demográficas de planificación familiar*, se extraerán las conclusiones pertinentes sobre el alcance y contenido real de este moderno jinete del apocalipsis en que paradójicamente se ha convertido el proceso de reproducción humano para el futuro de la humanidad.

10.1. IMPACTO DE LO DEMOGRÁFICO EN LO ECONÓMICO

La población influye en la actividad económica tanto desde el ámbito de la producción como desde el ámbito del consumo:

— En la producción, como continente de la fuerza de trabajo. La Población Económicamente Activa (PEA) expresa la *oferta* de fuerza de trabajo.
— En el consumo, la población es la fuente última de demanda del output de la economía.

Ha habido autores que han visto como positivo el crecimiento demográfico porque aporta más fuerza de trabajo para la producción de riqueza, más presión para la innovación tecnológica, o, por el lado de la demanda, nuevas necesidades a cubrir y por tanto más empuje a la producción. Y al contrario, otros autores han destacado que el crecimiento demográfico impide ocupar a toda la población activa, supone una presión intolerable sobre los recursos limitados, etc.

Considerando una economía cerrada, bien nacional, bien mundial (planetaria), el binomio población-recursos ha sido visto predominantemente desde una óptica pesimista, que tiene sus raíces más conocidas en el pensamiento malthusiano.

Malthus y el neomalthusianismo

Históricamente, el pesimismo en el binomio población-recursos fue sistemáticamente formulado por primera vez por R. T. Malthus. Pero, previamente, Adam Smith había elaborado una posición optimista ante el binomio. Sin embargo, la herencia de Malthus fue más duradera porque, entre otras cosas, permitía responsabilizar de la miseria, pobreza, salarios bajos, etc., a la dinámica poblacional, que según él estaba regida por una ley natural de expansión geométrica. Las estructuras económicas generadoras de desigualdades y subdesarrollo no son las causantes, según el análisis malthusiano, de tales lacras en el desarrollo social. Por tanto, no hay que cambiarlas.

A este componente ideológico y apologético del orden existente debe el pensamiento de Malthus su longevidad, por más que el desarrollo histórico de la población y la teoría económica hayan refutado sus predicciones en incontables ocasiones.

El razonamiento de Malthus se basaba en la formulación de dos leyes, una de carácter natural y otra de carácter económico:

— La «pasión de los sexos» lleva a que la población se reproduzca en progresión geométrica (ley natural).

— Los rendimientos de la agricultura (que proporciona la subsistencia) son decrecientes.

En esas condiciones, si no se establecen «remedios preventivos» (control de natalidad), el equilibrio en el binomio población-recursos sólo se puede alcanzar mediante los «remedios positivos» (hambre, guerras, miseria, etc.). En su primer *Ensayo sobre la población* (1798), Malthus no consideró la posibilidad de los «remedios preventivos», que sólo introdujo en ediciones posteriores de dicha obra. Aunque esta inclusión supone una contradicción con el carácter biológico de su ley de reproducción, su importancia analítica radica en que a partir de ella, y para el neomalthusianismo posterior, las políticas demográficas antinatalistas aparecen como la única posibilidad de conseguir el equilibrio en el binomio población-recursos (o crecimiento demográfico-subdesarrollo).

En realidad, el esquema malthusiano sólo es aplicable a sociedades precapitalistas. Además, la teoría del subconsumo del propio Malthus, desarrollada en sus *Principios de economía política* (1820), choca en ocasiones con su teoría de la población. En el Recuadro 10.1 se profundiza algo más en la validez y consistencia del pensamiento de Malthus.

RECUADRO 10.1. LAS PARADOJAS DE MALTHUS

Hasta un organismo tradicionalmente malthusiano como el Banco Mundial tuvo que aceptar (*Informe sobre el Desarrollo Mundial*, 1984) que el modelo malthusiano sólo sirve para el precapitalismo: «Los datos (para Inglaterra) anteriores a 1800 se ajustan al modelo malthusiano... El comienzo de la Revolución Industrial, a fines del siglo XVIII, interrumpió este ciclo malthusiano. A mediados del siglo XIX la fecundidad ya no se elevaba junto con el ingreso real y el aumento del nivel de vida dejó de autolimitarse en la forma que temía Malthus, debido a que la productividad avanzaba tan rápidamente». (Ibídem, pág. 65.)

Malthus realizó varios viajes para contrastar su teoría, y los resultados los expuso en las sucesivas ediciones del *Ensayo sobre la población*. Se puede advertir en ellos que precisamente se refiere a sociedades menos capitalizadas (de hecho, en ocasiones, no capitalizadas) que la inglesa, a la que pretendía aplicar su teoría. Ésta es la primera paradoja: querer explicar con el precapitalismo lo que pasa en el capitalismo.

Cuando introdujo la «abstención moral» en los «remedios preventivos», Malthus era consciente que atentaba seriamente contra la coherencia de su Principio de población: la inexorabilidad del crecimiento demográfico. Si es posible la prevención racional de los nacimientos, entonces no funciona la ley natural de la progresión geométrica. Segunda paradoja, que fue asumida por él sin darle solución.

Las contradicciones entre sus *Ensayos* y sus *Principios* son también suculentas. A modo de ejemplo, compárense las siguientes citas (los subrayados no son del autor):

«Que la población no puede aumentar sin que aumenten los medios de subsistencia es una proposición tan evidente que no requiere demostración. *Que la población aumenta invariablemente cuando dispone de los medios de subsistencia lo demuestra ampliamente la historia de todos los pueblos que han existido sobre la tierra.*» (*Ensayo*..., 1978, página 54 de la ed. Alianza, 1970.)

Comentando la subida de salarios y caída de los precios del trigo en Inglaterra entre 1720 y 1750: «Este gran aumento de poder de compra de artículos de primera necesidad *no produjo, a pesar de todo, un aumento proporcionado de la población.* (...) El resultado fue que los mayores salarios en trigo, en lugar de ocasionar exclusivamente un aumento de población, se emplearon en proporcionar un alza decisiva en el estándar de sus comodidades y lujos». (*Principios*..., 1820, pág. 192 de la ed. de FCE.)

O considérese la siguiente, vinculada a su teoría del subconsumo:

«Muchos escritores han opinado que el único estímulo que necesita el aumento de riqueza es el crecimiento de la población. (...) *No tenemos ningún inconveniente en admitir que un crecimiento persistente de la población es un factor importantísimo y necesario para el aumento de la demanda* (...).» (*Principios*..., pág. 262, ed. cit.) Su teoría del subconsumo, por la que fue tan celebrado por Keynes (que lo consideró «el primero de los economistas de Cambridge»), supone que el desempleo de los recursos —incluidos los humanos— es consecuencia del *exceso de ahorro* (y *no* del exceso de dichos recursos, que es lo que defiende en sus *Ensayos*) y llegó a escribir a Ricardo: «Opino que, en la práctica, el freno efectivo de la producción y la población surge más de la falta de estímulos que de la falta de capacidad productiva».

Queda la duda, pues, de si el Malthus economista casaba bien con el Malthus demógrafo. En última instancia, lo que *sin duda* ha perdurado de su análisis ha sido la «evasión» de responsabilidades de la estructura económica capitalista a la hora de explicar la pobreza y la miseria que en ella se da, bien en un contexto nacional, bien en un contexto mundial.

El neomalthusianismo surgió con fuerza especial en los años sesenta proporcionando una explicación del subdesarrollo en la Periferia. Los modelos neoclásicos de crecimiento elaborados en los años cincuenta eran de índole malthusiana, tanto si consideraban el crecimiento demográfico como endógeno (Leibenstein, Nelson) como si lo consideraban exógeno (Solow, Lewis, etc.).

En el primer caso, se llegaba a la «trampa del equilibrio a bajo nivel»: en sociedades con bajo nivel de renta, un crecimiento de ésta repercute en una caída de la mortalidad y en un consiguiente crecimiento demográfico que se «come» ulteriores aumentos de renta y las posibilidades de crecimiento. El equilibrio se estabiliza a bajos niveles de renta, de donde es imposible salir si no es con fuertes medidas exógenas que afecten al crecimiento demográfico o a la formación de ahorro y capital.

En el segundo caso, en el que se usan modelos de crecimiento con uno o dos sectores, se considera a la población como exógena y se argumenta, en general, que el crecimiento demográfico tendrá seguramente como efectos:

— Una disminución de la eficiencia marginal del «factor trabajo».
— Dificultar el ahorro y la inversión productiva.
— Aumentar el desempleo.
— Dificultar la absorción del excedente de mano de obra agrícola por el sector «moderno» industrial, acentuando o perpetuando el «dualismo» de la economía subdesarrollada.
— Etcétera.

Críticas antimalthusianas

Las críticas al pesimismo malthusiano se pueden agrupar en dos tipos:

— Las que consideran que el crecimiento demográfico puede tener efectos positivos para el crecimiento económico. En este sentido destacan autores como C. Clark, E. Boserup, J. Simon, etc. La confianza en la capacidad innovadora del género humano, la crítica a la teoría de los rendimientos decrecientes o la alarma ante una caída persistente de la población activa (con efectos más indeseables que los hipotéticamente negativos del crecimiento demográfico) son, entre otros, los argumentos fundamentales del optimismo de este tipo de aportaciones.
— Las que critican la vinculación malthusiana y neomalthusiana de la pobreza y el subdesarrollo con el crecimiento demográfico. Ya Malthus fue objeto de tales críticas por parte de los socialistas utópicos y después por Marx, en el sentido de que ocultaba las auténticas causas de la miseria y la pobreza, que eran de raíz económica y no demográfica. Posteriormente, las teorías marxistas del imperialismo y del subdesarrollo también han mantenido una explicación alternativa para las causas del subdesarrollo, que se daría independientemente de si la población crece mucho o poco. Más aún, desde la propia Periferia muchos autores han argumentado contra los modelos neomalthusianos que:

  • Es ridículo pensar que el aumento del ahorro y de la inversión pueda proceder de las familias pobres (que son las que tienen más hijos) al reducir marginalmente su tamaño familiar.
  • Es cuando menos hipócrita argüir que el Estado en los países subdesarrollados desvía recursos susceptibles de usos productivos para gastos sociales (salud y educación) vinculados al crecimiento demográfico: basta observar empíricamente las cuentas nacionales para corroborar que las prioridades gubernamentales de inversión han ido por otros derroteros.
  • Si en los inicios de industrialización del Centro la población jugó un papel positivo, el que no lo haga en la Periferia no se debe a la propia población, sino a las características de la estructura económica extravertida. Incluso en ese contexto desfavorable, algunos autores (por ejemplo, Hirschman, Kuznets o Boserup,) han enfatizado el papel positivo que el crecimiento demográfico puede tener para superar inercias del subdesarrollo hasta un cierto umbral.

El debate malthusianismo-antimalthusianismo ha adquirido una nueva perspectiva con la mundialización. El problema ya no se plantea estrictamente como el binomio población-subdesarrollo. De hecho, las aportaciones más significativas de la década de los ochenta (Banco Mundial, 1984, National Research Council de EE.UU., 1986) han constatado que el neomalthusianismo no sirve para explicar la persistencia del subdesarrollo, o al menos exclusivamente. Se tiende a admitir que en algunos casos, y junto con otros factores, un crecimiento poblacional excesivo puede profundizar algunos de los obstáculos estructurales del subdesarrollo. Pero hay demasiada casuística diferente, demasiadas excepciones para cualquier generalización, y los problemas demográficos que realmente preocupan para el inmediato futuro no son tanto los ligados a las tasas de crecimiento (que además, como se vio, decrecen en la Periferia desde hace quince años, aunque lenta y desigualmente), sino a la distribución espacial (las grandes aglomeraciones urbanas), las migraciones del sur al norte, etc. Por otra parte, cada vez se hace más evidente que la población no puede ser considerada como exógena al propio acontecer económico, por lo que la argumentación de la influencia de la economía en la población ha adquirido la máxima importancia analítica en la valoración del binomio población-recursos.

10.2. DETERMINACIÓN ECONÓMICA DE LA ESTRUCTURA DEMOGRÁFICA

Para explicar cómo la base económica influye en el proceso de reproducción de la población hay que recordar que la población es el continente de la fuerza de trabajo.

En el capitalismo, como la fuerza de trabajo es una mercancía, su proceso de reproducción es exclusivamente económico y está destinado a producir un valor de cambio que tiene que ser menor que el valor que produzca dicha mercancía-fuerza de trabajo con su uso en el proceso productivo.

Por tanto, el *Proceso de Reproducción de la Fuerza de Trabajo* (PRFT) tiene un carácter mercantil-capitalista y los distintos procesos de producción de las diferentes mercancías que se necesitan para cualificar, reponer, mantener, etc., la fuerza o capacidad de trabajo en las condiciones requeridas por la acumulación de capital (para fijar su valor de cambio, el capital variable) son, en definitiva, a su vez, procesos de producción capitalistas (realizados para obtener beneficios).

Estos procesos de producción de alimentos, vestidos, formación, salud, etcétera, son los que configuran los costes salariales, que según las leyes del modo de producción capitalista deben tender a minimizarse para el capital (bien endógenamente en el propio proceso económico, reduciéndolos mediante el progreso técnico, la sobreexplotación o la expansión exterior, bien exógenamente, siendo costeados por toda la sociedad a través del Estado).

Por otra parte, estos procesos también son la base de la subsistencia biológico-social de la población y, en definitiva, del proceso de reproducción de la población (PRP). Así, a través de la mercantilización de la fuerza de trabajo, el PRP y el PRFT se articulan de forma económica y de ahí que la economía influya poderosamente en la esfera demográfica.

Tal contenido económico, siendo la fuerza de trabajo una mercancía, se expresa en el *mercado de fuerza de trabajo*, o sea, en la articulación entre la *oferta de fuerza de trabajo* (la población activa) y la *demanda de fuerza de trabajo* (determinada por la dinámica de la acumulación de capital).

En resumen:

- En el capitalismo, el proceso de reproducción de la fuerza de trabajo es de carácter económico y se expresa en el mercado laboral (ya que la fuerza de trabajo es una mercancía).
- Como el ser humano y su capacidad de trabajar (su fuerza de trabajo) son indisociables en la reproducción de la existencia viviente, el proceso de reproducción de la población se ve influido por el proceso de reproducción de la fuerza de trabajo.
- Por tanto, las características del mercado laboral (demanda de fuerza de trabajo, salarios, cualificación, etc.) influyen en la estructura y dinámicas demográficas, que son los componentes del proceso de reproducción de la población.

En lo que se refiere a la *estructura demográfica*, es obvio que la economía poco puede explicar de la estructura por géneros y edades. Por el contrario, es determinante en lo que se refiere a la actividad, distribución y composición de la población.

Capitalismo y actividad de la población

El nivel de desarrollo general de las fuerzas productivas característico de cada modo de producción influye en la determinación del volumen necesario de fuerza de trabajo necesaria para las tareas productivas.

En el capitalismo, es *a través de la demanda de fuerza de trabajo* como se influye en:

1. *El nivel general de actividad de la población*. A mayor capitalización de la sociedad, más tasa de actividad general, ya que ello quiere decir que más proporción de población trabaja o busca trabajo en el mercado capitalista de fuerza de trabajo y hay menos población adscrita a modos precapitalistas. Por eso la tasa de actividad general es más alta en los países desarrollados que en los subdesarrollados.
2. *La distribución de la fuerza de trabajo entre los diversos sectores*. A mayor capitalización de la sociedad, menos fuerza de trabajo en la agricultura y más en la industria y servicios, y entre estos dos últimos sectores, más en el terciario, porque ello quiere decir que el desarrollo de las fuerzas productivas típico capitalista ha «liberado» la fuerza de trabajo hacia las necesidades de la acumulación de capital según las diversas fases del capitalismo. Por eso en la actualidad la población activa terciaria es mayoritaria en los países más desarrollados, mientras que la primaria lo es en los más subdesarrollados.
3. *La tasa de actividad por edades y género*. Respecto a la actividad por edades, el desarrollo capitalista exige cada vez más cualificación, por lo que la tasa de actividad infantil tiende a disminuir (la entrada en el mercado laboral se retrasa); por otra parte, la acción sindical que acompaña históricamente a la dinámica capitalista adelanta también la salida del mercado laboral (derecho a la jubilación).

Las características de la demanda de fuerza de trabajo modifican, así, el ***ciclo vital*** *de la persona según la estructura capitalista en que vive*. En los países del Centro, al retrasarse la entrada al mercado laboral, se es «joven» durante muchos más años que en la Periferia y por tanto el tipo de consumo de bienes y servicos (desde el consumo material hasta la educación y el ocio) para este segmento poblacional marca también diferencias en los modos de vida y en la distribución mundial del consumo de recursos.

Respecto a la tasa de actividad por género, en general el desarrollo capitalista facilita la incorporación de la mujer al mercado laboral, por lo que (insistiendo en las matizaciones de tipo estadístico y de carácter superestructural que se indicaron en el capítulo anterior) se puede afirmar que la tasa de actividad femenina y la tasa de participación de la mujer en la población activa son mayores cuanto más capitalizada está la economía de una sociedad.

Las razones por las cuales la dinámica de la acumulación de capital presiona a la participación masiva de la mujer en el trabajo asalariado son tanto de tipo *estructural* como de tipo *coyuntural*.

— *A nivel estructural*, con dicha incorporación se produce una tendencia histórica a la reducción del salario individual (que hace casi obligado que los dos miembros de la pareja tengan que trabajar para mantener el salario familiar) y a la ampliación de la escala de producción de plusvalía. Esta ampliación se realiza a dos niveles:

a) Por el aumento de fuerza de trabajo implicada en la producción de ganancia en el sector industrial o en el sector terciario.

b) Por el desarrollo de las fuerzas productivas en nuevas industrias de producción de medios de producción domésticos (lavadoras, secadoras, frigoríficos, cocinas, hornos, etc.) destinados tanto a reducir el tiempo de trabajo socialmente necesario para reproducir la fuerza de trabajo como a permitir el trabajo exterior de la mujer. Se refuerza así tanto la producción de plusvalía en estos sectores como la extracción de plusvalía relativa en toda la economía en general.

Esta vinculación de las necesidades del capital con la «liberación» de la mujer de su «encierro» en la esfera doméstica no significa minusvalorar o ignorar el papel que han tenido los movimientos feminista, sindical e igualitarista en el acceso y mejora de las condiciones de la mujer en el trabajo asalariado. Se trata únicamente de destacar cómo la estructura económica adapta las modificaciones exigidas desde la conciencia social a sus necesidades de reproducción.

Por otra parte, también explica en parte el porqué el trabajo que efectivamente realizan gran parte de las mujeres en los países subdesarrollados no es considerado en las estadísticas de la actividad femenina, como se destacaba en el capítulo anterior: si dicho trabajo no está subsumido en la generación de ganancia (capitalista), no se considera actividad «económica», sino «doméstica».

— *A nivel coyuntural*, la pervivencia de la división por género del trabajo doméstico hace más regulable el «ejército de reserva» femenino. Por ello el desempleo femenino es siempre mayor que el masculino y la población activa femenina es una auténtica reserva de fuerza de trabajo a la espera de su valorización según la fase del ciclo económico.

Por todo ello, y a pesar del tremendo impulso que la capitalización de la estructura económica ha producido para la «liberación» femenina, cabe concluir que el capital supone el principal obstáculo para llevar a aquélla hasta sus últimas consecuencias, más allá de permitirle jugar un papel más lúcido en el proceso de valorización que el meramente doméstico (lo que por otra parte no es poco para bastantes sociedades periféricas).

4. *La estructura de las categorías de empleo*. A mayor desarrollo capitalista (y por tanto en el Centro del Sistema), mayor será la categoría de *asalariados* y, dentro de ella, la de *asalariados no agrícolas*, puesto que es una necesidad de la acumulación capitalista poner a producir ganancia directa al máximo volumen posible de fuerza de trabajo. El trabajo por cuenta propia y el trabajo familiar no remunerado tenderán a hacerse mínimos y subsistirán básicamente en el sector terciario.

En el capitalismo periférico, sin embargo, estas categorías subsistirán en la medida en que la acumulación extravertida limite el mercado laboral, ya que la «capitalización» de las relaciones sociales está subordinada a las necesidades del Centro. La parte de la población que no es absorbida por ese mercado laboral distorsionado tiene que buscar la subsistencia en esos otros modos de producción (mercantil simple y doméstico de subsistencia), cuya pervivencia queda explicada, no por sí misma (como un «atraso»), sino por la funcionalidad que tienen en la acumulación a escala mundial: abaratando capital variable, etc. En capítulos posteriores se profundizará en dicha funcionalidad.

5. *Las tasas de empleo y desempleo*. La dinámica coyuntural (fase del ciclo económico) y las características cualitativas de la demanda de fuerza de trabajo definen:

— El volumen y características del *desempleo*: de larga duración, estacional, tecnológico, cíclico, etc.

— La *tipología del empleo*: empleo «fijo», empleo precario, subempleo, empleo «informal», etc.

Aunque es evidente que las condiciones del mercado laboral son definidas por el ámbito institucional como producto de la lucha de clases sindical (que logró dificultar el libre despido, la precariedad del empleo y otros muchos derechos laborales), las necesidades del capital suelen acabar imponiéndose sobre las rigideces de índole superestructural (las leyes laborales). Igual que ocurría con la actividad femenina, la dinámica capitalista ha subsumido históricamente las reivindicaciones sindicales a través del *modo de desarrollo fordista*, modo que permitió una subida de los salarios reales para permitir el consumo en masa. Con la crisis de dicho modelo de desarrollo (que enmarca la crisis económica actual), la situación del empleo en el mundo se ha agravado extraordinariamente y las perspectivas son pesimistas en cualquier caso: incluso en la hipótesis de la recuperación cíclica, se prevé un crecimiento económico sin empleo, con especiales repercusiones para la Periferia del Sistema, que es donde además está el grueso de la fuerza de trabajo mundial. En el Recuadro 10.2 se recoge la preocupación del PNUD y de la OIT al respecto.

6. *La distribución espacial de la población.* La localización de inversiones y la demanda de fuerza de trabajo que éstas generan dirigen las

RECUADRO 10.2. UN FUTURO SIN EMPLEO

En su Informe *El Trabajo en el Mundo*, 1994, la Organización Internacional del Trabajo (OIT) destaca los efectos de la crisis económica actual sobre el empleo: durante los años noventa, *el nivel de empleo ha caído sostenidamente en todo el mundo* y prácticamente no hay ningún caso, salvo en Asia oriental y sudoriental, en el que se hayan mantenido los niveles preexistentes sin que retrocedan los salarios. Las perspectivas son más preocupantes aún si se considera que *cada año se incorporan a la fuerza de trabajo mundial unos 43 millones de nuevos demandantes de trabajo*, sobre todo en la Periferia. En el Centro (en los países de la OCDE) la magnitud y características del desempleo son de un dramatismo desconocido hasta la fecha: las tasas son de dos dígitos en la mayoría de los países, es creciente el desempleo de larga duración y *el no encontrar trabajo estable afecta sobre todo a los jóvenes y a las mujeres.* El caso más espectacular es España que en 1993 registra una tasa de desempleo total del 22,7 por 100, una tasa de desempleo juvenil del 32,5 por 100 y una tasa de desempleo femenino del 25,5 por 100. En la Periferia, la presión del crecimiento de la población activa está potenciando extraordinariamente el papel del *sector informal*, casi siempre terciario y de baja productividad, como principal creador de nuevos empleos en el ámbito urbano, a la vez que se da un *incremento en el trabajo por cuenta propia.* En definitiva, se constata una *caída del empleo asalariado en el «sector moderno».* Como éste es el que interviene en el crecimiento sostenido del PIB y éste a su vez es necesario para la creación de nuevo empleo, la coyuntura y las perspectivas no pueden considerarse sino muy preocupantes.

En su *Informe sobre el Desarrollo Humano*, 1993, el PNUD también enfatizó esta problemática, destacando cómo incluso en la perspectiva de una recuperación económica hacia el año 2000, dicha dinámica se caracterizaría como *crecimiento sin empleo.* Excepto en Asia oriental y sudoriental, las proyecciones para el año 2000 de la fuerza de trabajo se sitúan por encima de las proyecciones de empleo. Por otra parte, se considera que «sería ingenuo suponer que la experiencia (asiática) en materia de desarrollo se puede repetir con facilidad en otros países». También se destaca el importante papel que en esta coyuntura tiene la pequeña empresa en la generación de empleo tanto en el Centro como, especialmente, en la Periferia y así se interpreta el aumento del trabajo por cuenta propia. Incluso se resalta la participación de la mujer en este proceso (un 30 por 100 de las pequeñas empresas de EE.UU. en 1987 eran propiedad de mujeres y en América Latina lo son un tercio de los «microempresarios» y sus trabajadores). ¿Es esto una solución sostenible? En la fase de predominio del capital financiero «hay tres grandes grupos a los que resulta difícil obtener créditos: los pequeños agricultores, los empresarios del sector informal y las mujeres en particular». Y el predominio del sector informal urbano en la creación de empleo es espectacular: en América Latina un 31 por 100, en África un 60 por 100, en Asia crea el doble de empleos manufactureros que el sector «moderno»... Y el sector informal es un sector sin seguros sociales, con bajísimos salarios, sin regulación...

Ambos informes conducen implícitamente a la misma conclusión: la coyuntura de la acumulación capitalista mundial está desechando ingentes masas de fuerza de trabajo que tiene que «buscarse la vida» como capital variable distorsionado (a la baja). Si ello es un mecanismo necesario para recuperar la tasa de ganancia e iniciar un proceso de recuperación, por otra parte dicha fase lo hará sobre los nuevos paradigmas tecnológicos que precisamente no se caracterizan por ser creadores netos de empleo estable. El futuro inmediato de la demanda capitalista de fuerza de trabajo es un futuro sin empleo o con empleo precario.

migraciones tanto a nivel nacional como internacional. Así, el «vaciamiento» de las zonas rurales y la aglomeración en los centros industriales o terciarios son característicos tanto del Centro como de la Periferia, aunque son más comprensibles y regulables, porque la relación economía-asentamiento es más directa en el primer caso que en el segundo. En los países desarrollados existe una estrecha correlación entre la densidad económica y la densidad demográfica, lo que ilustra esta influencia.

En definitiva, es la economía la que explica cuánta gente hace falta para trabajar, cuánta lo hace efectivamente, en qué rama de actividad, con qué características y en qué lugar del territorio.

10.3. DETERMINACIÓN ECONÓMICA DE LA DINÁMICA DEMOGRÁFICA

La dinámica poblacional está definida por tres movimientos: la mortalidad, la natalidad y la movilidad espacial (migraciones). La influencia de la economía en ellas es más o menos directa y a través de diferentes factores. Así, en la mortalidad influye el nivel de desarrollo global más que variables económicas concretas, en las migraciones sí que hay una influencia más directa a través de las condiciones de la demanda de fuerza de trabajo y la natalidad es influida por variables tanto microeconómicas como macroeconómicas.

Desarrollo económico y mortalidad

En lo que se refiere a la mortalidad, la influencia económica sólo puede definirse como indirecta: a causa del acceso diferencial a los medios de nutrición y salud de los diversos grupos sociales (definidos por la estructura económica tanto en el ámbito nacional como en el mundial) se enferma y se muere por causas también diferentes. Precisamente el subdesarrollo será definido en su momento como una situación caracterizada por escasos recursos de atención médica, salubridad deficiente y consiguientemente mortalidad infantil alta y esperanza de vida relativamente baja. En las condiciones de subdesarrollo la causa principal de mortandad son las enfermedades infecciosas (asociadas a la desnutrición) superadas ya en los países desarrollados, en los que se muere principalmente por enfermedades cardiovasculares, cancerígenas, etc., asociadas a una mayor esperanza de vida e incluso a la malnutrición (sobrealimentación). La causa común de «muerte violenta» tiene carácter diferente en el Centro y en la Periferia: en esta última está especialmente asociada a conflictos bélicos y a represión policial, mientras que en el Centro lo está a accidentes de tráfico [1].

Determinantes económicos de las migraciones

En lo que se refiere a la movilidad espacial de la población, la influencia de la economía en las *migraciones económicas* es directa, a través de la demanda de fuerza de trabajo: la oferta de fuerza de trabajo se desplazará hacia los espacios geográficos en los que el mercado de trabajo les depare más ventajas.

- En el mercado laboral nacional, los principales movimientos migratorios han sido los *del campo a la ciudad*.
- A nivel internacional las migraciones económicas fueron muy importantes *del Centro a la Periferia* en la fase imperialista y actualmente los son *de la Periferia al Centro*, constituyendo un especial problema para el subdesarrollo la llamada «fuga de cerebros» y en general la emigración de personal cualificado.

Hay una microeconomía (básicamente subjetiva) y una macroeconomía (básicamente objetiva) de los movimientos migratorios, que permiten explicar o bien las razones particulares que impulsan a una persona en concreto a emigrar (ámbito micro), o bien una explicación global de las diferenciales espaciales que motivan los desplazamientos de fuerza de trabajo (ámbito macro). Como suele ocurrir en la ciencia económica (aunque pocas veces se reconozca), ambos ámbitos no están bien articulados analíticamente, es decir, no es fácil pasar del comportamiento individual al general y por ello hoy en día aún están poco desarrollados modelos universales válidos sobre las migraciones económicas.

En general, los modelos micro existentes se basan en la explotación de encuestas sociológicas con validez relativa sólo a la muestra.

Por su parte, los modelos macro se debaten entre dos enfoques:

- El que enfatiza el *efecto empuje o rechazo*, que recoge las variables del lugar de origen que potencian su abandono (bajos salarios, malas condiciones de vida, etc.).

[1] Las estadísticas de mortalidad y morbilidad con comparabilidad internacional son proporcionadas por la Organización Mundial de la Salud (OMS), del sistema de Naciones Unidas. El Banco Mundial, en su *Informe sobre el Desarrollo Mundial*, 1993, dedica especial atención a este tema.

— El que enfatiza el *efecto atracción*, que recoge las variables del lugar de destino que influyen en su elección por parte del emigrante (mejores salarios, mejores condiciones de vida, etc.).

Para establecer una correcta política demográfica sobre los movimientos de fuerza de trabajo habría que saber exactamente sus causas para poder actuar sobre ellas. Este tema no está aún claro y políticas macro que, basadas en un enfoque «empuje» a causa de un precedente análisis micro que así lo indicaba, pretendían frenar el éxodo, fracasaron porque las causas reales de la emigración se basaban más en un efecto «atracción».

Por ejemplo: unas encuestas realizadas a inmigrantes rurales en la ciudad permiten deducir modelos en los que las variables explicativas de la migración campo-ciudad son el poco ingreso, el no acceso a la tierra, la falta de servicios da salud, etc. Es decir, funciona el efecto empuje. A partir de aquí, se instrumenta una política para evitar esta migración, realizando una cierta reforma agraria, elevando los ingresos de los agricultores, instalando hospitales... Pero la siguiente generación sigue emigrando. ¿Por qué? Porque probablemente los «nuevos» emigrantes se guían por el efecto atracción más que por el efecto rechazo: hay cosas que sólo ofrece la ciudad, aunque en el campo no se viva tan mal como lo hicieron sus padres.

En definitiva, las razones estructurales económicas son fundamentales para explicar la movilidad de fuerza de trabajo. Pero es más difícil conocer cómo se llega a la determinación personal de emigrar desde un punto de vista agregado. O sea, las explicaciones económicas de las migraciones económicas *ex post* son fáciles; predecir, y sobre todo acertar, las migraciones futuras es mucho más difícil.

Por último, es necesario mencionar aquí las consecuencias de los movimientos migratorios en la economía en un aspecto concreto que es el papel de las *remesas de los emigrantes* para las economías de origen. En los últimos años, en los que la migración internacional desde la Periferia hasta el Centro ha sido tan significativa, este tema ha adquirido una gran importancia. El Recuadro 10.3 recoge la preocupación del PNUD al respecto.

Explicación económica del comportamiento reproductivo

La influencia de las condiciones económicas en la dinámica de la natalidad fue abordada ya desde los primeros tiempos de la ciencia económica. Tras un largo paréntesis, el tema fue retomado en los años cincuenta y en la actualidad, y a pesar de múltiples resistencias desde otros ámbitos académicos (de la Demografía y de la Sociología), la explicación económica del comportamiento reproductivo ha conseguido entrar plenamente en el análisis y política demográfica.

A continuación se expondrán las diversas aportaciones a dicha explicación de:

— La escuela clásica.
— La microeconomía.
— S. H. Coontz (o explicación macroeconómica).
— El análisis de las formas de reproducción de la fuerza de trabajo.

La *economía política clásica* estableció una *relación directa entre el salario y la natalidad* de la siguiente forma: una subida de salarios supondrá un incremento de la natalidad; ello provocará un aumento en la oferta de fuerza de trabajo, que presionará a la baja los salarios, por lo que se reducirá consiguientemente la natalidad. La teoría malthusiana se engarzaba en este esquema postulando que la primera subida se debía a la «ley biológica» y la última caída al funcionamiento de los «remedios positivos». En cualquier caso, de esta explicación se deducía el mantenimiento a largo plazo de los salarios al nivel de subsistencia.

Esta visión clásica, que perduró hasta finales del siglo XIX, presentó dos graves debilidades, una de índole teórica y otra empírica: a nivel teórico, identificaba erróneamente la oferta coyuntural de fuerza de trabajo y el tamaño poblacional (como si hasta los bebés trabajaran); y, a nivel empírico, fue desmentida por la experiencia de la transición demográfica en las formaciones sociales capitalistas centrales, en las que el salario se elevó por encima de los niveles de subsistencia acompañado de una caída de la natalidad y del tamaño medio familiar.

Con el advenimiento de la hegemonía de la *escuela neoclásica* a finales del siglo XIX esta temática perdió interés, y no se le dedicaron mayores esfuerzos, que por otra parte comenzó a desarrollar la Demografía como disciplina emergente. Las variables explicativas del comportamiento reproductivo serán identificadas a partir de entonces en los ámbitos familiar, sanitario, cultural, etc., y la teoría de la transición demográfica vincula la caída secular de la natalidad a la sociología de la «modernización».

Después de la Segunda Guerra Mundial, la experiencia del «baby boom» y la situación en la Periferia relanzan el interés de los economistas por explicar en su ámbito estas paradojas del comportamiento reproductivo.

En términos generales, se puede hablar de una aproximación microeconómica y de una aproximación macroeconómica (de S. H. Coontz) que articulan la esfera económica con las variables sociológicas intermedias que actúan directamente sobre la natalidad.

La *microeconomía del comportamiento reproductivo* analiza las decisiones de los padres como seres racionales productores/consumidores de

RECUADRO 10.3. LOS BENEFICIOS DE LAS MIGRACIONES

En su *Informe sobre el Desarrollo Humano,* 1992 el Programa de las Naciones Unidas para el Desarrollo (PNUD) prestó especial atención a las características de las migraciones económicas internacionales.

¿Quién y cómo se beneficia de estos desplazamientos? En los países desarrollados-destino, durante una época se «importaron» inmigrantes periféricos no cualificados para realizar tareas que los autóctonos no querían realizar (empleos «sucios, difíciles y peligrosos»). En la actualidad, sin embargo, se ha restringido este tipo de inmigración y sólo se admite la de trabajadores más cualificados. Entre 1960 y 1990 emigraron desde los países en desarrollo más de un millón de profesionales a América del Norte, cuyo sistema educativo depende en gran parte de ellos en la actualidad. Los mismos pasos llevan Japón y otros países europeos. El Centro se ha beneficiado siempre, pues, de esta inmigración, primero la no cualificada y siempre la cualificada.

Por otra parte, estos profesionales, formados en sus países de origen, también salen beneficiados individualmente, puesto que las economías periféricas de donde proceden no les podían cubrir sus aspiraciones. Pero la fuga de cerebros y de personal cualificado es gravísima para la Periferia, que produce «capital humano» que luego simplemente pierde. Se calcula que en 1987 por lo menos un tercio del personal cualificado (médicos, ingenieros, docentes universitarios, administradores) de África había emigrado a Europa.

La emigración no cualificada, restringida por las actuales políticas de inmigración discriminatorias, se está viendo condenada a la práctica ilegal.

Sin embargo, las *remesas* de los emigrantes a sus países de origen son importantísimas para sus economías. La siguiente tabla lo expresa por sí sola:

Remesas de trabajadores en el extranjero, 1989

País	Remesas Como % del PNB	Remesas Como % de X	Remesas Como % de M	Remesas Como % de AOD
Egipto	13,1	166	57	270
India	0,9	17	14	141
Pakistán	4,7	41	27	17
Marruecos	6,0	40	24	299
Bangladesh	3,9	59	22	43
Jordania	10,6	61	27	200
Túnez	4,8	16	11	195
Colombia	1,2	8	9	740
Filipinas	0,8	5	3	43

PNB: Producto Nacional Bruto; X: Exportaciones; M: Importaciones; AOD: Ayuda Oficial al Desarrollo.
Fuente: PNUD: *Informe sobre el Desarrollo Humano*, 1992, pág. 132.

Y ello sin contar las remesas incuantificables de la emigración ilegal, estimadas para los países asiáticos, por ejemplo, equivalentes a entre un 10 y un 60 por 100 de las remesas oficiales (el caso de Filipinas es clamoroso; otro tanto ocurre en Centroamérica y el Caribe).

Se ha estimado un multiplicador de las remesas sobre el PNB de 2,2. Por tanto, una restricción de la emigración internacional puede tener efectos devastadores para algunas economías periféricas. En conjunto, el PNUD considera que «incluso si se utilizan estimaciones muy conservadoras, los controles de inmigración le niegan a los países en desarrollo ingresos (directos e indirectos) de por lo menos 250.000 millones de dólares USA al año.

hijos que intentan maximizar el beneficio de su tamaño familiar sometidos a una serie de restricciones externas (nivel de ingresos, tamaño familiar preexistente, condicionantes sociológicos, disposición de métodos de planificación familiar, etc.). Han existido diferentes aproximaciones, entre las que cabe destacar como pioneras las de Leibenstein, la de la Escuela de Chicago y la de Easterlin:

a) El análisis de Leibenstein se centró en la teoría de la utilidad marginal. Según este autor, los hijos proporcionan utilidades de tres tipos:

— El gozo, alegría, sentimiento de realización personal, etc., que se supone independiente del nivel de ingresos.
— Los ingresos que podrán proporcionar. Esta utilidad se supone decreciente con respecto a la renta (a niveles más altos de ingreso, este motivo cuenta menos a la hora de decidir tener un nuevo hijo).
— La seguridad económica y emocional que aportan en la vejez de los padres. También en este caso se supone una relación decreciente con el nivel de renta.

Además de estas utilidades, los hijos representan dos tipos de desutilidades para los padres:

— Los costes directos en la crianza, alimentación, educación, etc. Se supone que estos gastos son mayores conforme aumenta el nivel de renta.
— Los costes de oportunidad que suponen para los padres al tener que dedicar recursos o tiempo que podrían invertir en otros fines alternativos más remunerativos monetaria o personalmente. Este tipo de desutilidad también crece con la renta.

Por tanto, si la utilidad total es decreciente con la renta y la desutilidad total es creciente con la renta, existe formalmente un punto de cruce entre ambas en el que se igualan y se permite una decisión racional sobre el *i*-ésimo hijo: a la derecha del mismo la desutilidad ocasionada será mayor que la utilidad proporcionada y, si los padres son racionales, no lo tendrán; por el contrario, a la izquierda de la intersección la utilidad es mayor que la desutilidad y un comportamiento racional de los padres implicaría tener el nuevo hijo.

b) El análisis de la Escuela de Chicago (Becker, de Tray, Willis...) considera que los hijos son parte del output de una función de producción doméstica, que, sometida a restricciones externas a la familia (ingresos, etcétera), se puede maximizar racionalmente. Por tanto, el número de hijos deseable es aquel que resulta de la maximización de la función de producción doméstica. La variable fundamental en este análisis es el coste de oportunidad para la madre de criar a los hijos, dedicándoles tiempo y recursos susceptibles de usos alternativos. Aunque la relación ingreso-fecundidad es directa (los hijos no son bienes inferiores), el efecto sustitución ligado a la mayor calidad del hijo por la atención que dedica la madre (mayor coste de oportunidad, pues) suele ser mayor que el efecto renta asociado a un aumento del ingreso aportado por el padre, con lo que la relación ingreso-fecundidad suele ser negativa: prima la calidad sobre la cantidad de hijos, y el output filial que tiende a maximizarse no es la cantidad de hijos sino el producto conjunto cantidad × calidad. Se explica así, microeconómicamente, la conocida relación inversa entre el nivel de renta y el tamaño familiar.

c) Por su parte, Easterlin trató de explicar el «baby boom» postbélico, que significaba una relación directa entre el ingreso y la natalidad, y argumentó que la fecundidad varía con el estatus relativo de los adultos jóvenes, que comparan su situación con la que vivieron como niños con sus padres. En el caso de EE.UU., los jóvenes adultos del auge económico de los años cincuenta y sesenta habían vivido de niños la Gran Depresión. El aumento de su estatus relativo explicaría, a través de incrementos en la nupcialidad, etc., el aumento sostenido de la natalidad: el citado «baby boom». Esta teoría serviría también para explicar la posterior caída de la natalidad: la crisis económica desde mediados de los años setenta habría significado para los jóvenes adultos (que como niños habían vivido el auge anterior) una caída del estatus relativo y por tanto la decisión de formar familia se habría retrasado o dificultado, así como el volumen de descendencia.

Actualmente, la microeconomía del comportamiento reproductivo se configura en los llamados *modelos de síntesis*, que son modelos de oferta-demanda de hijos:

— Las variables de demanda son las que reflejan el comportamiento racional de los padres respecto a los costes y beneficios directos e indirectos de los hijos, teniendo en cuenta además el número de orden (no es lo mismo el coste marginal del primer hijo —máximo— que el del segundo —menor, porque aprovecha medios de producción domésticos y experiencia ya existentes—, que el del tercero —de nuevo mayor, por las necesidades de reposición, etc.).
— Las variables de oferta se refieren al tamaño y estructura familiar ya existentes, incluyendo el conocimiento y uso de la tecnología de planificación familiar.

Mientras haya un exceso de demanda de hijos predominarán las variables de demanda empujando hacia un comportamiento reproductivo expansivo. Sólo cuando el aumento de la oferta haya eliminado tal exceso se estará en condiciones de hablar de la «transición demográfica»: las variables de demanda impondrán entonces una reducción del tamaño familiar.

En suma: la base metodológica que recorre la explicación microeconómica del comportamiento reproductivo es la aceptación de que funciona la lógica del *homo economicus*. La decisión que se debe tomar sobre el tamaño familiar —suponiendo que se posee la tecnología adecuada para la planificación familiar— dependerá, en última instancia, del output de hijos actuales (recuérdese que se considera tanto la cantidad como la calidad), del precio/coste del nuevo hijo y de los gustos (paradigma de la teoría económica sustentada en la «soberanía del consumidor»). El entorno extradoméstico que fija los parámetros restrictivos —ingresos familiares, precios de los bienes extradomésticos, tasas de salarios masculinos y femeninos, etc.— actúa como un dato exógeno y el resultado es, propiamente, una teoría de la decisión desde un punto de vista subjetivo.

Por su parte, la *macroeconomía del comportamiento reproductivo* trata de explicarlo a partir precisamente del entorno extradoméstico. Más concretamente, el enfoque de S. H. Coontz (influido por Marx y por el neoclásico Marshall) versa sobre cómo los cambios cuantitativos y cualitativos en la demanda de fuerza de trabajo, derivados o definidos por la dinámica cíclica o de fases del capitalismo, determinan cambios en las pautas de natalidad. El punto de partida es que una población en la que una caída de la mortalidad no es acompañada de una caída ulterior de la natalidad ha adoptado de hecho una nueva pauta de natalidad, que es la que hay que explicar. Y la explicación se basa en el análisis de la demanda de fuerza de trabajo.

En general, los aumentos de demanda de fuerza de trabajo suponen un incremento de renta que potencia la expansión demográfica. Pero si aumenta generalizadamente la cualificación exigida, los salarios relativos caen, y por tanto el efecto sobre las pautas de natalidad puede convertirse en el contrario, en una presión hacia su disminución.

Esta relación macroeconómica se expresa en la dinámica del ratio *R*:

$$R = \frac{\textit{ingreso}}{\textit{coste de reproducción de la fuerza de trabajo}}$$

Este ratio es el que se relaciona directamente con la natalidad. Por eso la relación ingreso-natalidad es ambigua: los efectos positivos que un aumento cuantitativo de la demanda de fuerza de trabajo tienen en el ingreso (numerador) pueden ser contrarrestados por el aumento del denominador debido a un alza en el nivel de cualificación exigido, que supone mayor coste de reproducción de la fuerza de trabajo.

Para ejemplificar la relación *R*-natalidad, se pueden considerar las dos situaciones «extremas»:

- Un aumento cuantitativo de la demanda de fuerza de trabajo que además no exige mucha cualificación es la mejor situación para un aumento de la natalidad. Aquí *R* es máximo (máximo numerador, mínimo denominador). Históricamente, ésta habría sido la situación en la primera fase del capitalismo y en el «baby-boom» postbélico.
- Una caída cuantitativa de la demanda de fuerza de trabajo y un aumento relativo de la cualificación exigida es la peor situación para un aumento de natalidad. Ahora *R* es mínimo (mínimo numerador, máximo denominador). Éste habría sido el caso de la transición demográfica y de la situación en el Centro desde los años setenta.

Es importante destacar que este análisis pretende explicar los cambios seculares en las pautas de natalidad, resolviendo las paradojas demográficas. Coontz también considera fundamental el diferente papel económico de la familia y los hijos según las clases sociales, pero en su modelo hay dos claras limitaciones para la aplicación en el mundo real, y más en las economías periféricas:

- La dificultad de medición del coste de reproducción de la fuerza de trabajo (concepto más teórico-intuitivo que empírico)
- El modelo sólo se refiere a la fuerza de trabajo asalariada, puesto que razona en términos de la demanda de fuerza de trabajo, y por tanto deja fuera a la fuerza de trabajo que no está vinculada directamente al mercado laboral, o, dicho de otra forma, su razonamiento es formalmente inaplicable a la población «ajena» al ámbito capitalista, que es significativa en las economías periféricas.

En realidad, esta última limitación es común a toda la explicación económica que se acaba de tratar y es la razón última de los relativos fracasos que han tenido los modelos microeconómicos en su aplicación a casos de poblaciones rurales y de economía de subsistencia, cuando las variables de demanda son imposibles de identificar o medir y sólo parecen contar las variables de oferta, determinadas por los ámbitos infra y superestructurales (mortalidad infantil, tradiciones, etc.).

Ello no invalida, sin embargo, la explicación económica, sino que simplemente exige pensar no sólo en términos de modo de producción (el capitalista), sino de formación social (combinación de modos de producción). Se trata, entonces, de razonar la influencia economía-natalidad en estructuras económicas concretas. Ello lleva a la siguiente explicación, basada en la definición de las *formas de reproducción de la fuerza de trabajo.*

La población puede reproducir su fuerza de trabajo de dos maneras:

- La *forma-valor*: es la forma de reproducir la fuerza de trabajo mediante su venta a cambio de un salario con el que se consiguen los medios de consumo necesarios. Es decir, la fuerza de trabajo se reproduce a través de su *valor de cambio.* Implica por tanto su asalarización y su valorización como *capital variable.* Esta forma de reproducción es la que está explicada por las teorías micro y macroeconómicas del comportamiento reproductivo y es casi exclusiva en las poblaciones del Centro del Sistema, como se vio en el capítulo anterior (Cuadro 9.11).
- La *forma-no valor*: en este caso, la fuerza de trabajo no se reproduce mediante salario, puesto que no accede a un mercado laboral capitalista, sino que tiene que hacerlo en ámbitos no capitalistas como son el de subsistencia, el mercantil simple (trabajo por cuenta propia) y el doméstico (trabajo familiar no remunerado) que, como se vio en el capítulo anterior (Cuadro 9.11), todavía son significativos en la estructura económica de algunas formaciones sociales de la Periferia. En estos ámbitos, lo que cuenta para la reproducción de la fuerza de trabajo no es, pues, su valor de cambio (inexistente al no asalariarse), sino su *valor de uso*: *el trabajo.* Cuanta más fuerza de trabajo, más valor de uso, y por tanto más riqueza para la familia. Esta forma de reproducción supone, por tanto, un tamaño familiar extenso.

10.4. MUNDIALIZACIÓN ECONÓMICA Y PERSPECTIVAS DEMOGRÁFICAS

En el capítulo anterior se destacó cómo las situaciones demográficas del Centro y la Periferia son absolutamente antitéticas: población en proceso de envejecimiento y con dificultades de reposición en el primer caso, población joven y expansiva en el segundo. Y en este capítulo se han explicado las razones de esta dicotomía destacando sus causas económicas.

Considerando como relevante, entonces, esta determinación económica de lo demográfico, se deduce que, como la economía capitalista está en su fase de mundialización, también la relación población-economía se ha mundializado. El proceso de reproducción de la población mundial plantea, así, tres tipos de problemas diferentes en el Sistema Capitalista Mundial, que dan lugar a tres tipos de respuestas diferentes:

— En la situación demográfica del Centro, el problema es la tendencia al descenso de la población activa, el aumento de los costes financieros asociados al envejecimiento de la población (gastos sanitarios, pensiones, etc.) que aumenta la carga sobre los activos, y la inmigración. Las soluciones propuestas van desde una *política demográfica pronatalista* (mediante incentivos económicos directos e indirectos) hasta una *reducción de los gastos sociales asociados a la «tercera edad»*.

— En la situación demográfica de la Periferia, el problema del binomio población-subdesarrollo, que primero se planteó en términos neomalthusianos, se revisa hoy en un contexto analítico más amplio, por una parte, y más concreto, por otra:

a) Más amplio, porque, tras tres décadas de polémicas, se admite generalizadamente que el factor demográfico es uno más, y en ocasiones no el más importante, entre los factores que obstaculizan el desarrollo de las economías periféricas. Y más que el crecimiento demográfico, preocupan las migraciones rural-urbanas, las megápolis de aluvión, etc.

b) Más concreto, porque existe una casuística de los efectos crecimiento demográfico-subdesarrollo muy diferente según los países de que se trate.

Ello no es óbice para que se haya generalizado, desde los años setenta, la aplicación de *políticas demográficas antinatalistas* (o de planificación familiar) en prácticamente todos los países de la Periferia, bien de manera oficial, bien de manera privada (potenciada o simplemente consentida), aunque con diferentes niveles de implantación y de vigor en la misma (según término del Banco Mundial).

La eficacia de estas políticas está sujeta, sin embargo, a la efectiva voluntad de las familias objeto de las mismas de reducir el tamaño familiar: no basta con proporcionar conocimientos y medios anticonceptivos, sino que hay que hacer que se usen voluntariamente para que sean eficaces. Así, aunque en el conjunto de la Periferia la tasa de empleo de contraceptivos era casi del 50 por 100 a finales de los ochenta, en los países «menos adelantados» y en África subsahariana dicha tasa apenas llegaba al 16 por 100. Por eso ha sido tan importante en los últimos años la aceptación de la explicación económica tratada en las páginas anteriores: mientras la lógica racional reproductiva de los padres sea expansiva, no encontrarán motivo para reducir el tamaño familiar en los drásticos términos que exigiría la desaparición del «problema demográfico».

— En la situación global del Sistema, los problemas combinados de las presiones migratorias, las aglomeraciones urbanas y el crecimiento demográfico, han encontrado su eco institucional en las Conferencias Mundiales de Población, organizadas por las Naciones Unidas, a las que se refiere el Recuadro 10.4.

La atención que la superestructura sistémica institucional presta al binomio población-recursos, pues, es máxima desde hace unas décadas. Pero el problema analítico real es vincular la dimensión mundial tanto de la economía como de la reproducción de la fuerza de trabajo.

En el contexto capitalista mundial de desarrollo desigual, la combinación de las formas valor y no valor de reproducción implican una *sobreproducción relativa de la mercancía fuerza de trabajo* que parece fruto de la anarquía en la toma de decisiones individuales. Pero recuérdese que sobreproducción y anarquía son precisamente las características de la producción capitalista de mercancías, y la FT es una mercancía más en el capitalismo. Lo que individualmente (ámbito familiar) puede resultar beneficioso por el papel económico positivo de los hijos, a nivel agregado puede resultar perjudicial, de la misma manera que en el Capítulo 5 se argumentó respecto a la ganancia individual y a la caída de la tasa media de ganancia.

Teniendo en cuenta la explicación económica del comportamiento reproductivo, las conclusiones que se pueden extraer respecto a las perspectivas de la población mundial son que mientras persistan las condiciones de desarrollo desigual Centro/Periferia y el capitalismo periférico, que mantienen la forma no valor, y no actúen las variables restrictivas de la forma-valor, el crecimiento y la movilidad de la población seguirán siendo un «problema» para la estabilidad del Sistema Capitalista Mundial.

RECUADRO 10.4. LAS CONFERENCIAS MUNDIALES DE POBLACIÓN

Cada diez años, desde 1974, las Naciones Unidas convocan una Conferencia Mundial de Población, a su vez culmen de numerosos Encuentros, Conferencias regionales, etc., de carácter científico y político.

La I Conferencia (Bucarest, 1974) bregó con el controvertido tema del impacto del crecimiento demográfico en los procesos de (sub)desarrollo, en un contexto de enfrentamiento analítico, político e ideológico entre el neomalthusianismo y el antimalthusianismo. En la trinchera del primero se situaban los países del Centro, con EE.UU. a la cabeza y los organismos internacionales por él influenciados (Banco Mundial, etc.). En el bando contrario, el bloque soviético y algunos gobiernos del Tercer Mundo que esgrimían como verdaderas causas del subdesarrollo al colonialismo e imperialismo. La solución a este radical antagonismo vino a través de la asunción pública de la necesidad de que las políticas demográficas antinatalistas se enmarcasen en estrategias más globales de desarrollo. En definitiva, se trataba de una conclusión que pudiera ser aceptada por todos, de un discurso ecléctico en el que se da en parte la razón analítica a los antimalthusianos (el subdesarrollo no es sólo efecto de la explosión demográfica), pero a la vez se abre la puerta a la práctica neomalthusiana: es necesaria la aplicación de políticas de control de natalidad como elementos indispensables en las estrategias de desarrollo (por otra parte ausentes o fracasadas), y como derecho inalienable de la mujer y la familia a la planificación familiar.

La II Conferencia Mundial de Población tuvo lugar en México en agosto de 1984, y en su Declaración Final se hicieron presentes un neomalthusianismo moderado pero persistente y las nuevas y más graves preocupaciones por la megaurbanización y las migraciones. Teniendo en cuenta que por entonces ya se habían establecido más sólidamente las teorías explicativas del comportamiento reproductivo y que existía más evidencia de los problemas en la aplicación de las políticas antinatalistas, no es de extrañar que aunque se siguiera apostando por el control de natalidad (más concretamente, lo que se considera negativo es la «elevada fecundidad no deseada») se pueda leer en dicha Declaración: «Para ser realistas, las políticas, los planes y los programas de desarrollo deben reflejar los vínculos inextricables que existen entre población, recursos, medio ambiente y desarrollo. Deben darse prioridad a los programas de acción que integren todos los factores básicos de población y desarrollo».

La III Conferencia tuvo lugar en El Cairo en septiembre de 1994, y fue considerada por muchos como un gran avance en concreción de objetivos y medios económicos necesarios para acometer los retos demográficos de los próximos años: reducción de la mortalidad infantil y materna, disminución de los embarazos no deseados, elevación del nivel de educación de la mujer, etc. Todo ello en un contexto analítico de integración de las políticas demográficas en políticas más globales de desarrollo y de lucha contra la pobreza, y destacando como estrategia insoslayable la mejora de la condición de la mujer, su centralidad en los procesos de desarrollo y los derechos a la salud reproductiva y a los servicios de planificación familiar.

RESUMEN

La *relación población-economía* es de carácter recíproco, aunque tradicionalmente ha tendido a enfatizarse exclusivamente la influencia de la estructura y dinámica demográficas en el desarrollo económico. El *pesimismo malthusiano* al respecto se basaba en considerar el crecimiento demográfico como exponencial y los rendimientos económicos como decrecientes. Aunque *desmentida por los hechos históricos*, la teoría malthusiana ha sido esgrimida para explicar el subdesarrollo en la Periferia, y asimismo ha sido criticada por ocultar las raíces auténticas del mismo, ligadas a la explotación imperialista. Actualmente está fuera de duda que la explosión demográfica no se puede considerar como causante directa del subdesarrollo, aunque puede ser un *factor coadyudante* en determinadas condiciones.

Por otra parte, la economía influye decisivamente tanto en la estructura como en la dinámica demográfica, por lo que éstas no pueden considerarse exógenas a la dinámica estructural-económica. Es en el ámbito económico, *a través de la demanda de fuerza de trabajo*, donde se definen las *características personales, sectoriales y espaciales de la actividad de la población, los niveles de empleo y de-*

sempleo y las migraciones. Y el *papel económico de los hijos*, junto con los flujos intergeneracionales de riqueza esperados, explican microeconómicamente la respuesta de los padres a los cambios macroeconómicos en la demanda de fuerza de trabajo, que se traduce en el *tamaño familiar* deseado. La racionalidad reproductiva, por tanto, está ligada a las *formas de reproducción de la fuerza de trabajo (forma valor y forma no valor)*, definidas a su vez por los modos de producción presentes en cada formación social. En el contexto de la *mundialización capitalista*, el desarrollo desigual Centro/Periferia provoca entonces la *sobreproducción relativa de fuerza de trabajo mundial*, que fenoménicamente aparece como problema demográfico para el futuro de la estabilidad del Sistema Mundial.

LECTURAS PARA LA REFLEXIÓN

«La señal más decisiva de la prosperidad de un país nos la da el aumento del número de sus habitantes.

El hombre siempre tiene que vivir de su trabajo, y su salario tiene que bastarle por lo menos para subsistir. En muchas ocasiones tiene que, incluso, ser algo mayor, porque de otro modo le sería imposible crear una familia, y la casta de los obreros no podría durar más allá de una generación.

El valor de los hijos es el estímulo mayor para el matrimonio.

Así es como, igual que si se tratase de cualquier otro artículo, la demanda de hombres regula de una manera fatal la producción de hombres; la acelera cuando marcha con demasiada lentitud, y la detiene cuando avanza con excesiva rapidez.»

Adam Smith: *Indagación acerca de la naturaleza y las causas de la riqueza de las naciones*, 1776, Aguilar, 1961, págs. 65, 67, 76.

«Aquellos economistas que predicen un «colapso» por este motivo (la caída de la natalidad) no hacen más que lo que, desgraciadamente, han estado siempre dispuestos a hacer los economistas: lo mismo que, en otro tiempo, atemorizaban al público mediante razones completamente inadecuadas, describiendo los peligros económicos del número excesivo de bocas a alimentar, ahora lo atemorizan, sin emplear mejores razones, insistiendo en los peligros económicos de una falta de productores o consumidores. (...) ¿No llegará nunca la economía a ser mayor de edad?»

J. Schumpeter: *Capitalismo, socialismo y democracia*, 1950, Aguilar, 1971, pág. 160.

«En este informe se adopta una postura que no es desesperanzada ni demasiado optimista. Las dificultades provocadas por el rápido crecimiento demográfico no obedecen fundamentalmente a la finitud de los recursos naturales, al menos no en el mundo considerado en su conjunto, pero el rápido aumento de la población tampoco desencadena automáticamente el progreso y la adaptación tecnológicos. Fundamentalmente, un crecimiento rápido desacelera la acumulación de aptitudes que estimulan el progreso tecnológico, y en tanto en cuanto la tierra y el capital tengan rendimientos decrecientes es probable que agudice las desigualdades en cuanto a ingresos. (...) Gran parte de la población mundial vive sin el beneficio de contar con señales claras que alienten la formación de familias menos numerosas. Sin embargo, éstas son las familias y las naciones que se encuentran en peores condiciones para la reacción de adaptación requerida por el acelerado incremento demográfico. He aquí por qué el rápido crecimiento de la población es, sobre todo, un problema de desarrollo.»

Banco Mundial: *Informe sobre el Desarrollo Mundial*, 1984, pág. 91.

«Los ciudadanos de las sociedades opulentas vislumbran la pobreza en la que millones de personas se ven obligadas a vivir en los reportajes televisivos sobre la hambruna en, por ejemplo, Etiopía, o en las fotografías del National Geographic Magazine de las barriadas pobres de Latinoamérica: el paisaje destrozado, la miseria, los cuerpos desnutridos, los signos de la enfermedad, y, sobre todo, los miles y miles de niños. Si estas visiones son escalofriantes ahora, ¿cómo serán cuando esas regiones posean el triple de seres humanos?»

P. Kennedy: *Hacia el siglo XXI*. Plaza y Janés, 1993, pág. 40.

«Marx no se pronunció sobre la obra de Kautsky a que nos referimos, *La influencia del incremento de la población sobre el progreso de la sociedad* (1880). (...) En cuanto a Engels, (...) acabó dándole la razón a Kautsky. En una carta dirigida a él (...) Engels escribía (...): "La posibilidad abstracta de que el número de hombres se haga tan grande que haya que poner un límite a su aumento está ya ahí. Pero si alguna vez la sociedad comunista se viese en la necesidad de regular la producción de hombres tal como habría regulado ya la producción de cosas, sería precisamente ella y sólo ella la capaz de llevarlo a cabo sin dificultades". (...) Al final de nuestro siglo su población (de la Tierra) alcanzará los 7.000 millones. A la vista de este dato (...) (este pasaje se ha convertido) en un axioma irrenunciable, absolutamente central del marxismo. Algo de esto puede ocurrir a veces cuando la cantidad muta en calidad.»

W. Harich: *¿Comunismo sin crecimiento?*, 1975, Materiales, 1976, páginas 45-46.

«En la tesis antinatalista, (un) argumento (...) es que una fecundidad menor ejercerá menos presión sobre los presupuestos gubernamentales. Al respecto resulta ilustrativo hacer notar que el conjunto de gastos en educación y salud pública en América Latina es de alrededor de 9 dólares per cápita. Formulemos la hipótesis de que de esos 9 dólares, 3 dólares quedan libres a causa de la caída de la fecundidad, para ser invertidos en bienes de capital y preguntémonos a cuántas personas se les podría dar ocupación. Teniendo en cuenta que la cantidad de capital que se requiere para emplear a una persona adicional en actividades no agrícolas es de alrededor de 2.500 dólares, se deduce aritméticamente que se podrían ocupar unas 232.000 personas. Por otro lado, dado que el número de desocupados equivalente es de unos 18 millones de personas, queda clara la escasa significación de este argumento.

A. Fucaraccio y otros: *Imperialismo y control de la población.* Periferia, Buenos Aires, 1973, pág. 30.

«La teoría neomalthusiana (...) ha cobrado vida en un momento determinado y en un contexto político muy concreto. Tiene su origen casi exclusivo en Norteamérica a finales de la década de los cincuenta y principios de los sesenta, es decir, en un momento en que los movimientos de liberación del Tercer Mundo iniciaban sus actividades. (...) Tras esta actitud de los norteamericanos se oculta, por una parte, la motivación política, y por la otra, un pánico irracional. (...) Las naciones imperialistas ven aproximarse el momento en que únicamente constituirán una pequeña minoría a nivel mundial y sus gobiernos temen que la presión demográfica se convierta en una fuerza política y, en último término, militar. A través de estos cálculos racionales se adivinan temores de otro orden: presagios de una cierta psicosis de pánico cuyos precedentes históricos son fácilmente discernibles: pensemos tan sólo en los históricos eslóganes de la época imperialista ("el peligro amarillo") y del período del fascismo alemán ("las hordas rojas").»

H. M. Enzensberger: *Para una crítica de la ecología política,* 1973, Anagrama, 1974, págs. 42-43.

PALABRAS CLAVE

- Malthusianismo
- Neomalthusianismo
- Antimalthusianismo
- Variables de oferta de hijos
- Variables de demanda de hijos
- Proceso de reproducción de la fuerza de trabajo
- Forma-valor
- Forma-no valor
- Efecto-rechazo
- Efecto-atracción

BIBLIOGRAFÍA BREVE

Banco Mundial: *Informe sobre el Desarrollo Mundial,* 1984. Washington, 1984.

N. Birdsall: *Economic Approaches to Population Growth,* en H. Chenery y T. N. Srinivasan (Eds.): *Handbook of Development Economics.* North Holland, 1989.

S. H. Coontz: *Teorías de la población y su interpretación económica.* Fondo de Cultura Económica, México, 1974.

W. Diercksens: *Capitalismo y población.* Ed. Universitaria Centroamericana, San José, 1979

J. Martínez Peinado: *Desarrollo económico y superpoblación.* Síntesis, Madrid, 1996.

A. Sauvy: *El hambre, la guerra y el control de natalidad.* Vicens Vives, Barcelona, 1965.

CAPÍTULO 11
Los recursos naturales

El objetivo fundamental de la actividad de la población es la reproducción de la subsistencia de cada sociedad como tal, es decir, con todas sus instancias económicas, jurídicas, políticas, etc. Como se vio en capítulos precedentes, la actividad económica constituye, por su parte, la base material del desarrollo social, definiendo la estructura económica y la infraestructura de la formación social. En su infraestructura, la sociedad cuenta con unos determinados recursos materiales que se encuentran en lo que se denomina *Naturaleza*, independiente y previamente a la acción de la sociedad sobre ella. Evidentemente, el ser humano forma también parte de la Naturaleza, pero aquí se considerará como tal, por razones puramente didácticas, el *entorno exógeno a la existencia social*.

Dichos elementos naturales mantienen, en principio, una existencia y reproducción con leyes propias, si bien relacionadas con la globalidad del ecosistema geológico y biológico en que se insertan. En el contexto de las fuerzas productivas, son las condiciones naturales de la producción que proporcionan las materias primas.

En este capítulo se tratará precisamente de los principales recursos de esta índole, los llamados *recursos naturales*. En el estudio de estos elementos de la Naturaleza se pueden adoptar diversos enfoques: físico, geológico, biológico, geográfico, etc.

Aquí se adoptará, sin embargo, un enfoque que articula el uso de tales recursos con las características de la estructura económica. En el marco de un análisis estructural-económico de la relación Sociedad-Naturaleza se definirán, así, los recursos naturales, su sistema de explotación y sus reservas con una perspectiva que considera su modo de extracción y de consumo como derivados del modo de producción general de la sociedad. Y posteriormente se tratarán los rasgos más significativos de la explotación de los recursos minerales (no energéticos), forestales, hidráulicos y pesqueros.

11.1. LA RELACIÓN SOCIEDAD-NATURALEZA

La relación Sociedad-Naturaleza tiene dos características:

a) Es una relación de interacción recíproca.
b) Es una relación permanente pero históricamente cambiante.

a) En la relación Sociedad-Naturaleza existen determinaciones en ambos sentidos. Caben destacar dos aspectos:

— La acción del ser humano sobre la Naturaleza para satisfacer sus necesidades, que supone una modificación de mayor o menor alcance de ella.
— La respuesta de la Naturaleza frente a tales necesidades humanas, en cuya definición interviene, y a las modificaciones que sufre para satisfacerlas. Se trata, pues, de la influencia del marco y entorno natural (o medioambiental) en la actividad humana.

Las necesidades de la sociedad y la forma de satisfacerlas en lo que concierne a su acción sobre la Naturaleza, buscando materias primas o medios de consumo, varían según la estructura económica de cada sociedad.

Por ejemplo:

— A una sociedad comunitaria primitiva de cazadores o recolectores le interesa lo que la Naturaleza ofrece libremente para la alimentación y no tenderá a modificar su entorno.
— A una sociedad tributaria le interesan básicamente los recursos de la tierra y el agua para la alimentación y algunos minerales como materias primas. Modificará el entorno natural mediante la práctica de la agricultura, la irrigación y la minería.
— A una sociedad capitalista le interesa explotar todo aquello que pueda ampliar la escala de la producción y generar ganancia y por tanto no pondrá límites a la modificación del entorno en la medida en que sea necesario para «abaratar» la reproducción ampliada, tanto de los medios de consumo como de los medios de producción.

Además, la acción de la sociedad sobre la Naturaleza se realiza según las leyes que rigen la producción en general en tal sociedad (el modo de producción dominante), ya que dichas leyes también se aplicarán a la extracción, o, en general, a la utilización o explotación de la Naturaleza. Así, se buscarán unos u otros «recursos naturales», y en mayor o menor cuantía, según sus cualidades para satisfacer una necesidad de la base económica, sea ésta la de la mera subsistencia o la de obtener ganancia económica.

Pero el hecho de que sea la Naturaleza la portadora de esa cualidad supone también una influencia recíproca sobre la sociedad, en el sentido de marcar los límites inferiores y superiores de la actividad económico-social:

— En el límite inferior, porque sólo a partir de la disposición de un volumen determinado de recursos puede edificarse una formación social sobre su infraestructura.
— En el límite superior, el agotamiento de determinados recursos estratégicos o el deterioro irreversible del entorno natural puede hacer inviable la reproducción de la base económica, a causa del «hundimiento» de la infraestructura. Bien por cataclismos inesperados, bien como respuesta a la propia acción económica, la historia de la humanidad está plagada de ejemplos de ese «determinis-

mo» último del entorno natural sobre el ser humano. La actualidad de este límite será discutida en el Capítulo 17.

En definitiva: *el conjunto de recursos naturales de que dispone una sociedad definen y hacen posible la satisfacción de las necesidades más fundamentales de su base económica.*

b) Por otra parte, esta relación tiene un carácter permanente, lo que quiere decir que todo lo que la Naturaleza ofrece aparece como un «recurso» para la sociedad, aunque sólo sea de forma potencial. La sociedad utilizará los recursos potenciales en el momento que le interese.

Por ejemplo, en el capitalismo existen recursos mercantilizables en diverso grado, que son los que aparecen efectivamente como tales recursos naturales, y otros no mercantilizables momentáneamente, que aparecen como reservas o como Naturaleza inexplorada, aunque dichas reservas se definan como recursos potenciales. Esta potencialidad permanente no depende de la Naturaleza (del valor de uso del recurso), sino de la economía (del valor de cambio del recurso). Se han llegado a mercantilizar elementos naturales —como el aire, el agua, el sol y el espacio— cuando ello se ha hecho rentable. El carácter expansivo del capitalismo permite concebir una extensión de la relación Sociedad-Naturaleza hasta límites imposibles de imaginar hace unas décadas.

De todo ello se deduce que, si bien la relación Sociedad-Naturaleza es recíproca y permanente, no ha sido ni tiene por qué ser siempre la misma. Todo lo contrario: el carácter permanente de la relación no hace sino subrayar la condición histórica, no eterna ni inmutable, de la forma de concebir y acercarse el ser humano a su entorno medioambiental. Puesto que la explotación de la Naturaleza depende de los modos de producción, su variedad histórica implica el carácter no inmutable de la relación Sociedad- Naturaleza.

Concepto de recurso natural

Como todo concepto, el de recurso natural es una abstracción teórica que, a partir de una realidad empírica, reconstruye idealmente lo fundamental de la existencia del objeto a que hace referencia.

Lo esencial en los elementos de la Naturaleza que pasan a considerarse «recursos» es el establecimiento en ellos de la relación Sociedad-Naturaleza que se acaba de explicar. Por tanto:

Los recursos naturales son las cristalizaciones en determinados elementos naturales de la relación Sociedad-Naturaleza, relación definida por el modo de producción dominante.

Así, tan recurso natural es un yacimiento explotable de mineral de cobre, una bolsa de petróleo o un bosque accesible como el aire puro de la montaña para establecer una urbanización, el agua —embotellada— de un manantial o el sol como *input* de la industria turística (que «vende» el sol veraniego a los turistas).

No debe extrañar la aparente complicación de esta definición, en la que se considera un término (recurso natural) como expresión de una relación y no de una cosa. Como se ha visto en capítulos anteriores, con otras categorías conceptuales ocurre lo mismo: el *trabajo* expresa una relación sujeto-objeto, el *capital* expresa una relación social (de propiedad), etc.

Estas relaciones cristalizan en cosas, pero la materialidad de esas cosas no muestran a los ojos del observador tales relaciones y es precisamente la tarea del científico explicitarlas y construir así los conceptos. Es la diferencia entre la mera observación y la observación científica. Con sólo la primera se limita la percepción de la realidad y la dinámica de las cosas. Por ejemplo, una máquina no es capital si no es utilizada en procesos de producción capitalistas; si se pensase que toda máquina es capital, se llegaría al absurdo de considerar capitalistas a todas las sociedades que han utilizado máquinas. Igualmente, es obvio que el petróleo no siempre ha sido un «recurso», aunque su existencia era conocida hace miles de años (generando incluso tabúes o mitos religiosos, como la «zarza ardiente» de Moisés); es decir, aunque su materialidad no ha cambiado, y por tanto siempre ha poseído las mismas características y propiedades como valor de uso natural, a la sociedad no le ha sido útil, según su organización productiva, en determinados momentos (por ejemplo, porque esa sociedad basa su modelo energético en la energía muscular de animales y esclavos), pero sí que ha aparecido como *recurso energético* en otros estadios históricos, cuando el desarrollo de las fuerzas productivas y la organización económica de esa sociedad han tenido necesidades crecientes de energía y rentabilidad máxima en la explotación de los combustibles fósiles. Y otro tanto se podría decir de muchos minerales metálicos, de recursos de los fondos marinos, de los saltos de agua o del mismo sol, que, obviamente, siempre ha estado ahí, mucho antes de que se inventase el turismo.

Sistema de explotación

El sistema de explotación de un recurso natural es el conjunto articulado de las actividades de producción y consumo de dicho recurso natural realizadas por agentes económicos específicos.

En las *actividades de producción* se pueden distinguir:

— La prospección o exploración.
— La extracción.
— El refino (una o varias transformaciones).
— El transporte.

Estas actividades pueden ser realizadas por diversos agentes económicos o por uno sólo. En este último caso, el dominio que se tiene sobre el sistema de explotación sería absoluto. El ejemplo histórico más paradigmático al respecto sería el caso del petróleo y las llamadas «Siete Hermanas» durante el período 1930-1960.

Cuando, sin embargo, las diversas actividades son realizadas o controladas por diversos agentes, se crea una situación de jerarquía/subordinación y de dependencia entre ellos. Por ejemplo, aunque la extracción sea controlada por un gobierno que ha nacionalizado sus yacimientos, la tecnología del refino puede seguir en manos de una empresa extranjera que seguirá controlando, así, el sistema de explotación del recurso (por ejemplo, el caso de la bauxita y el aluminio en la década de los setenta).

Las *actividades de consumo* están definidas por el sistema tecnológico, que define las necesidades cuantitativas y cualitativas de materias primas, de «viejos» y «nuevos» materiales necesarios para la producción industrial.

En el sistema de explotación se hacen visibles las interacciones Naturaleza-Sociedad. Son las características físicas y/o biológicas de los recursos las que los convierten en útiles (susceptibles de satisfacer necesidades específicas) y estas características les son propias e independientes de la voluntad humana. A lo sumo, la sociedad desarrollará la tecnología de su explotación e incluso les encontrará nuevos usos, o usos sustitutivos, o desarrollará técnicas científicas para influir en los procesos de reproducción. Pero la misma existencia, la localización, la «riqueza» del recurso (la mena de un mineral, la fertilidad de la tierra, etc.) son definidos en principio por la Naturaleza. A través del sistema de explotación, y ateniéndose a estos límites naturales, la sociedad va modificándola, disminuyendo los stocks de los recursos no renovables y alterando los ciclos reproductivos y entornos ecológicos en los recursos renovables, adaptándolos a las necesidades sociales.

Concepto de reservas

Las reservas son aquellas existencias de recursos más o menos conocidas en las que no se han aplicado aún los sistemas de explotación correspondientes.

Lo determinante de las reservas es, pues, el grado de conocimiento que se tiene sobre sus características y su derivada utilidad en las condiciones tecno-económicas del momento.

Estas condiciones remiten ya a las características del sistema de explotación, por lo que se puede afirmar que el concepto de «reservas» es dinámico y relativo. Por ejemplo, en el *Anuario Estadístico* de las Naciones Unidas figuran, en los datos sobre algunos minerales, cifras de extracción efectiva, de reservas conocidas y de *otras reservas a precios mayores*, es decir, que conforme aumentase la rentabilidad de la explotación, aumentaría el volumen de reservas. También ejemplifica este carácter relativo y dinámico el descubrimiento de las potencialidades de la explotación de los fondos marinos o de nuevas zonas en países con gran parte de su territorio «inexplorado» (Canadá, Australia, Brasil, Rusia, China, India...).

El desarrollo tecno-económico en la prospección, extracción y tratamiento de los recursos puede hacer variar ostensiblemente el coste y la utilidad de los recursos, ensanchando en general el campo de las disponibilidades conocidas (sin contar el *reciclaje*, muy desarrollado en los últimos años).

Desde el punto de vista del grado de conocimiento de su existencia, las reservas se suelen clasificar en:

— Medidas o demostradas.
— Indicadas o probables.
— Inferidas o posibles.

Aplicada esta clasificación a los recursos minerales, por ejemplo, las *reservas medidas* son aquellas cuyo tonelaje se mide por las dimensiones descubiertas en afloramientos, perforaciones, tajos, etc., y cuya riqueza se determina por muestreo; la proximidad de las muestras y la homogeneidad geológica del terreno permiten establecer con una certeza del 80 por 100 las características del yacimiento. En las *reservas indicadas* las mediciones y toma de muestras son más escasas o espaciadas y en las *inferidas* sólo se posee prácticamente un conocimiento general de la geología del terreno y, por analogía o cercanía a otro espacio ya medido, se «infiere» la posibilidad de existencia de reservas.

La Naturaleza y la ley del valor

Cuando la producción social está regida por la ley del valor, es decir, cuando se trata de una sociedad productora de mercancías (como es el caso capitalista), el carácter «exógeno» de la Naturaleza implica *dos modificaciones fundamentales* en el funcionamiento de dicha ley:

a) En primer lugar, las cualidades del recurso (la riqueza de un mineral, la fertilidad de un terreno, etc.) pueden dar lugar a la existencia de una *renta diferencial*, que es un beneficio cuyo origen no es de tipo económico (explotación del trabajo asalariado), sino natural, de la siguiente forma: a partir de una situación dada en el mercado, la explotación de un recurso con más riqueza supone unos costes menores a igual cantidad y precio, o bien un beneficio extra al ser vendido al precio que remunera la explotación del recurso más pobre.

En la Fifura 11.1 se supone, por ejemplo, que existe una demanda de hierro o de trigo que es cubierta por la producción de los yacimientos o tierras *A* y *B*. Para que *B* produzca, se le tiene que remunerar el precio de producción resultante del coste de producción ($c + v$) y la ganancia correspondiente al capital invertido (g). O sea, el precio del trigo o del hierro es P_p. El yacimiento o tierra *A* es, sin embargo, más rico o fértil, y con menor esfuerzo (menor $c + v$) se consigue la producción demandada (o con el mismo esfuerzo se consigue más producción), que es vendida al precio P_p. Con lo que, además de la ganancia correspondiente (g), se obtiene la renta (r).

Esta renta diferencial es apropiada en principio por el propietario del yacimiento o terreno más rico, puesto que su origen es la propiedad del recurso. Ahora bien, si quien explota el recurso más rico es distinto al propietario, habrá una pugna entre el «empresario» (que en principio se apropia sólo de g) y el propietario por apropiarse de r. Tal ha sido históricamente el caso entre los arrendatarios capitalistas y los terratenientes o entre los países subdesarrollados mineros y las empresas multinacionales que explotaban sus yacimientos.

En suma:

— La ganancia procede de la *propiedad de los medios de producción*.
— La renta procede de la *propiedad de las condiciones naturales de producción*.

b) En segundo lugar, la Naturaleza no es mercantilizable o capitalizable totalmente. Mantiene siempre una cierta autonomía, lo que limita la rotación del capital, dificulta el cálculo económico (por ejemplo, de la tasa de descuento del «capital natural» agotado), etc. La dicotomía ecología-economía (capitalista) es radical y contablemente insuperable.

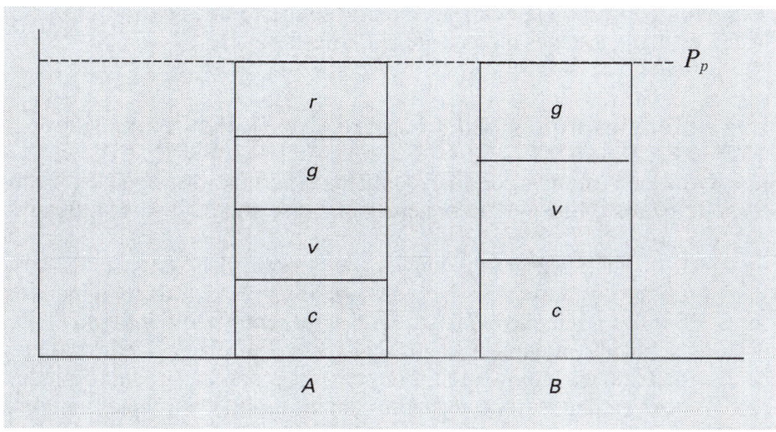

Figura 11.1.

En definitiva, estas relaciones y modificaciones se plasman en la dinámica del sistema de explotación capitalista de los diversos recursos naturales, que a través de su enorme expansión y de la sólida infraestructura de que ha dotado al Sistema Mundial se encuentra actualmente con los límites marcados por la respuesta de la Naturaleza.

11.2. LOS RECURSOS MINERALES NO ENERGÉTICOS

La extracción y explotación de recursos minerales creció vertiginosamente a raíz de las revoluciones industriales del siglo XIX y tomó mayor impulso después de la Segunda Guerra Mundial. El maquinismo, los transportes y el industrialismo en general exigieron este aumento en el volumen de materias primas. Y así, mientras que en las sociedades más antiguas uno o dos minerales sirven para caracterizar el desarrollo infraestructural («edad del bronce», «edad del hierro»), el desarrollo capitalista se caracteriza, por el contrario, por la utilización masiva de viejos y nuevos recursos (viejos como el hierro, nuevos como el aluminio o el cromo, novísimos como el silicio o el tungsteno). Frente a una variedad relativamente pequeña de minerales explotados en las sociedades precapitalistas más recientes, hoy se consideran como indispensables más de 70 minerales. Hay que avanzar también que muchos de ellos son explotados recientemente a causa de la Revolución Tecnológica en curso, por la que han adquirido carácter de *estratégicos* para las nuevas industrias punta y para fines militares.

Para ejemplificar este elevado ritmo de explotación baste señalar que entre 1900 y 1970 el volumen global de extracciones se multiplicó por dos y que entre 1900 y 1950 ya se había extraído tanto volumen de mineral como hasta 1900.

Por sus características físicas y propiedades como valores de uso, los minerales no energéticos se pueden clasificar en metálicos y no metálicos; entre los primeros se distingue entre los férricos y los no férricos. Pero a efectos del análisis estructural-económico constituyen todos un bloque homogéneo.

El desarrollo del sistema capitalista de explotación de estos recursos ha implicado relaciones sustitutivas entre algunos minerales y complementarias (bien en aleaciones, bien por separado) en otros. Lo cual ha empujado y empuja continuamente a la expansión de la industria minera en búsqueda de nuevos materiales y profundizando el tratamiento de los ya conocidos.

Factores del sistema de explotación

Los factores que explican la globalidad de esta dinámica son de distinto tipo. Así, hay que considerar:

a) *Factores geológicos*. Este tipo de factores tiene una gran importancia y pueden hacer variar los sistemas de explotación en su totalidad o en parte, al influir en los costes y precios. Son los portadores de la *renta minera*, dada la riqueza de cada mineral y la riqueza del yacimiento que fija el precio de producción. La apropiación de esta renta ha creado conflictos entre los gobiernos de los países subdesarrollados y las empresas multinacionales de los países desarrollados que explotaban efectivamente dichos recursos. A la estrategia de nacionalización de los yacimientos de los primeros respondieron las segundas bien con el abandono, bien con el boicot, bien con el mantenimiento y encarecimiento del control tecnológico del sistema de explotación.

b) *Factores locacionales*. Comprenden la distancia al lugar de consumo, el grado de transportabilidad, la accesibilidad al yacimiento, el clima y las condiciones de habitabilidad para los trabajadores, etc. Los problemas de *accesibilidad y habitabilidad* se han puesto de manifiesto en numerosos proyectos (Brasil, Bolivia...), que configuran a determinadas reservas demostradas como recursos potenciales a la espera de poder resolver rentablemente dichos problemas, e incluso en algunos casos ha supuesto la necesidad de la financiación internacional al no poder hacer frente el capital nacional a los elevadísimos costes de tales proyectos.

También es importante el problema del *transporte* al lugar de refino o consumo. Significativos países productores y exportadores de minerales no tienen casi nunca la capacidad financiera autónoma para enfrentarse a la vez con la necesidad de financiar flotas mercantes, transporte de embarque y desarrollo de las instalaciones portuarias adecuadas, por no hablar de los problemas añadidos a los países no marítimos (Bolivia, Zambia, en gran medida la República Democrática del Congo —antes Zaire—, Botswana...). En los últimos años, y para algunos minerales, el enriquecimiento del mineral en su primer estadio (primera separación de la ganga) está siendo realizado junto a las plantas de extracción, en un intento de los gobiernos de controlar, en la medida de lo posible, más etapas del sistema de explotación y de abaratar, por otra parte, el transporte.

c) *Factores económicos coyunturales*. Referentes a las condiciones del mercado, la estructura de costes de la explotación, etc. Estos factores se han manifestado en las últimas décadas como *los más significativos*, en la medida en que el desarrollo tecnológico permite superar algunos de los obstáculos naturales del tipo presentado en los dos grupos de factores anteriores.

Por lo que se refiere a las *condiciones del mercado*, algunos minerales se comercializan en un mercado mundial muy poco estable, con grandes fluctuaciones de precios que perjudican ostensiblemente a los países subdesarrollados exportadores. Además, no está claro el efecto beneficioso de la especialización minera para el resto de una economía que, como la periférica, parte de unos niveles de desestructuración graves, lo que plantea problemas de política económica para los gobiernos. Por otra parte, al monopsonio ejercido por las empresas multinacionales los países productores respondieron en los años setenta creando asociaciones de exportadores (por ejemplo, en el caso de la bauxita, el cobre, el hierro, etc.), aunque con éxitos muy relativos.

En el Recuadro 11.1 se recoge esta problemática.

En cuanto a los *costes del sistema de explotación*, que siempre deben recoger tanto los determinantes naturales (escasez, dificultad, etc.) como los del mercado, su clasificación y ordenación se hacen a su vez complejos al tener que valorar factores de tan diverso tipo en tan diversas etapas. Desde los primeros estudios de reconocimiento del terreno y búsqueda de los puntos de prospección, hasta la construcción de la mina, hay una inversión «previa» a la explotación en la que se pueden disparar los costes. De aquí surge una característica esencial de la industria minera: *exige capitales voluminosos y financiación contra el riesgo* y ello hace propensa a dicha industria a la concentración y centralización capitalista, o sea, a la *monopolización*.

d) *Factores geoestratégicos*. Durante la Guerra Fría, las grandes potencias desarrollaron una política de acopio de reservas estratégicas y de control de yacimientos mundiales más para evitar que el «otro» bloque los controlase que por las propias necesidades. Ello dio lugar a una auténtica competencia por la minería mundial de carácter más político-militar que económica. El fin de la confrontación ha supuesto una pérdida de importancia de algunas zonas mineras de la Periferia.

Las potencias mineras del Centro y de la Periferia

La localización mundial de los yacimientos permite distinguir entre tres tipos de países en los que la minería tiene una importancia significativa:

— Los países de gran extensión del Centro del Sistema: EE.UU., Canadá y Australia, ricos en yacimientos de varios minerales. Son las *potencias mineras del Centro*, con yacimientos en explotación de minerales tanto «clásicos» (de hierro, cobre, níquel, bauxita, mercurio, plomo, cinc, oro, plata, etc.) como «modernos» (manganeso, tungsteno, titanio, molibdeno, tántalo, niobio, vanadio, zirconio, antimonio, amianto, fosfatos, etc.). Por otra parte, antes había que considerar en este grupo a la ex URSS, que

RECUADRO 11.1. LOS PROBLEMAS DE LAS ECONOMÍAS MINERAS

Las economías periféricas especializadas en la extracción de minerales se enfrentan a una serie de problemas que cuestionan las supuestas ventajas comparativas derivadas de su dotación de recursos para su desarrollo económico. Entre estos problemas cabe destacar:

— *La fluctuación de precios*: la aleatoridad de la producción minera produce usuales desajustes entre la oferta y demanda en los mercados de metales y minerales de Londres, Nueva York o Tokio. Una caída coyuntural en la oferta puede ocasionar subidas de precios que incitan a nuevas explotaciones o a la búsqueda de sustitutivos. En ambos casos se potencia la posterior sobreproducción y el hundimiento de precios. Así, las economías exportadores mineras no pueden estar seguras nunca de la cotización de su riqueza.

— *El deterioro de los términos de intercambio*: a pesar de algunas coyunturas alcistas, especialmente en los años setenta, las materias primas minerales son pagadas cada vez peor en relación a los productos manufacturados importados. En otros términos, la riqueza de los países mineros es cada vez menor.

— *Los costes medioambientales*: la minería es una actividad que supone, en general, la erosión, la emanación de gases dañinos, etc. Además, el uso de algunos minerales está sujeto hoy en día, y sobre todo lo estará en el futuro, a restricciones o modificaciones para contrarrestar el deterioro medioambiental. Todo ello aumenta los costes de extracción, refino, etc., para adaptarse a una demanda cada vez más exigente en este ámbito.

— *El uso de la renta minera*: la voluntad de los gobiernos por hacerse con el control de su riqueza nacional ha causado en muchas ocasiones la nacionalización de las minas y el intento de apropiarse de la renta minera. La propiedad pública, sin embargo, no ha tenido los efectos esperados dadas las características de la industria minera, el mantenimiento del control de la *filiere* por las empresas multinacionales, etc., que han dificultado la actuación del gobierno como agente económico. Además, existen limitaciones objetivas para que el Estado pueda actuar como empresario competitivo, dado su papel de planificador global. Hoy en día se apuesta por la privatización o el consorcio público-privado como mejor mecanismo para usar más productivamente la renta minera.

A través de organismos internacionales (UNCTAD, etc.) y de la creación de asociaciones de productores (AIB —bauxita—, CIPEC —cobre—, AEMH —mineral de hierro—, CRE —estaño—, etc.) se ha intentado paliar estos problemas con estrategias de *fondos de reservas estabilizadores*, *aislamiento institucional de la renta minera* (para evitar su despilfarro por el gobierno de turno), *convenios internacionales* de oferta/demanda/precios, etc. A pesar de ello, la UNCTAD considera que las economías mineras muy especializadas están aquejadas del *«mal holandés»*: la supuesta riqueza deriva en desequilibrios macroeconómicos, inflación, etc. *La ventaja comparativa de índole natural se convierte, en el marco de la estructura económica, en una desventaja.*

en 1990 era la primera potencia minera mundial, pero con su desmembración, la actual Rusia se ha alejado mucho de dicho puesto, perdiendo importancia en la explotación mundial de algunos minerales significativos, y de hecho cabría considerarla en el siguiente grupo.

— Los países de gran extensión de la Periferia: Brasil, México, India, R. D. del Congo, Zambia y Sudáfrica, que históricamente han desarrollado su industria minera. Son también ricos en varios minerales, pero sólo los que han desarrollado un cierto proceso de industrialización (Brasil, México, India y Sudáfrica) han utilizado sus propias materias primas y en cualquier caso son también exportadores hacia el Centro. En este grupo se incluye China, con un gran dinamismo y creciente presencia en las exportaciones mundiales de varios minerales. La minería en todas estas *potencias mineras de la Periferia* es extravertida en mayor o menor medida, que es máxima en el caso africano.

— Los países medianos y pequeños de la Periferia, que son muy ricos en unos pocos minerales, participan mayoritariamente de la producción mundial de ellos y los explotan para exportarlos al Centro. Son, pues, *extremadamente dependientes* de los ingresos por este tipo de exportación, que a su vez son el principal rubro de sus exportaciones.

Cuadro 11.1. Dependencia de las exportaciones mineras, 1990.

Exportaciones mineras como porcentaje de las exportaciones	
40-60%	Perú, Guyana, Jamaica, Rep. Centroafricana, Rep. Dominicana, Burkina Faso, Mauritania, Chile, Liberia, Togo.
60-80%	Sierra Leona, Papúa-Nueva Guinea, Bolivia, Namibia.
80-100%	Surinam, Níger, Guinea, Zambia, R. D. del Congo, Botswana.

Fuente: UNCTAD: *Recursos mineros y desarrollo sostenible*. TD/B/CN.1/16. Septiembre 1993.

El Cuadro 11.1 refleja esta extraversión y dependencia para 20 países, tanto grandes como pequeños.

En total, y según la UNCTAD, 38 países concentran casi el 90 por 100 de la producción minera mundial. Dichos países, y su participación porcentual en dicha producción, son:

	Porcentaje	Menos del 1 por 100	
Ex URSS	15,09	Zambia	Mauritania
EE.UU.	13,13	Suecia	Namibia
Sudáfrica	10,01	Marruecos	R. Dominicana
Australia	7,79	Alemania	Sierra Leona
Canadá	7,74	Filipinas	Burkina Faso
China	7,74	España	Togo
Brasil	4,56	Papúa-Nueva Guinea	Liberia
Polonia	3,91	Guinea	Surinam
Chile	3,30	Zimbabwe	Guyana
México	1,85	Mongolia	Fidji
Perú	1,39	Nueva Caledonia	
Botswana	1,32	Jordania	
India	1,27	Bolivia	
R. D. del Congo	1,17	Jamaica	

En el Apendice 11.1, se recogen, por países y por minerales, algunos datos significativos de la minería mundial y los cambios operados: el descenso productor de la ex URSS y el nuevo protagonismo de China.

Producción y consumo: la polémica del agotamiento

El conjunto de minerales no energéticos es un grupo de más de 50 productos que representa alrededor del 16 por 100 del comercio mundial de productos primarios, o sea, más que la participación combinada de los productos animales, forestales y pesqueros. Las diferencias de lugar de producción y de consumo generan un importante comercio internacional y son la causa también de la *interdependencia* entre el Centro y la Periferia.

Aunque en el Centro existen potencias mineras, EE.UU., Europa y sobre todo Japón son importadores netos de muchos minerales y dependen de la minería de la Periferia para satisfacer sus necesidades de consumo industrial. Por otra parte, las economías mineras periféricas son en su mayor parte, como se deduce de la lista anterior, economías con un nivel bajo o casi inexistente de industrialización (exceptuando a las potencias mineras) y por ello no pueden consumir su propia riqueza, que exportan. Se da así un característica división internacional del trabajo en la que el Centro, a través de empresas multinacionales, explota los yacimientos de la Periferia y de esta explotación depende la subsistencia de los enclaves mineros.

Por su carácter de recursos no renovables, y por el creciente volumen de extracciones que ha acompañado al desarrollo capitalista, la preocupación por el *agotamiento* ha estado siempre presente en la economía minera. La preocupación desde el Centro es quedarse sin materias primas. La preocupación de la Periferia minera es quedarse sin su principal fuente de ingresos por exportación. La problemática del agotamiento se plantea, pues, en un contexto mundial o sistémico.

El agotamiento puede entenderse desde dos perspectivas: la económica y la física:

— El *agotamiento económico* se refiere a la imposibilidad de continuar la explotación de yacimientos por el elevado coste que supone. Ya los economistas clásicos (especialmente D. Ricardo y J. Stuart Mill) habían contemplado esta posibilidad en su concepción del *estado estacionario*: la explotación se haría tan costosa, debido a los rendimientos decrecientes, que la economía, al tener que dedicar gran parte de su capital a este menester, no podría avanzar en otros campos. Modernamente, este tipo de razonamiento ha sido esgrimido, por ejemplo, en algunos de los primeros informes del Club de Roma (véase el Capítulo 17).

El descubrimiento de nuevas reservas, el desarrollo de la tecnología del reciclaje y, sobre todo, la constatación de que el valor del output de la industria minera mundial apenas representa un 5 por 100 del producto mundial, han alejado el pesimismo en este sentido.

— *El agotamiento físico* tampoco se puede esgrimir hoy en día como amenaza preocupante. Además del descubrimiento de nuevas reservas en la corteza terrestre, del reciclaje, de la profundización y ampliación de los levantamientos geológicos en todo el mundo (y especialmente en los países de gran extensión), etc., se han descubierto reservas en los fondos marinos, en precipitaciones minerales denominadas *nódulos marinos*. El problema de su explotación remite simplemente a la rentabilidad económica (como corresponde al concepto de *reserva*) y, a nivel más conflictivo, al problema de la *propiedad* de tales fondos marinos o, en definitiva, al de quién se apropia su renta minera.

En resumen: la minería mundial se caracteriza por ser una industria en la que los factores naturales han propiciado la concentración y centralización del capital y su mundialización. *La interdependencia entre el Centro consumidor y la Periferia productora es asimétrica dado el control tecnológico de la explotación, reciclaje y materiales sustitutivos en manos de los países desarrollados*. Ante las políticas de los gobiernos periféricos por controlar más su riqueza y apropiarse de la renta minera, las multinacionales mineras han optado en ocasiones por retirarse de la fase de extracción, pero manteniendo su control tecnológico y el monopolio sobre el refino y actuando como un monopsonio. La situación es, en definitiva, más preocupante para la Periferia, que tiene que enfrentarse a las fluctuaciones de precios e ingresos, el agotamiento local o a los efectos de su ultraespecialización minera en el resto de su economía.

11.3. LOS RECURSOS FORESTALES E HIDRÁULICOS

La explotación económica de los bosques

Los bosques y selvas cubren más de la cuarta parte de la superficie terrestre y representan el 30 por 100 de la superficie en el Centro y el 28,7 por 100 en la Periferia, aunque con distribución espacial muy desigual.

Los bosques cumplen un papel fundamental en el equilibrio medioambiental local y planetario, por su papel en la conservación de las especies que viven en ellos, en la regulación del ciclo hídrico, en la protección del suelo, en el equilibrio y regeneración climáticos, etc. Por otra parte, su función económica (entendiendo así los productos comercializables derivados de su explotación) reside principalmente en la obtención de madera para la industria del mueble, la construcción, la industria del papel y la leña como fuente energética.

Existen tres grandes tipos de bosques: los bosques tropicales húmedos y xerofíticos, los bosques templados y las tierras forestales degradadas.

Los bosques tropicales húmedos cubren más de 1.500 millones de hectáreas y dos terceras partes se hallan en América Latina, especialmente en la cuenca amazónica, y el resto se reparte entre África y Asia. Son ellos a los que afecta más el proceso de desforestación en curso. Los bosques tropicales xerofíticos cubren también unos 1.500 millones de hectáreas, de las que tres cuartas partes están en África. Los bosques templados cubren unos 1.600 millones de hectáreas, situadas principalmente en los países desarrollados.

Los primeros bosques explotados fueron los templados. Las necesidades agrícolas e industriales del desarrollo capitalista supusieron la tala de la tercera parte de ellos. Posteriormente, las medidas proteccionistas han logrado mantener e incluso aumentar la superficie boscosa en varios países del Centro del Sistema.

La tasa anual de desforestación en la Periferia, sin embargo, ha aumentado en los últimos años a un ritmo creciente y preocupante y se estima que es de 0,9 por 100 en América Latina, 1,2 por 100 en Asia y 0,8 por 100 en África. Sin embargo, las cifras agregadas esconden grandes diferencias. Así, la tasa de desforestación es especialmente elevada (superior al 2,5 por 100 anual, y alcanzando valores superiores al 3 por 100 en algunos casos) en Centroamérica y el Caribe, Tailandia, Sri Lanka, Costa de Marfil, Nigeria, etc., según estimaciones del PNUD (en su *Informe sobre el Desarrollo Humano*, 1999). Las tasas de desforestación son menores (aunque también preocupantes) en países grandes y con una gran superficie forestal como Brasil (65 por 100 de su superficie y desforestación anual en el período 1981-1995 del 0,5 por 100 anual), Malasia (58,1 y 2,4 por 100) o Indonesia (62,6 y 1 por 100, respectivamente).

Las razones de la desforestación son variadas:

— En África y Asia meridional, la madera se usa principalmente como leña, casi la única fuente energética de que pueden disponer las poblaciones mayoritariamente rurales de esas zonas. También hay explotación comercial en el Golfo de Guinea.
— En América Latina, la desforestación es el resultado de la colonización agrícola y ganadera.
— En Asia oriental, los bosques son explotados fundamentalmente por compañías madereras y del caucho.

Debido a la creciente preocupación por los efectos medioambientales de la desforestación, en la década de los noventa la producción y comercio mundiales de los productos forestales ha disminuido. Pero, en cualquier caso, sus características sistémicas se mantienen:

— Los países desarrollados producen el 37 por 100 del total mundial de madera en rollo (porcentaje del que Norteamérica aporta más de la mitad) y el 71 por 100 del rubro industrial; significan el mismo porcentaje en la producción de pulpa de papel, tres cuartas partes de la madera serrada y casi el 90 por 100 del comercio mundial. Por otra parte, apenas aportan el 13 por 100 de la producción mundial de leña y carbón vegetal y son los principales importadores.

— En la Periferia, los principales productores de madera en rollo son China, India y los países del sudeste asiático. Malasia es el principal exportador (Indonesia lo fue hasta mediados de los ochenta) y los principales importadores son China y Corea. Sin embargo, la Periferia es la principal productora de leña y carbón vegetal (87 por 100 de la producción mundial), destacando la producción de África (27 %), India (14 %), China (11 %) y el resto de Asia del sur y del este (en conjunto, el 46 por 100). Latinoamérica supone el 17 por 100 (Brasil, el 10 por 100).

En definitiva, se puede afirmar que el consumo industrial de los bosques mundiales (que permite la «racionalidad» económica de su explotación) se realiza por el Centro, mientras que la Periferia es abastecedora y consumidora en la dimensión más degradante para la conservación forestal.

Disponibilidades y consumo de agua

La Tierra es el «planeta azul». El ciclo hidrológico pone anualmente a disposición de la humanidad unos 40.000 km^3 de agua dulce, de los que se consume aproximadamente un 10 por 100. Aunque se pudiera deducir de ello una idea de abundancia, el extremadamente desigual reparto, las pérdidas por anegamientos (casi dos terceras partes) y la necesidad de mantener las corrientes naturales y de transportar las aguas residuales reducen considerablemente la oferta para ese consumo anual de 4.000 km^3. Hay que destacar, además, que dicha cifra es cuatro veces mayor que la de 1950, lo que hace suponer que las necesidades se irán acrecentando al menos al mismo ritmo, llegando a los 5.000 km^3 en el año 2000.

Por sectores económicos, la agricultura es la actividad que más agua consume, estimando la FAO que supondrá un 62 por 100 del consumo de agua en el año 2000. La industria consumirá el 25 por 100, aunque el 85 por 100 del mismo se recicla como aguas residuales —contaminadas—. El consumo doméstico representa, por su parte, un 9 por 100 (red urbana) y el resto se estima usado en embalses de diverso tipo.

Por grandes regiones, Asia es donde se consume más de la mitad del agua del mundo. Los pronósticos para el año 2000 prevén que Asia supondrá el 60 por 100 del consumo mundial, América del Norte el 15 por 100, Europa el 13 por 100 y África menos del 7 por 100. Pero las disponibilidades per cápita muestran las grandes diferencias que se esconden en el reparto regional, tanto en los recursos disponibles como en el consumo total y per cápita. Aunque es en el Centro del Sistema donde se extrae más agua, hay países de la Periferia que ofrecen cifras similares a las de los países desarrollados. Los Cuadros 11.2 y 11.3 ofrecen una panorámica de esta diversidad y las perspectivas para el año 2000.

Se estima que por debajo de 1.000 m^3 de recursos hídricos renovables por persona existe *escasez* de agua y que ello tiene importantes repercusiones en la salud de las personas, el desarrollo económico y en el medio ambiente. Tal situación, al ritmo actual, se dará a corto plazo en todos los países de Oriente Medio y del norte de África y en algunos países del África subsahariana (Kenia, Burundi, Ruanda, Malawi, Somalia y Sudán). En otros muchos se prevé que baje por debajo de 2.000 m^3. Además, el acceso al agua potable es más caro para los sectores más pobres cuando, como ocurre en muchas ciudades de la Periferia, tienen que comprarla a vendedores privados, ante la falta de acceso a los servicios públicos o la inexistencia de éstos en grandes sectores de las megaciudades.

Las soluciones a las perspectivas pesimistas se centran en la mejora de instalaciones, en la lucha contra el despilfarro, el freno a la sobreexplotación de las aguas subterráneas (que está provocando en muchas zonas la salinización de las aguas freáticas) y, especialmente, en la lucha contra la contaminación de las aguas: no ya de los ríos, pantanos y subsuelo, sino de los océanos y mares, que, aunque de agua salada, son los que permiten el ciclo hidrológico y el hábitat de una gran diversidad biológica, además de proporcionar una de las bases alimenticias del ser humano: la pesca.

Cuadro 11.2. Recursos y extracción de agua potable.

	Recursos hídricos internos renovables per cápita (m^3/año) 1998	Captación anual de agua dulce: En porcentaje de los recursos 1987-1995	Captación anual de agua dulce: Per cápita (m^3) (1987-1995)
CENTRO	9.817	10,3	1.058
EE.UU.	8.983	19,0	1.839
Unión Europea	2.400	27,0	786
Japón	4.344	16,6	735
PERIFERIA	6.055	6,2	492
África subsahariana	6.363	1,5	125
China	2.231	16,4	461
India	1.896	20,5	612
México	3.729	4,0	1.043
Argentina	19.212	21,5	1.043
Mundo	6.918	7,3	626

Fuente: PNUD: *Informe sobre el Desarrollo Humano*, 1999.

Cuadro 11.3. Disponibilidad de agua por habitante, 1950-2000.

Región	1950	1960	1970	1980	2000
África	20,6	16,5	12,7	9,4	5,1
Asia	9,6	7,9	6,1	5,1	3,3
América Latina	105,0	80,2	61,7	48,8	28,3
Europa	5,9	5,4	4,9	4,4	4,1
América del Norte	37,2	30,2	25,2	21,3	17,5

Unidad: miles de metros cúbicos por persona.
Fuente: FAO: *El estado mundial de la agricultura y la alimentación*, 1993, pág. 237.

11.4. LOS RECURSOS PESQUEROS

RAMÓN FRANQUESA ARTÉS

La pesca era una actividad que hasta mediados del siglo XX se basaba en un recurso relativamente poco explotado a nivel mundial, aunque en algunas zonas como en el Mar del Norte ya antes de la Segunda Guerra Mundial se habían presentado algunos síntomas de agotamiento. Será a partir del final de la Segunda Guerra Mundial que las capturas mundiales de pescado se expandirán de forma impresionante. Así las capturas mundiales pasaron de 20 a 100 millones de toneladas entre 1950 y 1989, en 40 años se multiplicaron por 5.

Esta evolución de las capturas se explica por el aumento del esfuerzo pesquero cualitativa y cuantitativamente. Cualitativamente se perfeccionaron los métodos de pesca, detección y transporte (redes de nylon, sonar, sistemas de congelación, etc.). Cuantitativamente la inversión se expandió de forma exponencial en el sector por el aumento de las flotas y la dimensión media de los barcos de pesca.

Todo ello condujo primero a una plena explotación y después a una sobreexplotación del recurso pesquero. En la segunda mitad de los años ochenta se registra una tendencia al estancamiento de las capturas, que se convierte en diversas pesquerías (Atlántico Norte, Mediterráneo, Mar Negro...) en una caída a partir de 1990.

En tanto las capturas fueron aumentando, aparentemente fue posible aumentar la disposición de proteínas para el consumo humano. En el período entre 1950 y 1990 la población humana se duplicó, pero las capturas se multiplicaban por 5. Pero ese aumento estaba causado por un incremento de la inversión y de la dimensión de las flotas pesqueras a un ritmo aún mayor. Incremento que vino acompañado de la concentración de las inversiones y de la aparición de grandes compañías multinacionales ligadas a la industria alimentaria en el sector pesquero.

Cuadro 11.4. La producción pesquera mundial y su uso.

Año	Producción (millones de toneladas)	Usos no alimentarios (millones de toneladas	Población (miles de millones)	Consumo humano per cápita (kilogramo por año)
1950	19,8	3,0	2,5	6,7
1961	39,3	11,0	3,1	9,1
1970	65,3	24,7	3,7	10,9
1975	65,4	18,8*	4,1	11,7*
1980	72,1	20,9	4,4	11,3
1989	100,6	30,3	5,2	13,4
1990	97,9	—	5,3	—
1991	97,8	—	5,3	13,2
1992	99,5	—	5,4	—
1993	102,1	—	5,5	13,7
1994	105,6	—	5,6	14,3
1995	109,9	—	5,7	15,2
1996	—	—	5,7	15,7

* Datos de 1974.
Fuente: FAO.

Cuando en la década de los ochenta apareció con claridad el carácter limitado del recurso y la necesidad de regular su acceso, empezó a visualizarse un conflicto por el acceso al recurso, no sólo entre países sino entre las comunidades pesqueras de los países de la Periferia y las grandes industrias pesqueras. Cada vez resultó más claro que si el recurso era limitado, las capturas de estas grandes compañías se obtendrían en detrimento de la pesca artesanal y de las industrias de tipo familiar.

En la década de los años ochenta estalló la crisis de las antes prósperas y expansivas pesquerías mundiales. Esta crisis tiene varias facetas: el carácter limitado del recurso, la nacionalización de los caladeros (que en su mayor parte se hallan a menos de 200 millas de la costa) y la mercantilización de los productos pesqueros mundiales que presiona los precios a la baja. Para solucionar los límites de la producción pesquera se buscaron diversas salidas, que se aplicaron de forma espontánea, sin demasiada planificación, y sin prever frecuentemente el impacto secundario que podían generar. Aparecen así varias respuestas a la crisis pesquera:

a) *Aumenta la explotación acuícola*, que aparece como la salida moderna a la actividad pesquera. Se supone que al igual que la humanidad en el pasado evolucionó de la recolección a la agricultura en tierra, ahora debe avanzar desde la pesca hasta la granja acuática.

Entre 1986 y 1996 ha crecido a un 10 por 100 anual. En 1996 la explotación acuícola alcanzó 26,4 millones de toneladas, lo que representa el 22 por 100 de la producción pesquera total. Pero este aumento ha sido mucho menor del que se esperaba y muestra también sus límites. Así la acuicultura implica problemas medioambientales y de asignación de espacio en la franja de litoral que limitan sus posibilidades de crecimiento. Así, la degradación de espacios agrarios en los deltas y manglares (envenenados por los detritus y antibióticos) ha provocado su limitación en Ecuador y en Tailandia, Vietnam, sur de China, viendo crecer la presión para retornar a su uso para el cultivo de arroz. Existen además límites a este crecimiento que tienen que ver directamente con la pesca. La harina de pescado procedente de la actividad pesquera es un componente básico de los piensos en acuicultura (también para parte de la ganadería). Los límites en las capturas suponen una restricción al constituir éste un input básico de las granjas acuícolas. Esta dependencia provoca que la acuicultura en muchos casos sea un proceso de conversión de peces de bajo valor (sardina, anchoa, etc.) en peces de alto valor (rodaballo, salmón, lubina, etc.). Con ello se agrava el desequilibrio alimentario humano: para producir pescado caro se destruye una gran cantidad de pescado barato. La acuicultura está creciendo también en el aprovechamiento de recursos medioambientales como en el caso de los mejillones (que depuran las aguas) o de la producción de plantas (que absorben energía solar). La producción de algas ha alcanzado los 9 millones de toneladas en húmedo.

b) *Se reducen los usos secundarios de las capturas*, es decir, su transformación en harinas o aceites, descartes, etc. Entre 1981 y 1996, la pesca dirigida al consumo humano (en forma de fresco, congelado, curado o envasado) ha pasado de ser el 70,5 por 100 a ser el 75 por 100. Sin embargo, la reducción de harinas y aceites implica problemas tanto para la acuicultura como para la producción de carne. De hecho su uso como pienso representa pérdidas evidentes de calorías y proteínas. Esta reducción, necesaria desde un punto de vista técnico para suministrar proteínas a una población mundial creciente, puede resultar inviable económicamente. Efectivamente, si se polarizan las rentas a nivel mundial (los ricos son cada vez más ricos y los pobres más pobres), puede no existir demanda solvente para el pescado fresco de baja calidad, pero sí existir demanda para productos alimenticios más elaborados (pescado de alta calidad de granja, carnes, etc.). Si predominase esa tendencia existirá un incentivo económico a no reducir esos usos secundarios e incluso a aumentarlos.

c) *Se asignan derechos de pesca para evitar la sobreexplotación*. En la medida que se constata el carácter limitado de los recursos pesqueros la propiedad de los caladeros adquiere una nueva importancia. Al convertirse en mercancía el caladero, aparece el derecho a la propiedad ya antes de la actividad extractiva, y se hace necesario regular quién tiene derecho y quién no a pescar. Además se trata de un recurso, que al igual que la tierra implica problemas de existencia de renta diferencial, lo que hace aún más conflictiva la asignación de derechos de propiedad. Efectivamente, se planteará quién absorbe esa renta diferencial: el pescador, la empresa de transformación, la empresa que comercializa, etc.

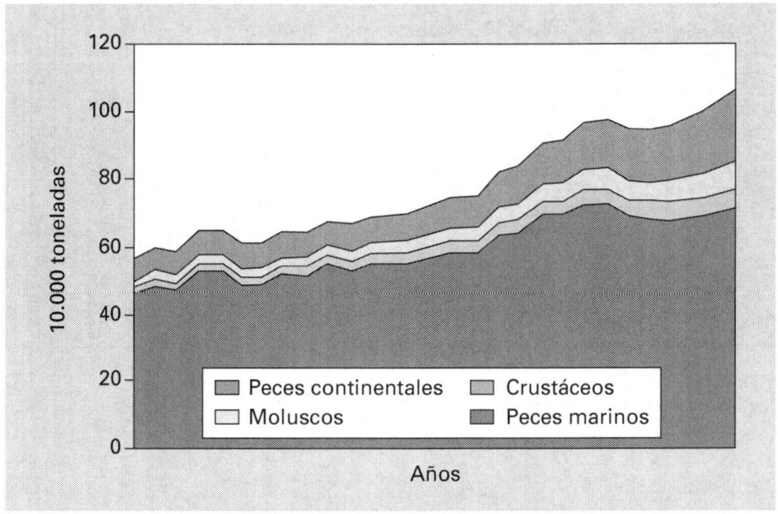

Gráfico 11.1. EVOLUCIÓN DE LA PRODUCCIÓN MUNDIAL DE PESCADO (1967-1995).

El argumento racional de existencia de sobreexplotación será empleado y distorsionado en función de los diversos intereses de los actores implicados. Para racionalizar los desequilibrios en la disposición del recurso, se proponen soluciones técnicas que tienden a mercantilizar los derechos de captura. En diversos foros internacionales (OCDE por ejemplo) se propone que una vez fijados los máximos de captura para cada especie (en la Unión Europea en forma de Total Allowed Catch, TAC) este volumen de capturas se pueda comprar y vender en forma de ITQ (Individual Transferable Quota). Este sistema ha sido ampliamente aplicado en Australia, Nueva Zelanda, Canadá o EE.UU.

Aunque su formulación aparezca con cierta neutralidad, en la práctica está significando la concentración de los derechos de pesca y la consolidación de grandes empresas pesqueras multinacionales. De hecho una de las características de la pesca en la actualidad es que junto con la crisis general del sector por un exceso de capacidad de captura, aparecen enormes beneficios en algunas empresas pesqueras que han sabido pasar a las capturas a gran escala, con un moderno sistema de procesado y comercialización.

Los buques factoría más modernos, en los que se trabaja las 24 horas del día, trabajan con enormes redes con una boca de entrada en la que cabrían 16 aviones jumbo uno al lado del otro. El coste de uno sólo de éstos llega a alcanzar los 40 millones de euros.

Dada la situación asimétrica en que se encuentran los diversos países en el Sistema, esta aplicación de derechos dista mucho de tener un efecto neutral. También con esta asignación de derechos se está produciendo un aumento de la dependencia de la Periferia respecto al Centro.

La regulación del acceso implica, si se mercantiliza, el poner un precio a este recurso. Anteriormente los pescadores del litoral de los países de la Periferia generaban una aportación de alimento y empleo. Aún ahora, siendo las capturas de las flotas artesanales sólo un 25 por 100 de la producción mundial, aportan el 40 por 100 del pescado dirigido al consumo humano, ya que no practican su transformación en harinas o aceites.

Los problemas de sobreexplotación producidos por la capitalización de la pesca se han interpretado como una consecuencia de la ausencia de propiedad. Pero eso es sólo parcialmente cierto. Desde tiempos inmemoriales el acceso a los caladeros estaba en la mayoría de los casos restringido a determinadas comunidades, que lo explotaban de forma colectiva con reglas más o menos precisas. La preexistencia de sistemas de apropiación se refleja en las múltiples guerras que antes del siglo XX tuvieron su origen en el acceso a caladeros. El suponer que los mares eran «libres» se ha convertido en una premisa para proceder fácticamente a un cambio de derechos de acceso. El modo de producción capitalista fue el que impuso esa libertad de explotación (contra las comunidades pesqueras indígenas), para una vez sobreexplotado el recurso, reclamar una asignación de derechos en que éstas difícilmente pueden competir.

El acceso exclusivo a las 200 millas se planteó en los años setenta como una distribución que favorecería a los pueblos menos desarrollados. Pero en perspectiva, no ha representado en términos generales una mejora estructural en la situación social de los países de la Periferia. En general, las administraciones de esos países, necesitadas de divisas, han vendido el derecho de pesca a grandes compañías. Ello ha implicado reducir las capturas disponibles a un nivel que obliga a las comunidades a abandonar su actividad y a ceder sus capturas a las flotas industriales que pueden pescar en más lugares, en todas las condiciones meteorológicas, con mayor intensidad, etc. Ésta es la situación actual desde las aguas de Australia, en las que las modernas flotas del país expulsan a los aborígenes, a las de Senegal, India, Tailandia, etc. Incluso es posible detectar que en algunos casos las administraciones nacionales, presionadas por las grandes compañías, llegan a retirar violentamente a las comunidades pesqueras de su actividad (caso, por ejemplo, de la destrucción de poblados en las playas de Montevideo, en Uruguay). Nos hallamos ante un proceso de privatización, similar al que en el origen del capitalismo, a través de las *enclosures*, privó de tierra comunitaria a los campesinos de la Inglaterra de la Revolución Industrial.

La inserción de las explotaciones pesqueras en el mercado mundial no sólo produce efectos de desequilibrio en el acceso a los recursos. También se producen cambios en la fase de mercantilización de los productos pesqueros. Así, en la venta de las capturas, aparece la dependencia a escala mundial. Cada vez más productos pesqueros se apartan de la mera subsistencia y pasan por el mercado. Ello está implicando un aumento de las importaciones/exportaciones, por las que los países de la Periferia están pasando a exportar en peso mucho más de lo que importan.

Mientras que los países del Centro son netamente importadores, reteniendo el 80 por 100 de las capturas mundiales (exportan 20 millones de toneladas, e importan 34), los países de la Periferia son, a pesar de sus necesidades nutricionales, claramente exportadores (exportan 16 e importan 5 millones de toneladas). Y las cantidades que importan, son bajo forma de harina de pescado en su mayor parte. Ésta se emplea en la acuicultura o la ganadería, para producir carne o pescado que nuevamente se exportará al Centro.

Todo ello en un contexto en que no cesa de aumentar la dimensión del mercado mundial. Si las importaciones mundiales en 1967 suponían 841

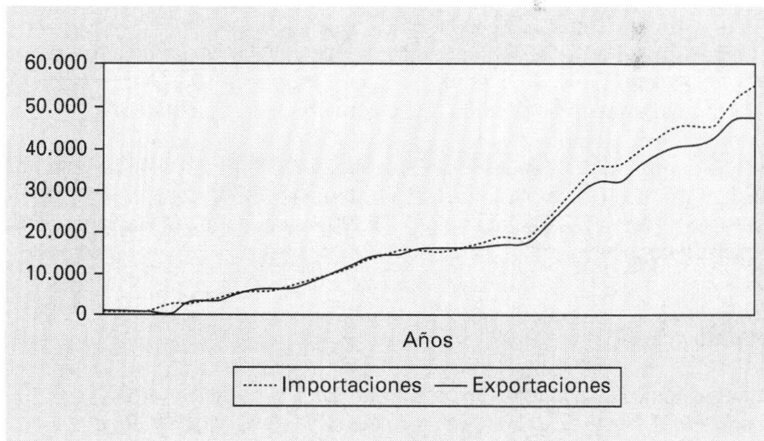

Gráfico 11.2. EVOLUCIÓN DE LAS IMPORTACIONES Y EXPORTACIONES DE LOS PRODUCTOS PESQUEROS (1967-1995). MILLONES DE DÓLARES.

millones de dólares, en 1996 suponían 54.957. Han crecido en 30 años 65 veces, mientras que la producción sólo se multiplicaba por 2.

A nivel mundial las capturas se han estabilizado, pero ahora la pesca contribuye menos a resolver el déficit alimentario (lo que antes se consumía en la Periferia ahora se exporta), operando con trabajadores y menos empresas familiares. A pesar de la crisis en que vive el sector a nivel global, las grandes empresas siguen aumentando sus beneficios y su dimensión en capital social.

APÉNDICE 11.1. LA PRODUCCIÓN MUNDIAL DE MINERALES (1991-1997)

Fuentes:

— Banco Mundial, *World Resources 1998-99. A Guide to the global environment*, Oxford University Press, 1998.
— *Metals & Minerals Annual Review*, 1992 y 1998.
— *Mining Annual Review*, 1992.
— J. M. Vidal Villa y J. Martínez Peinado: *Estructura Económica y Sistema Capitalista Mundial*, Pirámide, 1990.

Hierro

Los principales productores de mineral de hierro son: *China* (23,9 %), *Brasil* (15,9 %), *Australia* (15,8 %), *Rusia* (6,8 %) y *Ucrania* (4,6 %). Otros países productores son:

— En el Centro: EE.UU., Canadá, Suecia y Francia.
— En la Periferia: India, Sudáfrica, Venezuela, Mauritania, Corea del Norte, Chile, México, Kazajstán. Liberia, antaño gran productor y exportador, ha decaído espectacularmente en su minería.

Los principales exportadores son Brasil (29,6 por 100 de las exportaciones mundiales), Australia (32,8 %), India (6,7 %), Canadá (7,1 %) y la ex URSS (6,8 %). La demanda proviene fundamentalmente de la industria siderúrgica (acero)

Plomo

Los principales productores son: *China* (22,2 %), *Australia* (16,7 %), *Canadá* (16,7 %) y *EE.UU.* (14,5 %). Rusia ha desaparecido del mapa productor. Otros países productores son:

— En el Centro: Suecia, ex Yugoslavia, Polonia, Bulgaria e Irlanda.
— En la Periferia: Perú (8,8 %), México (6 %), Sudáfrica (2,8 %) y Marruecos (2,7 %).

Los países del bloque ex soviético han sido tradicionales exportadores. Respecto al metal refinado, Europa produce el 32,4 por 100 y representa el 33,3 por 100 del consumo mundial y EE.UU. el 23,8 y el 27,8 por 100 respectivamente. Hay que destacar que el reciclaje aporta una cantidad significativa al consumo. La demanda proviene fundamentalmente del sector de la construcción, del automóvil (baterías) y otros.

Estaño

China e Indonesia se disputan el primer lugar en la producción mundial seguidos de Perú, Australia, Malasia y Brasil (conviene destacar que la explotación de las minas en este país se ha enfrentado a problemas con los indios Yanomani). Otros países productores son:

— En el Centro: ex URSS, Australia, Portugal y el Reino Unido.
— En la Periferia: Perú, Tailandia, Namibia, Vietnam, Ruanda, Zimbabwe, Sudáfrica y Birmania.

Su uso tiende a descender rápidamente, sustituido por los plásticos y el aluminio en los envases y a causa de la menor demanda en la electrónica (soldadura) por la miniaturización. En cualquier caso, el consumo mundial del refinado lo acaparan EE.UU., Japón, Alemania, Reino Unido, Francia, Holanda, Italia y los nuevos países industriales (Corea, Brasil, Taiwan, Hong-Kong, etc.).

Cinc

Los principales productores son: *China* (16,5 %), *Canadá* (14,5 %) (declinante en los últimos años), *Australia* (13,1 %), *Perú* (11,8 %) y *Esta-*

dos Unidos (8,6 %). Rusia ha desaparecido del mapa productor. Otros países productores son:

— En el Centro: España, Irlanda, Suecia, Polonia y Japón.
— En la Periferia: Kazajstán, México, Corea del Norte, India, Bolivia, Tailandia, Brasil, Sudáfrica e Irán.

Los principales productores de metal son Europa (34,3 %), Japón (7,8 %) y Canadá (9 %). Los principales consumidores del metal refinado son las economías industrializadas: Europa (32,8 %), EE.UU. (16,6 %), Japón (9,5 %), los nuevos países industriales Corea (4,4 %) y China (10,6 %).

Cobre

Los principales productores son: *Chile* (36 %) (con la aportación de nuevas minas), *EE.UU.* (20,8 %), *ex URSS* (*Rusia y Kazajstán*) (9,1 %), *Canadá* (7 %), *Indonesia* (5,8 %) (creciente), *Australia* (5,8 %), *Perú* (5,4 %) y *Polonia* (4,2 %). Otros países productores son:

— En el Centro: Portugal y Suecia.
— En la Periferia: China, Zambia (3,5 %) (en declive), México, Papúa-Nueva Guinea (creciente), Sudáfrica, R. D. Congo (en declive), Mongolia, Filipinas e Irán.

Es destacable que la importancia en la producción refinada de cobre no coincide sino en pocos casos (el más paradigmático es Chile con el 19,7 por 100) con la minería en la Periferia, mientras que los países del Centro dan cuenta de mas del 50 por 100 de la producción refinada (Europa, 18,6 por 100; Japón, 11,9 por 100; EE.UU., 22,8 por 100), aunque por otra parte suponen el 77 por 100 de su consumo.

Los principales sectores demandantes son la construcción (tuberías), el automovilístico (radiadores), el eléctrico y la telecomunicación. La revolución tecnológica ha supuesto un descenso en el uso del cobre, sustituido por otros materiales, como los pláticos, el aluminio o la fibra óptica.

Bauxita

Los principales productores son: *Australia* (39,1 %), *Guinea* (13,2 %), *Jamaica* (10 %) y *Brasil* (8 %). Otros países productores son:

— En el Centro: Kajhastán (3 %), ex Yugoslavia, Grecia (1,8 %), Hungría (0,9 %) e Italia.
— En la Periferia: India (4,4 %), Suriname, China (4,6 %), Guyana, Sierra Leona, Venezuela (4,8 %), Indonesia, Turquía, Malasia, Ghana y Rumania.

De la bauxita se obtiene la alúmina y de ésta el alumnio. Esta *filiere* ha sido siempre controlada por algunas grandes multinacionales del aluminio (Alcan, Alcoa, Reynolds, Pechiney, Kaiser, etc.) para proteger el abastecimiento de este metal estratégico en el Centro, que es donde tienen lugar los principales procesos de refino. Así, Europa, que a principios de los noventa sólo significaba el 4,2 por 100 de la producción de bauxita, representaba el 17,1 por 100 de la producción mundial de alúmina y EE.UU. y Canadá el 18,5 por 100, aunque su producción de bauxita es insignificante (EE.UU. es el principal productor mundial de alumnio primario). Por el contrario, África, que representa el 17,2 por 100 de la producción de bauxita, sólo produce el 1,8 por 100 de la alúmina mundial.

Níquel

A principios de los noventa seis países aportaban tres cuartas partes de la producción mundial: *ex URSS* (23,8 %), *Canadá* (21,6 %), *Nueva Caledonia* (13,6 %), *Australia* (6,7 %), *Indonesia* (5,4 %) y *Cuba* (4 %). Otros países productores son:

— En el Centro: Grecia, Finlandia y EE.UU.
— En la Periferia: China, Sudáfrica, República Dominicana, Colombia, Botswana, Brasil, Filipinas, Zimbabwe y Albania.

Se usa para en la industria siderúrgica (acero especiales) y en multitud de otros sectores industriales, por lo que su demanda no ha dejado de crecer en los últimos años.

Manganeso

Seis países producían a principios de los años noventa el 90 por 100 de la producción mundial: *ex URSS* (38,3 %), *China* (16,3 %), *Sudáfrica* (11,7 %), *Brasil* (10 %), *Gabón* (7,4 %) e *India* (6,8 %). Otros países productores son:

— En el Centro: Australia, Hungría, ex Yugoslavia y Austria.
— En la Periferia: Ghana, México, Marruecos, Chile, Bulgaria, Irán y Tailandia.

Se utiliza principalmente en la industria siderúrgica y por ello su demanda declina en los países desarrollados.

Tungsteno

Dos países, *China* (67 %) y *CEI* (22 %), son los principales productores mundiales. Otros son:

- En el Centro: Austria, Portugal, Japón, Australia, EE.UU. y ex Checoslovaquia.
- En la Periferia: Corea del Norte, Perú, Birmania, Brasil, Corea del Sur, Ruanda, México, Tailandia, Zaire, Argentina e India.

Considerado uno de los minerales «estratégicos», sus propiedades lo hacen indispensable en la moderna industria siderúrgica y metalúrgica, en la electrónica y en el sector armamentista. Su consumo está acaparado por los países industrializados (Europa occidental, 24 por 100; Japón, 16 por 100; EE.UU., 23 por 100), las dos Coreas y China (29 %).

Cadmio

La producción mundial está bastante repartida, siendo productores destacados *Canadá* (16,3 %) y *Japón* (12,1 %). Otros países productores son:

- En el Centro: Bélgica (7,3 %), EE.UU. (6,1 %), Australia (3,2 %), Alemania, Italia, Países Bajos, Finlandia, Reino Unido, Polonia, ex Yugoslavia, España y Francia.
- En la Periferia: China (7,7 %), Corea del Sur (4,8 %), Kazajstán (4,1 %), Rusia (3,7 %), México (3,4 %), Perú (2,9 %), Corea del Norte e India.

Japón es el principal importador mundial. Le siguen Bélgica, EE.UU., Francia, Alemania, China, Reino Unido, India y Corea del Sur. Sus usos principales son: baterías, pigmentos, estabilizadores, aleaciones y otros. Su producción está muy ligada a la de cinc.

Cromo

A principio de los noventa tres países producían más de tres cuartas partes del total mundial. Son: *ex URSS* (35,7 %), *Sudáfrica* (28,1 %) e *India* (12,2 %). Otros países productores son:

- En el Centro: Finlandia, ex Yugoslavia, Grecia (en declive) y Japón.
- En la Periferia: Albania, Zimbabwe, Brasil, Turquía, Madagascar, Irán, Filipinas, Cuba y Pakistán.

Sudáfrica es la principal exportadora de cromita y ferrocromo. Los usos industriales principales son la metalurgia, química, fundición y refractarios.

Cobalto

A principio de los noventa seis países suponían más del 95 por 100 de la producción mundial. Son *Zaire* (29,5 %), *Zambia* (20,6 %), *ex URSS* (17,8 %), *Noruega* (10,3 %), *Canadá* (9,6 %) y *Finlandia* (9,4 %). Otros países productores son China, Sudáfrica y Japón.

La tecnología tiende a sustituir algunos de sus usos en las aleaciones para la industria aeronáutica, la siderurgia y la electrónica (magnetos). Es uno de los minerales que más «sufrirá» el fin de la Guerra Fría y el control medioambiental/sanitario.

Molibdeno

A principio de los noventa sólo *EE.UU.* producía el 52,6 por 100 de la producción mundial. Otros grandes productores son: *Chile* (15,9 %), la *ex URSS* (10,7 %) y *Canadá* (9,9 %). El resto de la producción se sitúa en Perú, México, China, Mongolia, Irán y Bulgaria.

Se usa en la industria siderúrgica (aceros especiales y superaleaciones con níquel, cobalto y titanio) y en la química (catalizadores, lubricantes y pigmentos).

Magnesio

Los grandes productores son *EE.UU.* (33,2 %), *China* (21,8 %), *Noruega* (12,4 %) y *Canadá* (13,1 %). Otros países productores son Francia (3,8 %) y Brasil (2 %).

Se usa en la metalurgia del aluminio, electroquímica, desulfuración del acero, etc. Es fundamental en la industria automovilística moderna y en la armamentista, entre otras.

Antimonio

China aporta el 67 por 100 de la producción mundial. Otros productores son *Bolivia* (6 %), *Sudáfrica* (3,6 %), *Rusia* (3,6 %), *Australia* (1,7 %) y *Tayikistán* (1,7 %).

Titanio

Los principales productores del mineral son *Australia* y *Sudáfrica*. Los principales productores de metal son Noruega y EE.UU. en el Centro y la India, Malasia, China, Brasil y Sri Lanka en la Periferia. Fundamental en la industria química, el 90 por 100 del consumo mundial se realiza en el Centro.

Platino

La producción mundial procede de *Sudáfrica* (68,6 %) y de *Rusia* (15,8 %). Otros productores son Canadá, Colombia, EE.UU., Japón, Finlandia y Australia y se inicia la producción en Zimbabwe.

El principal sector demandante es la joyería, seguido del automovilístico, electrónica, química y vidrio.

Sílice

Aunque es un elemento abundantísimo en la naturaleza, no se encuentra en estado puro, sino en forma de óxido y requiere transformaciones costosas para su uso estratégico como gran conductor en la electrónica y la química. Los principales productores del metal refinado a principios de los noventa eran *EE.UU.* (19 %), *Brasil* (16 %), *China* (16 %), *Noruega* (12 %), *Francia* (9 %), la *ex URSS* (9 %) y *Sudáfrica* (6 %).

Mercurio

Los principales productores son *España* (34 %), *China* (30 %), *Kirguistán* (17 %) y *Argelia* (10 %). En la última década su minería se ha reducido a la mitad: las minas significan sólo el 60 por 100 del suministro.

Diamantes

Los principales productores son: *Australia* (34,3 %), *Botswana* (17,1 %), *Rusia* (16,6 %), *R. D. del Congo* (14,5 %). Otros países productores son Sudáfrica (8,4 %), Angola (2,8 %) y Namibia (1,3 %).

Oro

Los principales productores son: *Sudáfrica* (19,8 %), *EE.UU.* (14,3 %), *Australia* (12,6 %), *Canadá* (6,8 %), *China* (6,4 %) y *Rusia* (5,6 %). Tanto en EE.UU. como en Australia están previstas explotaciones de nuevos yacimientos. Otros países productores son:

- En el Centro: Suecia, España, Japón y ex Yugoslavia.
- En la Periferia: Brasil, Papúa-Nueva Guinea (con una producción creciente), Colombia, Chile, Ghana, Filipinas, Corea del Sur, Zimbabwe, Indonesia, México, Venzuela, Perú y R. D. del Congo y Kirguistán. Cabe destacar que la producción latinoamericana descansa en parte importante en la minería informal.

La principal fuente de demanda es del sector joyero, además del oro utilizado como reserva monetaria.

Plata

La producción mundial está bastante repartida. Los principales productores son: *México* (16,4 %), *Perú* (13,1 %), *EE.UU.* (11,2 %), *Canadá* (8,2 %), *Polonia* (6,8 %), *Australia* (6,3 %) y *Kazajstán* (5,5 %). Otros países productores son:

- En el Centro: Polonia, Suecia, España, Italia, Japón, ex Yugoslavia y Grecia.
- En la Periferia: Chile, Corea del Norte, Bolivia, Marruecos, China, Sudáfrica, Papúa-Nueva Guinea, Corea del Sur, Indonesia y Namibia.

Los principales sectores demandantes son el fotográfico (casi el 40 por 100 de la demanda), la electrónica y la joyería.

RESUMEN

La *relación Sociedad-Naturaleza* es una relación recíproca y permanente; no siempre tiene lugar de la misma manera, sino que varía según los modos de producción dominantes en cada sociedad. La Naturaleza fija los límites inferiores y superiores de la actividad económica y la acción de la sociedad sobre ella, para extraer los recursos naturales, tiene una respuesta en términos de *modificación, agotamiento* (físico o económico) o *deterioro medioambiental*. Los *recursos naturales* son las cristalizaciones de dicha relación y tanto su *sistema de explotación* como sus *reservas* están determinados por la dinámica económica (que incluye la tecnológica). El desarrollo capitalista ha impulsado una explotación sin precedentes de los recursos naturales. A pesar de la desigual localización de los recursos *minerales, forestales* e *hidráulicos*, el Centro del Sistema, a través de las *empresas multinacionales* extractivas, refinadoras y comerciales, controla la explotación y el consumo de la mayor parte de los recursos naturales del planeta. Así se da una *interdependencia asimétrica*, en la que el Centro depende de la Periferia para el abastecimiento de recursos (ya que consume más de lo que produce) y la Periferia depende de los ingresos por exportación, que tienden a devaluarse, además de tener que hacer frente a los problemas de agotamiento físico o económico (competencia de nuevos materiales sustitutivos, etc.) de su principal fuente de riqueza.

LECTURAS PARA LA REFLEXIÓN

«Es posible que el día de mañana desayunemos con sucedáneos a base de cebada, avena o cacahuetes, puestos a punto por las empresas de la alimentación. Un desayuno, acompañado quizá de pan tostado en una parrilla de amianto —importado— que podrán tomar antes o después de su *toilette*. Una *toilette* realizada ante un espejo compuesto de azogue o de aluminio —importados—. Con una máquina de afeitar eléctrica, con pilas de litio —importado— y un hilo de cobre —importado—, o con una maquinilla mecánica cuyas hojas han sido confeccionadas con una sutil aleación de acero, tungsteno y vanadio —importados—. (...) Está lloviendo. El canalón de cinc —importado— vierte agua a raudales. ¿Tomará el Metro? ¿O el coche? El coche. Cuesta ponerlo en marcha. Un problema de batería, litio, manganeso y plomo —importados— rodeado de placas de antimonio —importado—. (...) Hace dos años, el canciller Schmidt encargó un informe sobre las consecuencias para la economía alemana de una eventual escasez de cinco materias primas (cromo, molibdeno, vanadio, asbesto y manganeso) (...). Este informe calcula en cerca de 20 millones de puestos de trabajo los que se perderían en las industrias siderúrgicas, del automóvil, aeronáutica y naval, si faltasen súbitamente cinco minerales, sólo cinco, que importa Alemania del África Austral.»

J. J. Servan-Schreiber: *El desafío mundial*. Plaza y Janés, 1980, páginas 123-124.

PALABRAS CLAVE

- Relación Sociedad-Naturaleza
- Recurso natural
- Sistema de explotación
- Reservas
- Renta
- Potencias mineras
- Interdependencia
- Recursos geoestratégicos
- Desforestación
- Contaminación
- Conservación
- Agotamiento

BIBLIOGRAFÍA BREVE

Banco Mundial: *Informe sobre el Desarrollo Mundial*, 1992.

FAO: *El estado mundial de la agricultura y la alimentación*, 1992 y 1994.

UNCTAD: *Recursos mineros y desarrollo sostenible*. TD/B/CN.1/16. Septiembre 1993.

J. M. Vidal Villa y J. Martínez Peinado: *Estructura económica y Sistema Capitalista Mundial*. Pirámide, 1987.

CAPÍTULO 12
La base energética del Sistema

La energía es la capacidad de hacer un trabajo. Cualquier actividad material o intelectual supone un gasto de energía. Las disponibilidades de energía determinan las posibilidades de una sociedad en cuanto al desarrollo de sus fuerzas productivas y, por tanto, son un elemento fundamental de su infraestructura. La energía se obtiene tanto directa como indirectamente de multitud de recursos y formas y para su utilización efectiva son necesarias operaciones de concentración, de difusión o distribución y de conservación. A lo largo de la historia se encuentran, así, diferentes *modelos energéticos* sobre los que se han basado la reproducción económica y la social.

En este capítulo se abordan las principales características de los *modelos energéticos que se han dado a lo largo del desarrollo del capitalismo*, prestando especial atención al modelo basado en el petróleo, cuya crisis desde los años setenta ha abierto una época de transición energética, actualmente en curso, hacia un nuevo modelo que tendrá que sostener la infraestructura del Sistema Capitalista Mundial en las próximas décadas.

12.1. FUENTES DE ENERGÍA Y MODELO ENERGÉTICO

La sociedad tiene que convertir las *energías primarias* en formas útiles para aumentar la fuerza productiva de su trabajo.

Las principales fuentes primarias de energía se muestran en el Esquema 12.1.

A partir de estas fuentes primarias se produce un proceso de transformación en fuentes secundarias (electricidad, combustión, etc.) y de aplicación de éstas para obtener los usos finales (iluminación, calefacción o refrigeración, motricidad, cocción, etc.). Ello exige las actividades adicionales de *concentración, conservación y difusión* de la energía.

Considerando la globalidad de todos estos recursos y actividades que la sociedad utiliza para disponer de su infraestructura energética, se llega al concepto de *modelo energético*:

Un modelo energético es el conjunto específico de fuentes primarias, secundarias y finales y de las actividades de concentración, conservación y difusión que utiliza una sociedad en un período histórico determinado.

No hay que confundir *modelo energético* con *fuente energética*. Por ejemplo, el carbón es una fuente energética que fue hegemónica en el primer modelo energético capitalista, está presente también en el modelo basado en el petróleo (segundo modelo), recobra importancia en el actual modelo de transición y probablemente consiga preponderancia en futuros modelos energéticos de sociedades como la china, la india, etc.

Como conjunto de fuentes energéticas, el modelo energético es proporcionado en última instancia a la sociedad por la Naturaleza, y por ello se habla de *recursos energéticos*, en la línea de la explicación del capítulo anterior. Por otra parte, las actividades de concentración, conservación y distribución de la energía entran en el ámbito del sistema de explotación de los recursos energéticos y, por tanto, forman parte y están definidas por el modo de producción general dominante en la sociedad. De ahí que la tecnología y el volumen y las formas de consumo de la energía hayan variado históricamente según los diversos modos

ESQUEMA 12. 1. FUENTES PRIMARIAS DE ENERGÍA

Combustibles fósiles:	Carbón, petróleo, gas natural, arenas y esquistos bituminosos.
Origen nuclear:	Fisión nuclear, fusión nuclear (aún no controlada).
Hidráulica:	Saltos de agua.
Flujos energéticos:	Externos: energía solar directa, energía eólica, energía obtenida del mar (olas, mareas y gradiente térmico). Internos: energía geotérmica.

de producción o sus diversas fases. Y el propio concepto de *crisis energética*, que significa una disfunción entre la estructura y el modelo energético, se puede referir tanto a una escasez real de recursos energéticos como a una escasez económica (se pretende rentabilizar más la energía).

Cuando un modelo energético entra en crisis (por agotamiento de las fuentes primarias o por sustitución por otras más rentables), se abre una crisis profunda en la infraestructura, que exige una remodelación general de las fuerzas productivas para adaptarse al nuevo modelo energético. La transición de un modelo energético a otro no tiene por qué suponer necesariamente un retroceso infraestructural, ni ser especialmente traumática, aunque haya habido casos históricos de auténtico hundimiento de formaciones sociales (el Imperio romano, por ejemplo, al desaparecer el esclavismo) o de coyunturas difíciles (los primeros años de la crisis del modelo basado en el petróleo). La dificultad o umbral más o menos crítico de una transición energética vendrá dada, más que desde el propio ámbito infraestructural (natural o tecnológico), por el contexto estructural en el que tiene lugar.

12.2. LOS MODELOS ENERGÉTICOS EN EL CAPITALISMO

El desarrollo capitalista impulsó desde sus inicios la multiplicación del consumo de energía y la ampliación de la escala de la producción exigía nuevas fuentes energéticas especialmente en el campo motriz y de iluminación (al alargar la jornada fabril de trabajo).

Primer modelo energético capitalista. Característico de la Revolución Industrial, se basó en el carbón. La localización espacial de los yacimientos permitió un desarrollo mayor de las regiones que los poseían, en Europa y en EE.UU. Este recurso natural alcanzó una hegemonía casi exclusiva en el modelo energético, proporcionando casi el 80 por 100 de la energía primaria a las economías capitalistas emergentes. El carbón no sólo servía como fuente energética motriz (máquina de vapor) y calorífica, sino que además era una materia prima primordial para la industria siderúrgica (para producir hierro y acero), que a su vez estaba interconectada con la industria productora de maquinaria y con la del ferrocarril. La industrialización capitalista configuró la infraestructura de estas economías en torno a la trilogía siderurgia-maquinismo-ferrocarril, y en todas ellas intervenía el carbón. Por eso el ritmo de explotación de sus yacimientos fue creciente durante todo el siglo XIX en los países del Centro, que acabaron enfrentando problemas de agotamiento, rendimientos bajos —no competitivos, por lo que exigieron subvenciones estatales— y erosión ecológica en las zonas mineras.

Segundo modelo energético capitalista. Característico de la segunda fase del capitalismo, tuvo como protagonista al petróleo como fuente primaria y a la electricidad como principal fuente secundaria.

El petróleo ofrecía múltiples ventajas sobre el carbón como valor de uso energético:

- Mayor contenido energético, lo que supone una renta diferencial con respecto al carbón.
- Más subproductos a partir de su destilación y posteriores tratamientos químicos, lo que permite desarrollar nuevas mercancías y mercados, tanto en el campo energético secundario y final (electricidad, motricidad, calefacción, iluminación, etc.) como en otros (fibras textiles artificiales, fabricación de un sinnúmero de productos de plástico, etc.).
- Mayor facilidad de transporte, al ser líquido. Ello permitirá su consumo a gran escala en lugares no productores, con el consiguiente desarrollo de las industrias de transporte (buques-tanque, oleoductos, camiones-cisterna, etc.).

Por otra parte, la localización de los principales yacimientos a finales del siglo XIX y principios del XX favorecían a la propia dinámica de formación del Sistema Mundial: los focos principales se encontraban o en Estados Unidos y su área de influencia latinoamericana o en colonias europeas (Oriente Medio e Indonesia).

Este carácter mundial que desde sus comienzos adoptará la industria petrolera irá parejo, pues, a la fase imperialista del capitalismo. El desplazamiento del modelo energético basado en el carbón por el nuevo modelo basado en el petróleo no será definitivo hasta después de la Segunda Guerra Mundial, cuando la nueva hegemonía de EE.UU. y de sus empresas imponen en la práctica su adopción al resto de países del Centro a través del Plan Marshall, de la exportación de la civilización del «todo plástico» y del automóvil con la inundación de productos baratos. La explotación del carbón europeo tuvo que ser subvencionada por su incapacidad de competir con el nuevo producto y sólo las economías poseedoras de carbón y sin petróleo, especialmente en la Periferia, lo mantendrán como fuente principal.

En general, el modelo basado en el petróleo se configuró, por tanto, como un modelo más plural que el anterior basado en el carbón: el petróleo apenas representa la mitad de la energía primaria aportada, conservando importancia local el carbón (básicamente para la producción de electricidad y calefacción y en la siderurgia) junto con la energía de origen hidráulico, desarrollándose la aportación de una fuente asociada al petróleo, el gas, y la incipiente pero muy significativa producción de electricidad a partir de las centrales nucleares. Pero tanto como fuente energética como en tanto que materia prima, la «civilización del petróleo» en el

Cuadro 12.1. Aportación a la producción mundial de energía (%).

Fuente	1920	1950	1970	1972
Carbón y lignito	87,1	59,6	33,0	30,5
Petróleo	9,5	27,9	44,2	45,5
Gas Natural	1,9	8,4	17,1	17,9
Otras (eólica, hidráulica, etc.)	1,5	4,1	5,7	6,1
	100,0	100,0	100,0	100,0

Fuente: G. B. Zorzoli: *El dilema energético*

Centro del Sistema marcará estructuralmente a toda la producción y al tipo de consumo.

En realidad, *el modelo basado en el petróleo es la base infraestructural del modo de desarrollo fordista que tiene lugar en el Centro del Sistema en esa época.*

La crisis de este modelo es paradigmática de la crisis del modo fordista de desarrollo entre finales de la década de los sesenta y 1974. A partir de entonces se abrió una *fase de transición* en la que se diagnosticaron conscientemente las limitaciones del modelo petrolero y las necesidades del Sistema Mundial para la nueva infraestructura energética del futuro.

El Cuadro 12.1, que muestra, para diversos años, la estructura de la producción mundial de energía, ejemplifica en sus extremos (1920 y 1972) los dos primeros modelos energéticos del capitalismo.

Tercer modelo energético capitalista. En el nuevo modelo energético se combinarán las *energías tradicionales* (carbón, petróleo, hidráulica), las *energías nuevas* (gas y nuclear) y las que se consideran *novísimas* por ser utilizables a gran escala sólo a partir de la revolución tecnológica en curso: la solar, la eólica, la procedente del mar (olas, mareas, corrientes marinas y gradiente térmico), la de origen biológico (biomasas, metano), la geotérmica, etc. En el tercer modelo el contenido tecnológico es muy alto, el *ahorro energético* se define como otra «fuente de energía», el mapa de los productores y consumidores de energía también sufrirá modificaciones significativas y, en definitiva, la infraestructura del Sistema será (está siéndolo ya) sometida a unas presiones considerables para la consecución de la estabilidad energética que exige la reproducción del Sistema.

Para entender este complejo proceso de implantación del nuevo modelo y el nuevo orden mundial energético que supondrá es necesario partir de la configuración que el desarrollo de la industria petrolera impuso en su momento y las razones de su crisis.

12.3. AUGE Y CRISIS DE LA INDUSTRIA PETROLERA

De los inicios al cártel de las «Siete Hermanas»

El petróleo era conocido desde la antigüedad y se usaba con fines medicinales, religiosos, militares (el «fuego griego») y de iluminación. Pero era un uso restringido al consumo de «lujo» y en realidad no aparecía como recurso energético (en la reproducción ampliada) para las sociedades que basaban sus modelos energéticos en la fuerza muscular humana y animal, porque no necesitaban más.

Los inicios de la explotación industrial del petróleo se remontan a la Revolución Industrial, básicamente para la iluminación artificial (la acumulación extensiva alargó la jornada de trabajo). A partir de los descubrimientos en Oil Creek (EE.UU.) a mediados del siglo XIX y del desarrollo de la destilación se desató la búsqueda del «oro negro». En el nordeste norteamericano se desarrolló una industria muy competitiva, de empresas pequeñas y medianas con fuertes oscilaciones de precios, y allí realizó su fortuna en las esferas del almacenamiento, refino y distribución el primer Rockefeller, quien, en vez de introducirse en la marea ultracompetitiva de la extracción, prefirió la monopolización de estas otras esferas del sistema de explotación. Surgió así la Standard Oil, que tras las leyes antimonopolistas dictadas por el Gobierno norteamericano dio lugar a otras empresas: la pretensión de sus fundadores era que se crearan tantas Standard Oil como Estados tenía el país. Desde su principio se destaca la característica de esta industria de poder ser controlada a partir de diferentes etapas del sistema de explotación.

A finales del siglo XIX y principios del XX, la localización de los principales focos productores era la siguiente: en EE.UU., el nordeste y Texas; México; Oriente Medio, Venezuela e Indonesia. El petróleo de Venezuela, Oriente Medio e Indonesia era explotado básicamente por dos compañías europeas (British Petroleum —primero Anglo-Iranian Oil Co.— y Royal Dutch Shell). Por otra parte, de la primitiva Standard Oil y sus herederas estatales se destacaron tres compañías con clara vocación internacional: la Standard Oil de Nueva Jersey (Esso), la Standard Oil de Nueva York (Socony-Mobil) y la Standard Oil de California (Socal-Chevron). Estas empresas, junto con dos más «recientes», Texaco y Gulf Oil, se plantearon entrar en los focos de producción mundiales que hasta entonces les estaban vedados y que ofrecían más riqueza en cantidad y calidad, especialmente en Oriente Medio.

De las presiones empresariales, políticas e institucionales se derivó la firma de un *acuerdo de intereses* entre esas siete empresas en 1928, dando lugar a la formación de un *cártel*, conocido popularmente como las Siete Hermanas. Mediante este acuerdo, estas empresas se repartieron la industria y la distribución mundial del petróleo. Su acuerdo de intereses incluía:

— El respeto por los mercados mutuos.
— Una política secreta de precios (la formación de los precios del petróleo fue desconocida hasta los años cincuenta, en que se obligó a una mayor transparencia. De hecho, los monopolios petroleros estuvieron cobrando hasta entonces un «flete fantasma» a los importadores europeos, que pagaban el petróleo de Oriente Medio como si viniera del Golfo de México).
— La solidaridad frente a exigencias o nacionalizaciones, reaccionando al unísono con el boicot (como pasó en el caso mexicano en 1936, cuando el presidente Lázaro Cárdenas nacionalizó el petróleo) e incluso con la injerencia política (como en el caso de Irán con Mosadeq en 1951, contra el que financiaron un golpe de estado que impuso al Sha Reza Pahlevi).

En definitiva, el cártel alcanzó el control absoluto de la industria petrolera mundial hasta la década de los años sesenta, exceptuando las industrias nacionales de EE.UU., México y la URSS. En 1949 controlaban, al margen de éstas, el 92 por 100 de las reservas entonces estimadas, el 88 por 100 de la producción mundial, el 77 por 100 de la capacidad de refino, 2/3 de las flotas de buques petroleros y la totalidad de los oleoductos. En 1960 controlaban casi el 90 por 100 del petróleo de Oriente Medio y, junto a la Compañía Francesa de Petróleos (considerada por algunos como la 8.ª Hermana), más del 96 por 100.

El control absoluto de la industria petrolera por el cártel fue objeto de resistencia por parte de los gobiernos de los países productores de crudo. En unos casos, revolucionaria: nacionalizaciones como las de la URSS, México o Irán y, en otros, de pacto con las grandes compañías, como en el caso del llamado «fifty-fifty» que consiguió Venezuela en la década de los cincuenta y que después sería adoptado por numerosos países.

En esta línea, frente al monopsonio del cártel se creó un intento de monopolio. En 1960 se funda la OPEP (Organización de Países Exportadores de Petróleo), aunque no será reconocida como interlocutora hasta los acuerdos de 1970. Los países fundadores fueron Irak, Irán, Kuwait, Arabia Saudita y Venezuela. A lo largo de la década de los sesenta se adhirieron Qatar, Libia, Indonesia, Abu Dhabi y Argelia y en la década de los setenta Nigeria, Ecuador, Gabón y Trinidad y Tobago. Desde los años ochenta, las disensiones internas han dejado prácticamente inoperante a la OPEP.

Las crisis de los años setenta

La situación monopólica de la industria petrolera permitió la estabilidad del crecimiento de las décadas postbélicas en las que se impuso definitivamente el modelo energético basado en el petróleo y el modo fordista de desarrollo, que utilizó sin límites los subproductos petrolíferos para impulsar el crecimiento generalizado tanto en la Sección I como en la Sección II, todo ello en beneficio del cártel. La industria del petróleo se convirtió en la industria estratégica tanto de la energía (electricidad), como del transporte (automóvil, navegación, aviación), como del consumo (aparatos eléctricos + plástico + confección). Entre 1960 y 1970 se extrajo tanto petróleo como en los cien años anteriores.

Durante la década de los años sesenta se fueron operando una serie de cambios, causados por factores de diversa índole, que agrupados llevaron al umbral de una nueva política consistente en la necesidad de elevar los precios del crudo. Tales cambios cabe agruparlos por los efectos que causaban a los ingresos de los productores y empresas. Así, entre los que suponían una presión a la caída de los precios (y por tanto de los ingresos) cabe destacar los siguientes:

— El aumento de oferta derivado de la exportación de petróleo soviético y la nueva explotación del petróleo del norte de África.
— El aumento de la competencia al cártel por parte de nuevas empresas públicas europeas y otras norteamericanas que entraron en la escena internacional ofreciendo mejores condiciones a los gobiernos periféricos (especialmente en el norte de África).
— La política de protección del carbón europeo, que aumentó su consumo para aminorar la dependencia del cártel, potenciando sus propios recursos y generando un exceso de oferta de petróleo.
— Las devaluaciones del dólar a partir de 1970, que deterioraron especialmente los ingresos de los países petroleros.

La respuesta a esa caída de ingresos, que afectaba tanto a los productores como a las empresas, tuvo también distinto cariz, pero en cualquier caso apuntaba a la necesidad compartida de un alza de precios. Esta exigencia común era percibida de forma diferente por los gobiernos productores, las multinacionales y la propia Administración de EE.UU. Hay que distinguir, pues:

— La cristalización del nacionalismo árabe (en Egipto con Nasser, en Argelia tras la independencia, en Libia tras la revolución de Gadhafy, etc.) y la toma de conciencia por parte de los países productores de lo «barato» que les salía a las multinacionales el expolio de su principal riqueza nacional.
— La crisis «comercial» de EE.UU., que a partir de 1968 tiene una balanza comercial negativa y comprueba cómo Europa y Japón empiezan a disputarle su hegemonía en el comercio mundial. Dado que EE.UU. disponía de una oferta nacional de petróleo, el freno a sus competidores, que no la poseían, hacía conveniente una subida controlada de los precios del crudo.

— La conversión de las multinacionales petroleras en empresas energéticas, en el sentido de extender su área de influencia y control a otras fuentes energéticas (comprando yacimientos, construyendo centrales nucleares y desarrollando nuevas tecnologías). De ahí su interés en subir los precios para costear dicha conversión y rentabilizar las nuevas fuentes de energía. La mercancía, pues, ya no sería el petróleo, sino la energía, proporcionada por diversos valores de uso (productos) que había que mercantilizar (convertirlos en valores de cambio) rentablemente.

Todo ello confluyó en las crisis desde 1970 hasta 1973-1974, que en conjunto supuso la multiplicación de los precios del petróleo casi por cuatro, y provocó un recesión industrial de grandes dimensiones en todos los países importadores de petróleo, ya que no se trataba sólo de la fuente de energía, sino de una materia prima estratégica para el tejido industrial fordista.

A corto plazo, este alza de precios benefició a los países productores, a las multinacionales petroleras (que traspasaron a los consumidores los aumentos) y a la economía estadounidense desde el punto de vista del freno que supuso para sus competidores europeos y japoneses. Los principales perjudicados fueron las economías importadoras de petróleo, y más en la Periferia. Estos países vieron truncados o amenazados sus esfuerzos por la industrialización y para intentar salvarlos optaron por un proceso de endeudamiento externo (facilitado por el aumento de liquidez internacional derivado del reciclaje bancario de los «petrodólares producto de la propia subida de precios) que posteriormente acabará hundiendo sus economías en la década de los ochenta.

Los precios del petróleo se mantuvieron inestables durante el resto de la década de los setenta. En 1979, de nuevo en el marco de conflictos y tensiones político-militares, incluso en el seno de la OPEP, tuvo lugar otra subida espectacular de precios. Pero ahora el Centro estaba ya más «preparado» tecnológicamente (especialmente Japón) y su dependencia de la oferta de Oriente Medio era menor. Efectivamente, a raíz del primer aumento se había incrementado la oferta, al rentabilizarse nuevas explotaciones en la propia Europa (el petróleo del Mar del Norte para Gran Bretaña y Noruega principalmente), en EE.UU. (Alaska) y en el resto del mundo (en el Golfo de Guinea, de nuevo en México, en la Sudamérica atlántica, en Asia, etc.). El mapa de productores era diferente, como se puede observar en el Cuadro 12.2. En él se refleja la diversificación actual de la producción de crudo, en la que los focos clásicos han perdido peso, a pesar de que, en conjunto, la Periferia sigue siendo la principal productora.

Después de dicho segundo *shock*, los precios del petróleo han tenido una dinámica a la baja, con pequeñas alzas cíclicas, la más importante de las cuales se apunta a finales de 1999. Pero en términos reales (deflactados) el abaratamiento del petróleo como mercancía global es un hecho incontestable en las dos últimas décadas (Gráfico 12.1).

Cuadro 12.2. Producción de petróleo bruto y GNL[1] en el mundo.

País o región	Porcentajes sobre la producción mundial 1971	1973	1978	1987	1990	1997
Canadá	2,8	3,3	2,4	2,7	2,6	3,0
EE.UU.	21,2	17,9	15,5	15,6	13,0	10,9
Noruega	0,01	0,05	0,5	1,7	2,6	4,6
Reino Unido	0,01	0,01	1,7	4,2	2,9	3,8
Australia	0,6	0,6	0,7	0,9	0,9	0,8
Total OCDE*	25,4	22,7	21,5	26,1	22,8	24,1
México	1,0	0,9	2,1	4,9	4,6	4,9
Venezuela	7,5	6,2	3,7	3,1	3,6	5,0
América Latina	10,7	9,5	8,2	11,5	11,8	14,6
Rumania	0,6	0,5	0,4	0,3	0,2	0
URSS	15,2	15,0	18,3	21,1	18,5	10,4**
Argelia	1,5	1,9	2,0	1,8	1,9	1,8
Angola	0,2	0,3	0,2	0,6	0,7	1,0
Egipto	0,6	0,3	0,8	1,6	1,4	1,3
Libia	5,3	3,7	3,0	1,7	2,1	2,1
Nigeria	3,0	3,5	3,0	2,2	2,8	3,0
África	11,0	10,2	9,7	8,8	10,2	10,5
Irán	9,1	10,2	8,4	3,9	4,9	5,3
Irak	3,3	3,5	4,1	3,5	3,1	1,7
Kuwait	6,0	4,9	3,1	2,0	1,7	3,2
Arabia Saudita	9,0	12,8	13,3	7,6	10,4	12,9
Emiratos AA.UU.	2,0	2,5	3,0	2,8	3,6	3,5
Oriente Medio	32,6	36,8	34,4	22,5	27,0	30,1
India	0,3	0,2	0,4	1,0	1,1	2,2
Indonesia	1,8	2,3	2,6	2,4	2,4	2,2
Asia[2]	2,5	3,2	3,7	4,7	4,9	5,2
China	1,6	1,9	3,4	4,5	4,3	5,4
Mundo no OCDE	74,5	77,3	78,5	73,9	77,2	71,0
Mundo (índices[3])	100	115	125	119	128	137

* Aunque en 1997 México ya pertenecía a la OCDE, sus datos petroleros para dicho año se incluyen en América Latina y no en la OCDE.
** Rusia.
[1] Gas natural licuado.
[2] Excluida China.
[3] Números índice de la producción mundial con base 1971 = 100. Los porcentajes están calculados sobre la producción de cada año.
Fuente: Elaboración sobre los datos brutos de AIE/OCDE: *Oil and Gas Information*, 1989-1991 y 1999.

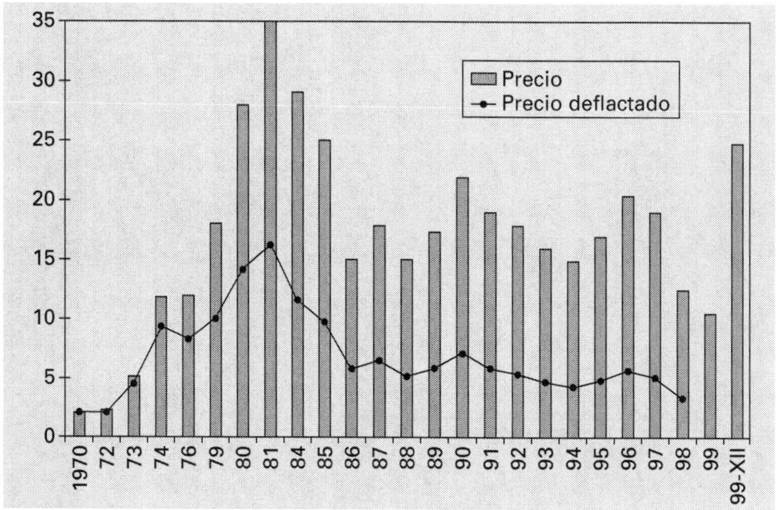

Gráfico 12.1. EVOLUCIÓN DE LOS PRECIOS DEL PETRÓLEO (1970-1999).

Producción y consumo: la dependencia del Centro

En el Gráfico 12.2 se puede observar sintéticamente cómo, comparando las situaciones de 1973 y 1997, el bloque más significativo del Centro del Sistema, la OCDE (sin incluir México), ha mantenido su aportación (aunque con actores diferentes), el aumento del bloque soviético y los cambios en la aportación a la producción petrolera de la Periferia, en la que Oriente Medio, si bien se mantiene como principal zona productora, sufre la creciente competencia de otras regiones, que, como se indicó, incluyen países no pertenecientes a la OPEP.

Sin embargo, en el Gráfico 12.3 se hace evidente la dependencia del Centro en lo que se refiere al *consumo* de petróleo, ya que la OCDE, que aporta el 24 por 100 de la producción, representa el 62 por 100 del consumo mundial. Ahora bien, es destacable cómo esta dependencia ha disminuido desde 1973 (cuando la OCDE representaba el 71 por 100 del consumo mundial). Ello se debe a la diversificación de las fuentes primarias de energía en los países desarrollados a partir de la crisis en el proceso de transición energética. Así, si en 1973 el petróleo aportaba el 55,3 por 100 de la energía consumida en la OCDE, en 1985 dicho porcentaje había bajado hasta el 43,4 por 100, y en 1998 al 41,7 por 100.

Por otra parte, es bien significativo el aumento del consumo por parte de Asia, centrado en los *nuevos países industriales* y China.

En el Gráfico 12.4 se contrastan más detalladamente los binomios producción-consumo. Comparando las situaciones de 1973 y 1997 se destacan los rasgos anteriormente descritos:

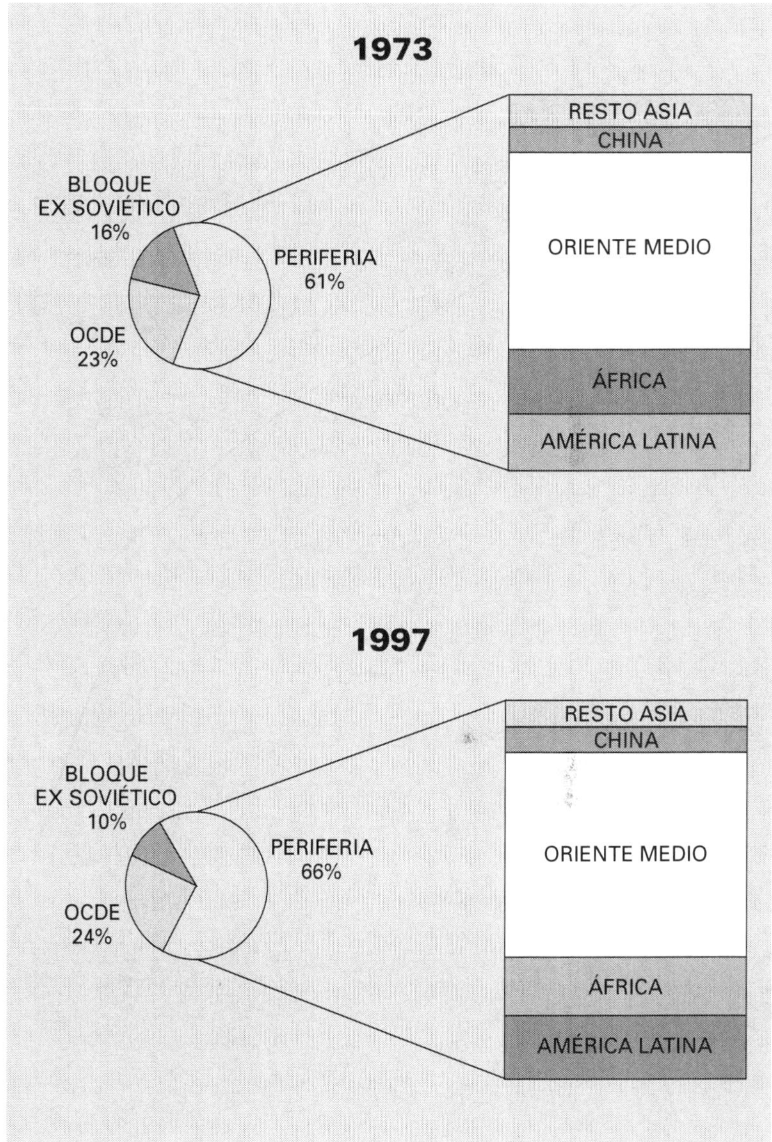

Fuente: Elaboración sobre los datos brutos de AIE/OCDE: *Oil and Gas Information*, 1989-1991 y 1999.

Gráfico 12.2. DISTRIBUCIÓN DE LA PRODUCCIÓN MUNDIAL DE PETRÓLEO.

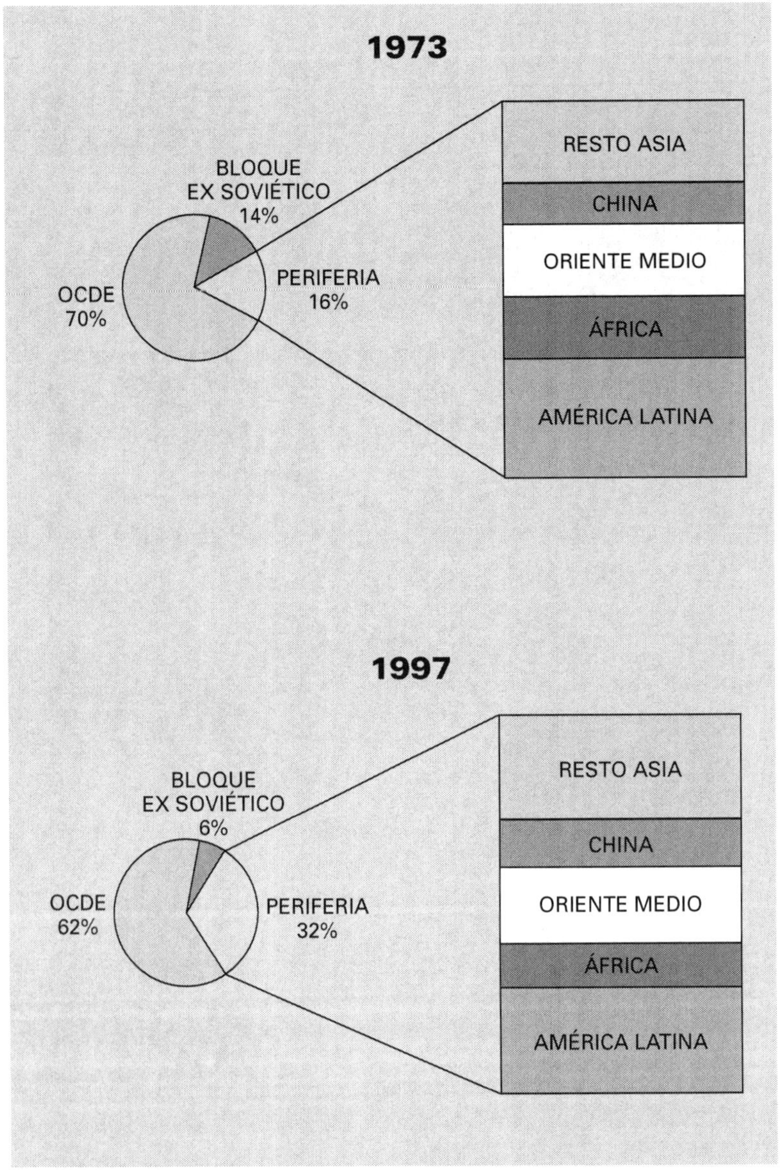

Fuente: Elaboración sobre los datos brutos de AIE/OCDE: *Oil and Gas Information*, 1989-1991 y 1999.

Gráfico 12.3. DISTRIBUCIÓN DEL CONSUMO MUNDIAL DE PETRÓLEO.

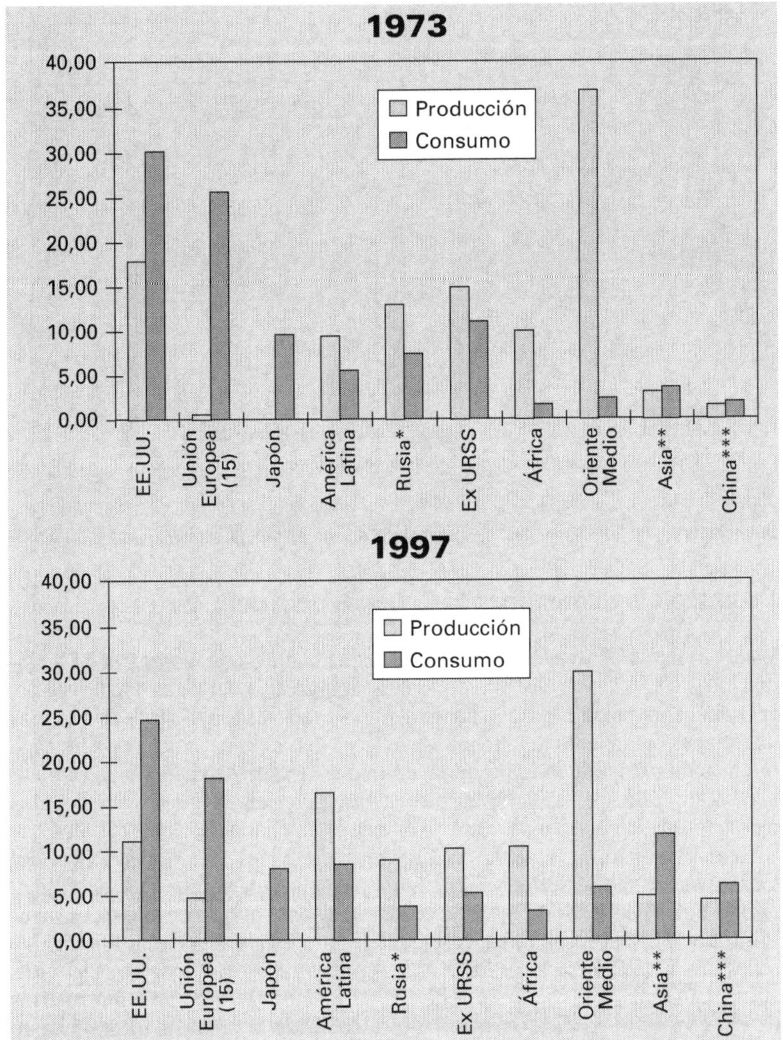

* Para el año 1973, la producción se calcula como el 0,87 por 100 de la ex URSS, y el consumo como el 0,66 por 100, en base a la estabilidad de dichos parámetros en la década de los noventa.
** Sin China ni Japón.
*** Incluye Hong-Kong.

Fuente: Elaboración sobre los datos brutos de AIE/OCDE: *Oil and Gas Information*, 1989-1991 y 1999.

Gráfico 12.4. PRODUCCIÓN Y CONSUMO DE PETRÓLEO Y GNL.

— El Centro mantiene su cuota de producción debido al aumento de la oferta europea, que compensa la caída de la de EE.UU. y, a pesar del descenso de su cuota de consumo, sigue siendo deficitario, siendo el caso extremo el de Japón.
— El bloque soviético y Rusia en particular muestran la pérdida de importancia ya no de su producción sino incluso del consumo (por la desindustrialización).
— En la Periferia se da un aumento de la cuota de consumo procedente fundamentalmente de Asia, ya que a lo largo del período considerado tiene lugar el desarrollo de las economías emergentes de China, Corea del Sur, Taiwan, Hong-Kong, Singapur, Indonesia, Malasia, etc. En cualquier caso, Oriente Medio sigue siendo la principal proveedora del petróleo mundial, aunque el mapa de productores se ha «equilibrado» algo más que en 1973, cuando la hegemonía de Oriente Medio era máxima. Aunque sigue siendo la principal zona productora, y su cuota de consumo ha subido también, hay que destacar el nuevo peso de América Latina (fundamentalmente por México) en la producción y consumo de petróleo en la Periferia.

Oferta y demanda: el comercio mundial

Durante un largo período el petróleo fue sin discusión el primer producto del comercio mundial. Conforme ha ido descendiendo el precio, esa preponderancia también se ha reducido. Sin embargo, la significativa diferencia entre los lugares de producción y de consumo mantienen el comercio mundial de petróleo como el segmento más significativo del comercio mundial global. Los principales exportadores e importadores están reflejados en los Cuadros 12.3 y 12.4, que recogen además el período 1971-1998 para destacar los cambios ocurridos en el auge y crisis de la industria petrolera.

En lo que se refiere a los exportadores (Cuadro 12.3), son claramente destacables los siguientes rasgos:

— El aumento exportador de Noruega y Gran Bretaña, y más recientemente de Holanda, que dan cuenta del impulso exportador del Centro del Sistema (EE.UU. no es un exportador significativo y las exportaciones de Canadá se han mantenido estables porcentualmente).
— El nuevo peso de México (y el estancamiento de Venezuela) como principal exportador de América Latina.
— La potencialidad exportadora de la URSS hasta 1990, y hoy puesta en cuestión ante la inestabilidad político-económica rusa.
— El descenso del peso exportador de África, debido sobre todo al de su zona norte.
— El mantenimiento de Oriente Medio como fuente principal de abastecimiento de petróleo al mercado mundial.
— El papel emergente del petróleo asiático, incluido el chino.

Cuadro 12.3. Los exportadores de petróleo y GNL[1]. (Porcentajes de exportaciones mundiales.)

País o región	1971	1973	1978	1987	1990	1997
Canadá	2,9	3,5	1	2,7	2,6	3,7
Noruega	—	—	—	3,5	4,8	7,9
Reino Unido	—	—	1,5	6,9	3,9	4,5
Total OCDE*	3,1	3,8	4	14,1	12,2	18
México	0	—	1,2	5,9	4,7	4,9
Venezuela	9,4	7	4,1	4	4,5	5,9
América Latina	9,9	8,1	6,3	11,4	11	13,9
URSS	5,8	5,3	7,6	11,4	8,1	6,3**
Libia	10,3	6,6	5,6	2,9	3,8	3
Nigeria	5,7	6,1	5,7	4,7	5,4	5,5
África	20,4	17,3	17	15,3	16,7	14,8
Irán	15,4	16,5	11,7	6,7	7,8	6,6
Irak	6,2	6	7,2	7	5,5	1,7
Kuwait	11	8,4	5,6	3,1	2,2	3,6
Arabia Saudita	15,4	21,2	23,9	12,6	17,1	18,7
Emiratos AA.UU.	4	4,5	5,7	5,7	7,2	5,7
Oriente Medio	57	61,1	58,5	40	45,3	41,3
Indonesia	2,5	3,1	4,4	3,3	2,7	2,1
Malasia	—	—	—	—	1,5	1
Asia[2]	3,6	4,1	5,7	5,4	5	4,6
China	—	—	—	2,3	1,7	1,1
Mundo (índices[3])	100	124	124	93	111	143

* Aunque en 1997 México ya pertenecía a la OCDE, sus datos petroleros para dicho año se incluyen en América Latina y no en la OCDE.
** Rusia.
[1] Gas natural licuado.
[2] Excluida China.
[3] Números índice de la producción mundial con base 1971 = 100. Los porcentajes están calculados sobre la producción de cada año.
Los guiones representan cantidades insignificantes.
Fuente: Elaboración sobre los datos brutos de AIE/OCDE: *Oil and Gas Information*, 1989-1991 y 1999.

Por lo que se refiere a los importadores (Cuadro 12.4), caben resaltar los siguientes hechos:

— Estados Unidos se ha convertido en el mayor importador de petróleo del mundo.
— El Centro del Sistema representa más de tres cuartas partes de las importaciones mundiales de petróleo.
— El este y sudeste asiático son los nuevos importadores de petróleo, tanto por la demanda de los nuevos países industriales (Corea, Taiwan, etc.) como por las plazas exportadoras (Singapur).
— África y América Latina, que sufrieron la crisis de los ochenta con más dureza, han visto disminuir o estabilizarse a bajo nivel su participación en la importación de crudo.

Cuadro 12.4. Los importadores de petróleo y GNL[1]. (Porcentajes importaciones mundiales.)

País o región	1971	1973	1978	1987	1990	1997
EE.UU.	7,2	10,9	21,5	20,9	22,9	24,9
Europa OCDE	50,9	47,1	38,1	36,1	34,8	32,8
Japón	15,1	15,7	14,1	12,8	13,9	12,3
Total OCDE	76,9	77,2	76,3	71,9	74,3	79,7*
América Latina	8,8	8,9	7	4,1	3,7	3,8
Europa no OCDE	3,2	3,5	5,6	6,7	5	1,3
África	2,1	2	1,8	2,5	2,2	1,6
Oriente Medio	2,4	2,1	2,3	3	2,2	1,4
Singapur	1,3	1,4	1,7	2,8	3,1	2,9
Corea del Sur	0,9	0,9	1,4	2,4	3	6,1
Taiwan	0,5	0,6	1,1	1,4	1,5	1,7
Asia[2]	6	5,5	7	10,6	11,8	10,2
Mundo (índices[3])	100	124	131	99	111	152

* Aunque en 1997 México ya pertenecía a la OCDE, sus datos petroleros para dicho año se incluyen en América Latina y no en la OCDE.
[1] Gas natural licuado.
[2] Excluida China.
[3] Números índice de la producción mundial con base 1971 = 100. Los porcentajes están calculados sobre la producción de cada año.
Fuente: Elaboración sobre los datos brutos de AIE/OCDE: *Oil and Gas Information*, 1989-1991 y 1999.

En definitiva, los datos sobre producción y consumo, sobre oferta y demanda, sobre exportaciones e importaciones, dibujan un claro panorama de lo que ha sido el auge y la crisis de la industria petrolera como primera industria mundial, con cambios profundos en el reparto de papeles para los actores, y perfilan el camino de la transición hacia un nuevo modelo energético para el Sistema Capitalista Mundial.

12.4. LA TRANSICIÓN Y EL NUEVO MODELO ENERGÉTICO

Las características del *tercer modelo energético del capitalismo* hacia el que actualmente se transita son las siguientes:

a) *Es un modelo energético más variado*:

— El petróleo deja de ser hegemónico. La pérdida de hegemonía se puede considerar sólo relativa según los datos mundiales, pero es más profunda si se atiende al Centro del Sistema, que en definitiva es donde se elabora la estrategia para el Sistema. El Cuadro 12.5 permite comprobar esta pérdida de hegemonía.
— El desarrollo tecnológico ha permitido conseguir los mismos derivados del petróleo a partir del carbón y las arenas y esquistos bituminosos, aunque los bajos precios del petróleo en la década de los ochenta ha hecho menos rentable su explotación. En cualquier caso, el carbón adquiere en el nuevo modelo un nuevo protagonismo. El descubrimiento de nuevas reservas de carbón en países no

Cuadro 12.5. Aportación del petróleo al consumo de energía en la OCDE.

País o región	Petróleo 1973	1985	1991	1998	No petróleo 1973	1985	1991	1998
Canadá	52,97	36,42	34,53	34,6	47,03	63,58	65,47	65,4
EE.UU.	46,99	40,89	38,75	39,1	53,01	59,11	61,25	60,9
Alemania	56,18	41,55	38,64	40,7	43,82	58,45	61,36	59,3
Francia	70,36	42,63	39,06	36,7	29,64	57,37	60,94	63,3
España	73,28	55,44	51,39	54,5	26,72	44,56	48,61	45,5
Europa	62,15	44,93	42,67	40,4	37,85	55,07	57,33	59,6
Japón	77,78	56,07	56,63	56,6	22,22	43,93	43,37	43,4
Total OCDE	55,27	43,43	41,75	41,7	44,73	56,57	58,25	58,3

Fuente: Elaboración sobre los datos brutos de AIE/OCDE: *Oil and Gas Information*, 1989-1991 y 1999.

petroleros (especialmente en Asia) augura modelos energéticos locales basados en esta fuente, a pesar de los problemas medioambientales derivados.

— La energía nuclear aumenta su peso en la producción de energía eléctrica. A finales de 1987 existían 417 reactores en operación en 26 países, además de 120 en construcción y la energía nuclear ya significaba el 70 por 100 de la producción eléctrica de Francia, el 45 por 100 de Suecia, el 36 por 100 de Japón, el 31 por 100 de Alemania y el 18 por 100 de EE.UU (país con el mayor número de centrales nucleares del mundo) y del Reino Unido. En 1989, el 16 por 100 de la producción anual de electricidad y el 5 por 100 de la energía primaria en el mundo era ya de origen nuclear. En 1995 significaba casi el 30 por 100 de la producción de electricidad en Japón, la cuarta parte en Europa y la quinta parte en EE.UU. (Gráfico 12.5).

A pesar de los gravísimos accidentes nucleares que salpican la corta historia de la industria nuclear en muchos países (en América, en Europa, en la URSS), a pesar de los problemas de seguridad y utilización para fines militares, manteniendo la incertidumbre sobre el destino de los residuos, y pese a la resistencia de los grupos ecologistas y antinucleares, no cabe duda de que el futuro energético del capitalismo pasa por la nuclearización.

— Desarrollo de nuevas fuentes de energía «no tradicionales». Entre ellas destacan:

- La energía solar.
- La energía eólica.
- La energía obtenida del mar.
- La energía geotérmica.
- La energía de la biomasa.

En todos los casos, se trata de proporcionar energía a escala reducida o local, para minicentrales eléctricas o para usos finales en el ámbito doméstico (calefacción, cocción, etc.) o fabril *in situ*. Su uso a mayor escala está sujeto al desarrollo tecnológico y a la rentabilidad económica, que se ha visto mermada en la última década ante la baja fulminante de los precios del petróleo. Y aunque han sido consideradas como las «energías limpias» y «democráticas», el monopolio de los recursos financieros y tecnológicos por parte de las grandes empresas energéticas remiten su aportación futura al ámbito estructural y no meramente infraestructural.

— Mejor aprovechamiento de la energía hidroeléctrica. A pesar de los problemas medioambientales que se pueden derivar de un mayor uso de los saltos de agua, embalses, presas, etc., la oferta local sigue siendo importante para algunas regiones, tanto a nivel nacional como supranacional (por ejemplo, en el Cono Sur de América Latina).

b) *Es un modelo que incorpora el ahorro energético y el impacto medioambiental.*

Los países desarrollados tomaron conciencia, a partir de la crisis de 1973-1975, del enorme despilfarro de energía que se había asentado en el modelo de auge con petróleo barato y el consumo masivo de electricidad. En la segunda mitad de los setenta y durante los primeros ochenta se dio un importante impulso a las técnicas industriales para el ahorro energético y también desde entonces se ha venido abogando publicitariamente por el ahorro energético doméstico[1]. Se ha calculado que el ahorro energético podría llegar a representar hasta un 20 por 100 de la «oferta» energética «pre crisis». Aunque la coyuntura de precios bajos del petróleo en los ochenta ha frenado el impulso ahorrador inicial, las innovaciones industriales puestas a punto se han consolidado en tal sentido (en mantenimiento de calderas, aprovechamiento de calores residuales y gas, a través de la automatización y robotización, con la cogeneración, disminución de la distancia de carga, etc.).

Por otra parte, y desde finales de los ochenta, se presta especial atención a disminuir los efectos negativos de emisiones de azufre y CO_2 de la contaminación urbana por el uso masivo del automóvil (gasolina sin plomo), etc.

c) *Es un modelo que incorpora un alto contenido tecnológico.*

Entre 1977 y 1981 se dispararon (hasta quintuplicarse) los gastos en investigación y desarrollo (I + D) de la Agencia Internacional de la Energía (de la OCDE) para energías renovables (excluyendo EE.UU.). Las antaño grandes empresas petroleras se ocuparon de invertir en tecnología y reservas de las fuentes alternativas al petróleo (carbón, solar y nuclear, especialmente), inversiones rentabilizadas por la subida de los precios de crudo. Algunos grandes países de la Periferia (Brasil, China, India) también han desarrollado tecnologías alternativas para recursos locales. En cualquier caso, este alto contenido tecnológico asegura al Centro su predominio en la infraestructura energética del Sistema.

d) Por último, *es un modelo energético que, aunque permite cierta descentralización, perpetúa la profunda desigualdad Centro/Periferia y no puede abarcar al consumo mundial.*

Para entender el significado estructural de esta última característica basta recordar el origen de la transición energética: el Centro «descubrió» su enorme dependencia de los combustibles fósiles de la Periferia.

---

[1] Aunque el consumo doméstico es una parte minoritaria del consumo energético global, es típico de la superestructura capitalista intentar convencer a los ciudadanos de que la responsabilidad del desarrollo infraestructural descansa «democráticamente» en la «soberanía del consumidor». Lo cual permite a los monopolios energéticos la subida de precios en su exclusivo beneficio a través de la demagogia de la «escasez» de energía que la hace más cara.

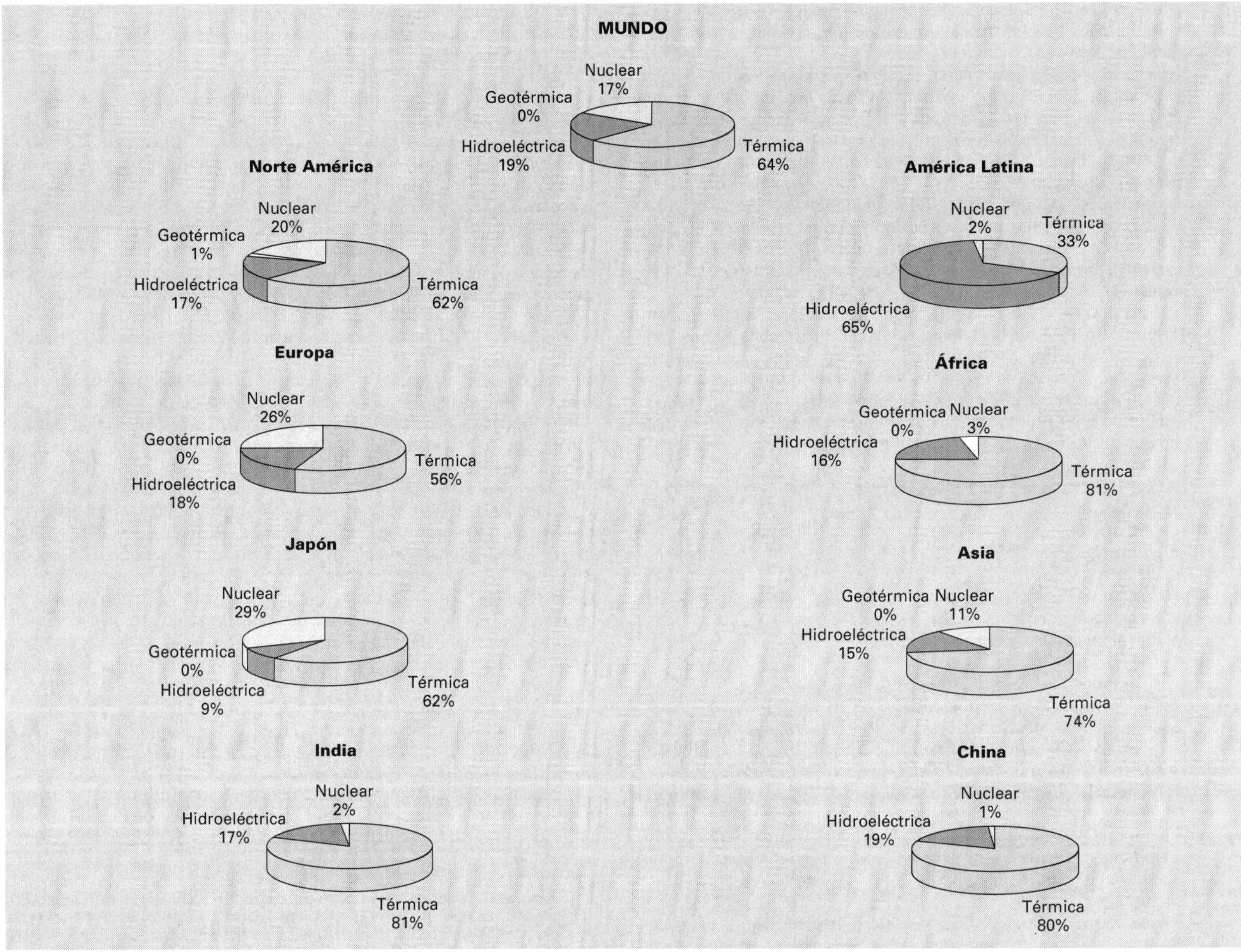

Gráfico 12.5. PRODUCCIÓN DE ELECTRICIDAD POR FUENTE, 1995. *Fuente*: Banco Mundial: *World Resources*, 1998-99.

El consumo de energía de una quinta parte de la población mundial, que supone más del doble del consumo del resto de la humanidad, no podía descansar tan dramáticamente en esa dependencia. De ahí que durante el período transitorio hacia el nuevo modelo energético la oferta para el Centro se diseñara de una manera y para la Periferia de otra, de tal manera que la dependencia de los combustibles fósiles se acentúa en el último caso. De este modo, se transmiten también a la Periferia los problemas medioambientales asociados así como el agotamiento económico futuro.

El consumo de energía comercial per cápita de EE.UU. era en 1996 de 8.051 kg equivalentes en petróleo, y de 5.388 kg en los países industrializados, mientras que en China era de 900, en India de 476, en Pakistán de 446... Si sólo la tercera parte de la población mundial (en esos dos países) tuviera que alcanzar los niveles de consumo del Centro, es más que dudoso que el nuevo modelo pudiera abastecerla.

En realidad, el modelo antes diseñado es un modelo para el Centro que no es extensible a escala mundial: no hay recursos energéticos suficientes para que 8.000 o 10.000 millones de personas consuman al mismo nivel que el Centro. El seguro aumento del consumo energético en la Periferia se basará en la explotación de combustibles fósiles (especialmente el carbón) y sólo en la medida en que el Centro les permita acceder a las nuevas tecnologías energéticas a bajo coste se podrán asimilar los modelos regionales al modelo central. Por otra parte, ello supondrá un coste medioambiental importante (en emisiones de CO_2, azufre, en desforestación, etc.) que tampoco puede permitirse el planeta.

En definitiva, la propia estructura sistémica es portadora de una contradicción que, como en el caso de la población, no puede sino generar pesimismo sobre el futuro energético de la humanidad, a pesar de estar resuelto tecnológicamente.

RESUMEN

El *modelo energético* de una sociedad comprende el conjunto de fuentes de energía a su disposición y el modo de utilizarlas. El modelo energético es la base de la infraestructura, pero a su vez está influido por el modo de producción dominante en la formación social. De ahí que en el capitalismo haya habido varios modelos, para adaptar la infraestructura energética a los cambios ocurridos en su periodización. El primero de ellos, correspondiente a la fase concurrencial, estuvo basado en el carbón, y permitió la I Revolución Industrial. El segundo modelo estuvo basado en el petróleo y corresponde a la fase monopolista/imperialista. Las empresas petroleras (el *cártel de las Siete Hermanas*) se apoderaron de los recursos petroleros de la Periferia y llegaron a controlar casi totalmente la industria petrolera mundial. En los años setenta, a este dominio se le opuso el cártel de países productores (la OPEP) y, en el marco de la crisis económica global, se desencadenó la primera gran *crisis del petróleo*, a partir de la cual el mapa de productores y consumidores se fue modificando. La industria petrolera, siendo uno de los pilares del propio modo de desarrollo (fordista) del capitalismo, pasó a subordinarse a una estrategia de *industria energética global*, en la que se valorizan nuevas y viejas fuentes de energía (carbón, gas, nuclear, solar, etc.). Se diseña así el *tercer modelo energético*, más variado, con más atención al ahorro energético y al impacto medioambiental y con un alto contenido tecnológico. Sin embargo, es un modelo que no resuelve las tremendas diferencias entre las necesidades de energía del Centro y de la Periferia, por lo que la desigualdad en el consumo y en la producción tenderá a agudizarse con amenazas para el medio ambiente y la propia estabilidad energética del Sistema.

LECTURAS PARA LA REFLEXIÓN

«Aclaremos un punto concreto. Es inexacto afirmar: "¡Hay escasez de energía!". El sol es una fuente infinita de energía. El potencial energético de las reacciones nucleares es también ilimitado. El carbón durará sin duda varios cientos de años y el petróleo algunos decenios. La crisis de la energía no se refiere a la disponibilidad, sino más bien a una situación de dependencia excesiva con respecto al petróleo, que no está distribuido por igual en todo el mundo».

FAO: *Energía para la agricultura mundial*. Roma, 1980.

«Los programas de energía nuclear con fines civiles han producido ya en todo el mundo muchos miles de toneladas de combustible utilizado y de residuos de importancia. Numerosos gobiernos han iniciado programas en gran escala con el fin de aislar esos desechos de la biosfera durante los muchos centenares de miles de años en que seguirán siendo peligrosamente radiactivos. Pero el problema de la evacuación de los desechos nucleares sigue sin resolverse. La tecnología de estos desechos ha alcanzado un alto nivel de perfección; sin embargo, no se ha podido ensayar ni utilizar plenamente, por lo que los problemas de eliminación siguen pendientes. Preocupan especialmente las futuras operaciones de vertidos en el mar de residuos contaminados o su evacuación al territorio de estados pequeños o pobres que carecen de capacidad para imponer normas estrictas de seguridad.»

Comisión Mundial del Medio Ambiente y del Desarrollo: *Nuestro futuro común*. Alianza, Madrid, 1989.

PALABRAS CLAVE

- Fuentes de energía
- Modelo energético
- Modelo del carbón
- Modelo petrolero
- Siete Hermanas
- OPEP
- Crisis energética
- Nuevo modelo energético
- Energías no tradicionales
- Transición energética

BIBLIOGRAFÍA BREVE

C. Pardo: *Las fuentes de energía*. Síntesis, Madrid, 1993.
A. Sampson: *Las Siete Hermanas*. Grijalbo, Barcelona, 1985.
VV.AA.: *Energía para el mañana*. AEDENAT/La Catarata, Madrid, 1993.
G. B. Zorzoli: *El dilema energético*. Blume, Madrid, 1978.

CAPÍTULO 13

Agricultura y alimentación mundiales

La actividad agropecuaria consiste en la explotación de la tierra y de los animales para la obtención de productos que constituyen la base de la alimentación humana.

Mediante la actividad agropecuaria se obtienen tres tipos de valores de uso:

— Energético/alimentarios (vegetales y animales).
— Materias primas vegetales (fibras textiles, etc.).
— Transporte, fuerza motriz y fertilizantes (utilización de animales como medios de producción).

Esta actividad es aún la principal para gran parte de la población mundial, aunque ha perdido significación cuantitativa en el Centro del Sistema. En este capítulo se aborda su estudio desde el punto de vista de su articulación con el resto de la infraestructura y con la estructura económica. Así, partiendo de la definición de este sector en el marco general del modo de producción (a un alto nivel de abstracción), se concretarán sus características en el caso del modo de producción capitalista, explicando *qué papel juega la agricultura*[1] *en la acumulación de capital*. Posteriormente se tratan las *tipologías agrícolas* producto del desarrollo capitalista, tanto en el Centro como en la Periferia. Por último, se abordará la *producción, comercio y consumo mundiales del sector agroalimentario* y cómo sirven (o no) para resolver el fin último de la actividad agrícola: alimentar a la población. Se deducirá así el carácter estructural e infraestructural de las causas de la lacra mayor del Sistema Mundial: la persistencia del *hambre*.

13.1. LA CAPITALIZACIÓN DE LA ACTIVIDAD AGRÍCOLA

Para explicar cómo el modo capitalista de producir afecta a la agricultura, es necesario examinar previamente cómo se articula esta actividad con la actividad económica global de la sociedad, es decir, con el modo de producción.

Agricultura y modo de producción

La actividad agrícola está caracterizada por dos tipos de aspectos:

— Los *naturales: físicos o biológicos* (orografía, clima, tipos de suelo/subsuelo, etc.). Estos aspectos, junto con el uso de animales, suponen una limitación intrínseca del desarrollo de las fuerzas productivas en dicha actividad, lo que ha llevado tradicionalmente a considerar a la agricultura una «actividad propia del atraso», «no moderna», «tradicional», etc. Las revoluciones agronómicas modifican estos límites.
— Los *económicos*: que a su vez son de dos tipos:
  - Los factores tecnológicos: referentes a las técnicas de cultivo y aprovechamiento de la tierra, modificación genética de las especies vegetales y animales, creación de microclimas, etc.
  - Los referidos a la propiedad: formas de propiedad y posesión de la tierra y de los medios de producción agrícolas y características del excedente y de su apropiación.

  Las reformas agrarias modifican estos aspectos, adaptándolos a las necesidades de la estructura económica.

Tomados en su conjunto, los aspectos naturales y los económicos explican el modo de explotación de la tierra, la forma de realizar la actividad agrícola. Pero ese modo de explotación está inmerso en el modo de producción general de la sociedad, que definirá sus aspectos económicos.

Por tanto, se puede definir un nuevo concepto: la *economía agrícola*:

La economía agrícola es la actividad agrícola caracterizada por unas determinadas estructuras de tenencia de la tierra y de control/tecnología de los procesos de reproducción biológicos.

La economía agrícola es una concreción de la relación Sociedad/Naturaleza (tierra) caracterizada por la forma económica en que está organizada la sociedad (su modo de producción).

Si se designa a la actividad agrícola por *AA* y al modo de producción por *MP*, entonces

$$AA + MP = \text{Economía Agrícola } (EA)$$

En el modo de producción y en la sociedad sustentada en él, el desarrollo de las fuerzas productivas es global (los sistemas tecnológicos afectan a todas las actividades productivas para adaptarlas a la estructura económica). Ello implica que el desarrollo de las fuerzas productivas en la actividad agrícola, o sea, el *desarrollo agrícola*, sea resultado de la aplicación del progreso global (característico del modo de producción) en la ac-

[1] Se utiliza el término «agricultura» y sus derivados (agrícola, etc.) en sentido laxo, entendiendo por tal tanto las actividades relacionadas con los productos vegetales como los animales. Debe entenderse, pues, como sinónimo de «actividad agraria o agropecuaria.

tividad agrícola. Dicho desarrollo agrícola configura el *progreso* en la agricultura y tendrá lugar siempre en función de la adecuación entre las relaciones económicas (propiedad/tenencia de la tierra) y la estructura económica global de la sociedad.

Por tanto, el desarrollo agrícola no se explica por sí solo, en el único marco de la economía agrícola, sino que se explica en el conjunto de la estructura económica y de la base económica de la sociedad

Así, el desarrollo agrícola está siempre orientado a adecuar la economía agrícola a la estructura económica de la sociedad, que definirá qué papel juega la agricultura en cada sociedad, en su base económica.

El desarrollo agrícola configura así una determinada *infraestructura agrícola* para cada formación social o Sistema:

La infraestructura agrícola es el conjunto concreto de inputs y outputs agrícolas (agropecuarios) de que dispone una sociedad.

La infraestructura agrícola influye en la estructura económica, porque proporciona la base alimenticia, materias primas, etc., y porque, en función de las relaciones de propiedad de outputs e inputs agrícolas, se definen clases o subclases sociales (terratenientes, capitalistas agrarios, jornaleros, arrendatarios, campesinos por cuenta propia, etc.) que forman parte de la estructura económica.

Éstos son los condicionantes del modo de producción en la actividad agrícola. Pero como parte de la relación Sociedad-Naturaleza, también existe la influencia recíproca. La economía agrícola está caracterizada, desde la Naturaleza, por dos factores definitivos y definitorios:

— El carácter limitado/finito y la exogeneidad relativa de los procesos de reproducción biológicos/ecológicos, lo que significa que siempre existirá cierta dependencia de la Naturaleza (por ejemplo: los períodos de rotación del capital agrícola son más largos o estacionales, siempre existirá la aleatoriedad, siempre son posibles los desastres naturales, se produce el agotamiento de suelos, etc.).

— La existencia de la propiedad territorial, que conlleva la existencia de *renta diferencial*, es decir, de un beneficio que no procede del trabajo humano, sino de las características naturales. Como se expuso en capítulos anteriores, ello supone una modificación de la acción del valor, que se manifiesta en una dinámica específica de costes y de precios.

El papel de la agricultura en el capitalismo

Los cambios estructurales en la economía agrícola tuvieron un papel protagonista en la transición del precapitalismo al capitalismo, porque precisamente dicha economía agrícola era la base económica de las sociedades precapitalistas y, por tanto, era la que más radicalmente había que modificar para hacer posible el desarrollo del capitalismo en dichas sociedades (véase el Capítulo 7).

Estos cambios estructurales afectaron a la base económica de la sociedad feudal, modificando tanto las relaciones económicas y de poder (nivel de la estructura) como el desarrollo agrícola (nivel de la infraestructura):

— Los cambios en la estructura de la propiedad agrícola se realizaron a través de las revoluciones burguesas antifeudales y se profundizan por medio de reformas agrarias.

— Los cambios en la infraestructura agrícola tuvieron lugar en el curso de las revoluciones agronómicas.

A través de dichos cambios se desarrolló la *capitalización de la economía agrícola*, que supuso:

— *Respecto a los inputs y outputs*: la *mercantilización* de la tierra, de los medios de producción y de los productos fruto de la actividad agrícola. Por tanto, la economía agrícola pasa de ser concebida como abastecedora de productos (valores de uso) para satisfacer las necesidades alimenticias de la sociedad a ser concebida como productora de mercancías (valores de cambio) para satisfacer las necesidades de la acumulación de capital.

— *Respecto al productor*: la desvinculación del campesino de la tierra y de los medios de producción, e implantación progresiva de la *privatización* y de la *asalarización*.

La capitalización de la economía agrícola significa también, para el desarrollo agrícola, la supeditación de este sector a la división sectorial del trabajo más adecuada a la acumulación de capital.

Las funciones de la economía agrícola han variado según las fases del capitalismo.

En las dos primeras fases del desarrollo capitalista las funciones que se le hace cumplir a la economía agrícola capitalizada son:

— Abaratar el precio de las mercancías-alimentos como bienes salariales (para cumplir con el objetivo de la acumulación capitalista de disminuir el capital variable).

— Liberar fuerza de trabajo con destino a la industria (para cumplir con el objetivo de la acumulación de evitar un déficit de oferta de fuerza de trabajo que presione al alza los salarios).

— Proporcionar excedente y rentas de origen no capitalista para la reproducción capitalista (evitando la desproporcionalidad en el proceso de la acumulación o reproducción ampliada).

— Convertirse en un mercado a profundizar permanentemente por el sector industrial y el sistema financiero.

Así, este proceso de capitalización implicará:

— *Un alto nivel de desarrollo agrícola* (fruto de las revoluciones agronómicas) en los países capitalistas de desarrollo autocentrado, dirigido a *aumentar la productividad* para cumplir el papel antes descrito.
— Unas conflictivas *relaciones interimperialistas*, en competencia por las materias primas y rentas agrícolas para fortalecer el proceso de acumulación en las metrópolis.
— El *subdesarrollo agrícola* en las colonias, al supeditar su infraestructura agrícola a las necesidades de la metrópoli.
— Unas *relaciones entre las burguesías y las clases terratenientes* antagónicas, tanto a nivel nacional como internacional.

En la tercera fase del capitalismo, la *revolución tecnológica* en curso modifica en parte el esquema anterior, porque los nuevos sistemas tecnológicos revolucionan también el carácter primario (dependencia de la Naturaleza) del desarrollo agrícola, al desplazar los límites físico/ecológicos al progreso agrícola a través de la manipulación genética, la creación de microclimas artificiales, la previsión climática vía satélite, etc.

Pero, en cualquier caso, el carácter mundial de la acumulación y la monopolización de los mercados confluyen, junto con el nuevo desarrollo agrícola, en la configuración de una *nueva economía agrícola*, característica de esta tercera fase capitalista, centrada en la llamada *agroindustria*, o *industria de base agraria*, liderada por un escaso número de *empresas multinacionales* que gestionan una *nueva división internacional de la producción agrícola*. La vinculación de la explotación agrícola con la industria se acentúa de tal manera que se difumina la separación entre los sectores primario y secundario.

13.2. TIPOLOGÍA DE EXPLOTACIONES AGRARIAS

La configuración de las economías agrícolas de los diferentes países, y sus correspondientes infraestructuras agrarias, dependen de la dinámica específica del desarrollo capitalista en cada uno de ellos. Así, y en lo que respecta al Centro del Sistema Capitalista Mundial, las formaciones sociales del sur de Europa vivieron un proceso de capitalización diferente al de, por ejemplo, Estados Unidos, y de ahí que las economías agrícolas respectivas presenten también diferencias. De la misma manera, el proceso de desarrollo capitalista en los países de capitalismo periférico, caracterizado por la extraversión, la especialización y la dependencia, ha provocado unas economías agrícolas diferentes a las propias del Centro.

Tales diferencias resultan de la pervivencia de otros modos de producción o de capitales agrícolas que se reproducen en fases anteriores a la actual fase monopolista internacional. Y, a su vez, la pervivencia de tales modos de producción o de capitales agrícolas pequeños o competitivos se explica por la historia de cada formación social (la cual incluye la superestructura: cultura, política, etc.; es decir, razones no económicas).

Por ello se suele establecer una tipología propia del Centro y otra de la Periferia.

Tipología agraria en el Centro

En el Centro se distinguen tres tipos de explotaciones:

a) Las propiamente *capitalistas*. Grans dimensions (en general)
b) Las explotaciones *mercantiles simples*. Petita dimensió
c) Las de subsistencia o *autoconsumo*. Molt petites

a) La explotación agrícola capitalista se caracteriza por:

— La tendencia al tamaño óptimo.
— La mecanización.
— El elevado consumo energético y químico.
— La competitividad, basada en la máxima productividad y en los precios.
— La tendencia a la sobreproducción (*excedentes agrícolas*).
— La acusada dependencia del sistema financiero.

La empresa agrícola se organiza básicamente de la misma manera que cualquier empresa capitalista, sin más especificidades que las derivadas del tipo de producto.

En la tercera fase del capitalismo se ha desarrollado la *agroindustria* o industria de base agraria. Como se trata de auténticas fábricas (granjas) y empresas industriales, con características de tecnificación y funcionamiento interno similares a las manufactureras, se ha llegado a denominar a su actividad el sector primario del sector secundario. Las características de la agroindustria son:

— Desde el punto de vista de la *estructura del mercado*:

  • Existencia de un oligopsonio (de demanda): las grandes empresas de alimentación absorben la producción de los pequeños y medianos agricultores.
  • Existencia de un oligopolio (de oferta): las grandes empresas de la alimentación diversifican su oferta cubriendo todo el sector alimenticio. A nivel internacional se ha dado un proceso de con-

centración y centralización de capital agroalimentario, mediante la absorción de empresas, la inundación de productos, etc.

- Carácter mundial de la agroindustria: la producción para un mercado mundial supone la estandarización de los productos alimenticios y la tendencia a la homogeneización de los «gustos» y dietas de los consumidores.

— Desde el punto de vista del *progreso agrícola*:

- Uso sistemático de pesticidas, herbicidas, abonos químicos, etc.
- Manipulación genética para mejorar la rentabilidad de las especies.
- Mecanización máxima, informatización, etc.

— Desde el punto de vista de la *organización interna*:

- Desvinculación del ámbito rural de la explotación.
- Configuración de la empresa agrícola dominante como Gran Corporación.

El desarrollo agrícola modifica profundamente los límites naturales característicos de la actividad agrícola y resitúa a ésta como un sector más secundario que primario. Una idea de estas modificaciones es la estimación del coste/beneficio del agricultor directo que, considerándose aportador de un mínimo valor añadido, sólo representa entre un 5 y un 10 por 100 del precio de la producción final. El resto se reparte entre proveedores de materias primas y medios de producción agrícolas, la comercialización, el transporte y almacenamiento, envasado, publicidad, costes financieros, minoristas, etc. Desde el punto de vista de la clasificación de las actividades económicas, la agroindustria se ve reflejada mejor en el sector manufacturero de «Alimentación, bebidas y tabaco».

b) La pervivencia del modo de producción mercantil simple en la economía agrícola obedece a factores históricos. La figura del agricultor dueño o arrendatario de la tierra, dueño de los medios de producción y trabajador él mismo de tales medios (sin asalariar fuerza de trabajo, o sólo escasa y esporádicamente) es más común en las formaciones sociales capitalistas «viejas», como el sur de Europa.

Respecto a su relación con la economía agrícola capitalista, es claramente de *subordinación*, puesto que:

— La dimensión de la explotación es menor (subóptima).
— Tiene una productividad más baja.
— No puede competir en los mismos términos de precios bajos.
— Su dependencia de los insumos industriales y financieros es más acusada.

De esa subordinación se deriva una *inestabilidad permanente* que exige normalmente ayudas y subvenciones por parte de los Estados nacionales, que practican un fuerte proteccionismo (arancelario o no) respecto a su agricultura nacional. Lo que el mercado y la lógica capitalista tendrían que haber desplazado definitivamente se mantiene, no obstante, por razones diversas, entre las que cabe citar:

— Cubre necesidades del mercado local.
— Razones de índole política, electoral, etc.
— Ofrece calidades «diferentes» a la homogeneización y estandarización (con la pérdida de calidad asociada) típica de la producción capitalista y sus productos tienen salida por la segmentación de los mercados y la jerarquización de tipos de consumo (lo «artesanal» se puede vender más caro y se considera «bien de lujo»). En este contexto se inscribe la difusión actual de la llamada «agricultura biológica».
— Culturas y tradiciones alimenticias diferentes.

c) La explotación de autoconsumo o de subsistencia apenas existe autónomamente en las formaciones sociales capitalistas centrales y más bien se mantiene asociada a la explotación mercantil simple.

Tipología agraria en la Periferia

La agresión exterior conllevó una adaptación de la economía agrícola periférica a la base económica del Centro, lo que supuso un proceso distinto de capitalización:

— No se produjo una reforma agronómica precedente a la Revolución Industrial (incluso en los procesos de industrialización por sustitución de importaciones se acaba importando alimentos en la mayor parte de los casos).
— Las reformas agrarias sólo se producen después de la Segunda Guerra Mundial (excepción hecha del caso mexicano) y sólo en algunos casos (que conllevan tipologías muy específicas: Corea, Taiwan, Israel...).

En general, y como herencia de la fase colonial-imperialista, hay dos tipos de economías agrícolas:

— El *latifundio de exportación* (también puede tratarse de muchas pequeñas propiedades, en suma grandes superficies), o plantaciones, caracterizado por el monocultivo y la extraversión (se produce para los mercados mundializados). En cualquier caso, *la propiedad o posesión real de la tierra está extremadamente concentrada* en manos de la burguesía terrateniente/capitalista periférica o de las multinacionales del Centro.

— La *explotación mercantil simple/subsistencia*, con baja productividad y ligada al autoconsumo y mercado local. Es ejercida por la mayoría del campesinado pobre.

Es característico de las formaciones sociales periféricas la pugna entre las burguesías industrial y agrícola por dirigir su alianza con el capital internacional/central, lo que ha provocado en numerosas ocasiones la inestabilidad política nacional.

En cualquier caso, en la tercera fase capitalista esta tipología dual se mantiene porque cumple una función clara en la acumulación a escala mundial, función que se manifiesta en los siguientes hechos, entre otros:

— Producción de mercancías «exóticas» de exportación, que dan paso a los «nuevos países agrícolas», especializados en los sectores hortofrutícolas, etc.
— Estructura y nivel de salarios de subsistencia ventajosos para el capital tanto del Centro como nacional, ya que pueden ser menores al coexistir el área de autoconsumo (en términos de reproducción de la fuerza de trabajo, se trata de la persistencia de la *forma no valor* explicada en el Capítulo 10).
— Existencia de una sobrepoblación relativa permanente, que permite salarios nacionales menores. Esos salarios más bajos son uno de los factores primordiales en la explicación del intercambio comercial desigual.
— Generación de ingresos para el *consumo importado* de bienes de lujo y de los excedentes agrícolas del Centro para bienes de subsistencia (en este último caso se accede a ellos a través de la ayuda alimentaria).

* Revolució verda = dotar a la perifèria de factors productius moderns per Δ productivitat

13.3. LA PRODUCCIÓN AGROALIMENTARIA MUNDIAL

La explicación de la producción agroalimentaria mundial puede abordarse desde dos puntos de vista:

— El que se fija en la dinámica a corto plazo (básicamente interanual) y es el *análisis coyuntural*. El seguimiento de las campañas agrícolas año a año permite destacar los factores naturales y comerciales que inciden en la producción agroalimentaria y hacer estimaciones sobre las perspectivas futuras a muy corto plazo. El informe anual de la FAO, *El estado mundial de la agricultura y la alimentación*, es el mejor exponente de este tipo de enfoque.
— El que destaca las características más permanentes o estables de la división internacional del trabajo agrícola, que se manifiestan tanto en la composición y localización de la producción agroalimentaria como en la disponibilidad, uso y características de las tierras y de los medios de producción. Se trata, pues, de estudiar las *características estructurales* de la economía agrícola mundial.

Por otra parte, es muy común abordar los problemas de la alimentación mundial desde el punto de vista meramente técnico o desde el punto de vista de la distribución. Ante el problema del hambre y la malnutrición, optar por estos puntos de vista significa, en el primer caso, quedarse en el ámbito de la infraestructura. En el segundo caso, se trata de «saltarse» la mediación de las relaciones de propiedad en la producción, es decir, obviar el núcleo de la estructura. Son dos puntos de vista necesarios, pero incompletos, y a menudo se esgrimen ideológicamente, puesto que cuando se argumenta que el problema del hambre es técnico o de distribución se deduciría que no es resultado de las *relaciones de producción* y que, por tanto, no haría falta cambiarlas para resolverlo.

Aquí se partirá de otra visión. Una vez analizadas en los apartados anteriores las relaciones estructurales sistémicas que definen la economía agrícola, y desde una óptica estructural (y no coyuntural), se partirá del ámbito de la *producción* para explicar derivadamente el de la *circulación* (comercio) y el del *consumo* (sobrealimentación, malnutrición y hambre).

Como principales *características estructurales de la producción agroalimentaria mundial* se pueden destacar las siguientes:

1. *El Centro produce y consume los inputs industriales para la agricultura. La economía agrícola periférica, menos tecnificada, tiene una menor productividad, excepto en las plantaciones.*

Hay que considerar en este aspecto los tres elementos de la producción:

— La condición natural de la producción, que en este caso es la *tierra*.
— La fuerza productiva humana, que proporciona el *trabajo*.
— Los medios de producción utilizados (que, en la terminología ortodoxa, serían el *capital*).

Como se refleja en los Cuadros 13.1, 13.2 y 13.3, la dicotomía Centro/Periferia se refleja claramente en el reparto de los recursos mundiales agrícolas:

— El Centro tiene en cultivo más tierras que la Periferia en relación a su superficie terrestre (con las excepciones obvias de Canadá y Oceanía).

Cuadro 13.1. Uso de tierras, 1995.

País o región	Tierra cultivable[1]	Regadío[2]	Regadío[3]
Mundo	11	17	100
Centro	12	10	26
Periferia	10	23	74
EE.UU.	20	10	8
Canadá	5	2	—
Europa	29	12	8
Japón	12	62	1
Australia	6	4	1
Nueva Zelanda	12	69	—
África	6	6	5
América Latina	8	10	7
Asia	17	34	63
China	10	50	20
India	57	27	19

[1] Tierra cultivable como porcentaje de la superficie terrestre.
[2] Tierra en regadío como porcentaje de la tierra cultivable.
[3] Tierra en regadío como porcentaje del regadío mundial.
Los guiones representan cantidades insignificantes.
Fuente: Elaboración sobre estimaciones de la FAO: *Anuario Estadístico de Producción*, 1996.

Cuadro 13.2. Recursos humanos en la agricultura, 1996.

País o región	Actividad en pob. agrícola[1]	Actividad en agricultura[2]	Densidad agrícola[3]	Densidad ec. agrícola[4]
Mundo	50	47,1	1.756	884
EE.UU.	45	2,6	42	19
Canadá	53	2,3	2	1
Europa	52	10,4	23	12
Japón	56	5,3	143	80
Australia	51	4,4	2	1
Nueva Zelanda	49	10,1	11	6
África	44	59,5	218	97
América Latina	41	21,5	32	13
Asia*	52	59,6	385	201
China	59	71,1	914	543
India	46	61,2	319	148

[1] Actividad en la población agrícola: Población activa agrícola como porcentaje de la población agrícola.
[2] Actividad en la agricultura: Población activa agrícola como porcentaje de la población activa total.
[3] Densidad agrícola: Población agrícola por 100 Ha. de tierra cultivable.
[4] Densidad económica agrícola: Población activa agrícola por 100 Ha. de tierra cultivable.
* Sin Japón.
Fuente: Elaboración sobre estimaciones de la FAO: *Anuario Estadístico de Producción*, 1996.

— En la Periferia hay dos modelos diferentes de uso de tierras: los arrozales asiáticos suponen un predominio de las tierras de regadío en la tierra cultivada, mientras que en África y América Latina dichos cultivos son minoritarios. Comparados con el Centro, es sintomático que el regadío en Europa o EE.UU. significa más que el de esos continentes en el regadío mundial.

— El Centro sólo necesita dedicar una mínima parte de sus recursos humanos a la agricultura, mientras que en la Periferia, aunque de forma declinante, la agricultura sigue siendo la actividad desarrollada por la mayor parte de la población. Como resultado, la densidad de población en la agricultura es veinte veces mayor en la Periferia que en el Centro y esa diferencia se amplía en los casos extremos: el habitante rural estadounidense dispone de cientos de hectáreas de tierra cultivable más que el chino, por ejemplo.

— Considerando medios de producción agrícolas como los tractores y las máquinas cosechadoras/trilladoras, el contraste entre el Centro y la Periferia es abrumador: mientras que en EE.UU. o Canadá el número de tractores en uso casi dobla al número de activos agrícolas y en Europa cada tres activos disponen de un tractor, en la Periferia en su conjunto apenas hay siete tractores por mil activos y la situación es más deficiente aún en África o Asia. En el caso de las cosechadoras/trilladoras (que implican un salto cualitativo en la tecnificación agrícola), la situación es todavía peor. En definitiva, la superpoblación relativa en la agricultura de la Periferia es producto de su no acceso a los medios de producción agrícolas a escala mundial.

Los únicos medios de producción que se usan indiscriminadamente en el conjunto del Sistema son los fertilizantes. Así, hay países como Bangladesh, Indonesia, Egipto, El Salvador, Venezuela o Corea, por citar economías periféricas extremadamente diferentes, que tienen un consumo de fertilizantes por hectárea cultivable tan alto

Cuadro 13.3. Medios de producción agrícolas, 1995-1996.

País o región	Tractores/ 100 Ha.	Tractores/ 100 activos	Cosechadoras/ 1.000 Ha.	Cosechadoras 1.000 activos
Mundo	17,7	2,01	28,20	3,19
USA	25,6	133,48	35,26	184,09
Canadá	1,6	201,63	3,41	422,34
Europa	3,6	31,12	4,05	34,57
Japón	46,8	58,74	274,85	344,78
Australia	0,7	79,35	1,17	142,32
Nueva Zelanda	2,4	42,07	0,96	17,42
África	0,4	0,31	0,21	0,22
América Latina	0,5	3,48	0,46	3,57
Asia	0,9	0,45	1,18	0,59
China	0,7	0,13	0,66	0,12
India	0,8	0,54	0,02	0,01

Fuente: Elaboración sobre estimaciones de la FAO: *Anuario Estadístico de Producción*, 1996.

como el de muchos países desarrollados y superior al de economías agrícolas tan tecnificadas como la de EE.UU., Canadá o Australia [2].

Como resultado de este desigual reparto de los medios de producción y de la sobrepoblación resultante, las diferencias entre las economías agrícolas del Centro y de la Periferia en lo que se refiere a la productividad son también abismales. En el Cuadro 13.4 se recoge como indicador de productividad la relación entre el valor agregado en la agricultura y la población activa agrícola para algunos países y expresa cómo, a pesar del aumento de la productividad operado en la Periferia, la brecha con el Centro se ha agrandado, máxime cuando en algunos países ha caído durante los años noventa.

2. En cuanto a *valores de uso, el Centro produce mayoritariamente los alimentos. La Periferia produce materias primas agrícolas y productos «exóticos», a menudo calificados como los «vicios y postres» del Centro.*

Cuadro 13.4. Productividad en la agricultura, 1970, 1991 y 1995.

País	Dólares por activo agrícola [1] 1970	1991	1995-97
Etiopía	100	179	—
Burundi	102	214	139
China	119	216	296
India	155	327	343
Tailandia	135	586	928
Egipto	389	922	1.163
Brasil	320	3.179	3.931
Corea	406	4.956	10.962
México	669	2.845	1.690
Argentina	1.787	13.998	13.833
Japón	1.188	19.210	28.665
Alemania	2.974	13.319	19.930
Holanda	4.807	54.740	43.836
EE.UU. [2]	8.730	25.608	34.727

[1] Relación entre el valor agregado expresado en dólares corrientes de EE.UU. y la población activa en la agricultura.
[2] El dato para 1991 corresponde a 1985.
Fuente: Elaboración sobre los datos del Banco Mundial (*Informe sobre el Desarrollo Mundial*, 1993) para el valor agregado en la agricultura y de la FAO (*Anuario de Producción*, 1982 y 1992) para la población activa. Para EE.UU. 1985, el valor agregado se ha obtenido de NN.UU.: *Cuentas Nacionales*, 1988. Para la productividad 1995-1997, Banco Mundial: *Informe sobre el Desarrollo Mundial*, 2000.

El Cuadro 13.5 refleja esta peculiar división internacional del trabajo que se da en la economía agrícola capitalista mundial. Excepto en el caso del arroz, que constituye la dieta básica de la población asiática y en general de la Periferia, la producción cerealística mundial (trigo, maíz, etc.) tiene lugar mayoritariamente en el Centro del Sistema (teniendo en cuenta la aportación, no incluida en dicho cuadro, de Oceanía y Asia desarrolladas), y ocurre lo mismo en el caso de las patatas, algunas frutas (uvas y manzanas) y, lo que es más significativo, en el caso de la leche, la carne y los huevos. En lo que se refiere a las materias primas textiles, el Centro sólo es productor significativo de lana (Australia sola aporta más del 30 por 100 de la producción mundial).

Por su parte, la Periferia es la principal productora, aparte del arroz, de productos como las oleaginosas, el azúcar, el café, el cacao, el té, las bananas y los cítricos y de materias primas como el caucho, las fibras vegetales y el tabaco.

Es significativo destacar que en 1983 la Periferia en su conjunto sólo producía el 31,5 por 100 de los cereales, el 52 por 100 del arroz, la mitad

---

[2] Algunas de las cifras ofrecidas por el Banco Mundial en su *Informe sobre el Desarrollo Mundial*, 1993, expresadas en cientos de gramos de nutriente vegetal por hectárea de tierra cultivable, son las siguientes: Bangladesh, 1.022; China, 2.777; Indonesia, 1.141; Egipto, 3.722; El Salvador, 1.027; Costa Rica, 2.091; Corea, 4.601; Irlanda, 7.323; Reino Unido 3.680; Holanda, 6.160; Italia, 1.480; España, 979; Canadá, 451; EE.UU., 970; Australia, 238; etcétera. Es imposible extraer consecuencias analíticas tipológicas ante la alta dispersión de valores en los 127 países contemplados.

Cuadro 13.5. Distribución de la producción agrícola, 1996.

Producto	Porcentaje de la producción mundial de cada producto					
	EE.UU.	Europa	Oceanía	África	Sudamérica	Asia
Cereales	22	14	2	6	5	46
Trigo	16	22	4	4	4	39
Arroz	2	0	0	3	3	91
Cereales con cáscara	36	17	1	10	6	24
Maíz	46	10	0	8	8	27
Cebada	16	41	4	5	1	13
Tubérculos	5	13	0	22	7	41
Patatas	10	29	0	3	4	29
Legumbres	10	10	4	13	7	50
Verduras*	8	12	1	6	3	65
Frutas	13	16	1	13	16	38
Uva	10	49	2	5	9	19
Cítricos	23	9	1	10	30	28
Bananas	15	1	2	12	27	43
Manzanas	11	24	2	3	6	46
Total frutos secos	18	17	1	9	5	46
Oleaginosas	19	9	1	7	12	48
Azúcar	16	18	5	7	17	33
Cacao	5	—	1	65	15	14
Café	19	—	1	19	42	19
Té	—	—	—	15	2	81
Fibras vegetales	19	3	2	7	6	56
Algodón	23	3	2	9	6	49
Yute	—	—	—	1	1	97
Tabaco	13	8	—	8	10	59
Caucho natural	—	—	—	4	1	94
Carne	20	20	2	4	9	40
Leche	17	30	4	4	8	25
Huevos gallina	15	16	—	4	6	53
Lana	1	10	39	9	9	24

* Verduras y melones.
Fuente: Elaboración sobre estimaciones de la FAO: *Anuario Estadístico de Producción*, 1996.

de las frutas y poco más del 20 por 100 de la carne, la leche o los huevos, por citar productos alimenticios en los que diez años después presenta porcentajes mucho mayores. La causa de este cambio es doble:

— Por una parte, la producción primaria del Centro se ha enfrentado al problema crónico de los *excedentes agrícolas y ganaderos*, que han obligado a políticas reguladoras de reducción de la producción y a una nueva «división internacional del trabajo agrícola».

— Por otra parte, en la Periferia se ha desarrollado un *esfuerzo considerable por aumentar los cultivos y su producción agrícola*, tanto alimenticia (dadas las experiencias de las terribles hambrunas de los años setenta) como de materias primas para la exportación (para, entre otras cosas, poder hacer frente el servicio de la deuda externa).

Cuadro 13.6. Índices de producción per cápita (1989-1991 = 100).

	Cultivos		Productos agrícolas		Productos alimenticios	
	1985	1996	1985	1996	1985	1996
Mundo	100,8	102,4	99,1	103,5	98,8	104,4
EE.UU.	112,1	109,1	106,9	108,6	107	108,6
Canadá	97,2	113,2	98,4	106,7	97,5	106,8
Europa	99,8	95,5	99,9	94,5	99,8	94,6
Japón	112,7	92,6	105,2	94,6	104,2	95
Australia	—	—	101,5	103	110,1	106,9
Nueva Zelanda	—	—	111,8	107,6	109,8	113,9
África	95,7	103,4	97,7	99,9	97	100,3
Sudamérica	103,3	107,2	99,2	108,2	97,8	110,7
Asia	95,7	108,5	92,5	117,2	92	119
China	92,9	118	86,9	138	86,4	142,7
India	93,8	102,7	93,2	104	62,6	103,7

Fuente: Elaboración sobre estimaciones de la FAO: *Anuario Estadístico de Producción*, 1996.

El Cuadro 13.6 refleja esta doble causalidad.

A pesar de ello, no se debe pensar que la estructura agrícola mundial ha cambiado sustancialmente. De hecho, tanto en lo que concierne a los inputs como al control del output por parte de la agroindustria, el Centro sigue siendo el poseedor de la mayor parte de los alimentos mundiales, mientras que la Periferia se esfuerza por conseguir la *autosuficiencia alimentaria* en un marco dependiente tecnológicamente.

3. *El modelo productivo agrícola del Centro está basado en un alto consumo de energía y en una estandarización de la producción que tiende a eliminar la diversidad biológica.*

La *revolución verde* fue la concreción del progreso general postbélico en la agricultura, primero en Europa y después «exportada» a algunas economías periféricas; consistía en el uso masivo de fertilizantes y en el modelo energético basado en el petróleo a bajo precio, de tal manera que *el modelo productivo resultó rentable económicamente pero extremadamente deficitario energéticamente*: para producir un determinado aporte calórico alimentario se empleaba mucha más energía, consumida por los inputs industriales y terciarios asociados a la mercantilización del producto más que en el propio cultivo. El déficit energético y proteínico es máximo en la producción de carne, ya que la cadena alimentaria animal es más compleja y se llega a dar el caso de que, globalmente, la producción agrícola y pesquera dedicada al consumo animal es mayor que la dedicada a la alimentación humana y las pérdidas calóricas y proteínicas a lo largo de los procesos de transformación son mayores.

Otro elemento fundamental en la moderna revolución agronómica ha sido la *manipulación genética* para semillas y animales, buscando la máxima productividad física y económica, la resistencia a plagas y a adversidades climáticas. Tras los «éxitos» iniciales (en el caso de los cereales, especialmente en el arroz), se pensó que este componente tecno-biológico de la revolución verde podría resolver los problemas alimentarios de las crecientes poblaciones periféricas.

Actualmente, sin embargo, ya están plenamente constatadas las importantes limitaciones de este progreso tecno-biológico: supone una importante pérdida de la biodiversidad genética, hace más dependiente a toda una cosecha (estandarizada) de una sola plaga, el uso masivo de fertilizantes químicos ha supuesto la degradación del suelo, etc. Por otra parte, de nuevo las condiciones estructurales de posesión de dicha tecnología (en manos de la agroindustria multinacionalizada) plantean las limitadas posibilidades del campesinado pobre de la Periferia (mayoritario) para acceder a ella.

En suma, el modelo productivo agrícola del Centro, intensivo en energía y tecnología, no es extensible a toda la producción agrícola mundial, tanto por el mantenimiento del monopolio capitalista (el Centro no quiere perder su papel como dueño del poder alimentario mundial) como por el carácter despilfarrador y estandarizador del mismo, que incluso hace no deseable su extensión universal.

13.4. EL COMERCIO AGROALIMENTARIO MUNDIAL

El comercio agroalimentario mundial refleja, por una parte, la estructura de la producción agropecuaria antes expuesta y, por otra parte la estructura del comercio mundial que se caracteriza por el enorme peso del comercio inter-Centro y por la creciente contradicción entre el proceso de mundialización y el proteccionismo nacional. Dado que las economías agrarias nacionales son consideradas factores básicos de la «independencia nacional», en al ámbito agrícola este conflicto se expresa con especial relevancia: la agricultura es el principal protagonista de las políticas proteccionistas.

Consiguientemente, las características estructurales del comercio agroalimentario mundial son:

1. *En términos de valor, el comercio de inputs y outputs agropecuarios tiene lugar mayoritariamente entre países del Centro.*

En el Cuadro 13.7 se puede observar cómo dos grandes bloques del Centro, Norteamérica y Europa, acaparan las importaciones y exportaciones mundiales de la producción e inputs agroalimentarios. Por otra parte la ex URSS y Europa oriental se han convertido en grandes importadores de alimentos desde dichas regiones, ya que su producción agropecuaria ha descendido en los años noventa, aunque Rusia mantiene su posición netamente exportadora en inputs agrícolas y la situación contraria se da en la Oceanía desarrollada (exportadora de productos agrícolas e importadora de inputs).

Por su parte, en la Periferia se hace patente la posición dependiente de los inputs agrícolas, excepto en el caso de los fertilizantes brutos (fosfatos, etcétera), que, transformados por la industria química en el Centro, vuelven a ser reexportados a la Periferia. Asia absorbe entre un tercio y la mitad del comercio agroalimentario y América Latina es la principal región exportadora. África es, relativamente, el continente menos integrado en el comercio mundial agroalimentario (de hecho depende la *ayuda alimentaria*), representando sólo en torno al 3 por 100, aunque es el principal exportador de fertilizantes brutos (37 por 100 de las exportaciones mundiales).

2. *El comercio inter-Centro está dominado por conflictos derivados del proteccionismo y el comercio Centro/Periferia por el proteccionismo del primero y el deterioro de los términos de intercambio para las exportaciones de la segunda.*

Las «guerras comerciales» entre EE.UU. y Europa, por una parte, y contra el proteccionismo acérrimo de Japón, por otra, han hecho del capítulo agrícola uno de los más difíciles en la regulación del comercio internacional a través del GATT. Se trata, en definitiva, de la competencia entre economías capitalistas agrícolas diferentes, en las que juegan un peso distinto los tipos de explotación explicados anteriormente (Epígrafe 13.2). Es, pues, una competencia intercapitalista en la que, por una parte, los capitalistas agrarios «más débiles» exigen la intervención del Estado para salvaguardar sus intereses y, por otra parte, los capitales más fuertes de la agroindustria compiten entre sí por conseguir más cuota del mercado mundial que, como se acaba de decir, se encuentra básicamente en el propio Centro.

El proteccionismo del Centro respecto a la Periferia tiene otro cariz, aunque resultados más funestos que en el caso anterior para la economía agrícola de la Periferia, que entre las limitaciones arancelarias y no arancelarias y el deterioro de su relación de intercambio con el Centro viene sufriendo unas pérdidas cuyo volumen es estimado como igual (o superior en algunos casos) al flujo del pago del servicio de la deuda externa. La exportación de materias primas y frutas es controlada por las economías centrales a través del establecimiento de «cotos» o bloques de influencia (Europa y

Cuadro 13.7. Exportaciones e importaciones agrícolas, 1996. (Porcentajes de los totales mundiales.)

	Productos agrícolas	Alimentos	Tractores	Fertilizantes brutos	Fertilizantes manufactur.	Pesticidas
África						
Importación	4,48	5,10	6,31	1,20	2,74	5,99
Exportación	3,49	2,94	0,17	34,82	6,61	1,53
América Latina						
Importación	10,70	6,67	4,37	7,27	8,30	11,60
Exportación	10,40	9,54	2,03	3,70	4,31	3,29
Asia*						
Importación	20,23	19,65	9,94	30,52	41,50	15,43
Exportación	16,22	14,02	1,46	38,31	14,50	10,53
EE.UU.						
Importación	7,96	6,78	23,53	3,68	8,27	3,53
Exportación	14,29	14,95	16,08	7,65	20,09	12,84
Canadá						
Importación	2,00	2,08	5,80	2,72	1,22	5,10
Exportación	3,17	3,76	5,46	0,07	12,55	0,93
Europa						
Importación	49,78	49,75	46,06	41,13	31,91	54,16
Exportación	47,03	49,13	6,20	9,49	38,74	7
Japón						
Importación	8,78	9,92	1,75	7,93	2,70	2,60
Exportación	0,34	0,25	10,53	0,11	1,20	2,03
Oceanía						
Importación	0,59	0,55	2,73	6,24	2,54	1,58
Exportación	3,47	3,60	0,03	1,28	0,017	0,92

* Asia sin Japón.
Fuente: Elaboración sobre datos de la FAO: *Anuario de Comercio*, 1996.

los países ACP de la Convención de Lomé, por una parte; EE.UU. y América Latina por otra) en los que actúa el proteccionismo central y las exportaciones de materias primas de «postres» (azúcar, café, té, cacao, tabaco, etcétera), al estar controladas por el monopsonio de las grandes corporaciones agroindustriales, sufren la imposición de precios bajos por parte de éstas.

3. *La Periferia depende cada vez más de la importación de alimentos para la alimentación de su población.*

A pesar del esfuerzo productor alimentario, y dadas las características de la división internacional del trabajo agrícola que obliga a muchas economías periféricas a la especialización (debido más a la necesidad que no a una mejora de la posición competitiva), los países periféricos vienen aumentando en los últimos años el volumen de sus importaciones agrícolas y, en los casos más extremos, dependiendo cada vez más de la ayuda alimentaria (no incluida en el comercio, sino en la cooperación norte-sur). La relación de dependencia respecto a la importación de alimentos[3] se ha duplicado entre 1970 y 1990 en el conjunto de la Periferia y la coyuntura de los primeros años noventa muestra una aceleración en el volumen de importaciones especialmente hacia América Latina y el Caribe y al África subsahariana.

[3] El PNUD define este indicador como la relación de importaciones de alimentos a alimentos disponibles para distribución interna; es decir, la suma de producción de alimentos, más importación de alimentos, menos exportación de alimentos.

13.5. EL CONSUMO AGROALIMENTARIO MUNDIAL

Al principio del capítulo se definió la actividad agropecuaria como la destinada, en última instancia, a proveer de medios a la alimentación humana. El concepto de alimentación correcta significa que el aporte calórico, proteínico, graso, vitamímico, mineral, etc., del consumo alimentario es suficiente y proporcionado. La mala alimentación puede existir, por tanto, por tres motivos:

— Por el consumo insuficiente de los componentes alimenticios para mantener una vida saludable. Es el caso de la *subalimentación* y *desnutrición*.
— Por el consumo excesivo de calorías, proteínas, etc. Es el caso de la *sobrealimentación*.
— Por el desequilibrio (por exceso o por defecto) entre los componentes nutricionales. Se trata entonces de la *malnutrición*.

El caso extremo de la situación de subalimentación es el *hambre*, que significa que la desnutrición impide la subsistencia física de las personas.

La estructura de la producción y circulación de las mercancías-alimentos deriva en una de las características más espeluznantes de la infraestructura agroalimentaria del Sistema Capitalista Mundial: mientras que en su Centro la sobrealimentación es un problema sanitario y la industria de la alimentación (junto con la farmacéutica y otras) se afanan en lanzar al mercado productos que «no engorden», *cientos de millones de personas* en la Periferia (especialmente mujeres y niños) mueren por hambre o por enfermedades asociadas a la subalimentación.

Como refleja el Cuadro 13.8, las diferencias en el consumo calórico, proteínico y de grasas entre los países del Centro y de la Periferia llega a extremos inauditos. En general, las poblaciones de la Periferia consiguen su nutrición a través de los productos vegetales, mientras que en el Centro los productos animales proporcionan gran parte de las proteínas y grasas. Independientemente de la cultura culinaria y dietética de cada pueblo, el resultado de la comparación apunta claramente la dicotomía sobrealimentación/desnutrición como característica esencial de la malnutrición en el Sistema.

También es significativo considerar las cifras de disposición de alimentos con respecto a los llamados *requerimientos mínimos*, medidos especialmente para el consumo de calorías. Según el PNUD, los países menos adelantados no alcanzan el 90 por 100 de sus necesidades calóricas mínimas.

La situación es de hecho más grave que la que expresan las cifras, ya que se trata de estimaciones medias que obvian el acceso diferencial a los alimentos por parte de diferentes sectores de la población, tanto a nivel de clases sociales, como de la población por debajo del umbral de pobreza, como de grupos de edad y género (mujeres y niños, que en la Periferia suelen sufrir más la desnutrición que los adultos varones).

Las respuestas del Sistema a esta situación se centran en la *ayuda alimentaria*, definida en el contexto de la *cooperación al desarrollo* y a las me-

Cuadro 13.8. Disponibilidad de alimentos, 1989-1990 (por persona y día).

	Calorías			Proteínas			Grasas		
	pv[1]	pa[2]	T[3]	pv	pa	T	pv	pa	T
Mundo	2.272	424	2.697	46,1	24,8	70,9	35,8	31,9	67,7
África	2.062	142	2.204	42,7	10,6	43,3	34,0	8,9	42,9
Egipto	2.857	257	3.310	84,6	15,3	84,6	55,2	20,4	75,6
Libia	2.828	466	3.293	52,6	27,4	79,9	76,4	31,7	108,1
Argelia	2.622	322	2.944	75,7	17,9	75,7	48,2	21,2	69,5
Guinea	2.160	82	2.242	44,3	7,3	52,1	40,7	4,7	45,5
Burundi	1.997	48	1.948	53,0	3,1	56,1	21,8	3,3	25,1
Mozambique	1.754	51	1.805	27,3	3,7	31,0	33,9	3,5	37,4
América Latina	2.217	472	2.690	37,9	28,8	66,8	42,1	33,5	75,6
Argentina	2.115	953	3.068	36,4	62,9	99,2	39,2	67,9	107,1
México	2.506	556	3.062	48,2	31,9	80,2	51,1	41,5	92,6
Brasil	2.301	429	2.730	36,2	25,3	61,4	47,3	30,4	77,7
Bolivia	1.662	351	2.013	32,6	19,2	51,9	17,5	28,4	46,0
Honduras	1.968	242	2.210	40,1	14,0	54,1	39,3	17,0	56,3
Asia									
Turquía	2.954	242	3.196	68,1	17,0	85,0	70,6	16,2	86,8
Corea del Sur	2.452	374	2.826	51,7	25,6	77,3	34,6	27,0	61,5
China	2.356	286	2.641	51,2	12,9	64,2	21,4	25,0	46,4
Indonesia	2.517	87	2.605	47,7	8,6	56,3	42,1	5,3	47,4
Filipinas	2.081	260	2.341	32,6	21,7	54,3	21,0	17,3	38,2
India	2.075	154	2.229	47,1	8,3	55,4	27,5	10,3	37,8
Bangladesh	1.983	54	2.037	38,3	4,6	42,9	17,3	3,1	20,3
EE.UU.	2.535	1.107	3.642	38,8	71,1	109,9	74,9	79,5	154,4
Canadá	2.200	1.042	3.242	39,3	62,5	101,8	59,1	78	137,1
Dinamarca	1.968	1.671	3.639	35,0	63,1	98,1	34,4	150	184,8
Francia	2.207	1.385	3.593	39,9	73,0	112,9	55,2	111	167,1
Alemania	2.137	1.251	3.472	37,5	63,4	100,9	46,9	100	147,2
España	2.354	1.118	3.472	42,5	59,1	101,6	74,6	89	163,7
Australia	2.078	1.224	3.302	32,4	67,5	99,9	41,5	93,2	134,7
Japón	2.305	616	2.921	42,1	53,0	96,1	43,0	38,2	81,2
URSS	2.430	949	3.380	50,2	57,1	107,3	35,4	70,6	106,1

Las calorías se expresan en número y las proteínas y grasas en gramos.
[1] Productos vegetales.
[2] Productos animales.
[3] Total.
Fuente: Elaboración sobre estimaciones de la FAO: *Anuario Estadístico de Producción*, 1996.

didas coyunturales de urgencia ante desastres naturales o políticos (sequías, guerras, etc.). Desde el punto de vista de la infraestructura, sin embargo, esta ayuda se ha mostrado históricamente como insuficiente, a menudo incoherente (por descoordinación, intereses económicos, etc.) y en muchas ocasiones como incluso contraproducente (al arruinar la oferta local de alimentos).

En definitiva, en un mundo en el que doscientos millones de niños menores de cinco años están desnutridos, a la vez que montañas y lagos de mantequilla, leche, aceite, etc., son excedentes a destruir para mantener los precios remunerativos del capital agrícola, no basta con constatar que «el mercado» no resuelve el problema de la alimentación mundial y que hay que completarlo con la caridad de la ayuda alimentaria, sino que hay que profundizar en las condiciones de producción que, a través de la distribución, producen un consumo tan inhumanamente desigual.

RESUMEN

La *actividad agrícola* está caracterizada por factores naturales y económicos; estos últimos configuran la *economía agrícola*, que está definida por relaciones técnicas y de propiedad de la tierra y de los medios de producción específicas de cada modo de producción. En el caso del modo de producción capitalista, la capitalización de la agricultura ha supuesto el *progreso agronómico*, la *reforma agraria* (cambios en las formas de propiedad de la tierra), la *mercantilización* y la *asalarización*, adaptándola a las necesidades históricas de la acumulación de capital. Como resultado del desarrollo desigual del capitalismo en el Centro y en la Periferia, en la tipología de explotaciones agrarias predomina la explotación capitalista que, en la actual fase de desarrollo, está dominada por la *agroindustria*. Como resultado, la producción, comercio y consumo de los alimentos en el mundo están controlados por el Centro, mientras que en la Periferia, con una agricultura extravertida de plantaciones o de mera subsistencia, se mantiene la dependencia tecnológica, alimentaria y la subalimentación. El problema mundial de la alimentación y el *hambre* no es, así, de carácter técnico o de distribución, sino que sus raíces son de carácter estructural.

LECTURAS PARA LA REFLEXIÓN

«Actualmente el mundo produce más alimentos por habitante que nunca en toda la historia de la humanidad. (...) Sin embargo, y pese a esta abundancia, más de 730 millones de personas no comieron lo suficiente para llevar a cabo una vida productiva. (...) Se dispone de los recursos agrícolas y de la tecnología necesarios para dar de comer a una población en aumento. (...) Lo que falta son políticas que garanticen alimentos producidos allí donde son necesarios y que permitan la subsistencia de los desfavorecidos rurales.»

Comisión Mundial del Medio Ambiente y del Desarrollo: *Nuestro futuro común*. Alianza, 1988, pág. 149.

«Un campesino o campesina tradicional, si tiene derecho sobre la tierra tendrá acceso a la energía solar y por lo menos al agua de lluvia que caiga sobre su tierra y también tendrá control sobre un cuarto recurso, es decir, la semilla de sus cosechas. En cambio, los agricultores modernos dependen de la energía externa de los combustibles fósiles, son más contaminadores y han perdido el control sobre el cuarto recurso. (...) La ideología del progreso encubrió la ignorancia de los impactos ecológicos y sociales del cambio tecnológico. Así la quinoa, la kañiwa, etc., no han sido cultivos perdidos en los Andes, subsisten cientos de variedades de papas desarrolladas mediante procedimientos campesinos de selección y cruzamiento de plantas. Los campesinos han continuado sembrándolas, no porque se lo hayan aconsejado en años recientes los etnobotánicos o algunas instituciones agronómicas auténticamente progresistas, ni tampoco a causa de los incentivos monetarios, sino porque su lógica no ha sido únicamente la lógica del mercado.»

J. Martínez Alier: *Después de la Conferencia de Río de Janeiro: ¿Mercadeo de la Naturaleza o ecologismo popular?*, págs. 233-234, en C. Berzosa (Coord.): *La economía mundial en los 90. Tendencias y desafíos*. Fuhem/Icaria, Madrid, 1994.

PALABRAS CLAVE

- Economía agrícola
- Revolución agronómica
- Reforma agraria
- Agroindustria
- Campesinado
- Plantación
- Autosubsistencia
- Excedentes agrarios
- Revolución verde
- Sobrealimentación
- Desnutrición
- Ayuda alimentaria

BIBLIOGRAFÍA BREVE

B. Delpeuch: *Las relaciones agroalimentarias norte-sur.* IEPALA-CEIDER, 1989.

M. Etxezarreta: *La evolución del campesinado. La agricultura en el desarrollo capitalista.* Servicio de Publicaciones Agrarias, Madrid, 1979.

FAO: *El Estado Mundial de la Agricultura y la Alimentación.* Diversos años.

B. Sutcliffe (Coord.): *El incendio frío. Hambre, alimentación y desarrollo,* Icaria, Barcelona, 1996.

CAPÍTULO 14
El proceso de industrialización capitalista

Genéricamente, se entiende por actividad industrial el conjunto de operaciones productivas dedicadas a la transformación de materias primas en productos para el consumo intermedio o final.

Todos los modos de producción incorporan en su propio desarrollo de las fuerzas productivas el progreso industrial. Es decir, en todas las sociedades ha existido la actividad industrial. Pero en la infraestructura de las formaciones sociales el peso de esta actividad no ha sido siempre el mismo. En las formaciones precapitalistas, la actividad dominante era la agrícola y la industria estaba supeditada a ella.

Por el contrario, el capitalismo se ha basado principalmente en esta actividad industrial, supeditando a ella el resto de actividades productivas e improductivas. Y en la actividad industrial se han reflejado como en ninguna otra las características del modo de producción capitalista. Por eso se ha dado históricamente una identificación entre desarrollo capitalista y desarrollo industrial, de tal manera que, hasta hace pocos años (de hecho, hasta que el desarrollo de la tercera fase del capitalismo no ha impulsado la emergente división internacional del trabajo industrial), los países con mayor desarrollo capitalista eran los países con mayor desarrollo industrial, una sociedad capitalista avanzada era una sociedad industrializada, el sector industrial era el más importante en la infraestructura de la sociedad moderna, etc.

En este capítulo se aborda la explicación de esta simbiosis capitalismo-industria, ajustando la definición del conjunto de actividades industriales y articulando su desarrollo interno con la dinámica del modo de producción. Es, pues, un tratamiento de índole teórica. En el próximo capítulo se recoge la descripción empírica del desarrollo industrial en la economía mundial.

14.1. CONCEPTO DE INDUSTRIA Y FASES DE LA INDUSTRIALIZACIÓN

El término «industria» se aplica a un conjunto diverso de actividades que dan como resultado distintos tipos de productos, aunque lo común de ellos es el proceso de *transformación* controlada llevada a cabo sin injerencias exteriores al propio proceso productivo. No depende, pues, de la Naturaleza (como en el caso de los recursos naturales y la agricultura), y es una actividad material (no como los servicios).

En términos estrictos, *se entiende por actividad industrial la transformación continua y a gran escala de materias primas en productos transportables.*

Dicha actividad se denomina en la Contabilidad Nacional Sectorial *industrias manufactureras*, o simplemente manufactura, para distinguirla de la *industria de la construcción* (bienes inmuebles), de las actividades primarias y artesanales (que no son continuas o a gran escala) y de las terciarias (que no transforman materialmente productos). Por otra parte, dentro del sector industrial no manufacturero se incluye también el sector de la transformación y disposición para el consumo final del *agua, gas y electricidad*, que, aunque fundamental en la infraestructura, tiene una relación más directa con el «sector primario».

El desarrollo capitalista se ha basado en el progreso de la manufactura. ¿Por qué el capitalismo ha sido, entonces, básicamente un capitalismo industrial?

— Porque respecto a las actividades primarias, la industria ofrece mejores condiciones para la reproducción ampliada del capital (no depende, ni hay límites, de la naturaleza, ofrece una más rápida rotación del capital, etc.). Las relaciones estructurales capitalistas se basan, de hecho, en la propiedad de los medios de producción, no en la de las condiciones naturales (tierra y recursos), lo cual permite un desarrollo de las fuerzas productivas mucho mayor.
— Porque respecto a las actividades terciarias, en la industria sí se crea valor (y plusvalía), mientras que en la circulación no ocurre así.

La capitalización de la actividad industrial supone la implantación de las relaciones capitalistas y del progreso capitalista en los elementos que entran en dicha actividad, que son:

— Como inputs:

- Las materias primas y los medios de producción.
- La fuerza de trabajo.

— Como outputs:

- Los productos manufacturados.

La capitalización supone la conversión de todos ellos en mercancías y a sus procesos de producción en procesos económicos sujetos a la dinámica, en ciclos y fases, de la acumulación de capital. Por ello, en el proceso de industrialización capitalista se van generando cambios continuos en el diseño de los inputs y outputs, para adecuarlos a la dinámica de la estructura económica. Y así, de la misma forma que hay fases de capitalismo, hay fases de la industrialización.

Las *fases de la industrialización* se distinguen por los cambios que se operan en los componentes del proceso productivo:

— En las *materias primas y medios de producción*: mediante innovaciones y desarrollo cuantitativo y cualitativo de nuevas técnicas, que configuran el *ámbito tecnológico*.

— En la forma de utilizar la *fuerza de trabajo*: mediante cambios en la *organización del proceso de trabajo*.
— En las características de los *productos manufacturados*: adaptando el consumo y la definición de las necesidades por parte de los consumidores a los cambios operados en los inputs (tecnología y organización del proceso de trabajo), en lo que en definitiva es la dinámica de *adaptación de la capacidad y modo de consumir a la capacidad y modo de producir*.

Las fases de industrialización suponen una secuencia de puesta a punto tecnológica en las diferentes ramas productivas de la Sección I (producción de medios de producción) y de la Sección II (producción de medios de consumo), organizando los procesos de trabajo y la producción efectiva de la manera más adecuada para las necesidades de la acumulación de capital en el conjunto de ambas secciones.

Este carácter secuencial de las fases de industrialización significa que:

— No es posible aumentar la capacidad global de producir sin el desarrollo tecnológico de la Sección I.
— No es posible el mantenimiento del progreso en la producción industrial (derivado en primera instancia del progreso en la Sección I) si no se absorbe por la Sección II.

En definitiva: la producción de medios de producción y de consumo es simultánea y por tanto el proceso genérico de la industrialización atraviesa por fases en las que el desarrollo infraestructural de los recursos industriales se van adaptando a las exigencias de la requerida proporcionalidad en términos de valor (véase el Capítulo 5).

En realidad, los tres ámbitos del proceso de producción industrial (tecnológico, organización del proceso de trabajo y productos finales) son inseparables, pero por razones didácticas se procederá a su examen de forma separada.

14.2. LAS REVOLUCIONES INDUSTRIALES Y LOS SISTEMAS TECNOLÓGICOS

Un sistema tecnológico es el conjunto estructurado de técnicas y conocimientos científicos que definen la manera de producir para satisfacer las necesidades humanas. Hace, pues, referencia a qué y cuánta cantidad de materias primas hay que utilizar y con qué y cuántos medios de producción son necesarios para transformarlas. Se refiere, por tanto, al aspecto material de los inputs de la actividad productiva[1].

El modo de producción capitalista está impelido, por estar orientado a la extracción de máxima plusvalía de forma mercantil, al permanente progreso técnico, a revolucionar continuamente las condiciones materiales de la producción, para aumentar la masa y/o la tasa de plusvalía en forma absoluta, relativa o extraordinaria. Por ello, en el desarrollo histórico del capitalismo se han dado cambios en los sistemas tecnológicos utilizados. Tales cambios se operan a partir de la propagación del cambio técnico.

Para entender la lógica del cambio técnico se puede utilizar un esquema similar al de Kuhn respecto al desarrollo científico:

— *Sistema tecnológico*, como similar al concepto de «ciencia normal». En una sociedad mercantil, es el que define el «tiempo de trabajo socialmente necesario».
— *Paradigma tecnológico*, como similar al concepto de «paradigma científico». En este caso será el modelo rector del desarrollo productivo viable dado el estado del conocimiento y de los medios materiales (recursos) existentes. En realidad es *múltiple*, dadas las profundas diferencias sectoriales que pueden darse entre las diversas industrias en lo que a tipos de técnicas utilizables se refiere (físicas, químicas, etc.).
— *Revolución tecnológica*, como similar al concepto de «revolución científica». En este caso, se produce la revolución tecnológica cuando hay un cambio en los paradigmas hasta entonces vigentes, que se muestran obsoletos ante los nuevos paradigmas.

Hay que distinguir entre *invento* e *innovación*. Por el primer término se entiende el descubrimiento de una nueva técnica o de una mejora en la ya conocida, mientras que el segundo término significa la explotación económica del invento, es decir, la aplicación efectiva del invento en el entramado productivo[2].

---

[1] Algunos autores pretenden abarcar también con el término de sistema tecnológico la cualificación de la fuerza de trabajo, la organización empresarial y las instituciones productivas, en lo que según la metodología aquí seguida se acerca más al concepto de modo de producción, que incluye tanto los aspectos infraestructurales como los estructurales. Al operar de la primera manera, existe el riesgo de caer en una suerte de determinismo tecnológico más ideológico que real (por ejemplo: la moderna industria sólo es organizable de forma capitalista, con empresas individuales competitivas, etc.).

[2] Freeman, siguiendo a Schumpeter, define un invento como una idea, un esbozo o un modelo para un dispositivo, producto, proceso o sistema nuevo o perfeccionado, mientras que la innovación, en sentido económico, sólo tiene lugar con la primera transacción comercial en la que interviene este nuevo producto, proceso, sistema o dispositivo.

El desarrollo tecnológico tiene lugar, entonces, a través de oleadas de «racimos» de innovaciones, dispersas en el tiempo y en los sectores a que afectan y que van haciendo obsoletos a los paradigmas sectoriales hasta entonces predominantes y ello hasta que dicho conjunto de innovaciones alcanza una «masa crítica» que, afectando ya a la globalidad del sistema tecnológico, está en disposición de imponer generalizadamente los nuevos paradigmas y un nuevo sistema tecnológico, mediante la revolución tecnológica.

En el capitalismo, las revoluciones tecnológicas y, en general, el cambio técnico, han tenido lugar como mecanismo de adecuación (y, recíprocamente, como influencia) del desarrollo de las fuerzas productivas a los cambios que se operaban en la estructura económica. Por ello *la historia del desarrollo tecnológico se corresponde con la periodización estructural del capitalismo*, de la que por otra parte es parte constituyente.

Así, se puede hablar de:

— Una primera Revolución Industrial, que cambia el sistema tecnológico precapitalista por el maquinismo, el modelo energético basado en el carbón, la máquina de vapor, etc., y que se corresponde con el desarrollo de la primera fase del capitalismo.

— Una segunda Revolución Industrial, que profundiza el maquinismo y amplía la escala de la producción (gigantismo industrial), introduce el modelo energético basado en el petróleo y la electricidad, nuevas industrias como la química inorgánica, el motor de combustión interna (que abre la vía a una revolución tecnológica en el transporte), nuevas máquinas-herramientas (fresadora, torno-revólver, etc.), nuevos materiales (acero, hormigón), etc. Se corresponde con el desarrollo de la segunda fase del capitalismo.

— La Revolución Tecnológica actualmente en curso, cuyos nuevos paradigmas tecnológicos descansan en el desarrollo de las innovaciones en la microelectrónica, la informática, las telecomunicaciones, la biogenética, etc. Modifica esencialmente el uso de las máquinas-herramientas al incorporarles el cálculo numérico. Supone además un cambio en el modelo energético, la aparición de nuevos materiales y aleaciones, etc. Se corresponde con la tercera fase del capitalismo, actualmente en período de desarrollo.

Diversos autores han estudiado la correspondencia entre los ciclos económicos y los ciclos tecnológicos, que se manifiesta con especial claridad en el caso del ciclo o la onda larga. Entre ellos, Schumpeter, Mensch, Freeman y otros.

Desde el punto de vista de la teoría del valor, la lógica capitalista de estos cambios tecnológicos descansa, en general, en dos factores estructurales:

1. La necesidad, a través de la competencia, de apropiarse de plusvalía extraordinaria, de producir más plusvalía en forma relativa (abaratar capital variable), y de contrarrestar el ciclo (amortización programada de capital constante).
2. La sustitución permanente de trabajo vivo por trabajo muerto (las máquinas y los robots no hacen huelgas, no exigen aumentos de salarios, no tienen fallos humanos, facilitan el control del proceso de trabajo por parte del capitalista, etc.).

La lógica capitalista de la introducción de maquinaria, entonces, se basa siempre en dos principios: que ahorre costes y que permita la apropiación de más ganancia a través de la *competencia* (intercapitalista). La síntesis de ambos es el *aumento de la productividad.*

De ahí que se identifique y se justifique la mecanización con el incremento de productividad y, por tanto, con el progreso. Es decir, se ha llegado a implantar en la conciencia social la idea de que sin mecanización no hay progreso y que los costes de la primera son los «males menores» del segundo.

Las formas de disminuir costes y de la competencia han variado a lo largo del desarrollo capitalista y por ello también lo ha hecho el propio desarrollo tecnológico. Del genio inventor del capitalismo competitivo se ha pasado a los gastos estratégicos en investigación y desarrollo y a la aplicación programada de las innovaciones en el capitalismo monopolista. En suma, *la técnica no es neutral*, sino que está imbricada en los móviles estructurales del modo de producción. Cuando se habla del aumento de la productividad, no se puede pretender reducir su ámbito a la infraestructura técnica, ya que incluye la modificación de las *relaciones estructurales básicas* (véase el Capítulo 4) como exigencia de la acumulación del capital.

14.3. MODELOS DE ORGANIZACIÓN DEL PROCESO DE TRABAJO

La implantación de las relaciones capitalistas en la organización del proceso de trabajo supone una ruptura con la existente en la actividad industrial precapitalista, basada en el taller artesano. A partir de éste, y con la ampliación de la escala productiva en la unidad fabril, *el proceso de maquinización progresiva hasta la robotización implica una progresiva pérdida del «saber hacer» por parte del productor acompañada de la correspondiente profundización de la posesión real por parte del capitalista.*

En el Capítulo 7 («del taller artesanal a la fábrica capitalista») ya se abordó el tema de la destrucción del modelo artesanal. En sus sucesivas modificaciones, se puede representar esquemáticamente este proceso de modificación de la organización capitalista del trabajo, en correspondencia con las revoluciones tecnológicas, de la siguiente forma:

— En la primera Revolución Industrial tiene lugar el paso del taller artesano (maestro/oficial/aprendiz) a la fábrica-taller manufacturera (capitalista/artesano proletarizado).

— En la segunda Revolución Industrial tiene lugar un salto cualitativo en la organización del proceso de trabajo mediante la introducción de la llamada Dirección Científica del Trabajo, formulada por Taylor, que dará lugar a la organización *taylorista* de la fábrica: el trabajador es un mero ejecutor de las órdenes emanadas de la Dirección, que define las distintas tareas, cómo realizarlas y el tiempo requerido para ello. Se establece una máxima parcelación (y especialización) de tareas y se introduce la estandarización de la producción y de las herramientas. Se incorpora la figura del capataz como controlador de que el proceso de trabajo se realice como está establecido por la Dirección. El productor directo pierde así autonomía y «saber hacer». Tiene lugar, pues, el paso a la fábrica mecanizada y a la trilogía capitalista/capataz/trabajador.

— La profundización del *taylorismo* tiene lugar a través del *fordismo*, que lo perfecciona a través de la introducción de las *cadenas de montaje*, en las que el trabajador pierde la autonomía de desplazamiento (la única que le había dejado la organización taylorista del trabajo). Aplicada en primer lugar en las fábricas de automóviles de Ford (de ahí el nombre), la organización fordista del trabajo pronto se extenderá a otras ramas productivas, generalizando la estandarización, la producción en masa y la descualificación obrera. Surge, pues, la fábrica mecanizada con cadena de montaje y con una estructura más compleja (accionistas/directivos y ejecutivos — encargados — trabajadores).

— La tercera Revolución Tecnológica significa la superación del modo *taylorista-fordista* de organizar el proceso de trabajo, puesto que las tareas parceladas pasan a poder ser realizadas automáticamente por medio de la *robotización*. En parte significativa, la automatización fabril es una réplica a la crisis sociolaboral a la que condujo el fordismo: desmotivación del trabajador, sabotajes de la cadena, pérdida de calidad de los productos, etc. La introducción del cálculo numérico en las máquinas-herramientas, de los ordenadores en el diseño y control de la producción, etc., permiten (y exigen) una nueva organización del proceso de trabajo en la que el trabajador manual descualificado e individualizado (como un apéndice más de la cadena) prácticamente desaparece y es sustituido por grupos especializados de trabajadores que se responsabilizan de la totalidad del proceso de fabricación. Aunque existen diversas modalidades (y experimentos en curso) de la nueva organización del proceso de trabajo según las distintas ramas industriales, se conoce como *toyotismo* a la corriente principal y su nombre proviene de la empresa japonesa de automóviles Toyota, la principal innovadora en su aplicación. Esta nueva organización del proceso de trabajo basada en la robotización más el «equipo autónomo y responsable» implica un cambio en la relación de la empresa con el mercado, en lo que se denomina la *producción just-in-time*, o, según otros, la *producción flexible*. Así, las características básicas del nuevo modelo son:

- Fabricación del número de unidades requeridas por el mercado en el menor tiempo posible, con los menores costes y la mayor calidad.
- Eliminación de los tiempos muertos en el proceso de fabricación.
- Concebir la producción directamente para el mercado.
- Eliminar, en la medida de lo posible, el almacenaje.
- Revertir la dependencia de los proveedores en los tiempos de entrega.

En el Recuadro 14.1 se expone sucintamente la evolución del proceso de trabajo, que según algunos autores ha seguido una evolución en espiral desde hace cien años, pasando del antiguo artesano al «nuevo» artesano, miembro de pequeños equipos con iniciativa, creatividad y eficiencia superiores a las del típico trabajador taylorista y fordista.

En definitiva, la forma de organizar el trabajo fabril en el capitalismo ha ido variando a lo largo de su desarrollo pero con un denominador común: *asegurar y perfeccionar el control del capital sobre el proceso de producción.*

El grado de implantación de los distintos modelos en las diversas industrias es heterogéneo, como lo son los capitales (grandes, medianos, pequeños), las características de los mercados en que se desenvuelven (más competitivos o monopolizados), etc. La pervivencia de un modelo artesano, taylorista, fordista o la implantación de la producción flexible, que implican diferentes niveles de mecanización-automatización, dependen, como se indicó anteriormente, de las exigencias de la competencia y el marco de la misma *según la fase estructural del capitalismo* en que se reproducen los distintos capitales.

Evidentemente, hay ramas industriales en las que es más difícil o innecesaria la implantación de la producción flexible, bien por características técnicas, bien por estar dedicadas a un mercado local o nacional segmentado. En dichas ramas se mantendrá el modelo fordista o incluso el artesano (por ejemplo, en la industria del mueble) siempre que su articulación a dicho mercado sea competitiva. Incluso puede darse el caso de competencia entre capitales en una misma rama que utilizan modelos de organiza-

RECUADRO 14.1. ¿DEL ANTIGUO AL «NUEVO» ARTESANO?

Según algunas opiniones, la organización del proceso de trabajo habría recorrido en los últimos cien años un proceso en espiral que acaba por donde empezó en lo que se refiere a la participación, conocimiento y responsabilidad del trabajador, que se configura como un «artesano». Las principales diferencias serían el nivel tecnológico y de cualificación, más alto actualmente (puesto que se manejan medios de producción más sofisticados) y el hecho de trabajar en un pequeño equipo y no individualmente (es decir, se trataría de un «artesano colectivo»).

El taylorismo trataba de acabar precisamente con la autonomía del artesano proletarizado e implicaba la progresiva pérdida de responsabilidad y conocimiento sobre el proceso productivo, que se traspasaban a la Dirección. Supuso la ruptura de la relación entre productor/instrumento/objeto de trabajo. El fordismo fue un paso más profundo en esta desestructuración, de tal manera que cuando Ford se enorgullecía del sistema de cadena porque podía emplear mano de obra no cualificada (infantil, femenina e incluso tullida) no estaba sino expresando la realidad de que el productor había pasado a ser exclusivamente una pieza más en el mecanismo tecno-productivo fabril, al que aportaba unos movimientos de brazos, manos o pies completamente estandarizados y repetitivos. Lo que J. L. Sampedro consideró como característica estructural de la industria moderna, esta «pérdida de la relación espiritual del hombre con su trabajo» y que Charles Chaplin reflejó cinematográficamente en su magistral «Tiempos modernos», acabó socavando la propia productividad del modelo. Desde finales de los años sesenta, la rebelión obrera contra el modo fordista se manifestó en el absentismo, en el aumento de productos defectuosos e incluso en sabotajes de la cadena de producción. La reacción empresarial fue lenta, pero en una dirección definida: hacer recuperar la «ilusión» por el trabajo bien hecho, gratificar la participación e iniciativa del trabajador, etc. Ya en los años setenta, algunas fábricas de automóviles en Europa y EE.UU. trataron de fomentar la producción por pequeños equipos, pero fue en Japón donde se desarrolló más exitosamente esta vuelta al «artesano colectivo», apoyado en la automatización y la robotización (los obreros fordistas son ahora robots) y en el marco social de una empresa considerada como patrimonio de todos (la «gran familia»).

Los modelos de *producción flexible* apuntan, así, a una recuperación de la relación productor/instrumento/objeto de trabajo, de la producción sobre demanda, de la motivación, autonomía, iniciativa, responsabilidad...

Pero hay tres razones, al menos, para dudar seriamente de este tipo de planteamiento:

- En primer lugar, es falaz hablar de los «nuevos» artesanos sin explicitar que los «antiguos» eran dueños de los medios de producción, mientras que los «nuevos» son asalariados. Los factores de integración en la empresa «gran familia» son, pues, de carácter cultural y psicológico (a los trabajadores hay que «convencerlos») y, por tanto, sometidos a los límites impuestos por los conflictos de clases.
- En segundo lugar, la adopción de la «producción flexible» parece exigir el «empleo flexible», especialmente en las economías europeas y norteamericanas (aunque también en Japón parece que se está acabando la era del *trabajo de por vida*). Si en el origen del toyotismo y de la psicología de la empresa-familia la certeza de la seguridad en el empleo era uno de los pilares de la reconversión e incentivos de los trabajadores, no queda claro cómo se va a involucrar a trabajadores con contrato temporal y con permanente miedo a la pérdida del puesto de trabajo (máxime en una época de crisis) para desplegar realmente toda su iniciativa posible en la mejora de la producción.
- En tercer lugar, parece bastante constatado que los «nuevos artesanos» quedarían localizados exclusivamente en el Centro del Sistema, mientras que la producción flexible reproduciría una suerte de «fordismo periférico» en las plantas industriales de las multinacionales en la Periferia. La globalización de la industria, así, no estaría sino representando una nueva división internacional del trabajo en la que el producto «artesanal» del Centro poseería más valor que el automóvil, camisa u ordenador producido o montado en la Periferia por asalariados «clásicos». Éstos, se supone, no aportan esa calidad y distinción que siempre ha acompañado al «producto artesanal bien hecho» que, por supuesto, será más caro que el producto estandarizado de los trabajadores periféricos.

ción del proceso de trabajo distintos, por ejemplo en la producción de automóviles o la electrónica (en general, industrias de montaje). En este caso, el modo fordista sólo puede competir con la producción flexible sobre la base de minimizar los costes laborales de fabricación, lo que en general lleva a la mundialización de la fabricación, es decir, producir en fábricas situadas en distintos países. Este fenómeno da lugar a la *globalización industrial*, que supone una *nueva división internacional del trabajo en la industria*. Su alcance real actual y futuro serán expuestos en el próximo capítulo.

14.4. TIPOLOGÍAS INDUSTRIALES: CRITERIOS Y CLASIFICACIÓN

Dada la variedad de situaciones tecno-competitivas en el capital industrial, se hace necesario establecer *tipologías industriales* según diversos criterios. Y se establecen en plural porque el mundo de las manufacturas y de la industria en general es tan extenso y variado que no hace posible una tipología única. Además, continuamente se desarrollan nuevos productos, que suponen nuevas industrias. Los tipos de industria se definen, entonces, según el interés específico de la investigación: se establecen criterios de contenido conceptual que permitan clasificar a las industrias.

Así, las industrias, según las tipologías establecidas por criterios de carácter más general, pueden ser:

— *Industria pesada* o *industria ligera*. Los criterios que se utilizan son el ratio coste de materiales/valor de la producción bruta, la importancia de la inversión necesaria, el ratio capital/mano de obra y las diferencias físicas en volumen y peso de las unidades de fabricación utilizadas por obrero. Ejemplos de industria pesada son la siderurgia, los astilleros navales, química de base, etc. Ejemplos de industria ligera son la electrónica, la del automóvil, el textil, etcétera.

— *Industrias de proceso continuo* o *industrias de montaje*. El criterio en este caso es el del grado de acabado del producto, que es total en el primer caso y parcial en el segundo. Ejemplos de industrias de proceso continuo son la alimentación, la juguetería, la metalurgia o la siderurgia. Ejemplos de industrias de montaje son la del automóvil, electrodomésticos, electrónica, etc.

— *Industrias punta* o *industrias obsoletas*. En este caso el criterio es el grado de adaptación al sistema tecnológico prevaleciente, lo que implica un carácter temporal relativo en esta tipología. Así, la industria textil fue punta en la primera Revolución Industrial pero obsoleta en los inicios de la actual revolución tecnológica, aunque ha acabado adaptándose a ella a través de la reconversión. Las actuales industrias punta son la microelectrónica, las telecomunicaciones, la agroalimentaria (biogenética), etc.

— *Industrias motrices o de arrastre* o *industrias derivadas*. El criterio es aquí el de la demanda interindustrial generada por una industria y tiene también carácter histórico. Las industrias motrices del desarrollo industrial en la primera Revolución Industrial fueron la siderurgia, el ferrocarril y el textil, mientras que en la segunda Revolución Industrial lo fueron la automoción, la química, etc. Actualmente lo son la industria informática, la automoción, etc.

— *Pequeña, mediana* o *gran industria*. Según el tamaño de la planta y el número de trabajadores empleados. Esta tipología está íntimamente relacionada con la correspondiente al ente social (definido en el ámbito de las relaciones de producción) que desarrolla la actividad industrial: la *empresa* (se habla, así, de pequeñas, medianas y grandes empresas, aunque no exclusivamente en la industria) y afecta transversalmente a varios sectores manufactureros, aunque unos son más proclives que otros a la producción a pequeña o mediana escala (por ejemplo, el textil, la juguetería, etc.), mientras que otros exigen la dimensión mayor (automóvil, siderurgia, etc.).

— Criterios de *atracción para la localización espacial*. Se pueden clasificar las industrias según los factores de localización que influyen en su establecimiento en un lugar determinado, entre los que se pueden destacar el acceso a materias primas naturales, facilidad de transporte y comunicaciones, características de la fuerza de trabajo (especialización, cualificación, remuneración, organización sindical, etc.), cercanía de proveedores, proximidad del mercado consumidor, grado de industrialización existente, etc.

— *Industrias de la Sección I* o *industrias de la Sección II*. En este caso se considera si las industrias producen *medios de producción* o *medios de consumo* y el criterio para distinguirlas reside en su papel en el proceso de acumulación y valorización del capital (y por tanto en el desarrollo económico). En la Sección I se producen mercancías cuyo valor de uso sólo se realiza dentro del campo de la producción/valorización, añadiendo su valor al de la mercancía final. Por el contrario, en la Sección II se producen mercancías cuyo valor de uso se realiza fuera del campo de la producción/valorización, porque se realiza en el consumo individual final. Ejemplos de industrias de la Sección I son la siderurgia y metalurgia de base, la química, la mecánica y de maquinaria, etc. Ejemplos de industrias de la Sección II son la alimentación, textil-confección, electrodomésticos, etc.

En esta tipología se presenta un problema especial en el caso de algunas industrias que, como la de automoción, produce tanto medios de producción (de la industria del transporte) como de consumo (automóvil privado). Su adscripción a la sección correspondiente depende, entonces, del peso relativo de los medios de producción y de consumo en la producción final.

Al margen de estos criterios (de contenido más teórico), la clasificación de las industrias más *homogénea y descriptiva* es la elaborada por los organismos internacionales, que se basa en la enumeración de industrias según el tipo de producto, agrupadas en grandes grupos, pero con un grado de desagregación muy elevado.

Así, la clasificación más general de siete sectores de toda la actividad económica incluye:

1. Agricultura, ganadería, silvicultura y pesca.
2. Minas y canteras.
3. Manufacturas.
4. Electricidad, gas y agua.
5. Construcción.
6. Comercio y transporte.
7. Servicios.

Y la industria manufacturera se compone de las industrias de[3]:

8. Alimentación, bebidas y tabaco.
9. Textiles, cuero y productos derivados.
10. Madera y corcho.
11. Papel y Artes Gráficas.
12. Productos químicos.
13. Petróleo y productos derivados.
14. Productos de caucho.
15. Productos minerales no metálicos.
16. Productos metálicos.
17. Maquinaria.
18. Equipo de transporte.

A partir de aquí, la clasificación básica ofrece un grado de desagregación mucho mayor, distinguiendo, por ejemplo:

— En los textiles: hilados, confección, etc.
— En los productos químicos: resinas sintéticas, plásticos, etc.
— En los productos minerales no metálicos: cemento, cerámica, cristal y vidrio, etc.
— En los productos metálicos: hierro y acero, metales no férricos, productos metálicos, etc.
— En la maquinaria: maquinaria y equipo agrícola, maquinaria industrial especializada y no especializada, maquinaria eléctrica pesada, motores y turbinas, electrónica y productos electrónicos, etc.
— En el equipo de transporte: vehículos de motor, ciclomotores y bicicletas, aviación, astilleros, etc.

La clasificación industrial que se utilice debe tener relación con lo que se quiere explicar. En el próximo capítulo, en el que se tratará estadísticamente la realidad industrial mundial, se utilizarán los criterios antes enunciados y, en lo que concierne a la clasificación enumerativa, se utilizará la usada por la Organización de las Naciones Unidas para el Desarrollo Industrial (ONUDI), que se fija en 28 industrias manufactureras como especialmente significativas para la comparabilidad internacional del desarrollo industrial, y que son[4]:

311/2. Productos alimenticios.
313. Bebidas.
314. Productos del tabaco.
321. Textiles.
322. Confección.
323. Productos de cuero y piel.
324. Calzado.
331. Madera y productos de la madera.
332. Muebles y decoración.
341. Papel y productos del papel.
342. Artes Gráficas y edición.
351. Química industrial.
352. Otros productos químicos.
353. Refinerías de petróleo.
354. Productos varios del petróleo y carbón.
355. Productos de caucho.
356. Productos plásticos.
361. Cerámica, arcillas y porcelana.
362. Productos de cristal y vidrio.
369. Otros productos minerales no metálicos.
371. Hierro y acero.
372. Metales no ferrosos.
381. Productos metálicos.
382. Maquinaria no eléctrica.

[3] La numeración de estas industrias corresponde a la clasificación input-output de la ONUDI para 24 sectores. En ella, los siete primeros corresponden al sector primario.

[4] La numeración corresponde a la Clasificación Internacional Industrial Uniforme de las Naciones Unidas.

383. Maquinaria eléctrica.
384. Equipo de transporte.
385. Equipo profesional y científico.
390. Otras industrias manufactureras.

A partir de estas tipologías (y otras) se pueden analizar concretamente las características del proceso de acumulación de capital en la industria a distintos niveles espaciales (local, regional, nacional o mundial), según los intereses de la investigación. Por ejemplo: cuáles son las industrias motrices y punta en Cataluña (equipo de transporte, textil, etc.), qué modelo de organización del proceso de trabajo predomina, si dichas industrias son competitivas (con ese modelo) a nivel estatal, europeo o mundial, qué nuevas industrias sería conveniente desarrollar con la producción flexible y cómo se podrían internacionalizar, etc.

El próximo capítulo se ceñirá a los ámbitos nacional y mundial del desarrollo industrial.

RESUMEN

Dentro de la división sectorial social del trabajo, ha sido en la actividad industrial en la que se ha volcado el desarrollo capitalista, de tal manera que históricamente se ha producido la identificación entre economía capitalista y economía industrializada. La capitalización de la actividad industrial ha supuesto un altísimo progreso en la producción de manufacturas a través de *fases de industrialización* que se corresponden con la periodización del capitalismo. A través del cambio técnico se han ido adaptando los *sistemas tecnológicos* a las necesidades de la acumulación de capital, mediante *revoluciones industriales y tecnológicas*. Por medio de diversos *modelos de organización del proceso de trabajo* (*taylorismo, fordismo, toyotismo, producción flexible*, etc.) se han ido profundizando los mecanismos de control del proceso de trabajo y de posesión de los medios de producción y de la tecnología de su uso por parte del capital. El tejido industrial resultante es muy variado y complejo y para establecer los *distintos tipos de industrias* se pueden utilizar numerosos criterios de carácter conceptual o descriptivo que se refieren al nivel tecnológico, al efecto industrializante, al tipo de producto producido, al tamaño, a la localización, etc.

LECTURAS PARA LA REFLEXIÓN

«El auge masivo y penetrante de la microelectrónica ya está entre nosotros, para bien o para mal. Las promesas que ofrece de beneficio para todos y abolición de la pobreza son numerosas, pero también es enorme la degradación de la sociedad que pudiera resultar de su explotación insensata. La elección es abierta y tendrá que hacerse pronto, optando por un camino a seguir, estableciendo medidas para determinar la transición hacia una sociedad mejor o, por el contrario, dejar las cosas tal como están y no actuar de ninguna manera, modificando la política para ir absorbiendo las consecuencias según vayan apareciendo. (...) Si la aplicación de la tecnología crea los recursos necesarios para hacer posible la "sociedad sin trabajo", es necesario prestar gran atención para descubrir los medios adecuados y distribuir los beneficios de la nueva fuente de crecimiento. Los métodos tradicionales sólo acarrearían beneficios considerables a unos pocos, e insignificantes a la inmensa y frustrada mayoría. La microelectrónica sólo será auténticamente revolucionaria si consigue crear una sociedad caracterizada por la equidad, la democracia industrial y la posibilidad general de realización creativa de las personas. (...) Significa el camino, bien hacia un mundo mecanizado, lleno de enajenación y resentimiento, bien hacia el enriquecimiento de la vida del individuo y fomento de la diversidad cultural. La elección es, en todo caso, nuestra y no aguardará a nuestros sucesores.»

A. King: *Microelectrónica e interdependencia mundial*, en G. Friedrichs y A. Schaff: *Microelectrónica y sociedad, para bien o para mal (informe al Club de Roma)*. Alhambra, Madrid, 1982.

«Hubo un período, al principio de los años sesenta, en que los americanos no podían abrir una revista sin leer un artículo sobre el descontento de los obreros. (...) El Gobierno mismo entró en el juego. En 1972, el Senado tuvo una serie de sesiones (hearings), a las que se dio una amplia publicidad, acerca del tema de la "alienación obrera". El mismo año, el Departamento de la Salud, de la Educación y del Bienestar de la Administración Nixon reconoció oficialmente la existencia del problema a través de un luminoso informe titulado "El trabajo en USA" (publicado por el MIT). Un mismo tema es común al conjunto de estos documentos. El trabajo es sentido, más particularmente por los obreros jóvenes, como aburrido, repetitivo y sin significación. ¿La solución? Un control mayor de la producción por parte de los mismos obreros: una ampliación de las tareas, de forma que se sustituya la tarea única característica del trabajo hipersegmentado del *pool* de mecanógrafas o de la línea de montaje por tareas más diversificadas. (...) Las iniciativas patronales para "humanizar" el trabajo deben concebirse, en general, como una respuesta al acrecentamiento de los costes de mano de obra ligados a la indisciplina debida a la prosperidad de la época. Se atrapan más moscas con miel que con vinagre.»

S. Marglin: *Cómo atrapar las moscas con la miel*, en AA.VV.: *Rupturas de un sistema económico*. Blume, Madrid, 1981.

Detroit

PALABRAS CLAVE

- Revolución Industrial
- Sistema tecnológico
- Productividad
- Organización del proceso de trabajo
- Taylorismo
- Fordismo
- Producción flexible
- Tipologías industriales

BIBLIOGRAFÍA BREVE

B. Coriat: *Ciencia, técnica y capital.* Blume. Madrid, 1976.

Ch. Freeman, J. Clark y L. Soete: *Desempleo e innovación tecnológica.* Servicio de Publicaciones del Ministerio de Trabajo y Seguridad Social. Madrid, 1985.

A. Gorz *et al.*: *Crítica de la división del trabajo.* Laia, Barcelona, 1977.

A. Sauvy: *La máquina y el paro.* Espasa-Calpe, Madrid, 1986.

→ Taylorisme → mesura els moviments i el temps que necessita el treballador per elaborar un producte per ↑ productivitat x incentivant al treballador. Partint d'un salari base baix amb un sistema d'incentius molt alt.

→ Fordisme → Henry Ford (automòbils). Els cotxes han de ser venuts als principals consumidors els treballadors. Producció fordista ⇒ treball en cadena, el treballador és una part → producció en sèrie (productes iguals) i massiva

Δ mercat → avenç al capitalisme central → busca nous mercats per no acumular stock.

Necessita consum de masses garantitzat a través de regulació i sistema de protecció social. Els consumidors no ho són constantment, treball fix x k necessita l'assistència indefinida dels treballadors.

estat del benestar

↳ cobrir nec. bàsiques: salut, educació ⇒ per destinar renda al consum.

Limitació = no es pot produir infinitament.

→ toyotisme → Toyota ⇒ introducció de tecnologia flexible en la prod. industrial. no contractar-la. Aturar procés productiu quan hi ha excedent. contractació flexible.

↳ Màxima eficiència

Models industrialització

Centre = ① Integral: propi dels països del centre. Ha donat lloc no està especialitzada en cap producte. Alta quant. de model, base competitiva, desenvolupament tecnològic.

Perifèria ① ISI → substitució importacions.

Amèrica llatina durant 2a GM, el ~~sector~~ capitalista assoliat a l'industrial i l'única ha desenvolupar → iniciar industrialització per desenvolupar-se protegint mercat intern.

CAPÍTULO 15

La industria mundial

Problemes: (importació medis de producció) s'acaben quant. prod. industrial suficients → ↑ endeutament (deute extern).

JORDI VILASECA I REQUENA

② ISE → substitució exportacions → ~~primàries per manufactures~~

Industrialització manufactures per produir prod. primàries. Són competitius degut a ↓ salaris

Perifèria → Països → ISI → Industrialització perifèrica antiga.

→ ISE → Països perifèrics de nova industrialització àsia

→ ISI encadenat a ISE ← Sud-amèrica, de la mà de les multinacionals.

El desarrollo y características de la industria mundial no sólo refleja la dicotomía Centro/Periferia, sino que también expresa la dinámica del desarrollo capitalista en cada formación social. En general, se puede afirmar que a mayor nivel de industrialización mayor nivel de capitalización de una economía nacional.

Sin embargo, la propia dinámica capitalista ha supuesto, a través de su periodización, la expansión de la capitalización de la actividad industrial en todo el mundo. La división internacional del trabajo industrial ha supuesto la incorporación de determinadas economías periféricas a la producción y circulación mundial de mercancías manufacturadas como *nuevos países industriales*. El progreso capitalista ha permitido, a través de la producción flexible, el desarrollo y consolidación de una auténtica fábrica supranacional productora de mercancías destinadas al mercado mundial. El término *globalización* pretende expresar esta mundialización del progreso y de las relaciones estructurales capitalistas en el conjunto del Sistema Mundial.

Pero a pesar de la globalización, la estructura Centro/Periferia se manifiesta también en los niveles y características de la industrialización. De la misma forma, la revolución tecnológica en curso ha supuesto y está suponiendo la modificación de los roles de los diversos sectores manufactureros en el conjunto del progreso industrial.

Consiguientemente, en este capítulo se aborda la descripción de la industria mundial desde esta triple perspectiva: la importancia de la industria en las economías nacionales, la importancia de las industrias nacionales en la división internacional del trabajo industrial y la importancia sectorial de las diversas industrias manufactureras, que definen perfiles industriales.

15.1. PERFILES INDUSTRIALES EN EL CENTRO Y EN LA PERIFERIA

El desarrollo capitalista ha implicado la identificación de la industrialización con el desarrollo económico. Ello ha supuesto la importancia creciente, a lo largo de la historia del capitalismo, del sector industrial y manufacturero en el conjunto de las actividades económicas nacionales. Esta importancia se manifiesta en la aportación del sector secundario al producto total, en la composición de las exportaciones, etc.

En el conjunto del Sistema, entonces, se da una dinámica que es a la vez homogénea y heterogénea:

— Homogénea, porque la industrialización ha alcanzado a bastantes economías periféricas, y, por supuesto, es característica de las economías centrales.

— Heterogénea, porque, a pesar de lo anterior, la dicotomía Centro/Periferia se mantiene en el Sistema, de tal manera que como economías industrializadas sólo cabe considerar a las economías del Centro y a determinadas economías de la Periferia.

Se da así la aparente paradoja de que, aunque en una economía en particular la producción industrial o las exportaciones de manufacturas hayan crecido o sean significativas en la producción o comercio globales, dicha economía no pueda ser considerada «industrializada. Y si éste es el caso para la Periferia, en el Centro se dan casos, como el de EE.UU., en que una disminución de la aportación industrial al producto total no significa que haya dejado de ser una economía industrializada, sino que la economía productiva de este país se reproduce en un estadio particular de progreso y en una posición específica en la división internacional del trabajo, como se verá posteriormente.

Cuadro 15.1. Aportación industrial y manufacturera al PIB, 1997.

País	Porcentaje de la industria sobre el PIB	Porcentaje de la manufactura sobre el PIB
Arabia Saudí	45,0	10,0
Argelia	49,0	9,1
Gabón	55,0	5,0
Trinidad y Tobago	46,0	9,0
Kuwait	75,0	6,0
Jamaica	35,0	16,0
Sudáfrica	39,0	24,0
Checoslovaquia[a]	56,0	40,1
Taiwan[a]	43,9	32,9
Corea del Sur	40,0	28,0
Japón	38,0	24,0
Brasil	35,0	23,0
Gran Bretaña	31,0	21,0
EE.UU.	27,0	18,0
Francia	26,0	19,0
Senegal	22,0	15,0
Burundi	17,0	10,0
República Centroafricana	18,0	9,0
Bangladesh	27,0	17,0
Madagascar	14,0	11,0
Tanzania	21,0	7,0

[a] Datos de 1990

Fuente: Banco Mundial (1999): *Informe sobre el Desarrollo Mundial*. Washington.

En definitiva, la primera cuestión a dilucidar es qué economías se pueden considerar «industrializadas» en el Sistema Capitalista Mundial.

¿Cuáles son las economías industrializadas?

Convencionalmente se considera que una economía es industrializada cuando la industria nacional representa una parte significativa (entre el 30 y el 40 por 100) del producto social y el componente principal de las exportaciones de bienes a otras economías.

En cualquier caso, es evidente que el «atraso» (como característica contraria al «progreso» capitalista) y el subdesarrollo se manifiestan también en bajos porcentajes en las variables citadas, como se ejemplifica en el tercer grupo de países del Cuadro 15.1.

Pero desde el punto de vista empírico, si se considerasen aisladamente variables como el porcentaje del PIB industrial o de Manufacturas en el PIB total para caracterizar a una economía como industrializada, resultaría que, tal como muestra el Cuadro 15.1, numerosos países periféricos se podrían considerar industrializados en 1997. En realidad, más que significar un alto nivel de industrialización, en muchos casos esos porcentajes están expresando la bajísima productividad del sector primario, que sigue siendo, por otra parte, la actividad mayoritaria de la población. Por otra parte, en el caso de una gran disparidad entre el porcentaje industrial y el manufacturero se está reflejando la especialización minera o petrolera, como en los países del primer grupo del Cuadro 15.1. De forma similar, aunque en sentido contrario, la «baja» aportación manufacturera al PIB en algunos países del Centro (como EE.UU., Francia o Gran Bretaña) cabe interpretarla como resultado de la terciarización de sus economías, que a su vez sólo se explica a partir de un elevado nivel de industrialización. Por otra parte, el avance de las tecnologías de la información y la comunicación están modificando el patrón sectorial de las economías desarrolladas, de tal forma que una nueva economía del conocimiento está desplazando a la antigua economía industrial (tal y como se pone de manifiesto en el Recuadro 15.3).

Una manera de superar las deficiencias o parcialidades del análisis de una sola variable es considerar un *indicador sintético del nivel de industrialización*, que permita discriminar a los países a partir de un valor que resuma varios indicadores. En el Recuadro 15.1 se presenta un indicador de este tipo, y que, para el conjunto del Sistema Capitalista Mundial[1] (ochenta países para los que se dispone de datos comparables), reduce el ámbito de países del «mundo» en los que la industria, y especialmente la

[1] Para el alcance de la muestra de países, véase el Apéndice 15.1.

RECUADRO 15.1. FACTOR DE DIMENSIÓN INDUSTRIAL NACIONAL

La utilización del análisis factorial en el estudio de la economía mundial es relativamente reciente*. Es útil para construir y comparar indicadores sintéticos de desarrollo. En este caso, se ha procedido a construir un factor sencillo de dimensión industrial nacional, que resume la información de cuatro variables:

— Participación del sector manufacturero en el PIB.
— Participación del sector industrial en el PIB.
— Participación de las exportaciones manufactureras en el total de las exportaciones.
— Producto bruto manufacturero por habitante.

* Véase J. M. Vidal Villa: *Evolución y cambios estructurales en la economía mundial 1960-1980*. Fundación Banco Exterior, Madrid, 1987.

Las puntuaciones factoriales de cada país expresan su dimensión en cuanto economías industriales en relación a las demás (a puntuación más alta, mayor peso de la industria en la economía nacional). Dichas puntuaciones, agrupadas por intervalos, son las siguientes:

Superior a 1

DEU	2,1686	AUT	1,5913	FIN	1,2310
JAP	2,1431	KOR	1,4959	CHN	1,1915
CSK	2,1036	SIN	1,4763	POR	1,0550
YUG	1,8195	SWE	1,2808	ITA	1,0266
TWN	1,7208	BEL	1,2466	GBR	1,0174

RECUADRO 15.1. FACTOR DE DIMENSIÓN INDUSTRIAL NACIONAL (*Continuación*)

Entre 0,5 y 1

ESP	0,9986	CAN	0,6950	DNK	0,5385
FRA	0,9274	MYS	0,6800	TUR	0,5219
NLD	0,8231	THA	0,6227		
USA	0,7663	ISR	0,5458		

Entre –0,5 y 0,5

HKG	0,4731	VEN	0,0000	PER	–0,1568
HUN	0,4694	MEX	–0,0030	NZL	–0,1652
FIL	0,4471	ZAF	–0,0212	GRC	–0,1795
BRA	0,4239	IND	–0,0464	EGI	–0,2729
ZMB	0,3754	AUS	–0,0531	ECU	–0,3562
NOR	0,2835	ARG	–0,0580	LKA	–0,3946
JAM	0,1900	ZWE	–0,0952	SAU	–0,4679
IDN	0,1083	MAR	–0,1070	SLV	–0,4996
URU	0,0883	PAK	–0,1421		
TUN	0,0006	COL	–0,1563		

Menor a –0,5

CRI	–0,5229	NGA	–1,0078	HVO	–1,2592
JOR	–0,5492	COG	–1,0328	MWI	–1,2599
CHI	–0,5599	SEN	–1,0525	SIR	–1,2659
TTO	–0,5642	CIV	–1,0740	BDI	–1,3767
DZA	–0,5828	NIC	–1,0796	IRN	–1,4128
HON	–0,8631	CAF	–1,1091	MDG	–1,4378
GAB	–0,8821	KEN	–1,1143	PAN	–1,5586
RDO	–0,9144	GUA	–1,1612	ETI	–1,5719
BGD	–0,9172	BOL	–1,1993	TAN	–2,0427

Se pueden calificar de países industrializados a aquellos cuya puntuación factorial supera el 0,5 o está cerca de dicho valor. En cualquier caso, la comprobación de la validez realista de este resultado (incluyendo las «paradojas» o apariencias «extrañas» en cada grupo) se puede obtener analizando la regresión entre las puntuaciones factoriales y el Producto Interior Bruto per cápita (considerado este último como indicador global sintético del nivel de desarrollo socioeconómico capitalista). La siguiente figura muestra la estrecha relación existente ya que, por una parte, la línea de regresión se ajusta convincentemente a la nube de observaciones y, por otra, pone de manifiesto también cómo niveles de industrialización similares (por ejemplo, los nuevos países industriales respecto a las economías del Centro) no significan mecánicamente niveles similares de PIB per cápita. De aquí que, como siempre, hay que relativizar el análisis infraestructural (en este caso, industrial) al análisis más global de la estructura económica nacional y mundial.

PIB Per Cápita y factor de dimensión industrial (1990)

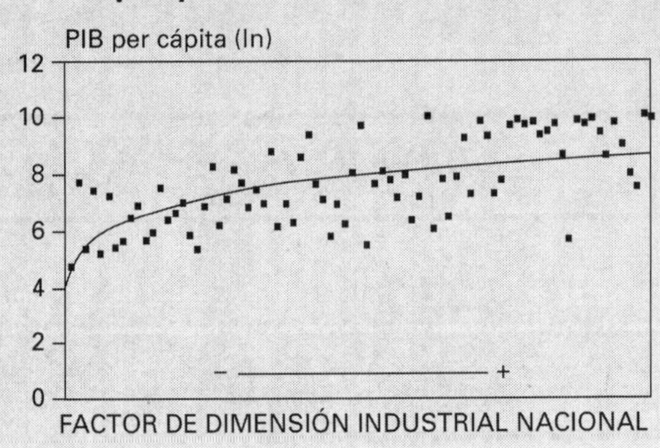

manufactura, juega un papel determinante, tomando en consideración el peso de la industria y de la manufactura en el PIB, las exportaciones manufactureras y la producción manufacturera por habitante. La regresión de los valores de este indicador con el PIB per cápita muestra, por otra parte, pero en el mismo sentido, que *son los países del Centro y los de mayor desarrollo en la Periferia los que hacen razonable la identificación desarrollo = industrialización desde una óptica exclusivamente infraestructural.*

Por otra parte, es evidente que países con puntuación factorial similar tienen infraestructuras industriales diferentes, es decir, niveles de desarrollo de los sectores manufactureros e importancia de éstos en la industria global también diversos. Para clarificar la clasificación de países que se deriva del anterior indicador sintético cabe, pues, un ulterior paso de introducción de más variables. En el Recuadro 15.2 se utiliza para tal fin otra técnica, la de agrupamiento o clusterización, que, considerando sólo los países con nivel significativo de industrialización manufacturera según el indicador anterior (puntuación factorial igual o superior a 0,5 y excluyendo a las economías especializadas en minería y petróleo), los clasifica por afinidades relativas en los valores de las siguientes variables:

— La participación manufacturera en el PIB.
— La importancia de las exportaciones de maquinaria y equipo de transporte respecto al total de exportaciones.
— La importancia de las exportaciones de otras manufacturas respecto al total de exportaciones.
— La producción manufacturera bruta per cápita.
— El grado de especialización manufacturera.

Una economía altamente industrializada estará caracterizada por un peso significativo de la manufactura, el predominio de las exportaciones de mayor contenido tecnológico (maquinaria y equipo de transporte) en el global de sus exportaciones manufactureras, y una producción diversificada (bajo grado de especialización), y así cabe interpretar los resultados del Recuadro 15.2.

Considerando globalmente los resultados de la medición de la dimensión industrial nacional realizada mediante la técnicas factorial y de agrupamiento, quedan claramente definidos un *Centro industrial* y una *Periferia industrial*, en los que se agrupan los siguientes países:

RECUADRO 15.2. TIPOLOGÍA DE DIMENSIONES INDUSTRIALES NACIONALES

La clusterización es una técnica que permite observar las similitudes entre los casos observados en base a los valores de las variables elegidas. A partir de la tipología establecida numéricamente por el análisis factorial, incluyendo más variables sobre las características nacionales de la industrialización y reduciendo el número de países considerados (eliminando los prácticamente no industrializados [puntuación factorial inferior a –0,5], los petroleros y el caso especial de Sudáfrica), se puede completar (y mejorar) la misma. Las variables ahora incluidas son:

— La participación manufacturera en el PIB.
— La importancia de las exportaciones de maquinaria y equipo de transporte respecto al total de exportaciones.
— La importancia de las exportaciones de otras manufacturas respecto al total de exportaciones.
— La producción manufacturera bruta per cápita.
— El grado de especialización manufacturera.

Se obtienen así los resultados de la Tabla 15.1. En ellos se puede observar una dinámica progresiva de diferenciación, que se hace más evidente si se considera el momento de adhesión de cada país a cada grupo.

El dendograma (o diagrama de árbol) muestra las agrupaciones de los países según el número de grupos posibles. La línea de puntos vertical marca el número de grupos (cuanto más a la izquierda mayor número de grupos).

A partir de un primer clúster que agrupa a todos los países, la línea de puntos situada a la derecha diferencia a los 51 países en *dos clústers* (1 y 2): El primer grupo (1) contiene 29 países con menor nivel de industrialización (de Colombia a Checoslovaquia) y el segundo grupo (2) agrupa a los 22 países con mayor nivel de industrialización (de Alemania a Gran Bretaña).

La segunda línea de puntos señala la diferenciación de los países agrupados en *tres clústers*: la diferencia respecto a la anterior clusterización es que se separan de su grupo Alemania y Japón y ello permite considerar a ambos países como los más industriales del mundo.

Cuando se consideran *cuatro clústers*, el resultado es semejante al anterior, ya que tiene lugar una nueva división de países de mayor nivel industrial. La nueva partición agrupa a tres «dragones asiáticos», Israel, Australia, Nueva Zelanda, España e Italia, y los separa del resto del anterior grupo. Al considerar *cinco clústers* se divide dicho resto en dos nuevos grupos. El primero formado por Bélgica, Finlandia, Austria, Suecia y Singapur, y el segundo por Francia, Noruega, Holanda. Canadá, EE.UU., Dinamarca y Gran Bretaña. Italia se separa de su grupo en el *sexto clúster*.

RECUADRO 15.2. TIPOLOGÍA DE DIMENSIONES INDUSTRIALES NACIONALES (*Continuación*)

Tabla 15.1. Dendograma de clusterización.

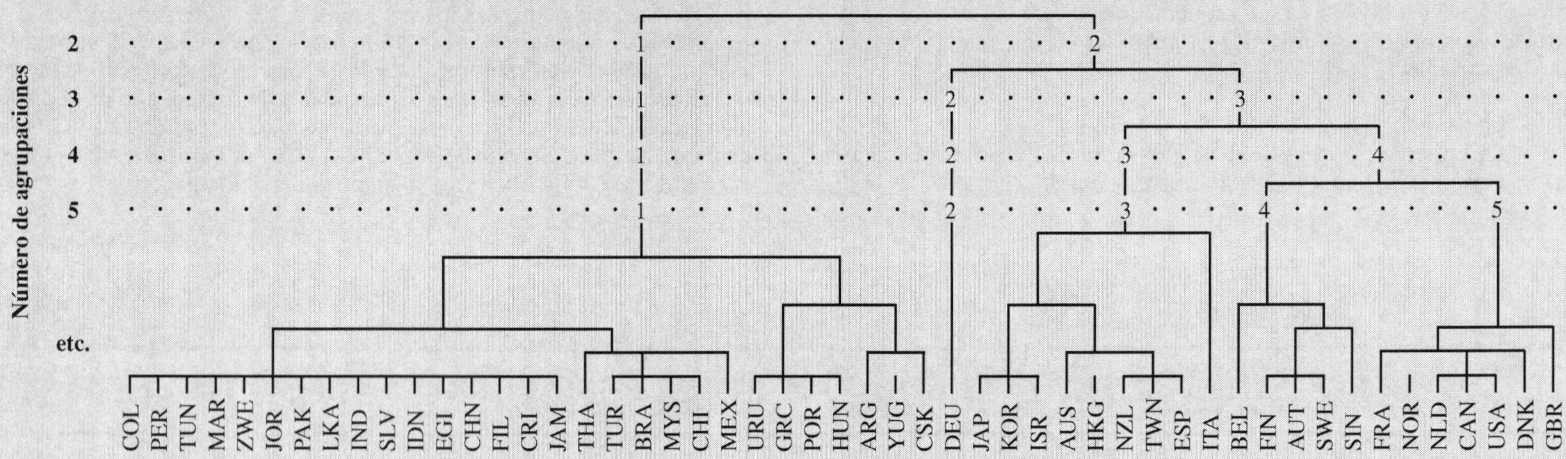

Por su parte, el grupo de países con menor nivel de industrialización es lo suficientemente homogéneo para no romper su agrupación hasta la formación de *siete clústers* y sucesivamente se diferencian claramente las economías más industrializadas del grupo de las menos industrializadas, de tal manera que Brasil, México, Malasia, etc., se diferencian tanto de Argentina, Checoslovaquia o Yugoslavia como de Marruecos, Pakistán, Egipto, El Salvador, etc.

a) *Centro industrial*: formado por cuatro grupos:

- 1.er grupo: Alemania y Japón.
- 2.º grupo: Bélgica, Austria, Finlandia, Suecia y Singapur.
- 3.er grupo: Dinamarca, Francia, Holanda, Gran Bretaña, Noruega, EE.UU. y Canadá.
- 4.º grupo: España, Italia, Australia, Nueva Zelanda, Corea del Sur, Hong-Kong, Taiwan e Israel.

b) *Periferia industrial*: formada por el resto de países. Engloba, pues, tanto a los países más industrializados de la Europa ex socialista (Hungría, Checoslovaquia, Yugoslavia), como a Portugal y Grecia (miembros de la Unión Europea) y a todas las economías de la Periferia sin distinción, excepto los «cuatro tigres» asiáticos (Corea del Sur, Taiwan, Hong-Kong y Singapur). A pesar de la relativa homogeneidad (en comparación con el Centro industrial) cabe una ulterior distinción en tres grupos:

- 1.er grupo: Checoslovaquia, Yugoslavia, Argentina, Hungría, Portugal y Grecia
- 2.º grupo: Uruguay, México, Chile, Malasia, Brasil, Turquía y Tailandia.
- 3.er grupo: Jamaica, Costa Rica, Filipinas, China, Egipto, Indonesia, Sri Lanka, Pakistán, Jordania, Zimbabwe, Marruecos, Túnez, Perú y Colombia.

RECUADRO 15.3. LA ECONOMÍA DEL CONOCIMIENTO*

El cambio técnico genera crecimiento a largo plazo. La aparición en los años sesenta y principios de los setenta de los microprocesadores, en los ochenta del ordenador personal (PC) y los noventa el espectacular avance de las telecomunicaciones (Internet como máximo exponente) ha dado lugar a las llamadas Tecnologías de la Información (TI).

La transformación de la economía industrial, en su etapa postfordista (producción flexible, *just-in-time*, etc.), está culminando en una nueva economía producto de la era tecnológica digital.

La identificación del nuevo sector productivo Tecnologías de la Información supera la clasificación tradicional de los sectores económicos y queda definido por los siguientes subsectores:

Hardware

- Ordenadores y equipos informáticos.
- Comercio interior de ordenadores y equipos informáticos.
- Ventas al detalle de ordenadores y equipos informáticos.
- Calculadoras y máquinas de oficina.
- Instrumentos de cálculo magnéticos y ópticos.
- Tubos electrónicos.
- Circuitos integrados.
- Semiconductores.
- Otros componentes electrónicos.
- Instrumentos de medida industrial.
- Instrumentos de medida eléctrica.
- Instrumentos analíticos de laboratorio.

Software y servicios

- Servicios de programación de ordenadores.
- Software para ordenadores.
- Comercio interior de software.
- Ventas al detalle de software.
- Diseño de sistemas integrados de software.
- Proceso y preparación de los datos de los ordenadores.
- Servicios de recuperación de la información.
- Servicios de gestión de los ordenadores.
- Servicios de alquileres y leasing de los ordenadores.
- Reparación y mantenimiento de los ordenadores.
- Otros servicios a los ordenadores.

Servicios de comunicación

- Comunicaciones telefónicas y telegráficas.
- Emisiones de radio.
- Emisiones de televisión.
- Cable y otros servicios de televisión.

Equipos de comunicación

- Equipos de audio y vídeo domésticos
- Equipos de telefonía y telégrafos.
- Equipos de radio, televisión y comunicaciones.

Fuente: The Emerging digital Economy. Departamento de Comercio de los EE.UU.

Uno de los principales problemas al relacionar las Tecnologías de la Información con la producción es la denominada paradoja de la productividad: el aumento en la utilización de la Tecnología de la Información no ha supuesto un aumento significativo de la productividad. Este fenómeno es debido a que el nuevo sector —Tecnología de la Información— no está contabilizado correctamente en las cuentas nacionales. Los institutos de estadística de los países están modificando su metodología para poder evaluar correctamente la nueva realidad económica.

¿Cuánto aporta este nuevo sector al total de la economía? Actualmente únicamente se dispone de datos de la economía de EE.UU.

Tasa de crecimiento y participación sobre el PIB del sector TI

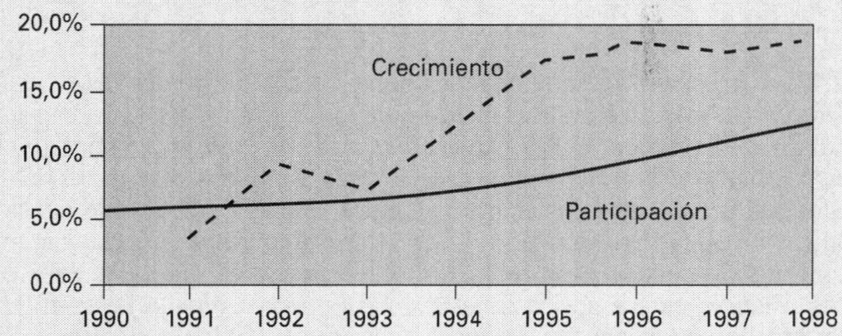

Tasa de crecimiento del sector TI, del resto y total de la economía

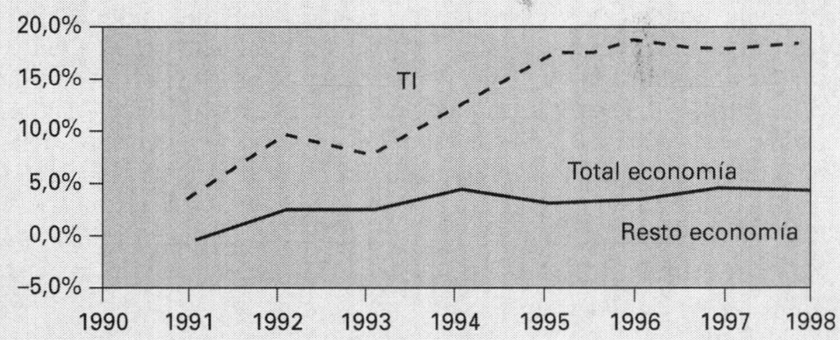

Como puede observarse en los gráficos, en la actualidad es un sector que supone un 8 por 100 del total de la economía, pero es el factor expli-

* Actualmente los estudios de Economía y Empresa de la Universidad Oberta de Cataluña están investigando la economía del conocimiento.

RECUADRO 15.3. LA ECONOMÍA DEL CONOCIMIENTO (*Continuación*)

cativo más relevante de las altas tasas de crecimiento del conjunto de la actividad norteamericana.

Si el proceso de mundialización de la economía está modificando las tradicionales relaciones económicas (estructura económica), la aparición de la Tecnología de la Información como fenómeno infraestructural decisivo supone un importante cambio en la tradicional concepción de la infraestructura. Tanto en el caso de la mundialización como en la aparición de las Tecnologías de la Información, el elemento sistémico que pone en evidencia las principales contradicciones del capitalismo radica en la superestructura.

Por consiguiente, una de las principales contradicciones del sistema radica en el fenómeno de la globalización; sin embargo, hay que añadir la revolución tecnológica digital (economía del conocimiento) como elemento rupturista de la economía industrial.

El análisis empírico no pone totalmente de manifiesto que los procesos de capitalización e industrialización de los distintos países han estado mediatizados tanto por el *desarrollo capitalista nacional* como por la *posición en la estructura económica mundial*, y asimila economías industriales realmente diferentes en estos sentidos. Así, los procesos de industrialización en la Periferia han sido de diverso tipo y han tenido lugar en momentos diferentes según las zonas. Hay economías, como las del sudeste asiático, en las que la industrialización está teniendo lugar en el contexto de la mundialización de la producción flexible, mientras que otras economías, como algunas latinoamericanas, han sufrido una auténtica desindustrialización en la última década, y han perdido o frenado un carácter industrial conseguido anteriormente. Por su parte, en el Centro, las matizaciones a los agrupamientos vendrían de la consideración de la especialización, el desarrollo tecnológico, y el nivel de productividad alcanzado por las diversos países durante los procesos de internacionalización productiva operados en el contexto del modelo fordista y su posterior crisis.

Por tanto, es fundamental distinguir los procesos de industrialización en el Centro y en la Periferia, y los perfiles industriales nacionales a que han dado lugar.

Tipos de industrialización y perfiles industriales

A lo largo del desarrollo capitalista en las diversas formaciones sociales cabe distinguir, en general, tres tipos de procesos de industrialización:

— El proceso de industrialización integral, que significa que el progreso industrial en la Sección I y en la Sección II tiene lugar de manera articulada y extensiva a la globalidad del mercado interno (que en las primeras fases del capitalismo tiene carácter nacional). Por tanto, también significa una articulación integrada del sector secundario con el sector primario y con el terciario. De hecho, se trata del proceso de industrialización explicado en el capítulo anterior, característico de las economías del Centro. El grado de especialización industrial es, pues, bajo, y la preponderancia de los subsectores manufactureros hegemónicos se determina en la división internacional del trabajo y la competitividad internacional basadas en la especialización tecnológica.

— El proceso de industrialización por sustitución de importaciones, o modelo de industrialización ISI. En este caso se trata del desarrollo de industrias nacionales que intentan *abastecer al mercado interno nacional de mercancías antes importadas*. La estrategia ISI fue considerada en su momento (en los años cincuenta) como la más adecuada para el proceso de modernización en la Periferia, a partir de los análisis pioneros de la Comisión Económica para América Latina (CEPAL) y de su director principal, R. Prebish.

En teoría, el modelo ISI llevaría a la industrialización y modernización de las actividades manufactureras nacionales a través de cuatro etapas:

1.ª etapa: producción nacional de los medios de consumo básicos no duraderos, que implicaría el desarrollo de las industrias de la alimentación, textil, bebidas, cuero y calzado, etcétera.

2.ª etapa: producción nacional de medios de consumo duraderos, que implicaría el desarrollo de las industrias de electrodomésticos, radios, televisores, automóviles, etc. (aunque fueran industrias de montaje durante cierto período).

3.ª etapa: sería el punto crítico del proceso: se trataría de producir nacionalmente (y dejar de importar) los medios de producción para las industrias de las dos anteriores etapas. Implicaría el desarrollo de las industrias químicas (pinturas, fibras sintéticas, tintes, ácidos), metalmecánica (motores, engranajes, máquinas-herramientas más sofisticadas, componentes), etc.

4.ª etapa: producción nacional de medios de producción para producir medios de producción, de la tecnología e infraestructura de plantas industriales, en la línea de dotar a la economía nacional de unos mínimos de autosuficiencia industrial.

La financiación de esta estrategia debería descansar, en un primer momento, en las rentas derivadas del carácter primario-exportador de las economías periféricas, hasta que el grado de industrialización fuese suficiente para tener efectos retroalimentadores y pudiera incluso modernizar el sector primario.

Las economías latinoamericanas fueron el paradigma de este intento de estrategia. A la hora de la verdad, la implantación del modelo ISI fue claramente incompleta, y cuando se da por fracasada la experiencia, la industrialización latinoamericana quedó caracterizada, en síntesis, por los siguientes elementos:

a) Pervivencia del modelo primario-exportador en mayor o menor medida en todos los países del área.

b) El desarrollo industrial de la primera etapa se generalizó, pero la segunda etapa alcanzó a muchos menos países y zonas. La tercera etapa apenas se alcanzó en algunos países grandes, y nunca con carácter nacional o con una dimensión sectorial global. La cuarta etapa quedó inédita.

c) La implicación directa del Estado en el proceso industrializador, exigida por el «atraso institucional», dio lugar a una industria nacional protegida, poco competitiva con el exterior, como se demostró cuando estas economías se vieron abocadas a la apertura exterior determinada desde el Centro del Sistema.

d) El desarrollo de las industrias de etapas superiores estuvo protagonizado por empresas extranjeras, que en todo momento mantuvieron el control tecnológico y comercial tanto en el mercado interno como en los *enclaves de exportación*, que posteriormente serán la base del modelo de industrialización contrario al ISI, el basado en la sustitución de exportaciones.

e) En definitiva, la formación y profundización de mercados internos nacionales se vio truncada, de tal forma que el carácter inconexo del tejido industrial y del desarrollo tecnológico perpetuó el carácter periférico de la industrialización latinoamericana. Y tanto en el caso de las economías de menor dimensión como en el de los grandes países, la *integración económica* fue vista como una posible solución. Como se verá en un capítulo posterior, los procesos de integración estuvieron aquejados de la misma insuficiencia básica: el carácter dependiente del desarrollo capitalista en estas economías.

Fuera de Latinoamérica, otras economías, especialmente en el sur y sudeste asiático, basaron los inicios de su industrialización en un modelo similar. Así, tanto en el caso de la India, como en Corea o Taiwan, las primeras etapas de la industrialización ISI consolidaron su carácter industrial, aunque los dos últimos países pronto enfocaron el desarrollo ulterior hacia la exportación de manufacturas. Pero en todos los casos la presencia del capital extranjero y la intervención gubernamental fueron también fundamentales, especialmente para el desarrollo de la red de comunicaciones y transportes y de la industria pesada.

En definitiva, la industrialización ISI dejó como legado en las economías periféricas la preponderancia de los sectores de alimentación y textiles en la industria manufacturera y, en contados casos, subsectores de la industria pesada. En 1970, los dos primeros representaban, respectivamente, el 10 y 22 por 100 del valor añadido en la industria manufacturera india, el 11 y 18 por 100 en la coreana, el 19 y 12 por 100 en la uruguaya, etc.

— El proceso de industrialización por sustitución de exportaciones, o modelo de industrialización ISE. En este caso, se trata de desarrollar la industria manufacturera para la exportación, de tal manera que *las exportaciones del país pasan de ser fundamentalmente de productos primarios a serlo de productos manufacturados.*

La industrialización orientada a las exportaciones no ha exigido, en principio, la formación de un mercado interior, y ha estado impulsada desde la inversión directa (en diferentes modalidades) de las empresas multinacionales extranjeras en casos como Hong-Kong, Singapur, y más tarde Tailandia, Malasia, Indonesia, etc., en Asia y México y otros en América Latina. Cabe, pues, distinguir a aquellos países que encadenaron el modelo ISE tras el ISI, y a aquellos otros que prácticamente han comen-

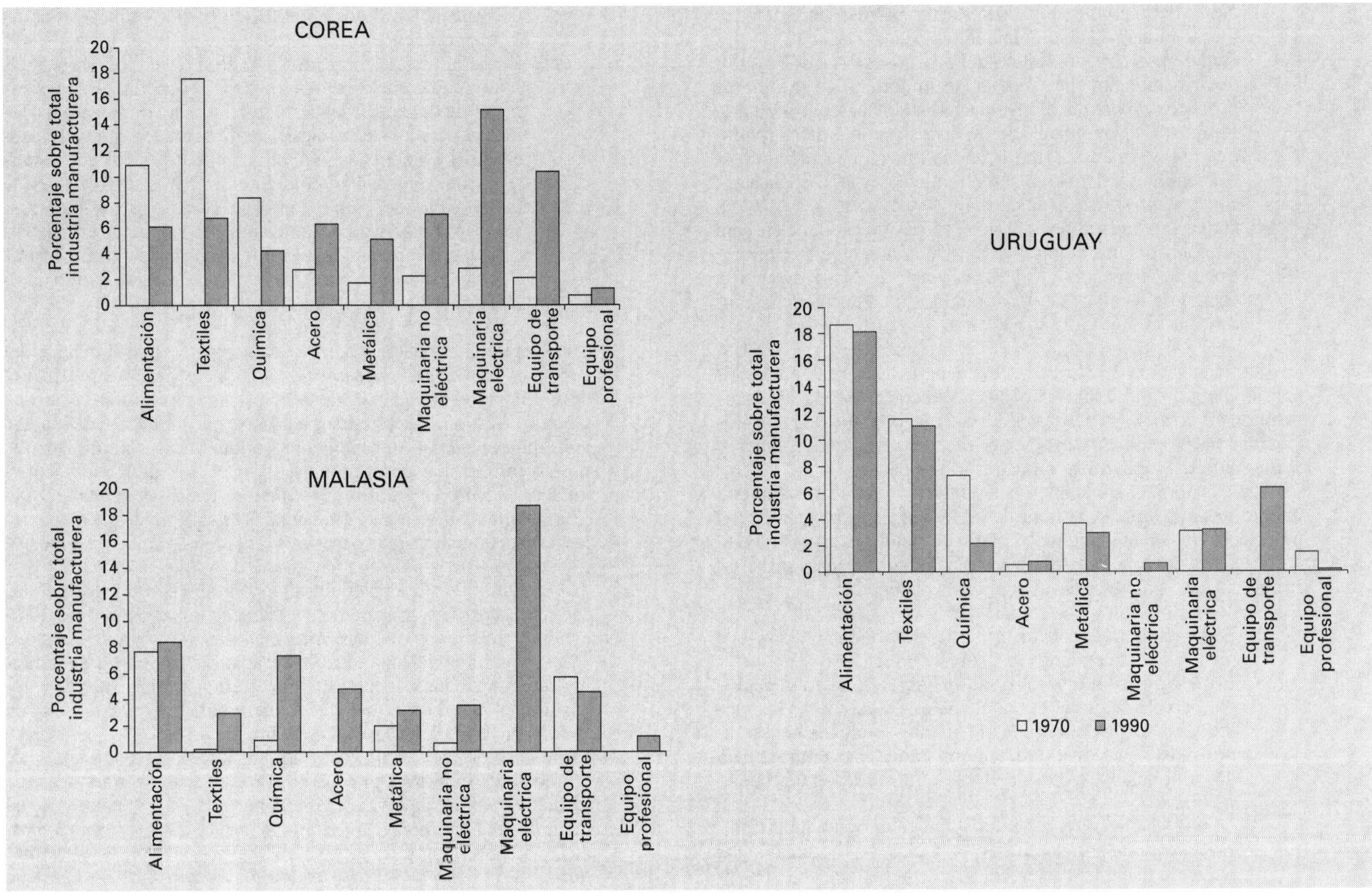

Gráfico 15.1. TIPOS DE INDUSTRIALIZACIÓN PERIFÉRICA (1970-1990).

zado en los años ochenta su industrialización con el modelo ISE. Ello permite distinguir dentro de los llamados nuevos países industriales diversas categorías. Pero, en cualquier caso, ese «nuevo» carácter industrial que está proporcionando el modelo ISE a estos países se explica fundamentalmente en el marco de la *nueva división internacional del trabajo industrial* y la *globalización productiva*, que son objeto de los siguientes apartados de este capítulo. La base competitiva de estas economías es el coste laboral.

En definitiva, y desde un punto de vista nacional, la industrialización periférica ha dado lugar a tres tipos de economías industriales:

— Las que se estancaron tras la estrategia ISI.
— Las que encadenaron la estrategia ISI e ISE.
— Las que comenzaron con la estrategia ISE.

Como ejemplos paradigmáticos de esta tipología, en el Gráfico 15.1 se comparan las aportaciones de subsectores manufactureros en 1970 o 1975 y 1990 en Uruguay, Corea del Sur y Malasia. Y en él se puede observar que mientras que en Uruguay se mantiene la estructura subsectorial interna (estancamiento ISI), la mutación en Corea y Malasia es espectacular, aunque también diferente: cuando en Corea se expandía la exportación de manufacturas, la «industria» malaya estaba copada por la explotación del caucho natural.

La panorámica general de los perfiles industriales generados por los tres modelos de industrialización (central y periféricos) queda reflejada en el Cuadro 15.2, en el que se distinguen varias estructuras manufactureras considerando el grado de especialización, la productividad y la aportación de diferentes subsectores al valor añadido en la manufactura en algunos países.

Aunque la variedad es extrema (estructuras sectoriales similares se diferencian mucho más en la productividad o en el grado de especialización global, y viceversa), se pueden destacar algunos rasgos característicos de las diferencias:

— Las economías industriales del Centro son las que tienen una mayor productividad por empleado, casi doblando incluso a la manufactura periférica más alta (Corea del Sur).
— La importancia de la manufactura con mayor contenido tecnológico es casi exclusiva del Centro (y Corea del Sur). Se puede concluir, así, que en general las economías con mayor productividad son aquéllas en las que las manufacturas con mayor contenido tecnológico aportan más al valor añadido. Estos subsectores son el equipo de transporte, profesional y científico en la mayoría de los países del Centro, y la industria pesada más tecnificada en los países del norte y centro de Europa.
— Las economías periféricas de gran tamaño como China e India, además de tener las menores productividades, descansan en el predominio de sectores manufactureros más «antiguos» (alimentación y textil e industria pesada menos tecnificada).
— Las economías en las que predominan el sector alimentario y el textil son las que presentan, en general, productividades más bajas y niveles de especializados más altos. Son economías periféricas.
— En general las economías que producen manufacturas con mayor nivel tecnológico son aquellas que presentan menores porcentajes al valor añadido manufacturero por alimentación y textiles.

Cuadro 15.2. Perfiles manufactureros, 1995.

	(A)	(B)	(C)	(D)	(E)	(F)
Alemania	108.107	15,0	8,4	15,5	27,91	14,09
España	50.296	10,9	17,1	13,2	12,66	13,37
Italia	54.143	9,6	8,7	14,3	21,88	9,72
Gran Bretaña	62.002	12,6	12,6	14,6	20,57	11,94
EE.UU.	98.236	12,8	11,7	13,3	19,47	17,08
Japón	132.802	14,3	10,5	16,8	29,21	12,31
Argentina	50.515	12,5	19,7	18,2	7,10	8,04
Brasil	60.033	11,8	15,1	18,7	16,18	11,48
Chile	46.259	14,5	25,8	9,7	3,11	1,61
México	33.368	10,9	21,8	14,3	6,17	11,32
Egipto	7.047	26,6	17,4	11,9	5,22	3,02
Marruecos	11.282	18,9	14,4	12,7	5,63	3,26
Zimbabwe	9.755	18,2	20,3	19,9	4,07	4,73
China	3.358	10,2	9,6	21,3	18,29	7,29
Corea	64.077	12,3	7,7	14,6	24,76	12,40
Hong-Kong	30.056	19,8	7,0	6,1	22,28	7,85
Malasia	18.475	19,2	8,4	11,4	34,89	6,11
India	4.096	13,7	10,0	21,9	13,93	8,49

(A) Valor añadido por trabajador (dólares por activo).
(B) Grado de especialización.
(C) Porcentaje del valor añadido en productos alimentarios y textiles respecto al valor añadido manufacturero total.
(D) Porcentaje del valor añadido en industria química, hierro y acero y productos metálicos respecto al valor añadido manufacturero total.
(E) Porcentaje del valor añadido en maquinaria respecto al valor añadido manufacturero total.
(F) Porcentaje del valor añadido en equipo de transporte y profesional y científico respecto al valor añadido manufacturero total.

Por todo lo apuntado hasta ahora, es evidente que no se pueden entender las diferencias en el Centro y en la Periferia industriales con la sola aproximación nacional. De hecho, si el progreso industrial es fruto de la capitalización de las bases económicas nacionales, y dicha capitalización se basa a su vez en la mundialización del modo de producción capitalista, es la óptica mundial la que permite resituar a las economías industriales en su auténtico papel en la producción manufacturera mundial. El siguiente paso para caracterizar un Centro y una Periferia industriales es, pues, considerar la división internacional del trabajo industrial y el papel que en ella juegan las diferentes economías nacionales.

15.2. LA DIVISIÓN INTERNACIONAL DEL TRABAJO Y LOS NUEVOS PAÍSES INDUSTRIALES

Hasta la crisis del modelo fordista, la división internacional del trabajo en manufacturas había sido prácticamente la heredada de la fase imperialista: las manufacturas se producían en el Centro. El neoimperialismo sólo supuso la posibilidad de industrialización periférica dependiente en la estrategia ISI y, en el caso del sudeste asiático, en el marco de la Guerra Fría (Taiwan y Corea del Sur tuvieron la tutela y ayuda de EE.UU., y las plazas de Singapur y Hong-Kong actuaban como sedes comerciales y financieras de los interés del Centro en el Pacífico).

La crisis del fordismo en el Centro, los nuevos sistemas tecnológicos que revolucionaban las aplicaciones, comunicaciones y transportes determinantes de los procesos productivos, y el impulso de la mundialización del modo de producción capitalista que se generó en ese contexto, supusieron la imposición paulatina de una nueva división internacional del trabajo industrial. Mediante ésta, algunas economías periféricas, a través de las políticas financieras, productivas y comerciales de las empresas multinacionales, iniciaron o consolidaron, según los casos, una dinámica industrializadora orientada fundamentalmente a la exportación regional o mundial.

El resultado de la relocalización mundial de las industrias manufactureras con mayor grado de desconcentración espacial internacional ha sido precisamente la incorporación de economías periféricas al tejido productivo y comercial mundial de manufacturas. La revolución tecnológica y la competitividad en un mercado mundial ha permitido e impulsado que algunos sectores como el textil o la maquinaria eléctrica se hayan internacionalizado más rápidamente que otros en el Sistema, mientras que el Centro ha mantenido en su seno la especialización en los sectores tecnológicamente más poderosos de la Sección I, a través de reconversiones industriales y el grueso de los gastos en Investigación y Desarrollo (I + D) a escala mundial.

En definitiva, hay que matizar la dimensión y estructura industrial nacional con la posición que tal economía tiene en el contexto sistémico. Para ello se procederá en dos pasos:

- En primer lugar, relativizando las variables de dimensión y estructura industrial nacionales (utilizadas en el apartado anterior) a los valores de dichas variables en el resto de países. Ello permitirá calibrar el perfil industrial de cada país en base a los perfiles industriales de los demás países.
- En segundo lugar, midiendo el peso de la industria manufacturera de cada país (o región) en la industrial mundial, en términos de producción global y de subsectores manufactureros.

Las economías industrializadas en el contexto mundial

La primera matización a la dimensión industrial nacional es considerar si el peso de la industria en la economía nacional se corresponde con un peso similar en el contexto mundial.

En el Gráfico 15.2 (I) se puede visualizar esta diferenciación básica. El tamaño de cada triángulo (país) está determinado por tres variables:

- La participación manufacturera en el PIB.
- La importancia de las exportaciones de manufacturas respecto al total de exportaciones.
- La producción manufacturera bruta per cápita.

Éstas se hallan ordenadas de la siguiente manera:

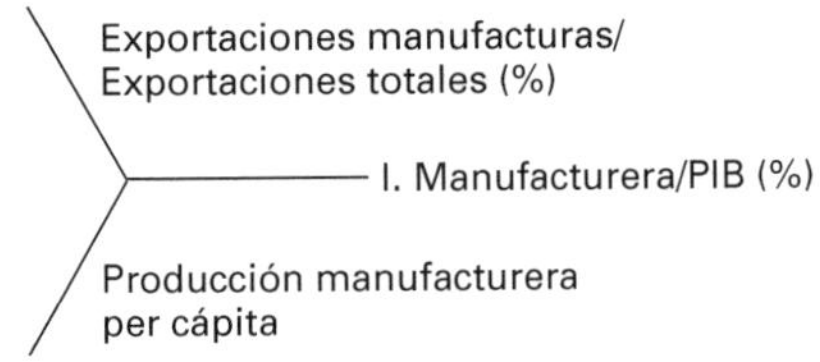

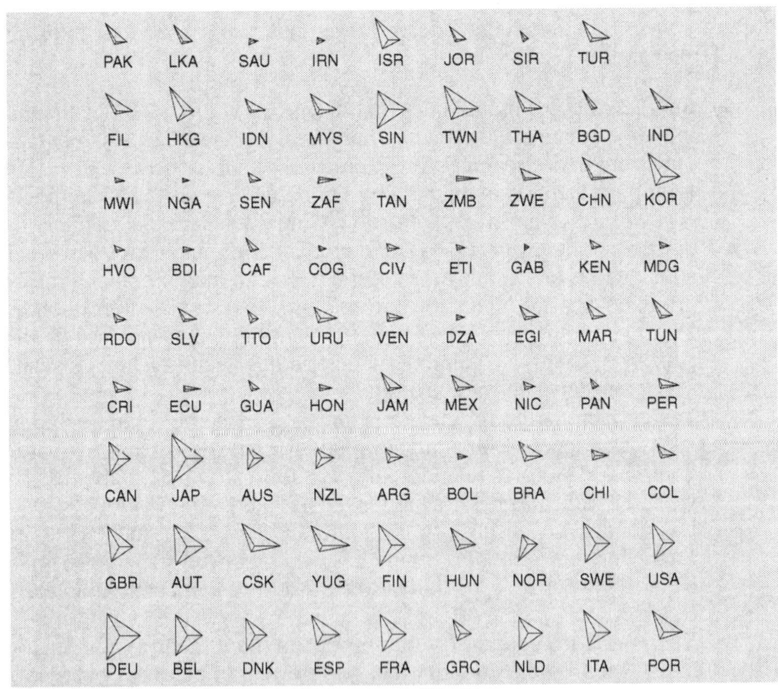

Gráfico 15.2. DIMENSIÓN INDUSTRIAL NACIONAL (I), 1990.

En esta técnica, las longitudes de los vectores varían según el valor relativo de las variables nacionales respecto al de los demás países, de tal manera que el conjunto de economías industriales en el contexto de la industria mundial contendría exclusivamente a los países con un tamaño triangular grande o mediano. Por tanto, en casi la mitad de los países considerados la industria no sólo no tiene un peso significativo en la economía nacional, sino que es estadísticamente despreciable su aportación a la industria mundial. Son, pues, países marginados del proceso de industrialización a escala mundial, y ello repercute en el mantenimiento de su carácter no industrial.

Sólo cabría considerar para el análisis ulterior, pues, el subgrupo en que el tamaño del triángulo es significativo, ya que su dimensión nacional industrial respecto a los otros países les califica como los únicos significativos en el mundo de la transformación industrial. El resultado es muy similar al obtenido en el Apartado 15.1, ya que reafirma como países significativos a los que forman el Centro y la Periferia industriales ya definidos.

Pero repitiendo la operación gráfica para este subgrupo, los resultados del Gráfico 15.2 (II) muestran cómo al variar el universo de países considerado, en realidad *apenas más de una veintena de países pueden ser considerados industrializados a nivel mundial*. Los resultados matizan el contenido del Centro industrial definido por la óptica interna, y ahora estaría definido por los siguientes países:

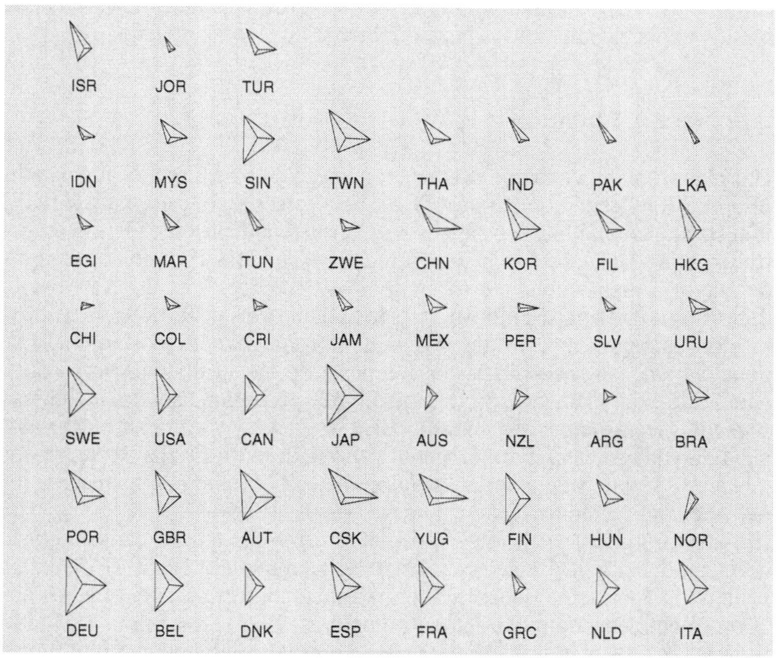

Gráfico 15.2. DIMENSIÓN INDUSTRIAL NACIONAL (II), 1990.

— Alemania (RFA), Bélgica, Dinamarca, España, Francia, Holanda, Italia, Portugal, Gran Bretaña, Austria, Checoslovaquia, Yugoslavia, Finlandia y Suecia, en Europa.
— EE.UU. y Canadá, en América.
— Japón, China, Corea del Sur, Hong-Kong, Singapur, Taiwan e Israel, en Asia.

¿Qué diferencias existen entre este Centro industrial y el definido tras el análisis factorial y clúster?

— Con esta primera aproximación, Portugal, China y las economías ex socialistas se mantienen en el Centro industrial, mientras que anteriormente se situaban en la Periferia.
— Noruega (por su especialización relativa petrolera) y la Oceanía industrializada (Australia y Nueva Zelanda), consideradas antes en el Centro industrial, se diferencian ahora de éste.

Otros países, como Turquía, Malasia, Tailandia, Filipinas, Brasil, México, Uruguay, Hungría, etc., no pueden ser desechados del «mundo» industrializado, sino que, en base a las variables utilizadas, presentan las suficientes diferencias con el anterior grupo como para no poder ser considerados parte del Centro industrial, aunque en términos convencionales algunas zonas de ellos sí que formen parte del mismo a través de la globalización productiva.

Como dicho proceso de globalización está determinado por la división internacional del trabajo industrial, la importancia de los distintos subsectores en cada manufactura nacional se puede relativizar también al conjunto de los demás países, matizando así internacionalmente los perfiles de industrialización nacionales explicados en el apartado anterior.

El Gráfico 15.3 refleja las diferencias entre los perfiles industriales definidos por los modelos de industrialización tomando en consideración las aportaciones al valor añadido manufacturero de los cuatro subsectores del Cuadro 15.2, ordenados de la siguiente forma:

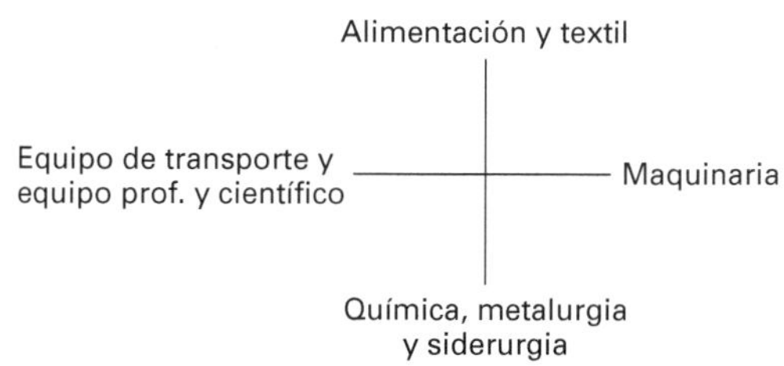

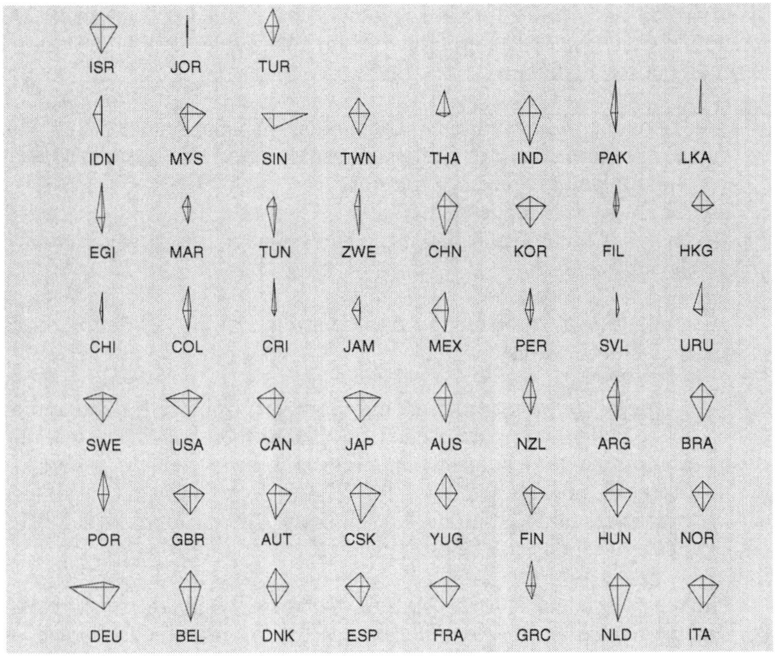

Gráfico 15.3. PERFILES MANUFACTUREROS, 1990.

El significado del tamaño y forma de los rombos es básicamente el grado de especialización internacional, que a veces coincide y a veces no con el grado de especialización nacional (definido por la ONUDI) incluido en el Cuadro 15.2.

Los sectores en los que la Periferia es más significativa en la especialización industrial global son el alimentario, textil, química, hierro, acero y productos metálicos. En el Gráfico 15.3 esta Periferia industrial comprende aquellos países que dibujan un rombo alargado verticalmente:

— De forma más rotunda: Chile, Colombia, Costa Rica, Jamaica, El Salvador, Uruguay, Egipto, Marruecos, Túnez, Zimbabwe, Filipinas, Indonesia, Pakistán, Sri Lanka y Jordania.
— De forma más matizada (porque presentan cierta importancia en el eje horizontal): Grecia, Portugal, Nueva Zelanda, Argentina y México.

Por su parte, en el resto de países caben diversos perfiles a partir de una matriz similar (rombos con volumen), y cabe destacar que:

— Las grandes potencias industriales como Japón, Alemania, Suecia o EE.UU. no se articulan en la industria mundial de la misma manera, como se demuestra por la diferente forma de sus rombos.
— El caso de Singapur es muy singular en el contexto mundial.
— Es remarcable la especialización agroindustrial de países europeos como Dinamarca (y la Oceanía desarrollada) o en industria pesada como Bélgica, Holanda o Checoslovaquia.
— La presencia internacional de los *nuevos países industriales* se manifiesta en las similitudes de sus figuras con algunos países desarrollados: Corea presenta una composición sectorial del valor añadido similar a la de países como Italia o Hungría, y Brasil, Taiwan, Israel o Malasia podrían asimilarse (con sus propias diferenciaciones) a los países más desarrollados. De la misma forma, las similitudes entre México y Argentina (y, en parte, Indonesia), con una estructura algo diferente de los anteriores, también configuran otro modelo de industrialización más ligado a la herencia ISI.

En suma, se puede caracterizar así la industrialización nacional a través de una visión subsectorial mundial.

El siguiente paso es considerar la participación efectiva de las diversas economías en los totales «mundiales», es decir, cuánta «industria» del mundo explica cada industria nacional hasta aquí caracterizada.

Aportación nacional a la industria «mundial»

Hasta ahora se ha visto que existen un número de países relativamente amplio que son productores industriales. Son países cuya estructura y perfil industrial nacional manifiesta, absoluta o relativamente, el esfuerzo industrialista que realizan, con mayor o menor especialización en subsectores de mayor o menor contenido tecnológico, pero que en definitiva permite definirlos como «países industrializados» o «en vías de industrialización».

Sin embargo, al considerar la industria manufacturera «mundial» se pone claramente de manifiesto que, a pesar de estos esfuerzos nacionales, aquélla se explica en gran parte con sólo tres países, que son las auténticas *potencias industriales* del mundo: EE.UU., Japón y Alemania. El valor añadido y la producción bruta manufacturera de estos tres países representaban en 1990 más de la mitad de la producción «mundial» de manufacturas y del valor añadido en la misma.

Los Gráficos 15.4 y 15.5 muestran definitivamente las características de la producción y empleo manufacturero «mundial» desde el punto de vista de la aportación de las economías nacionales. Con apenas el 40 por 100 del empleo «mundial» en manufacturas, EE.UU., Japón y la Unión Europea representan el 75 por 100 de la producción manufacturera y más de dicha cifra en lo que concierne al valor añadido en la misma. *Más de*

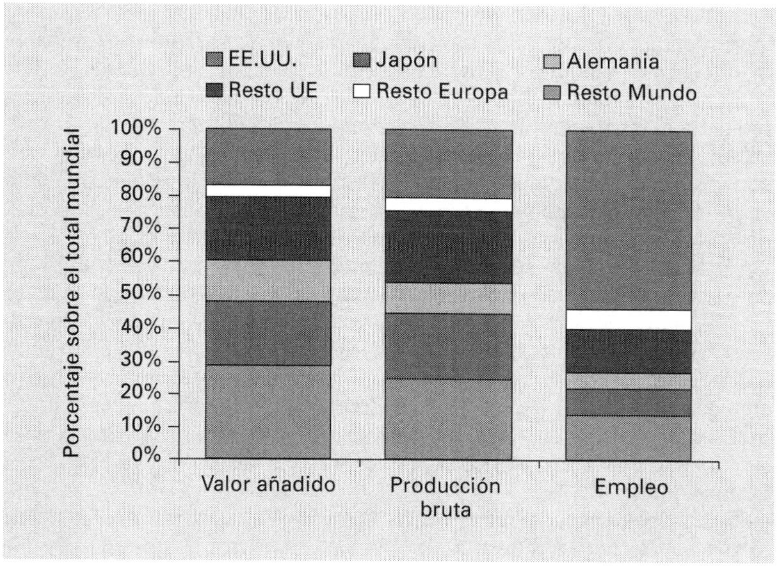

Gráfico 15.4. PRODUCCIÓN Y EMPLEO MANUFACTURERO, 1990.

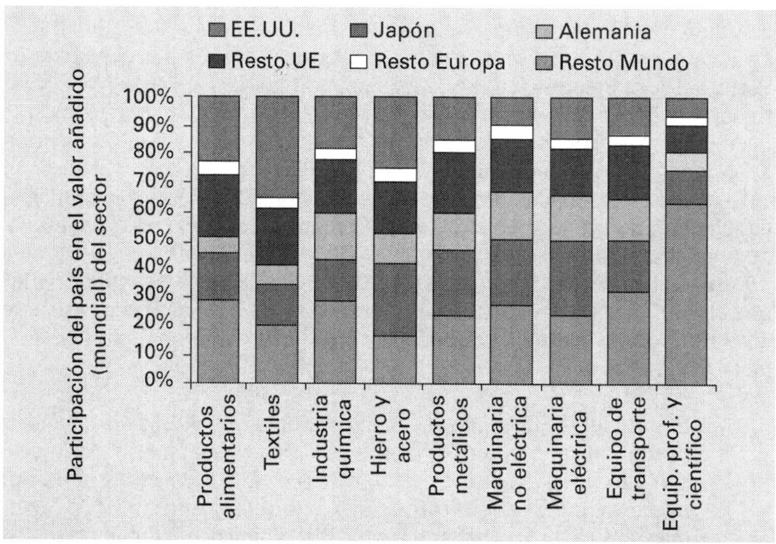

Gráfico 15.5. PARTICIPACIÓN EN LOS SECTORES MANUFACTUREROS, 1990.

tres cuartas partes de la industria manufacturera del Sistema Capitalista Mundial se explica por su Centro estructural.

Este último tipo de análisis adquiere, pues, la máxima relevancia para entender correctamente la realidad:

A pesar de que como economías nacionales, y por los cambios en su infraestructura interna (terciarización, especialización, etc.), pueda parecer que han perdido peso en la infraestructura industrial del Sistema, el Centro del mismo, con EE.UU. a la cabeza, sigue concentrando la producción «insignia» de la misma, la manufacturera, a unos niveles cuasi monopólicos.

Sintomáticamente, es la Periferia la que supone el porcentaje mayor de empleo manufacturero, como no podía ser de otra forma, tanto por las dimensiones demográficas (el caso chino pesa aquí definitivamente) como por el nivel tecnológico alcanzado y la «ventaja comparativa» de un enorme contingente de fuerza de trabajo que determina su competitividad por los bajísimos salarios.

Si se considera la importancia relativa de cada país o región en la generación del valor añadido en cada subsector a escala «mundial», los resultados (Gráfico 15.5) abundan en los anteriores:

— La «terciarizada» economía estadounidense representa una media de la cuarta parte del valor añadido en todos los subsectores, y casi el 60 por 100 en el caso del equipo profesional y científico. Japón sólo la supera en maquinaria eléctrica y siderurgia. La economía alemana, por sí sola, representa más de un 10 por 100 de media en el conjunto de subsectores, y su aportación en química y maquinaria es especialmente significativa.
— Entre EE.UU., Japón y la Unión Europea dan cuenta de entre el 80 y el 90 por 100 del valor añadido mundial en casi todos los subsectores, excepto en siderurgia, textiles y alimentación. A la Periferia del Sistema le queda una presencia, pues, sólo considerable en estos sectores, y en el resto es testimonial, centrada a su vez en escasos nuevos países industriales.

En definitiva, no sólo a nivel global, sino también en los diferentes subsectores[2], la hegemonía manufacturera del Centro del Sistema es apabullante.

Sin embargo, a lo largo del capítulo se ha venido repitiendo que la mundialización capitalista ha ido incorporando, de diversas formas, a la Periferia a la infraestructura industrial sistémica. Muchos autores han planteado en

[2] Para el alcance de la muestra de países, véase el Apéndice 15.1.

los últimos años que la nueva división internacional del trabajo y la globalización supondrían un cambio de tendencia en la dinámica estructural e infraestructural de la industria mundial. En ese sentido, el ámbito en el que tal cambio se haría más visible sería en el comercio de manufacturas, en el que las exportaciones desde la Periferia irían adquiriendo un peso cada vez más significativo en las exportaciones mundiales de manufacturas.

De hecho, el monopolio casi absoluto del Centro en la producción manufacturera no lo es tanto en el caso del comercio mundial de manufacturas. EE.UU. (12 %), Japón (9 %) y la Unión Europea (40 %) representaban en 1991 el 60 por 100 del valor de las exportaciones mundiales de manufacturas, mientras que los países del sur y este asiático alcanzaban ya el 15 por 100. Por sectores, sin embargo, la importancia exportadora de los nuevos países industriales era mucho mayor, especialmente en el sector textil (entre el 35 y el 50 por 100 en diversas manufacturas textiles), en «otras manufacturas» (casi el 30 por 100) y en metales no ferrosos (casi el 20 por 100 del valor de las exportaciones mundiales).

¿Cabe, pues, situar este protagonismo de la Periferia, más en la esfera de la circulación que en la de la producción? La nueva división internacional del trabajo industrial, ¿es coyuntural o está expresando un auténtico cambio estructural (tendencial)? Las respuestas a estas preguntas y otras similares lleva a considerar el fenómeno de la globalización y el mercado mundial.

15.3. LA GLOBALIZACIÓN Y EL MERCADO MUNDIAL

En el capítulo anterior se destacó cómo el progreso capitalista en la industria ha estado definido por unas determinadas trayectorias tecnológicas y unas correspondientes formas de organización del proceso de trabajo. El agotamiento del modelo fordista en el Centro del Sistema impulsó, desde los años setenta, a extender dicho modelo para la extracción de plusvalía a escala mundial, dando lugar a lo que algunos autores de la escuela regulacionista han denominado el *fordismo periférico*. El progreso tecnológico en la fabricación por componentes, y, por otra parte, en los transportes y comunicaciones, ha permitido así la *relocalización industrial* de las plantas fabriles de las empresas multinacionales.

Estas empresas, a cuyo tratamiento se dedica un capítulo posterior, han sido los agentes del proceso de internacionalización del capital productivo, y su acción ha supuesto no sólo una respuesta a la ampliación internacional de los mercados, sino un mecanismo de formación del propio mercado mundial de manufacturas.

Así, el último estadio (por ahora) del progreso capitalista, la producción flexible, ha permitido la *globalización* de la actividad industrial y manufacturera, de forma que se produce en cualquier parte del mundo para vender en cualquier parte del mundo.

Además, la relocalización es un proceso extremadamente dinámico, y muy acentuado en los años noventa: el trasiego de apertura y retirada de inversiones en planta por parte de las multinacionales está siendo noticia cotidiana, y afectando tanto a los países del Centro como a los de la Periferia. La competencia intercapitalista supone, en el marco de la globalización, la competencia entre países por ofrecer mercados laborales y financieros más desregulados para atraer la inversión multinacional. Y ello va modificando el mapa mundial de la producción industrial y manufacturera.

Así, el Centro industrial tiende a configurarse, más que como un grupo de países, como un conjunto disperso de regiones localizadas en nuevos marcos geográfico-económicos definidos por la secuencia investigación/diseño/fabricación/comercialización más que por el hecho nacional de la producción. El «made in» cada vez significa menos para explicar o medir el poder industrial de un país. Y lo mismo cabe decir de la Periferia industrial: habrá zonas y enclaves en países periféricos que, integrados empresarialmente en dicha secuencia, caben ser considerados como parte del Centro industrial.

Las consideraciones geográficas han dado lugar a la formulación de teorías sobre bloques industriales, en los que coexistirían un Centro y una Periferia para cada bloque. Así, el Área del Pacífico, dominada por Japón y los nuevos países industriales asiáticos (incluido el sudeste chino), el Área americana, dominada por EE.UU. y zonas de México y Brasil, y el Área europea, que dominada por los países más desarrollados de la UE incorporaría a zonas del norte de África. Se tendrían, en este caso, un conjunto de «Centros» con sus correspondientes «Periferias» industriales. La competencia, pues, se establecería entre los Centros por extender sus Periferias (por ejemplo, en la cuenca del Pacífico o en el MERCOSUR latinoamericano). Pero no serían pocos los países y las poblaciones que quedarían marginados de estos bloques, simplemente porque quedarían descolgados del mercado mundial, por falta de demanda solvente: sería el caso de los países más pobres de América Latina, o del África subsahariana, que no «tienen nada» que ofrecer a la acumulación capitalista a escala mundial... excepto el «chantaje» demográfico o medioambiental.

En cualquier caso, de lo anterior se deduce que, sea en singular o plural, el(los) Centro(s) y la(s) Periferia(s) industriales no tienen, así, que coincidir con el Centro y la Periferia entendidos como conjuntos de formaciones sociales. Por tanto:

— Si se adopta un punto de vista nacional, en última instancia se puede vincular, como se hizo en los apartados anteriores de este capítulo, la estructura Centro/Periferia a nivel de industria (nivel infraestructural) con la estructura Centro/Periferia a nivel de Sistema Capitalista (nivel estructural), con la única «distorsión» de los nuevos países industriales.

— Pero si se adopta un punto de vista mundial, la estructura Centro/Periferia a nivel industrial hay que vincularla con los espacios geográficos en los que tiene lugar la acumulación de capital. Y dado que el sector industrial es el más característico de la infraestructura capitalista, cabría pensar en que la globalización y el mercado mundial presionan a la superación de los marcos nacionales como definidores de la pertenencia al Centro y a la Periferia del Sistema. La contradicción entre el Estado Nacional y la mundialización encuentra así, en la estructura y dinámica industrial, uno de sus más claros ejemplos.

APÉNDICE 15.1. NOTAS TÉCNICAS ECONOMÉTRICAS

Para proceder al análisis de las características nacionales y mundiales de la industria se ha elaborado un Banco de Datos Industriales, a través de los siguientes criterios:

1. Recopilación y selección de las siguientes variables a partir de la información contenida en *Industry and Development. Global Report 1993/94*, de la Organización de las Naciones Unidas para el Desarrollo Industrial (ONUDI):

— Participación de la manufactura en el PIB (%).
— Valor añadido en la manufactura (millones de dólares de 1980).
— Producción bruta en la manufactura (millones de dólares).
— Empleo en la manufactura (miles de empleados).
— Input intermedio (porcentaje respecto a la producción bruta).
— Sueldos y salarios (porcentaje respecto a la producción bruta).
— Excedente bruto de explotación (porcentaje respecto a la producción bruta).
— Producción bruta por trabajador (dólares).
— Valor añadido por trabajador (dólares).
— Grado de especialización: es un indicador sintético que varía entre 0 y 100. Si sólo existiera una rama manufacturera, el valor sería 100 (máxima especialización), y si las proporciones de todas las ramas fueran iguales, sería 0 (máxima diversificación).
— Valor añadido en productos alimentarios (millones de dólares).
— Valor añadido en textiles (millones de dólares).
— Valor añadido en industria química (millones de dólares).
— Valor añadido en hierro y acero (millones de dólares).
— Valor añadido en productos metálicos (millones de dólares).
— Valor añadido en maquinaria no eléctrica (millones de dólares).
— Valor añadido en maquinaria eléctrica (millones de dólares).
— Valor añadido en equipo de transporte (millones de dólares).
— Valor añadido en equipo profesional y científico (millones de dólares).

El valor añadido total del conjunto de los subsectores escogidos representan más del 60 por 100 del total de la muestra de países escogida, aunque, evidentemente, las diferencias nacionales son muy importantes, de tal manera que algunos subsectores no incluidos pueden representar una parte significativa en algunos países. La elección se ha hecho buscando la homogeneidad y la simplicidad.

2. Recopilación y selección de las siguientes variables a partir de la información contenida en el *Informe sobre el Desarrollo Mundial 1993* del Banco Mundial:

— Población total.
— Producto Interior Bruto.
— Aportación de la industria al PIB.
— Exportaciones de maquinaria y material de transporte sobre el total de exportaciones.
— Exportaciones de otras manufacturas sobre el total de exportaciones.
— Importaciones de maquinaria y material de transporte sobre el total de importaciones.
— Importaciones de otras manufacturas sobre el total de importaciones.
— Consumo de energía per cápita (kg de eq. en petróleo).

En los casos en que faltaban datos para algunas variables se han utilizado otras fuentes estadísticas, como el *Anuario Estadístico de América Latina y el Caribe* (CEPAL), el *Anuario Estadístico de Cuentas Nacionales* (NN.UU.), *El Estado del Mundo*, el *Informe sobre el Desarrollo Humano* (PNUD) y *Main Economic Indicators* (OCDE).

A partir del primer banco de datos así obtenido se hizo necesario eliminar una serie de países por razones diversas. Los países eliminados fueron: República Democrática Alemana, Luxemburgo, Bulgaria, Chipre,

URSS, Islandia, Malta, Polonia, Suiza, Paraguay, Barbados, Cuba, Libia, Botswana, Camerún, Gambia, Zaire, Fiji, Irak, Kuwait, Rumania, Togo, Mauritania e Irlanda.

Excepto en el caso de URSS, RDA, Polonia, Suiza e Irlanda, el resto de países eliminados no suponían un peso significativo en la industria mundial, por lo que su eliminación no ofrece mayores problemas. E incluso considerando a esos países, parece plausible considerar, en las circunstancias actuales, que el banco de datos resultante reúne a la industria mundial efectivamente significativa. El «mundo industrial» de los 82 países incluidos en el análisis se acerca mucho al «mundo real». Las etiquetas utilizadas para los países incluidos son las siguientes:

DEU	Alemania oeste
BEL	Belgica
DNK	Dinamarca
ESP	España
FRA	Francia
GRC	Grecia
NLD	Holanda
ITA	Italia
POR	Portugal
GBR	Reino Unido
AUT	Austria
CSK	Checoslovaquia
YUG	Yugoslavia
FIN	Finlandia
HUN	Hungría
NOR	Noruega
SWE	Suecia
USA	EE.UU.
CAN	Canadá
JAP	Japón
AUS	Australia
NZL	Nueva Zelanda
ARG	Argentina
BOL	Bolivia
BRA	Brasil
CHI	Chile
COL	Colombia
CRI	Costa Rica
ECU	Ecuador
GUA	Guatemala
HON	Honduras
JAM	Jamaica
MEX	México
NIC	Nicaragua
PAN	Panamá
PER	Perú
RDO	República Dominicana
SLV	Salvador
TTO	Trinidad y Tobago
URU	Uruguay
VEN	Venezuela
DZA	Argelia
EGI	Egipto
MAR	Marruecos
TUN	Túnez
HVO	Burkina Faso
BDI	Burundi
CAF	República Centroafricana
COG	Congo
CIV	Costa de Marfil
ETI	Etiopia y Eritrea
GAB	Gabón
KEN	Kenia
MDG	Madagascar
MWI	Malawi
NGA	Nigeria
SEN	Senegal
ZAF	Sudáfrica
TAN	Tanzania
ZMB	Zambia
ZWE	Zimbabwe
CHN	China
KOR	República de Corea
FIL	Filipinas
HKG	Hong-Kong
IDN	Indonesia
MYS	Malasia
SIN	Singapur
TWN	Taiwan
THA	Tailandia
BGD	Bangladesh
IND	India
PAK	Pakistán
LKA	Sri Lanka
SAU	Arabia Saudí
IRN	Irán
ISR	Israel
JOR	Jordania
SIR	Siria
TUR	Turquia

3. Tratamiento de las variables a través de dos paquetes estadísticos:

a) Para los gráficos de perfiles industriales se ha utilizado el Statgraphics-star symbol plot: «es un gráfico de datos multivariantes que permiten comparar visualmente diferentes observaciones. Cada estrella representa una observación en el set de datos. Cada estrella consiste en una serie de rayos dibujados desde un origen, donde cada rayo representa el valor relativo de una variable observada. (...) Se usa el rayo más corto para dibujar el valor menor en cada variable y se usa el rayo más largo para dibujar el valor más grande». (*Statgraphics version 5. Reference Manual*, pág. S-205.)

b) Para la elaboración de un factor de dimensión industrial y su regresión con el PIB/cápita, y para la clusterización, se ha utilizado el SPSS/PC.

El análisis factorial es una técnica que consiste en resumir la información contenida en una matriz de datos con n variables, a través de la extracción de un reducido número de «factores» f, siendo $f < n$. Los factores reflejan los valores de las variables originales con una pérdida mínima de información. La calidad del factor se mide por la varianza explicada. En este caso, el factor, extraído por el método de componentes principales, es explicativo del 58,4 por 100 de la varianza total. Los estadísticos finales son los siguientes:

Variables	**Peso factorial**	**Comunalidades**
Porcentaje manufacturas/PIB	0,83427	0,69600
Porcentaje export. manuf./Export.	0,83052	0,68976
Producción bruta per cápita	0,70957	0,50349
Porcentaje industria/PIB	0,66772	0,44584

c) Para la clusterización se ha seguido el método centroide a partir de la distancia euclídea. El método de agrupación es por desagregación progresiva a partir del conjunto de países.

RESUMEN

Los modelos de industrialización han sido diferentes en el Centro y en la Periferia y, desde una perspectiva nacional, sólo algunos países de la Periferia pueden considerarse industrializados, tras su experiencia de *industrialización por sustitución de importaciones* o por *sustitución de exportaciones*. En este último caso, se trata de una industrialización vinculada a la *división internacional del trabajo industrial*, que ha ido modificándose con el transcurso de la dinámica económica y tecnológica en el Centro. Así, los nuevos países industriales del sudeste asiático y Latinoamérica se han abierto un espacio creciente en el comercio mundial de manufacturas, a pesar de que los sectores en que resultan competitivos no son los tecnológicamente punta, que el Centro mantiene para sí en la nueva división internacional del trabajo. Las empresas multinacionales industriales son los agentes del *proceso de globalización*, de la fábrica mundial, que redibuja el mapa industrial mundial configurando Centros y Periferias industriales en creciente disociación con las estructuras nacional-estatales.

LECTURAS PARA LA REFLEXIÓN

«La ironía final —y la espantosa posibilidad futura— es que esas plantas de montaje con costes laborales bajos establecidas por compañías extranjeras en el sudeste asiático pueden quedar un día inutilizadas por una intensificación de la revolución robótica en Japón. Tal vez hoy esto nos parezca exagerado. (...) Consideremos el notable vuelco de la situación conseguido por una fábrica de radiocasetes en Sendai, Japón, en 1985. Víctima del aumento del valor del yen, una aguda escasez local de mano de obra y una feroz competencia de los rivales del sudeste asiático con bajos costes laborales, la compañía se encontró en serios apuros. La dirección rechazó la idea de trasladar la producción a países más baratos y emprendió una automatización masiva instalando no menos de 850 robots industriales. Al poco tiempo, la cadena de montaje necesitaba sólo 16 trabajadores para alcanzar la producción plena, en comparación con los 340 (!) anteriores a la automatización, con lo que la compañía recuperó la competitividad incluso frente a los rivales del sudeste asiático cuyos salarios eran una fracción de los japoneses. (...) La sustitución masiva de obreros industriales no tendrá lugar de la noche a la mañana. (...) Quizá se tarde una generación o más antes que la revolución robótica produzca todo su impacto. (...) No obstante, las consecuencias a largo plazo son perturbadoras y amenazan con exacerbar el dilema global. Si la revolución biotecnológica puede convertir en obsoletas ciertas formas de agricultura, la revolución robótica podría eliminar muchas clases de puestos de trabajo en la producción industrial y el montaje en cadena. En ambos casos, las compañías multinacionales son las beneficiarias del valor reducido de la tierra y el trabajo. Por maravillosas que puedan ser las tecnologías que hay detrás de las nuevas revoluciones agrícola e industrial, ni ofrecen soluciones a la crisis demográfica global ni tienden un puente sobre el abismo que separa el norte del sur. A pesar de todas las dificultades a las que tuvo que enfrentarse, quizá las cosas hayan sido más fácil para la Inglaterra de Malthus.»

P. Kennedy: *Hacia el siglo XXI*. Plaza y Janés, Barcelona, 1993.

PALABRAS CLAVE

- Economía industrializada
- Manufacturas
- Perfil industrial
- Industrialización integral
- Modelo ISI
- Modelo ISE
- Nuevos países industriales
- Fábrica mundial
- División internacional de trabajo industrial

BIBLIOGRAFÍA BREVE

P. Dicken: *Global Shift. The Internationalization of Economic Activity.* P. Chapman, Londres, 1992.

J. Martínez Peinado: *Spain-Taiwan. A Structural Comparison.* Universidad Complutense de Madrid, 1994.

—: *Los nuevos países industriales: ¿Mito o realidad?* En libro colectivo: Nord-Sud: Diagnostic i Perspectivas. La Magrona, Barcelona, 1988.

M. E. Porter: *La ventaja competitiva de las naciones.* Plaza y Janés, Barcelona, 1991.

United Nations Industrial Development Organization: *Industry and Development. Global Report 1993/94.* Viena, 1993.

J. M. Vidal Villa y J. Vilaseca: *América Latina y el Desarrollo.* Universidad de Barcelona, 1991.

J. Vilaseca i Requena: «La integración económica y sus efectos en el desarrollo económico», *El Trimestre Económico,* n.º 243 [vol. LXI (3)], México, 1994.

CAPÍTULO 16
La terciarización de la economía mundial

En los capítulos anteriores se ha estudiado el desarrollo de las fuerzas productivas en la infraestructura del Sistema Mundial en los ámbitos de la producción. Se ha tratado, así, la extracción de recursos naturales convertidos en mercancías, la producción de la tierra y la producción de mercancías industriales. Esta actividad económica se engloba tradicionalmente en los llamados *sectores primario y secundario*. Sin embargo, la población realiza multitud de actividades económicas que no se pueden encuadrar en estos sectores, puesto que en ellas no se trata de producir mercancías materiales, sino de hacer posible su distribución y circulación u ofrecer servicios a la reproducción de la fuerza de trabajo. Además, la sociedad tiene que dedicar parte de su esfuerzo y recursos, es decir, parte de sus fuerzas productivas, a realizar actividades no económicas esenciales para el funcionamiento de la superestructura que regula y permite la reproducción de la formación social y de su base económica.

Todo este conjunto de actividades económicas y no económicas no productivas configura el llamado *sector terciario*, que ha adquirido gran importancia cuantitativa y cualitativa en el desarrollo capitalista en las últimas décadas. Es, pues, un sector «económico» reciente, muy heterogéneo y con una problemática definitoria y empírica muy compleja.

Esta complejidad hace imposible resumir en pocas páginas el tratamiento tecno-económico de las variadas actividades terciarias. En el presente capítulo se aborda el estudio de este sector desde una perspectiva tanto teórica como descriptiva que permita explicar su gran dinamismo en la economía mundial ligándolo con la dinámica de la acumulación de capital.

16.1. CONCEPTO Y CLASIFICACIÓN DE ACTIVIDADES TERCIARIAS

En el sector terciario se incluyen una serie de actividades económicas y no económicas que incluyen desde el comercio y los transportes hasta los servicios públicos y privados. De hecho, es un sector más definido negativa que positivamente: se consideran terciarias aquellas actividades que no suponen ni la explotación de la Naturaleza ni la transformación industrial.

El estudio de tales actividades por parte de la ciencia económica es reciente, ya que la propia importancia económica del sector no se hizo patente sino desde hace unas décadas. Los autores pioneros en su estudio (Fourastié, Fisher, C. Clark) escribieron desde los años treinta sobre la terciarización de la economía como una fase superior del progreso, tras los estadios primario (dependencia de la Naturaleza) y secundario (expansión de la industria) por los que atraviesa el desarrollo económico y social. Así, no es que las actividades terciarias sean nuevas (Adam Smith y los demás clásicos las tuvieron presentes como *trabajo improductivo*), sino que sólo cobran importancia a partir de un determinado nivel de progreso, aquel que permite dedicar menos esfuerzo a las tareas propiamente productivas. Pero a la hora de definir estrictamente el sector, no pudieron aportar una concepción teórica homogénea y comprensiva. Así, para Fisher la producción terciaria sería un «vasto residuo variado de actividades, dedicadas principalmente a la *producción de servicios*, abarcando desde los transportes y el comercio, pasando por las diversiones y educación, hasta las formas más elevadas del arte creador y la filosofía». El criterio definitorio de Fourastié fue el de las actividades con progreso técnico débil o nulo (frente al nivel medio del sector primario y el máximo del secundario), como son «el comercio, la administración, la enseñanza, las profesiones liberales y gran número de oficios manuales». C. Clark, por su parte, tampoco ofreció sino una enumeración similar de actividades.

El gran dinamismo del sector, que ha cuestionado algunos de los primeros criterios definitorios, ha demostrado que, como escribió Clark, la «economía del sector terciario está por escribir».

En la búsqueda de una definición lo más aceptada y comprensiva posible de tan vasto y heterogéneo conjunto de actividades, la identificación más comúnmente asumida es:

Economía terciaria = Economía de los servicios

¿Qué son exactamente los servicios?

Los servicios son prestaciones de trabajo con las siguientes características:

- — No pueden ni almacenarse ni incorporarse a otra producción. Desaparecen en el mismo instante de su realización. Tampoco proceden de una producción anterior (no transforman materias preexistentes).
- — Suponen una relación directa entre productor y consumidor.
- — Su utilidad y valor de uso dependen de la manera en que se realizan, tanto desde el punto de vista espacial (proximidad) como desde la óptica temporal (duración, disponibilidad, frecuencia).

Estas características determinan tipologías de servicios, aunque también introducen problemas de identificación, puesto que hay servicios que no se ajustan a todas las características anteriores, como es el caso de la educación o la salud (que son «acumulables») o la información (que ya no exige la proximidad), etc. En definitiva, la opción metodológica más extendida ante la ambigüedad conceptual es el establecimiento de una tipología más o menos teórica o descriptiva.

Existen diversas clasificaciones o tipologías de actividades terciarias. Entre las más significativas caben destacar:

— La de las Naciones Unidas, a efectos de comparabilidad estadística internacional que incluye:

- El comercio al por mayor y al por menor, hoteles y restaurantes.
- El transporte, almacenamiento y comunicaciones.
- Los establecimientos financieros, seguros, bienes inmuebles y servicios prestados a las empresas.
- Los servicios comunales, sociales y personales.

— La de Browning y Singelmann, que distinguen, en base al destino, los siguientes:

- *Servicios distributivos*: transporte y depósitos; comunicaciones; comercio mayorista; comercio detallista.
- *Servicios de producción*: bancarios, créditos y otros servicios financieros; seguros; bienes raíces; servicios de ingeniería y arquitectura; contabilidad; servicios comerciales diversos; servicios legales.
- *Servicios sociales*: servicios médicos y de salud; hospitales; educación; servicios de bienestar y religiosos; organizaciones no lucrativas; servicios postales; gobierno; otros servicios diversos sociales y profesionales.
- *Servicios personales*: servicios domésticos; hoteles y alojamientos; restaurantes, bares y similares; servicios de reparación; lavandería; peluquería; servicios de esparcimiento y recreo; otros servicios personales diversos.

— La de P. Petit, que los clasifica de la siguiente manera:

- *Servicios a las empresas*: contabilidad; investigación y desarrollo; ingeniería; publicidad.
- *Servicios a las economías domésticas*: hoteles; restaurantes; cuidado personal; esparcimiento; reparaciones.
- *Servicios colectivos*: sanidad; educación; administración; defensa; organizaciones sin fines de lucro.
- *Servicios de integración y mediación*: comercio; transporte; comunicaciones; seguros; establecimientos financieros.

— La clasificación funcional de P. Gutiérrez Junquera, que atribuye nuevas características definitorias según sean intensivos en capital o trabajo, servicios sobre cosas o sobre personas, y con destino intermedio o final, es la siguiente:

- *Servicios infraestructurales de conexión general*: comprende los transportes y comunicaciones.
- *Servicios de conexión productor-consumidor*: son los servicios comerciales que comprenden el comercio, la publicidad y relaciones públicas, los estudios de mercado, el alquiler de inmuebles, el alquiler de bienes muebles, y los servicios postventa.
- *Servicios auxiliares a bienes de conservación*: corresponden a los sectores de almacenamiento, reparaciones y limpieza y conservación.
- *Servicios financieros de circulación del capital*: comprenden las instituciones financieras, el asesoramiento financiero, los seguros y otros intermediarios financieros.
- *Servicios especializados a empresas* (excluidos los comerciales y financieros): corresponden a la administración y gerencia, la contabilidad y auditoría, servicios de personal, servicios técnicos, de computación, legales y de seguridad.
- *Servicios sociales*: la educación privada y pública, la sanidad privada y pública, y otros servicios.
- *Servicios generales de las Administraciones Públicas*: ley y orden y servicios económicos.
- *Servicios personales*: hoteles y restaurantes, cuidado personal, servicios recreativos y culturales, otros servicios personales y servicios domésticos.

— Por último, y en la línea teórica desarrollada en la Parte Primera de este libro, se hace necesario vincular cualquier tipología del sector terciario tanto a la esfera de producción y circulación del capital como a su reproducción global. Por tanto, se pueden agrupar las actividades improductivas de la siguiente forma:

- Actividades relacionadas con la *circulación del capital-mercancías*: comercio al por mayor y al por menor, almacenamiento y transporte [1].
- Actividades relacionadas con la *circulación del capital-dinero*: establecimientos financieros bancarios y no bancarios.
- Actividades relacionadas con la *organización y gestión del capital productivo*: contabilidad, ingeniería, etc.
- Actividades vinculadas a la *realización del capital y de la ganancia*: publicidad, servicios postventa, etc.
- Actividades de *reproducción global de la estructura económica*: en ellas cabe distinguir:

[1] Desde el punto de vista de modificación del valor de la mercancía, el transporte es, en la economía política marxista, una actividad productiva.

1. Las ligadas a la *gestión del Estado* (incluye los servicios colectivos como salud y educación), coerción (fuerzas armadas, policía, judicatura, etc.), administración política, etc.
2. Las necesarias para la hegemonía cultural e ideológica del bloque social y la cohesión de la *conciencia social*: arte, deporte, religión, espectáculos, turismo, medios de comunicación de masas (radio, TV, prensa, etc.), esparcimiento...

- Actividades destinadas a la *producción y reproducción directa de la fuerza de trabajo*: servicios domésticos y personales.

El conjunto de los cuatro primeros tipos de actividades es el sector terciario económico, ya que está vinculado directamente a la (re)producción del capital, mientras que los dos últimos tipos se refieren especialmente a la regulación de la fuerza de trabajo y a la población no activa. En cualquier caso, la articulación de todas estas actividades se realiza en el contexto de la capitalización (directa o indirecta) que involucra tanto a los capitales privados como al «capital público» del Estado, como se verá en el último apartado de este capítulo.

En cualquier caso, es necesario distinguir lo que es una actividad terciaria, que puede ser realizada dentro o fuera del sector terciario, de lo que es propiamente dicho sector. Así, tanto en el sector primario como en el secundario se realizan una serie de actividades no directamente transformadoras de las mercancías, pero necesarias para el proceso productivo de las empresas en esos sectores. Los trabajadores que realizan tales tareas no se consideran encuadrados en el empleo del sector terciario, sino en el correspondiente primario o secundario. De ahí, de nuevo, la ambigüedad definitoria y estadística del sector, puesto que si el servicio prestado en una empresa «secundaria» se contrata a una empresa «terciaria» (dedicada exclusivamente a la prestación de ese servicio) dicha actividad (y el empleo a que da lugar) sí que se contabiliza en el sector terciario («servicios a empresas»). Esta posibilidad es fundamental para entender el crecimiento del sector a partir de su capitalización.

16.2. DESARROLLO CAPITALISTA Y TERCIARIZACIÓN

La importancia de las actividades terciarias ha ido creciendo con el desarrollo capitalista, especialmente a partir de su segunda fase, debido fundamentalmente a tres factores:

a) El desarrollo del capital financiero y por tanto de las actividades con él relacionadas.

b) La intervención creciente del Estado en la economía, con el consiguiente desarrollo de diversos servicios públicos y del aumento de los aparatos estatales (incluido el militar).

c) El desarrollo de las fuerzas productivas característico de la segunda Revolución Industrial y, posteriormente, de la actual revolución tecnológica que ha supuesto, por una parte, la necesidad de desarrollar nuevas actividades no productivas relacionadas con la producción, y, por otra, la posibilidad de dedicar más parte del trabajo social a las tareas terciarias al aumentar la productividad física en la agricultura y la industria.

Así, el sector terciario ha adquirido cada vez mayor peso en el Producto Interior Bruto y en el empleo en las sociedades capitalistas, llegando a convertirse en el sector más importante de sus economías nacionales e incluso en algunos casos extremos, como EE.UU., Gran Bretaña o Francia, aportando dos terceras partes o más del PIB y empleando a más del 70 por 100 de la población activa. Y este fenómeno no ha sido exclusivo del Centro del Sistema, ya que el desarrollo capitalista en la Periferia también ha provocado un proceso de terciarización allá donde se ha dado con más ímpetu. Esta tendencia queda reflejada en el Cuadro 16.1.

Las diferencias entre la terciarización en el Centro y en la Periferia son, sin embargo, de gran importancia cualitativa.

En las sociedades capitalistas centrales, la terciarización está ligada a:

— La ampliación de la escala de la producción asociada al modelo fordista.

— La expansión comercial y financiera exterior asociada al neoimperialismo.

— La regulación de la demanda vehiculizada a través del pacto Estado-Monopolios-Sindicatos, que da un extenso protagonismo al Estado en la producción de bienes y servicios directamente o a través de empresas públicas.

— La implantación del modelo de producción flexible que profundiza y amplía las necesidades de los servicios al consumidor en mercados segmentados, y de los servicios de producción asociados a la robotización, diseño, eliminación o minimización de stocks en la técnica *just-in-time*, etc.

El gran desarrollo de las actividades terciarias ha estado, pues, ligado a la propia dinámica de la acumulación autocentrada del capital, que con el desarrollo de las fuerzas productivas y la división internacional del trabajo agrícola e industrial ha reducido ostensiblemente la necesidad del trabajo productivo material a las poblaciones de los países del Centro. Y ha llevado, en este contexto, a hablar de la *sociedad postindustrial*, que sería una sociedad en la que predomina la producción de servicios sobre la pro-

Cuadro 16.1. La importancia creciente del sector terciario.

País	Aportación al PIB				Crecimiento anual				Fuerza trabajo	
	1960	1970	1991	1997	1960-70	1970-80	1980-91	1990-97	1965	1989-91
EE.UU.	58	63	69*	71	4,3	3,3	1,7	4,9	57	71
Japón	42	47	56	60	11,7	4,9	3,7	2,0	37	59
Alemania	41	47	59	44	4,2	3,5	2,6	2,8	38	66
Francia	52	—	68	71	5,7	—	2,9	3,3	39	73
Reino Unido	53	53	66**	67	2,7	—	—	—	48	78
España	40	49	62	—	7,2	—	—	–13,1	27	57
México	55	59	61	68	7,0	6,3	1,3	1,9	25	47
Brasil	49	49	51	50	—	7,8	3,2	3,7	33	47
Perú	45	50	56	56	6,8	4,6	–0,9	5,8	28	53
El Salvador	49	48	66	60	6,5	4,0	1,1	7,5	21	55
India	30	33	41	43	5,2	4,6	6,7	7,5	15	27
China	—	28	32	29	—	6,1	11,2	9,5	10	13
Bangladesh	31	37	48	53	3,8	3,8	5,6	5,8	10	34
Rep. de Corea	41	45	47	51	8,4	8,8	9,3	7,8	25	50
Indonesia	32	36	39	41	8,0	7,7	6,8	7,5	17	38
Egipto	46	42	52	53	5,1	17,5	6,2	3,8	30	44
Mali	35	28	43	34	—	6,9	2,4	1,8	3	13
Burundi	—	19	29	24	—	3,5	5,4	–3,0	7	6

* 1987. Estimación de NN.UU.: *Anuario Estadístico de Cuentas Nacionales*, 1988.
** 1986. Ídem.
Fuente general: Banco Mundial: *Informe sobre el Desarrollo Mundial*, 1980, 1993, 1998-1999 y 2000. Para el porcentaje de la fuerza de trabajo en el sector servicios en 1989-1991: PNUD: *Informe sobre el Desarrollo Humano*, 1993.

ducción de productos materiales. Contra dicha concepción se puede argüir que muchos de los servicios predominantes en la sociedad «postindustrial» (como el comercio, finanzas, etc.) están asociados a la producción material, sin cuyo avance acabarían perdiendo peso y sentido.

En las sociedades de capitalismo periférico, por su parte, los anteriores factores de terciarización no tienen, en gran medida, razón de ser y el crecimiento terciario en ellas está más ligado a la pervivencia de modos precapitalistas (el mercantil simple, por ejemplo), a la marginación y al sector informal urbano o a una intervención estatal obligada por las exigencias más básicas de la superestructura (incluida la coerción militar-policial), que a un desarrollo postindustrial. De ahí que, en el contexto periférico, de lo que hay que hablar es de una *hipertrofia del sector terciario*.

El Cuadro 16.2 refleja estas diferencias en la terciarización del Centro y de la Periferia, aunque existe una gran dificultad estadística para la medición y comparación homogénea de estos fenómenos. En él se puede constatar cómo el sector financiero diferencia ampliamente a los países más desarrollados de los menos desarrollados, etc.

En suma, si el crecimiento del sector terciario en el Centro es resultado de que cada vez hace falta menos esfuerzo productivo material, pero más esfuerzo para realizar y regular la producción, y en la Periferia es resultado de que cada vez hay menos medios de producción para una población creciente, en tal crecimiento de las actividades terciarias cabe ver reflejado el esfuerzo creciente que exige la reproducción de la estructura económica capitalista, creciente por sus contradicciones también en aumento, de tal manera que se podría decir que el sector terciario ha crecido

Cuadro 16.2. Producción y empleo en los subsectores terciarios.

País	6		7		8		9		G
	%PIB	%PEA	%PIB	%PEA	%PIB	%PEA	%PIB	%PEA	%PIB
Egipto	20,1	8,4	10,1	4,9	2,0	1,6	16,3	19,4	(1)
Bangladesh	8,9	8,1	6,8	2,5	9,3	0,5	7,9	6,8	4,5
Malawi	13,5	2,7	5,9	0,7	6,5	0,2	4,2	4,2	12,8
El Salvador	16,4	8,8	6,0	4,9	8,2	1,7	6,7	12,1	13,8
Bolivia	11,0	27,6	6,6	6,9	13,7	0,9	3,6	29,3	14,2
México	26,7	16,1	6,2	4,3	10,1	3,3	8,7	21,1	9,3
Corea del Sur	12,2	21,9	7,6	5,2	11,8	5,8	4,1	15,3	7,2
EE.UU.	17,8	20,6	6,0	5,5	20,6	10,4	8,7	35,0	11,3
Japón	14,3	21,8	6,0	5,9	15,0	8,3	12,5	21,3	7,9
Francia	14,2	15,4	6,3	5,7	17,5	9,1	5,0	28,4	16,5
España	18,3	19,2	6,1	5,2	13,4	5,4	8,7	22,9	11,5

6: Comercio al por mayor y al por menor, hoteles y restaurantes.
7: Transporte, almacenamiento y comunicaciones.
8: Establecimientos financieros, seguros, bienes inmuebles y servicios prestados a las empresas.
9: Servicios comunales, sociales y personales.
G: Servicios proporcionados por el gobierno.
(1) Incluido en el porcentaje, PIB de 9 (16,3).

Fuente: Para la aportación al PIB, NN.UU.: *Anuario Estadístico de Cuentas Nacionales*, diversos años, y para la participación en la PEA, OIT.: *Anuario de Estadísticas del Trabajo*, diversos años. Los años que corresponden a las estimaciones no coinciden en general, pero todos están comprendidos en el período 1985-1992. Los porcentajes son sobre el PIB expresado en precios constantes de 1980.

porque al capitalismo le es cada vez más difícil reproducirse en la sociedad mundial con la estructura Centro/Periferia.

16.3. SERVICIOS, CAPITAL E INFRAESTRUCTURA

De la propia definición de sector terciario como sector proporcionador de servicios se desprende una aparente contradicción lógica al considerar el desarrollo de las fuerzas productivas (materiales) en las actividades improductivas (inmateriales). ¿Por qué se trata aquí el sector terciario en la infraestructura del Sistema? La razón es que los servicios se prestan a partir de o basándose en la existencia de un determinado nivel de progreso material, que a su vez es el que define cuáles son los nuevos servicios necesarios, cuáles los obsoletos y, sobre todo, cuáles son posibles. Por eso la pregunta anterior tiene una respuesta que supera la aparente contradicción productivo/improductivo: la *terciarización* se explica como parte de la infraestructura de una sociedad porque es tanto resultado como mecanismo regulador del *progreso* de dicha sociedad que, a su vez, es el que caracteriza a la infraestuctura social.

Así, la diferencia entre los procesos y grados de terciarización en las economías centrales y periféricas que se ha tratado en el punto anterior se basa infraestructuralmente en niveles de progreso diferentes. De la misma forma, y a nivel subsectorial, el mayor o menor desarrollo de los subsectores terciarios depende del grado de desarrollo de las infraestructuras correspondientes. Por ejemplo:

- — El desarrollo del sector de transportes se basa en la infraestructura material viaria, de tendido ferroviario, de puertos, de aeropuertos, etcétera. Sin carreteras, los coches o los camiones no pueden circular, sin puertos los barcos no pueden atracar, etc.
- — El desarrollo de la prestación de servicios de salud se basa en la infraestructura material sanitaria de hospitales, aparatos médicos de diagnóstico y tratamiento, etc.
- — El desarrollo de los servicos de educación requiere la infraestructura material de escuelas, medios didácticos y pedagógicos, etc.

En general, los costes de las infraestructuras necesarias para el progreso terciario son de una magnitud considerable, y de ahí que el capital privado, que utiliza a su beneficio los servicios, deja en manos del Estado las obras y servicios públicos.

Así, la formación y cualificación de la clase obrera, que en la primera fase del capitalismo corría a cargo de las propias empresas (aprendices, etcétera), pasó a manos del Estado (o de capitales privados que podían rentabilizar la educación) cuando el progreso fue exigiendo una cualificación mayor y la dinámica de la acumulación de capital exigió expandir la alfabetización general para ampliar la oferta de fuerza de trabajo (y poder reducir así el valor del capital variable). El Estado, es decir, todos los contribuyentes, carga con los costes «generales» de la formación de la fuerza de trabajo y el capital privado se beneficia directamente de la cualificación de los trabajadores, desde un peón hasta un ingeniero.

Otro tanto cabría decir de los servicios públicos de salubridad y salud. La sociedad, a través del Estado, financia las infraestructuras e incluso los servicios sanitarios que en este caso cumplen una doble función: reproducción o mantenimiento de la salud de las personas y reproducción o mantenimiento de la fuerza de trabajo y, en este último caso, quien elude este coste de capital variable es el capital privado.

En las actividades del sector terciario económico la relación capital público/capital privado se centra más en la explotación, por parte del capital privado, de las infraestructuras públicas materiales de transportes y comunicaciones, por una parte, y de la regulación pública de los circuitos mercantiles y financieros (que incluyen desde los mercados de abastos hasta los Bancos Emisores Nacionales).

Estos gastos en los que tiene que incurrir el Estado han originado la crisis fiscal generalizada, que a su vez ha puesto en tela de juicio, en los últimos años, la «inversión pública» en este tipo de actividades. Independientemente de los problemas de gestión (burocratización, criterios de rentabilidad, etc.) del sector terciario público, dicho cuestionamiento es más bien producto de las posibilidades coyunturales de obtener beneficio directo de la privatización de los servicios por parte del capital privado. En los últimos años ha sido moneda corriente la privatización de empresas públicas y la exigencia posterior de intervención pública cuando han dejado de generar beneficios.

La relación servicios públicos/gestión privada se sitúa, entonces, en el marco de la capitalización (búsqueda de la ganancia capitalista, directa o indirectamente a través del Estado socializador de costes) que llega a abarcar el máximo de ámbitos de la existencia social. Considérese cómo el ocio (deporte, descanso, espectáculos, turismo) ha pasado a convertirse en gasto o consumo de las mercancías producidas por empresas capitalistas según las leyes características de este modo de producción. En última instancia, la dicotomía público/privado en el capital de servicios se reduce a la necesidad del capital privado de una mayor masa de ganancia que, en ocasiones, tiene que obtener directamente de actividades «improductivas» en manos del Estado, exigiendo entonces su privatización.

Y como la capitalización del sector terciario tiende, así, a completarse, los cambios estructurales propios de su dinámica interna (concentración y centralización del capital, mundialización, etc.) también se manifiestan en la estructura del capital de servicios en prácticamente todos los subsectores:

— En el comercio, la existencia del pequeño comerciante, del mediano (pequeña cadena de supermercados) y de las grandes empresas (cadenas y grandes superficies) reproduce las categorías de jerarquización de capitales y de ganancias a la que conduce la concentración y centralización del capital.
— En el sistema financiero, el proceso de centralización y mundialización bancarias ha sido extraordinariamente intenso en los últimos años, modificando profundamente las características y funcionamiento del capital financiero y la regulación de la circulación monetaria y financiera a escala nacional.
— La concentración e internacionalización de las empresas productoras de ocio y entretenimiento está llevando a la «homogeneización» mercantil a escala mundial: cada vez más población del planeta se ve «obligada» (en el sentido de institución vebleniana) a «pasárselo» igual de mal o de bien de la misma manera, con las mismas películas, los mismos parques de atracciones, los mismos destinos turísticos, la misma información, etc.

En definitiva, los mercados terciarios (los mercados de los diferentes servicios) están tan monopolizados y controlados como los de las diversas mercancías primarias o manufacturadas y las estructuras de propiedad, posesión y apropiación del capital y la ganancia son similares a las de las esferas productivas.

Si bien cabe, en términos abstractos, interpretar el progreso en el sector terciario como un resultado de un estadio superior alcanzado por el progreso material, la concreción a la realidad actual exige comprender su contextualización capitalista, destacando las limitaciones y características de dicho progreso. Sólo así será posible hacer aterrizar en el mundo real las falacias de la sociedad (mundial) postindustrial en la que la nimiedad del esfuerzo productivo permitirá la eclosión de las actividades creativas de toda la humanidad.

APÉNDICE 16.1. ECONOMÍA POLÍTICA DEL TRABAJO IMPRODUCTIVO

¿Qué significa exactamente que el trabajo que una persona realiza es productivo? ¿Depende de la materialidad del «output»? Si se adopta esta óptica, sólo el trabajo invertido en la producción de bienes materiales es productivo. Pero es obvio que la producción no material también genera un output que se vende, genera ganancia y exige trabajo. Además, en la producción material ya no se puede distinguir al trabajador individual del trabajador colectivo y la plantilla de una fábrica de coches, por ejemplo, tiene que realizar tareas vinculadas al taller de producción, al diseño, a la administración, etc. Si además esta fábrica está totalmente robotizada, resulta que no hay ningún trabajador que manipule directamente el objeto de trabajo. Todo el trabajo que hay que realizar es de control, programación, diseño, etc. Si, por la materialidad del coche, se decide que esos trabajos son productivos, ¿por qué no lo son todos los servicios que, de una u otra forma, antes o después, son necesarios para la empresa constructora de coches?

Si, en vez de la materialidad, se adopta la óptica de la creación de valor, trabajo productivo será todo aquel que produce un valor que es intercambiado, independientemente del tipo de valor de uso (material o inmaterial). Pero entonces puede ocurrir que el mismo trabajo sea productivo en unas ocasiones e improductivo en otras. El ejemplo más clásico es el del cantante de ópera cuando canta en la ducha y cuando canta en el teatro: el canto de un aria (el valor de uso) tiene valor en el último caso (lo atestigua el precio de la entrada) pero no en el primero. Así, el trabajo (la actividad del cantante) sería productivo en un caso e improductivo en el otro. Con lo cual se llega a la conclusión de que cualquier actividad puede ser o no productiva: depende.

Y ese «depende» remite al modo de producción. En efecto, si el trabajo es productivo cuando su resultado es intercambiable (por dinero) se está diciendo que ese carácter de ser «productivo» procede del carácter mercantil de la economía. Si se sigue el razonamiento, en la sociedad capitalista el trabajo productivo será aquel que proporciona ganancia al capitalista. Es decir, la productividad o no del trabajo se define por el criterio de la rentabilidad, no por la materialidad.

¿Ganancia o plusvalía? La plusvalía es valor añadido sobre la mercancía en proceso de fabricación. Un servicio, por definición, no sólo es inmaterial, sino que es inmediato y desaparece en el mismo instante de su realización. Aunque tenga valor, en su realización no se crea plusvalor. Sin embargo, los trabajadores de los servicios procuran ganancia a los capitalistas que los han contratado (si no, no se invertiría en los servicios). El ejemplo más clásico en este caso es el del comercio: cuando la mercancía sale de la fábrica, ya tiene en sí todo el trabajo incorporado en su producción y por tanto su valor ($c + v + pl$). El capitalista comercial, que la compra para venderla al consumidor, contrata vendedores. El trabajo de éstos no produce plusvalía (ya está producida), pero proporciona ganancia al empresario comercial. *Aunque desde el punto de vista de la creación de valor y plusvalía su trabajo es improductivo, son trabajadores productivos para el capital (en su fracción comercial).*

¿Cómo es posible producir ganancia sin producir plusvalía? ¿De dónde proviene la ganancia del capitalista comercial, si en el proceso de utilización de su capital no se crea plusvalía?

Marx escribió:

> «El capital-mercancías de comercio —despojado de todas sus funciones heterogéneas tales como las de almacenamiento, expedición, transporte, clasificación, detalle, etc., que pueden ir unidas a él, para limitarlo estrictamente a su verdadera función de comprar y vender— no crea valor ni plusvalía y se limita a servir de vehículo a su realización. (...) Sin embargo, como la fase de circulación del capital industrial constituye una fase del proceso de reproducción (del capital), ni más ni menos que la producción misma, el capital-dinero que opera independientemente en el proceso de circulación tiene que arrojar la misma ganancia anual media que el capital que funciona en las distintas ramas de la producción.» (*El Capital*, tomo III, págs. 276-277 de la edición de FCE.)

Y ofreció un modelo sencillo de explicación a este problema de ganancia sin plusvalía, de la siguiente forma:

Supóngase una economía con sólo dos fracciones del capital, el industrial y el comercial. La tasa media de ganancia es $G' = 20\ \%$ y la tasa de plusvalía es $pl' = 100\ \%$.

El capital industrial invertido es de 900, de la siguiente forma:

$$c = 720 \text{ y } v = 180$$

Como $pl' = 100\ \%$, entonces $pl = 180$. El valor total de la producción es $c + v + pl = 1.080$.

El capital comercial invertido es de 100, esto es, el 10 por 100 del capital industrial. En términos de reparto del plusvalor en forma de ganancia daría derecho a un 10 por 100 del mismo, o sea, a 18.

Por tanto, la ganancia para el capital industrial (9/10 del capital total) es de 180 – 18 = 162. O sea, el precio de producción industrial (pp_i) es:

$$pp_i = c + v + g = 720 + 180 + 162 = 1.062$$

Los comerciantes cargan sobre este pp_i su ganancia (g_c), que era 18 (el 10 por 100 de 180, la plusvalía producida en la industria), con lo que el precio de producción final (pp_f) de la mercancía es:

$$pp_f = pp_i + g_c = 1062 + 18 = 1.080$$

que coincide con el valor producido en la industria. El comercio no ha creado valor.

Si se considera el capital total invertido con la introducción del capital comercial, entonces el valor total en esa economía es:

$V = 1.180$.
$G' = 180/1.000\ (900 + 100) = 18\ \%$.
Ganancia industrial: 18 % (900) = 162.
Ganancia comercial: 18 % (100) = 18.
(Sumatorio de ganancias = 180 = plusvalía total, como debe ser.)
$pp_i = 900 + 162 = 1.062$.
$pp_c = 100 + 18 = 118$.
$pp_f = 1.062 + 118 = 1.180$, igual al valor total V, como tiene que ser.

Por tanto, el comercio no crea plusvalor. ¿Quiere decir eso que no es productivo? No. Lo que eso significa es que, sin producir plusvalor, es productivo para el capitalista comercial, y esa productividad, como toda productividad en el modo de producción capitalista, descansa en la explotación del trabajo asalariado —en este caso en el del comercio—. La diferencia entre la jornada de trabajo y el tiempo de trabajo socialmente necesario para reproducir la FT comercial es lo que determina la cantidad de capital comercial sobre la que se aplica la tasa de ganancia y, por tanto, la ganancia del capitalista comercial. Cuanto más tiempo trabaje el trabajador, más capital-mercancías realiza y esa es la función del capital comercial, por la que socialmente tiene derecho a una retribución en igualdad de condiciones que otros capitales. Y a la dinámica del capital comercial, desde el punto de vista del valor, le afectan de igual manera que al industrial las tendencias a la concentración, centralización, etc. Cuanto más capital-mercancía realice, cuanta más alta sea la tasa de explotación (no tasa de plusvalía, puesto que no se produce plusvalía) de sus asalariados, más masa de ganancia comercial acumulará. Las grandes superficies comerciales y el horario comercial sin límites son estrategias competitivas en la lógica de la acumulación.

Es relativamente fácil imaginar la extensión de este simple modelo explicativo a otros sectores que, siendo necesarios para la realización, circulación, cobertura de riesgos, etc., de la producción capitalista, exigen inversión de capital que a su vez tiene que ser remunerado. El límite de esta remuneración que es extraída de la producción de plusvalía del sector industrial (y agrícola) lo marcará la propia dinámica de la acumulación de capital productor de plusvalor.

RESUMEN

El sector terciario recoge un amplio número de actividades caracterizadas por la inmaterialidad de su producción, lo que lleva a identificar al sector como productor de *servicios*. Sus subsectores principales configuran una tipología cuasi definitoria del propio sector, que incluye el comercio, la hostelería, los transportes y comunicaciones, los servicios a empresas, el sector financiero, los servicios públicos y personales, el ocio, etc. Diversas clasificaciones del sector permiten distinguir un ámbito más económico (vinculado directamente a la acumulación de capital) y un ámbito más social (vinculado a la reproducción de la fuerza de trabajo y a la regulación de la población no activa). El proceso de terciarización ha sido intenso en la economía mundial, aunque asume características diferentes en el Centro, en el que se convierte en el sector principal por aportación al PIB y por generación de empleo, y en la Periferia, en la que la desarticulación con la economía productiva provoca una hipertrofia del sector. La capitalización de las actividades terciarias, sin embargo, supone una reproducción de las contradicciones y tendencias que afectan tanto a las estructuras de propiedad como a los mercados (concentración y centralización, internacionalización, etc.).

LECTURAS PARA LA REFLEXIÓN

«Adam Smith cometió el grave error de intentar la exclusión de los servicios en su definición del producto nacional real. Esta exclusión, junto con otras muchas doctrinas anticuadas, persistió en la definición soviética de la renta nacional hasta que Stalin (octubre de 1952) decretó que ciertos servicios (pero solamente en la economía soviética y no en otra alguna) debían considerarse parte integrante del producto nacional.

El error de Adam Smith no había sido compartido por un filósofo e historiador que escribió sobre Economía cuatro siglos antes, Ibn Jaldún. (...) Ibn Jaldún incluía en su definición de la producción el servicio médico, la educación y la música. Lo que sí excluía de su definición eran las actividades basadas en el fraude, la explotación o la ignorancia, mencionando específicamente la astrología, la alquimia, la búsqueda de tesoros ocultos y los "diversos funcionarios públicos que reciben sus remuneraciones de ingresos públicos viciados por la injusticia, la opresión y la presión fiscal". ¿No es digno esto de meditación en el mundo moderno?»

C. Clark: *Las condiciones del progreso económico.* 3.ª edición, Alianza, Madrid, 1967, nota 2, pág. 33.

«Apoyándose en la clásica clasificación ternaria de las actividades económicas que distingue actividades primarias (...), secundarias (...) y terciarias (...), Colin Clark y Fourastié formularon una teoría general de las fases de la evolución, que puede resumirse como sigue: en una primera fase, el desarrollo del secundario se opera a partir de un decremento del primario; en una segunda fase, el terciario releva al secundario y su participación relativa en el conjunto de las actividades aumenta cada vez más rápidamente, reduciendo las participaciones relativas del primario e incluso del secundario.

En realidad, esta clasificación constituye un mal instrumento de análisis, porque está basada en una visión "positivista-empirista" estrecha. (...) En cuanto a los países subdesarrollados, sin embargo, ni la tesis apologética de Colin Clark ni la marxista de Baran y Sweezy [de absorción del excedente mediante el despilfarro] permiten responder a la pregunta que plantea la hipertrofia del terciario. (...) La hipertrofia del sector terciario es, pues, simplemente la manifestación de una ley específica de la superpoblación de la Periferia, que resulta de la extraversión y de los mecanismos que excluyen de la producción a una fracción creciente de la fuerza de trabajo.»

S. Amin: *El desarrollo desigual.* Fontanella, Barcelona, 1978, págs. 233-237.

PALABRAS CLAVE

- Actividades improductivas
- Capital humano
- Servicios
- Terciarización
- Hipertrofia
- Sociedad postindustrial

BIBLIOGRAFÍA BREVE

J. Gershuny e I. Miles: *La nueva economía de servicios. La transformación del empleo en las sociedades industriales.* Ministerio de Trabajo y Seguridad Social, Madrid, 1988.

P. Gutiérrez Junquera: *El crecimiento de los servicios.* Alianza, Madrid, 1993.

A. Moreno y S. Escolano: *El comercio y los servicios para la producción y el consumo.* Síntesis, Madrid, 1992.

P. Petit: *El crecimiento lento y la economía de los servicios.* Ministerio de Trabajo y Seguridad Social, Madrid, 1987.

CAPÍTULO 17
La crisis en la infraestructura sistémica

Dolors Casares Vidal

En los anteriores capítulos dedicados a la infraestructura del Sistema Mundial se han ido poniendo de manifiesto los grandes problemas sectoriales que afectan a la base natural de la economía mundial. En este capítulo se recogen sintéticamente las visiones globales sobre esta problemática aportadas por economistas e instituciones como el Club de Roma, la Comisión de las Naciones Unidas para el Medio Ambiente y el Desarrollo, etc., que confluyen en plantear la necesidad de otro tipo de desarrollo, el desarrollo sostenible, como única posibilidad de mantener el equilibrio de los ecosistemas para las generaciones actuales y futuras. Y también se exponen las posibilidades reales de dicho tipo de desarrollo en el contexto del modo capitalista de producir, distribuir y consumir.

17.1. LOS LÍMITES AL CRECIMIENTO Y EL DETERIORO MEDIOAMBIENTAL

La reproducción del modo de producción capitalista está basada en la acumulación de capital, originada por la capacidad de producir mercancías para ser vendidas a un precio que genere una tasa y una masa de ganancias adecuadas, que le permita al propietario del capital seguir acumulando y por tanto expandiendo su capacidad productiva en el tiempo y en el espacio. Sintetizando, se produce para generar beneficios y no para cubrir necesidades; se argumentará que sólo serán vendidas aquellas mercancías que sirvan para satisfacer necesidades concretas, pero lo cierto es que la forma de cubrir dichas necesidades varía, dicha variación está condicionada por el modo de producción dominante en una formación social concreta. Actualmente domina el modo de producción capitalista en su fase monopólica y mundializada, los productos-mercancías ofrecidos al mercado irán acompañados de la campaña publicitaria pertinente, con el objetivo de potenciar su consumo a escala planetaria, así se manipula al consumidor.

Así pues, la dinámica del sistema económico se basa en el crecimiento de la producción y el consumo; el crecimiento económico es un objetivo en sí mismo, es la gran meta a conseguir.

Se puede formular la siguiente pregunta: ¿dicho crecimiento económico es ilimitado? Por otra parte, siempre se ha puesto mucho énfasis en el crecimiento cuantitativo, sin tener en cuenta variables que recojan el crecimiento cualitativo, es decir, la mejora en la calidad de vida del conjunto de la población que habita la *Nave Espacial Tierra*, como la denomina el economista norteamericano Kenneth E. Boulding[1]. Si el punto de mira se modifica y se atiende más a la calidad que a la cantidad, lo que se observa es la existencia de profundos desequilibrios:

— Desequilibrios en el reparto del producto a escala mundial: la brecha entre Centro y Periferia es cada día más amplia y, según el *Informe sobre el Desarrollo Humano* del PNUD de 1999, los países ricos han duplicado en 30 años la distancia que les separa de los pobres. Por otra parte, también en el propio Centro del Sistema se configuran grandes bolsas de pobreza y marginación, con un número de pobres creciente: Estados Unidos tiene un 16,5 por 100 de pobres y el Reino Unido el 15 por 100.

El 20 por 100 de la población mundial de altos ingresos posee el 86 por 100 del PIB mundial.

El 20 por 100 más pobre tiene el 1 por 100.

Las tres personas más ricas del mundo poseen activos que valen más que el PIB de todos los países menos desarrollados y sus 600 millones de habitantes.

— Desequilibrios ecológicos: el agujero en la capa de ozono, el efecto invernadero que será uno de los principales causantes del cambio climático, la contaminación de los mares y ríos, etc., son algunas manifestaciones de los graves desequilibrios del ecosistema planetario.

— Desequilibrios poblacionales: gran crecimiento de la población en los países de la Periferia, y estancamiento en los países del Centro.

— Desequilibrios mentales: el capitalismo ha generado una forma de vida específica, basada en un sistema de valores y una cultura en la cual predomina la competitividad, el individualismo, el conseguir por encima de cualquier otro objetivo un elevado estatus material, la felicidad la proporcionan «los objetos». Todo ello ha ocasionado enfermedades de civilización provocadas por el stress, la incomunicación, la soledad, la violencia, etc.

Este conjunto de desequilibrios muestra los límites de este «gran objetivo» de mantener un crecimiento económico cuantitativo proyectado al infinito. Incluso los creadores de la Economía Política se plantearon la imposibilidad de crecimiento ilimitado y teorizaron sobre el estado estacionario.

La ecología

La ecología estudia las rocas, las plantas, los animales y también los factores físicos y químicos del ambiente, por lo que reciben el nombre de factores ambientales. Pero el objeto de estudio de la ecología son los ecosistemas que definimos como las unidades formadas por la totalidad de organismos (animales y plantas) que ocupan un medio físico concreto (un lago, un río, una selva, etc.) que se relacionan entre sí y también con el medio. Así el ecosistema habrá que entenderlo como un conjunto de ele-

[1] Kenneth E. Boulding: «The Economics of the Comming Spaceship Earth», en: *Environmental Quality in a Growing Economy*, Garret de Bell, Ballantine, Nueva York, 1970.

mentos bióticos (animales y plantas) y elementos abióticos (factores ambientales) los cuales interactúan modificándose de forma continua.

Al ecólogo le interesan los seres vivos en tanto que forman parte de la comunidad. Quiere conocer las relaciones entre los seres vivos y el medio. El mayor ecosistema lo constituye el Universo, pero por lo inabarcable consideraremos a la biosfera, la cubierta viva del planeta, como el mayor ecosistema.

La característica más importante de los ecosistemas es su estado constante de equilibrio dinámico, que tiende hacia la estabilidad. Dicho equilibrio se basa en el que poseen los elementos que lo integran, de tal modo que si se modifica alguno de ellos, necesariamente se producirá una alteración en el resto.

Los seres humanos con nuestras actuaciones alteramos estos equilibrios introduciendo cambios importantes en la biosfera. Las consecuencias de dichas alteraciones pueden ser dramáticas para muchas especies, incluida la humana.

Siguiendo los análisis de P. R. Ehrlich[2] podemos comprender que los *flujos de energía que se producen en los ecosistemas planetarios* se rigen por las leyes que define la ciencia de la termodinámica.

La energía es la esencia de la vida, y adquiere múltiples formas. La transformación de una forma en otra se denomina flujo de energía. La ciencia de la termodinámica es la que estudia la contabilidad energética, es decir, el rastro que sigue la energía en su proceso de transformación. Por ejemplo, las plantas transforman el flujo de energía en materia del siguiente modo: la luz del sol les permite realizar la fotosíntesis a través de la cual se elabora la clorofila; en este proceso se genera gran cantidad de oxígeno que es liberado a la atmósfera haciéndola habitable. Además, las plantas son la base alimentaria animal y humana. Aquí vemos una de las funciones claves de la energía solar. Por otra parte, siendo el suelo el sustento de las plantas, del que reciben los nutrientes necesarios para su crecimiento, a su vez con sus raíces le dan firmeza impidiendo así el deslave y la desertización. (Resumiendo: la energía solar da vida a las plantas a través del proceso de fotosíntesis, mediante el cual se mantienen los equilibrios entre el oxígeno y el dióxido de carbono en la atmósfera, al mismo tiempo que permiten evitar la desertización del planeta.)

La termodinámica define dos leyes que rigen el funcionamiento de la energía:

— La primera ley, conocida como la ley de la conservación de la energía, dice que ésta no se puede crear ni destruir; así pues, es erróneo utilizar el término «consumo energético»: la energía se utiliza pero no se consume.

— La segunda ley afirma lo siguiente: todos los procesos físicos, naturales y tecnológicos, ocurren de tal manera que la disponibilidad de la energía implicada decrece. Por ejemplo, cuando se quema petróleo para hacer funcionar un automóvil la energía potencial del petróleo se transforma en mecánica, química, radiación electromagnética; no obstante, los gases que se desprenden del tubo de escape no son reutilizables como fuente energética. Se dice que la energía se ha degradado ya que ha decrecido la cantidad de energía utilizable aunque la cantidad no haya disminuido, lo que ha disminuido es su disponibilidad. A esta pérdida se la denomina entropía. Se puede afirmar que todos los procesos físicos ocurren de tal manera que la entropía del Universo aumenta.

Así pues, lo que se consume cuando se usa energía es su disponibilidad para realizar un trabajo útil.

¿Cuál es la relación de todo lo antedicho con la economía?, con la «oikoenomia» por primera vez descrita por Aristóteles como el estudio de la administración de la casa. Si consideramos nuestra casa al planeta Tierra que nos sirve de hábitat, la economía tendría que ser la ciencia que estudia la forma de administrar los recursos que contiene el planeta, para poder satisfacer las necesidades de toda la población. Por lo anteriormente descrito este gran objetivo se aleja mucho de la realidad.

Los teóricos de la economía no incorporan en sus análisis los elementos de la naturaleza, así como sus límites, como si ésta fuera un don que se posee de forma espontánea y que se puede utilizar indiscriminadamente. Siguiendo a Nicholas Georgescu-Roegen, en los procesos económicos se intercambia materia y energía con el resto del universo material. Así pues, el proceso económico recibe (utiliza) recursos naturales valiosos y despide desperdicios sin valor. Desde el punto de vista de la termodinámica, la materia energía entra en el proceso económico en un estado de baja entropía y sale en un estado de alta entropía.

Según lo señalado anteriormente, para analizar los límites de la acumulación de capital se han de tener presentes los límites que impone la propia Naturaleza en la utilización de los recursos que contiene, y esto implica tener en cuenta la relación biunívoca que se establece entre la sociedad y la Naturaleza, relación que ha sido históricamente cambiante, y que está condicionada por el modo de producción dominante.

La relación que existía en las comunidades indígenas primitivas, fundamentalmente cazadoras y recolectoras, es muy distinta de la existente actualmente en el capitalismo; en aquéllas se cazaba o se recolectaba en función de las necesidades del conjunto de la tribu. En el capitalismo «se explota» a la Naturaleza para sacarle el mayor rendimiento y así maximizar beneficios, llegándose a mercantilizarla: la tierra se convierte en un bien susceptible de ser comprado y vendido.

---

[2] P. R. Ehrlich y J. P. Holdren: *Disponibilidad, entropía y las leyes de la termodinámica*, en H. E. Daly (Comp.): *Economía, ecología, ética: ensayo hacia una economía en estado estacionario*, Fondo de Cultura Económica/Economía Contemporánea, México, 1989.

El choque de las dos culturas queda patente en la carta que el jefe indio Seattle le remite al presidente de los EE.UU. Franklin Pierce ante la propuesta de compra de las tierras de los Suwamish:

> «¿Cómo podéis comprar o vender el cielo? Esta idea nos parece extraña. No somos dueños de la frescura del aire ni del centelleo del agua. ¿Cómo podríais comprarlos a nosotros? Lo decidiremos oportunamente. Habéis de saber que cada partícula de esta tierra es sagrada para mi pueblo. Cada hoja resplandeciente, cada playa arenosa, cada neblina en el oscuro bosque, cada claro y cada insecto con su zumbido son sagrados en la memoria y la experiencia de mi pueblo. La savia que circula en los árboles porta las memorias del hombre piel roja» [3].

Con el desarrollo del capitalismo la Naturaleza se ha degradado en extremo, el ser humano se ha separado, enajenado, de la misma, se han roto los equilibrios de los ecosistemas. La pregunta pertinente es ¿serán dichos procesos irreversibles?

El estado estacionario

Se entiende por estado estacionario aquella situación en la que no existe crecimiento económico, no crece el producto al no haber una acumulación neta de capital, es decir, no se realiza la reproducción ampliada.

Los economistas clásicos —Robert Malthus (1766-1834), David Ricardo (1772-1823), John Stuart Mill (1806-1873)— analizaron la posibilidad de que sobreviniera el estado estacionario. Como indicó David Ricardo:

> «El proceso de expansión económica podía minar sus propios cimientos, es decir, la acumulación de capital a partir de los beneficios. (...) Conforme cayera la tasa de beneficio, aparecería el estado estacionario, en el que ya no habría acumulación neta» [4].

J. S. Mill fue mucho más cáustico en su posición:

> «No sé por qué habríamos de alegrarnos de que las personas que ya son más ricas de lo que nadie necesita ser doblaran la cantidad de sus bienes de consumo que les producen poco o ningún placer, excepto en cuanto que representan riqueza... Sólo en los países retrógrados del mundo es todavía el aumento de la producción una meta importante.
>
> Me es imposible (...) concebir el estado estacionario de capital y riqueza con la manifiesta aversión con que generalmente lo consideran los economistas de la vieja escuela. Me inclino a pensar que podría ser, en conjunto, una mejora muy considerable respecto de nuestra condición presente. Confieso que no me atrae el ideal de vida presentado por quienes piensan que el estado normal de los seres humanos es el de trepar por la vida; que la situación más deseable para la humanidad es la de pisotearse, aplastarse, arremeterse unos contra los otros y ponerse mutuamente la zancadilla, como ocurre en el tipo de vida social existente, pues tales manifestaciones no son sino alguno de los síntomas más desagradables de una de las fases del progreso industrial» [5].

En estas dos citas el autor hace una crítica a la defensa del crecimiento indiscriminado de la producción, pero va mucho más allá al describir el tipo de valores y comportamiento humano subyacente en la dinámica del sistema económico, como son la acumulación de riqueza, el consumismo y la insolidaridad entre seres humanos, por lo que llega a defender el estado estacionario como una situación deseable en el mundo considerado desarrollado. Esta obra, escrita a mediados del siglo XIX, sorprende por su actualidad y vigencia.

Un siglo después los nuevos enfoques sobre el estado estacionario giran en torno al denominado crecimiento cero, tanto en términos demográficos como en términos de crecimiento del producto.

Los autores pioneros de este enfoque son los norteamericanos Georg Borgstrom, B. Commoner, Garret de Bell y Paul R. Ehrlich, quienes argumentan la necesidad de frenar el crecimiento demográfico hasta llegar al límite «cero» y acompasar el crecimiento económico con un proceso de redistribución de la renta. Todos ellos ponen especial énfasis en la necesidad de frenar la expansión demográfica, pues un crecimiento exponencial como el que se está produciendo a escala mundial, con las evidentes diferencias entre Centro y Periferia, representa una presión cada vez mayor sobre la explotación de los recursos del planeta.

Según Ehrlich, dicho control demográfico no sólo es una necesidad para los países de la Periferia, sino también lo recomienda para los del Centro, especialmente para Estados Unidos. Las razones sobre las que basa su argumentación son las siguientes:

1. Ser el ejemplo. Si Estados Unidos preconiza que los países menos desarrollados controlen su crecimiento demográfico, debe también hacer lo mismo.
2. Por ser Estados Unidos el país que más recursos absorbe del mundo, pudiendo llegar a absorber todos los disponibles.

---

[3] Véase «Lecturas para la reflexión».

[4] William J. Barber: *Historia del pensamiento económico*. Alianza Universidad, Madrid, 1967, pág. 83.

[5] John Stuart Mill: *Principios de Economía Política con algunas aplicaciones a la filosofía social*. Citado por W. J. Barber, *ibíd.*, págs. 95 a 96.

3. El crecimiento conlleva una serie de costes sociales, tales como contaminación y degradación del medio ambiente, que empeoran la calidad de vida del conjunto de la sociedad.

En este planteamiento, más que tratar los límites de la acumulación de capital, se tienen en cuenta los límites que impone la propia Naturaleza, es decir, se empiezan a tener en cuenta elementos de carácter cualitativo. Se rompe con el mito del crecimiento del producto como la gran panacea universal a conseguir por toda sociedad que vive y sobrevive en este planeta.

Aunque ya en el siglo XIX J. S. Mill hablara de los costes que provocaba el crecimiento económico, no podía llegar a vislumbrar lo que está ocurriendo en la actualidad ya que el proceso de industrialización estaba en sus inicios. El análisis de la gravedad de la situación actual la afrontaron, desde los años setenta, los informes del Club de Roma.

Los informes del Club de Roma

El Club de Roma es un foro de estudio y discusión que agrupa a un conjunto de expertos de distintas nacionalidades. En 1968 inició un Proyecto sobre la condición humana.

Su fundador, Aurelio Peccei, director de una empresa de estudios de economía e ingeniería del grupo Montecatini, fue el promotor de la idea, que tuvo desde un principio la asistencia financiera de la fundación Giovanni Agnelli.

El proyecto tenía como principal objetivo:

> «Examinar el complejo conjunto de problemas que en nuestro tiempo preocupan a los hombres de todas las naciones: la pobreza en medio de la abundancia; la degradación del medio ambiente; la pérdida de fe en las instituciones; el crecimiento urbano sin control; la inseguridad en el empleo; la alienación de la juventud; el rechazo de los valores tradicionales; la inflación y otras distorsiones monetarias y económicas»[6].

El Club de Roma tiene su sede en Roma, además de tener oficinas en Ginebra y Tokio; en sus orígenes, para su financiación contó con las aportaciones del Battelle Memorial Institute, así como donaciones de fundaciones como Volkswagen, Ford, Olivetti, etc., lo que significaba que eran grandes propietarios de capital monopólico quienes financiaban estudios de esta magnitud y contenido sobre la pobreza en el mundo, la degradación del medio ambiente, etc. No deja de ser un hecho digno de reflexión, sobre todo si se tiene en cuenta la responsabilidad del gran capital en la degradación del medio ambiente y la mala distribución de la riqueza mundial.

[6] R. Tamames: *La polémica sobre los límites al crecimiento*. Alianza, Madrid, 1974, página 87.

El Club de Roma encargó a un equipo de estudios del Massachusetts Institute of Technology la realización de un trabajo de investigación que analizara la problemática mundial. Dicho equipo estuvo formado por Jay W. Forrester, Donella H. Meadows y Dennis L. Meadows. De su labor investigadora surgió una obra que ha marcado un hito en la historia de la literatura económica: *Los límites del crecimiento*, en la cual presentan los resultados alcanzados con la aplicación de dos modelos econométricos, el World 2 y el World 3.

En esta primera obra, las variables básicas tomadas en cuenta fueron: población, producción agrícola, recursos naturales, producción industrial y contaminación. Las conclusiones a las que llegaron fueron las siguientes:

1. Si la población mundial, la industrialización, la contaminación, la producción de alimentos y la explotación de recursos siguen manteniendo las actuales tasas de crecimiento, sus límites en nuestro planeta se alcanzarán en algún momento dentro de los próximos cien años. Como consecuencia, disminuirá la población y la capacidad industrial.
2. Es posible modificar las actuales tendencias de crecimiento y establecer unas condiciones de estabilidad económica y ecológica capaces de ser sostenidas en el futuro. El estado del equilibrio global puede ser diseñado de tal forma que las necesidades materiales básicas de cada persona sean satisfechas y que cada persona, mujer u hombre, tenga igualdad de oportunidades para realizar su potencial humano individual.
3. Si la población del mundo decidiera encaminarse en este segundo sentido y no en el primero, cuanto antes inicie esfuerzos para lograrlo mayores serán sus posibilidades de éxito[7].

En sus conclusiones, los autores plantean como alternativa el crecimiento cero, es decir, enlazan con los teóricos del estado estacionario.

La publicación de *Los límites del crecimiento* levantó un sinnúmero de comentarios críticos: por una parte, los acérrimos defensores del crecimiento a ultranza no podían estar de acuerdo con un informe que plantea de manera fehaciente la imposibilidad de mantener tales ritmos de crecimiento, pues se ponía en cuestión uno de los pilares básicos sobre los que se asienta el sistema económico: la acumulación de capital y riqueza; por otra parte, surgieron las críticas que ponían en evidencia la imposibilidad de defender el no crecimiento para los países de la Periferia, en los cuales una gran parte de la población pasa hambre y vive en condiciones infrahumanas y que han de trabajar para conseguir un nivel de desarrollo que permita mejorar las condiciones de vida del conjunto de su población. La

[7] Donella H. Meadows, Dennis L. Meadows: *Los límites del crecimiento*. Universe Books, Nueva York, 1972, pág. 24.

cuestión más crucial se centra en cómo utilizar los recursos mundiales para fomentar el desarrollo de todos los pueblos sin excepción.

Y aquí se habla de desarrollo y no de crecimiento, ambos conceptos muchas veces utilizados erróneamente como análogos. El desarrollo es considerado, genéricamente, como aquel proceso que experimenta una sociedad para conseguir el bienestar de su población, relacionándose de forma armónica con el entorno natural, consiguiendo así satisfacer las necesidades materiales y establecer las bases para que todo individuo pueda desplegar su potencial humano, todas sus capacidades puestas al servicio de la colectividad.

Es decir, el desarrollo es un concepto que incluye elementos de carácter cualitativo, mientras que el crecimiento se centra en lo cuantitativo.

Los autores de *Los límites del crecimiento*, junto con Jorgen Randers, han realizado una continuación de dicha obra: *Más allá de los límites del crecimiento* (1991), que es una actualización de la primera[8].

Esta segunda obra parte del presupuesto de la existencia de un ecosistema global, en el cual se reproducen la población y el capital.

El ecosistema global será considerado como un sistema ecológico, que incluye el conjunto de subsistemas que la Naturaleza contiene y que según determinadas leyes de causalidad se reproducen y desarrollan en el espacio y el tiempo, pero además incluye un subsistema económico, integrado por la población y el capital. Todos los elementos de la Tierra, seres humanos incluidos, forman parte de estas complejas redes de interdependencia, existiendo ciclos biológicos de reproducción, pero también ciclos económicos, ambos altamente interrelacionados.

Este conjunto de ciclos interconectados forman una gran maquinaria en la que ninguna pieza se halla aislada, cada una cumple su función.

Entre los esquemas sistémicos del equipo Meadows es interesante resaltar el siguiente:

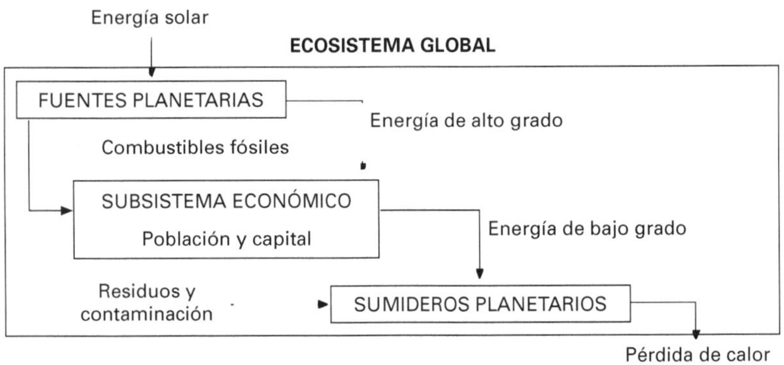

[8] Donella H. Meadows, Dennis L. Meadows, Jorgen Randers: *Más allá de los límites del crecimiento*. *El País*-Aguilar, Madrid, 1992.

En dicho esquema se observan los flujos que se dan dentro del ecosistema global: En su modelo econométrico se asume que la población y el capital tienen un potencial exponencial tanto para su reproducción como para la producción respectivamente. También se asume que estos potenciales no pueden lograrse sin un flujo de energía, y sin los vertidos continuados de contaminación y desperdicios.

La gente necesita alimentos, agua, aire para crecer, para mantener sus cuerpos y para reproducirse. Las máquinas necesitan energía para moverse, minerales, productos químicos, etc., para producir bienes, servicios y para producir más máquinas. De acuerdo con las leyes enunciadas de la termodinámica, los materiales y la energía usados por la población y el capital no desaparecen. Los materiales son reciclados o se convierten en desperdicios y agentes contaminantes. La energía se disipa en calor inutilizable (entropía). Debido a la actividad humana hay un flujo constante de energía desde las fuentes planetarias hacia los sumideros planetarios: mares, ríos, atmósfera y el propio suelo, donde van a parar los residuos y elementos contaminantes Ello quiere decir que muchas veces lo que es una fuente planetaria es, a su vez, un sumidero.

Se afirma que hay límites en las tasas de utilización de las fuentes planetarias por parte de la población humana y el capital. También los hay en la capacidad que tienen los sumideros para absorber todos los residuos que se generan. El problema está en conocer la naturaleza exacta de dichos límites.

El economista del Banco Mundial, Herman Daly, ha definido tres reglas para estudiar dichos límites:

- Para una fuente renovable —tierra, aire, bosques, peces—, el ritmo o tasa sostenible de explotación no puede ser mayor que la tasa de regeneración. De esta forma, por ejemplo, la pesca es sostenible cuando la captura se hace a una tasa que puede ser reemplazada por la restante población de peces.
- Para una fuente no renovable —combustible fósil, minerales de alta pureza, agua fósil del subsuelo—, la tasa sostenible de explotación o uso no puede ser mayor que la tasa a la cual una fuente renovable, usada en forma sostenible, puede sustituir al elemento no renovable. Por ejemplo, un depósito de petróleo sería utilizado en forma sostenible si parte de los beneficios que produce fueran invertidos en forma sistemática en acumuladores solares o en la plantación de árboles, de forma tal que cuando se extinga el petróleo, un flujo equivalente de energía renovable esté disponible.
- Para un elemento contaminante la tasa sostenible de emisión no puede ser mayor que la tasa a la cual el elemento contaminante puede ser reciclado, absorbido o esterilizado por el medio ambiente. Por ejemplo, el sistema de alcantarillado puede desembocar en un lago o río en una forma sostenible a una tasa en la cual el ecosistema natural del agua pueda absorber los nutrientes.

Estos tres criterios pueden servir como punto de referencia para analizar hasta qué punto se utilizan las fuentes de la Naturaleza por encima de lo sostenible y también si es posible absorber los residuos que se generan por los sumideros planetarios.

Los autores del informe al Club de Roma llegan a la conclusión de que ahora se están utilizando recursos y produciendo desechos a tasas que no son sostenibles y además añaden que estas tasas excesivas no son necesarias: con cambios tecnológicos podrían ser en gran parte reducidas. Aunque al final afirman que incluso con dichos cambios tecnológicos el problema reside en la capacidad que pueda tener la Tierra para sustentar a una población que tiene un crecimiento exponencial. Por tanto, actualmente ya se están sobrepasando los límites marcados por los criterios de sostenibilidad.

Las formas de modificar estas tendencias para conseguir un sistema sostenible propuestas por los autores del Informe son las siguientes:

- Los inputs globales de energía y materiales se pueden reducir incrementando su eficiencia.
- Se pueden elevar los límites tanto como sea posible mediante técnicas al alcance del hombre.
- Se pueden mejorar las señales y acelerar las reacciones; la sociedad puede mirar más adelante cuando evalúa los costes y beneficios de las elecciones actuales.
- Se puede prevenir la erosión y, donde ya existe, se la puede revertir.
- El crecimiento de la población y del capital pueden hacerse más lentos y eventualmente detenerse.

Todo ello es necesario para conseguir crear lo que se ha definido como sociedad sostenible: aquella que puede persistir a través de generaciones, que es capaz de mirar hacia el futuro con la suficiente flexibilidad y sabiduría como para no minar su sistema físico o social de apoyo.

En este aspecto los autores engarzan con el Informe Brundtland, realizado por la Comisión Mundial del Medio Ambiente y del Desarrollo el año 1987 y que apareció publicado bajo el título *Nuestro futuro común*, que se tratará posteriormente.

Meadows y Randers se defienden de aquellos que les acusan de apoyar el crecimiento cero, argumentando que no se está en contra o a favor del crecimiento en sí: lo que hay que valorar es el tipo de crecimiento, a quién beneficia, qué objetivos tiene:

> «Una sociedad sostenible aplicaría sus adquisiciones y su mejor conocimiento de los límites de la Tierra para elegir solamente el tipo de crecimiento que sirviera en realidad a los objetivos sociales, reforzando la sostenibilidad. Y cuando cualquier crecimiento físico hubiera cumplido con sus objetivos, sería detenido» [9].

Para que todo ello sea factible, plantean la necesidad de cambios exteriores y cambios en el interior del propio ser humano (cambio de valores), de tal manera que prime lo comunitario sobre lo individual, y que el compartir y la solidaridad sean algo común en el comportamiento colectivo. Todo ello es la base para un desarrollo de la humanidad en su conjunto, de tal modo que se pueda llegar a erradicar la pobreza en el mundo, eliminando el conjunto de desequilibrios mencionados al principio de este capítulo y así llegar a una era de armonía.

17.2. LAS NACIONES UNIDAS Y EL MEDIO AMBIENTE

En 1987 la Comisión Mundial del Medio Ambiente y del Desarrollo, presidida por la noruega Gro Harlem Brundtland, publicó un informe con el título: *Nuestro futuro común* [10], en respuesta a la demanda de la Asamblea General de las Naciones Unidas, en la cual se planteaba la necesidad de realizar «Un programa global para el cambio». El contenido de tal programa, muy brevemente sintetizado, es el siguiente:

- Proponer unas estrategias medioambientales a largo plazo para alcanzar un desarrollo sostenible para el año 2000 y a partir de esta fecha.
- Recomendar que la preocupación por el medio ambiente pudiera traducirse en una mayor cooperación entre los países en desarrollo y entre los países que poseen diferentes niveles de desarrollo económico y social que condujera al establecimiento de unos objetivos comunes y complementarios que tuvieran en cuenta la interrelación entre los hombres, los recursos, el medio ambiente y el desarrollo.
- Examinar los cauces y medios mediante los cuales la comunidad internacional puede tratar los problemas relacionados con el medio ambiente.
- Ayudar a definir las sensibilidades comunes sobre las cuestiones medioambientales a largo plazo y a realizar los esfuerzos pertinentes necesarios para resolver con éxito los problemas relacionados

---

[9] *Ibíd.*, pág. 250.

[10] Comisión Mundial del Medio Ambiente y del Desarrollo: *Nuestro futuro común*. Alianza Editorial, Madrid, 1989.

con la protección y mejora del medio ambiente, así como ayudar a elaborar un Programa de Acción a largo plazo para los próximos decenios y establecer los objetivos a los que aspira la comunidad mundial.

Éstos son los puntos de partida sobre los que se basa el trabajo de la Comisión y que, más adelante, inspirarán la realización de la Conferencia de Río en 1992, denominada «Cumbre de la Tierra».

En el informe presentado por la Comisión se pone de relieve la necesidad de un análisis global de la realidad, ya que las distintas áreas de conocimiento han tendido a compartimentarla (economía, biología, física, ecología y medio ambiente, etc.), de tal manera que cada parcela se ha desarrollado con total ignorancia de las demás. Se trata de efectuar un estudio global, en el sentido de encontrar las interconexiones que existen entre lo económico, lo ecológico, lo social, lo político, etc., para lograr una mayor y mejor aproximación a su conocimiento.

Con este planteamiento de partida se define lo que ha de ser el desarrollo sostenible: aquel que satisfaga las necesidades del presente sin comprometer la capacidad de las futuras generaciones para satisfacer las propias. Es decir, dicho desarrollo tiene sus límites —no absolutos— que son aquellos que impone la capacidad de la biosfera para absorber los efectos de las actividades humanas, así como los que impone la tecnología y la organización social a los recursos del medio ambiente. El desarrollo sostenible exige que se satisfagan las necesidades básicas de toda la humanidad, a lo que han de contribuir los sistemas políticos de carácter democrático que permitan la participación efectiva de los ciudadanos en la toma de decisiones.

Ante la perspectiva de conseguir un desarrollo sostenible, la Comisión centró sus recomendaciones en las áreas de población, seguridad alimentaria, desaparición de las especies y recursos genéticos, energía, industria y asentamientos humanos, hacia las que han de ir dirigidas las distintas políticas a seguir para alcanzar los objetivos propuestos.

Es decir, no se plantea únicamente la realización de análisis teóricos sobre el medio ambiente y el desarrollo; es también un reto a la acción, al cambio de actitudes en las instituciones políticas y económicas nacionales e internacionales, cambio de actitudes en todos los seres humanos, sin lo cual el desarrollo sostenible sería inoperante.

Como punto de partida la Comisión propuso, dentro del ámbito de la Asamblea General de las Naciones Unidas, la elaboración de un Programa para el Desarrollo Sostenible basado en el informe presentado y al mismo tiempo sugirió la convocatoria de varias Conferencias Internacionales con el fin de llegar a acuerdos concretos que hicieran factible el progreso humano.

A partir de esta propuesta, en junio de 1992 se realizó en Río de Janeiro la Conferencia Internacional sobre Medio Ambiente y Desarrollo, también denominada «Cumbre de la Tierra».

La Conferencia de Río [11]

Su objetivo explícito era conseguir un consenso mundial para favorecer la cooperación entre Estados en materia de medio ambiente y desarrollo. Para tal fin se elaboró la Agenda 21, como plan de acción en el cual se especifican las actuaciones concretas a emprender por gobiernos, instituciones no gubernamentales y organismos internacionales. También se incluyen los medios técnicos y financieros necesarios para realizar tal programa.

La Conferencia reunió a 179 países, que decidieron de forma concertada adoptar un compromiso que hiciera factible el futuro desarrollo sostenible de todo el planeta.

Lo más significativo del contenido de la Agenda 21 es el hecho de pedir la cooperación internacional para hacer frente a la pobreza y al deterioro del medio ambiente en el mundo, cambiando las modalidades de consumo en los países más desarrollados, favoreciendo el comercio internacional de los menos desarrollados, protegiendo y fomentando la salubridad, la planificación demográfica, la ordenación urbana...

En el ámbito de la gestión de los recursos el acento se puso en los siguientes temas:

— Protección de la atmósfera.
— Racionalización en la utilización de las tierras.
— Lucha contra la desforestación y la desertización.
— Fomento del desarrollo agrícola sostenible.
— Conservación de la diversidad biológica.
— Gestión de la biotecnología.
— Protección de los océanos y los recursos de agua dulce.
— Gestión de la eliminación de los residuos.

Además de instar a los gobiernos para que asumieran las responsabilidades pertinentes, también se insta a los que son considerados los principales grupos sociales implicados en el desarrollo sostenible a que se sumen con sus actuaciones específicas para hacerlo viable. Entre ellos cabe citar: la mujer, los niños y los jóvenes, las poblaciones indígenas, las organizaciones no gubernamentales, las autoridades locales, los trabajadores y los sindicatos, los comerciantes e industriales, la comunidad científica y tecnológica, los agricultores...

Para llevar a término lo que se prevé en la Agenda 21, son necesarios una determinada cantidad de recursos financieros: de forma indicativa se prevé que su cuantía supera los 141.900 millones de dólares/año, cifra muy superior a la Ayuda al Desarrollo (50.000 millones de dólares anua-

---

[11] Para una información más detallada sobre la Conferencia puede consultarse: M. Keating: *Programa para el cambio*. Centro para Nuestro Futuro Común, Ginebra, 1993.

les). Para poder cubrir dicha carga financiera se reta a los países desarrollados a que cumplan con el objetivo de aportar el 0,7 por 100 de su PIB. También se pide a las organizaciones internacionales, como la Asociación Internacional de Fomento, los bancos regionales de desarrollo y el Fondo de las Naciones Unidas para el Medio Ambiente Mundial, que aporten los recursos necesarios para sufragar los gastos adicionales asociados a la ejecución de los proyectos de la Agenda 21.

La financiación es uno de los caballos de batalla de todo este programa. Los países más industrializados aportan tan sólo un 0,32 por 100 de su PIB conjunto y sólo Noruega, Suecia, Países Bajos, Dinamarca y Francia superan el 0,7 por 100. Estados Unidos aporta un 0,15 por 100 y Japón un 0,32 por 100; es decir, los países más ricos son los que aportan menos porcentaje de su PIB a la ayuda y cooperación.

La Agenda 21 no tiene carácter vinculante, pero sí lo tienen las convenciones marco sobre cambio climático y el convenio sobre biodiversidad. El primero se centra en conseguir un compromiso por parte de los países más desarrollados para limitar las emisiones de gases contaminantes, causantes del efecto invernadero y por tanto del cambio climático. En el marco de dicha convención se desarrolló en Kioto, el mes de diciembre de 1997, el tercer período de la Conferencia de las Partes de la Convención. La primera se realizó en Berlín.

En la Convención de Río de Janeiro se estipuló que para el año 2000 las emisiones de gases contaminantes tenían que alcanzar el mismo nivel de las existentes en el año 1990. Ya en Berlín se observó que este objetivo era del todo insuficiente pera detener el cambio climático, planteándose la necesidad de modificar los acuerdos en una futura conferencia.

El convenio sobre biodiversidad pretende conservar la diversidad en la vida de todo el planeta, es decir, evitar que desaparezcan las especies existentes, así como fomentar el uso sostenible y equitativo de ellas. Éste fue uno de los puntos más debatidos y controvertidos, al negarse EE.UU. a firmar dicho convenio, debido al control que tienen sus multinacionales sobre la biotecnología. Con dicho convenio se obligaba a los países más desarrollados a pagar a los países de la Periferia la utilización de sus recursos genéticos.

Paralelamente a la Conferencia de Río, se realizó en la misma ciudad el Forum Global 92, que aglutinó a numerosas organizaciones no gubernamentales, grupos feministas, ecologistas, etc. Ésta fue una cumbre alternativa y de ella surgieron también un conjunto de acuerdos bajo el título de Tratados del Forum Internacional de Organizaciones no Gubernamentales [12]. En el Recuadro 17.1 se recogen algunas conclusiones de este Forum.

A partir de la Conferencia de Río se han realizado distintas cumbres para tratar problemas específicos relacionados con el medio ambiente, destacando la convención sobre cambio climático de Kioto en 1997 y la de Buenos Aires en 1998.

La cumbre del clima de Kioto, oficialmente denominada «Tercera Conferencia de las Partes del Convenio Marco sobre Cambio Climático de las Naciones Unidas», tuvo lugar del 2 al 11 de diciembre de 1997, reunió representantes de 125 países, lo que la convirtió en la mayor conferencia sobre cambio climático celebrada hasta la fecha [13].

En dicha cumbre se especificó un protocolo legalmente vinculante que pone límites a las emisiones de los principales gases que provocan el efecto invernadero en los países más desarrollados: 39 se comprometieron a limitar sus emisiones durante el período 2008-2012; los países de la UE las deben reducir conjuntamente un 8 por 100, EE.UU. un 7 por 100 y Japón un 6 por 100, Ucrania, la Federación Rusa y Nueva Zelanda las mantendrán, y Noruega, Australia e Islandia las aumentarán en un 1, 8 y 10 por 100, respectivamente. En conjunto la reducción media ha de ser del 5,2 por 100.

Dicha reducción resulta totalmente insuficiente para frenar el proceso de cambio climático, si se tiene en cuenta que para hacerlo sólo las emisiones de dióxido de carbono tendrían que reducirse globalmente en más de un 50 por 100. Por tanto, podemos avanzar que la cifra acordada en el protocolo es tan sólo simbólica, debido en parte al papel que jugaron las grandes multinacionales de la energía y el automóvil, que organizadas en grupos de presión como la Coalición Global del Clima en EE.UU. y la Mesa Europea de Industriales (ERT) en Europa se oponen a cualquier reducción obligatoria de emisiones, y es a ellos a los que hay que atribuir el resultado final de la cumbre. (La BP y la Shell hicieron una valoración de la cumbre muy «positiva».)

De hecho lo que se tendría que impulsar para frenar realmente el cambio climático es un cambio radical en el modelo energético dominante, basado en la explotación de energías no renovables. A pesar de la falta de voluntad para iniciar cambios en esta dirección, se han introducido en el protocolo elementos tales como: el comercio de emisiones, la «ejecución conjunta», según la cual la reducción de emisiones en los países pobres se la pueden apuntar los países ricos, las «emisiones netas» según el cual se pretende calcular para cada país las emisiones industriales de gases invernadero, restando las absorciones netas de dichos gases por los ecosistemas.

La *Convención sobre Cambio Climático de Buenos Aires* en 1998 es la cuarta conferencia realizada en el marco de las Naciones Unidas sobre este tema, con representantes de 180 países. El objetivo de dicha cumbre fue establecer las normas para que se cumpliera el protocolo de Kioto.

---

[12] ONG Internacional Forum: *Els Tractats del Forum Internacional d'Organitzacions no Gobernamentals*. Edición Alternativa Verde, Centro Unesco de Cataluña y otros. Barcelona, 1993.

[13] Juan Carlos Rodríguez Murillo, investigador del CSIC y miembro de la Asociación Española para la Defensa de la Naturaleza (AEDENAT).

En la cumbre de Kioto los EE.UU. defendían que los países menos desarrollados también participaran en los compromisos de reducción de las emisiones de gases. Tales países se negaron rotundamente, argumentando que son los países más industrializados los responsables del efecto invernadero, debido a las emisiones de gases que se han producido desde la Revolución Industrial.

En Buenos Aires surgió de nuevo la confrontación entre ambas posturas, dando lugar a una negociación entre ricos y pobres, como la definió Humberto Cruz, de la asociación ecologista Amigos de la Tierra.

Uno de los temas de mayor controversia fue el del mercado de emisiones, mediante el cual un país cuyo nivel de producción de gases esté por debajo del límite que se le asigne podrá vender este excedente a otro que supere su límite, pudiendo contabilizar dicha compra como reducción de contaminantes. La cuestión se centró en si se imponía un techo máximo a la utilización de dicho mecanismo.

Sintetizando, en Buenos Aires se aprobó un plan de acción con el objetivo de acelerar el trabajo en la Convención Marco sobre el Cambio Climático de 1992, así como preparar el camino para una acción futura bajo el protocolo de Kioto.

Según el Secretario Ejecutivo de la Convención, Michael Zammit Cutajar, «éste es un plan de acción con plazos políticos, el momento clave se producirá en el año 2000, cuando se reúna el Sexto período de sesiones de la Conferencia de las Partes».

Todo lo acordado en las conferencias realizadas hasta ahora sobre el cambio climático no va a solucionar el grave problema que se está creando, se mantienen los niveles globales de reducción de emisiones en un 5,2 por 100, el sistema de comercio de emisiones puede convertirse en una tapadera para seguir incrementando las emisiones de los países más industrializados, así como un mecanismo más de control económico y político (por ejemplo, si no me vendes tu cuota de emisión yo no te compro tus productos).

RECUADRO 17.1. LA OTRA CUMBRE DE LA TIERRA

Como ocurre en cada ocasión en que se celebra una Conferencia Internacional temática de las NN.UU., paralelamente a la superestructura oficial intergubernamental se reúnen organizaciones no gubernamentales y representantes de múltiples asociaciones y colectivos no oficiales para dar su visión sobre el tema a tratar. Son consideradas «las otras voces del planeta».

En el caso de la Conferencia de Río, la «Cumbre paralela» dio a conocer su propia Declaración sobre Medio Ambiente y Desarrollo. En ella se dice textualmente:

1. Somos conscientes de la contradicción del presente modelo dominante de civilización, injusto e insostenible, que se ha basado en el mito del crecimiento ilimitado sin tener en cuenta los límites finitos de la Tierra.
2. Rehusamos firmemente que el concepto de desarrollo sostenible se limite a la simple cuestión económica y sea restringido a la aplicación de nuevas tecnologías y a la subordinación de cada nuevo producto a las leyes de mercado. Permitir esto quiere decir perpetuar la pobreza y la riqueza estructurales, ocasionadas por el modelo dominante de civilización, que nosotros denunciamos.

Éstos son los dos primeros puntos de una declaración que consta de un total de ocho puntos, entre los cuales se hace resaltar la responsabilidad que tienen los países industrializados, las multinacionales, los gobiernos, las instituciones internacionales, bancos y élites locales en la degradación del planeta.

Por otra parte, se acusa a la Cumbre de la Tierra haber frustrado las expectativas que había creado en la humanidad, por el hecho de haber estado sometida a los deseos de los poderosos intereses económicos dominantes y a la lógica del poder vigente. A pesar de la retórica oficial, la voz de las organizaciones no gubernamentales no fue escuchada ni tomada en cuenta.

Se considera que el propósito de la organización económica es el de cubrir las necesidades básicas de la comunidad, como la alimentación, el hábitat, el vestido, la educación, la salud y el acceso a la cultura. Propósito que ha de ser prioritario respecto a otras formas de consumo, como el denominado *consumismo* y los gastos militares, los cuales han de ser totalmente eliminados.

Se considera necesario ir más allá del mero hecho de cubrir las necesidades básicas ya que la calidad de vida humana depende más del desarrollo de relaciones sociales armónicas, de la creatividad, de las expresiones culturales y artísticas, de la espiritualidad y de la oportunidad de ser un miembro productivo de la comunidad, más que del consumo siempre creciente de bienes materiales.

Los principales desequilibrios[14]

Los principales problemas que tanto el Informe Brundtland como la Conferencia de Río consideraron como más acuciantes en el mundo actual son los siguientes:

1. La presión demográfica, es decir, el crecimiento exponencial de la población mundial. Uno de los primeros problemas que dicho crecimiento plantea es el equilibrio entre población y producción de alimentos, principalmente en los países periféricos, donde las tasas demográficas son las más elevadas del planeta. Dadas las características de la distribución mundial de alimentos, lo que realmente crece es el número de personas subalimentadas.

2. La degeneración de los recursos naturales, que da lugar a los siguientes problemas:

— Pérdida de los recursos del suelo. La intensificación en la utilización del suelo agrícola, sobreexplotándolo mediante el abuso indiscriminado de fertilizantes, de pesticidas y herbicidas químicos, ha ocasionado un grave proceso de erosión que muchas veces se convierte en un proceso de desertización de carácter irreversible. Según estimaciones del Programa de las Naciones Unidas para el Medio Ambiente, hay en el mundo unos 3.300 millones de hectáreas en peligro de desertización. (En España se pierden al año, a causa de la erosión, aproximadamente unos 50 millones de hectáreas de tierra fértil.)

— Contaminación del suelo. Causada por la agricultura y ganadería modernas, debido a la utilización de biocidas (insecticidas, herbicidas, fungicidas) y de fertilizantes. Los primeros son auténticos venenos que además de matar a los insectos también afectan a los seres humanos, quienes los acumulan en sus organismos.

— La desforestación. Los bosques tropicales se están destruyendo a gran velocidad. En 1972 se perdieron unos 100.000 km^2 y en 1992, 170.000 km^2. Los bosques se destruyen debido a la producción de leña como combustible, la exportación de madera dura para la construcción, industria del mueble, etc., y también para abrir tierras para la agricultura y ganadería. Con la desaparición de los grandes bosques tropicales, como el de la Amazonia, se destruye el principal pulmón de la tierra y se pone en peligro la biodiversidad del planeta.

— La biodiversidad en peligro. Debido a los actuales procesos de degeneración del medio ambiente se está poniendo en peligro la supervivencia de numerosas especies de seres vivos, muchas de ellas en proceso de extinción, lo que crea grandes desequilibrios en los ecosistemas, simplificándolos y empobreciéndolos. Los desechos que se vierten en ríos y mares, los que se depositan en los lugares más recónditos del planeta, la destrucción de los bosques tropicales, la caza furtiva (contrabando de marfil, de pieles, de «trofeos de caza»), son causas directas de esta dinámica destructiva.

— Deterioro de las condiciones atmosféricas:

- El efecto invernadero. La emisión de gases a la atmósfera en exceso (dióxido de carbono, vapor de agua, metano y otros gases invernadero) crean el denominado efecto invernadero, por el hecho de que los rayos solares que llegan a la superficie de la Tierra la caldean y son reflejados en forma de radiación infrarroja que es absorbida por dichos gases y devuelta de nuevo a la superficie terrestre, lo que produce su calentamiento. Se ha comprobado que la temperatura superficial de la Tierra está aumentando, lo que puede causar cambios climáticos, el deshielo de los polos que haría subir el nivel del mar, el descenso de las lluvias con las consecuentes sequías en algunas zonas del planeta, mientras que en otras caen lluvias torrenciales provocando graves inundaciones. Estos desequilibrios ponen en peligro al ecosistema global.
- El agujero de la capa de ozono. La capa de ozono tiene como función proteger a la Tierra de las radiaciones ultravioletas, las cuales tendrían efectos nefastos de llegar a la superficie terrestre. En 1982 se detectaron en la Antártida espesores anormalmente bajos de la capa de ozono y en 1987 se confirmó la presencia de un agujero en dicha capa. Las causas de este fenómeno hay que buscarlas en los compuestos clorofluorocarbonados, presentes en los gases utilizados en aerosoles, disolventes químicos, sistemas de refrigeración y aire acondicionado y en la fabricación de materiales de espuma. Estos gases, al ser lanzados a la atmósfera, se vuelven activos destruyendo la capa de ozono. Si ésta se destruye, los rayos ultravioletas del sol llegarían a la Tierra, con los consiguientes efectos negativos para todos los seres vivos.
- La lluvia ácida. El vapor de agua atmosférico se combina con gases tóxicos que después se precipitan a la superficie en forma de lluvia ácida, con efectos muy negativos para los ecosistemas terrestres, defoliación de las plantas, corrosión de edificios, pérdida de nutrientes minerales del suelo, efectos todos ellos difíciles de evaluar.

— Contaminación de las aguas. Gran cantidad de residuos tóxicos de origen industrial son vertidos a los ríos, lagos y mares poniendo en peligro las fuentes de agua dulce para cubrir las necesidades vitales de los seres vivos y creando graves desequilibrios para la flora y la fauna que habita en ellos. En los mares y océanos la captura

[14] *Nuestro Futuro en Común. Pequeño Atlas La Vanguardia*: *Un Planeta con Vida*. Publicaciones de *La Vanguardia*. Barcelona.

masiva e incontrolada de especies piscícolas pone en peligro su reproducción.

3. Los desequilibrios urbanos. El crecimiento de la urbanización ha dado lugar a la aparición de las grandes megápolis, núcleos urbanos que son fuentes de contaminación a distintos niveles: gran cantidad de residuos sólidos generados, contaminación medioambiental por las emisiones de gases tóxicos a la atmósfera, ciudadanos que viven hacinados en asentamientos ilegales y en condiciones de gran insalubridad, zonas de marginalidad y miseria donde domina la violencia como pauta de conducta humana... Todo ello hace que estos grandes núcleos urbanos se conviertan en un problema para aquellos que habitan en ellos.

4. La cuestión energética. La utilización de materias primas energéticas se ha modificado a lo largo del tiempo. Actualmente el principal problema estriba en el agotamiento de materias primas no renovables, como el petróleo y el gas natural. Otro problema es el de los residuos tóxicos que generan la utilización del carbón y del uranio, este último base de la energía nuclear, considerada de alto riesgo por la radiactividad que puede emanar de las centrales nucleares y la dificultad que representa la eliminación de los residuos que se generan en ellas. Por otra parte, en lo que a la utilización de energías renovables se refiere, la que ha tenido un papel más importante en la primera mitad del siglo XX ha sido la hidroeléctrica; en cambio, la solar, la eólica y la geotérmica son aún poco utilizadas.

17.3. CAPITALISMO Y DESARROLLO SOSTENIBLE

¿Es posible el denominado desarrollo sostenible en el marco del actual Sistema Capitalista Mundial? Aparte de las buenas intenciones, de las evidencias sobre los problemas ecológicos, de las declaraciones, de los programas... ¿cómo se pueden casar los contenidos reales de la dinámica de la acumulación de capital a escala mundial, de la reproducción de la estructura Centro/Periferia, con la satisfacción de las necesidades de las generaciones actuales y, sobre todo, de las futuras?

> «El desarrollo sostenible es en última instancia una idea frustrante (cuando intentamos) convertirla en un concepto utilizable... Y aplicarla a las decisiones sobre inversiones o a las cuentas nacionales (un ejercicio que) deja al descubierto algunas de sus debilidades... Pero como objetivo amplio, el desarrollo sostenible resulta útil. Como les sucede a muchas ideas importantes, es mejor que nada en tanto en cuanto no haya nada mejor.» (*The Economist*, «Inheriting the Earth», septiembre de 1989.)

Aquí queda claro cómo en un sistema económico que se mueve según la lógica del beneficio privado, de la maximización de este beneficio a corto plazo, en donde el mercado es en teoría el encargado de regular el equilibrio entre oferta y demanda mediante la formación de precios, donde las decisiones de inversión estarán siempre determinadas por las expectativas de beneficios privados futuros, un sistema económico como el capitalista es dudoso que pueda ser el garante de un desarrollo sostenible, como el definido en el Informe Brundtland.

Como dice el articulista de *The Economist*, éste se queda como una «idea importante», como un «objetivo amplio», pero inoperante a la hora de ponerlo en el plano de la acción.

Cabe profundizar en el análisis conceptual del desarrollo sostenible, viendo hasta qué punto se adecúa a las reglas de funcionamiento del modo de producción capitalista. Al respecto, pueden hacerse las siguientes reflexiones:

— En primer lugar, cuando se afirma que el desarrollo ha de satisfacer las necesidades del presente, cabe preguntarse si actualmente están ya satisfechas las necesidades del conjunto de la población mundial. Se puede afirmar con rotundidad que no.
— En segundo lugar, se plantea no comprometer la capacidad de las generaciones futuras para que satisfagan sus propias necesidades, es decir, utilizar los recursos naturales de tal manera que puedan servir *in eternum* a las generaciones futuras. Ello implicaría una conservación y mantenimiento del equilibrio ecológico del planeta Tierra del denominado Ecosistema Global. Aquí la realidad también muestra que la tendencia actual es totalmente la opuesta. Todo ello indica que se está viviendo al margen del desarrollo sostenible.
— Es un hecho histórico que la expansión mundial del capitalismo ha dado lugar al desarrollo insostenible. Dada la preocupación colectiva por los problemas medioambientales y ecológicos, principalmente en las poblaciones que habitan en las zonas desarrolladas, instituciones como el Club de Roma y la Naciones Unidas han intentado dar posibles soluciones para frenar la dinámica destructiva que experimenta el planeta, pero en ningún momento se pone en cuestión al propio modo capitalista de producir, distribuir y consumir, que es el que históricamente ha dado lugar a los desequilibrios actuales por su forma característica de «progresar» (de desarrollar las fuerzas productivas).

El dilema ha sido expuesto por R. Bermejo de forma muy clara:

> «Se avanza hacia un objetivo único y universalmente aceptado: el crecimiento sin fin. El objetivo no es la supervivencia de la humanidad ni la plena satisfacción de las necesidades vitales de todos, sino el cre-

cimiento sin límites, y es que el sistema sólo puede vivir, sólo se legitima mediante la expansión continua. De aquí nace su estructural incompatibilidad con el sistema natural. Pero en la medida en que esto es imposible porque vivimos en un medio físico finito, le es imprescindible a la economía ortodoxa buscar salidas que, al menos, alejen en el tiempo tal incompatibilidad» [15].

La economía ortodoxa ha intentado responder al reto creando la «Economía del Medio Ambiente», que pretende elaborar un marco teórico y conceptual que incorpore las variables ecológicas en los análisis económicos, siempre dentro del marco de los paradigmas ortodoxos del mercado y la rentabilidad. Por ejemplo se acepta que la actividad económica produce impactos ambientales importantes, que son considerados como externalidades, o deseconomías externas. La tarea consiste entonces en incorporar los recursos del medio ambiente al sistema de precios, dándoles un determinado valor monetario. Es decir, internalizarlos de tal manera que se consiga limitar su destrucción. Según el Banco Mundial, si la escasez de agua, bosques y aire limpio se refleja en el mercado, dejarán de estar «bajo sitio» [16].

El problema reside en cómo valorar monetariamente los bienes ambientales, bienes que no son fruto de la actividad productiva y que están totalmente fuera de los mecanismos del mercado, en cómo valorar los costes que representan para la sociedad, la destrucción de la capa de ozono, la lluvia ácida, el cambio climático... por citar algunos. Además hay efectos o impactos medioambientales a medio o largo plazo que son hoy desconocidos. Si no se conocen ahora, ¿cómo se pueden valorar?

Otro aspecto de la problemática reside en cómo incorporar al análisis económico las demandas de generaciones futuras, cuando el mercado sólo considera la demanda presente, y al capital sólo le interesa maximizar su beneficio en el momento presente.

Así, en el momento de poner en práctica los mecanismos que pretenden frenar el deterioro ecológico, se choca con los intereses del capital, quien se resiste a incorporar a sus costes de producción los que se corresponden a la «utilización del medio ambiente». También se entra en contradicción con los hábitos de consumo de las poblaciones que habitan en los países desarrollados, al haberse incorporado al carro del hiperconsumismo.

Siguiendo de nuevo la obra de R. Bermejo, éste apunta:

«Es evidente que el crecimiento económico ilimitado y la salvaguarda del medio ambiente y los recursos son objetivos contradictorios. Esta contradicción se ve además agudizada por el crecimiento rápido y por el hecho de que en el Centro el crecimiento viene determinado por el incremento de la productividad, que se da especialmente en los sectores más agresivos para el medio físico.»

[15] R. Bermejo: *Manual para una Economía Ecológica*. Bakeaz/La Catarata, Madrid, 1993

[16] Banco Mundial: *Informe sobre el Desarrollo Mundial*, 1992.

En la Conferencia de Río se planteó la necesidad de modificar estas tendencias, en primer lugar apoyando la ayuda al desarrollo de los países más pobres del planeta, y en segundo lugar adoptando medidas que frenaran el deterioro del medio ambiente ocasionado por las industrias y por los hábitos de consumo de la población tanto en el mundo desarrollado como no desarrollado.

No obstante, es constatable que, años después, la puesta en práctica de los acuerdos de Río ha sido más bien un rotundo fracaso. Los países desarrollados han mostrado renuencia a los desembolsos previstos y actitudes poco consistentes con lo firmado por sus gobiernos en Río (ecotasas, convenio de biodiversidad, emisiones de CO_2, etc.), como lo demuestran los resultados habidos en las últimas conferencias sobre cambio climático.

Ésta es una muestra práctica de la contradicción existente entre el intento, por parte de las instituciones supranacionales, de incorporar mecanismos correctores al mercado capitalista, con el objeto de introducir los costes ecológicos, y la resistencia de los intereses privados a asumirlos.

Por tanto, se está en una situación paradójica: por una parte la preocupación generalizada por la problemática ecológica, y por otra la incapacidad por parte del sistema de realizar cambios estructurales de fondo, que permitieran modificar de forma radical la situación presente.

Sin duda, la estrategia del desarrollo sostenible supone, en el mejor de los casos y de las intenciones, cierto reformismo social, en la mejor tradición desde los clásicos citados al principio de este capítulo. Pero históricamente se ha demostrado que entre el reformismo social y el cambio estructural se levanta el muro de los intereses de las clases sociales que se benefician de la actual estructura. Y cabe pensar que, con el mantenimiento de dicha estructura, la sostenibilidad del desarrollo estará definida más por las ventajas que de ella pueda obtener el desarrollo capitalista que por las ventajas de las generaciones futuras o de la propia Naturaleza.

17.4. UN EJEMPLO DE AGRESIÓN AL MEDIO AMBIENTE: LA BIOTECNOLOGÍA Y LOS ALIMENTOS TRANSGÉNICOS

Siguiendo el análisis realizado por Miguel A. Altieri [17] sobre los riesgos ambientales de los cultivos transgénicos, se puede definir «la ingeniería

[17] M. A. Altieri: *Riesgos ambientales de los cultivos transgénicos*, http://www.nodo50.org/sodepaz/agricultura/altieri.htm.,

genética como una aplicación de la biotecnología que involucra la manipulación del ADN y el traslado de genes entre especies para incentivar la manifestación de determinados rasgos genéticos».

Actualmente las grandes compañías del sector químico y agroalimentario están invirtiendo grandes sumas de recursos financieros en la investigación biotecnológica, y más específicamente en la ingeniería genética.

La pregunta que puede formularse es ¿con qué objetivo las multinacionales invierten en este sector? Según la respuesta de la multinacional Monsanto «la biotecnología puede alimentar al planeta», es decir, las compañías afirman que su intención es favorecer un incremento de la producción mundial de alimentos, para alimentar a una población creciente, utilizando la tierra de una forma que sea «ecológicamente sostenible». Estas empresas proponen como forma de erradicar el hambre en el mundo la utilización de una sola tecnología, la ingeniería genética, la producción de alimentos transgénicos. Con el agravante de que dicha compañía está gastando millones de dólares en una campaña publicitaria en la que utiliza un lenguaje cargado de conceptos ecologistas, con el objetivo de lavar la imagen de la empresa, y con ello hacer frente a los movimientos realmente ecologistas, como Greenpeace, Amigos de la Tierra, entre otros.

El problema del hambre en el mundo no es debido a la falta de alimentos. El volumen de alimentos disponibles por individuo ha aumentado de manera significativa desde 1970 hasta la actualidad. El problema reside en la distribución de dicha producción, en la dependencia alimentaria. Como afirma Andrew Kimbrell: «Si no accedes a la tierra donde poder cultivar tus alimentos y no puedes comprarlos, pasarás hambre aunque la tecnología incremente los rendimientos» [18].

En última instancia el objetivo de las multinacionales agroquímicas es el de controlar el sector agrícola, y más precisamente, la industria agroalimentaria a escala mundial. Estas empresas producen las semillas, los fertilizantes, los herbicidas, los plaguicidas, etc., es decir, producen los inputs básicos de la producción agrícola y alimentaria. Con su tecnología controlan los procesos de producción agroalimentarios, con una tecnología que no tiene en cuenta los equilibrios en los ecosistemas, en el medio ambiente, ni tampoco tiene en cuenta la salud de las personas que después consumiremos dichos productos, ni mucho menos una redistribución de la riqueza a nivel mundial para acabar con el hambre en el mundo. Lo único que persiguen, siendo coherentes con el sistema económico, es maximizar la tasa de beneficio.

A continuación se analizarán cuáles son los problemas que presentan las nuevas tecnologías desde el punto de vista económico y medioambiental.

[18] A. Kimbrell: *Por qué ni la biotecnología ni las nuevas tecnologías agrícolas pueden alimentar al mundo*, The Ecologist: The Monsanto Files, vol. 28, núm. 5, sept./oct. 1998.

Como muy bien afirma Isabel Bermejo [19], «uno de los mayores problemas a los que se enfrenta la humanidad es la erosión del saber tradicional y de la diversidad biológica, base del equilibrio ecológico y de una agricultura sostenible». Es decir, uno de los mayores problemas que plantea la ingeniería genética es la pérdida de biodiversidad. Se amenaza directamente la diversidad genética por la simplificación de los sistemas de cultivos y la promoción de la erosión genética.

La tendencia de las multinacionales del sector es la de producir un solo producto, con lo que se potencia la uniformidad genética. Además, la protección de patentes legislada por la OMC impide a los agricultores reutilizar las semillas, lo que ocasiona que en cada cosecha hayan de comprarlas de nuevo.

Se producen semillas resistentes a los herbicidas, por ejemplo soja resistente al glifosfato, comercializada con el nombre de Roundup por Monsanto. Según la empresa, con dichas semillas se precisarán menos herbicidas para hacer frente a las «malas hierbas». El resultado ha sido totalmente el opuesto. El objetivo de fabricar semillas resistentes a los herbicidas es debido al hecho de que el herbicida puede dañar a la propia planta, y tal innovación pretende evitar el daño. Con ello los agricultores podrán utilizar los herbicidas de forma totalmente indiscriminada. Cabe señalar que el Roundup es altamente tóxico para las personas y causa graves problemas en el medio ambiente. (El glifosfato mata insectos beneficiosos, inhibe la fijación de nitrógeno, además de incrementar la vulnerabilidad de los cultivos a las enfermedades.) Una sobreutilización de herbicidas puede causar resistencias a los mismos en las malas hierbas que se pretenden combatir, con lo que serán necesarias cada vez mayores cantidades de Roundup. El negocio está asegurado.

A todo ello hay que añadir los efectos que la utilización de los transgénicos tiene en la agricultura de los países periféricos, siguiendo los análisis de Joseph Mendelson:

> «Su introducción en los sistemas agrarios del Tercer Mundo llevará un aumento del uso de los agroquímicos, incrementándose así los problemas medioambientales. Destruirá también la biodiversidad, que es el sustento y el medio de vida de las mujeres rurales. Lo que para Monsanto son malas hierbas, para las mujeres del Tercer Mundo es alimentación, pienso y medicinas» [20].

En la agricultura de la India, las mujeres usan 150 especies de plantas tanto para alimentarse como para el pienso de los animales y la asistencia médica. La expansión de cultivos de Roundup-Ready (semillas transgéni-

[19] I. Bermejo: *Consecuencias ambientales y sociales de la ingeniería genética*, http://www.nodo50.org/sodepaz/agricultura/173.htm.

[20] J. Mendelson: *Roundup: el herbicida más vendido del mundo*, The Ecologist: The Monsanto Files, vol. 28, núm. 5, sept./oct. 1998.

cas) destrozará la diversidad. Además, debilita la conservación de la superficie del suelo y de la mezcla de cosechas, llegándose de esta forma a una erosión rápida del suelo. De manera contraria a los mitos de Monsanto, los cultivos Roundup-Ready son una receta para la erosión del suelo y no un procedimiento para la conservación del mismo[21].

No obstante, los riesgos ecológicos de los transgénicos aún están por desentrañar, ya que lo que se modifica es el ADN de las semillas, la base genética que a su vez puede desencadenar modificaciones en otras plantas del entorno, y con ello provocar una reacción en cadena de difícil control. Según la Unión de Científicos Preocupados, ya hay signos de que el uso a escala comercial de algunos cultivos transgénicos presenta riesgos ecológicos serios y no responde a las promesas que hace la industria.

Además de los problemas que presentan para el medio ambiente hay que tener en cuenta los posibles efectos negativos que puedan tener para la salud humana. Quien inició un estudio científico sobre los efectos del consumo de transgénicos sobre la alimentación fue el científico Arpad Pusztai, que trabajaba en el Rowett Institute de Aberdeen (Escocia). Como resultado de sus investigaciones demostró que el consumo de transgénicos en los ratones que había utilizado en su prueba provocaron problemas de crecimiento así como un debilitamiento en su sistema inmunitario. Dicho informe le costó el puesto de trabajo.

Podemos preguntarnos por qué no ha habido más control por parte de la Administración, con el objetivo de proteger la salud pública así como el medio ambiente. El país líder en la producción biotecnológica es EE.UU., donde la Agencia de Protección del Medio Ambiente (EPA) y la Administración sobre Alimentos y Fármacos (FDA) son las instituciones encargadas de regular las cuestiones de carácter alimentario y medioambiental[22].

Su función tendría que ser la de garantizar la inocuidad y seguridad de los productos comercializados por las empresas; no obstante, ello no ha sido así. En el caso de la biotecnología dichas instituciones han protegido más a las empresas, al interés privado, que al público. Ello es debido a que muchos de los empleados de dichas instituciones habían sido o serán ejecutivos de las multinacionales del sector. Además, la biotecnología ha sido directamente protegida por la Administración. Por ejemplo, Marcia Hale, anteriormente asesora del presidente Clinton para relaciones intergubernamentales, tiene un nuevo empleo como coordinadora de las relaciones públicas y la estrategia corporativa de Monsanto en el Reino Unido, Mickey Kantor, anterior Secretario de Comercio de EE.UU., recientemente aceptó un puesto directivo en Monsanto.

[21] *Ibíd.*

[22] J. Ferrara: *Puertas Giratorias: Monsanto y la Administración*, The Ecologist: The Monsanto Files, vol. 28, núm. 5, sept./oct. 1998.

Hasta 1997, 13 cultivos modificados genéticamente habían sido desregulados en EE.UU. En 1996, más del 20 por 100 de la superficie de soja cultivada en dicho país era transgénica, y desde entonces esta extensión está creciendo.

En febrero de 1999 se celebró la Cumbre de las NN.UU. en Cartagena de Indias para establecer un protocolo de seguridad sobre alimentos transgénicos, es decir, para regular a nivel mundial el comercio y la producción de dichos productos.

En la Cumbre de Río de Janeiro uno de los convenios que se establecieron con carácter vinculante fue el de biodiversidad. El gobierno de los EE.UU. siempre fue reacio a firmar dicho convenio, por el hecho de controlar la industria biotecnológica a nivel mundial y por tanto no estaba dispuesto a permitir una intrusión que pudiera bloquear el desarrollo de dicho sector.

El fracaso de dicha reunión fue rotundo; los EE.UU. y los demás países productores (Canadá, Argentina, Uruguay, Chile y Australia), que representan un 94 por 100 del mercado mundial, impidieron que se aprobara el protocolo; a pesar del consenso alcanzado por 132 países, se puede afirmar que la bioseguridad plena y el libre comercio no son compatibles.

La Unión Europea junto con los países más pobres y las ONG intentaron redactar el protocolo bajo el llamado «principio de precaución», es decir, no dejar circular libremente aquello que todavía no se sabe fehacientemente si perjudica o no a la salud humana y al medio ambiente.

La Unión Europea no ha aprobado aún ninguno de sus cultivos con fines comerciales. En España, Monsanto tiene 22 campos de experimentación; es el país con más hectáreas de cultivos transgénicos de Europa (30.000 hectáreas de maíz de Novartis) y el país que más solicitudes realiza a la Unión Europea para la autorización de nuevos cultivos.

Las principales multinacionales del sector agroquímico son:

- Novartis: Suiza, resultado de la fusión de Ciba Geigy + Sandoz.
- Monsanto: EE.UU.
- Bayer: Alemania.
- Zeneca: Reino Unido.
- AgroEvo: Alemania, resultado de la fusión de Hoechst y Schering.
- Du Pont: EE.UU.
- Rhone Poulenc: Francia.
- DowElanco: EE.UU.
- American Home Products: EE.UU.
- American Cyanamid: EE.UU.
- BASF: Alemania.

Y las principales empresas en el mundo productoras de semillas:

- Pioneer Hi Bred Intl: EE.UU.
- Novartis: Suiza.
- Limagrain: Francia.
- Seminis: México.
- Zeneca/Van der Have: Holanda, fusión pendiente.
- Takii: Japón.
- Dekalb Plant Genetics: EE.UU., Monsanto es propietaria de un 40 por 100.
- KWS: Alemania.
- Sakata: Japón.
- Cargill: EE.UU.

RESUMEN

Las leyes de la dinámica capitalista implican conseguir el crecimiento a ultranza. Si desde que el Sistema Capitalista se desarrolló como tal ha conseguido altas tasas de crecimiento para algunos países (en detrimento del no crecimiento de muchos otros), en la actualidad se hacen evidentes los límites infraestructurales a dicho crecimiento, lo que pone en evidencia los límites del propio Sistema para garantizar la sustentabilidad del desarrollo económico para el conjunto de la población que habita el planeta Tierra. Los informes del Club de Roma, el informe de la Comisión Mundial del Medio Ambiente y del Desarrollo de las Naciones Unidas, etc., han puesto de manifiesto los grandes problemas infraestructurales a los que se enfrentan las generaciones presentes y futuras, y han propuesto soluciones que van desde el crecimiento cero y el estado estacionario hasta el desarrollo sostenible como nuevo concepto y práctica del desarrollo socioeconómico. El dilema fundamental es si es posible dicho desarrollo en el marco estructural definido por el modo capitalista de producir, distribuir y consumir en el Sistema Mundial Centro/Periferia.

LECTURAS PARA LA REFLEXIÓN

El siguiente documento fue escrito hace 122 años. Su autor es el Jefe Seattle de la tribu Suwamish de los territorios del noroeste de los Estados Unidos que ahora forman el Estado de Washington. Se trata de una carta que Seattle envió en 1855 al Presidente Franklin Pierce en respuesta a la oferta de compra de las tierras de los Suwamish.

Así termina la vida y comienza el sobrevivir

«El Gran Jefe en Washington manda decir que desea comprar nuestras tierras. El Gran Jefe también nos envía palabras de amistad y buena voluntad. Apreciamos esta gentileza porque sabemos que poca falta le hace, en cambio, nuestra amistad. Vamos a considerar su oferta, pues sabemos que, de no hacerlo, el hombre blanco podrá venir con sus armas de fuego y tomarse nuestras tierras. El Gran Jefe en Washington podrá confiar en lo que dice el Jefe Seattle con la misma certeza con que nuestros hermanos blancos podrán confiar en la vuelta de las estaciones. Mis palabras son inmutables como las estrellas.

¿Cómo podéis comprar o vender el cielo? Esta idea nos parece extraña. No somos dueños de la frescura del aire ni del centelleo del agua. ¿Cómo podríais comprarlos a nosotros? Lo decidiremos oportunamente. Habéis de saber que cada partícula de esta tierra es sagrada para mi pueblo. Cada hoja resplandeciente, cada playa arenosa, cada neblina en el oscuro bosque, cada claro y cada insecto con su zumbido son sagrados en la memoria y la experiencia de mi pueblo. La savia que circula en los árboles porta las memorias del hombre de piel roja.

Los muertos del hombre blanco se olvidan de su tierra natal cuando se van a caminar por entre las estrellas. Nuestros muertos jamás olvidan esta hermosa tierra porque ella es la madre del hombre piel roja. Somos parte de la tierra y ella es parte de nosotros. Las fragantes flores son nuestras hermanas; el venado, el caballo, el águila majestuosa son nuestros hermanos. Las crestas rocosas, las savias de las praderas, el color corporal del potrillo y el hombre —todos— pertenecen a la misma familia.

Por eso, cuando el Gran Jefe en Washington manda decir que desea comprar nuestras tierras, es mucho lo que pide. El Gran Jefe manda decir que nos reservará un lugar para que podamos vivir cómodamente entre nosotros. El será nuestro padre y nosotros seremos sus hijos. Por eso consideraremos su oferta de comprar nuestras tierras. Mas ello no será fácil porque estas tierras son sagradas para nosotros. El agua centelleante que corre por los ríos y esteros no es meramente agua sino la sangre de nuestros antepasados. Si os vendemos estas tierras, tendréis que recordar que ellas son sagradas y deberéis enseñar a vuestros hijos lo que son y que cada reflejo fantasmal en las aguas claras de los lagos habla de acontecimientos y recuerdos de la vida de mi pueblo. El murmullo del agua es la voz del padre de mi padre.

Los ríos son nuestros hermanos, ellos calman nuestra sed. Los ríos llevan nuestras canoas y alimentan a nuestros hijos. Si os vendemos nuestras tierras, deberéis recordar y enseñar a vuestros hijos que los ríos son nuestros hermanos y hermanos de vosotros; deberéis en adelante dar a los ríos el trato bondadoso que daríais a cualquier hermano.

Sabemos que el hombre blanco no comprende nuestra manera de ser. Le da lo mismo un pedazo de tierra que el otro porque él es un extraño que llega en la noche a sacar de la tierra lo que necesita. La tierra no es su hermano, sino su enemigo.

Cuando la ha conquistado, la abandona y sigue su camino. Deja detrás de él las sepulturas de sus padres sin que le importe. Despoja de la tierra a sus hijos sin que le importe. Olvida la sepultura de su padre y los derechos de sus hijos. Trata a su madre, la tierra, y a su hermano, el cielo, como si fuesen cosas que se pueden comprar, saquear y vender como si fueran corderos y cuentas de vidrio. Su insaciable apetito devorará la tierra y dejará tras sí sólo un desierto.

No lo comprendo. Nuestra manera de ser es diferente de la vuestra. La vista de vuestras ciudades hace doler los ojos al hombre de piel roja. Pero quizá sea así porque soy un salvaje y no puedo comprender las cosas. El ruido de la ciudad parece insultar los oídos. ¿Y qué clase de vida es cuando el hombre no es capaz de escuchar el solitario grito de la garza o la discusión nocturna de las ranas alrededor de la laguna? Soy un hombre de piel roja y no lo comprendo. Los indios preferimos el suave sonido del viento que acaricia la cara del lago y el olor del mismo viento, purificado por la lluvia del mediodía o perfumado por la fragancia de los pinos.

El aire es algo precioso para el hombre de piel roja porque todas las cosas comparten el mismo aliento: el animal, el árbol y el hombre. El hombre blanco parece no sentir el aire que respira. Al igual que un hombre muchos días agonizante, se ha vuelto insensible al hedor. Mas si os vendemos nuestras tierras, debéis recordar que el aire es precioso para nosotros, que el aire comparte su espíritu con toda la vida que sustenta. Y si os vendemos nuestras tierras, debéis dejarlas aparte y mantenerlas sagradas como un lugar al cual podrá llegar incluso el hombre blanco a saborear el viento dulcificado por las flores de la pradera.

Consideraremos vuestra oferta de comprar nuestras tierras. Si decidimos aceptarla, pondré una condición: que el hombre blanco deberá tratar a los animales de estas tierras como hermanos. Soy un salvaje y no comprendo otro modo de conducta. He visto miles de búfalos pudriéndose sobre las praderas, abandonados allí por el hombre blanco porque les disparó desde un tren en marcha. Soy un salvaje y no comprendo cómo el humeante caballo de vapor puede ser más importante que el búfalo al que sólo matamos para poder vivir. ¿Qué es el hombre sin los animales? Si todos los animales hubieran desaparecido, el hombre moriría de una gran soledad de espíritu. Porque todo lo que ocurre a los animales pronto habrá de ocurrir también al hombre. Todas las cosas están relacionadas entre sí.

Vosotros debéis enseñar a vuestros hijos que el suelo bajo sus pies es la ceniza de sus abuelos. Para que respeten la tierra, debéis decir a vuestros hijos que la tierra está plena de la vida de nuestros antepasados. Debéis enseñar a vuestros hijos lo que nosotros hemos enseñado a los nuestros: que la tierra es nuestra madre. Todo lo que afecta a la tierra afecta a los hijos de la tierra. Cuando los hombres escupen en el suelo, se escupen a sí mismos.

Esto lo sabemos: la tierra no pertenece al hombre, sino que el hombre pertenece a la tierra. El hombre no ha tejido la red de la vida: es sólo una hebra de ella: todo lo que haga a la red se lo hará a sí mismo. Lo que ocurra a la tierra ocurrirá a los hijos de la tierra. Lo sabemos. Todas las cosas están relacionadas como la sangre que une a una familia.

Aún el hombre blanco, cuyo Dios se pasea con él y convive con él de amigo a amigo (...) Quizá seamos hermanos, después de todo. Lo veremos (...) Nuestro Dios es su mismo Dios. Ahora pensáis quizá que somos de Él tal como deseáis ser dueños de nuestras tierras, pero no podéis serlo. Él es el Dios de la humanidad y su compasión es igual para el hombre de piel roja que para el hombre blanco. Esta tierra es preciosa para Él y causarle daño significa mostrar desprecio hacia su Creador. Los hombres blancos también pasarán, tal vez antes que las demás tribus. Si contamináis vuestra tierra, moriréis alguna noche sofocados por vuestros propios desperdicios. Pero aun en vuestra hora final os sentiréis iluminados por la idea de que Dios os trajo a estas tierras y os dio el dominio sobre ellas y sobre el hombre de piel roja con algún propósito especial. Tal destino es un misterio para nosotros porque no comprendemos lo que será cuando los búfalos hayan sido exterminados, cuando los caballos salvajes hayan sido domados, cuando los recónditos rincones de los bosques exhalen el olor a (...) y cuando la vista hacia las verdes colinas esté cerrada por un enjambre de alambres parlantes ¿Dónde está el espeso bosque? Desapareció ¿Dónde está el águila? Desapareció. Así termina la vida y comienza el sobrevivir.»

Jefe Seattle de la tribu Suwamish.
(Traducción de Godofredo Stutzin.)

«Reconociendo la naturaleza integral e interdependiente de la Tierra, nuestro hogar, las naciones reunidas en la Cumbre de la Tierra, en Río de Janeiro, aprobaron un conjunto de principios destinados a orientar el desarrollo futuro. Mediante estos principios se definen los derechos de los pueblos al desarrollo, junto con sus responsabilidades con respecto a la preservación del entorno común. En ellos se reafirman ideas proclamadas en la Declaración de la Conferencia de las Naciones Unidas sobre el Medio Humano, aprobada en Estocolmo en 1972.

En la Declaración de Río de Janeiro se asevera que el logro del desarrollo económico a largo plazo exige de forma ineludible su vinculación con la protección del medio ambiente. Ello será posible únicamente mediante una alianza mundial nueva y equitativa con la participación de los gobiernos, la población y los sectores claves de la sociedad. Se deberán suscribir acuerdos internacionales en los que se proteja la integridad del medio ambiente y el sistema de desarrollo.

Estas ideas proclamadas mediante los principios de Río de Janeiro son:

- El derecho de los seres humanos a una vida saludable y productiva en armonía con la naturaleza.
- La consecución del desarrollo sin socavar las necesidades ambientales y de desarrollo de las generaciones presentes y futuras.
- El derecho soberano de los Estados a explotar sus propios recursos, pero sin causar daños al medio ambiente fuera de su jurisdicción nacional.
- El establecimiento de normas internacionales para la indemnización ante perjuicios ocasionados por actividades realizadas dentro de la jurisdicción nacional de los Estados en zonas situadas fuera de ésta.
- El deber de los Estados de utilizar un criterio de precaución para la protección del medio ambiente, sin que se aluda a la falta de certeza científica para postergar la adopción de medidas eficaces en función de los costes a fin de impedir la degradación del medio ambiente cuando haya peligro de daño grave e irreversible.
- A fin de alcanzar el desarrollo sostenible, la protección del medio ambiente deberá constituir parte integrante del proceso de desarrollo y no podrá considerarse en forma aislada.

— La erradicación de la pobreza y la reducción de las disparidades en los niveles de vida en distintas zonas del mundo son condiciones esenciales para lograr el desarrollo sostenible y satisfacer las necesidades de la mayoría de la población.
— Los Estados deberán cooperar para conservar, proteger y restablecer la salud y la integridad del ecosistema de la Tierra; los países desarrollados reconocen la responsabilidad que les incumbe en la búsqueda internacional del desarrollo sostenible en vista de las presiones que sus sociedades ejercen sobre el medio ambiente mundial y de las tecnologías y los recursos financieros de que disponen.
— Los Estados deberán reducir o eliminar modalidades de producción y de consumo insostenibles y fomentar políticas demográficas apropiadas.
— La forma idónea de tratar las cuestiones ambientales supone la participación de todos los ciudadanos interesados; así, los Estados deberán favorecer y fomentar la concienciación y la participación de la población mediante la amplia divulgación de información.
— Los Estados deberán promulgar leyes eficaces sobre medio ambiente y dotarse de legislaciones nacionales relativas a la responsabilidad y a la indemnización de las víctimas de la contaminación y otros daños ambientales; además, en sus jurisdicciones deberán evaluar el impacto ambiental de actividades que pudiesen tener consecuencias adversas.
— Los Estados deberán cooperar en el fomento de un sistema económico internacional abierto que lleve al crecimiento económico y al desarrollo sostenible de todos los países, sin que se recurra a políticas ambientales como medio arbitrario para la restricción del comercio internacional.
— En principio, el coste que conlleve la contaminación incumbirá a quien contamine.
— Los Estados deberán informar a los demás de catástrofes naturales u otras actividades que puedan tener consecuencias perjudiciales fuera de sus fronteras.
— El desarrollo sostenible exige un mejor conocimiento científico de los problemas; así, los Estados deberán divulgar los conocimientos y las tecnologías innovadoras capaces de contribuir al logro del desarrollo sostenible.
— La plena participación de la mujer es imprescindible para alcanzar el desarrollo sostenible, junto con la creatividad, los ideales y el valor de los jóvenes y los conocimientos de los pueblos indígenas cuya identidad, cultura e intereses deberán reconocer y apoyar los Estados.
— La guerra es, por definición, perniciosa para el desarrollo sostenible; en consecuencia, los Estados deberán respetar las disposiciones de derecho internacional que protegen el medio ambiente en épocas de conflicto y cooperar para su consolidación ulterior.
— La paz, el desarrollo y la protección del medio ambiente son interdependientes e inseparables.»

M. Keating: *Programa para el cambio*. Centro para Nuestro Futuro Común. Ginebra, 1993.

PALABRAS CLAVE

- Estado estacionario
- Nave espacial Tierra
- Crecimiento cero
- Ecosistema
- Desertización
- Contaminación
- Agotamiento
- Efecto invernadero
- Capa de ozono
- Desarrollo sostenible

BIBLIOGRAFÍA BREVE

R. Bermejo: *Manual para una Economía Ecológica*. Bakeaz/La Catarata, Madrid, 1994.

Comisión Mundial del Medio Ambiente y del Desarrollo: *Nuestro futuro común*. Alianza Editorial, 1988.

Donella H. Meadows, Dennis L. Meadows, Jorgen Randers: *Más allá de los límites del crecimiento*. *El País*-Aguilar, Madrid, 1992

Herman E. Daly (Comp.): *Economía, ecología, ética. Ensayos hacia una economía en estado estacionario*. Fondo de Cultura Económica/Economía Contemporánea, México, 1989.

Luis M. Jiménez Herrero: *Medio ambiente y desarrollo alternativo*. (*Gestión racional de los recursos para una sociedad perdurable*.) IEPALA, 1989.

Joan Martínez Alier: *De la Economía Ecológica al Ecologismo Popular*. Icaria, Barcelona, 1994.

Joan Martínez Alier y Klaus Shüpmann: *La Ecología y la Economía*. Textos de Economía. Fondo de Cultura Económica, México, 1991.

PARTE

IV

La estructura del Sistema Capitalista Mundial: Las relaciones Centro-Periferia

CAPÍTULO 18

El desarrollo capitalista en el Centro del Sistema

En los capítulos precedentes se han puesto de manifiesto las grandes diferencias que el desarrollo mundial del capitalismo ha provocado en la infraestructura del Sistema y se ha constatado que muchas de tales diferencias no pueden entenderse totalmente con una perspectiva exclusivamente infraestructural, sino que hay que estar haciendo referencia continua a los rasgos estructurales de un Centro y una Periferia cuyas relaciones constituyen la *estructura sistémica*.

En este capítulo se abordan precisamente las características estructurales del Centro del Sistema desde un punto de vista interno, es decir, aquello que hace (o ha hecho) que unas economías determinadas, las que tienen (o han tenido) tales características, se hayan convertido en el Centro del Sistema.

Se tratarán, así, los rasgos fundamentales del *modelo autocentrado de la acumulación de capital*, en su expresión tanto competitiva como monopolista, y se hará especial referencia al *papel del Estado* en dicho modelo y a una industria especialmente significativa en las últimas décadas: la *industria armamentista*.

18.1. DESARROLLO AUTÓNOMO, ARTICULACIÓN SECTORIAL Y MERCADO INTERNO

El Centro del Sistema capitalista mundial se constituyó como resultado del funcionamiento interno del capitalismo, consolidándose a través de la expansión exterior (imperialismo) de las potencias coloniales durante la fase de capitalismo monopolista de base nacional.

El funcionamiento interno del capitalismo en el Centro obedece a las reglas de lo que se denomina *modelo de acumulación autocentrado*. Sus características principales son:

- El desarrollo autónomo del capitalismo en el marco de los Estados-nación.
- La formación de un mercado interior que expresa la articulación sectorial de los sectores productivos.
- La expansión exterior como mecanismo de superación de las contradicciones intra e intercapitalistas.
- El desarrollo socioeconómico, como conjunto de fenómenos derivados del progreso capitalista y de la dinámica de absorción de los conflictos entre clases sociales en la estructura económica y en la superestructura («Estado democrático», libertades formales, etc.).

Desarrollo autónomo del capitalismo nacional

El marco de acción del desarrollo capitalista ha sido desde su origen los *Estados-nación*, es decir, Estados centralizados con control político y económico sobre el territorio que gobiernan (los de Europa occidental, EE.UU., Canadá, Japón, Australia y Nueva Zelanda). Por consiguiente, la estructura del Centro del Sistema se basa en la existencia de formaciones sociales con culturas, condiciones jurídico-políticas, etc., diferentes.

El desarrollo del capitalismo en tales países fue *autónomo*, es decir, se produjo en virtud del propio desarrollo histórico de cada uno de ellos y no por la imposición exterior. Atravesó por un período de lucha abierta con el feudalismo y políticamente culminó con el triunfo de las revoluciones burguesas en Inglaterra y Francia, extendidas con posterioridad al resto de países centrales. El carácter autónomo del desarrollo capitalista significa, pues, que la estructura económica de estas formaciones sociales se configuró en torno a las clases sociales típicas del capitalismo (burguesía y proletariado) y que progresivamente van desapareciendo o minimizándose otros modos de producción en dicha estructura económica. Ello se manifiesta empíricamente en la composición de las clases sociales, la asalarización masiva, etc.

Por último, en estos países, el capitalismo atravesó su *fase concurrencial* caracterizada por el desarrollo cíclico, que desembocó en la consolidación de una nueva fase de *capitalismo monopolista de base nacional*. Como resultado, en su estructura se desarrollaron los cambios característicos de dicha fase: desarrollo de los monopolios y del sistema financiero, cambios en las relaciones de propiedad formal, etc.

Mercado interno y articulación sectorial

La formación de un *mercado interior* protegido frente al exterior creó las condiciones en las cuales pudo funcionar, sin más obstáculos que los intrínsecos al ciclo económico, la *reproducción ampliada de capital*, es decir, la acumulación de capital.

Ese mercado interno fue el marco en el que se desarrollaron las características propias de la reproducción ampliada del capital, y en particular la *proporcionalidad* entre los sectores I (medios de producción) y II (medios de consumo), dando lugar a una plena *articulación sectorial*. El resultado es la existencia de un tupido *tejido industrial* interconexionado cuyo reflejo aparece, en la tabla input-output, en un primer cuadrante lleno (matriz de relaciones intersectoriales). Así, además, la difusión del progreso tecnológico alcanza más pronto o más tarde a todas las actividades productivas.

La articulación entre los sectores productivos permitió la máxima *diversificación de la producción*, la aplicación de la técnica ahorradora de trabajo a la producción (tecnología) y el *crecimiento de la productividad*. En definitiva, el desarrollo capitalista de las fuerzas productivas generó el *progreso* en la infraestructuras de estas formaciones sociales.

Por otra parte, se desarrollan los mecanismos asociados a la reinversión del excedente y a la circulación (el sistema financiero) estrechamente ligados a la dinámica de funcionamiento del mercado interno.

Expansión exterior

Los obstáculos intrínsecos al desarrollo cíclico del capitalismo en estas formaciones sociales empujaron, con la hegemonía del capital financiero, a la *expansión exterior* (imperialismo), apoderándose de los recursos naturales y económicos de las colonias para ponerlos al servicio de la acumulación autocentrada en las metrópolis. Por otra parte, la lógica de la competencia intercapitalista impuso la rivalidad interimperialista, que ha venido repartiendo las áreas de influencia de las formaciones sociales centrales hegemónicas.

Desde el Centro, pues, se articula la dinámica del Sistema, ya que éste es un producto de su Centro. Es decir, el Centro explica el Sistema: no se puede entender lo que ocurre en el mundo sino a partir de las políticas que desde el Centro, y en razón de las necesidades diversas de su reproducción, se aplican directa o indirectamente al resto del Sistema.

El desarrollo socioeconómico

El resultado global de la dinámica del capitalismo autocentrado ha sido lo que se denomina el *desarrollo socioeconómico*, que implica:

— El progreso, la industrialización y terciarización moderna, tal como se ha constatado en los capítulos anteriores correspondientes a la infraestructura del Sistema.
— Un alto nivel de vida, medido por la disposición de medios de consumo y servicios personales y públicos.
— Una regulación interna controlada por el Estado y, en algunos casos, la vigencia del Estado del Bienestar.

El desarrollo socioeconómico comprende, pues, el avance coordinado en una serie de ámbitos que definen la existencia social y económica de la población y, como concepto descriptivo de los fenómenos que configuran dicha existencia, se mide a efectos comparativos a través de variables relativas a la producción y renta, bienestar, etc. En el Cuadro 18.1 se reflejan los valores de algunas variables de este tipo para algunos países del Centro del Sistema. Dados los altos niveles alcanzados por estos indicadores, se explica que comúnmente se designe al Centro del Sistema como el conjunto de países desarrollados [1].

[1] En el Capítulo 22 se tratarán las críticas y alternativas a esta visión del desarrollo socioeconómico y a las variables utilizadas para su medición.

Cuadro 18.1. El nivel de desarrollo en algunos países del Centro del Sistema.

	Año	EE.UU.	Canadá	Japón	Australia	Nueva Zelanda	Francia	Reino Unido	Alemania	Suecia	España	Italia	Holanda	Grecia	Portugal
Esperanza de vida	1997	76,7	79	80	78,2	76,9	78,1	77,2	77,2	78,5	78	78,2	77,9	78,1	75,3
Habitantes/médico	1990-92	420	450	610	440	580	350	710	370	370	280	210	410	580	490
Científicos y técnicos (I+D)/1.000 hab.	1990-96	3,6	3,7	7,1	4	2,6	5,4	3,4	4,3	6,8	1,6	2,1	3,9	11	1,4
Aparatos TV/1.000 hab.	1996	806	709	700	666	517	598	612	493	476	509	436	442	442	367
Escolarización*	1997	94	99	85	100	95	92	100	88	100	92	82	98	79	91
Líneas telefónicas**	1996	602	479	519	499	564	528	538	682	392	440	509	509	375	
Teléf. portátiles/1.000 hab.	1997	206	139	304	264	149	99	151	99	358	110	204	110	89	152
Vehículos motorizados/100 hab.	1996	74	60	45	54	52	48	41	41	49	37	52	39	25	34
Prensa diaria***	1994	228	189	576	258	297	237	351	317	483	104	105	334	156	41

* Tasa bruta de matriculación en enseñanzas primaria, secundaria y terciaria.
** Líneas telefónicas principales por 1.000 habitantes.
*** Ejemplares por 1.000 habitantes.
Fuentes: PNUD: *Informe sobre el Desarrollo Humano*, 1994 y 1999; y Banco Mundial: *Informe sobre el Desarrollo Mundial*, 1998-99 y 2000.

En definitiva, se puede resumir la dinámica autocentrada del desarrollo capitalista diciendo que sobre la base de la articulación nacional de la producciones de medios de producción y de medios de consumo (necesidades del mercado interno) se definieron las relaciones exteriores y el consumo de lujo (medios de consumo no salariales). Los obstáculos cíclicos a la proporcionalidad entre la capacidad de producir (determinada por el desarrollo de las fuerzas productivas, la composición orgánica creciente y el aumento de productividad) y la capacidad de consumir (determinada por la tasa de plusvalía) en el mercado interno han determinado la expansión exterior y el uso productivo/improductivo del excedente y en tales actividades el Estado ha desempeñado un activo papel.

Estas características son las que predominan todavía en la actualidad, aun cuando desde el final de la Segunda Guerra Mundial empiezan a producirse quiebras en este Sistema y a presionar la expansión de la *economía mundial*, es decir, una nueva fase del capitalismo: la fase de *capitalismo monopolista de base mundial*. Una de las principales modificaciones es que los Estados nacionales surgidos del proceso de formación del Centro del Sistema empiezan a ser un marco estrecho y un obstáculo para la continuación del proceso de *expansión mundial* del capitalismo, dado que lo que está en formación es un *nuevo mercado interno mundial* y por tanto las correspondencias y articulaciones antes señaladas tienden a producirse ahora en un marco supranacional.

Precisamente por este nuevo carácter que va adoptando la base económica del Sistema, derivado de la mundialización del modo de producción, es cuestionable a largo plazo la pervivencia de la configuración del Centro del Sistema como un conjunto de países. Más bien cabe pensarlo en términos de los espacios mundiales en los que tenga lugar la articulación autocentrada (en términos de mercado y de progreso) del capitalismo, lo que a su vez supondrá (está suponiendo ya) un proceso de regionalización multipolar, con varios «centros» y sus correspondientes «periferias».

18.2. EL CAPITALISMO MONOPOLISTA Y LA ABSORCIÓN DEL EXCEDENTE

Los cambios sobrevenidos a partir de la fase monopolista del capitalismo han marcado definitivamente la dinámica estructural de las formaciones sociales centrales que se ha caracterizado por el funcionamiento de los nuevos mecanismos de regulación en el ámbito productivo y en el ámbito institucional.

La fase monopolista del capitalismo se caracteriza, entre otras cosas, por la concentración y centralización del capital. Desde el punto de vista de la unidad empresarial, este proceso supone la sustitución del empresario-capitalista individual por la *Gran Corporación* como agente principal del proceso de acumulación, y conlleva cambios fundamentales en las formas de propiedad y apropiación del capital y del excedente.

La economía de EE.UU. fue el mejor campo de pruebas para el estudio de la significación de estos cambios. De entre ellos cabe destacar los de los autores marxistas norteamericanos P. Sweezy y P. Baran y el del neoinstitucionalista J. K. Galbraith, quienes, partiendo de metodologías diferentes, llegaron a coincidencias significativas en el diagnóstico de las características fundamentales del «nuevo» capitalismo, de los «nuevos» problemas y de las «nuevas» soluciones. La explicación que sigue se basa en la aportación de estos autores, partiendo de la formación de las empresas monopolistas, las corporaciones.

La Gran Corporación

Las empresas monopolistas pueden clasificarse en tres *tipos*:

- Empresas con *integración vertical*: se trata del control pleno de un proceso de producción, desde las materias primas hasta el producto final. En este caso, la empresa evita las relaciones mercantiles con sus potenciales proveedores y asume ella misma la producción en todas sus fases.
- Empresas con *integración horizontal*: aquella empresa que controla por sí sola la oferta de un producto. No existe en el mercado ninguna otra empresa que pueda competir con ella.
- Empresas con *control de una filiere*: una *filiere* (hilera, fila, cadena) es el conjunto de transformaciones que debe sufrir un producto desde las materias primas hasta el producto final. Cuando una sola empresa controla alguna de las fases de la *filiere* puede dominar indirectamente todo el proceso de valorización.

Existen diversas *formas* de monopolizar un mercado, que han variado temporal y espacialmente. Entre ellas destacan las siguientes:

- *Pacto entre caballeros*: sistema mediante el cual dos o más empresas acuerdan no hacerse la competencia entre sí. Es la forma más endeble de monopolización y suele romperse en cuanto varían las condiciones que existían cuando se estableció el pacto.
- *Cártel*: acuerdo establecido entre todas las empresas de una rama (abarca toda la oferta de un producto) para repartirse el mercado entre ellas, de forma proporcional a su capacidad de producción, anulando la competencia. Puede ser *geográfico*, cuando el mercado se reparte regionalmente, o de *precios*, en función de las clases sociales a las que va dirigido el producto. El cártel es eficaz, pero

se rompe cuando desaparece la correlación de fuerzas entre las empresas que lo propiciaron.

— *Holding*: creación de una empresa cuya función es controlar otras empresas a través de la participación en el capital social de las mismas. El holding no requiere que las empresas controladas sean de la misma rama y puede llegar a constituir auténticos grupos financieros (redes de conexiones entre empresas). Es la forma más perfeccionada de monopolización manteniendo la independencia jurídica de las diferentes empresas del grupo. Es, además, la forma habitual utilizada por los bancos.
— *Trust*: fusión de todas las empresas de una rama en una sola empresa. Implica la desaparición de la independencia jurídica de cada empresa fusionada y la creación de un monopolio en sentido estricto.

A nivel interno, las grandes corporaciones monopólicas introducen cambios drásticos en las formas de propiedad del capital y, por consiguiente, en la estructura de clases de la sociedad. Como explicó Galbraith, la estructura organizativa de una corporación aleja el poder de decisión de los propietarios del capital, los accionistas, y la posesión real del capital se reparte entre el Consejo de Administración y, sobre todo en términos de capacidad de decisión, en la *Tecnoestructura*, compuesta por los gerentes, jefes y técnicos de la empresa.

En el ámbito del mercado, la sustitución de la «libre concurrencia» por el capitalismo monopolista significa que los mecanismos de formación de precios y salarios ya no se explican por las teorías de la «competencia perfecta». En la economía actúan millones de pequeñas y medianas empresas que dependen de una forma u otra de algunos cientos de grandes corporaciones que ejercen un efecto de dominio sobre el conjunto económico. El poder monopólico es paliado a través de nuevos mecanismos de regulación (que Galbraith considera automatismos: asociaciones de consumidores, gobierno, sindicatos, asociaciones agrarias, etc.). La fijación de precios y salarios se hace, así, no en función de las «fuerzas ciegas del mercado», sino a través de la negociación colectiva, a través de *instituciones ad hoc* que aparecen en la estructura y la superestructura. Estas instituciones, que para Galbraith constituyen el *poder compensatorio* del poder de las corporaciones, pueden considerarse como el *nuevo mecanismo de regulación* del modo de desarrollo fordista, en el sentido que regula económica y superestructuralmente la dinámica de la correspondencia entre la capacidad de producir y de consumir, entre la productividad y el poder adquisitivo, entre la producción y el consumo, entre la inversión y el gasto.

¿Por qué se hacen necesarios los nuevos mecanismos? Porque (y aquí coinciden los autores citados) el capitalismo de las grandes corporaciones, el capital monopolista, supone un incremento extraordinario (en relación a la fase anterior) de la productividad y del volumen de producción, a la vez que se compite fundamentalmente reduciendo costes. Ello lleva, en formulación de Baran y Sweezy, a considerar que la ley característica del desarrollo del capitalismo monopolista es la del aumento del excedente.

La creación y absorción del excedente

A nivel macroeconómico (no en el terreno más abstracto en el que se explica la formación de la plusvalía), se entiende por excedente la diferencia entre el valor de la producción y el coste en que se ha incurrido para lograr dicha producción.

La ley fundamental del desarrollo en el capitalismo monopolista, la tendencia al incremento del excedente, se expresa como:

$$\Delta \text{ valor de la producción} > \Delta \text{ costes directos de la producción}$$

La tendencia creciente del excedente tiene un origen principal: las grandes corporaciones. En estas grandes empresas se produce una constante presión al alza de la productividad, que combinada con el crecimiento del volumen de la producción da lugar al crecimiento rápido del excedente de mercancías que, una vez transformadas en dinero en el mercado, dan lugar a un incremento creciente del volumen de capital invertible.

El principal problema que se plantea en el capitalismo monopolista de base nacional es el de la absorción rentable de un excedente continua y aceleradamente creciente. Ésta es la manifestación concreta en esta fase de la *contradicción capitalista entre la capacidad de producir y la capacidad de consumir*. En este sentido, la dinámica de la acumulación autocentrada en su fase monopolista será la de los mecanismos para absorber el excedente. Hay que tener presente que el principio general de racionalidad del capitalismo exige que el excedente obtenido sea valorizado, es decir, utilizado precisamente para obtener más excedente. La contradicción se plantea cuando el uso del excedente *ya no resulta rentable*.

En el capitalismo monopolista existen tres *mecanismos* para absorber el excedente:

— El consumo improductivo.
— La inversión productiva.
— El despilfarro.

Consumo improductivo: se trata, por supuesto, del consumo de los capitalistas que son quienes se apropian del excedente. El crecimiento del consumo de los capitalistas da lugar al uso de volúmenes de excedente cada vez mayores, básicamente en consumo de lujo. Sin embargo, el consumo de los capitalistas tiene un límite (si se tienen tres yates es muy probable que no se pretendan tener diez) y su crecimiento es más lento que el crecimiento del excedente. Por tanto, este consumo no basta para absorber el excedente creciente.

Inversión productiva: en principio, la parte del excedente que no es consumida por los capitalistas se supone que será invertida productivamente en empresas «nacionales». Es decir, su finalidad es la creación de más excedente. Ésta es la forma «racional» de actuación según el modo de producción capitalista. Ahora bien, los incrementos de los volúmenes de inversión, para ser competitivos y por tanto rentables, requieren incrementar la productividad, lo cual da como resultado nuevos incrementos de excedente cuyo crecimiento es más que proporcional al propio crecimiento de la inversión, y se acaba por producir una situación de saturación de mercados que convierten a la inversión en no rentable.

Uno de los efectos de esta situación, en la que cada vez se invierte más en volumen total y más en capital constante, es que la obsolescencia de los medios de producción se hace más corta. El ritmo de avance tecnológico, que implica el incremento de la capacidad de producir, se ve, sin embargo, relativamente frenado por cuanto las corporaciones esperan a introducir los nuevos «inventos» hasta que los medios de producción instalados estén amortizados. *No se frena la investigación sino la aplicación inmediata de lo descubierto.*

Entre las posibles *fuentes de absorción del excedente exógenas* a las empresas ya existentes son dos las más importantes:

— *El crecimiento de la población*: es decir, el excedente se utiliza en la creación de nuevos puestos de trabajo que incrementan el empleo y «gastan» parte del excedente en nuevo capital variable. Sin embargo, la tendencia más acusada es hacia la inversión en capital constante, con crecimiento de la composición orgánica del capital y aumento de la productividad. Por consiguiente, el aumento del empleo crece menos proporcionalmente que el excedente real.
— *La inversión exterior*: en este caso se trata de aquella parte del excedente interno que se usa fuera del ámbito de la economía en que se creó. Es decir, inversión rentable fuera de las fronteras de la economía nacional. Este fenómeno está en la base de la exportación de capitales y de la implantación de empresas de un país en otro, o sea, en el proceso de expansión mundial de las *empresas multinacionales*. Sin embargo, desde el punto de vista de la absorción del excedente tampoco logran resolver el problema, por cuanto la inversión exterior es a su vez fuente de nuevo y creciente excedente, que si sigue las reglas de la «racionalidad» —competitividad, incremento de la productividad, etc.— acaba siendo, una vez más, fuente e impulso del crecimiento del excedente.

Por consiguiente, ni el consumo de los capitalistas ni la inversión productiva (en medios de producción, salarios, exterior o interior) son suficientes por sí solas para absorber la totalidad del excedente creciente. Es necesario utilizarlo de otra forma que no sea ni consumo ni inversión. Esta forma es el despilfarro.

Despilfarro: *se entiende por despilfarro el uso de recursos productivos que incrementan el coste de la producción sin aumentar el valor de las mercancías*. La diferencia entre el excedente creado y el consumo capitalista y la inversión productiva *debe ser utilizada*. Si no lo es, una parte del excedente permanecería sin realizar y provocaría el colapso de la acumulación. Ahora bien, como no puede ser ni consumida ni invertida, debe ser usada de forma tal que su uso no cree nuevo excedente, es decir, *no aumente el valor de las mercancías*, y actúe como simple destructor de excedente.

Son muy diversas las formas que adopta el despilfarro.

La principal de ellas es la denominada *campaña de ventas*, que engloba muy diversas actividades. Las campañas de ventas no incorporan valor a las mercancías ya producidas, es decir, la mercancía en tanto que tal *ya existe antes de la campaña de ventas y posee su correspondiente valor*. La campaña de ventas *gasta* capital (usa excedente) que no incremente el precio de producción de las mercancías, pero que sí altera su precio de mercado por cuanto el *gasto* en campaña de ventas se incorpora al coste, en este caso no de producción sino de comercialización.

Las actividades que se desarrollan en las campañas de ventas son:

— *Publicidad*, que absorbe tramos crecientes del excedente y colabora en la comercialización de las mercancías. No obstante, el valor de las mercancías es el mismo con o sin publicidad.
— *Presentación*, que incluye la diferenciación de las mercancías por el envase, el empaquetado, la forma exterior y que puede llegar a incluir el «*regalo*» de otra mercancía cuando se compra la que se promociona. En este contexto cobra su mayor importancia la política de marcas, cuyo objetivo es la diferenciación artificial de una mercancía con respecto a otras que satisfacen la misma necesidad. En cualquier caso, el valor de la mercancía principal no depende de la forma de presentación: su valor es el mismo sea cual sea su marca y su presentación para el comercio. También se incrementa el coste pero no el valor.
— *Cambios de modelo*, cuyo principal objetivo es favorecer la venta de mercancías destinadas a satisfacer necesidades que no cambian. El cambio de modelo de un año a otro —por ejemplo, la moda en el vestir— estimula las ventas, pero «quema» excedente al agotar la posibilidad de realización del valor de uso (mercancías ya vendidas) o el valor de cambio (mercancías no vendidas) de mercancías ya producidas que se convierten artificialmente en obsoletas.
— *Distribución y servicio postventa*, que implican grandes gastos comerciales que no intervienen en la formación directa del coste de

las mercancías. Tales servicios de distribución y postventa son imprescindibles para el mantenimiento de las cuotas de mercado de las empresas que compiten en él y absorben una parte considerable del excedente. Pero, en concreto, no incorporan ningún valor a las propias mercancías (si la distribución se realizase de forma directa o a través de cooperativas de consumo la mercancía llegaría a sus destinatarios con el mismo valor, pero con un precio muy inferior).

Todas estas actividades están vinculadas al proceso de circulación de las mercancías, es decir, a procesos no creadores de valor. Por consiguiente, deben ser procesos consumidores de excedente. Su efecto más notable sobre la sociedad es el importante *crecimiento del sector terciario*. El crecimiento acelerado de los servicios a las empresas, unido al crecimiento de los servicios a las personas, del aparato del Estado (educación, sanidad, aparatos judicial-policial, etc.) y de los servicios financieros, da lugar al fenómeno generalizado en los países centrales de *terciarización de la sociedad*. Este sector terciario, según esta argumentación, no es creador de valor, sino utilizador de valor ya creado, en definitiva, una de las principales formas de absorber el excedente.

Aquí se enmarca también el concepto de la *sociedad opulenta* de Galbraith, que da lugar al consumismo. Según este autor, los notables incrementos de producción y productividad de las corporaciones requerían un cambio en el mismo sentido del comportamiento del mercado, y para ello tenía que producirse un incremento similar en la capacidad de compra de los consumidores y en la expresión de sus «deseos soberanos» de adquisición de productos. A la producción masiva le corresponde el *consumo de masas*.

Sin embargo, también en este caso, como en el de la competencia, dejan de funcionar los postulados neoclásicos: desaparece la «soberanía del consumidor» y en su lugar aparece el *consumismo*.

El consumismo consiste en que se compra no porque se necesiten las mercancías, sino porque las corporaciones tienen que vender. Para ello cambian los métodos de venta:

— Notable incremento de la *publicidad*.
— Imperio de la *moda*.
— *Recambio rápido* de los productos (obsolescencia acelerada o simplemente desgaste e inutilización del objeto). A consecuencia de ello se produce una baja generalizada de la calidad de los productos cuya duración es cada vez menor.
— Creación de *nuevas necesidades*, en muchas ocasiones artificiales, que contribuyan a «mover» el mercado.
— Aumento del *número de productos que satisfacen la misma necesidad*. Mismo producto en diferentes presentaciones (marcas, embalaje, forma de presentación, etc.).

Todos estos cambios dan lugar a dos modificaciones en el mercado de particular importancia:

— La competencia ya no se produce mediante precios y calidades de productos homogéneos. *La competencia pasa a ser entre productos heterogéneos*. Se intenta convencer al consumidor para que dedique parte de su renta a consumir productos heterogéneos. (Un viaje o una segunda residencia o un coche nuevo o un vídeo, por ejemplo.)
— Los patrones de consumo dejan de estar regidos por las necesidades de los consumidores y pasan a estar regidos por las necesidades de venta de los productores.

En suma, las características del desarrollo autocentrado en la sociedad de capitalismo monopolista explicadas en los años sesenta por Sweezy, Baran y Galbraith (entre otros), si bien se referían a la economía norteamericana, son aplicables al resto de formaciones sociales centrales, aunque existen diferencias institucionales (por ejemplo, en el papel jugado por el Estado en el mercado laboral, en la articulación entre el capital financiero y el sector productivo, etc.) que han dado pie a catalogar como modelos específicos al «capitalismo europeo» o al «capitalismo japonés» respecto al estadounidense. Pero desde el punto de vista más abstracto, el modo de desarrollo (según es definido por la escuela regulacionista) es común en cuanto a que se basaba en un régimen de acumulación intensiva y un modo de regulación monopolista, que a través del neoimperialismo conseguía materias primas y energéticas baratas.

Tanto desde el punto de la absorción del excedente (Baran y Sweezy) como de la sociedad opulenta, el poder compensatorio y el nuevo estado industrial (Galbraith), o del modo de desarrollo fordista (escuela regulacionista), así como de otras aportaciones (el «capitalismo tardío» de E. Mandel, o el «capitalismo monopolista de Estado» de P. Boccara), adquiere nueva importancia el *papel del Estado en la economía*. Lo que en la teoría económica keynesiana vino a justificarse como nueva teoría para la política económica, tenía claras raíces en el cambio operado en la estructura económica que acaba de ser caracterizado. Por su importancia cuantitativa y cualitativa, el papel del Estado en la economía se tratará específicamente a continuación.

18.3. EL ESTADO DEL BIENESTAR Y LA CRISIS FISCAL DEL ESTADO

A diferencia del papel neutral que le asignaban los clásicos, en la situación de capital monopolista de base nacional el Estado juega cada vez más un papel central en la regulación de los procesos de acumulación. Su incidencia es notoria tanto en la captación de rentas de los «agentes económicos» (léase los ciudadanos y las empresas) a través de los impuestos como mediante el gasto público, que le convierte en el primer cliente de numerosos sectores de la economía nacional y en importante gestor del consumo de la población no activa.

Para cumplir su función como *regulador* de la acumulación y como *potenciador* de la actividad económica, el Estado interviene de dos maneras en el proceso económico: como perceptor de ingresos y como realizador de gastos.

— *Ingresos*: los ingresos del Estado proceden de:

- La recaudación fiscal, es decir, la captación de parte de las rentas primarias o derivadas ya existentes.
- Los ingresos procedentes de su actividad económica directa (a través de empresas y servicios públicos y semipúblicos).
- El endeudamiento interior.
- El endeudamiento exterior.

Cualquiera de estas fuentes de ingresos tiene claros límites superiores: no se pueden elevar los impuestos más allá de cierto límite, ni se puede endeudar el Estado más allá de cierto límite, y la actividad económica directa no puede suplir la actividad privada, a riesgo de convertir la sociedad que se gestiona en una sociedad no capitalista. Así pues, la capacidad de crecimiento de los ingresos del Estado está ciertamente limitada.

— *Gastos*: los gastos del gobierno (del Estado en general) se dividen del siguiente modo:

a) *Gastos sociales:* se refieren a la formación de capital social, que comprende la inversión y el consumo sociales.

1. La inversión social puede ser:

   - En capital humano (educación, formación profesional, etc.).
   - En capital físico: infraestructuras, obras publicas, urbanismo, etcétera.

2. El consumo social incluye:

   - El consumo corriente de bienes y servicios.
   - El mantenimiento del patrimonio público.
   - La seguridad social, que comprende la sanidad, los subsidios de desempleo y otros subsidios sociales, las pensiones de jubilación, etcétera.

b) *Gastos vinculados a la producción o al proceso económico en general*, que pueden ser:

1. Inversiones en empresas públicas.
2. Subvenciones a empresas públicas o privadas.
3. Subvenciones de servicios públicos: transporte urbano y suburbano, ferrocarriles, etc.
4. Asunción de empresas necesarias pero no rentables.
5. Prestación de servicios públicos vinculados a la actividad productiva (por ejemplo, inversión en I + D).

c) *Gastos financieros*, principalmente vinculados al pago de los intereses de la deuda interna y externa.

d) *Gastos militares*, capítulo que por su importancia requiere un tratamiento posterior específico.

En las economías de los países centrales, la política de gasto del Estado se ha configurado desde el final de la Segunda Guerra Mundial de tal forma que ha dado lugar a lo que unos autores han denominado el *Estado del Bienestar* y otros el *Estado Providencia.*

Con tales términos se pretende enfatizar, desde una postura ciertamente ideológica, el positivo papel que la intervención del Estado ha tenido para el «conjunto de los ciudadanos», de tal forma que se borra el posible carácter de clase de esta institución o la contradicción inmanente que existe entre la expresión del poder político colectivo en un contexto de poder económico privado, concentrado y centralizado, así como el hecho histórico de las conquistas sociales de los sindicatos.

Sin entrar en el análisis profundo del Estado, propio de la ciencia política, desde la óptica del estructuralismo económico cabe destacar que el Estado debe cumplir al menos dos funciones:

— Permitir, asegurar y facilitar la acumulación del capitalismo monopolista neoimperialista.
— Legitimar esa primera función en la conciencia social, de tal manera que aparezca como «Estado de todos» y no como instrumento de una sola clase o grupo social.

Los gastos estatales están asociados en última instancia, pues, al cumplimiento de estas dos funciones. Pero, además, los gastos sociales del Estado del Bienestar no fueron producto de una mera concesión o altruismo, sino que resultaron de la correlación de fuerzas claramente inclinada a favor del progresismo tras la Segunda Guerra Mundial, período en que, en el contexto de la Guerra Fría y con el fin de frenar el radicalismo obrero, los sindicatos lograron imponer la matriz fundamental de la «protección social».

Según J. O'Connor, el Estado del Bienestar, por una parte, socializa costes y asume actividades «no rentables» para el capital y, por otra, subvenciona y ofrece servicios a los ciudadanos para aminorar las contradicciones sociales. En el contexto del capitalismo europeo, otros autores han destacado cómo, en definitiva, gran parte de los gastos sociales son el mecanismo «más barato» para el capital para controlar la reproducción de la población no activa o no vinculada directamente al proceso de valorización del capital (niños y jóvenes, pensionistas, amas de casa, desempleo estructural, etc.).

En la práctica, los gastos del Estado tienen una tendencia a crecer más rápidamente que los ingresos del Estado. Ello da lugar a lo que O'Connor ha bautizado como *crisis fiscal del Estado*, que es una crisis de marcado carácter estructural. Cabe destacar el carácter altamente predictivo de la teoría de O'Connor, ya que fue formulada en los primeros años setenta, mucho antes, pues, que el déficit estatal fuera considerado uno de los obstáculos principales a la recuperación económica, como ocurrió posteriormente. El debate actual entre «keynesianos» y «neoliberales» sobre la intervención y el déficit públicos muestra, así, sus verdaderas limitaciones teóricas al soslayar su raíz estructural y quedar centrado exclusivamente en la órbita de la política económica más o menos coyuntural. En realidad, *lo que está en cuestión es la funcionalidad de la actuación como regulador y potenciador de la acumulación monopolista en el nuevo marco de la mundialización.*

18.4. EL COMPLEJO MILITAR-INDUSTRIAL

Uno de los principales renglones de los gastos del Estado está constituido por los gastos militares que, asimismo, juegan un importante papel en la absorción del excedente. Según han destacado diversos autores (Baran y Sweezy, Galbraith, Mandel, etc.), la colusión de la actividad militar del Estado con la producción privada de armamento ha dado lugar al surgimiento de un poderoso *complejo militar-industrial*, cuyo papel ha sido determinante en algunas economías capitalistas centrales, especialmente en la estadounidense.

El complejo militar-industrial se asienta en dos bases: el Estado y las grandes corporaciones privadas. Constituye una actividad y una industria claramente *atípicas*.

La producción de armamento juega un papel objetivo en la acumulación, como cualquier otra actividad productiva cuando es orientada a maximizar la ganancia. Posee, además, un importante papel subjetivo, vinculado a las decisiones de carácter político-militar del Estado, es decir, a la estrategia global del Estado.

La atipicidad de esta industria aparece en los siguientes extremos:

— El *mercado* en que actúa representa:

- Una actividad monopsónica, en la cual el único cliente es el Estado. Suele venir justificada por su responsabilidad en la «seguridad nacional».
- Una actividad oligopólica, pues son pocas las empresas que producen armamento o equipo con destino al aparato militar estatal.

Por otra parte, el *comercio internacional* de armamento es uno de los rubros más significativos —aunque deficientemente medido— de las relaciones bilaterales entre las potencias hegemónicas del Centro y sus clientes.

— Los *agentes* que intervienen en su proceso son de dos tipos:

- Agentes públicos: la administración del Estado, el aparato militar (en EE.UU., el Pentágono) y el personal científico. Aunque es difícil cuantificar la economía armamentista, se suele considerar como buen indicador los *gastos en defensa* de los diversos gobiernos.
- Agentes privados: las empresas productoras. Algunas de estas empresas se dedican básicamente a la producción de armamento, y otras aparecen más diversificadas, incluso con una importante producción «civil», aunque su «división armamentista» cumple un papel fundamental en el balance global de la empresa. Es el caso de las empresas de automoción, electrónica, informática, energía, etc. De hecho, pocas de las grandes corporaciones dejan de competir en este mercado «seguro».

— Los *inputs* que se utilizan proceden tanto de industrias tradicionales (textil, metalmecánica, siderurgia, etc.) como de industrias punta tecnológicamente (nuclear, telecomunicaciones, microelectrónica, nuevas aleaciones, etc.). Tanto la producción del material militar como su uso está constantemente en proceso de transformación. Requiere una constante *transformación tecnológica* que, además, es secreta.

Además, absorbe grandes recursos financieros tanto en la producción como en la investigación. Y, respecto a los recursos humanos, utiliza relativamente poca mano de obra no especializada y mucha mano de obra especializada y altamente especializada.

— Los *outputs* obtenidos por la industria militar sólo pueden ser utilizados por el Estado en la mayor parte de los casos (a excepción de las armas ligeras): aviones y barcos militares, tanques, vehículos espaciales, misiles, satélites, radares, comunicaciones, bombas nucleares o no nucleares, etc. Cabe señalar que el factor que hace más atípica a esta industria es precisamente su producto final: el arma es una mercancía hasta que es adquirida por el Estado, pero su destino final es destruir y/o ser destruida (guerras o sencillamente destrucción por obsolescencia sin realizar el uso para el cual ha sido producida).

Así pues, llevando la cuestión hasta sus últimos límites cabría dividir la actividad económica en tres sectores:

- I: sector productor de medios de producción.
- II: sector productor de medios de consumo.
- III: sector productor de medios de destrucción.

¿Qué papel juega el sector III en la acumulación de capital? ¿Es realmente necesario para la reproducción capitalista, para el crecimiento económico? Independientemente de la dimensión política o de «seguridad» de los intereses «nacionales», la enorme magnitud que ha alcanzado este sector en las economías nacionales y en la economía mundial (especialmente en las relaciones comerciales y de «cooperación y ayuda» entre el Centro y la Periferia) plantean estas preguntas como claves para el futuro de la seguridad mundial.

En la interpretación de Baran y Sweezy el sector armamentista cumple un papel fundamental en la absorción del excedente. Para Galbraith, sin embargo, cabe resaltar la política de presión que ejerce el complejo militar-industrial para perpetuar su poder y sus beneficios y, por tanto, en realidad, no sería consustancial al progreso capitalista, al menos en su actual magnitud. Para otros autores, como Mandel, el capital excedente rentabilizado en el sector tiene un límite: el perjuicio a los capitalistas «no armamentistas» (causado indirectamente a través del déficit público, la política económica sesgada hacia el capital armamentista, etc., o directamente por la posible escasez de capital productivo de los sectores I y II).

A favor del papel positivo del sector en el resto de la economía se esgrimió el «argumento tecnológico», que vinculaba el progreso postbélico civil a la investigación en principio con fines militares. Pero este argumento ha ido perdiendo peso ante la sofisticación y encarecimiento de la tecnología militar. En el mismo sentido negativo se han presentado los «milagros» alemán y japonés en las décadas postbélicas como ejemplos de crecimiento económico acompañado de poca importancia de dicho sector.

Desde una perspectiva global y mundial, las consideraciones sobre la industria de armamento han estado ligadas a los problemas de la seguridad y, últimamente, del propio desarrollo económico, ya que los conflictos bélicos se repiten insistentemente en la Periferia del Sistema, que está teniendo un protagonismo cada vez más significativo en la producción y comercio de armas, aunque la tecnología, producción y exportaciones (así como la «asistencia» o la localización de bases militares a lo largo y ancho del planeta) siguen en manos del Centro, como refleja el Cuadro 18.2.

Cuadro 18.2. Las potencias armamentistas.

	Asistencia militar[a] 1987	Asistencia militar[a] 1993	Ventas a la Periferia[b] 1988/92	Exportaciones de armas[c] 1988/92
EE.UU.*	5,4	3,4	22	54.968
Europa occidental	1,3	0,9	—	—
Francia*	—	—	11	9.349
Gran Bretaña*	—	—	7	7.623
Alemania	—	—	—	8.190
Holanda	—	—	—	2.048
Italia	—	—	—	1.613
Suecia	—	—	—	1.416
Checoslovaquia	—	—	—	3.163
China*	0,3	0,1	10	7.658
Ex URSS*	13,5	0,0	35	45.182

[a] Asistencia militar a escala mundial (miles de millones de dólares de EE.UU. de 1993).
[b] Porcentaje del total de ventas de armas a la Periferia.
[c] Exportaciones de armas convencionales (millones de dólares de EE.UU. de 1990).
* Países miembros permanentes del Consejo de Seguridad de las Naciones Unidas.
Fuente: PNUD: *Informe sobre el Desarrollo Humano*, 1994.

El final de la Guerra Fría y las expectativas que ello abre para la comunidad internacional son la base de debates sobre los costes de la reconversión de las industrias militares en civiles, el uso del ahorro en el gasto de armamentos para el desarrollo socioeconómico (el llamado «dividendo para la paz»), la regulación de la producción y comercio de armas, etc. En el Recuadro 18.1 se recoge la preocupación y propuestas del PNUD al respecto. Pero mientras no se explicite el verdadero papel del sector armamentista en la acumulación de capital, es más que probable que dichas propuestas queden en meros deseos o en regulaciones superestructurales poco efectivas ante la consistencia estructural.

18.5. EL FIN DE LA GUERRA FRÍA Y EL SISTEMA ARMAMENTISTA GLOBAL

DOLORS CASARES VIDAL

Después de la Guerra Fría, a EE.UU. se le acabaron los argumentos para defender una política armamentística que justificara el elevado presupuesto dedicado al Departamento de Defensa.

RECUADRO 18.1. MISILES O DESARROLLO

El gasto militar mundial era igual en 1992 al ingreso de casi la mitad de la población mundial: 815.000 millones de dólares. Si a principios de siglo el 90 por 100 de las víctimas de los conflictos bélicos eran militares, al final del siglo ese 90 por 100 son víctimas civiles. Los conflictos, más que entre Estados, son ahora intra-Estado, y la mayoría tienen lugar en la Periferia del Sistema. Es en ella donde ha crecido más rápidamente el gasto militar (a una tasa del 7,5 por 100 anual entre 1960 y 1987), y lo ha hecho incluso en algunos de los países más pobres del planeta como Chad, Etiopía, Burkina Faso, Mozambique o Mali. Con el 12 por 100 del gasto militar realizado por la Periferia se podría inmunizar a todos los niños, eliminar la desnutrición grave, reducir a la mitad la desnutrición moderada y abastecer de agua potable y atención sanitaria primaria a todos los que no acceden a ellas. Con el 4 por 100, se lograría cubrir el coste adicional de reducir el analfabetismo adulto a la mitad y la impartición universal de la enseñanza primaria, incluyendo a las niñas al mismo nivel que los varones... Ante paradojas tan monstruosas, el PNUD destaca, como signo esperanzador, la disminución de la carrera de armamentos a causa del fin de la Guerra Fría y el posible uso para el desarrollo del *dividendo para la paz* resultante. Aunque por ahora es obvio que no ha habido esa inversión alternativa, y que los costes de la reconversión de algunas industrias militares tradicionales (tanques, etc.) y los recortes presupuestarios han dado buena cuenta del dividendo, el PNUD plantea la conveniencia de fiscalizar el dividendo para la paz a partir de la Cumbre Mundial sobre Desarrollo Social de 1995.

Estimaciones del dividendo para la paz
(miles de millones de dólares de EE.UU. a precios y tipos de cambio 1991)

	1987-1994	1995-2000
Total mundial		
Gasto militar	7.027	4.143
Dividendo Paz	933	459
Centro		
Gasto militar	5.953	3.508
Dividendo Paz	807	386
Periferia		
Gasto militar	1.034	635
Dividendo Paz	126	73

Nota: A efectos de gasto militar, China se incluye en el Centro. La proyección se hace con la hipótesis de reducción del 3 por 100 anual.

Durante la Guerra Fría se produjo entre los dos bloques en que se había dividido el mundo una carrera de armamentos que impulsó el rearme creciente de ambos bloques. Dicha política sirvió de base para el desarrollo de una potente industria bélica que ha llegado a tener una autonomía y una dinámica propias, y que a su vez está basada en el desarrollo tecnológico: Los sistemas de armas tienen un período de vida relativamente corto, es decir, rápidamente quedan obsoletas. Así, la sucesión de programas de armas está planificada en función del desarrollo tecnológico, más que por opciones políticas específicas[2]. Por tanto, la carrera de armamentos es una carrera tecnológica.

Debido a este proceso, el sector militar tiene cada vez mayor peso a nivel interno e internacional, prevaleciendo el uso de la fuerza como instrumento de dominio o de poder político, al mismo tiempo que los militares incrementan su influencia en el gobierno civil.

El sector militar se sitúa en el corazón de la estructura industrial, de la ciencia y de la tecnología, así como de las dinámicas territoriales. Se ha llegado a decir que para algunos países se da un modo de crecimiento militarizado[3], es decir, que el crecimiento económico de un país puede estar condicionado por el crecimiento del sector militar industrial. Esto se ha dado especialmente en la economía de los EE.UU.

[2] V. Fisas Armengol: *Crisis del militarismo y militarización de la crisis*. Fontamara, Barcelona, 1982.

[3] Laurent Carroué: Centro de Investigación de Industria. Instituto de Geografía. París I. *Le Monde Diplomatique*, noviembre 1992.

Finalizada la Guerra Fría, esta política de rearme va a ser sustituida por la de desarme, lo que queda reflejado en la disminución que se da en los gastos de armamento a nivel mundial, y muy concretamente por parte de la OTAN (de EE.UU. en particular) y de Rusia.

No obstante, esta disminución en los gastos militares esconde una política de profundos cambios tecnológicos en el sector, destinada a promover una concentración de esfuerzos, mediante fusiones de empresas, con el objetivo de poder seguir impulsando el desarrollo tecnológico. Desde 1990 el presupuesto militar de los EE.UU. ha llegado a disminuir hasta un 20 por 100 en 1993. El entonces Secretario de Estado de Defensa, Lee Aspin, y su adjunto William Perry, reunieron a una docena de representantes de la industria de armamento para concretar un plan de fusiones empresariales. A partir de aquel momento las empresas iniciaron un fuerte proceso de fusiones y de cofabricación de armamento.

La OTAN (Organización del Tratado del Atlántico Norte) se creó en 1949, como estructura militar del bloque occidental para hacer frente a una potencial agresión del bloque oriental. Dicha organización ha sido siempre liderada por los EE.UU., lo que quiere decir que las decisiones de la OTAN son las decisiones tomadas en el Pentágono. Así pues, Europa siempre ha estado supeditada a la política norteamericana.

En la década de los noventa, la OTAN pierde la finalidad para la que fue creada. A pesar de que han disminuido sus gastos militares, en ningún momento se ha planteado la necesidad de su desmantelamiento, muy al contrario, actualmente está ampliando su territorialidad incorporando a algunos de los países del este europeo (Hungría, Chequia y Polonia) e interviniendo en conflictos regionales con el argumento de ser los defensores de los derechos humanos en el mundo, como lo ha demostrado su intervención en Yugoslavia, a partir del 24 de marzo de 1999, sin tener en cuenta a las Naciones Unidas, decisión que en última instancia fue tomada por los EE.UU.

La confrontación este-oeste se ha sustituido por la confrontación norte-sur, el mes de agosto de 1990 los EE.UU. dirigen la intervención en Irak, justificada por la invasión que había realizado dicho país petrolero a su vecino Kuwait. En dicha intervención el ejército de EE.UU. pone a prueba sus armas tecnológicamente más sofisticadas.

En la intervención en Yugoslavia se repite la misma estrategia, como muy bien apunta Eduardo Galeano, «Esta guerra como todas las guerras, sirve de gigantesca vidriera para la exhibición y la venta de armas, esta guerra como todas las guerras, también sirve para justificar los gastos militares. Las grandes potencias occidentales, armadas hasta los dientes, necesitan clientes y también necesitan enemigos»[4].

Se justificó la intervención como una acción de carácter humanitario para defender al pueblo albano-kosovar de la limpieza étnica iniciada por Milosevic, y apoyar el derecho de autodeterminación de Kosovo.

No obstante, se ocultan las verdaderas razones de la intervención. La OTAN ha celebrado su 50 aniversario, y con dicha intervención justifica frente al mundo su actual razón de existir. Por otra parte, los EE.UU. han demostrado al mundo que sigue teniendo la hegemonía militar y política en el actual proceso de globalización en curso. Y, por último, las grandes empresas de armamentos han puesto a prueba los últimos sistemas de armas vendidos al Pentágono.

Las principales empresas que de una forma u otra se han visto implicadas en la guerra son:

- Lockheed Martin, EE.UU., que en 1996 se fusionó con Northrop Grumman, fabricantes del caza bombardero invisible F-117, fabricado a partir de su fusión con LTV Aircraft y la división de defensa de Westinghouse.
- Boeing, EE.UU., fusionada con McDonnell Douglas en 1997.
- Raytheon, EE.UU., fusionada con Texas Instruments y Hughes Aircraft. Es el grupo más importante del mundo en la fabricación de misiles.
- General Dynamics, EE.UU.

Éstos son los grandes conglomerados que tienen más peso dentro del complejo militar industrial de los EE.UU. Así pues, la guerra de Kosovo sirvió para poner en evidencia la hegemonía de dichas empresas dentro del entramado de la industria militar a escala mundial.

Según Baran y Sweezy, el sector militar tiene capacidad para absorber excedente económico. Lo que es evidente es que una gran parte de los recursos del Estado se destinan a la compra de armamentos, con ello se «consume» la producción realizada por el complejo militar industrial, independientemente de si se utilicen o no, independientemente de que sean «útiles» a los contribuyentes, que son los que realmente pagan dichas compras, independientemente de que con ello se incremente la posibilidad de la guerra, a escala regional o internacional.

---

[4] SIPRI Yearbook 1998, *Armaments, Disarmament and International Security*. Oxford University Press, 1998.

RECUADRO 18.2. LAS MAYORES EMPRESAS DEL SECTOR MILITAR INDUSTRIAL[a], 1996-97

Nombre empresa[b]	Ventas armas (millones de dólares americanos) 1996	Después fusión[c]	Reestructuración, 1996-97
Aereoespacial			
Lockheed Martin, USA	18.010	(28.000)	Adquirió en 1996 las unidades militares de Loral; fusión con Northrop Grumman.
Boeing, USA	4.000	20.000	Adquirió las unidades militares de Rockwell en 1996, se fusionó con McDonnell Douglas en agosto de 1997.
British Aerospace, UK	8.340	10.500	Joint Venture (Matra B. Ae Dynamics) con Matra HT en 1996; adquirió el 49 por 100 de STN Atlas y parte de la electrónica militar de Siemens en 1997.
DASA (Daimler Benz), Alemania	3.330		Adquirió parte de la electrónica militar de Siemens en 1997.
Aerospatiale, Francia	2.310	(3.500)	Planes de fusión con Dassault Aviation, aplazado por la oposición del gobierno a la privatización.
Matra B. Ae Dynamics, Francia/UK	1.950	2.350	Adquirió 30 por 100 de DASA´s LFK.
Dassault Aviation, Francia	1.230		
Alcatel Satellites,	800	1.200	Joint Venture integrada con Thomson-CSF, Dassault Electronique y Aérospatiale.
Electrónica			
Raytheon, USA	4.030	14.500	Adquirió las unidades militares de Texas Instruments y Hughes.
Thomson-CSF, Francia	4.540	6.000	Adquirió el 33 por 100 de Electronica, Italia, reestructurándose en 1997/1998.
GEC, UK	4.460		Joint Venture (Thomson, Marconi Sonar) con Thomson-CSF en 1996; incrementó su participación en Marconi Alenia Communications hasta el 95 por 100. Adquirió Hazeltine en 1996 y el 60 por 100 de las unidades militares de Italtel en 1997.
TRW, USA	3.360	4.000	Adquirió BDM International en 1997.
Litton, USA	1.920	2.620	Adquirió Teldix, Sperry Marine y Systems Business de Hughes en 1996, y Racal Marine en 1997.
Allied Signal, USA	1.260		
Motores			
Pratt & Whitney, USA	1.857		Subsidiaria de United Technology.
General Electric, USA	1.800		
Rolls Royce AC, UK	976		Adquirió Allison, USA en 1995.
SNECMA Groupe, Francia	914		

RECUADRO 18.2. LAS MAYORES EMPRESAS DEL SECTOR MILITAR INDUSTRIAL[a], 1996-97 (*Continuación*)

Nombre empresa[b]	Ventas armas (millones de dólares americanos) 1996	Después fusión[c]	Reestructuración, 1996-97
Navieras			
DCN, Francia	3.470		El gobierno francés compró la compañía.
General Dynamics	2.332		Posee Bath Iron Works y Electric Boat.
New Port News, USA	1.730		Adquirió Continental Maritime Ind. de San Diego en 1997.
Ingall Shipbuilding, USA	1.296		Subsidiaria de Litton.
Thyssen, Alemania	910	1.600	Fusión de las actividades navieras de Blohm&Voss y Thyssen Nordseewerke; planes de fusión con HDW.
HDW (Preussag), Alemania	650		Planes de fusión con Thyssen Werften.

[a] El gran número de fusiones verticales que integran capacidades complementarias hace cada vez más difícil distinguir entre los distintos sectores militares. La clasificación de esta tabla proporciona únicamente un indicio de las compañías que están en el núcleo de cada área.
[b] Las empresas japonesas productoras de armas no se incluyen, debido a que su producción está tan diversificada que no pueden ser categorizadas.
[c] Las estimaciones se han hecho combinando las ventas después de las fusiones y adquisiciones. Las que están entre paréntesis son para las futuras fusiones.
Fuente: SIPRI Yearbook 1998, *Armaments, Disarmament and International Security*. Oxford University Press, 1998.

RESUMEN

El *desarrollo autocentrado* del capitalismo tuvo lugar en el marco de los Estados-nación a partir de las revoluciones burguesas. La formación y profundización del mercado interno nacional a partir de la articulación sectorial permitió el progreso y el desarrollo socioeconómico, apoyado por otra parte en el imperialismo, constituyendo las formaciones sociales en las que se dieron estos procesos el *Centro del Sistema*. En la fase monopolista los cambios institucionales y de formas de propiedad impusieron como protagonista de la acumulación autocentrada a las *grandes corporaciones*, que a su dominio del mercado interno añaden la dirección del proceso de mundialización. Desde el punto de vista de la acumulación de capital en el Centro del Sistema, el capital monopolista provoca la *tendencia al crecimiento del excedente*, y la dinámica económica se explica entonces por los *mecanismos de absorción* de dicho excedente creciente. Entre ellos destaca el despilfarro, que se manifiesta especialmente en la terciarización de la actividad productiva y en la «sociedad de consumo», derivada de la producción en masa. *El Estado*, en este contexto, *adquiere un protagonismo fundamental* en la reproducción del modelo autocentrado como regulador y potenciador de la acumulación monopolista, lo que le lleva a la *crisis fiscal*. Uno de los sectores donde más se evidencia la ligazón monopolios-Estado es en la industria armamentista, que se convierte en un sector específico para la absorción del excedente y de la acumulación de capital, y que subjetivamente mantiene su dominio a través del *complejo militar-industrial*.

LECTURAS PARA LA REFLEXIÓN

«El presidente Eisenhower reconoció con notable claridad que la carrera de armamentos y la imagen de las relaciones internacionales en que se basaba aquella carrera se debían en parte al sistema industrial. Inmediatamente antes de abandonar su cargo, declaró que la "conjunción de un sistema militar inmenso con una enorme industria de armamento" era algo nuevo en la experiencia americana, y reclamó con urgencia que la nación "se ponga en guardia contra la adquisición de incontrolada influencia, querida o no, por el complejo militar-industrial".»

J. K. Galbraith: *El Nuevo Estado Industrial.*
Ariel, Barcelona, 1974.

«El problema aparenta ser el déficit público incontrolable. El Estado se ve preso de una contradicción entre su papel como regulador del proceso de reproducción de la fuerza de trabajo (gastos sociales), por una parte, y la rentabilidad exigida al capital público, por otra. Esto último puede venir dado bien por activa (estableciendo mecanismos de rentabilidad económica capitalista en las empresas y servicios públicos), bien por pasiva (privatizando o retirándose de sectores). La ideología neoliberal pretende justificar un predominio absoluto de este último aspecto. Pero es el Estado quien se tiene que enfrentar a las huelgas de funcionarios y trabajadores del sector público, y a movilizaciones sindicales y sociales relacionadas con la estructura de gastos e ingresos del Estado. Y vuelve a estar en juego la legitimidad del Estado derivada de su supuesto papel «exógeno» a la lucha de clases, entrando en crisis la ideología que esto sustenta, la socialdemócrata-keynesiana. Esta crisis se intenta superar a través de la negación global de lo ideológico, "el fin de las ideologías", intentando convencer a las clases subordinadas de que la neutralidad estatal es precisamente tecnocracia y pragmatismo.»

Javier Martínez Peinado:
«El futuro de la Economía Mundial: dos escenarios posibles»,
en C. Berzosa y otros: *Tendencias de la economía mundial hacia el 2000.*
IEPALA, Santander, 1990.

PALABRAS CLAVE

- Desarrollo autónomo
- Autocentramiento
- Mercado interno
- Capital monopolista
- Gran corporación
- Tecnoestructura
- Absorción del excedente
- Despilfarro
- Sociedad de consumo
- Estado del Bienestar
- Crisis fiscal
- Complejo militar-industrial

BIBLIOGRAFÍA BREVE

M. Aguirre y G. Malgesini (Eds.): *Misiles o microchips.* Icaria, Barcelona, 1991

P. Baran y P. M. Sweezy: *El Capital Monopolista.* Siglo XXI, Madrid, 1977.

V. Fisas Armengol: *Crisis del militarismo y militarización de la crisis.* Fontamara, Barcelona, 1982.

A. Gamble, A. y P. Walton: *El capitalismo en crisis. La inflación y el Estado.* Siglo XXI, Madrid, 1977.

I. Gough: *Economía Política del Estado del Bienestar.* Blume, Madrid, 1982.

E. Mandel: *El capitalismo tardío.* Era, México, 1979.

J. O'Connor: *La crisis fiscal del Estado.* Península, Barcelona, 1981.

J. M. Vidal Villa: *Teorías del imperialismo.* Anagrama. Barcelona, 1976.

CAPÍTULO 19
La mundialización capitalista desde el Centro del Sistema

Ramón Sánchez Tabarés

Aunque el desarrollo capitalista autocentrado se originó y profundizó en un contexto nacional, la dinámica de la internacionalización del capital en sus distintas formas y fracciones supuso la expansión capitalista que ha provocado la interconexión comercial, financiera y productiva en el Sistema Mundial. La intervención económica del Centro en el Sistema se realiza mediante las empresas multinacionales, a las que está dedicado este capítulo.

19.1. LA INTERNACIONALIZACIÓN DE LAS FORMAS DEL CAPITAL

El proceso de reproducción del modo de producción capitalista en su fase monopolista ha dado lugar a una creciente internacionalización de las formas que el capital asume a lo largo de su ciclo *D-M-...P...-M'-D'*, y que son:

— La de capital-mercancía (*M* y *M'*: materias primas y medios de producción, fuerza de trabajo y productos acabados).
— La de capital-dinero (*D* y *D'*).
— La de capital productivo (*...P...*).

La manifestación de este fenómeno de internacionalización, es decir, de superación de las fronteras nacionales del capital en cada forma, se ha expresado de tres modos complementarios y acumulativos, que han llevado a la postre a la internacionalización del ciclo del capital en su conjunto. Los tres modos han sido el *comercio exterior*, los *flujos financieros* y las *inversiones productivas internacionales*.

El comercio internacional

La necesidad de ampliar los mercados para hacerlos compatibles con una producción en continua expansión, a pesar de las variaciones cíclicas, ha generado cifras cada vez más elevadas de los flujos comerciales internacionales. Ahora bien, la tendencia creciente de esos flujos de intercambio no debe ocultar que han existido profundas variaciones internas en el contenido del comercio internacional. Tales variaciones no son más que el reflejo de las modificaciones ocurridas en el marco productivo que han cambiado, a su vez, en términos cualitativos, tales intercambios:

— Algunas materias primas se utilizan cada vez en menor medida, mientras que otras han visto cómo aumentaban sus transacciones.
— Los productos manufacturados han incrementado su importancia en las corrientes de intercambio y las modificaciones son resultado de los cambios en la localización productiva.
— La aparición de nuevos productos y nuevos materiales también ha servido para propiciar un dinamismo que refleja el proceso de internacionalización del capital y de mundialización de la economía.
— Las variaciones de precios relativos de las mercancías comercializadas internacionalmente suponen, en coyunturas concretas, distorsiones en el «volumen» del comercio internacional y su composición.

Tal y como se puede observar en el Cuadro 19.1, los flujos comerciales han tenido una evolución creciente si se considera el promedio por décadas. El ritmo de crecimiento más elevado se produjo en la década de los setenta; en la década siguiente se pueden distinguir dos períodos: en la primera mitad de los ochenta hubo un descenso de los flujos totales, mayor en las exportaciones que en las importaciones, en tanto que en la segunda mitad se recupera el ritmo de crecimiento. La trayectoria en los noventa vuelve a ser descendente, e incluso con ritmos más acelerados, salvo el pequeño aumento de las importaciones de la Periferia.

Por otra parte, el papel de cada bloque en las exportaciones totales se mantiene con escasos altibajos a lo largo del período contemplado, mientras que se produce un ligero aumento de la Periferia en el volumen total de importaciones.

De aquí puede comprobarse también el diferente comportamiento que han tenido el Centro y la Periferia. El primero ha mantenido un ritmo creciente a lo largo de las cuatro décadas, tanto en importaciones como exportaciones; en cambio, en la Periferia las exportaciones han visto modifi-

Cuadro 19.1. Flujos comerciales (promedios anuales).

	71-75	76-80	81-85	86-90	91-95*
Países industrializados	695,1	1.032,4	996,1	1.355,7	1.107,2
Países en desarrollo	333,3	475,8	457,6	510,7	496,2
Exportaciones	1.028,3	1.508,2	1.453,7	1.866,3	1603,4
Países industrializados	735,4	1.073,8	1.062,1	1.422,4	1124,6
Países en desarrollo	327,8	475,1	452,2	515,0	524,1
Importaciones	1.063,3	1.548,8	1.514,4	1.937,5	1648,7
Exportaciones + Import.	2.091,6	3.057,1	2.968.1	3.803,8	3.252,2

Promedios en millardos $ US, 1980.
* Las cifras promedio se han obtenido empleando el deflactor implícito del PIB de EE.UU de cada año, excepto (2,4) para el período 90-95 según el Informe sobre el Desarrollo Mundial.
Fuente: IMF: *Direction of Trade Statistics, Yearbook*, 1987, 1994, 1996, Washington, y elaboración propia.

cada su tendencia alcista y las importaciones no han mantenido idéntico vigor en los cuatro períodos.

Se puede deducir que el comercio mundial se lleva a cabo sobre todo en el Centro del Sistema mientras que la Periferia tiene un peso menor en el comercio mundial.

La participación de la Periferia ha estado marcada por la composición y valoración de sus exportaciones, que en la segunda mitad de los setenta tuvieron una coyuntura alcista (subida de los precios del petróleo y de otras materias primas), pero en cualquier caso nunca ha logrado superar más de un tercio del comercio mundial.

El movimiento internacional del capital-dinero

La segunda forma de internacionalización del capital se expresa mediante los movimientos de capital-dinero. Estos movimientos pueden darse de dos formas:

— En la *primera etapa*, la necesidad de acceder a las fuentes de aprovisionamiento de materias primas con las que suministrar a los centros productivos capitalistas favoreció que los capitales se dirigieran hacia la Periferia del Sistema. Su finalidad era proporcionar, mediante *emisiones de deuda pública*, los capitales necesarios para financiar la construcción de las infraestructuras de transporte necesarias: ferrocarriles, carreteras, puertos, etc., y así facilitar la extracción y exportación de tales materias primas. Naturalmente, eso implicaba tratar de lograr una ganancia en un doble sentido: mediante la rentabilidad financiera ofrecida por tales emisiones de deuda y, a la vez, la derivada de los capitales invertidos en la explotación de los recursos naturales en la Periferia.

— En la *segunda etapa*, más reciente, el capital-dinero se ha invertido más allá de las fronteras nacionales, de forma cada vez mayor en términos relativos, para la *creación de unidades productivas en el sector manufacturero*, sobre las que el capital exterior tiene el control y cuya producción se destina a un mercado que posee una dimensión mundial.

En la actualidad, la esfera financiera ha adquirido una relevancia notoria y por eso se pueden distinguir dos variedades de inversiones extranjeras:

a) Los flujos financieros

Significan movimientos de capital-dinero a escala mundial con el único objetivo de maximizar la ganancia, sin motivos de control real en el ámbito productivo. Las transacciones se realizan sin tener en cuenta el sector o moneda en que se llevan a cabo y sólo bajo consideraciones de seguridad, movilidad y rentabilidad; de ahí su gran dinamismo y su exigencia de eliminar cualquier tipo de regulación nacional-estatal que se oponga a sus movimientos mediante controles. Se les podría identificar como *inversiones en cartera*, que pueden ser tanto en activos a corto como a largo plazo y en títulos públicos o privados.

El crecimiento de los *mercados internacionales de capitales* desde los años setenta ha sido espectacular y la tendencia se ha acelerado en las dos últimas décadas. Este movimiento, sobre todo en lo que se refiere al mercado de los eurodólares, traduce las tendencias de los operadores a tratar de zafarse de las regulaciones nacionales y actúa al margen de las transacciones de naturaleza comercial, es decir, sin tener en cuenta los flujos por cuenta corriente (comercio de bienes y servicios y transferencias). En los Recuadros 19.1 y 19.2 se recogen, respectivamente, las definiciones básicas de las euromonedas y euromercados y una tipología de estos movimientos financieros.

En términos cuantitativos esa evolución puede observarse en el Cuadro 19.2.

El aumento del grado de variación de las paridades de divisas y de los tipos de interés ha propiciado en los últimos años el surgimiento de fenómenos nuevos en este terreno:

— Por una parte, *el acelerado ritmo de crecimiento de los flujos financieros*, que se han traducido en inversiones en cartera por encima de las inversiones productivas *strictu sensu.*

— Por otra parte, *la entrada acelerada de los bancos comerciales en el Sistema Financiero Internacional*, como fruto del proceso de titulización del mecanismo crediticio, mediante operaciones de sindicación que aseguran la colocación de la emisión de bonos y la dilución del riesgo.

Cuadro 19.2. Estimación de préstamos internacionales netos (promedios anuales).

	76-80	81-85	86-90	91-95	96-98
Créditos bancarios	104,0	108,0	332,0	214,0	333,3
Emisión neta de bonos	29,2	70,8	142,4	213,7	596,1
Doble naturaleza	–6,0	–22,8	–71,2	–62,7	–196,1
Total	127,2	156,0	403,2	365,0	733,3

Cifras en millardos $ US.
Fuente: A. Walter (1993) y BIS: *Annual Report*, varios años.

RECUADRO 19.1. EUROMONEDAS Y EUROMERCADOS: CONCEPTOS BÁSICOS

Con estas expresiones se designan las transacciones que se realizan en una determinada moneda, en plazas financieras situadas fuera de las fronteras del país en donde se emite dicha moneda. Así, se puede hablar del eurodólar o del mercado de eurodólares, del euroyen, etc. Por tanto, un eurodólar es un dólar norteamericano depositado en una entidad financiera fuera de los Estados Unidos y ese concepto puede extenderse a cualquier moneda: peseta, marco, yen, libra esterlina, etc.

Un eurobono significa una obligación emitida por una empresa, Estado, etc., que necesita financiación. Está nominada en una determinada divisa, destinada a tenedores o compradores no residentes; mediante esas obligaciones el emisor obtiene financiación en una divisa cualquiera, incluso en su propia moneda fuera de su país.

La plaza financiera más activa en este tipo de transacciones es Londres.

RECUADRO 19.2. TIPOLOGÍA DE OPERACIONES FINANCIERAS

La creciente complejidad de las operaciones e instrumentos financieros dejan en seguida obsoleta cualquier tipología. La siguiente es una clasificación básica de las formas de inversión financiera.

1. Inversiones extranjeras directas: Se trata de la adquisición de inmuebles, terrenos o instalaciones para llevar a cabo una actividad productiva. En otras ocasiones esas inversiones pueden consistir en la adquisición de una participación mayoritaria en el capital de la empresa, comprando sus acciones, que representan partes alícuotas del capital, sea en el mercado primario, es decir, en el momento de su emisión, o en el mercado secundario, donde se efectúan transacciones sobre títulos ya emitidos, de forma que se obtenga el control de su gestión y con ella un beneficio del capital invertido. Según como se materialicen (inmuebles, terrenos, instalaciones o acciones) implican diferentes grados de liquidez, es decir, de rapidez para convertirse en dinero efectivo; la liquidez es mayor en las acciones y menor en las otras formas.

2. Adquisición de activos —acciones, obligaciones, letras o pagarés— de empresas privadas. El objetivo es en este caso la obtención de un beneficio a corto o medio plazo sin intención de control de la actividad de la empresa y por ello se denominan inversiones de o en cartera. Ese beneficio, en el caso de las acciones, deriva o de los dividendos repartidos (de acuerdo con las ganancias) o de los cambios en su cotización en mercados organizados (bolsa de valores); en el caso de las obligaciones y pagarés el beneficio proviene del tipo de interés ofrecido por dichas emisiones o de su venta en el mercado secundario en el caso de que los tipos de interés de mercado desciendan por debajo del interés de dichos títulos. Además del hipotético beneficio dependiente de la seguridad que ofrece la empresa que ha emitido los títulos, los activos han de tener liquidez, es decir, capacidad para ser convertidos fácilmente en dinero mediante su venta en mercados organizados, sin que ello implique un grave quebranto. En el caso de las obligaciones, pagarés o letras, la recuperación del nominal del título se podrá hacer a su vencimiento y normalmente en menor cuantía vendiéndolos antes de éste a través de los mercados secundarios organizados.

3. Adquisición de activos —acciones, obligaciones, bonos, letras o pagarés— de empresas u organismos públicos autónomos, del propio Estado, del Tesoro Público o de órganos administrativos: Ayuntamientos, Administraciones regionales, etc. En este caso los rasgos son análogos a los señalados en el párrafo anterior, aunque las garantías pueden a priori parecer aquí mayores.

Así, puede decirse que los límites entre la financiación bancaria internacional directa y la realizada mediante bonos se han difuminado y que finalmente es la emisión de bonos la que ha pasado a primer plano.

Ese proceso de internacionalización y sus modificaciones cualitativas también puede comprobarse en el Cuadro 19.3, que muestra cómo el dólar continúa siendo dominante en las emisiones de bonos, el papel del yen se ha diluido en el período más reciente y se mantiene con vigor el de las monedas europeas. Todavía es pronto para apreciar cuál puede ser el papel del euro, aunque todo tiende a señalar que va a pesar significativamente en los mercados de bonos.

b) La inversión extranjera directa (IED)

En este caso, el grado de asentamiento de la inversión tiende a ser mayor; es decir, el capital posee relativamente un menor grado de movilidad. Sus objetivos son los de *controlar una empresa o sector, para integrarlos dentro de una estrategia productiva globalizada, multisectorial e internacional*, que permita maximizar los beneficios en un horizonte temporal más amplio y que incluso puede eventualmente traducirse en pérdidas a corto plazo.

Se puede sintetizar la dinámica y estructura de la IED en las últimas décadas a través de los siguientes rasgos:

1. *Concentración espacial*

Sus variaciones cuantitativas, tal y como expresa el Cuadro 19.4, ponen de manifiesto un fuerte proceso de concentración en el Centro del Sistema, más en las cifras de salida que en las de entrada, y ello a pesar de que las tasas de crecimiento en los cuatro períodos muestren fuertes variaciones; a destacar el descenso de las entradas en la Periferia en la segunda mitad de los años ochenta y el consiguiente crecimiento en el seno de los países centrales. Esto señala que *los flujos de inversión directa se efectúan de forma predominante en el Centro del Sistema, pero el papel de la Periferia se ha visto acrecentado como consecuencia del proceso de mundialización.*

Cabe destacar también las elevadas tasas de crecimiento de las cifras de salida por IED desde los países periféricos, pese a sus variaciones temporales y a que, en términos proporcionales, su participación en el total aún siga siendo mínima.

Cuadro 19.3. Emisiones netas de bonos por monedas (%).

Moneda	1985*	1989*	1991*	1993	1994	1995	1996	1997	1998
$ US	70,9	45,9	28,5	15,1	26,2	26,2	48,7	57,9	60,7
Yen japonés	4,8	8,4	9,1	15,5	33,9	30,9	15,9	6,0	–4,3
Zona euro	16,6	21,8	30,3	43,8	31,6	32,0	25,3	24,2	32,5
Otras	7,7	23,9	32,1	25,6	8,2	10,8	10,1	11,8	11,1
Total	100	100	100	100	100	100	100	100	100

* Los porcentajes tomados de A. Walter, 1993.
Fuente: BIP: *Rapport Annuel*, 1999, y elaboración propia.

Cuadro 19.4. Participación en inversiones extranjeras directas (IED) totales (%).

	1972-79	1980-85	1986-92	1991-95	1996	1997
Centro						
Entradas	76,3	67,8	81,5	65,0	57,3	56,4
Salidas	99,4	97,3	96,3	94,2	92,9	93,0
Periferia						
Entradas	23,7	32,2	18,5	35,0	42,7	43,6
Salidas	0,6	2,7	3,7	5,8	7,1	7,0
Total entradas	100,0	100,0	100,0	100,0	100,0	100,0
Total salidas	100,0	100,0	100,0	100,0	100,0	100,0

Fuente: Elaboración propia con datos de IMF: *Balance of Payments Yearbook*, varios años.

2. *Volumen y ritmo crecientes*

Considerando las cifras mundiales, las inversiones extranjeras directas (IED) crecen a tasas mayores que las exportaciones y la producción y en cambio su descenso se hace a ritmo más atemperado, tal y como señala el Cuadro 19.5

3. *Evolución hacia la terciarización*

Por lo que se refiere a la composición sectorial de las inversiones extranjeras directas, si consideramos el caso de los países de la UE, que puede extrapolarse al resto del mundo, en su mayoría se han ido concentrando progresivamente en el sector servicios, destacando la intermediación financiera y las actividades comerciales.

Los agentes del proceso de internacionalización son las *empresas multinacionales* que, con sus estrategias y políticas corporativas globales, constituyen tanto el resultado institucional como el mecanismo económico del proceso de mundialización capitalista.

Cuadro 19.5. Tasas promedio anuales de crecimiento de IED, producción (PIB) y comercio mundiales (exportaciones) (%).

Tasas anuales de crecimiento	81-86	86-90	91-95
Entradas IED	—	27,4	20,8
Salidas IED	5,9	26,2	14,2
PIB	2,7	12,0	6,4
Exportaciones	2,7	15,0	9,3

Fuente: P. J. Buckley: *The Multinational Enterprise Theory and Applications*, Londres, 1989, NN.UU. (1999): *World Investment Report*, e IMF: *Balance of Payments Yearbook*, varios años y elaboración propia.

19.2. LAS EMPRESAS MULTINACIONALES

Como consecuencia de la expansión de los mercados, las empresas capitalistas, que han experimentado un proceso continuo de concentración y centralización del capital, necesitan un acceso fácil tanto a las fuentes de abastecimiento de materias primas como a los mercados en los que vender su producción.

Para hacer frente a las actuaciones auspiciadas por los Estados nacionales, que pretendían reservar el mercado interior a la producción nacional mediante el proteccionismo, las grandes empresas han desplegado un estrategia dirigida a superar esas barreras.

Las corporaciones multinacionales *son empresas en las que el capital no depende de su origen nacional, sino que se valoriza a escala mundial, la producción se realiza en diversos países y su destino es el mercado mundial.* Son, por tanto, empresas cuyo valor añadido se obtiene en más de una economía nacional y en las que las ganancias proceden de la realización del valor contenido en los productos que se elaboran internacionalmente al ser vendidos en numerosos países.

Las empresas multinacionales son corporaciones mercantiles, en general de grandes dimensiones, que necesitan mercados más amplios que los delimitados por las fronteras del país en el que fueron fundadas. Su nacimiento, inicialmente, obedeció a varias razones:

a) Contrarrestar los elevados costes de transporte o de producción (salariales o fiscales).
b) Superar las elevadas barreras arancelarias.
c) Asegurar el abastecimiento de materias primas.
d) Acceder a nuevos mercados que absorban una producción creciente.

La forma de operar las empresas multinacionales, dentro de su diversidad, se integra en una estrategia y un control mundiales. Al margen de los grados de autonomía relativa de cada una de sus compañías integrantes (filiales) y de los crecientes fenómenos de subcontratación (*outsourcing*), los puntos esenciales de su actuación están dirigidos desde un centro común.

Este centro es el que:

— Decide las nuevas inversiones, productivas o financieras.
— Asigna los mercados y empresas de abastecimiento o venta de los productos.
— Determina los programas de investigación y comercialización.
— Establece los precios mediante los cuales las diversas filiales llevan a cabo las transacciones.

Lo importante no son los beneficios concretos de cada una de las partes sino la ganancia global del grupo en términos consolidados. Puede haber pérdidas, temporales o permanentes, en las actividades realizadas por alguna de las unidades productivas que conforman la empresa multinacional, pérdidas que se integran armónicamente en la estrategia global de ganancia.

Es así como puede entenderse la especial relación entre cada unidad de la empresa multinacional y el Estado nacional concreto donde se localiza. Éste trata de asegurarse que las empresas multinacionales que actúan dentro de sus fronteras cumplen con sus objetivos de política económica nacional: empleo, exportaciones, reinversiones, investigación, etc., pero, aunque en sus actividades productivas las multinacionales tratan de amoldarse a ellos, eso no menoscaba sus propios fines: esto es, cumplir con las obligaciones señaladas a escala mundial por la empresa matriz. Esa finalidad puede, de hecho, chocar con las directrices del Estado que obviamente pasarán, para las empresas multinacionales, a un segundo plano.

Esa estrategia transfronteriza de las empresas multinacionales se pone de manifiesto claramente en los flujos del comercio mundial, en los que la importancia de las empresas multinacionales es creciente. Ello afecta a la teoría convencional del comercio internacional. En tal sentido hay que tener en cuenta que las empresas multinacionales son al mismo tiempo «compradoras» y «vendedoras» y vinculan las diversas unidades de producción de tal forma que se asemejan a una línea de montaje dentro de la misma cadena productiva; de ahí que una parte cada vez mayor del tráfico internacional de mercancías (según diversas estimaciones, más de la mitad) está constituido por meros movimientos en el seno de las empresas multinacionales, que no se basan tanto en negociaciones sobre condiciones de entrega, calidades o precios, sino que se atienen al plan conjunto establecido por la casa matriz. Existe, pues, una íntima relación entre el proceso de expansión de las empresas multinacionales y el crecimiento de las inversiones extranjeras directas, puesto que éstas se constituyen en un vehículo esencial para la consolidación de aquéllas.

Los *rasgos básicos de las empresas multinacionales* son los siguientes:

— Son conjuntos de unidades productivas localizadas en diversos países de forma que no hay ninguna unidad particular imprescindible en los resultados finales. Las pérdidas parciales (locales) pueden compensarse con el resultado global, lo que les permite penetrar en mercados competitivos absorbiendo las previsibles pérdidas iniciales.
— Son empresas multiplanta y multiproducto, lo que les permite:

- Poder penetrar en diversos mercados.
- Obtener un mejor aprovechamiento de la fuerza de trabajo.
- Minimizar los costes de transporte.
- Optimizar su tecnología.
- Aprovechar mejor los recursos financieros propios o ajenos.
- Disminuir los costes de producción.
- Homogeneizar las técnicas de organización industrial: control de personal, gestión de existencias, publicidad y mercadotecnia, aunque adaptadas a cada entorno concreto en el que se localizan.
- Inversiones elevadas en I + D (Investigación y Desarrollo de nuevos productos) que convierte su propia tecnología en la base de su expansión.
- Tener agilidad en la colocación de sus recursos líquidos o acceso a fuentes de liquidez en mejores condiciones, facilitada por las transformaciones del sistema financiero internacional y los nuevos instrumentos financieros.
- Un conocimiento profundo del marco político en que se desenvuelven sus actividades.
- Mantener un crecimiento en forma de conglomerado (diversas actividades y sectores) mediante procesos de fusiones y adquisiciones.

Se puede establecer una *tipología de las empresas multinacionales* atendiendo a diversos criterios, como son las formas de implantación, las relaciones entre la casa matriz y las filiales, los sectores industriales en los que operan, etc.

Respecto a las formas de implantación, se pueden distinguir:

— Las que establecen directamente meras sucursales de la casa matriz (por ejemplo, un establecimiento bancario).
— Las que crean una sociedad en otro país con participación de capital local (por ejemplo, las SAE —Sociedad Anónima Española—) o adquieren una participación que les permite el control de la empresa local sin cambiar su configuración legal.
— Las que integran internacionalmente sus capacidades productivas dentro de un sector: componentes, montaje, investigación, etc., realizados en diferentes países.
— Las que diversifican sus actividades en distintos sectores para atenuar los efectos cíclicos. Por ejemplo, los conglomerados productivos-financieros-aseguradores-concesionarios de ventas.

Y respecto a las relaciones intrafirma, se pueden distinguir los siguientes tipos:

— Centralizada. La organización originaria (la casa matriz) toma las decisiones fundamentales y las filiales tienen un dependencia jerárquica de ésta, acatando sus dictados.
— Descentralizada. Las filiales poseen un elevado grado de autonomía.
— Multipolar. Cada filial puede desarrollar sus propias decisiones, incluso compitiendo temporalmente con las otras unidades, e introducir innovaciones que más adelante se pueden incorporar al resto de la red cuando muestren sus ventajas.

Aunque el desarrollo de las empresas multinacionales supone un cambio estructural en la forma de organizar y realizar la acumulación de capital, sus leyes básicas se han mantenido, especialmente en lo referente a la concentración y centralización espacial y empresarial del capital.

19.3. EL PROCESO DE CENTRALIZACIÓN MUNDIAL DEL CAPITAL

La multinacionalización de las empresas, aunque originada en el Centro del Sistema, se ha extendido también a la Periferia, especialmente a partir de los nuevos países industriales, como indica el Cuadro 19.6. Y aunque la forma de actuar es la misma en ambos casos, la importancia y característica del impacto de las multinacionales en las economías centrales y periféricas de origen no son asimilables. Si bien en algunos países de la Periferia la incidencia de sus propias empresas multinacionales es notable, se puede afirmar que su papel dentro de la economía nacional posee ciertos rasgos de exogeneidad, es decir, no generan los efectos multiplicadores que las empresas multinacionales del Centro desempeñan en la estructura productiva del país de origen.

Por otra parte, y como prueba de la existencia de una proceso de centralización mundial del capital desde un punto de vista territorial, *las empresas multinacionales procedentes de los principales países capitalistas (Francia, Alemania, Japón, Reino Unido y EE.UU.) implican el 70 por 100 del total de inversiones extranjeras directas y casi la mitad del número total de empresas multinacionales.*

Cuadro 19.6. Número de empresas multinacionales (EMN) industriales por países entre las 500 mayores por volumen de ventas.

	1997		1997
Alemania	42	Gran Bretaña	34
Antillas holandesas	1	GB-Holanda	1
Argentina	1	Holanda	9
Australia	7	India	2
Bélgica-Holanda	2	Italia	13
Bélgica	3	Japón	112
Brasil	5	Malasia	1
Canadá	8	México	1
Corea del Sur	11	Noruega	2
China	4	Rusia	1
España	4	Suecia	4
Estados Unidos	176	Suiza	12
Finlandia	2	Taiwan	2
Francia	39	Venezuela	1

Fuente: Fortune, agosto 1998.

Pero también es cierto que el número de empresas multinacionales originarias de países de la Periferia está creciendo (Cuadro 19.7) y también lo hacen las inversiones extranjeras directas procedentes de dichos países, aunque este proceso, a su vez, está concentrado en pocos países.

Desde el punto de vista empresarial, las empresas multinacionales son una muestra del proceso creciente de concentración del capital, es decir, del aumento de la dimensión media de la unidad productiva para poder abarcar un mercado mundial. Como indica el Cuadro 19.8, los mayores volúmenes de ventas están relacionados, salvo muy escasas excepciones, con un tamaño ingente que puede medirse por el número de empleados, lo que a su vez exige mayores cantidades de capital-dinero para poder abordar el proceso de inversión.

Cuadro 19.7. Las 50 EMN (no financieras) originarias de la Periferia con mayores activos exteriores.

Países	Número	Países	Número
China Hong-Kong	9	Argentina	2
China	6	Malasia	2
Corea	6	Taiwan	2
Brasil	5	Arabia Saudí	1
Chile	4	Filipinas	1
Singapur	4	India	1
México	3	Venezuela	1
Sudáfrica	3		

Fuente: NN.UU. (1999): *World Investment Report.*

Otro elemento a tener en cuenta es que el proceso de multinacionalización centralizada se manifiesta sobre todo en determinados sectores productivos, más proclives a ellas que otros, por las características de los productos o del proceso de producción. Así la electrónica, el petróleo, la industria automotriz, etc.

19.4. EL PROCESO DE CONCENTRACIÓN/DIFUSIÓN DEL CAPITAL Y LA DIVISIÓN INTERNACIONAL DEL TRABAJO

En la fase de mundialización, el proceso de concentración no debe entenderse de la misma manera que en la fase capitalista anterior, en la que el término concentración aludía al gigantismo industrial en planta. Por la propia esencia del proceso de internacionalización del capital productivo, la concentración en esta fase se refiere a la acumulación empresarial de las fuerzas productivas del sector en pocas empresas, aunque estén repartidas en distintos lugares.

De ahí que en la actual fase quepa hablar del contenido de la concentración de capital como un *doble proceso de concentración/difusión.*

El papel de las empresas multinacionales ha sido crucial en este proceso de concentración-difusión del capital. En tal sentido, en términos positivos, sus actividades significan un impulso para aumentar la eficiencia en la distribución de recursos y transmiten una variedad de impulsos económicos (tecnología y formación laboral). Pero también reproducen factores negativos que frenan el crecimiento, tales como:

— Actuación monopolística.
— Posible introducción de tecnologías con graves impactos ecológicos.
— Empleo de tecnologías ahorradoras de fuerza de trabajo, no adecuadas en economías con grandes excedentes de la misma.

Durante bastante tiempo, los factores negativos primaron en muchas consideraciones sobre el impacto de las empresas multinacionales en las economías nacionales, especialmente en la Periferia, llegando a convertirse, según algunos criterios, en auténticos actores perversos del proceso de desarrollo.

Pero otro elemento a considerar es que las empresas multinacionales propician flujos crecientes de inversiones extranjeras directas, y mientras

Cuadro 19.8. Las 50 mayores empresas del mundo (por volumen de ventas).

	1998	País	Sector	Nº empleados	% s/total	% s/25 primeras
1	General Motors	EE.UU.	Vehículos motor	608.000	6,6	11,6
2	Ford	EE.UU.	Vehículos motor	363.000	3,9	6,9
3	Mitsui Mutual Life Ins.	Japón	Seguros	40.000	0,4	0,8
4	Mitsubishi	Japón	Electrónica y equipo eléctrico	36.000	0,4	0,7
5	Royal Dutch/Shell	GB-Holanda	Refino de petróleo	105.000	1,1	2,0
6	Itochu	Japón	Transacciones financieras	6.675	0,1	0,1
7	Exxon	EE.UU.	Refino de petróleo	80.000	0,9	1,5
8	Wal-Mart Stores	EE.UU.	Comercio	825.000	9,0	15,7
9	Marubeni	Japón	Transacciones financieras	64.000	0,7	1,2
10	Sumitomo	Japón	Transacciones financieras	29.500	0,3	0,6
11	Toyota	Japón	Vehículos motor	159.035	1,7	3,0
12	General Electric	EE.UU.	Electrónica y equipo eléctrico	276.000	3,0	5,3
13	Nissho Iwai	Japón	Transacciones financieras	18.158	0,2	0,3
14	IBM	EE.UU.	Ordenadores	269.465	2,9	5,1
15	Nippon T&T	Japón	Telecomunicaciones	226.000	2,5	4,3
16	Axa	Francia	Seguros	80.163	0,9	1,5
17	Daimler Benz	Alemania	Vehículos motor	300.068	3,3	5,7
18	Daewoo	Corea	Vehículos motor	265.044	2,9	5,1
19	Nippon Life Ins.	Japón	Seguros	45.851	0,5	0,9
20	BP	Gran Bretaña	Refino de petróleo	56.450	0,6	1,1
21	Hitachi	Japón	Electrónica y equipo eléctrico	331.494	3,6	6,3
22	Wolkswagen	Alemania	Vehículos motor	279.892	3,0	5,3
23	Matsushita	Japón	Electrónica y equipo eléctrico	275.962	3,0	5,3
24	Siemens	Alemania	Electrónica y equipo eléctrico	386.000	4,2	7,4
25	Chrysler	EE.UU.	Vehículos motor	121.000	1,3	2,3
26	Mobil	EE.UU.	Refino de petróleo	42.700	0,5	
27	U.S. Postal Service	EE.UU.	Correo	898.384	9,7	
28	Allianz	Alemania	Seguros	73.290	0,8	
29	Philip Morris	EE.UU.	Aliment./Bebida/Tabaco	152.000	1.6	
30	Sony	Japón	Electrónica y equipo eléctrico	173.000	1,9	
31	Nissan Motor	Japón	Vehículos motor	137.201	1,5	
32	A T&T	EE.UU.	Telecomunicaciones	128.000	1,4	
33	Fiat	Italia	Vehículos motor	239.457	2,6	
34	Honda Motor	Japón	Vehículos motor	109.400	1,2	
35	Unilever	GB-Holanda	Aliment./Bebida/Tabaco	287.000	3,1	
36	Nestlé	Suiza	Aliment./Bebida/Tabaco	225.808	2,5	
37	Crédit Suisse	Suiza	Banca	62.412	0,7	
38	Dai-Ichi Mut. Ins.	Japón	Seguros	64.598	0,7	
39	Boeing	EE.UU.	Aeronáutica	239.000	2,6	
40	Texaco	EE.UU.	Refino de petróleo	29.313	0,3	
41	Toshiba	Japón	Electrónica y equipo eléctrico	186.000	2,0	
42	State Farm Ins.	EE.UU.	Seguros	72.655	0,8	
43	Veba Group	Alemania	Refino de petróleo	129.960	1,4	

Cuadro 19.8. Las 50 mayores empresas del mundo (por volumen de ventas) (*Continuación*).

	1998	País	Sector	Nº empleados	% s/total	% s/25 primeras
44	Elf Aquitaine	Francia	Refino de petróleo	83.700	0,9	
45	Tomen	Japón	Transacciones financieras	10.920	0,1	
46	Tokyo Electric Power	Japón	Gas y electricidad	42.672	0,5	
47	Hewlett Packard	EE.UU.	Ordenadores	121.900	1,3	
48	Sumitomo Life Ins.	Japón	Seguros	64.628	0,7	
49	E.I. Du Pont de Nemours	EE.UU.	Química	98.396	1,1	
50	Sears Roebuck	EE.UU.	Comercio	296.000	3,2	
	Total			9.216.151		

Fuente: *Fortune*, agosto 1998

que tales flujos suelen estar sometidos a fuertes variaciones cíclicas, las inversiones llevadas a cabo directamente por las empresas multinacionales tienen un mayor grado de estabilidad. De ahí que se haya dado un cambio de actitud en el tratamiento político de las empresas multinacionales en la medida en que la crisis actual ha dado mayor volatilidad a las inversiones extranjeras directas. Ahora ya no se trata de controlar y limitar sus actividades, sino de estimular las inversiones extranjeras directas realizadas por las empresas multinacionales para recoger sus beneficios, aunque se tengan que soportar sus perjuicios.

Los factores de este cambio de visión política que operan de forma interrelacionada son de tres tipos:

a) A escala internacional, las nuevas tecnologías y sus modificaciones dinámicas, la expansión global de industrias punta y motrices y el ascenso del sector servicios están cambiando la naturaleza de la producción.

b) A escala regional, están surgiendo tendencias que concentran la actividad económica mundial en tres regiones: Asia oriental, América del Norte y Europa occidental. El crecimiento y la integración en esas zonas están dirigidos por Japón, Estados Unidos y la Unión Europea.

c) En la esfera nacional es evidente la apertura de la mayor parte del planeta a la actuación de la empresa privada y al sistema de mercado, es decir, al capitalismo, por lo que son excepcionales los países o los sectores donde no pueda aposentarse el capital.

Uno de los rasgos más sobresalientes que muestran el surgimiento de un mundo económico nuevo radica en el creciente papel del sector privado que ha entrado en sectores hasta ahora reservados a las inversiones públicas: telecomunicaciones, servicios y transportes. De esta forma, mientras que se ha acrecentado la participación de la inversión privada en el PIB, se ha reducido la pública. Esto se ha traducido también en posturas tendentes a liberalizar el comercio, las inversiones extranjeras directas y los controles de cambio como condiciones para participar más intensamente en el sistema global.

En parte, este cambio ha venido propiciado al implantarse, en algunos nuevos países industriales del sur y sudeste de Asia, modelos de desarrollo extravertido que han modificado claramente el esquema hasta entonces vigente de división internacional del trabajo. Esos modelos se sustentan básicamente en la acción del sector privado y en la participación extensiva en la economía mundial, aunque existan en ciertos casos políticas económicas intervencionistas de apoyo sectorial, de búsqueda o explotación de nuevos mercados o de estímulo y atracción de las inversiones y sin que se haya traducido en un despliegue más profundo del mercado interior.

Otro factor más reciente lo ha constituido la crisis de la deuda externa de los años ochenta, que limitó las posibilidades de las estrategias de desarrollo gestionadas desde el sector público y provocó la aplicación de programas de ajuste estructural concediendo un mayor papel al sector privado y el despliegue de políticas no basadas en la creación de deuda pública (casos como los ocurridos en Europa central y oriental, Latinoamérica, África y China). El papel protagonista que jugaron las empresas multinacionales en catalizar estos cambios y, sobre todo, en los procesos privatizadores, se vio reforzado por el descenso continuado de los préstamos bancarios.

El impacto de las nuevas tecnologías contribuyó también a impulsar la globalización de las empresas, los mercados y los sectores productivos. Ese proceso de globalización significó que las actividades que crean valor añadido se desarrollan en varios países. Dicha tendencia, a su vez, se ha visto auspiciada por los procesos de desregulación y las tendencias macroeconómicas. Así, mientras que el sector financiero ejemplifica un mercado globalizado, las industrias del automóvil o de la electrónica de consumo son asimismo pruebas de industrias globalizadas.

Este proceso de globalización tiende a disminuir la importancia del Estado-nación como escenario clave de la actividad económica y por otro lado modifica claramente la forma en que los países crecen y desarrollan una ventaja comparativa.

Como resultado de la globalización, cada país tiende a especializarse en un segmento productivo de un sector concreto. En ciertos casos, los países de un área desarrollan una ventaja comparativa en un sector, lo que redunda en un creciente comercio intrarregional e intraindustrial. Las bases de esa ventaja comparativa: capital, conocimiento, experiencia y tecnología, se transfieren superando las fronteras. Así pues, los límites que definen una industria saltan por encima de las fronteras de los Estados.

La globalización significa también que las estrategias para desarrollar sectores independientes en términos nacionales ya no son apropiadas para lograr ventajas comparativas en sentido dinámico.

Estos flujos intrasectoriales de mercancías, servicios y tecnología, son mayoritariamente canalizados por las empresas multinacionales. Estas empresas pasan a controlar una parte creciente tanto de la inversión o la producción mundiales como de los flujos comerciales y tecnológicos, por lo que *la globalización significa que la competencia intrasectorial se establece lógicamente entre empresas y no entre países.*

Esta estrategia global de las empresas multinacionales, como producto del proceso de concentración-difusión del capital, está cambiando las formas en que las inversiones extranjeras directas afectan a los países que las reciben. Hasta ahora tales inversiones buscaban recursos, mercados o exportaciones en función de disponer de abundante fuerza de trabajo barata, por lo que su contribución al crecimiento se limitaba a las ventajas comparativas en esa producción concreta; en cambio, las estrategias globales difuminan los límites existentes entre esos tipos de inversiones.

Por otro lado, los bajos salarios ya no constituyen la razón principal para las corporaciones globales que operan en sectores de alta tecnología, por lo que los aumentos salariales pueden alterar, pero no disminuir necesariamente, las ventajas de localización. Así, países cuyas ventajas iniciales se basaron en los bajos salarios, como los primeros «dragones asiáticos», al mejorar la competencia tecnológica de su fuerza de trabajo, continúan atrayendo empresas multinacionales después de que su ventaja relativa en términos salariales haya disminuido.

En otros términos, la globalización de la actividad manufacturera, que está dispersa en sentido geográfico pero concentrada en pocas empresas, ha provocado que *las inversiones extranjeras directas sean conductoras de ventajas comparativas. Es decir, son las empresas multinacionales las que definen la nueva división internacional del trabajo*, en la medida en que modifican el papel de sus plantas en el exterior, que pasan de ser meras empresas de montaje a constituirse como centros de alta tecnología y alto valor añadido, integrados en una red.

En el caso de los servicios, esta estrategia no puede ser aplicada plenamente; aquí, las empresas multinacionales crean filiales que reproducen el factor utilizado por la matriz, pero las transacciones intraempresa son menores, aunque suponen mayores transferencias en la tecnología operativa y en la formación.

Respecto al PIB y al empleo total, el sector servicios se ha convertido en el más importante en muchos países y en dominante en todos los desarrollados. Una parte sustancial de la producción de servicios, casi la mitad en los países periféricos, consiste en servicios intermedios que a su vez son factores productivos para producir mercancías y otros servicios. Esta intensidad de los servicios en la producción de mercancías es creciente y elevada en los sectores de alta tecnología; así, casi el 80 por 100 del coste de producir un ordenador, por ejemplo, se puede atribuir a los servicios que incorpora.

Esto ha tenido su reflejo en las inversiones extranjeras directas y en las actividades de las empresas multinacionales. En tal sentido, casi el 50 por 100 de la masa total de inversiones extranjeras directas y entre el 50 y el 55 por 100 de su flujo se concentra en el sector servicios; en cambio, sólo el 10 por 100 de su producción es comercializado en términos internacionales. Esta escasa comercialización está desapareciendo, fruto de los cambios tecnológicos acelerados por los ordenadores y las telecomunicaciones, aunque los mayores beneficiarios de estas transacciones hayan ido hasta ahora a las empresas multinacionales, que los emplean internamente para poder extender y dirigir sus operaciones globales.

Como consecuencia del proceso de globalización, han aumentado los fenómenos de regionalización. Las «regiones» resultantes están definidas por tres «centros» principales (EE.UU., Unión Europea y Japón), que actúan como origen principal de los avances tecnológicos, las corrientes de capital y los flujos comerciales a los países del entorno regional.

En esta fase de creciente regionalización las empresas multinacionales tienen un papel mucho más importante del que tuvieron en el pasado, imponiendo su estrategia de red regional en el conjunto tripolar centrado en la UE, América del Norte y Japón. Desde esos focos, las empresas multinacionales establecen sucursales en un grupo de países e integran sus actividades mediante el comercio de productos intraempresas. Esa red se complementa en ocasiones mediante importantes inversiones extranjeras directas en los servicios desde la casa matriz y en el seguimiento de las empresas multinacionales a sus clientes industriales en el exterior.

Al mismo tiempo, se produce una convergencia de políticas en el interior de cada región discriminando a los que quedan fuera, lo que es contradictorio con la idea de globalización, si ésta se entiende para los países que no pertenecen al mundo tripolar.

RESUMEN

El proceso de internacionalización ha tenido diversas expresiones: el comercio internacional, los flujos financieros y las inversiones exteriores directas. Los agentes de este proceso son las *empresas multinacionales*, cuyas estrategias empresariales han supuesto un proceso de concentración y centralización mundial del capital que determina la nueva división internacional del trabajo y el impulso de la *globalización* de la actividad económica. Todo ello ha modificado sensiblemente el *modus operandi* del modo de producción capitalista. Han surgido fenómenos nuevos que han alterado el papel de las finanzas en su relación con las actividades comerciales y productivas. Al mismo tiempo, las tendencias globalizadoras han conducido a cristalizar un conglomerado tripolar de carácter regional, centrado en Europa, América del Norte y Extremo Oriente.

LECTURAS PARA LA REFLEXIÓN

«El impacto de las estrategias de las EMN y de la producción internacional (...) necesita verse en el contexto de la vuelta del desempleo en gran escala en los países desarrollados y su persistencia en los países en desarrollo. Hace cincuenta años, cuando la comunidad internacional se encontró en Bretton Woods para elaborar una agenda con la que establecer un nuevo orden mundial, el desempleo se discutió en el marco de la Gran Depresión y la desintegración económica en el período de entreguerras. Hoy, la respuesta al desempleo debe efectuarse en el marco de una economía mundial más integrada y en la que las EMN se configuran como los instrumentos más importantes para que la prosperidad y la estabilidad puedan lograrse. Aunque el impacto inmediato de la actividad de las EMN sobre el desempleo es escaso, las consecuencias a largo plazo mediante estímulos al crecimiento económico y la mejora de la competitividad internacional no pueden menospreciarse. Los responsables de la política económica y los dirigentes sindicales deben buscar formas innovadoras para responder a los continuos cambios en la economía internacional. Tal tarea no es fácil; no sólo deben manejar las muchas derivaciones surgidas de la integración en términos productivos, sino que en un mundo económico más abierto e integrado, los responsables de la política económica han de coordinar con mayor atención los instrumentos tradicionales de la economía interna mediante políticas que guarden relación con los aspectos internacionales en particular, con las IED (inversiones exteriores directas) y las restantes formas de actuar de las EMN. (...) Las fuerzas conductoras del progreso técnico y la competencia, junto con la liberalización, han reducido los obstáculos para los flujos internacionales de mercancías, servicios y factores de producción, aumentado las oportunidades para la especialización internacional y llevado a las transacciones económicas internacionales a un nivel sin precedentes. Las EMN han jugado un papel crucial en este proceso como operadoras, inversoras, difusoras de tecnología y dinamizadoras de la gente, reforzando así los vínculos entre mercados nacionales. Aparte de eso, su papel distintivo es que organizan el proceso productivo internacionalmente. Al situar a sus filiales bajo reglas comunes de funcionamiento, interconectan las actividades de producción localizadas en diferentes países; crean una división internacional del trabajo intrafirma e internalizan un conjunto de transacciones internacionales que de otro modo tendrían lugar en el mercado.

United Nations: *World Investment Report*, 1994.
Transnational Corporations, Employment and the Workplace. UNCTAD,
Nueva York, 1994. (Traducción RST.)

PALABRAS CLAVE

- Internacionalización
- Comercio mundial
- Finanzas internacionales
- Eurodivisas
- Euromercados
- Inversión directa
- Empresas multinacionales
- Globalización

BIBLIOGRAFÍA BREVE

J. H. Dunning: *Multinational Enterprise and the Global Economy*, Harrow, Addison Wesley, 1996.

E. Richard Caves: *Multinational Enterprise and Economic Analysis*, Cambridge University Press, Cambridge, 1996.

United Nations: *World Investment Report. Transnational Corporations as Engines of Growth*. Nueva York, 1992.

A. Walter: *World Power and World Money*. Harvester Wheatshef, Londres, 1993.

CAPÍTULO 20
La integración económica

JORDI VILASECA i REQUENA
GEMMA CAIRÓ i CÉSPEDES

20.1. EL PROCESO DE INTEGRACIÓN COMO PARTE DEL PROCESO DE MUNDIALIZACIÓN

La actual fase de mundialización capitalista está generando en la estructura sistémica una doble dinámica: por una parte, la disminución del papel de los Estado-nación en el establecimiento de las reglas generales de comportamiento del Sistema y, por otra, están emergiendo diversos procesos de integración entre países. Las *instituciones* de integración son elementos propios de la *superestructura* del Sistema, pero los efectos económicos de estos procesos afectan directamente las relaciones entre países, es decir, a la *estructura* sistémica.

Así, los procesos de integración se están configurando como un paso intermedio entre la pervivencia de los Estados-nación y la globalización en el mundo actual.

Esta dinámica hacia la integración económica no es reciente, sino que, por el contrario, empezó a desarrollarse durante la década de los cincuenta, aunque su relevancia como parte del proceso de mundialización se manifiesta con mayor claridad en la actualidad.

Existe una cierta analogía entre lo que fue el proceso de unificación de algunos de los actuales Estado-nacionales (Alemania, Italia, Estados Unidos) y los procesos de integración económica internacionales en curso. Las unificaciones nacionales permitieron la creación de los mercados interiores; ahora de lo que se trata es de la integración de esos mercados para formar uno mayor. Sin embargo, no todo es mercado, ya que tanto en los procesos de unificación como en la integración actual aparece la necesidad de coordinar aspectos que superan los propios mercados, como la fiscalidad, la moneda, las políticas económicas e, incluso, la unión política, etc.

La cesión de soberanía, sea económica o sea política, a una entidad supranacional es el problema fundamental que afronta cualquier proceso de integración internacional.

Otro elemento estratégico que distingue la integración actual de los procesos de unificación del siglo XIX es la existencia de empresas que superan tanto el marco del Estado-nación como el espacio en curso de integración. Efectivamente, *las empresas multinacionales aparecen como una importante distorsión de estos procesos.*

Por último, y según distintas experiencias en curso, cabe distinguir específicamente entre aquellos procesos que se están desarrollando en el Centro, especialmente el de la Unión Europea, y los procesos que afectan a la Periferia, que han adquirido gran relevancia en el ámbito latinoamericano.

Los procesos de integración, sean del Centro o de la Periferia, tienen un punto en común: la tendencia a la superación del carácter *nacional* del mercado y de su regulación. Ello está provocando que el ámbito Estado-nación vaya siendo sustituido paulatinamente por la tendencia hacia la creación de formas de Estado (en el sentido de regulación económica) supranacionales.

La tendencia a la superación del ámbito Estado-nación tiene su origen en el carácter expansionista del Sistema Capitalista Mundial; sin embargo, la integración se configura como un paso intermedio a la mundialización de la economía que da lugar a la aparición de bloques económicos que actúan como subsistemas del Sistema.

Al final del capítulo se describen cuantitativamente el peso y la importancia de estos subsistemas o bloques económicos desde una perspectiva de la economía real, lo que permite vislumbrar un cierto equilibrio en sus dimensiones pero con unas diferencias de poder de mercado muy importantes, que previsiblemente pueden dar lugar a importantes guerras comerciales en el siglo XXI.

Las etapas de la integración

En términos convencionales, por integración económica internacional se entiende un proceso de *eliminación* de discriminaciones económicas entre países. Las discriminaciones pueden ser de diversos ámbitos, tanto económicos como políticos. En este sentido, se pueden distinguir cinco formas de integración:

— *Zona de Libre Comercio* (ZLC): está encaminada a eliminar todas las restricciones de comercio entre los países que se asocian. Esta primera fase es la más pura desde el punto de vista de la creación de un mercado mundial, y por ende es la más aceptada por los ortodoxos del libre comercio global.

— *Unión Aduanera* (UA): consiste en crear una ZLC y además establecer un Arancel Externo Común (AEC) entre los asociados. Esta forma de integración es liberalizadora y a la vez protectora. Precisamente, el AEC es el primer obstáculo serio al que se enfrenta cualquier proceso de integración que, además, requiere una mayor cesión de soberanía.

— *Mercado Común* (MC): significa ampliar el ámbito de integración al mercado de capitales y de la fuerza de trabajo. Culmina la integración de los mercados. Aplicar esta forma de integración significa que las mercancías, los capitales y los trabajadores circulan libremente en el nuevo espacio económico.

— *Unión Económica*: arranca del MC e implica aplicar desde la simple coordinación de las políticas económicas de los países hasta su unificación. Es la culminación de la integración económica y exige la pérdida de soberanía económica de los Estado-nación, que la ceden a una entidad económica supranacional.

— *Integración Total* (IT): surge de la unión económica y abarca los aspectos no económicos que dan entidad a un Estado supranacional. Los Estados-nacionales pierden prácticamente todas sus funciones ya que existe una autoridad más amplia que los aglutina.

Estas cinco formas de integración no son rígidas. A menudo no es posible asumirlas sin previamente asumir aspectos de formas de integración superiores (por ejemplo, la libre circulación de capitales exige la convergencia de políticas monetarias, siendo aspectos de formas de integración diferentes).

En cualquier caso, el carácter secuencial, progresivo o acumulativo de estas formas de integración las configuran como *etapas* de las relaciones internacionales en el proceso objetivo de la mundialización.

El estudio teórico de la integración económica permite entender la problemática concerniente a esta evolución secuencial de cualquier proceso en curso. Para ello, es útil dividir su análisis en dos apartados diferenciados: las integración y los efectos sobre el mercado y la integración y las políticas económicas.

20.2. BREVE TEORÍA DE LA INTEGRACIÓN

La supresión de las discriminaciones en las relaciones de mercado es la condición necesaria para la libre movilidad de las mercancías, los capitales y la fuerza de trabajo. La integración adoptará una forma superior cuando los países elaboren políticas económicas comunes. En este sentido, se diferencia la integración por lo que atañe a *los aspectos microeconómicos* o de mercado y los *macroeconómicos* o de políticas económicas.

La teoría de la integración económica ha sido desarrollada básicamente por la *escuela neoclásica*, partiendo de los supuestos generales del comercio internacional. El *óptimo de Pareto* y la teoría del *second best* han sustentado una teoría que justifica la integración económica como la segunda mejor alternativa a la liberalización del comercio mundial. El análisis que sigue se basará, pues, en las aportaciones de esta escuela.

Las ventajas comparativas son el punto de partida de su teorización: se estudian los costes y beneficios, a nivel estático, del establecimiento de una unión aduanera. Los puntos de mayor interés desarrollados por los neoclásicos son los que se refieren a la localización de los recursos y a la especialización internacional; otro punto crucial es el de las economías de escala: la integración supone una salida importante a las economías de dimensiones reducidas. Además, destaca el impacto que la integración tiene sobre los términos de intercambio. Otros temas de los que se ocupa la teoría de la integración se refieren a la productividad de los factores de producción, a las tasas de crecimiento de las economías y a la distribución de los costes y beneficios sobre los Estados y sobre el conjunto derivado de la integración.

A finales de los años setenta nació la «nueva teoría» del comercio internacional. En este sentido también se habla de la *nueva teoría de la integración económica*, cuyo contenido fundamental es la incorporación de los efectos dinámicos a la teoría tradicional. Por consiguiente, es necesario diferenciar la teoría clásica de la nueva teoría de la integración económica internacional.

La integración y los mercados

La idea tradicionalmente desarrollada por el análisis teórico del comercio internacional se apoya en el supuesto según el cual la libertad de comercio exterior aumenta la eficiencia de las economías nacionales. Esta hipótesis se fundamenta en la teoría clásica de las ventajas comparativas y absolutas, que afirma que la libertad de comercio genera una especialización productiva en las economías. Especialización que, además, otorga una mayor eficiencia en la redistribución de los recursos existentes.

1. En lo que se refiere al *mercado de productos*, el estudio de la integración se centra en las zonas de libre comercio (ZLC) y las uniones aduaneras (UA).

La ZLC no necesita ninguna otra legislación entre los contratantes que la elaboración de *reglas de origen* para discriminar posibles intrusismos en el espacio común de mercancías externas no permitidas. Es la forma más pura de la integración, desde la posición de *second best*, ya que significa una verdadera liberalización comercial, mientras que las UA tienen dos efectos contrarios: uno liberalizador, originado por la eliminación de los aranceles entre los asociados, y otro proteccionista, derivado del establecimiento de un arancel común (AEC). Por tanto, desde una posición de *second best*, su efecto total puede ser más o menos proteccionista que la situación original, en función del AEC.

Tradicionalmente, los efectos de las UA y ZLC se analizan en términos de *creación y desviación de comercio* desde la perspectiva de la localización.

La *creación de comercio* es una consecuencia directa de la liberalización comercial que ocasiona un cambio del consumo nacional derivado de los altos costes de los productos domésticos en favor de los bajos costes de los productos del país socio. Este cambio en el consumo tiene dos consecuencias importantes:

— En primer lugar, la disminución de la producción nacional de mercancías, que será idéntica al aumento de la producción del país asociado, ya que con la nueva situación los productos se importan desde el país socio.

— En segundo lugar, el país socio verá aumentada su producción, pues reemplazará la producción doméstica cuyos costes eran más elevados.

Este efecto sobre el comercio está considerado como positivo tanto para cada país individualmente como para el conjunto de la comunidad, y también sobre la producción mundial, debido a que aumenta la eficiencia de las economías.

Por el contrario, la *desviación de comercio* surge como consecuencia del establecimiento del AEC que modifica el origen de las importaciones nacionales. La desviación de comercio aparece cuando las importaciones nacionales que inicialmente provienen del resto del mundo a un coste significativamente más bajo son reemplazadas, con la unión aduanera, por aquellas importaciones del país socio con un coste más alto como consecuencia del arancel exterior común.

Los criterios que permiten valorar las ventajas o inconvenientes de una unión aduanera son las circunstancias relativas a la magnitud de la creación y desviación de comercio. Si una unión tiende a la creación de comercio, genéricamente está considerada como una buena asociación porque origina incrementos en el bienestar. Por el contrario, si tiende hacia la desviación de comercio, puede convenir eliminar esta forma de integración debido a que supone una disminución del bienestar. Ahora bien, estos dos fenómenos suceden simultáneamente. Por tanto, el interés radica en saber cuál de los dos efectos es el predominante, es decir, si tiene mayor incidencia la creación de comercio o, por el contrario, existe un efecto superior de desviación.

A finales de los años setenta, la *nueva teoría* de la integración estableció una relación entre las fuentes de comercio y la especialización internacional. Por otra parte, una de las aportaciones más importantes de este nuevo enfoque ha sido la incorporación a la teoría tradicional de la competencia oligopólica y el estudio de los efectos dinámicos. De éstos, por su importancia, son de destacar los siguiente aspectos:

a) Las *economías de escala* operan a partir de la ampliación del mercado provocada por el aumento de la demanda a las empresas que, en condiciones de mercado nacional, es insuficiente, lo que ocasiona un aumento del número de empresas en cada sector industrial. Las economías de escala aparecen como un mecanismo antimonopólico. Los *efectos de las economías de escala modifican las conclusiones de la desviación y creación de comercio de forma positiva.* El problema más importante al que se enfrenta una unión aduanera con referencia a las economías de escala es la cuestión crítica de la distribución de las ganancias y la ubicación de las industrias dentro de la unión. El número de unidades productivas debe «racionalizarse», ya que si se aprovecha la nueva escala del mercado habrá una expulsión del mercado de aquellas empresas «sobrantes». También la *relocalización* de empresas será un efecto a considerar ya que el nuevo espacio brindará oportunidades de reubicación de las empresas, aunque estas decisiones pueden responder a distintas preferencias (costes salariales bajos, mercados de mayor demanda...).

b) La posibilidad de lograr *economías externas* a través de la interdependencia de las industrias en la producción de medios de producción y de medios de consumo aparece como un argumento muy importante para la integración económica internacional. La integración puede dar origen a economías externas a través de la interdependencia de las industrias. Además, hay que destacar la importancia de la integración sobre el aumento de la interdependencia económica regional de cada país, especialmente en las regiones fronterizas. La movilidad de los capitales y la fuerza de trabajo entre países permitirá aprovechar las economías externas de las regiones fronterizas.

c) *Efecto procompetitivo*: si los países que se integran eliminan las barreras que estaban protegiendo el mercado nacional, las empresas competirán en el nuevo espacio integrado de forma que serán las más eficientes las que irán ocupando mayores cotas en el mercado ampliado, ya que el poder que tenían en el mercado nacional se va reduciendo. Cabe destacar que esto será así siempre que no se mantengan instrumentos que limiten la libre competencia, tales como los subsidios que dan los respectivos gobiernos a «sus» empresas. En este caso, la *reconversión* o el llamado «saneamiento del tejido productivo» será la otra cara de la moneda, manifestándose en el cierre de empresas y destrucción de fuerzas productivas. El efecto procompetitivo que teóricamente beneficia principalmente a los consumidores, puede operar en sentido contrario si fruto de la integración se acelera el proceso de centralización del capital, vía fusiones por ejemplo, lo que conducirá a situaciones oligopólicas.

d) Otra materia que aborda la nueva teoría es la modificación de los *términos de intercambio* derivados del cambio en los patrones del comercio (a causa de la eliminación de las discriminaciones intrarregionales). La teoría ortodoxa considera que los términos de intercambio son inalterables. La nueva teoría demuestra que las políticas arancelarias modifican los términos de intercambio.

e) Por último, es importante citar otros aspectos dinámicos como son la *variedad de productos*, la *competencia*, la *igualación de los precios de los factores*, que amplian las ventajas y las expectativas de los procesos de integración.

Por lo que se refiere a los efectos positivos derivados de la integración comercial, éstos serán mayores cuanto más parecidos económicamente sean los países que se integran, es decir, países con estructuras productivas semejantes —donde predomine el comercio intraindustrial— podrán explotar sus complementariedades y aprovechar la ampliación del mercado vía economías de escala, mayor competencia, economías externas... En el caso que se integren países más heterogéneos, la especialización y el aprovechamiento de las ventajas comparativas permitirá incrementar el comercio interindustrial.

Pero más allá de la intensificación de los flujos comerciales entre los países miembros, la integración puede aumentar las *disparidades regionales* existentes. Ya sea en el caso de países más o menos homogéneos —como en la UE— o más heterogéneos —como en el TLCNA—, la profundización de las desigualdades puede ser un hecho. En el primer caso, en el que la integración está en una fase avanzada, la libre circulación de capitales puede promover un patrón de inversiones «extranjeras» por parte de unos países miembros a otros allí donde mayor sea la remuneración del capital debido a diferencias en el nivel de progreso técnico o en la capacidad innovadora, entre otras. De esta forma, regiones más desarrolladas serán más atractivas a los inversores, polarizando así el crecimiento y el desarrollo económico. En el caso de países heterogéneos —y especialmente si se trata de una economía desarrollada y otra periférica— la integración puede provocar mayores desigualdades en la medida que se reproduce la dinámica de acumulación, ya sea autocentrada o extravertida.

Así, los procesos de integración, con sus beneficios y sus costes, implican la existencia de ganadores y perdedores, de forma que en cada caso deberá estudiarse el resultado neto final. Pero en la medida que determinados sectores económicos, regiones geográficas, clases sociales... salen perjudicados de los efectos derivados del proceso de integración, será necesaria la articulación de *políticas de compensación* (regionales, sociales, sectoriales) que permitan redistribuir de forma equitativa los beneficios y los costes del mismo. Pero ello requiere no sólo alcanzar un alto grado de integración en el que pueda unificarse, por ejemplo, la política fiscal, sino también la voluntad de llevarlo a cabo. Se estaría, en definitiva, ante la disyuntiva, tan discutida en el caso de la integración europea, de si la integración significa únicamente la creación de un espacio económico —como espacio de acumulación de capital— o algo más.

2. Con respecto a la movilidad de los trabajadores y el *mercado laboral*, hay que distinguir dos situaciones: la correspondiente a la integración entre países desarrollados y la correspondiente a la integración entre países subdesarrollados.

— La primera se manifiesta en las *migraciones intraindustriales*. Su origen se encuentra en la diferenciación de mercados y se manifiesta *de forma ordenada y a pequeña escala*. Por ejemplo, existirá intercambio si se dan diferencias en la cualificación de la fuerza de trabajo. Sin embargo, las redes internas de información que poseen las empresas y los mercados internos de trabajo también provocan desplazamientos geográficos de las personas.

— La segunda situación se refiere a las *migraciones masivas* de fuerza de trabajo, que se producen básicamente en los países subdesarrollados. La dirección más obvia sería, en principio, aquella que es resultado de desplazamientos desde países de la Periferia hacia países del Centro. Sin embargo, la heterogeneidad económica de los países subdesarrollados implica que también se produzcan migraciones entre países de la Periferia (muy importantes, por ejemplo, en África subsahariana-norte de África, sur de Asia-Oriente Medio e incluso en América Latina).

3. Respecto al *mercado de capitales*, la integración económica beneficia a todos los países del mercado común, fundamentalmente si existen diferencias financieras entre ellos. Estas ganancias se plasman en una transferencia de recursos a largo plazo hacia aquellos países donde los recursos son más productivos y, a la vez, en un aumento de la eficiencia del conjunto de los mercados financieros.

Así, la movilidad de capitales y fuerza de trabajo en el mercado integrado evidencia un cierto paralelismo con la integración del comercio de mercancías. En el caso de la fuerza de trabajo, la migración neta de trabajadores, así como la posibilidad de intercambiar mano de obra de un país a otro, se corresponde con el comercio interindustrial de productos. En el caso de los capitales, los países se benefician de las transferencias a largo plazo desde los países menos productivos hacia los más productivos. En ambos casos, al igual que en la libre movilidad de mercancías, se consigue mejorar la eficiencia del mercado laboral y de los mercados financieros.

Ahora bien, con respecto a estos dos mercados, el de capitales se diferencia en lo que se refiere al control del mercado, tanto en la reglamentación como en el marco institucional. Cuando se liberalizan las inversiones financieras entre países, el resultado más inmediato es el aumento de la rentabilidad debido a la posibilidad de acceder a un mayor número de sectores con una productividad igual o superior. La consecuencia inmediata es una transferencia de recursos desde los países con menor productividad en sus productos financieros hacia los que poseen un grado más elevado. Las ventajas más importantes se derivan no tanto de las transferencias netas de capitales, sino del aumento de la competencia en el sector financiero y por tanto de su eficiencia.

La integración y las políticas económicas

La unificación de políticas económicas marca una fase más elaborada en la integración económica entre países. Si en las primeras fases se unifican los diferentes mercados, la unión económica significa avanzar hacia la integración de las políticas económicas.

Hay que distinguir entre políticas microeconómicas y macroeconómicas, tanto por su contenido como por el momento en que se produce su unificación. Efectivamente, *las políticas macroeconómicas se unifican en la etapa superior de la integración; sin embargo, las políticas microeconómicas se coordinan desde las etapas iniciales de la integración.*

La libre movilidad de mercancías obliga a configurar una estrategia común en materia de competencia, de transportes, de calidades, etc. Así, este tipo de políticas microeconómicas se desarrollan paralelamente a las sucesivas integraciones de los mercados de las diferentes mercancías.

Las políticas macroeconómicas (básicamente la política fiscal y la política monetaria) son las que propiamente se unifican en la etapa de la unión económica. Precisamente *cuando se pone en funcionamiento la libre circulación en el mercado de capitales, emerge la necesidad de avanzar hacia la coordinación de políticas.* Así pues, la coordinación de políticas macroeconómicas es una necesidad derivada del mercado común; ahora bien, la *voluntad* de los diferentes Estados de unificar o armonizar sus políticas económicas marcarán esta nueva fase.

Las políticas macroeconómicas plantean dos tipos de problemas en su proceso de unificación: los derivados de la interdependencia económica y los referentes a los canales a través de los cuales se instrumenta la interdependencia entre los países. Los problemas macroeconómicos están en relación con la coordinación y armonización de las políticas macroeconómicas de los países del área y, por tanto, en relación con los procesos de ajuste de todas las economías a la estrategia comunitaria.

La relación entre integración y situación macroeconómica es compleja. Se ha argumentado que una mayor interdependencia entre las economías de los países que se integran tiende a ampliar y generalizar las inestabilidades coyunturales que afectan a cualquiera de los socios. Por otra parte, se ha planteado también que las ventajas del mercado ampliado —economías de escala y especialización— se presentan a nivel microeconómico y que la ausencia de coordinación de las políticas macroeconómicas entre los socios puede diluirlas.

Bajo ciertas circunstancias, una mayor integración puede malograr el equilibrio macroeconómico, en tanto que otras circunstancias pueden favorecerlo. La diferencia entre unas y otras circunstancias reside en la capacidad de coordinar las políticas macroeconómicas entre los socios. Sin embargo, ésta es una condición necesaria pero no suficiente. Si el mercado ampliado no es suficientemente importante para el funcionamiento de la economía de los países miembros, la voluntad para diseñar coordinadamente políticas económicas nacionales puede ser baja, lo cual representa un serio obstáculo para el proceso, pues sin una adecuada armonización de políticas económicas es imposible que el proceso de integración se fortalezca.

Los motivos por los cuales existe esta causa-efecto (positiva o negativa) entre la integración y la estabilidad macroeconómica proceden fundamentalmente de la interdependencia económica, que da lugar a que el impacto de la política económica sobre los habitantes de un país se origina por políticas económicas emprendidas en otros países. Los canales de interconexión económica entre los países son generados por los diferentes mercados que operan a nivel internacional, a saber: el de mercancías, el de la fuerza de trabajo y el de los flujos de capital. Debido a que esta mayor interdependencia económica entre los países que se integran pueda generar una transmisión más rápida en los efectos del ciclo económico, es necesario que previamente a esta armonización de las políticas se lleven a cabo *procesos de ajuste* en las distintas economías, que sin duda implican transformaciones estructurales considerables.

Sin pretender analizar los costes y beneficios de la interdependencia económica, es importante resaltar que un alto grado de interconexión económica, sin una coordinación de las políticas económicas, puede tener consecuencias muy perniciosas para todos los países. La incertidumbre que, en principio, genera la interdependencia, queda en gran medida atenuada con la integración económica.

La unión económica persigue la armonización de las políticas económicas así como de las instituciones que operan en las economías del mercado ampliado. Esta armonización de políticas económicas necesariamente desemboca en una reducción importante de la incertidumbre, por lo que permite una mayor coordinación y de este modo se aseguran, en principio, los efectos positivos de la interdependencia.

La integración monetaria

La Unión Monetaria, instrumentada a través de la *unificación de la política monetaria*, significa la superposición de un área comercial y un área monetaria. Entre las principales ventajas que se señalan derivadas de un proceso de integración monetaria destacan:

- Disponibilidad de una moneda más fuerte a nivel internacional, la nueva moneda adquiere un mayor peso en los mercados financieros internacionales.
- Reducción de los costes de transacción y de cobertura entre los países integrantes.
- Estabilidad monetaria y control de precios en el nuevo espacio económico.

Pero la misma causa que genera los beneficios potenciales mencionados —el establecimiento de un *tipo de cambio fijo* entre las monedas de los países que forman parte de la Unión Monetaria— conlleva uno de los costes más discutidos en el proceso de integración monetaria: la pérdida del tipo de cambio como instrumento de política económica.

Con la moneda única, los países miembros renuncian automáticamente al tipo de cambio para resolver perturbaciones o desequilibrios en las respectivas economías (por ejemplo, ya no se podrá devaluar en aras de conseguir una mayor competitividad en relación a otros países). De ahí que se haya señalado el alto coste que puede suponer la estabilidad cambiaria para aquellos países menos desarrollados o que no tengan su moneda como ancla —el coste de afrontar las perturbaciones o shocks será superior.

El efecto último de todo ello dependerá de la existencia de *mecanismos alternativos* al tipo de cambio como herramientas para hacer frente a los desequilibrios, tales como la movilidad de la fuerza de trabajo (como mecanismo igualador de salarios) y una política fiscal única (para poder articular políticas regionales compensatorias). Como se verá posteriormente, y para el caso europeo, el funcionamiento de tales mecanismos es claramente insuficiente.

Quedarían de todas formas múltiples cuestiones sin abordar tales como la toma de decisiones de forma representativa en los órganos supranacionales —el llamado «déficit democrático» en la UE—, el alcance de los cambios estructurales que conlleva la integración monetaria o qué beneficios puede generar la integración entre países periféricos, tema este último menos desarrollado por la teoría de la integración y que se trata brevemente a continuación.

20.3. INTEGRACIÓN Y BLOQUES REGIONALES: LA DIMENSIÓN REAL

Tal como se mencionaba en la introducción, los procesos de integración en curso configuran un paso intermedio en el contexto actual de globalización económica, apareciendo como subsistemas dentro del sistema capitalista mundial. Este creciente «regionalismo» configura amplios mercados

RECUADRO 20.1. INTEGRACIÓN Y DESARROLLO

Normalmente el análisis de la integración en los países subdesarrollados se aborda desde el análisis ortodoxo de la teoría de la integración y pocas veces se considera la *especificidad periférica* de estos países así como su posición en el sistema capitalista mundial. Por tanto, a menudo los objetivos y beneficios que se señalan como posibles en los procesos de integración entre estos países no difieren demasiado de los resultados mencionados anteriormente.

Pero las particularidades —y las «necesidades»— de los países subdesarrollados requieren de un enfoque distinto. En esta línea se encuentran aquellas aportaciones que desde experiencias de la Periferia, especialmente de América Latina, pretenden vincular la integración al desarrollo económico, entendiendo así la integración como un proceso de *transformación estructural* de estas economías más que como una opción simplemente liberalizadora. De esta forma se plantearía la integración como una «estrategia» en respuesta a la marginación que sufren estos países y a la vulnerabilidad que a menudo les caracteriza.

La transformación productiva de estas economías, alcanzable mediante la integración, pasaría por una estrategia de autocentramiento —vía la articulación sectorial y el desarrollo del mercado interno—, lo que en último término les debe permitir una inserción dinámica en la economía mundial. Además de las ventajas de mayor competencia y aprovechamiento de las economías de escala que supone la integración, cabría destacar el *desarrollo tecnológico* y la dinámica de innovaciones que podría representar la gestión colectiva de los recursos existentes con miras a la transformación de las estructuras productivas.

Se han señalado los múltiples obstáculos que se presentan a la integración en los países periféricos, tales como el escaso comercio intrarregional, la difícil estabilidad macroeconómica, la heterogeneidad de estas economías —lo que dificulta las negociaciones en materia de liberalización— y el peligro de profundizar las ya existentes disparidades regionales. De todas formas, y considerando que es justamente la forma desarticulada que adopta la dinámica de acumulación de capital en estos países la causa última de todas las dificultades mencionadas, se señala que la integración puede ser uno de los instrumentos para su eliminación.

Resumiendo, podría calificarse la integración como una estrategia de desarrollo orientada a la transformación productiva que mediante un mayor poder negociador de los países integrados frente a una economía globalizada dominada por la «tríada» —los bloques regionales articulados en torno a Europa, Estados Unidos y Japón—, y por otro lado a través de una coordinación conjunta de los recursos y capacidades existentes en estos países podría significar todo ello un avance en el camino del desarrollo económico y la reducción de la pobreza en estas sociedades.

en torno a tres grandes polos: Europa, Estados Unidos y Japón, lo que se manifiesta en un mundo tripolarizado (o «tríada»).

Como puede verse en el Capítulo 28, el grado de integración alcanzado por los países pertenecientes a cada uno de los bloques regionales es diverso, desde los escasos acuerdos que caracterizan a la zona asiática —consistente en simples asociaciones— hasta la avanzada unión monetaria en Europa occidental, pasando por las múltiples formas de integración comercial en el continente americano.

Sea cual sea la forma de integración conviene observar el peso real que tiene cada uno de estos bloques en la economía mundial mediante el análisis de cuatro variables del ámbito de la economía real: población, PNB, PNB per cápita y comercio exterior. En cada uno de los bloques puede «medirse» la importancia relativa de cada uno de ellos en relación a los ámbitos mencionados.

La selección de los países que forman cada uno de los bloques se ha realizado de acuerdo con los siguientes criterios: países asociados mediante algún tipo de integración; países que negocian —o que lo harán próximamente— la entrada en algún acuerdo de integración; países con destacada interdependencia comercial entre ellos. Se definen así tres áreas económicas regionales diferenciadas [1].

Población

El bloque asiático es el que se distingue por su mayor tamaño poblacional —debido a la aportación de China—, mientras que los dos restantes presentan cifras demográficas parecidas, alcanzando casi los 800 millones de habitantes en cada caso. En el entorno europeo puede apreciarse que solamente la mitad de la población son ciudadanos de la UE, el resto lo conformaría principalmente la población de Europa oriental. En el área americana los tres países que forman el TLCNA cuentan con la mitad de la población de la región, que añadiendo los países del MERCOSUR llegarían a representar el 75 por 100 del total.

Producción

Los datos de Producto Nacional Bruto permiten distinguir la fuerte concentración de la producción en un solo país tanto en el bloque americano como en el asiático. Mientras EE.UU. y Japón se erigen como grandes productores en sus respectivos entornos, en el caso europeo la producción está más diversificada entre los países de la UE. De todas formas, el entorno europeo también tiene su zona periférica bien representada por los países de Europa del Este, del norte de África y Turquía, que apenas alcanzan el 10 por 100 de la producción total de la región.

Renta per cápita (PNB p.c.)

La medición del nivel de riqueza relativa en cada uno de los bloques regionales muestra que son los países del entorno de la UE aquellos con mayor nivel de renta por habitante, seguidos de las regiones americana y asiática. A pesar de que las diferencias entre bloques en renta per cápita son relativamente pequeñas, interesa observar las fuertes disparidades existentes dentro de cada bloque. Mientras en el entorno de EE.UU. y Japón solamente los países más desarrollados presentan altos niveles de renta per cápita —EE.UU., Canadá, Japón, y alguno del sudeste asiático—, en el caso europeo las diferencias entre países son menores. Aunque los países del entorno europeo son más homogéneos, lo son aquellos que pertenecen a la UE, ya que el nivel de riqueza de los europeos orientales y norteafricanos es muy distante del resto. En definitiva, la capacidad de compra, de consumir, sigue residiendo en los países del Centro del Sistema, cualquiera que sea el bloque al que pertenezcan.

Volumen de comercio

Al considerar el volumen de comercio (suma de exportaciones e importaciones) de cada uno de los bloques, destaca la posición del entorno europeo, cuyo volumen es prácticamente el mismo que el de los bloques americano y asiático juntos. El fuerte grado de comercio intrarregional entre los países que forman parte del entorno de Japón contrasta con el dominio comercial de EE.UU. y la UE en sus respectivos entornos. Estos dos últimos casos muestran que a pesar de configurarse ambos como bloques regionales el peso comercial de los países periféricos es todavía extremadamente bajo.

---

[1] *Entorno UE*: Alemania, Francia, Italia, Bélgica, Países Bajos, Luxemburgo, Reino Unido, Dinamarca, Irlanda, España, Portugal, Grecia, Suecia, Finlandia, Austria (UE-15); Eslovenia, República Checa, Eslovaquia, Polonia, Hungría, Estonia, Croacia, Lituania, Bulgaria, Rumania, Federación Rusa, Macedonia, Letonia, Albania (Europa del Este); Túnez, Argelia, Marruecos, Mauritania (norte de África); Turquía.

Entorno Japón: Japón, Hong-Kong, Corea del Sur, Malasia, Singapur, Tailandia, Filipinas, Indonesia, China.

Entorno EE.UU.: EE.UU., Canadá, México (TLCNA); Argentina, Brasil (MERCOSUR); Colombia, Venezuela, Chile; Uruguay, Paraguay (Resto MERCOSUR); El Salvador, Honduras, Guatemala, Nicaragua, Costa Rica (MCCA); Cuba, Ecuador, Perú, República Dominicana, Bolivia, Haití (Resto América).

Fuente: Informe sobre el Desarrollo Humano, 1999, e *Informe sobre el Desarrollo Mundial*, 1998-99.

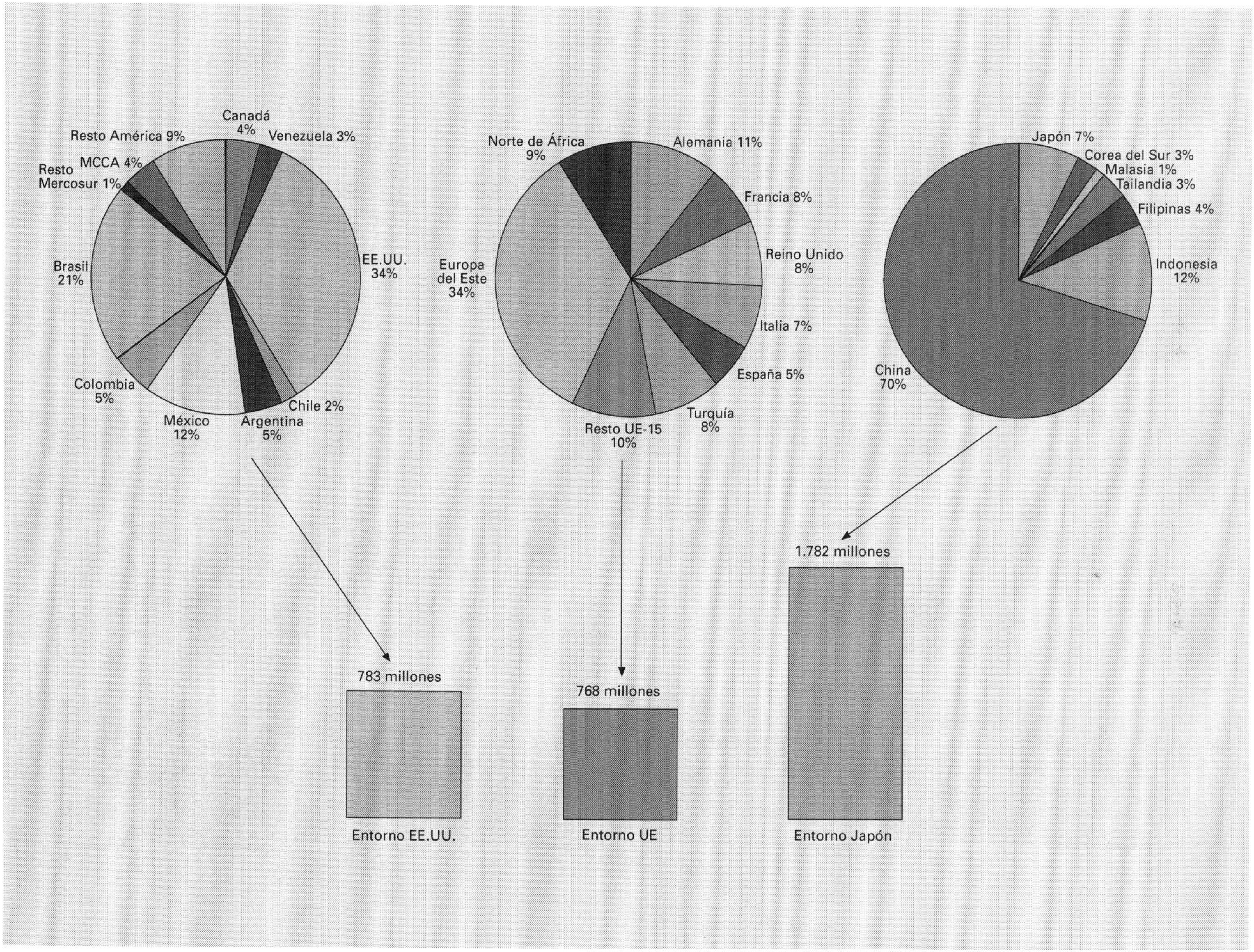

Gráfico 20.1. POBLACIÓN DE LOS BLOQUES ECONÓMICOS, 1997.

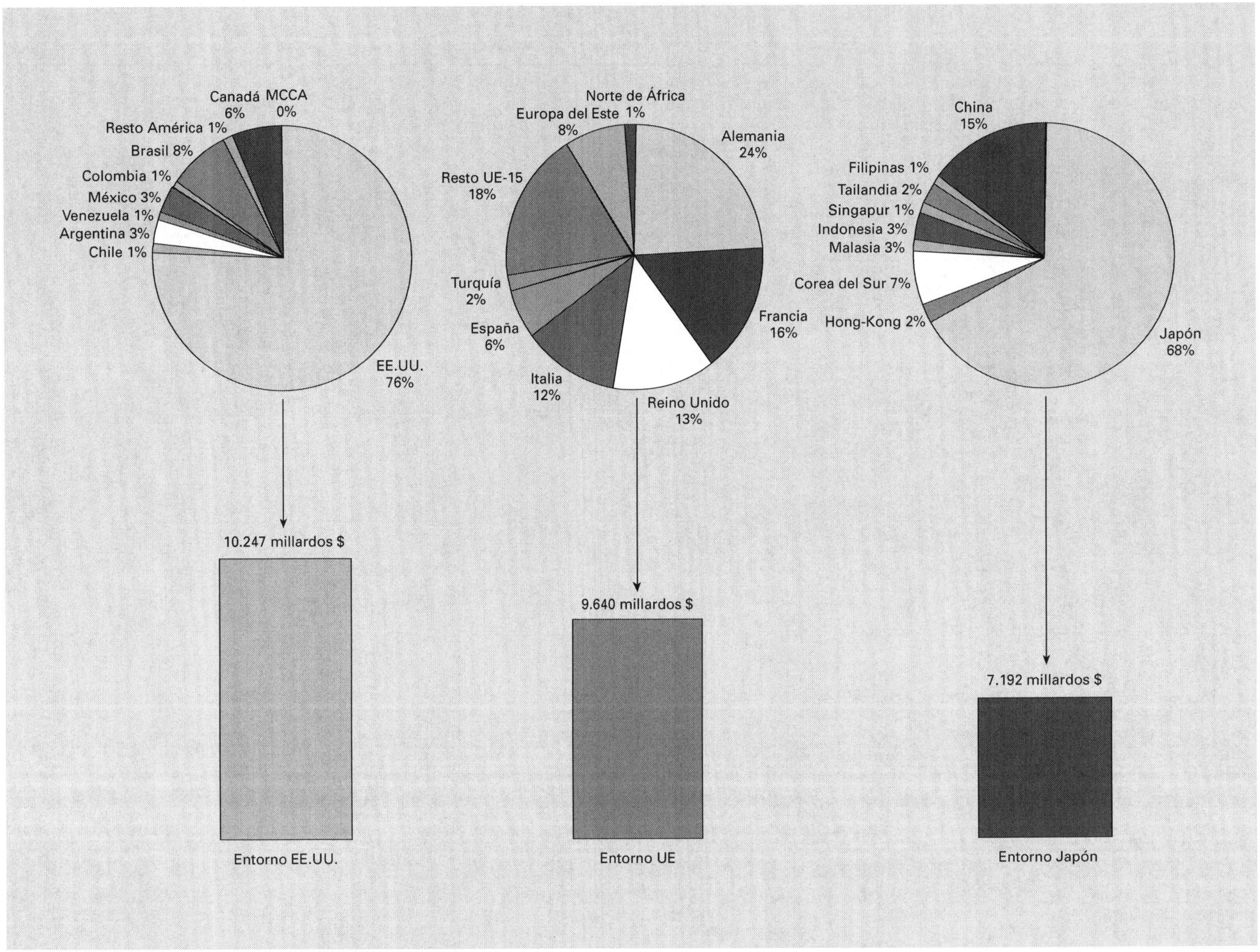

Gráfico 20.2. PRODUCCIÓN DE LOS BLOQUES ECONÓMICOS, 1997.

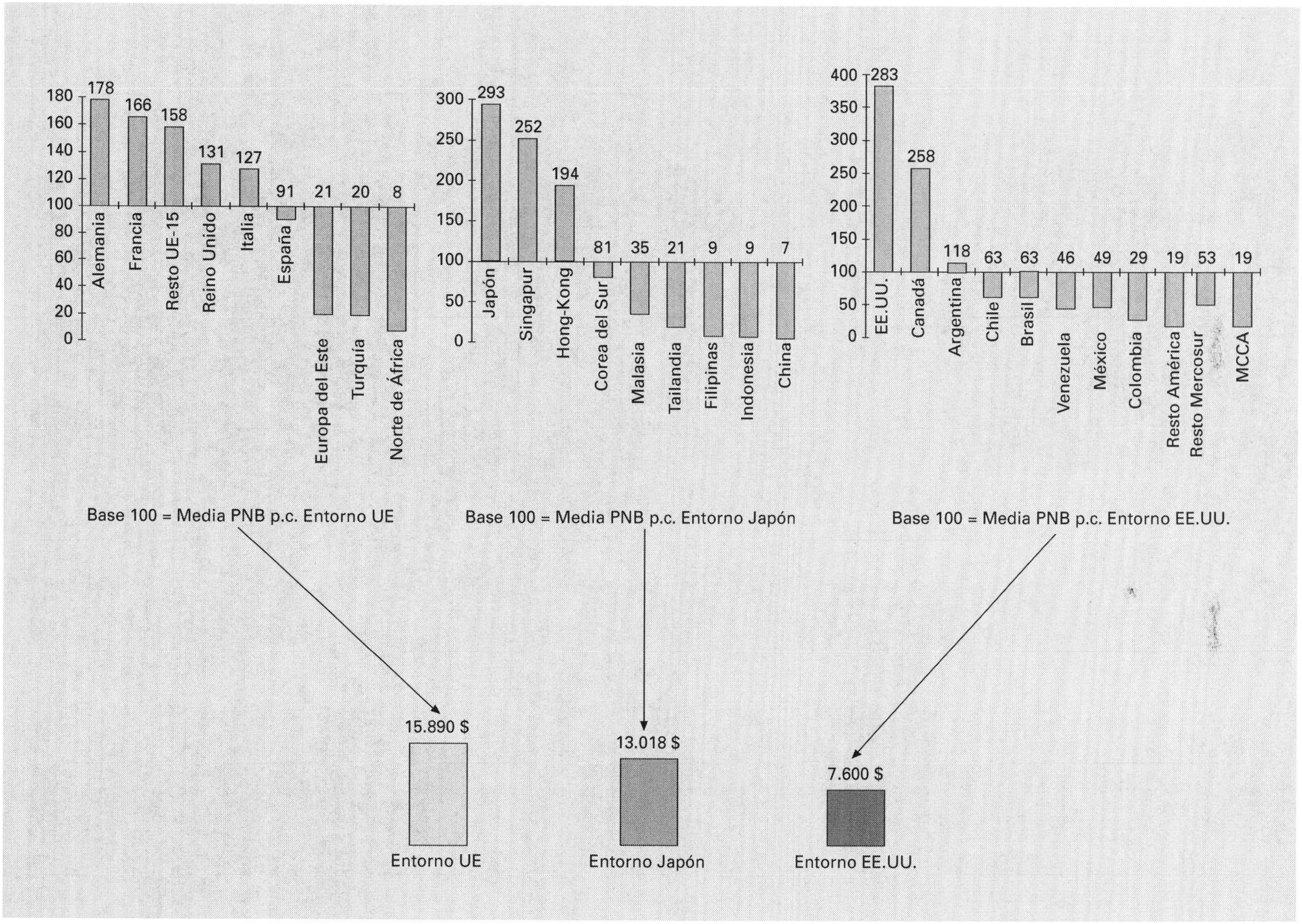

Gráfico 20.3. PNB P.C. DE LOS BLOQUES ECONÓMICOS, 1997.

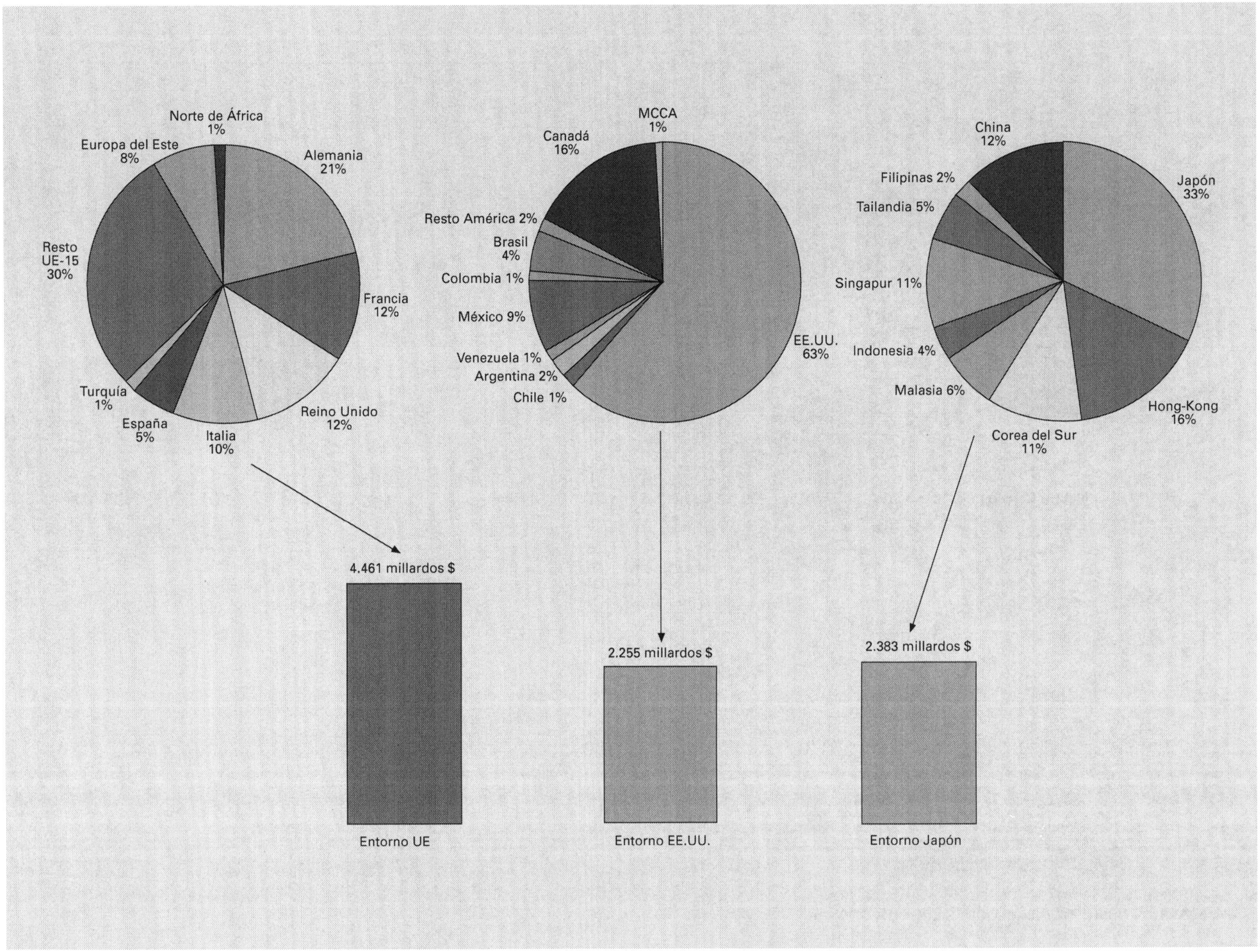

Gráfico 20.4. COMERCIO DE LOS BLOQUES ECONÓMICOS, 1996.

RESUMEN

Los procesos de integración se configuran como un paso intermedio en el proceso de globalización económica, a la búsqueda de ampliar el marco de la acumulación de capital y restando protagonismo al Estado-nación en su función reguladora. La integración entendida como la progresiva eliminación de las discriminaciones económicas entre países se sucede a través de distintas fases, desde los acuerdos comerciales hasta la coordinación de las políticas macroeconómicas e incluso la integración política. Todo proceso de integración tiene sus beneficios así como sus costes, hay ganadores y también perdedores, lo que hace necesario articular mecanismos de compensación como las políticas regionales. En el caso de los países periféricos, la integración puede convertirse en un instrumento estratégico orientado al desarrollo económico mediante la transformación productiva de estas economías. En el sistema capitalista mundial la integración configura subsistemas en torno a tres bloques comerciales centrados en EE.UU., Europa occidental y Japón.

LECTURAS PARA LA REFLEXIÓN

«Se recuerda al siglo XIX como el siglo de Gran Bretaña. Fue la potencia económica dominante. El siglo XX será recordado como el siglo de Estados Unidos. Era y es la potencia económica dominante. En términos de calendario, el siglo XXI aún no ha comenzado, pero el futuro historiador de la economía que mire hacia atrás fijará el fin del siglo XX en una fecha un tanto temprana. Así como la caída del Muro de Berlín en noviembre de 1989 marcó el fin de la antigua disputa entre el capitalismo y el comunismo, así la integración del Mercado Común Europeo el 1.° de enero de 1993 señalará el comienzo de una nueva disputa económica en un nuevo siglo como el principio del tercer milenio. En ese momento, por primera vez en más de un siglo, Estados Unidos se transformará en la segunda economía del mundo en magnitud. Esta realidad se convertirá en el símbolo del comienzo de la competencia que determinará quién será el dueño del siglo XXI. [...] En la primavera de 1991 la primera ministra británica Margaret Thatcher perdió el empleo. No había perdido una elección. Ni era evidente que llegaría a perderla. Perdió su empleo porque insistió en jugar el viejo juego económico del siglo XX. Sencillamente, no estaba dispuesta a jugar el juego económico del siglo XXI. [...] Su caída tuvo que ver con el problema de la integración europea. [...] La década de 1990 parte de un lugar muy distinto. En términos generales, ahora hay tres contendientes relativamente iguales: Japón; la Comunidad Europea, centrada en su país más poderoso, Alemania; y Estados Unidos.»

L. Thurow: *La guerra del siglo XXI*. Vergara, Buenos Aires, 1992.

«Frente a las teorías neoclásicas del desarrollo equilibrado, existen diferentes formulaciones alternativas que intentan explicar el desarrollo desigual, según las cuales la divergencia de tasas de crecimiento regional tiende a reproducirse en el tiempo o incluso a aumentar. Una de estas formulaciones es la *teoría del desarrollo desigual*, según la que el proceso de desarrollo capitalista es en sí mismo un proceso de concentración de la capacidad productiva, tanto desde el punto de vista de la propiedad del capital como desde el punto de vista territorial, de forma que el desarrollo de unas áreas se apoya en el subdesarrollo de otras, estableciendo entre ellas una relación jerárquica y de dependencia... En la *teoría de la causación circular acumulativa*, las diferencias en la renta tienden a aumentar más que a disminuir, como consecuencia sobre todo del efecto de los diferenciales de progreso técnico (con funciones de producción diferentes en sentido estático o capacidades innovadoras diferentes en sentido dinámico), que pueden contribuir a invertir el sentido del flujo de los factores de producción enunciados en el modelo neoclásico... Desde el punto de vista *evolucionista*, el cambio económico y el crecimiento están estrechamente conectados con los "rendimientos crecientes", con la causación acumulativa y con el carácter *path-dependent* de los procesos económicos... La existencia de rendimientos creciente en los modelos evolucionistas derivan de la toma en consideración de tres tipos de fuentes: las economías internas estáticas —ligadas al aumento de la escala de producción de las empresas—; las economías externas estáticas —ligadas al aumento del *output* de la industria...— y las economías dinámicas, ligadas a la experiencia acumulada de la empresa, que puede tener un origen interno (capacidad de I + D, etc.) o externo (*spillovers* de conocimiento, difusión, etc.). Por tanto, frente al carácter de bien público de la tecnología, lo que significa admitir que se difunde rápida y libremente, los modelos evolucionistas atribuyen gran importancia a las diferencias en la capacidad tecnológica y, en general, en la capacidad de creación y absorción de conocimientos. Son justamente este tipo de economías dinámicas las que adquieren mayor importancia en la explicación de la evolución de las disparidad regionales y las que nos dan las pistas para la orientación de las políticas que intenten reducirlas.»

X. Vence: «Riqueza desde la diversidad: disparidades regionales y cohesión en la Unión Europea», en *La Unión Europea y la crisis del Estado del Bienestar*. Síntesis, Madrid, 1998.

PALABRAS CLAVE

- Zona de libre comercio
- Unión Aduanera
- Mercado Común
- Unión Económica
- Integración total
- Creación y desviación de comercio
- Economías de escala
- Ampliación de mercados
- Movilidad de factores
- Armonización de políticas económicas
- Disparidades regionales
- Procesos de ajuste

BIBLIOGRAFÍA BREVE

S. Andic y S. Teite: *Integración económica*. Fondo de Cultura Económica, México, 1977.

Bela Balassa: *Teoría de la integración económica*. UTHEA, México, 1964.

W. J. Ethier: *Modern International Economics*. Norton, Nueva York, 1988.

P. Krugman: *La Integración Económica en Europa: Problemas conceptuales*, en Padoa-Schioppa: *Eficacia, Estabilidad y Equidad*. Alianza Editorial, Madrid, 1987.

J. A. Sanahuja y J. A. Sotillo (Coords.): *Integración y desarrollo en Centroamérica: Más allá del libre comercio*. La Catarata, Madrid, 1998.

J. Tugores: *Economía internacional. Globalización e integración regional*. McGraw-Hill, Madrid, 1999.

X. Vence: «Riqueza desde la diversidad: disparidades regionales y cohesión en la Unión Europea», en *La Unión Europea y la crisis del Estado del Bienestar*. Síntesis, Madrid, 1998.

J. Vilaseca: *Los esfuerzos de Sísifo: La integración económica en América Latina y el Caribe*. La Catarata, Madrid, 1994.

CAPÍTULO 21
El desarrollo capitalista en la Periferia del Sistema

La *Periferia del Sistema Capitalista Mundial* está constituida por países independientes políticamente que en algún momento de su historia fueron colonias de los países imperialistas del Centro. El acceso a la soberanía política no significó la ruptura de los lazos de dependencia económica. Por el contrario, el Sistema cuya formación se inició con el imperialismo cristalizó en una red de relaciones fuertes que lo han mantenido estable hasta nuestros días.

Sin embargo, se han producido rupturas en el Sistema, procesos de desconexión vinculados a revoluciones políticas y movimientos de liberación nacional que dieron paso a procesos de transición socialista. Es el caso de países como China, Corea del Norte, Vietnam, Laos, Cuba y, en cierta media, algunos países africanos (Etiopía, Guinea, Angola, Mozambique, Burkina Faso y otros). Tales experiencias, tras el fin del «socialismo real» en la URSS y otros países del este de Europa, han acabado en prácticamente todos los países, que han vuelto a reintegrarse al Sistema de forma dependiente y periférica.

En este capítulo se abordan las principales características del *modelo periférico de acumulación*, básicamente la *extraversión*, la *desarticulación* y la *especialización*, así como la situación de *dualismo* que se produce en ese tipo de sociedades desde el punto de vista interno y la *dependencia* del Centro desde el punto de vista externo. Estas características son comunes a todas las economías de la Periferia y se sintetizan en el concepto empírico de *subdesarrollo*. Los países subdesarrollados, o países de capitalismo periférico, aunque definidos por este rasgo común, no son, sin embargo, subdesarrollados al mismo nivel ni periféricos de la misma manera, sino que existen diferencias sustanciales entre ellos que permiten el establecimiento de una *tipología de países* periféricos, que también será expuesta al final de este capítulo.

21.1. EL CAPITALISMO INDUCIDO, LA EXTRAVERSIÓN, LA ESPECIALIZACIÓN, LA DESARTICULACIÓN Y LA DEPENDENCIA

El *modelo periférico de acumulación* surge de forma *inducida*, originado por la conquista y colonización de inmensos territorios por parte de las potencias capitalistas europeas y, en cierta medida, por EE.UU. Es decir, el desarrollo capitalista de las sociedades conquistadas y colonizadas tuvo un origen violento, externo, no espontáneo ni fruto del propio desarrollo histórico. Este origen impuesto es la base de las principales diferencias que se producen entre el modelo central y el periférico de acumulación de capital:

— La primera diferencia sustancial, la principal, es que en los territorios conquistados no existía una clase social, la burguesía, que encarnara los intereses capitalistas. Por ende, la implantación del capitalismo significó que la *clase dominante no sería autóctona sino extranjera*. Si se tiene en cuenta la diversidad de situaciones sociales existentes en los territorios conquistados —desde sociedades tribales en régimen de comunidad primitiva hasta sociedades altamente organizadas con modos de producción tributarios, feudales o no, como en el caso de la India, de China, de Persia, de México y de Perú—, es fácilmente comprensible que la implantación del capitalismo quedaría marcada por la sociedad precapitalista sobre la cual se insertó. Ello dio lugar a la aparición, en las sociedades más avanzadas, de un sector social entregado a la potencia colonizadora y aliado de ésta que, amparado por el poder colonial, fue el germen de una clase dominante autóctona surgida de la protección de los colonizadores. Pero tal clase no era propiamente la burguesía, sino una clase intermedia entre los colonizadores y el territorio ocupado. A. G. Frank se ha referido a este grupo como «lumpenburguesía» y S. Amin como «burguesía compradora». Fue esa clase, en la mayoría de los casos, la que ocupó el poder político tras la independencia nacional, perpetuando, por tanto, el modelo de acumulación establecido en el período colonial.

— La segunda gran diferencia es la pervivencia (o reproducción permanente) del *carácter dependiente del capitalismo periférico* con respecto a la antigua metrópoli y, en última instancia, al conjunto de países del Centro.

Esta dependencia, distinta a la «interdependencia» económica que, a través de los mercados, vincula a las economías de un sistema, tiene su origen en el *modelo de acumulación* impuesto a la Periferia por cada una de las potencias colonizadoras y posteriormente ha sido gestionado por la clase capitalista periférica.

Este modelo tiene las siguientes características:

— *Especialización*: la conquista de las colonias obedeció a un interés expansionista de las metrópolis tanto en el terreno político como en el económico. La búsqueda de nuevos mercados y de mejores condiciones para la inversión de capital y su rentabilización produjo la introducción de las relaciones capitalistas de producción en las colonias. Pero no en cualquier tipo de actividad, a diferencia de lo que ocurría en las metrópolis, sino en aquellas que interesaban directamente a los colonizadores: extracción de materias primas minerales, explotación agraria, tanto ganadera como agrícola, etc. Ello dio lugar a la destrucción de las bases económicas precapitalistas y a un acusado proceso de *especialización*. De este modo, surgieron colonias cuya única, o principal, actividad económica era la exportación de los productos en los cuales habían sido especializadas: colonias agrícolas basadas en la producción, en régimen de plantación, de café, de azúcar, de cacao, de caucho, de cereales, etc.; colonias exportadoras de minerales: cobre, estaño, plata, oro, fosfatos y, sobre todo, petróleo.

— *Extraversión*: a causa de tal especialización, las colonias convertidas en países periféricos independientes políticamente se convirtieron en países extravertidos económicamente: es decir, sus principales sectores productivos están orientados hacia los mercados exteriores o, en la mayor parte de los casos, hacia el mercado mundial de productos primarios. Las variantes de extraversión son muy numerosas: materias primas, productos agrarios, pesca, incluso productos industriales, lo cual da lugar a una diversidad de países periféricos cuya tipología se explica posteriormente. La extraversión tiene una segunda faceta: la importadora. Los países de la Periferia, al basar su economía en la monoproducción o el monocultivo, son incapaces de autoabastecerse de productos tanto para el consumo como para la producción interior. Ésta es la causa de que sean también altamente *dependientes de las importaciones*. La extraversión, pues, es una característica genérica de todos los países periféricos, tanto en su vertiente exportadora como importadora. En las últimas décadas, varios países han intentado diversificar su producción interna, mediante la aplicación de programas de fomento de la producción nacional, pero, salvo casos excepcionales, la mayoría continúan en la situación antes descrita.

— *Desarticulación*: la *desarticulación sectorial* interna es el reflejo de la especialización y la extraversión. Las economías periféricas especializadas y extravertidas se caracterizan por la escasa actividad, o la ausencia total de actividad, en numerosos sectores productivos. Ello da lugar a desarticulaciones de diversos tipos:

- Entre la sección I y la sección II, generalmente con ausencia de actividad en la primera, es decir, dependencia de la importación de medios de producción, sobre todo maquinaria.
- Entre agricultura e industria: la agricultura no cumple su papel característico en el proceso de capitalización como mercado de inputs industriales y ofertador de bienes salariales y fuerza de trabajo baratos.
- Dentro de la industria, entre sectores proveedores de materias primas y sectores de producción final, etc.

La desarticulación es también territorial, dada la escasa relación entre las actividades que se desarrollan en cada región de los diversos países, cuya orientación es siempre hacia el exterior. En términos de contabilidad nacional, y siguiendo el modelo de tabla input-output de Leontiev, esta desarticulación se refleja en la existencia de una cuadrante de relaciones interindustriales vacío o semivacío.

— *Desintegración*: un efecto de la desarticulación es la *desintegración económica* interna, derivada de la poca complementariedad de las actividades productivas nacionales. Las economías periféricas no están volcadas hacia el mercado interno, sino hacia el mercado externo. Ello da lugar a que las actividades económicas principales del país no dependan de su propio mercado, ni estén determinadas por él, sino del mercado exterior. El resultado es la desintegración interna, que dificulta la acción de los métodos clásicos de impulsar el desarrollo a través de inversiones de choque. Por ejemplo, una inversión en una fábrica de automóviles en un país central tiene efectos hacia atrás —metal, vidrio, plástico, neumáticos, etc.— y hacia adelante —carreteras, parkings, servicios mecánicos, etc.—. Esa inversión actúa en cascada, como energía motriz de otras actividades. La misma inversión en la Periferia sólo tendría el efecto directo correspondiente sobre el empleo y la producción, pero no fomentaría el resto de actividades: por el contrario, fomentaría la importación tanto de materias primas como de la maquinaria necesaria para la producción. La desintegración anula, pues, los efectos de estímulo de tal tipo de inversiones.

— *Dependencia*: el efecto global de las anteriores características es la dependencia del exterior. Los países periféricos establecen lazos *estructuralmente fuertes* con las metrópolis centrales, que son de todo tipo: comerciales, económicos, tecnológicos, políticos, militares, ideológicos, de consumo, etc. En lo que atañe a la dependencia comercial y económica, no se trata de una decisión voluntaria de cada país periférico, sino del *carácter necesario*, objetivamente, de este tipo de relación con el Centro: sólo los países del Centro pueden ser clientes de su único o pocos productos de exportación y sólo los países del Centro son abastecedores de los productos que el país periférico requiere para subsistir. Por otra parte, la dependencia económica estriba en que, en numerosos casos, la ausencia de una burguesía nacional hace depender los procesos de inversión, incluso en las actividades de monoproducción, de capitales extranjeros, en general procedentes de empresas multinacionales. Son éstas las que tienen el poder de decisión, en función de sus propios intereses y no de los del país receptor de las inversiones.

En definitiva, si el desarrollo autocentrado se caracterizaba por el carácter autónomo, articulado e integrador del desarrollo capitalista en una formación social, el desarrollo extravertido se define por las características opuestas: desarrollo capitalista inducido, desarticulado y desintegrador de la estabilidad estructural de la formación social periférica. Si el desarrollo capitalista autocentrado generaba unos altos niveles de desarrollo socioeconómico, el desarrollo periférico del capitalismo provoca y reproduce, a través de la desestructuración económica y social, *el subdesarrollo*.

21.2. LA SOCIEDAD DUAL Y EL DESARROLLO DEL SUBDESARROLLO

La forma específica de introducción del capitalismo en las sociedades periféricas —conquista violenta— dio lugar a la *salarización* de un sector de la población y a la *marginalización* del resto, al no ser incorporado al circuito productivo capitalista. Todo ello tiene dos efectos principales: la *deformación* de las economías periféricas, que dan lugar a la aparente existencia de una *economía dual*, en la que coexisten los sectores propiamente capitalistas con sectores de subsistencia, y al *subdesarrollo*.

El dualismo como explicación de la estructura social y económica de los países periféricos ha sido utilizado por numerosos autores, tanto de la línea de pensamiento neoclásico como marxista, estructuralista o institucionalista. Sin embargo, como han señalado A. G. Frank, S. Amin o C. Benetti, la realidad no es dual, sino única; es decir, la marginalización no implica la separación efectiva de un sector de la población de los mecanismos propios del capitalismo, sino que, por el contrario, significa su inserción en tales procesos de forma marginal y subordinada. Pero están insertos en ella.

Dualismo, atraso y subdesarrollo

La forma más habitual de presentar el tema del dualismo es considerar la existencia de dos sectores en las economías periféricas: un sector «moderno» de carácter capitalista y un sector «tradicional», regido por reglas de funcionamiento económico que no son las capitalistas. Este sector llamado tradicional cumple además, en la óptica dualista convencional (Lewis), la función de fuente inagotable de mano de obra para el sector «moderno», de tal manera que existe siempre una presión de la oferta de fuerza de trabajo que representa precisamente una rigidez a la baja en los salarios del sector «moderno». Sin embargo, no se explica la vinculación entre uno y otro sector.

Otro enfoque del dualismo, como por ejemplo el planteado por Singer, consiste en entender que coexisten dos sociedades: una moderna y capitalista y otra que vive en estado de subsistencia, en la cual se ceba la miseria, el hambre y la marginalización. Tal situación tendría su origen en las condiciones de atraso técnico, de infraestructuras físicas, educativo, sanitario, etc., que padece tal sector y la forma genérica que se postula para incorporarlo al desarrollo se asienta básicamente en la política de asistencia y ayuda exterior.

El subdesarrollo como conjunto de fenómenos característicos del sector «atrasado» de la sociedad y economía dualistas se manifiesta, así, empíricamente, en:

- El peso predominante del sector primario en la actividad de la población.
- La importancia de la *forma no valor* (economía de subsistencia y mercantil simple) en la reproducción de la fuerza de trabajo.
- Consiguientemente, altas tasas de natalidad y de mortalidad infantil.
- Resultado de todo ello, existencia permanente de «sobrepoblación relativa» en la agricultura, intensiva en trabajo y con bajo nivel de productividad (excepto en el sector moderno agrícola de las plantaciones).
- Bajos niveles de nutrición y problemas de subalimentación, etc.
- Acceso limitado a los medios sanitarios y de salubridad (agua potable, letrinas, etc.) especialmente en el ámbito rural.
- Consiguientemente, alta morbilidad y mortalidad por causas infecciosas hoy en día perfectamente evitables.
- Bajos niveles de escolarización y alfabetismo.
- Bajos niveles de ingreso e importancia significativa de la *pobreza* en amplias capas de la población. A causa de la migración rural-urbana, la pobreza se ha convertido ya, en el subdesarrollo, en un fenómeno básicamente urbano, aunque perdura la pobreza rural.

La «realidad» del subdesarrollo se mide, así, a través de variables que reflejan las características del sector «atrasado» de la estructura dualista.

Pero la mayor parte de las explicaciones del dualismo, siendo descriptivas o analíticas de una situación aparente, excluyen la consideración *global* del fenómeno, es decir, la marginalización, la subordinación y, en definitiva, el subdesarrollo, explicados no como el resultado de la pervivencia de formas «antiguas» o «tradicionales» de producción y organización social, sino como el fruto de la introducción violenta del capitalismo en las sociedades colonizadas.

El colonialismo como causa del dualismo

Cualquier proceso de colonización —el español y el portugués, el inglés, el francés, el belga o el holandés— tuvo una característica común: la expansión territorial de las correspondientes metrópolis y la introducción de la forma de producir capitalista en los territorios colonizados. Ahora bien, en esos territorios existían previamente sociedades *que funcionaban* de acuerdo con formas de organización social y económica muy diversas: tribales, tributarias desarrolladas, feudales, de pequeña producción mercantil, etc. En muchos casos se trataba de sociedades con siglos —incluso milenios— de civilización, es decir, sociedades sólidamente estructuradas, como ocurría en China, la India, Persia, Egipto, México o Perú, por no citar más que algunos casos.

Sin embargo, a pesar de la profunda diferencia de origen de las sociedades colonizadas, la colonización alumbró un nuevo tipo de sociedad *simi-*

lar en todas ellas. Tanto en la civilizada Persia o la India como en las regiones pastoriles de Afganistán o las tribales del Congo, la sociedad resultante del proceso de colonización ha sido una sociedad capitalista periférica y, por tanto, aparentemente dual y subdesarrollada. *No es cierto, pues, que el dualismo y el subdesarrollo sean rémoras del pasado, sino que, por el contrario, son el fruto de la implantación del capitalismo de forma coactiva.*

En ninguna de las sociedades colonizadas existían condiciones históricas internas para la aparición de una clase social burguesa que encarnara la forma de producir capitalista: ni en las tribales, ni en las mercantiles ni en las tributarias. Por ende, no existía el embrión de clase social capitalista imprescindible para establecer una economía capitalista. Ahora bien, en todas ellas existía la armonía suficiente para asegurar su reproducción como sociedad, lo cual no quiere decir que no fueran sociedades de clase, injustas y no igualitarias, pero en todo caso eran sociedades estructuradas en el sentido de que permitían la subsistencia de sus habitantes y la reproducción de su organización social.

Esto es precisamente lo que rompió la colonia. Al introducirse el capitalismo surgió una nueva hegemonía que sustituyó a las anteriores. En esa nueva hegemonía social, la clase dominante nueva, es decir, la capitalista, no era aborigen, sino extranjera, de la metrópoli conquistadora. El capitalismo implicó, además del pillaje de la primera época, la salarización de una parte de la población colonial, convertida en proletariado incipiente y mal pagado pero, al fin y al cabo, asalariado. En general, este sector se asentó en las actividades que desarrollaron los capitalistas extranjeros para rentabilizar el capital: básicamente actividades exportadoras de productos agrarios y minerales, lo cual dio lugar a la *deformación* de estas economías. No se creó, por tanto, el mecanismo que sí operó en Europa en los albores del capitalismo, es decir, la relación producción-consumo que daría lugar a la creación de un mercado interno.

El sector de la población que permaneció al margen de la salarización continuó subsistiendo de acuerdo con las formas tradicionales de producción, pero lo hizo en un *marco diferente*, en el que su actividad ya no estaba armónicamente imbricada con la nueva forma hegemónica de producir, es decir, la capitalista. Este sector se convirtió en un sector *atrasado* con respecto al sector *moderno* y, a la postre, en un sector *subordinado*.

La funcionalidad del «atraso»: la unicidad del dualismo

Si bien el capitalismo periférico presenta un sector «atrasado» y subordinado como algo característico o definitorio de su forma de desarrollo, ello no significa que dicho sector sea un sector independiente que permita hablar de dos sociedades, de dos formas de organización social yuxtapuestas. Por el contrario, *la pervivencia de dicho sector se debe a que cumple un determinado papel en la acumulación periférica de capital, en la acumulación de capital en el Centro y en el proceso de acumulación de capital a escala mundial.*

Diversos autores han analizado esta funcionalidad a través de las formas de articulación del sector atrasado con el moderno y con el exterior. De entre ellos, A. Gunder Frank es especialmente significativo por el eco que alcanzó su esquema metrópoli-satélite, según el cual existe una relación de explotación piramidal que va desde la aldea más aislada hasta las grandes multinacionales, pasando por un conjunto de intermediarios locales, regionales y nacionales que constituyen la verdadera estructura del subdesarrollo. Precisamente, la existencia de este entramado y el mantenimiento de las formas de conexión entre los distintos sectores afectados es lo que da lugar al *desarrollo del subdesarrollo*, es decir, a la reproducción incesante de las condiciones del subdesarrollo.

La forma en que se presenta esta estructura es esquemáticamente la siguiente: en la base, el trabajo agrario de los campesinos y pastores, aldeanos cuyo trabajo se desenvuelve en forma «tradicional», con medios de producción anticuados y precarios y con técnicas de producción obsoletas. El fruto del trabajo de este sector permite precariamente su subsistencia, tanto individual como grupal. Ahora bien, el excedente creado por el sector de subsistencia no se lo apropian los campesinos o los pastores. Por la vía directa o por la vía comercial —mercado local, venta a un intermediario local—, ese excedente se lo apropia un cacique local que a su vez lo comercializa a través de otro entramado de intermediarios de ámbito regional, nacional o multinacional. En sentido inverso, todo aquello que no es producido directamente por los campesinos o pastores debe ser adquirido en el mercado local, es decir, por medio de la circulación mercantil que implica la posesión de dinero. La venta de los productos agrarios no permite, o lo permite a duras penas, la adquisición de mercancías de consumo o medios de producción para *mejorar* el nivel de vida o las técnicas de producción de los aldeanos.

El excedente no revierte a sus creadores. Les es expropiado y, por tanto, no da lugar a procesos de desarrollo a nivel local. Pero este excedente, por la vía de la comercialización internacional —productos de exportación— fluye también hacia el exterior, dando lugar a otro fenómeno propio de los países periféricos: la *dependencia* comercial externa. Como se verá en otro capítulo, numerosos autores han destacado cómo la estructura periférica supone, a través del retardo técnico y de los bajos salarios propiciados por el sector atrasado, un beneficio para el Centro en su comercio con la Periferia, desde donde se le transfiere parte del excedente. Ello ofrece una nueva luz sobre la funcionalidad de dicho sector atrasado para la reproducción de la estructura sistémica Centro/Periferia.

En cualquier caso, de lo que se trata aquí no es de seguir los pasos al excedente desde su creación hasta su centralización en manos de una u otra multinacional o país. De lo que se trata es de exponer que *existe una red de relaciones que vincula la actividad «atrasada» y «de subsistencia» con el conjunto de las actividades «modernas» que impone el capitalismo.* La sociedad periférica no es, pues, dual en el sentido de que existan dos sociedades. Es una sociedad única que condena al atraso a una mayoría considerable de la población e impide que tal sector se incorpore plenamente al «progreso», entendido éste como progreso capitalista. Así pues, sin cambio estructural no hay posibilidad de salir del subdesarrollo.

Subdesarrollo, clases sociales y Estado

Tampoco el sector «moderno» está libre de deformaciones. Originado como sector de exportación, basado en la explotación de plantaciones o de enclaves mineros, dio lugar a la creación de amplias zonas de latifundio en manos de propietarios extranjeros que, en algunos países y tras los procesos de descolonización, pasaron a manos de capitalistas locales. En esas actividades los trabajadores son asalariados, es decir, se reproducen dentro del circuito capitalista (forma valor). Pero la existencia del sector de subsistencia como oferta de mano de obra ilimitada presiona a la baja los salarios de los trabajadores de este sector. Por consiguiente, a pesar de estar vinculados al sector «moderno», estos trabajadores no disfrutan de un nivel de vida sustancialmente superior al de los campesinos en régimen de subsistencia, aunque sí tienen un *modo de vida* claramente diferente.

Todo ello pone en primer plano la necesidad de la *reforma agraria* para remover los obstáculos estructurales para iniciar procesos de desarrollo autocentrado. Pero, en la práctica histórica, las reformas agrarias llevadas a cabo en numerosos países —México, India, Perú, Nicaragua, Argelia, etcétera— no han conseguido eliminar este sistema perverso que mantiene en funcionamiento el desarrollo del subdesarrollo. Como ejemplo de su mantenimiento perenne y de su combinación con la «modernización» puede citarse el caso del Estado de Chiapas en México, en donde la insurrección zapatista de 1994 exigía la reforma agraria —que ya se hizo tras la revolución de 1910-1917— y la modificación de las estructuras políticas que sustentan la pirámide de poder económico y social en la región y en todo el país, cuando éste acababa de constituir (evidentemente, por su sector más «moderno») el Tratado de Libre Comercio (TLC) con EE.UU. y Canadá.

Tras la descolonización y la nacionalización consiguiente de las economías colonizadas ha surgido una clase social dominante nacional vinculada a intereses extranjeros que ha reproducido esencialmente los mecanismos instaurados en la época colonial. No obstante, algunas modificaciones de peso se han producido en el ámbito productivo, fundamentalmente en el sector industrial y de servicios, dando lugar, ahora sí, a la aparición de un sector capitalista «moderno», con técnicas modernas de producción y con obreros industriales y empleados terciarios urbanos. Este sector sigue, no obstante, sometido a la presión que implica la existencia del importante ejército de reserva de mano de obra que procede del sector de subsistencia y, por ende, los salarios están sometidos a una presión a la baja.

A pesar de ello, la industria y los servicios operan como un foco de atracción poderoso. Las ciudades atraen a los habitantes «excedentes» de los campos que, deslumbrados por sus potencialidades o con la esperanza de convertirse en proletarios, emigran masivamente a las urbes. Algunos de ellos se incorporarán al sector moderno, pero los más se hacinarán en barrios sin condiciones mínimas de habitabilidad y malvivirán de lo que ha venido denominándose el *sector informal*. El nivel de vida de este sector urbano dista mucho de ser alto. En realidad, generalmente no supera al de los campesinos en su lugar de origen. Pero implica el definitivo desarraigo de buena parte de la población con respecto a la tierra y da lugar al fuerte crecimiento de las ciudades. Como efecto derivado de este fenómeno surge lo que Gunder Frank denomina el *lumpenproletariado* —como contrapartida a la *lumpenburguesía* surgida tras la descolonización y al *lumpendesarrollo* al que dio lugar—, sector no campesino, pero tampoco industrial o de servicios, que se asienta en los núcleos urbanos y que gravita sobre la sociedad en su conjunto como un peso muerto.

Esta estructura social es, pues, compleja y está estructurada en su desestructuración capitalista. No son dos sociedades, sino *una sola*, en la cual coexisten dos sectores que dan la apariencia de ser independientes pero que, por el contrario, están íntimamente vinculados entre sí. Ésta es la realidad del dualismo, la que alimenta el desarrollo del subdesarrollo.

En la actualidad, este fenómeno se manifiesta en *todos* los países periféricos. En la India, por ejemplo, un sector capitalista moderno, en el cual se desenvuelven aproximadamente 100 millones de personas, coexiste con un sector de subsistencia o de lumpenproletariado con cerca de 500 o 600 millones de personas. Sociedades de este tipo son estructuralmente distintas de las sociedad centrales como EE.UU., Europa o Japón, aunque dispongan de sectores de actividad auténticamente modernos, como efectivamente existen en la India, en Brasil, en México, en Argentina o en cualquier otro país periférico.

Desde un punto de vista teórico, hay que recordar que en una formación social se combinan realmente varios modos de producción, bajo la hegemonía de uno de ellos. La estructura socioeconómica de la sociedad es, en definitiva, el conjunto de las relaciones entre las clases sociales definidas por tales modos de producción y por su articulación sobre las bases de hegemonía, subordinación, eliminación, etc. La superestructura, por su parte, tiene como función fundamental regular la reproducción de la estructura. ¿Qué ocurre cuando se trata de reproducir una estructura desestructurada?

En el caso del capitalismo periférico, el dualismo y el subdesarrollo expresan el hecho de que la articulación entre los modos precapitalistas y el capitalista se hace, no sobre una estructuración interna/nacional (caso del autocentramiento), sino sobre las necesidades externas (de la estructura del Sistema). Por este motivo, el Estado en la Periferia pierde la funcionalidad que tiene en el Centro como agente directo del proceso de acumulación y de la regulación y sus bases legitimadoras descansan más en el mimetismo o protección de las metrópolis o en los mecanismos coercitivos que en una dimensión «nacional» (imposible) de la base económica que pretende reproducir por ser parte de la superestructura. Se da el contrasentido de que si, entre otras funciones, el Estado en el Centro asegura la explotación de la Periferia, el Estado en la Periferia también existe para reproducir la propia explotación de la Periferia.

Ahora bien, a pesar del carácter común de todas las anteriores características definitorias de la estructura y dinámica del capitalismo periférico, es evidente que según la historia, los modos de producción efectivamente existentes, los diferentes grados de extraversión y especialización, etc., se es Periferia de diversa manera, como también son diversos los niveles de (sub)desarrollo: es decir, aunque Arabia Saudí y Argentina tienen más en común entre sí que con España o EE.UU., y ese algo es el ser economías capitalistas periféricas, las diferencias entre ellas, o con las economías del África subsahariana, son suficientemente importantes como para exigir el establecimiento de *categorías o tipos* de países en la Periferia.

21.3. TIPOLOGÍA DE ECONOMÍAS PERIFÉRICAS

A grandes rasgos, el conjunto de países de la Periferia es conocido como conjunto de países en desarrollo, en contraposición a los países industrializados (del Centro). Y dentro de los países en desarrollo, los países menos adelantados serían los peor situados. Esta terminología procede de las Naciones Unidas. El Banco Mundial, por su parte, realiza las grandes agrupaciones de países según su nivel de PNB per cápita, distinguiendo entre países de bajos ingresos, de ingresos medianos bajos y altos y de altos ingresos.

Los criterios que subyacen en estas clasificaciones son de índole teórica y empírica y serán tratados en el próximo capítulo. En cualquier caso, se hace necesario concretar más en la variedad de economías periféricas, destacando similitudes y diferencias, excepciones y regularidades. Algunos criterios que permiten proceder de este modo son:

— El *tamaño* de las economías: se destacan así «grandes» economías o países como Brasil, Argentina y México en América Latina o China, India, Pakistán o Indonesia en Asia. Por su extensión, riqueza de recursos, etc., el dualismo puede hacerse especialmente presente en estos países.

— El *tipo de integración en el mercado mundial*: se pueden distinguir así los países primario-exportadores —en África, Centroamérica y Sudamérica—, los exportadores de petróleo, los exportadores de manufacturas —especialmente del sur y sudeste asiáticos, además de algunas economías latinoamericanas como la brasileña, la mexicana y la argentina—, los marginados del comercio mundial —especialmente en el África subsahariana—, etc.

— El *grado de desarrollo industrial* alcanzado a nivel nacional: cabe distinguir así los países con economías industrializadas «antiguas» (Argentina, Uruguay, México, Brasil, etc.), los «nuevos países industriales» (Corea del Sur, Singapur, Taiwan, Hong-Kong) que han pasado a formar parte del «centro industrial» y los países con un bajo grado de industrialización (véase al respecto las tipologías industriales del Capítulo 15).

— La pertenencia a determinadas organizaciones y tratados internacionales (países de la OPEP, firmantes de la Convención de Lomé, etc.) o a determinados grupos específicos («países gravemente endeudados», etc.) también suele ser utilizada, en las estadísticas internacionales, como criterio para el agrupamiento de países periféricos que presentan una problemática específica en la temática considerada.

En el Apéndice 21.1 se incluye una clasificación de los países agrupados por regiones.

La Periferia, pues, puede ser clasificada de diferentes formas, pero en cualquier caso las diferencias estructurales entre los países que a ella pertenecen siempre serán menores que las que se podrían establecer respecto al Centro. En este sentido, para concluir, se acuña el término de *Semiperiferia* para designar a las economías periféricas más cercanas económicamente al Centro (los nuevos países industriales y algunos de industrialización «antigua») y con niveles de desarrollo similares a las de los países desarrollados hace algunas décadas. De nuevo bajo presupuestos teóricos específicos (básicamente, una visión etapista del desarrollo) se considera que los países de la Semiperiferia están ya lejos del subdesarrollo; de hecho no pueden ser considerados «subdesarrollados» ni «pobres», pero tampoco «han llegado» todavía al desarrollo estable.

La polarización del Sistema es permanente y la competencia entre las propias economías periféricas para repartirse las escasas cuotas de participación que el Centro deja a la Periferia en el ámbito de la producción y el comercio mundiales implica una dinámica fluida entre las «fronteras» de la marginalización, la Semiperiferia y la Periferia a secas. Países como Filipinas Tailandia, El Salvador o Uruguay, por citar sólo algunos ejemplos, han visto en la última década sus nombres escritos en diversos niveles: tan pronto se sube como se baja. Al margen de categorías intermedias, que a veces oscurecen más que iluminan la validez de los esfuerzos por el desarrollo, el hecho fundamental, estable, definitivo y definitorio, el hecho estructural en suma, es el del capitalismo periférico y, por tanto, la pertenencia de un país a la Periferia del Sistema, que significa que su estructura y su situación sea explicada por esa globalidad externa más allá de los factores y voluntades endógenos.

APÉNDICE 21.1. PAÍSES AGRUPADOS POR REGIONES

África al sur del Sahara

Angola
Benin
Botswana
Burkina Faso
Burundi
Cabo Verde
Camerún
Chad
Comoras
Congo
Costa de Marfil
Djibouti
Etiopía
Gabón
Gambia
Ghana
Guinea
Guinea-Bissau
Guinea Ecuatorial
Kenia
Lesotho
Liberia
Madagascar
Malawi
Mali
Mauricio
Mauritania
Mozambique
Namibia
Níger
Nigeria
Rep. Centroafricana
Rep. U. de Tanzania
Ruanda
Santo Tomé y Príncipe
Senegal
Seychelles
Sierra Leona
Somalia
Sudáfrica
Sudán
Swazilandia
Togo
Uganda
Zaire
Zambia
Zimbabwe

Estados árabes

Arabia Saudita
Argelia
Bahrein
Egipto
Emiratos Árabes Unidos
Irak
Jamahiriya Árabe Libia
Jordania
Kuwait
Líbano
Marruecos
Omán
Qatar
Rep. Árabe Siria
Túnez
Yemen

América Latina y el Caribe

Antigua y Barbuda
Argentina
Bahamas
Barbados
Belice
Bolivia
Brasil
Colombia
Costa Rica
Cuba
Chile
Dominica
Ecuador
El Salvador
Granada
Guatemala
Guyana
Haití
Honduras
Jamaica
México
Nicaragua
Panamá
Paraguay
Perú
Rep. Dominicana
Saint Kitts y Nevis
San Vicente
Santa Lucía
Suriname
Trinidad y Tobago
Uruguay
Venezuela

Asia oriental

China
Hong-Kong
Mongolia
Rep. de Corea
Rep. Pop. Dem. de Corea

Asia sudoriental y Oceanía

Brunei Darussalam
Camboya
Fiji
Filipinas
Indonesia
Islas Salomón
Malasia
Myanmar
Papúa-Nueva Guinea
Rep. Dem. Pop. Laos
Samoa
Singapur
Tailandia
Timor oriental
Vanuatu
Vietnam

Asia meridional

Afganistán
Bangladesh
Bhután
India
Maldivas
Nepal
Pakistán
Rep. Islámica de Irán
Sri Lanka

Países desarrollados

Alemania
Australia
Austria
Bélgica
Canadá
Dinamarca
España
Estados Unidos
Finlandia
Francia
Grecia
Irlanda
Islandia
Italia
Japón
Luxemburgo
Noruega
Nueva Zelanda
Países Bajos
Portugal
Reino Unido
Suecia
Suiza
Otros (Israel, Malta, Chipre...)

Europa oriental

Albania
Bulgaria
Eslovaquia
Hungría
Polonia
República Checa
Rumania

Estados sucesores de la ex URSS

Armenia
Azerbaiyán
Bielorrusia
Estonia
Federación Rusa
Georgia
Kazajstán
Kirguistán
Letonia
Lituania
Moldavia
Tayikistán
Turkmenistán
Ucrania
Uzbekistán

Países nórdicos

Dinamarca
Finlandia
Islandia
Noruega
Suecia

Estados sucesores de la ex Yugoslavia

Bosnia-Herzegovina
Croacia
Eslovenia
Macedonia
Yugoslavia (Serbia y Montenegro)

Unión Europea

Alemania
Austria
Bélgica
Dinamarca
España
Finlandia
Francia
Grecia
Irlanda
Italia
Luxemburgo
Países Bajos
Portugal
Reino Unido
Suecia

RESUMEN

El capitalismo se desarrolló en las colonias de una manera inducida y la transformación de las estructuras de las formaciones sociales periféricas fue operada violentamente a través, en general, de las guerras de conquista. La economía colonial supuso la *especialización* y la *extraversión* (desarrollo hacia fuera), que han continuado caracterizando a las economías periféricas tras la independencia política. En el marco del neoimperialismo, estas economías sufren una *desarticulación* y *desintegración* internas y una *dependencia* externa que se manifiestan en el *dualismo* económico y social (un sector atrasado convive con un sector moderno) y en el *desarrollo del subdesarrollo*. Pero no todas las economías presentan los mismos niveles de subdesarrollo o los mismos grados de extraversión o especialización y, según diversos criterios (tamaño, forma de integración en los mercados mundiales, grado de industrialización, etc.), se pueden establecer diversas *tipologías* de países periféricos.

LECTURAS PARA LA REFLEXIÓN

«El crecimiento económico requiere tres condiciones cruciales, a saber: la acumulación de capital; la atención, educación y capacitación de la población de modo que pueda desarrollar y aplicar sus destrezas, capacidad e imaginación; y la presencia de instituciones sociales, económicas y políticas apropiadas que hagan posible que estas destrezas y capacidades aumenten la productividad. (...) De lo dicho se concluye que para que haya desarrollo debe haber innovación institucional y técnica. (...) El desarrollo entraña no únicamente crecimiento agregado, sino además mejor bienestar para la masa popular, su participación en una economía que estructural y tecnológicamente se vuelve más y más rica, y la creación de una economía estructurada para sostener el crecimiento y desarrollo futuros. Por tanto, debemos ocuparnos en lo que se produce, cómo se produce y cómo se distribuye.»

W. W. Murdoch: *La pobreza de las naciones.*
FCE, México, 1984, págs. 223-224.

«Por dependencia entendemos una situación en la cual la economía de determinados países está condicionada por el desarrollo y la expansión de otra economía, a la que están sometidas las primeras. La relación de interdependencia entre dos o más países, y entre éstos y el comercio mundial, toma la forma de dependencia cuando algunas naciones (las dominantes) pueden expandirse y ser autogeneradoras, en tanto que otras naciones (las dependientes) sólo pueden hacerlo como reflejo de esa expansión, la cual puede tener un efecto negativo o positivo sobre su desarrollo inmediato.»

Th. Dos Santos: «La estructura de la dependencia»,
en AA.VV.: *Economía política del imperialismo.*
Periferia, Buenos Aires, 1975, pág. 43.

PALABRAS CLAVE

- Desarrollo inducido
- Extraversión
- Especialización
- Dependencia
- Dualismo
- Desarticulación
- Subdesarrollo
- Pobreza
- Marginalización
- Polarización

BIBLIOGRAFÍA BREVE

S. Amin: *El desarrollo desigual.* Fontanella, Barcelona, 1975.

P. Baran: *La economía política del crecimiento.* FCE, México, 1975 (2.ª edición).

C. Berzosa: *Los nuevos competidores internacionales.* Eds. de las Ciencias Sociales, Madrid, 1991.

A. Gunder Frank: *El desarrollo del subdesarrollo.* Anagrama, Barcelona, 1966.

J. Romero y J. Pérez: *Pobreza y desigualdad en los países en desarrollo.* Síntesis, Madrid, 1992.

CAPÍTULO 22
Capitalismo periférico y alternativas de desarrollo

Para elaborar las estrategias de política económica conducentes a que los países de la Periferia salgan del subdesarrollo es necesario disponer de una teoría sistemática que identifique los problemas y obstáculos a la dinámica de un *desarrollo* que a su vez tiene que ser definido explícitamente como conjunto de metas a alcanzar en el corto, medio y largo plazo.

En la teoría económica convencional, la constatación del hecho diferencial del subdesarrollo en los países de la Periferia sólo dio lugar a dicha reflexión sistemática a partir de los años cincuenta y pronto se desarrollaron críticas a la capacidad de sus paradigmas para comprender y reflejar convenientemente la realidad y los problemas del desempeño económico y social de las ex colonias y de las economías «menos desarrolladas». Por otra parte, las explicaciones basadas en las teorías clásicas del imperialismo argumentaban la imposibilidad del desarrollo en el marco del nuevo Sistema neoimperialista. De aquí que el campo de las teorías del desarrollo haya sido, desde el principio, polémico y que la *Economía del Desarrollo* haya resultado una parcela del análisis económico incluso más viva que el propio análisis económico en general, puesto que está ligada de una manera bien visible política y socialmente a una realidad que exige estrategias y acciones inmediatas para superar los fenómenos escalofriantes de la pobreza, el hambre, etc., típicos del subdesarrollo.

Más recientemente, la pervivencia de los problemas de desarrollo en la Periferia y la extensión a escala global o planetaria de algunos de los obstáculos identificados sólo en partes del Sistema (la explosión demográfica, la agresión al medio ambiente, el aumento de la pobreza, etc.) ha hecho cuestionar, no ya las teorías globales sobre el desarrollo, sino la viabilidad misma del concepto tal y como ha venido siendo definido y medido hasta ahora. Han surgido, pues, *nuevos conceptos de desarrollo*, se ha profundizado en los métodos de conocimiento y medición de los fenómenos económicos y sociales que configuran la realidad dicotómica desarrollo/subdesarrollo y se ha abierto una puerta, en definitiva, para la reflexión y acción mundial sobre nuevas bases teórico-metodológicas, con implicaciones fundamentales en la cooperación internacional y en las estrategias de política económica y social tanto en el Centro como en la Periferia.

En este capítulo se parte de un repaso sintético a las principales corrientes en la explicación del subdesarrollo para, posteriormente, abordar la problemática conceptual y empírica del propio término de desarrollo, destacando las insuficiencias metodológicas y los sesgos ideológicos que han llevado al cuestionamiento actual de la visión tradicional del mismo. Por último, se explican las alternativas conceptuales que desde la superestructura del Sistema se manejan para el futuro, centradas en el *desarrollo humano* y en el *desarrollo sostenible*.

22.1. LAS TEORÍAS DEL DESARROLLO

Las distintas teorías del desarrollo y del subdesarrollo se distinguen entre ellas por su definición de los factores teóricos del desarrollo y crecimiento económicos y por su diagnóstico de cómo están actuando dichos factores en la realidad concreta de cada situación histórica. Ante la misma realidad del subdesarrollo, el que existan diferentes teorías se debe, en última instancia, a sus diferentes respuestas a las siguientes preguntas básicas:

— ¿Cuáles son las *metas a conseguir* con el desarrollo? O, lo que es lo mismo, ¿en qué consiste el desarrollo?
— ¿Cómo se consiguen esos objetivos? O, lo que es lo mismo, *¿qué variables son estratégicas* y cómo deben comportarse en el proceso de desarrollo?
— ¿Qué *obstáculos* se oponen, en la realidad socioeconómica de una economía determinada, a ese comportamiento que conduce al desarrollo?
— ¿Cómo se pueden superar esos obstáculos y qué consecuencias colaterales puede tener la actuación consiguiente para el propio proceso? En otros términos, *¿qué políticas son necesarias* y cuáles podrían ser sus efectos «externos» (todos tendentes al desarrollo, o algunos de ellos retardadores o contradictorios a corto, medio, o largo plazo)?

Teorías que discrepan en las respuestas a algunas de estas preguntas coinciden, sin embargo, en otras. Así, la identificación de la idea del desarrollo con la experiencia histórica del desarrollo capitalista en las formaciones sociales del Centro del Sistema es común a las teorías más ortodoxas y a algunas heterodoxas (marxistas); por otra parte, teorías que discrepan radicalmente de la ortodoxia neoclásico-keynesiana en cuestión de las estrategias de desarrollo coinciden con ella en la preeminencia concedida a los factores endógenos (frente a los factores exógenos) como causantes del subdesarrollo.

Cualquier tipología o resumen de las diversas teorías globales del desarrollo y del subdesarrollo adolecerá, pues, de excesivo simplismo, puesto que las fronteras entre las diversas concepciones y diagnósticos son en ocasiones verdaderamente confusas.

Teniendo clara esta limitación hermenéutica, en la «corta» historia del pensamiento sobre el subdesarrollo se pueden distinguir las siguientes corrientes:

— Las teorías que, basándose en el análisis neoclásico-keynesiano e identificando el desarrollo con el crecimiento económico, consideran estos procesos como resultado más o menos automático de la dinámica económica de una «economía de mercado». Por consiguiente, los obstáculos internos a la implantación y desarrollo de esa dinámica son los únicos obstáculos a superar por las economías periféricas y, de alguna forma, es sólo cuestión de tiempo y de una política económica adecuada en dicho sentido conseguir superar el estadio del subdesarrollo. En esta perspectiva destacan los modelos de Nurkse y Nelson o la teoría de las «etapas del crecimiento» de Rostow y ópticas similares de C. Clark, Lewis, etc.

— Las teorías que observan el *carácter dualista* de la estructura económica del capitalismo periférico y otras características del subdesarrollo y no consideran tan automático el proceso de desarrollo, ya que destacan el círculo vicioso que puede suponer el desarrollo de una «economía de mercado» en la reproducción de dicho dualismo y en la perpetuación de ámbitos de pobreza y marginación. Además de la aportación pionera (y no crítica) de Lewis sobre el dualismo, destacan las aportaciones más críticas de autores como Hirschman, Myrdal, Streeten, Chenery, Singer, etc., que incorporaron la visión neoinstitucionalista y una reflexión más profunda al análisis del subdesarrollo, pudiendo ser considerados como los creadores de la moderna *Economía del Desarrollo*.

— Las teorías que destacan las *relaciones exteriores de dependencia* de las economías periféricas como el principal obstáculo para su desarrollo. Más que factores endógenos, se trata de modificar los factores exógenos que impiden desarrollar el potencial de crecimiento, ya que se puede argumentar que la dependencia externa es la que explica la pervivencia de factores endógenos de subdesarrollo. En esta perspectiva se inscribe el llamado *enfoque de la dependencia* que, a partir de la obra pionera de R. Prebisch, se desarrolló en la *escuela estructuralista latinoamericana* y, desde un punto de vista más radical, con el precedente de la obra de P. Baran, en la *escuela dependentista marxista*. En estos contextos cabe situar las aportaciones de autores como Sunkel, Paz, Cardoso, Faletto, Furtado, Pinto, Marini, Bambirra, Dos Santos, Magdoff y muchos otros. Como figura especialmente significativa destaca la de A. Gunder Frank.

— Las teorías *globales* del desarrollo, que lo conciben como un proceso dialéctico y dicotómico en el que desarrollo y subdesarrollo son las dos caras de la misma moneda, que en este caso es una estructura mundial cuya reproducción implica el *desarrollo desigual* entre sus componentes. Desde esta óptica, tanto los factores endógenos como los exógenos son considerados interconectados y con una funcionalidad común: reproducir la estructura global como un todo. Ello quiere decir que el desarrollo de unos se hace a costa de, va acompañado de u origina el subdesarrollo de otros y que, aunque los protagonistas pudieran eventualmente cambiar, dicho cambio no supondría un cambio en la estructura global (por ejemplo: si un país antes subdesarrollado sale del subdesarrollo —se desarrolla— es a costa de alguna zona o país desarrollado o subdesarrollado, que mermarán su nivel de desarrollo. Pero en el conjunto mundial permanece la diferencia desarrollo/subdesarrollo). Las teorías globales de Wallerstein, Arrighi, Samir Amin o el propio A. Gunder Frank son las más conocidas, aunque también cabría destacar las aportaciones de autores marxistas que realizan el análisis del desarrollo/subdesarrollo desde el punto de vista del modo de producción capitalista (Magdoff, Warren, Laclau) y otros de la escuela dependentista mencionada anteriormente (Sunkel, etc.).

En el Apéndice 22.1 se resumen algunas aportaciones significativas encuadradas en las anteriores corrientes, si bien es necesario recordar que muchos autores utilizan argumentos correspondientes a varias de ellas [1].

[1] Además de no ser ni mucho menos exhaustiva, la relación de autores incluidos y su encuadramiento tampoco pretende ser una «teoría de las teorías», sino tan sólo facilitar al estudiante un marco referencial.

RECUADRO 22.1. EL «DESARROLLO» DE LA ECONOMÍA DEL DESARROLLO

La historia de los esfuerzos de la ciencia económica respecto a los problemas del desarrollo es relativamente «corta» y debiera parecer chocante que una ciencia definida, en principio, por la investigación sobre las condiciones materiales de existencia de la sociedad no pusiese como una de sus prioridades tal problemática. Un mero vistazo a los manuales de la economía convencional corroboraría esta divergencia, por lo que la llamada Economía del Desarrollo toma carta de naturaleza como una rama específica de la economía en general. Aunque, como indica A. Sen, la preocupación por el contenido conceptual y los mecanismos del *desarrollo* es consustancial al análisis económico en sus comienzos (y baste recordar a

RECUADRO 22.1. EL «DESARROLLO» DE LA ECONOMÍA DEL DESARROLLO (*Continuación*)

este respecto la obra de A. Smith), el propio objeto de estudio, y una realidad rebelde a los equilibrios generales, al «orden natural» del óptimo para todos y a la bondad de una asignación de los recursos mundiales a través del «libre mercado», han ido abocando a la Economía del Desarrollo a vincular sus avances y retrocesos analíticos a la dinámica real del acontecer económico de una manera mucho más viva y responsable que la creciente sofisticación teoricista-formal de las modernas «economics». Y, en muchas ocasiones, los avances en la comprensión de los problemas del desarrollo se han realizado precisamente al margen de los paradigmas de la teoría económica convencional del *homo economicus* robincrusoeniano o, en la mayor parte de los casos, con una significativa componente crítica.

En suma, y como rama específica de la economía, la Economía del Desarrollo encuentra sus formulaciones básicas especialmente a partir de los años cuarenta y cincuenta, basándose en un eje teórico y un eje real. El eje teórico es la crítica teórica que el keynesianismo efectúa contra la economía ortodoxa (y que permite la aceptación de otras aportaciones heterodoxas anteriores y hasta entonces marginadas) y el eje real es la constatación del fenómeno del subdesarrollo, como ha destacado Hirschman. Desde entonces se ha recorrido un complejo camino caracterizado por los avances y los parones, vinculados no tan sólo a la elaboración teórica, sino también a la propia dinámica de la economía real. Y la situación actual, tras una década (la de los años ochenta) que ha resultado nefasta para los esfuerzos de las economías periféricas por salir del subdesarrollo, es, como se ha indicado, de cierta crisis teórica y analítica, como crítica es también la realidad del subdesarrollo.

Lo cual tampoco es algo totalmente nuevo ya que la Economía del Desarrollo ha avanzado cíclicamente en forma de espiral. K. Griffin ha descrito esta historia en tres etapas: la del «mundo feliz» (donde se pensaba que desarrollo y crecimiento eran sinónimos y, por tanto, la planificación y los modelos macroeconómicos conseguirían el «despegue» rostowiano); la «edad dorada» (en la que se cambian algunos de los paradigmas anteriores, haciendo más hincapié en la distribución, el capital humano, la dependencia exterior, etc.), y el «brusco despertar», en la que entran en crisis todos los paradigmas anteriores y se inaugura un replanteamiento de los conceptos, intentando *humanizar* las coordenadas del llamado desarrollo.

22.2. EL CONCEPTO DE DESARROLLO COMO CRECIMIENTO ECONÓMICO

Sea cual sea la teoría del desarrollo, *la idea de desarrollo es intuitivamente relativa y dinámica*. Es decir, expresa un estadio definido por comparación sincrónica o diacrónica con otra situación, según un análisis transversal (EE.UU. y Mozambique en 1994, por ejemplo) o longitudinal (México en 1900 y en 1994, por ejemplo). Por tanto, *la medición y la comparación son intrínsecas al análisis del desarrollo*.

El desarrollo es un proceso. En un momento determinado se puede observar la situación de una economía en dicho proceso y deducir el *nivel de desarrollo* en que se encuentra en dicho momento. La caracterización del proceso y del nivel de desarrollo se realiza a través de la *medición* y la *comparación*.

Si se quiere medir, comparar, analizar la dinámica y el nivel de desarrollo, hay que explicitar los factores que configuran el desarrollo y que son los que hay que medir y comparar. Es decir, hay que partir de un concepto explícito de desarrollo. Una vez definido éste, hay que definir las variables que lo reflejarán. Posteriormente, hay que enfrentarse a los problemas derivados del análisis empírico de esas variables (idoneidad, homogeneidad, existencia y fiabilidad de los datos, etc.) y a los problemas econométricos de su tratamiento (construcción de modelos adecuados). Sólo al final de este proceso cabe extraer conclusiones sobre la dinámica y el nivel de desarrollo.

En las teorías generales del desarrollo subyace, en general, un concepto de desarrollo socioeconómico asociado a la experiencia capitalista de los países del Centro del Sistema. La experiencia de los últimos años ha supuesto una crisis conceptual al respecto, crisis que está actuando como catalizador de la reflexión hacia nuevos conceptos de desarrollo. En el Recuadro 22.1 se sintetiza este proceso en torno a la expansión de la Economía del Desarrollo como rama de la ciencia económica, que ha llevado a la crítica de los paradigmas tradicionales basados, explícita o implícitamente, en una serie de identificaciones economicistas del desarrollo.

Las identificaciones economicistas del desarrollo

La primera identificación, heredera de la economía clásica, es la de

desarrollo = desarrollo capitalista (1)

lo cual no es de extrañar, dado que el desarrollo capitalista es el que tiene lugar desde hace más de dos siglos y ha sido el que ha permitido que los países que primero se vieron implicados en él hayan alcanzado el estatus de *desarrollados*. Considerando, entonces, que sólo hay un *único modelo de desarrollo* (el de la experiencia del Centro del Sistema Capitalista Mundial), basta diseccionar sus componentes fundamentales para poder establecer la *senda obligada del desarrollo* (las etapas de Rostow, por ejemplo).

A un nivel lo suficientemente abstracto, se puede considerar que el desarrollo capitalista se compone de un *cambio institucional* (calificado como *modernización*) y un desarrollo de la acumulación de capital.

desarrollo capitalista = acumulación de capital + modernización (2)

con lo que, considerando (1), el desarrollo queda como

desarrollo = acumulación de capital + modernización (3)

Respecto a la acumulación de capital, se puede simplificar diciendo que se basará en el desarrollo de las fuerzas de la producción (*progreso*) que permita el crecimiento de la producción de bienes y servicios pretendidamente sin límites naturales, que a su vez incrementa el *bienestar* de la población consumidora. Por tanto:

acumulación de capital = progreso + bienestar (4)

Y de (3) y (4) se deduce que

desarrollo = modernización + progreso + bienestar (5)

Ahora bien, también se ha supuesto tradicionalmente que los cambios institucionales que caracterizan la «modernización» se derivan estructuralmente de la dinámica de la acumulación de capital para hacerla posible. Es decir, la acumulación exige y conlleva una serie de cambios estructurales y superestructurales para adecuar los distintos niveles de la formación social a la reproducción del modo capitalista de producir, distribuir y consumir. Estos cambios han sido explicados, entre otros autores, por los de la escuela institucionalista y neoinstitucionalista, que efectúan el análisis de la vinculación economía-instituciones.

Pero si se supone que la modernización viene incluida en el «paquete» de la acumulación, la preocupación de la economía, entonces, debe centrarse en las componentes propiamente económicas, o sea, en los aspectos de la acumulación («la modernización vendrá por añadidura») y, además, desde un punto de vista dinámico. Por tanto, el *desarrollo económico* engloba la acumulación de capital (progreso + bienestar) «modernizadora». Y, por consiguiente,

desarrollo = desarrollo económico (6)

Por último, y desde el punto de vista de la medición del desarrollo económico, entra en juego el *crecimiento* de la producción, visto como *input* de futuras producciones (desarrollo de las fuerzas productivas) o como *output* del crecimiento anterior (bienestar actual). Por tanto, a efectos reales,

crecimiento económico = progreso + bienestar (7)

con lo que se llega a la conocida identificación:

desarrollo = crecimiento económico (8)

O dicho de otra manera: *no hay desarrollo sin crecimiento económico y el crecimiento económico mide el proceso de desarrollo.*

Conseguida esta significativa identificación al nivel más abstracto, hay que concretarla: hay que medir el crecimiento económico. A partir de la revolución keynesiana ya existe una macroeconomía aceptada por la economía ortodoxa que permitirá tal concreción. La variable estratégica que mide en su dinámica la síntesis del *progreso* y del *bienestar*, porque es una variable *input* y *output* simultáneamente, es el *Producto Nacional Bruto per cápita*[2]. Por tanto, se llega a otra identificación explícita bien conocida:

desarrollo = crecimiento del PNB per cápita (9)

Esta identificación empírica está en la base de la clasificación de países del Banco Mundial o en muchos análisis de la dinámica de desarrollo en los últimos años en las economías periféricas y semiperiféricas («emergentes»). Sigue presente en las estrategias de política económica que consideran indispensable el crecimiento económico para salir del subdesarrollo o para mantenerse en el desarrollo. Es, en definitiva, un paradigma de la Economía del Desarrollo. Y es precisamente un paradigma que con su crisis sintetiza la crisis teórica a la que se ha hecho referencia anteriormente.

---

[2] A los efectos de la presente argumentación, es indiferente la distinción entre PNB, PIB o Renta.

22.3. CRÍTICA AL PARADIGMA DEL CRECIMIENTO ECONÓMICO

Si el desarrollo económico se identifica con la mejora en la disposición de *productos* tanto para el consumo (alimentos, vestidos, alojamiento, servicios de salud, de educación, etc.) como para la ulterior producción (medios de producción), su medición estará vinculada a la Contabilidad Social. A partir de ella, es convencionalmente aceptado que el mejor *indicador sintético* de la *actividad productiva* de una sociedad es su Producto Interior Bruto, categoría económica que la Contabilidad Social puede matizar y transformar en otros conceptos a partir de determinadas operaciones, según los modelos macroeconómicos, para fines analíticos específicos (por ejemplo, el Producto Nacional, la renta nacional o el ingreso disponible). En cualquier caso, el PIB aparece como la síntesis del resultado de la actividad productiva (variable output o de resultado) y como base para la actividad posterior (variable input o de causa). A efectos comparativos, tanto entre distintos momentos históricos de una misma comunidad, como entre distintas comunidades en un mismo momento (análisis longitudinal y transversal, respectivamente), es necesario relativizar el volumen del PIB con respecto a la población; de ahí que el PIB per cápita (o el PNB per cápita) y su dinámica cuantitativa sean indicadores sintéticos clásicos.

Pero su utilización no está exenta de problemas. Aparte de los propiamente técnicos o estadísticos, el PNB per cápita presenta «debilidades» tanto como indicador económico como en el caso de ser aplicado como indicador de desarrollo.

El PNB per cápita y la riqueza

Si el ámbito económico se define como la esfera de producción y uso de la riqueza, el PNB per cápita se enfrenta a dificultades como indicador sintético económico (bivariable) puesto que es incapaz de reflejar:

1. La distribución desigual de la renta.
2. El poder adquisitivo real de los ingresos.
3. La actividad económica del sector informal que opera en condiciones de mercado (no regulado) y la actividad económica realizada fuera del mercado.
4. Los efectos externos negativos (deseconomías externas) en términos de degradación medioambiental, armamentismo, etc.

Cabe detenerse sucintamente en cada una de estas deficiencias y en las soluciones propuestas para subsanarlas.

1. En lo que se refiere a *la distribución*, hay que señalar que se trata de una deficiencia propia de cualquier indicador-media. Pero ocurre que en este caso tiene especial relevancia, dado que si la distribución es muy desigual, no se está mostrando la realidad; y, a nivel dinámico, un crecimiento de la media no estará necesariamente significando un aumento del bienestar (si tal crecimiento, por ejemplo, corresponde sólo a la parte de los ricos).

Las medidas más conocidas y usadas de la desigualdad en la distribución son la Curva de Lorenz y el Índice de Gini

El *Índice de Gini* mide la concentración del ingreso según la fórmula:

$$Ig = \frac{\sum(p_i - q_i)}{\sum p_i}$$

siendo:

q_i: Porcentajes acumulados de ingreso, ordenados de menor a mayor.
p_i: Porcentajes acumulados de población para cada grupo de los q_i definidos.
i: Tiene un recorrido desde 1 hasta $n - 1$.

El Índice de Gini varía entre 0 (equidistribución) y 1 (máxima desigualdad).

La *Curva de Lorenz* (Fig. 22.1) refleja el alejamiento de la distribución real respecto a lo que sería un reparto estrictamente igualitario, representado por la recta de 45 grados.

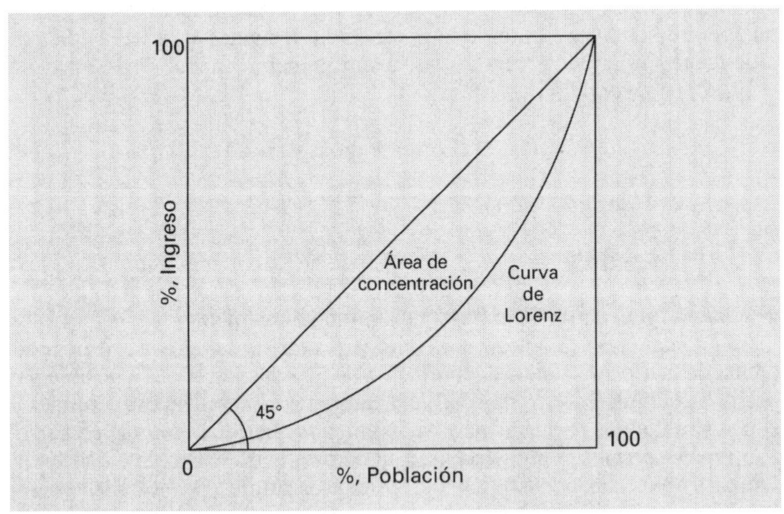

Figura 22.1. CURVA DE LORENZ.

Así, cuanto más separada (mayor sea el área de concentración del ingreso) está la curva de la bisectriz, mayor es la desigualdad en la distribución de la renta.

A partir de estas y otras medidas de la desigualdad, se han propuesto diferentes alternativas para matizar el PNB per cápita, como son la utilización de la moda o la mediana, en lugar de la media de ingreso, o elaborar algún tipo de función lineal con la media y el coeficiente de Gini, o cambiar las ponderaciones de los deciles, o introducir «pesos de pobreza», etc.

2. Por lo que respecta al *poder adquisitivo*, cuando se efectúan comparaciones internacionales se puede dar el caso de que ingresos iguales tengan, en diferentes países, *diferente poder de compra*, porque las tasas de cambio oficiales no miden el poder de compra en el mercado nacional, determinado por la estructura de precios relativos y el nivel de inflación. Por ejemplo, un dólar estadounidense puede comprar más bienes y servicios locales en EE.UU. que el equivalente en pesetas de un dólar en España. Esto, entre otras razones, es debido a que gran parte del PIB a precios del mercado no entra en el comercio mundial y, por tanto, hay una serie de bienes y servicios cuyos precios no se determinan por la competitividad exterior; y, además, las políticas comerciales pueden crear distorsiones en los tipos de cambio, así que éstos ni siquiera reflejarán el valor verdadero de la proporción del producto comerciado.

En este caso sí que se ha avanzado definitivamente en la resolución del problema, a través de las estimaciones del PIB per cápita en *«dólares internacionales»*, mediante un laborioso y largo proyecto, auspiciado por las Naciones Unidas y el Banco Mundial[3]. Hoy ya se disponen de estimaciones para todos los países en algunos anuarios internacionales (el *Informe sobre el Desarrollo Humano* del PNUD o el *Informe sobre el Desarrollo Mundial* del Banco Mundial), aunque sólo para comparaciones sincrónicas de muy pocos años. Las diferencias entre el PNB per cápita y el PIB per cápita real (PPA) pueden llegar a ser importantes en algunos casos, como muestra el Cuadro 22.1, y en general los países subdesarrollados salen «beneficiados» de la consideración del poder adquisitivo.

3. El *sector informal*, de gran importancia en las economías periféricas, recoge las actividades mercantiles no reguladas que, por otra parte, aseguran la subsistencia a una parte importante de la población. Por definición, la economía informal de la producción no es declarada y su medición o estimación se hace al margen de las estadísticas oficiales. Se ha argumentado que, vía gasto o consumo, los ingresos que genera podrían ser contabilizados en el Producto Nacional. En todo caso, no pasan de ser aproximaciones insuficientes.

Más grave es el caso de todos aquellos bienes y servicios que, por no producirse o adquirirse a través del mercado y a unos precios explícitos, *no entran en la valoración* del PIB. Esta *riqueza no monetaria* no incluida en el PIB puede tener especial importancia en los ámbitos no capitalistas de los países subdesarrollados y ciertamente afecta a la comparabilidad internacional, que queda así sesgada. La actividad económica *intradoméstica* (realizada en el seno de la economía familiar) e *interdoméstica* (realizada entre varias economías domésticas) que tiene lugar al margen del mercado es sustraída, así, de la contabilidad de la producción de bienes y servicios contenida en el PIB. Por ejemplo, cuando se ha planteado el «sueldo al ama de casa» (o, en general, del trabajo familiar no remunera-

Cuadro 22.1. Ni tan pobres, ni tan ricos (1997).

País	PNB/cáp.	PIB real/cáp.	%, Diferencia
Egipto	1.200	3.050	154
Costa Rica	2.680	6.650	148
México	3.700	8.370	126
Chile	4.820	12.730	164
Portugal	11.010	14.270	29
EE.UU.	29.080	29.010	–0,2
Noruega	36.100	24.450	–32
Japón	38.160	24.070	–36
Suiza	43.060	25.240	–41

El PNB/cáp. está expresado en dólares de EE.UU.
El PIB real per cápita está expresado en paridad de poder adquisitivo en dólares.
El porcentaje de la diferencia es respecto al PNB/cáp. según la fórmula:

(PIB/cáp. real – PNB/cáp.) / PNB/cáp.

[3] Al margen de aportaciones pioneras como las de C. Clark y otras, aquí se está haciendo referencia al *Proyecto de Comparación Internacional* dirigido por I. Kravis, A. Heston y R. Summers: *World Product and Income: International Comparison of Real Gross Domestic Product*. John Hopkins University Press, 1982. Ha existido y existe un significativo debate en torno al tema. Algunas aportaciones a ese debate (y todas con numerosas referencias) son las siguientes:

R. Marris: «Comparing the Income of Nations: A critique of the International Comparison Project». *Journal of Economic Literature*, vol. XXII, marzo 1984.

I. Kravis: «Comparative Studies of National Income and Prices». *Journal of Economic Literature*, vol. XXII, marzo 1984.

P. Isenman: «Inter-country Comparison of "Real" (PPP) Incomes: Revised Estomates and Unresolved Questions». *World Development*, vol. VIII, 1980.

C. K. Clague: «Purchasing-Power Parities and Exchange Rates in Latin America». *Economic Development and Cultural Change*, abril 1988.

E. Lancieri: «Purchasing Power Parities and Phase IV of the International Comparison Project: Do They Lead to "Real" Estimates of GDP and Its Components?» *World Development*, vol. XVIII, n.° 1, 1990.

do) se está poniendo de manifiesto esta limitación de la contabilidad mercantil para incluir la actividad intradoméstica; y el contratar (formalmente) a una cuidadora de niños o dejárselos a una vecina (economía interdoméstica) hace variar el PIB, aunque la actividad sea la misma (el cuidado de los niños).

4. Por último, la contabilidad de la «riqueza» que sintetiza el PIB no toma en consideración los *efectos externos negativos* de producciones específicas (armamento, industrias contaminantes, etc.) o de la producción en general (destrucción de recursos, deterioro medioambiental, etc.), que, en realidad, suponen un «malestar» a restar al «bienestar» proporcionado por el PIB.

El PNB per cápita y el desarrollo

Hasta aquí se han considerado problemas que surgen en la utilización del PIB per cápita como indicador del progreso y el bienestar desde un punto de vista «técnico». Pero hay también críticas que lo cuestionan desde el punto de vista «conceptual», en lo que es, en realidad, una crítica a las identificaciones antes enunciadas. Porque, se argumenta, no se trata sólo del ingreso real o PIB que corresponde a una persona en un momento dado o un período dado de su vida, sino de la duración misma de esa vida. O también: el PIB proporciona los medios de bienestar que posee la población, pero no dice nada sobre su *aprovechamiento efectivo para conseguir dicho bienestar*, teniendo en cuenta las diferenciales en las *capacidades* según grupos sociales.

Desde el punto de vista económico-estructural, la razón esencial de las insuficiencias del PNB per cápita como indicador de la dinámica y nivel de desarrollo es la primera identificación a la que se hacía referencia (desarrollo = desarrollo capitalista) ya que, teniendo en cuenta que el desarrollo capitalista en los países subdesarrollados es una variante estructural del desarrollo capitalista *autocentrado* (y antagónica/complementaria con él, como lo son las dos caras de una moneda), la síntesis que está expresando el PNB como variable input/output de la actividad económica no es absolutamente válida para la actividad económica *real y completa* de los países de capitalismo periférico. En las condiciones de subdesarrollo, el crecimiento del PNB puede estar expresando sólo la dinámica de una parte de la estructura económica dualista. Si se plantea como objetivo el medir las *mejoras en todos los niveles de la sociedad*, en la vía del aumento del *progreso y del bienestar*, entonces lo primero que hay que considerar es el conjunto de aspectos *básicos* de la existencia humana: la propia *vida*, la *educación*, la *salud*, etc., que en la Periferia no están tan correlacionadas con el PNB per cápita como en el Centro, como ejemplifica el Cuadro 22.2.

Por otra parte, la economía de la pobreza no está reflejada por el paradigma economicista y dado que afecta a una parte significativa de la pobla-

Cuadro 22.2. Necesidades básicas y PNB per capita, 1997.

Países	PNB/cáp.	EV	TMI	Médicos	Escolarización	Alfabetismo	Salubridad
Arabia Saudita	7.150	71,4	28	166	56	73,4	5
México	3.700	72,2	35	107	70	90,1	15
Costa Rica	2.680	76,0	14	126	66	95,1	4
Marruecos	1.260	66,6	72	34	49	45,9	35
Papúa-Nueva Guinea	930	57,9	112	18	37	73,7	68
China	860	69,8	47	115	69	82,9	33
Nicaragua	410	67,9	168	82	63	63,4	38
India	370	62,6	108	48	55	53,5	19

PNB/cáp.: en dólares de EE.UU., 1997.
EV: Esperanza de vida al nacer, en años, 1997.
TMI: Tasa de mortalidad de menores de 5 años (por mil nacidos vivos), 1997.
Médicos: Número de médicos por 100.000 habitantes, 1997.
Escolarización: Tasa combinada de matrícula en escuelas primarias y secundarias, 1997.
Alfabetismo: Tasa de alfabetismo de adultos (%), 1997.
Salubridad: Población sin acceso a agua potable (%), 1990-1997.
Fuente: PNUD: *Informe sobre el Desarrollo Humano*, 1999.

ción y su actividad en las economías periféricas, el mero crecimiento del PNB per cápita puede ser bastante inútil como indicador de la dimensión real de la relación economía/pobreza en un país. Por último, los problemas «técnicos» del anterior subapartado se agudizan cuando lo que se analiza son situaciones de subdesarrollo en las que la economía de subsistencia y el sector informal abarcan partes mayoritarias de la actividad económica local.

En definitiva, y como indicador de desarrollo, el PNB per cápita necesita matizaciones (distribución, necesidades básicas, línea y brecha de pobreza, riqueza no monetaria) y no refleja convenientemente los progresos y los retrocesos no económicos (en salud, educación, etc.).

La alternativa a estas insuficiencias implica la consideración de los indicadores sociales.

22.4. NECESIDADES BÁSICAS E INDICADORES SOCIALES

La temática de los indicadores sociales cobra importancia especialmente a partir de la crisis de las teorías convencionales y economicistas del desarrollo (de hecho, es uno de sus elementos gestores) y, al igual que la medición y valoración de los indicadores económicos, también presenta una problemática similar o incluso más acusada en cuanto a los datos, supuestos y modelos.

Se considera que para los países subdesarrollados es más importante medir su dinámica de desarrollo a partir de las mejoras en las área sociales y de satisfacción de necesidades básicas que a partir del crecimiento del PNB per cápita. Conceptualmente, esto significa una considerable alteración de la noción de *desarrollo* porque, yendo un poco más allá, se puede cuestionar el propio desarrollo de los países industrializados, ya que se considera que el *progreso* no es siempre positivo (tiene importantes deseconomías externas) y que el *bienestar* no está necesariamente vinculado a la mera existencia o disposición de muchos valores de uso. Claro que estas disquisiciones, importantes para los países desarrollados, pierden importancia para el caso de pobreza extrema o bienestar y progreso muy bajos.

La discusión surge entonces al querer definir el *set* de necesidades básicas que debe considerarse y las variables que las expresan y que medirán, con su dinámica cuantitativa, las mejoras en el desarrollo.

La aproximación al desarrollo por el camino de la «necesidades básicas» significa, pues, el intento de definir un *bienestar no monetario* medido por los llamados *indicadores sociales*. En la realidad del subdesarrollo, la cuestión es intentar reflejar la dinámica de tales indicadores para delimitar el avance social (más que económico) a partir de una realidad vital considerada bajo mínimos. Por tanto, los indicadores elegidos comúnmente suelen hacer referencia a condiciones de existencia que en los países desarrollados se dan ya por conseguidas.

De entre los indicadores sociales más comunes cabe destacar:

— Para la propia existencia: *esperanza de vida, tasas de mortalidad infantil*, etc.
— Para las características demográficas típicas del subdesarrollo: *tasas de fecundidad, tasas de urbanización*, etc.
— Para la salud: *acceso a los medios sanitarios* (personal médico y auxiliar, camas hospitalarias), *acceso al agua potable*, etc.
— Para la educación: *tasas de escolarización, tasa de analfabetismo adulto, ratios de alumnos/maestros por niveles de enseñanza*, etc.
— Para la nutrición: *consumo de calorías, consumo de proteínas, peso de la alimentación* en el gasto.
— Para la cultura: *difusión y consumo de medios de comunicación.*

Ahora bien, hay una serie de *problemas* asociados a la aproximación de las «necesidades básicas», problemas de distinto carácter y contenido. En realidad, algunos de estos problemas no son exclusivos de los indicadores sociales, sino que afectan a toda investigación socioeconómica, pero lo hacen o se manifiestan de una manera especialmente significativa en este caso. Tales problemas se pueden clasificar en tres apartados:

1. Los que se refieren a la posibilidad de medición de tales indicadores (*problema de los datos*): uno de los principales obstáculos es la *ausencia de datos* para muchos de los indicadores sociales en bastantes países subdesarrollados. Esto se hace especialmente grave en el caso de los ámbitos de *educación, salubridad* (acceso de agua potable en áreas rurales, por ejemplo), de *medios sanitarios* y en el *empleo*. Pero, incluso cuando hay datos,

   • o bien se refieren a años muy lejanos (por ejemplo, el caso de los censos de población e industriales),
   • o bien se refieren sólo a algunas áreas del país (ocurre a menudo con los correspondientes a la actividad y empleo de la población por categorías y sectores),
   • o son cuestionables en su fiabilidad,
   • o no son comparables internacionalmente por diferencias en la definiciones (casos típicos son las tasas de urbanización, los medios educativos, el personal sanitario, etc.).

   Hay sólo una salida ante esta falta de datos: la *estimación*, bien a través de *modelos estadísticos* (de tal manera que al final un indicador es, además de una estadística, un conjunto de supuestos teóricos implícitos en su cálculo), bien *por analogía* con otros países o regiones con similares características para los que sí se dispone de observaciones fiables. El ejemplo más típico de lo primero son las tasas demográficas (incluso ocurre con la tasa de mortalidad infantil, uno de los indicadores más significativos y usados) y un buen ejemplo de lo segundo es la metodología del Banco Mundial, que en su *Social Indicators of Development* (1989) incluye siempre estimaciones para la región y para los grupos de ingreso más cercanos, por arriba y por abajo, a los que pertenece el país del que no se dispone de dato.

2. Los asociados al contenido conceptual de los indicadores y a su idoneidad para reflejar convenientemente la realidad sobre la que se pretende actuar a través de las políticas de desarrollo (*problemas de idoneidad*): en este caso la temática es más compleja e incluso grave:

   - Por una parte hay que deslindar claramente lo que se supone que indica la variable y extraer conclusiones sólo en ese sentido. Y a menudo existen desviaciones clamorosas de esta necesaria metodología. Por ejemplo, a veces se consideran las defunciones por mil habitantes (la llamada *tasa bruta de mortalidad*) como indicador de salud de una población, lo cual puede llevar a conclusiones equivocadas, ya que lo correcto sería considerar como indicador del estado de salud la mortalidad por edades y por causas. Podría darse el caso de una población con elevado nivel de salud y longevidad que, a partir de un momento dado, aumentase su tasa bruta de mortalidad por el envejecimiento natural de la población, sin que ello significase un empeoramiento de los sistemas sanitarios. También entrarían aquí los sesgos que los indicadores-media contienen respecto al fiel reflejo del acceso de la población al ítem correspondiente (ingreso, médicos, camas hospitalarias, calorías, o incluso la esperanza de vida global, etc.).
   - Por otra parte, hay una clara tendencia en los estudios de Economía de Desarrollo a pensar y utilizar indicadores de desarrollo a partir de la experiencia de los países desarrollados (por las identificaciones ya referidas). Y ocurre que ésta es sólo aplicable, a veces, a pequeñas regiones o contingentes demográficos dentro del país subdesarrollado, con lo que los resultados del estudio son, en realidad, irrelevantes desde el punto de vista de reflejar la globalidad del país [4].

3. Los concernientes a la propia aproximación conceptual de las «necesidades básicas» como *alternativa* al PNB per cápita como indicador del desarrollo: aquí se plantean juicios de valor que hacen casi imposible alcanzar un acuerdo unánime sobre qué aspectos de la vida son más importantes para el bienestar y cuáles son las auténticas necesidades básicas, o si éstas son generalizables a todas las culturas y sociedades del planeta. Por otra parte, el PNB per cápita es un indicador sintético sencillo (bivariable), mientras que a partir de la diversidad de aspectos sociales y los juicios de valor sobre su importancia es casi imposible encontrar una alternativa a dicha simplicidad. En el Recuadro 22.2 se recogen algunas ideas al respecto.

   En definitiva, más que alternativas respecto al PNB, hay que considerar a los indicadores sociales como útiles e indispensables en algunas situaciones porque *matizan*, en la comparación internacional, al indicador sintético monetario.

Las críticas al PIB per cápita como indicador del desarrollo son abundantes y de diverso tipo y en las dos últimas décadas han constituido una de las componentes más dinámicas de la Economía del Desarrollo. Y las respuestas a los diversos problemas planteados constituyen hoy la base de los últimos estudios y metodologías sobre los indicadores de desarrollo de los principales organismos internacionales. Y si hay algo comúnmente aceptado es que la búsqueda de un indicador sintético de desarrollo *mejor que el PNB per cápita* debe hacerse *a partir de éste y de sus matizaciones económico-sociales*, incluyéndolos a *todos*. Se trata, pues, de definir indicadores sintéticos multivariables.

22.5. INDICADORES SINTÉTICOS (MULTIVARIABLES) DE DESARROLLO

A partir de la definición «desarrollo = desarrollo capitalista según las experiencias de los países desarrollados», e intentando abarcar el máximo de aspectos posibles de tal experiencia, se supone que la dinámica de desarrollo implica tendencias inequívocas como:

— La transición demográfica.
— Los procesos de urbanización, industrialización y terciarización.
— La mejora cuantitativa en los medios de salud y nutrición.
— El crecimiento cuantitativo de las macromagnitudes económicas significativas.
— La extensión de la escolarización a todos sus niveles.
— El aumento del comercio exterior y su secundarización.
— Etcétera.

[4] McGranahan, Pizarro y Richard, en su fundamental estudio publicado por el Instituto de Investigación de la Naciones Unidas para el Desarrollo Social: *Medición y Análisis del Desarrollo Socioeconómico*, Ginebra, 1985 (traducido al castellano en ediciones del Ministerio de Asuntos Sociales, Madrid, 1989), han estudiado e identificado exhaustivamente estos problemas, concluyendo que *no hay «indicadores perfectos»*, y que aunque, en el estado actual de la cuestión, la descripción y el análisis cuantitativo del desarrollo socioeconómico pueden manipularse con demasiada facilidad o pueden resultar engañosos, un enfoque serio y equilibrado ante la cuantificación —no una fe ciega en ella ni un repudio automático— sigue siendo la mejor esperanza para obtener respuestas a muchas preguntas importantes acerca del desarrollo.

RECUADRO 22.2. ¿HAY ALTERNATIVAS AL PNB PER CÁPITA?

Las críticas al PNB per cápita como indicador de desarrollo han llevado a algunos autores a despreciarlo absolutamente y a pensar en términos exclusivamente «sociales». En ese contexto, la medición del proceso y nivel de desarrollo a través de la aproximación analítica de las «necesidades básicas» se ha querido convertir en un nuevo paradigma excluyente.

Pero la viabilidad del nuevo paradigma no está nada clara. Hicks y Streeten concluyen al respecto que, siendo el PNB un buen indicador del desarrollo, lo es menos respecto a las necesidades básicas; cuando se incluyen tipos de consumo altamente correlacionados con el PNB (televisores, teléfonos, automóviles, etc.), mejora su idoneidad, pero ésta disminuye cuando se consideran otros indicadores vitales básicos no monetarios. La correlación baja aún más cuando se consideran sólo países subdesarrollados y aumenta cuando el universo de países incluye a los desarrollados. Es decir, el escenario considerado influye en la capacidad explicativa de los indicadores. Y si los países desarrollados son el «espejo» en el que se miran los subdesarrollados, no tiene sentido excluirlos del análisis. Por otra parte, alternativas como considerar funciones lineales (ya que indicadores como la esperanza de vida, la alfabetización, la escolarización, etc., tienen límites asintóticos) oscurecen más que iluminan el análisis de la relación «necesidades básicas-PNB». Para estos autores, en definitiva, el PNB es «confuso» para las «necesidades básicas». Pero los problemas de la medición de estas últimas (elección, valoración, fiabilidad, etc.) son más grandes que los de la medición del PNB, por lo que, según ellos, la investigación o búsqueda de indicadores «sociales» no ha logrado producir una alternativa que sea tan aceptada y comprensiva como el PNB per cápita, aunque no cabe duda de que son imprescindibles para juzgar el desarrollo social.

La cuestión, entonces, se podría plantear así: indicadores sintéticos «no monetarios» como los de Morris (*Índice de calidad física de vida*, con esperanza de vida, alfabetismo y tasa de mortalidad infantil) u otros deben ser considerados, más que como alternativas al PNB en la medición del bienestar, como indicadores sociales útiles, porque *matizan*, en la comparación internacional, al indicador sintético monetario. De la misma forma, y en relación con los «bienes» y «males» que no entran —y deberían entrar— en la valoración del bienestar a través del PNB, se han propuesto determinadas inclusiones (valor del ocio, servicios duraderos, etc.). Pero la bondad o maldad de estos bienes y servicios remite a juicios de valor que crean más problemas de objetividad que los que pretenden resolver.

Se da el caso, además, de que, en los países subdesarrollados, la mejora en algunos de estos indicadores (salud, educación primaria, etc.) es más rápida que en la esfera económica y de ahí que se destaque, desde los organismos internacionales, el «gran avance» de la Periferia en las últimas décadas en este tipo de desarrollo. Ello lleva a la conclusión de que el «desarrollo social básico» es más asequible y dinámico que el crecimiento y desarrollo económico. De ahí también que aparezcan como claramente *insuficientes* (necesarios, pero no suficientes) estos indicadores sintéticos «sociales» a la hora de abarcar el desarrollo en su globalidad (que incluye también la economía). E incluso pueden malinterpretarse estos avances como reducción estructural de las diferencias entre los países desarrollados y subdesarrollados, como indica R. Ram, o puede minusvalorarse la importancia del crecimiento económico (aparte de las cuestiones de distribución) para las economías más subdesarrolladas.

El cómo sintetizar conjuntamente los avances conseguidos en tales ámbitos económicos y sociales exige superar los indicadores sintéticos «simples» exclusivamente económicos (PNB per cápita, por ejemplo) o exclusivamente de necesidades básicas (el Índice de calidad física de vida, por ejemplo).

De entre las propuestas más recientes en ese sentido caben citar, por los nuevos métodos de síntesis, el *Perfil de desarrollo*, de McGranahan, Pizarro y Richard, y el *Factor total de desarrollo* (Vidal Villa y Martínez Peinado)[5]; y por el nuevo concepto de desarrollo que incorpora, el *Índice de Desarrollo Humano* del Programa de las Naciones Unidas para el Desarrollo (PNUD). En el Recuadro 22.3 se hace referencia a los dos primeros, y a continuación se tratará con más detalle el tercero, precisamente por su novedad conceptual y por sus implicaciones para la cooperación y las relaciones internacionales, dado el carácter institucional de su promotor.

[5] McGranahan, Pizarro y Richard: *op. cit.*; J. M. Vidal Villa y J. Martínez Peinado: *Desarrollo socioeconómico en América Latina. Un estudio Comparado*. Agencia Española de Cooperación Internacional, 1992.

El concepto de desarrollo humano

Dada la importancia institucional del PNUD, el nuevo concepto supone un giro fundamental en la Economía del Desarrollo: el *desarrollo humano* da énfasis al desarrollo de las *capacidades y oportunidades* (de aplicar dichas capacidades) de los *sujetos* (que no *objetos*) del desarrollo socioeconómico. Textualmente:

> «El desarrollo humano es un proceso en el cual se amplían las oportunidades del ser humano. En principio, estas oportunidades pueden ser infinitas y cambiar con el tiempo. Sin embargo, a todos los niveles del desarrollo, las tres más esenciales son disfrutar de una vida prolongada y saludable, adquirir conocimientos y tener acceso a los recursos necesarios para lograr un nivel de vida decente. Si no se poseen estas oportunidades esenciales, muchas otras alternativas continuarán siendo inaccesibles.
>
> Pero el desarrollo humano no termina allí. Otras oportunidades, altamente valoradas por muchas personas, van desde la libertad política, económica y social, hasta la posibilidad de ser creativo y productivo, respetarse a sí mismo y disfrutar de la garantía de derechos humanos.
>
> El desarrollo humano tiene dos aspectos. La formación de capacidades humanas —tales como un mejor estado de salud, conocimientos y destrezas— y el uso que la gente hace de las capacidades adquiridas —para el descanso, la producción o las actividades culturales, sociales y políticas—. Si el desarrollo humano no consigue equilibrar estos dos aspectos, puede generarse una considerable frustración humana.
>
> Según este concepto de desarrollo humano, es obvio que el ingreso es sólo una de las oportunidades que la gente desearía tener, aunque ciertamente muy importante. Pero la vida no se reduce sólo a eso. Por tanto, el desarrollo debe abarcar más que la expansión de la riqueza y los ingresos. Su objetivo central debe ser el ser humano»[6].

Este enfoque del desarrollo difiere de las ópticas convencionales del crecimiento del PNB per cápita, de las teorías del «capital humano», de la identificación del consumo con el bienestar, o de las meras necesidades básicas. Plantea como indispensable la consideración de muchos ámbitos de la existencia social, económicos y no económicos. Algunos son muy difíciles de medir (por ejemplo, los relativos a la política, cultura y ocio creativo), aunque se trata de dar pasos en ese sentido: la construcción de un índice de «libertad humana», etc.

Como todo concepto de desarrollo, el desarrollo humano necesita ser medido para poder definir y comparar, transversal y longitudinalmente, los niveles alcanzados. En base a la definición de mínimos indispensables (vida prolongada y saludable, conocimientos e ingreso), el desarrollo humano se mide por un indicador sintético que recoge dichos aspectos: el Índice de Desarrollo Humano (IDH).

[6] PNUD: *Informe sobre el Desarrollo Humano*, 1990, pág. 34.

RECUADRO 22.3. DOS ÍNDICES MULTIVARIABLES DE DESARROLLO

En el estudio de McGranahan, Pizarro y Richard se consideran dieciocho variables y el PNB per cápita, construyendo un «*perfil de desarrollo*» basado en los valores *ajustados* de las primeras. El ajuste por pirámide de edades es una de las novedades más significativas de este estudio y consiste en asignar pesos distintos a las cohortes de menos de 15 años, entre 15 y 65 años y más de 65 años. El análisis, muy cuidadoso en cuanto a los datos y al aparato estadístico (utilizando la regresión y la «línea de mejor ajuste»), se refiere a 1970, en aras de la fiabilidad y la comparabilidad, y comprende 77 países. Las variables son las siguientes:

- Alfabetización como porcentaje de la población total con 15 años o más.
- Inscripción combinada en las escuelas primarias y secundarias como porcentaje de la población con edades comprendidas entre 5-19 años.
- Expectativas de vida al nacer, para ambos sexos.
- Tasa de mortalidad infantil por 1.000 niños nacidos vivos.
- Suministro de agua (porcentaje de la población con acceso razonable a él).
- Asalariados y jornaleros como porcentaje de la población económicamente activa total.
- Mano de obra masculina adulta en la agricultura como porcentaje de la mano de obra masculina adulta total.
- Profesionales, técnicos y similares como porcentaje de la población económicamente activa total.

RECUADRO 22.3. DOS ÍNDICES MULTIVARIABLES DE DESARROLLO (*Continuación*)

— Consumo aparente de proteínas de origen animal, per cápita y por día (ajustado por pirámide de edades: 1/2, 1, 2/3).
— Circulación de periódicos («diarios de interés general») por cada 1.000 habitantes (ajustada por pirámide edades: 1/3, 1, 1).
— Receptores de televisión por 1.000 habitantes (ajustado por pirámide de edades: 1/3, 1, 1).
— Producción agrícola por trabajador agrícola masculino a precios corrientes (en valor de compradores) en dólares americanos.
— Teléfonos por 100.000 habitantes (ajustado por pirámide de edades: 1/3, 1, 1).
— Producción manufacturera por persona activa en las industrias manufactureras en dólares americanos.
— Acero, consumo aparente per cápita en kilogramos (ajustado por pirámide de edades: 1/2, 1, 2/3).
— Energía, consumo aparente per cápita, en kilogramos, de carbón equivalente (ajustado por pirámide de edades: 1/2, 1, 2/3).
— Inversión por persona económicamente activa (media anual 1960-1970 en dólares americanos de 1970).
— Comercio exterior (exportaciones más importaciones) per cápita en dólares americanos (ajustado por pirámide de edades: 1/2, 1, 2/3).
— Producto Nacional Bruto per Cápita (en valores de compradores) a precios corrientes en dólares americanos (ajustado por pirámide de edades: 1/2, 1, 2/3).

Para cada país, la línea que une los valores transformados para cada una de estas variables ilustra un determinado «perfil de desarrollo» en torno a un nivel del índice. La media de estos valores transformados (sin el PNB per cápita) constituye un número que de alguna manera puede interpretarse como un indicador sintético del nivel de desarrollo. Cabe destacar que los indicadores utilizados por estos autores son quizá los mejor medidos (en el sentido de ajuste, sofisticación teórica y escrúpulo en la medición) en comparación con los estudios usuales de comparabilidad internacional en Economía del Desarrollo.

En el estudio de Vidal Villa y Martínez Peinado se introduce la metodología factorial para, a través de *factores parciales*, llegar a una *ecuación del desarrollo* que define un *factor total de desarrollo socioeconómico*. Limitado a veinte países de América Latina y a diez países del resto del mundo y para los seis quinquenios entre 1960 y 1985, en el presente contexto interesa destacar más la metodología que los propios resultados numéricos, ya que al no incluir a todos los países del mundo los niveles de desarrollo definidos por las puntuaciones factoriales no son definitivos.

Tras el análisis, para todos los años, de 117 variables una a una y de su correlación múltiple (análisis dos a dos) se procede al análisis factorial: se construyen factores parciales que resumen la información de las variables correspondientes a los siguientes ámbitos del desarrollo: *demográfico* (11 variables), de *actividad de la población* (9 variables), de *bienestar* (20 variables, que después se clasifican para extraer factores específicos de *salud* y *nutrición, educación* y *consumo*), del *sector primario* (12 variables, desglosando ulteriormente el desarrollo *agrario* y el *minero*), del *sector secundario* (19 variables), del *sector terciario* (6 variables) y de comercio exterior (11 variables).

A partir de estos factores parciales, que por sí mismos definen tipologías de países en cada ámbito (potencial demográfico, desarrollo agrícola, grados de industrialización, dependencia comercial, etc.) y utilizando las puntuaciones factoriales de cada país como nuevas variables, se extrae un *factor total de desarrollo* que resume la información de todos los ámbitos antes estudiados, cuya ecuación muestra, en los coeficientes, una cierta estabilidad a lo largo del tiempo, lo que permite plantearse la viabilidad, en ulteriores investigaciones que incluyan más países, de investigar la estabilidad del peso de cada ámbito en el proceso de desarrollo.

A efectos ilustrativos, a continuación se comparan los resultados de estas dos metodologías con otros indicadores de desarrollo.

País	FT 1970	PD 1970	FT 1985	IDH 1990	PIB/cáp.
Argentina	1,501	72,34	1,006	0,854	4.360
Bolivia	– 0,0727	—	– 0,994	0,416	1.480
Brasil	0,231	48,18	0,523	0,759	4.620
Colombia	– 0,045	50,98	– 0,021	0,757	3.810
Costa Rica	0,031	63,45	0,046	0,876	4.320
Chile	0,795	64,94	0,580	0,878	4.720
Ecuador	– 0,586	40,31	– 0,395	0,655	2.810
El Salvador	– 0,616	40,79	– 0,719	0,524	1.950
Guatemala	– 0,771	34,57	– 0,953	0,488	2.430
Haití	– 0,914	—	– 0,868	0,296	970
Honduras	– 1,069	32,60	– 0,997	0,492	1.490
Jamaica	0,325	66,02	0,384	0,761	2.630

RECUADRO 22.3. DOS ÍNDICES MULTIVARIABLES DE DESARROLLO (*Continuación*)

País	FT 1970	PD 1970	FT 1985	IDH 1990	PIB/cáp.
México	– 0,089	55,57	0,176	0,838	5.320
Nicaragua	– 0,462	46,51	– 0,659	0,612	2.660
Panamá	0,086	62,85	0,410	0,796	3.790
Paraguay	– 0,428	31,89	– 0,622	0,667	2.590
Perú	– 0,244	50,17	– 0,300	0,644	3.080
Rep. Dominicana	– 0,728	40,70	– 0,469	0,622	2.420
Uruguay	1,333	69,16	0,921	0,905	4.891
Venezuela	0,583	69,81	0,600	0,848	5.650
Corea	0,062	47,52	1,007	0,884	5.680
Egipto	– 0,331	35,96	– 0,482	0,394	1.930
España	1,550	73,05	1,557	0,951	8.250
EE.UU.	3,352	103,67	3,144	0,976	12.680
Filipinas	– 0,470	40,16	– 0,347	0,613	2.170
Grecia	1,192	68,05	1,427	0,934	6.440
India	– 0,703	15,48	– 0,675	0,308	870
Irán	– 0,454	38,54	– 0,468	0,577	3.560
Kenia	– 0,316	23,72	– 0,532	0,399	1.010
Nigeria	– 1,059	—	– 1,280	0,242	1.030

FT 1970: Puntuación factorial para 1970 del factor total.
PD 1970: Perfil de desarrollo de McGranahan, Pizarro y Richard.
FT 1985: Puntuación factorial del factor total para 1985.
IDH: Índice de Desarrollo Humano, PNUD, 1990.
PIB/cáp.: PIB per cápita en dólares internacionales (paridad de poder de compra), 1987, según el PNUD.

El Índice de Desarrollo Humano

La fórmula de cálculo del IDH ha variado varias veces desde su primera formulación, aunque se han mantenido los componentes del desarrollo humano a medir: la duración de la vida, la capacitación educativa y las oportunidades que proporciona el ingreso.

El método de cálculo que se propone en el *Informe* de 1999 es el siguiente:

1. *Elección de los indicadores.*

Como indicador de la vida duradera y salulable se elige la *esperanza de vida al nacer*.

Como indicador de la capacitación educativa se eligen la *tasa de alfabetismo adulto* y la *tasa bruta de escolarización combinada* en las enseñanzas primaria, secundaria y terciaria.

Como indicador del ingreso se considera el *logaritmo del PIB per cápita* expresado en paridad de poder adquisitivo, o sea, en dólares internacionales. Así se minimiza el impacto de los ingresos muy altos en el desarrollo humano, sobre la base de que a partir de determinados niveles el seguir aumentando la riqueza monetaria no implica un crecimiento paralelo de desarrollo humano. Esta logaritmización sustituye al método de ajuste del ingreso anterior, que se hacía a través de la fórmula de Atkinson de rendimientos decrecientes.

2. *Indización de los indicadores.*

El segundo paso es homogeneizar los indicadores, construyendo índices respecto a los valores máximos y mínimos históricos a escala mundial para cada componente, de la siguiente forma:

(Valor del país – valor mínimo)/(valor máximo – valor mínimo)

Los valores máximos y mínimos son los siguientes:

— Para la esperanza de vida: 85 y 25 años.
— Para la tasa de alfabetismo y la tasa bruta de matriculación: 100 y 0.
— Para el ingreso: 40.000 y 100 dólares, lo que implica, en términos logarítmicos, 4,602 y 2.

Después se construyen los índices de esperanza de vida (IEV), de logro educativo (ILE) y de ingreso (IY) de la siguiente forma:

- IEV = (EV país – 25)/(85 – 25).
- Para el ILE se da un doble peso al alfabetismo adulto (IA) que a la matriculación (IM), o sea:

$$IA = (TA\ país - 0)/(100 - 0) = TA\ país/100$$
$$IM = (TBM\ país - 0)/(100 - 0) = TBM\ país/100$$

y entonces,

$$ILE = (2 \cdot IA + IM)/3$$

- IY = (log PIB/h. país – log 100)/(log 40.000 – log 100) = = (log PIB/h. país – 2)/(4,602 – 2).

3. *Cálculo del IDH como media aritmética de los índices de los componentes*:

$$IDH = (IEV + ILE + IY)/3$$

Además del IDH por países, la metodología propuesta permite aplicaciones más concretas para incorporar las diferencias de desarrollo humano en un mismo país por *género*, por *raza*, por *regiones*, etc. Por otra parte, hay que destacar que el IDH «general» es poco significativo para los países desarrollados, dado su énfasis en las necesidades básicas y la relativización del alto ingreso (de hecho, el ajuste del ingreso por la fórmula de Atkinson fue sustituido por la logaritmización por el «castigo» que suponía para estos países). En definitiva, se vienen proponiendo nuevos indicadores del desarrollo humano que profundicen el IDH. Entre estos indicadores cabe destacar, entre otros:

- El IDH sensible a la discriminación de género, que sustituye a la primera formulación de un IDH femenino. Se construye como la media armónica de los IDH masculino y femenino.
- El Índice de Potenciación de la Mujer, que se construye como media de índices de participación política, económica y social de las mujeres.
- El IDH sensible a la desigualdad en la distribución del ingreso, que se construye matizando el IDH con el índice de Gini.
- El Índice de Pobreza Humana, con componentes diferentes para el mundo desarrollado y el subdesarrollado, que expresa el porcentaje de población excluida de la posibilidad del desarrollo humano más allá de la pobreza de ingreso.

En fin, las posibilidades son múltiples y configuran una ambiciosa y amplísima línea de investigación empírica de la que cabe concluir diagnósticos y políticas prácticas para el desempeño del desarrollo y la cooperación, como se comenta en el Recuadro 22.4.

RECUADRO 22.4. EL DESARROLLO HUMANO, LAS POLÍTICAS SOCIALES Y LA COOPERACIÓN INTERNACIONAL

El IDH permite diagnosticar, a través de sus componentes y matizaciones, cuáles son los aspectos del desarrollo humano más desatendidos o en los que cabe una acción más urgente, en cada país. Países con un IDH muy similar pueden tener diferencias abismales entre sus componentes (salud, educación e ingreso). Por tanto, se puede orientar la acción de los agentes de la cooperación internacional para que centren la ayuda precisamente en los aspectos más deficitarios y en las regiones o grupos sociales más necesitados. Lo mismo cabe decir de las políticas de los gobiernos de los países subdesarrollados. En general, las mujeres y los jóvenes son considerados sujetos prioritarios de desarrollo humano, porque se ha demostrado que son los contingentes más desfavorecidos en el «desarrollo» socioeconómico periférico (o incluso central). El PNUD, que empezó proponiendo el destino de un porcentaje fijo de la ayuda a objetivos de desarrollo humano, propuso en 1994, juntamente con el FNUAP y la UNICEF, la *Iniciativa 20/20* para 1995-2005, según la cual todos los países, donantes y receptores de ayuda, se deberían comprometer a asegurar niveles básicos de desarrollo humano para sus pueblos, reservando el 20 por 100 de sus presupuestos públicos para cuestiones humanas prioritarias, financiando así los 30-40 miles de millones de dólares por año (cifra en realidad muy modesta en el contexto económico mundial) que se estima que costarían, hasta fin de siglo, metas como la reducción a la mitad del analfabetismo, la mortalidad materna y la subnutrición, la mortalidad infantil a unas tasas de entre 50 y 70 por 1.000 o la ampliación de la salud e información reproductiva. La propuesta, presentada en la Cumbre Mundial sobre Desarrollo Social (Copenhague, 1995), no tuvo una respuesta activa por parte de los paí-

RECUADRO 22.4. EL DESARROLLO HUMANO, LAS POLÍTICAS SOCIALES Y LA COOPERACIÓN INTERNACIONAL (*Cont.*)

ses desarrollados que como es común en estos casos huyeron de los compromisos cuantitativos.

De aquí se deriva también una propuesta de nueva presentación de informes sobre ayuda y cooperación, que desglose específicamente los fondos destinados a objetivos de desarrollo humano y su uso efectivo en las prioridades sociales.

Por otra parte, las variables a utilizar en una profundización del análisis del desarrollo humano en realidades distintas, como son el Centro y la Periferia, pueden ser diferentes, incluyendo la escolarización terciaria, los medios de comunicación, la seguridad social, la estabilidad familiar y personal, etc., para los países desarrollados y la mortalidad infantil, la malnutrición, la pobreza, etc., para los países subdesarrollados. Así, los progresos e insuficiencias se valoran diferentemente en contextos estructurales bien opuestos. El ejemplo más reciente de ello es la medición por parte del PNUD de la pobreza en los países desarrollados y subdesarrollados. El Índice de Pobreza Humana para los países desarrollados se construye con indicadores de privación de longevidad, analfabetismo funcional, privación de ingreso y desempleo; el de los países subdesarrollados en privación de longevidad, analfabetismo y privación de acceso a servicios de salubridad, salud y nutrición.

Nuevos conceptos de desarrollo, nuevas perspectivas

Para situar correctamente el impacto y el significado real de la crisis de los paradigmas tradicionales y la aparición de nuevos conceptos de desarrollo hay que recordar que el Sistema Capitalista Mundial presenta, en la actualidad, una problemática doble, resultado de la acumulación capitalista a escala mundial que ha tenido lugar en los últimos doscientos años:

- Por una parte, la dicotomía Sociedad-Naturaleza.
- Por otra parte, la dicotomía Centro-Periferia.

O dicho de otro modo, el mundo actual se enfrenta a dos contradicciones: la derivada del «desarrollo» (capitalista) de las *condiciones naturales de la producción*, y la derivada del «desarrollo» (capitalista) de la *condición humana de la producción.*

La constatación de tales contradicciones y el consenso en reconocer que hipotecan la estabilidad y el futuro del Sistema (Conferencia de Río —desarrollo y medio ambiente—, Conferencia de El Cairo —desarrollo y población—, Conferencia de Pekín —desarrollo y mujer—, Conferencia de Copenhague —desarrollo social—, por citar sólo encuentros de NN.UU.) ha llevado al cuestionamiento del concepto clásico de «desarrollo» y las alternativas se han configurado sobre nuevas calificaciones del mismo: *desarrollo sostenible, desarrollo humano, desarrollo social*, etcétera. La combinación de ellos («desarrollo humano sostenible») diseña las estrategias teóricas que podrían infundir esperanza a la humanidad en cuanto a un futuro seguro y mejorado. En contra de esa esperanza se manifiestan los hechos reales, que atienden, más que a las voluntades subjetivas más o menos retóricas, a causas objetivas que se sitúan en el carácter capitalista del funcionamiento de la base económica del Sistema Mundial.

APÉNDICE 22.1. TEORÍAS DEL DESARROLLO ECONÓMICO

GEMMA CAIRÓ i CÉSPEDES

La visión ortodoxa: crecimiento, comercio internacional y etapas del crecimiento

El precedente de la identificación entre el desarrollo y el crecimiento de la economía capitalista es sin duda el pensamiento clásico desde Adam Smith. Y aunque en Marx se puede distinguir entre la acumulación de valores de uso (incremento de la riqueza) y de valores de cambio (propio de la concepción capitalista), también en su obra se puede encontrar esta identificación: las colonias se mirarían en el «espejo» de sus metrópolis y su desarrollo capitalista las sacaría del «atraso» precapitalista.

En general, la escuela neoclásica no mostró el más mínimo interés por los problemas del desarrollo, pero tras la síntesis neoclásico-keynesiana la teoría del crecimiento entraría a formar parte de la teoría macroeconómica. Y lo que en la economía clásica se conseguiría por la «mano invisible» que dirige la acumulación de capital, en la formalización neoclásico-keynesiana se alcanzaría según el automatismo de los *modelos de crecimiento*, los más conocidos de los cuales son el de Solow y el de Harrod y Domar.

Ante la evidencia del subdesarrollo, el diagnóstico desde este punto de vista no puede ser otro que la escasez de capital o de ahorro susceptible de inversión para desarrollar el proceso de acumulación. Los modelos de Nurkse (el «círculo vicioso de la pobreza») o de Nelson (la «trampa del equilibrio a bajo nivel») enfatizaron los obstáculos endógenos que reducían el ahorro per cápita y la formación de capital indispensables para el crecimiento acumulativo y se deducía de ellos la imposibilidad del desarrollo si no era a través de la intervención externa. Esta necesidad de la relación externa se complementa con la *teoría de las ventajas comparativas del comercio exterior*, heredada de D. Ricardo y perfeccionada por Heckscher y Ohlin, Viner y Haberler, entre otros, y más modernamente por Krugman y otros. En resumen, se trata de considerar beneficioso para todos la apertura comercial y la especialización según una división del trabajo «racional».

Una adaptación global del pensamiento ortodoxo sobre la dinámica del crecimiento y desarrollo fue establecida por W. W. Rostow en su obra *Las etapas del crecimiento económico* (1960). En base a su análisis de la experiencia histórica de los países desarrollados, que genéricamente resumió como «proceso de modernización» (progreso tecnológico más cambio institucional), y universalizando la necesidad histórica del desarrollo capitalista, este autor definió cinco etapas por las que *cualquier sociedad* ha atravesado, atraviesa o atravesará a lo largo de su historia, y que son:

1.ª La etapa o estadio *tradicional*, en la que es imposible conseguir la productividad necesaria para el crecimiento.

2.ª La *etapa de transición*, que es aquella en la que se empiezan a producir algunos cambios modernizadores en la industria y la agricultura y en la que cabe realizar fuertes inversiones en capital fijo a partir de los excedentes del sector primario.

3.ª La *etapa de despegue económico*, que se caracteriza porque, una vez alcanzado el umbral de productividad necesario, se extiende a todos los sectores económicos, que tendrán tasas de crecimiento y de inversión sostenidas, especialmente en la industria manufacturera. Además, se impone en este estadio la modernización institucional.

4.ª La *etapa de madurez*, que supone la difusión del progreso tecnológico en todos los sectores y la consolidación de la modernización.

5.ª La *etapa del consumo de masas*, en la que, cubiertas las necesidades fundamentales, se desarrollan diversas y nuevas formas del bienestar a través del consumo de bienes duraderos, servicios, etc.

En la visión rostowiana se responden todas las preguntas que se hace cualquier teoría del desarrollo de una forma contundente y hasta determinista (histórica y tecnológicamente), y supone un optimismo no exento de ideología: hay que hacer lo que hicieron los países hoy desarrollados y el hacerlo es cuestión de tiempo. De hecho, en una obra posterior (*Economía Mundial*, 1983) Rostow redefinió las etapas por las que ya habían atravesado o estarían atravesando varios países. Cabe señalar que esta consideración ahistórica, pretendidamente de validez universal y casi inevitable del proceso de desarrollo, está todavía hoy muy presente en las mentes de muchos científicos sociales.

Otro autor especialmente significativo en la formulación del pensamiento ortodoxo sobre el desarrollo económico fue A. Lewis. Premio Nobel de Economía, en sus obras destacó, por una parte, la necesidad del *desarrollo equilibrado* (con una visión también basada en el crecimiento de la producción per cápita y la formación de capital) definiendo las relaciones necesarias para que se diera el equilibrio entre el sector industrial moderno y la agricultura tradicional, lo que proporcionaría al primero excedente y mano de obra. Así, Lewis fue el introductor de la *perspectiva dualista*, aunque en la línea ortodoxa de optimismo e incluso negando los posibles círculos viciosos del subdesarrollo.

Las primeras heterodoxias y la visión dualista

Las críticas a la visión ahistoricista, mecanicista y economicista del subdesarrollo propia de la ortodoxia neoclásico-keynesiana se desarrollaron en el mismo marco de la economía convencional. Diversos autores destacaron los aspectos negativos del dualismo, la imposibilidad del crecimiento equilibrado a partir de factores endógenos del subdesarrollo o la inoperancia de los paradigmas de los modelos de crecimiento para dicha situación, además de subrayar, en muchos casos, la insuficiencia de un análisis exclusivamente económico para entender y corregir la realidad del subdesarrollo. Así, *el análisis estructural y la perspectiva institucionalista entraron en el análisis del desarrollo, consolidando la Economía del Desarrollo como una disciplina diferenciada de la teoría económica del crecimiento.*

Entre los autores más significativos en este desempeño cabe citar a Hirschman (que defendió el *crecimiento desequilibrado*), Singer (que criticó la bondad de la especialización comercial y profundizó en los obstáculos que el dualismo suponía para el cambio estructural), Chenery (que introdujo el concepto de *umbral de desarrollo*), Streeten, etc.

Mención especial merece la aportación de G. Myrdal, el principal autor no marxista en el contexto de la teoría del desarrollo. Premio Nobel de Economía, este prolífico autor sueco influyó decisivamente en el enfoque no convencional de la teoría del desarrollo. En su importante obra destacan: *Teoría económica y regiones subdesarrolladas* (1957), *Solidaridad o desintegración* (1960) y *El drama de Asia* (1968), y comprende además muchos otros libros y artículos sobre temas de desarrollo económico. Fue Myrdal quien hizo un llamamiento a los economistas y científicos de los países del Tercer Mundo para que abandonaran los postulados de raíz occidental (neoclásicos y keynesianos) y abordaran con enfoques propios el análisis de su realidad. Sus tesis sostienen que el subdesarrollo está causado por la interrelación y retroalimentación de un conjunto de factores —bajo nivel de educación, falta de infraestructuras, desigualdad interna...— que frenan el desarrollo económico, tesis que le llevaron a formular la conocida teoría de la *causación circular acumulativa*, proceso circular contrapuesto al principio económico ortodoxo del equilibrio estable.

La escuela estructuralista latinoamericana y el enfoque de la dependencia

El estructuralismo aparece en los años sesenta ante la imposibilidad que en las formaciones sociales periféricas el capitalismo pudiera reproducir las experiencias de desarrollo y crecimiento económico (asociado a la modernización) que se dieron anteriormente en los países industrializados.

El principal cambio de paradigma en las teorías de desarrollo surge cuando el primer presidente de la CEPAL, el argentino Raúl Prebisch, introduce el concepto de *dependencia* y de sistema capitalista escindido en *Centro y Periferia* (*El desarrollo económico de América Latina y sus principales problemas*, 1950). La teoría de la dependencia intenta analizar el desarrollo dependiente que caracteriza a los países subdesarrollados a la vez que significa una crítica al eurocentrismo que marcaba a las teorías desarrolladas hasta entonces.

Este nuevo enfoque daría lugar a una abundante literatura sobre el tema que ha sido agrupada bajo el epígrafe de *escuela estructuralista latinoamericana*, con dos ramas, la estructuralista dependentista *convencional* y la estructuralista dependentista *marxista*.

El planteamiento de Prebisch, sucintamente, venía a demostrar que la situación de atraso de los países latinoamericanos tenía su causa principal en la *dependencia de la exportación de productos primarios* y la falta de industrialización (véase el Capítulo 23). Esta argumentación dio paso a numerosas teorizaciones e interpretaciones de la realidad latinoamericana. Las principales aportaciones son las siguientes:

Estructuralista dependentista convencional.

Los principales autores vinculados a esta corriente son:

- Celso Furtado, economista brasileño autor de *Crecimiento económico del Brasil* (1964) y de muchos otros trabajos. Su planteamiento estructuralista se basa en el carácter dual de las economías latinoamericanas, en la dicotomía Centro-Periferia que condena a estos países a una dependencia no sólo de los productos primarios, sino también de los principales países clientes del Centro (EE.UU. en primer lugar), a la herencia del colonialismo y a la existencia de una rígida estructura interna de corte tradicional. Todo ello redunda en el mantenimiento de la situación de subdesarrollo.
- Osvaldo Sunkel, economista chileno y miembro de CEPAL, autor entre otros libros y artículos de *El subdesarrollo latinoamericano y la teoría del desarrollo* (1970). Es uno de los principales estructuralistas latinoamericanos y aborda el tema de la economía latinoamericana desde el punto de vista de las causas internas, provocadas por la existencia de un *dualismo global* que da lugar a la *desintegración nacional*. La problemática exterior se plantea con respecto a la integración transnacional, proceso en el cual las instituciones clave son las *empresas transnacionales*. La deformada forma de inserción de las economías latinoamericanas en la economía mundial genera procesos de *estancamiento y marginalidad* típicos de las economías periféricas.
- F. H. Cardoso (*El proceso de desarrollo en América Latina*, 1965) y E. Faletto (*Dependencia y desarrollo en América Latina*, 1969). Eco-

nomistas brasileños de la corriente estructuralista convencional, pero con cierta influencia marxista. Su argumento arranca de la *herencia colonial* como causa de la deformidad de las economías latinoamericanas y el mantenimiento de una *alianza de clase dominante* entre la burguesía comercial dependiente del exterior y los terratenientes tradicionales. Estas causas de origen interno se vinculan a una *dependencia comercial y económica exterior* que, unidas, dan lugar al subdesarrollo. Existe una incompatibilidad entre desarrollo y dependencia.

Dentro de esta misma corriente destacan autores como Aníbal Pinto (*El Sistema Centro-Periferia 20 años después*, 1972) y R. Stavenhagen (*Siete tesis equivocadas sobre América Latina*, 1966).

Estructuralista dependentista marxista.

Los autores vinculados a esta escuela se reclaman de una forma u otra de la tradición marxista, aunque en todos los casos huyen del marxismo ortodoxo y convencional, dogmatizado en la Unión Soviética, y utilizan el marxismo como método de análisis de la realidad y no como dogma anquilosado.

Sus antecesores más inmediatos son los llamados *neomarxistas norteamericanos*: Paul Sweezy (*Teoría del desarrollo capitalista*, 1942), Paul Baran (*La economía política del crecimiento*, 1957) —siendo la obra principal de ambos autores *El capitalismo monopolista*, 1964—, Harry Magdoff (*La era del imperialismo*, 1966) y S. Hymer (*Las empresas multinacionales*, 1965). Estos autores recuperan la tradición marxista y enlazan con las obras de Rosa Luxemburg, Bujarin y Grossman, con peculiaridades claramente propias. Cabe destacar a Baran como representante significativo de la corriente neomarxista de la escuela de la dependencia haciéndose portador de un análisis del subdesarrollo desde la Periferia. Según este autor, el subdesarrollo está determinado por la naturaleza del desarrollo del Centro, de forma que el desarrollo que caracteriza a los países avanzados está estrechamente vinculado al retraso económico de los países subdesarrollados; como dice el propio Baran «son dos aspectos distintos de un problema global». Además apunta que la imposibilidad de iniciar el proceso de acumulación de capital en el Periferia es causado principalmente por la *transferencia de excedente tanto interno como externo* —de la Periferia al Centro.

En Latinoamérica los autores marxistas de la dependencia fueron muchos, pero sólo nos vamos a referir a dos:

— Theotonio Dos Santos, brasileño, uno de los fundadores de la teoría de la dependencia que posteriormente ha reformulado como teoría de la economía mundial. Autor de *La crisis de la teoría del desarrollo y las relaciones de dependencia en América Latina* (1968) y de *Imperialismo y Dependencia* (1978), fundamenta su análisis en la idea de la existencia de una *nueva dependencia* basada no sólo en el comercio, sino —y sobre todo— en la inversión extranjera, fundamentalmente de origen norteamericano. Ello da lugar a que *el sector moderno de las economías latinoamericanas esté vinculado al imperialismo de EE.UU.* Por consiguiente, la *dependencia* es el complemento o el efecto directo del *imperialismo.* Además de la comercial, existen tres formas de dependencia: *colonial, industrial-financiera e industrial-tecnológica.* La dependencia es en última instancia la causa del subdesarrollo.

— André Gunder Frank, de origen alemán-norteamericano, es el principal autor de la teoría de la dependencia. Su obra principal es *Capitalismo y subdesarrollo en América Latina* (1967) y *El desarrollo del subdesarrollo* (1969). Se basa en la idea de que el desarrollo y el subdesarrollo son las dos caras de una misma moneda y en la existencia de una red mundial metrópolis-satélites en la cual se inscriben todas y cada una de las economías del Sistema. Como consecuencia *el subdesarrollo de un país es el resultado de la posición que ocupa en el Sistema y de las funciones que cumple en él.* Gunder Frank elaboró con posterioridad, en 1978, una teoría global de la expansión del capitalismo mundial (*Acumulación mundial, 1492-1789*), más en la línea de otros autores marxistas no latinoamericanos como Wallerstein, Amin y otros.

Los principales críticos latinoamericanos a la teoría dependentista son: Laclau, Cuevas, Bambirra, los ex dependentistas Cardoso y Faletto y, al final, Dos Santos. Entre ellos destacaremos Laclau, autor marxista que desarrolla el *enfoque modo de producción* que le permite, por un lado, criticar a los dependentistas —en particular Gunder Frank— por la omisión de las relaciones de producción, al centrarse únicamente en las de circulación y, por otro, proponer la *articulación* de distintos modos de producción en una misma formación social en base a una relación de dominación. Ello le permite explicar la existencia del subdesarrollo a partir de la articulación en la Periferia del Sistema del modo de producción capitalista —dominante— con estructuras precapitalistas, lo que en última instancia permite el desarrollo del Centro y provoca el subdesarrollo en la Periferia. Otras críticas realizadas a la escuela de la dependencia han sido la sobrestimación de los factores externos en detrimento de los internos y el abandono del análisis de clase.

La crítica marxista desde la economía mundial y la escuela regulacionista

Aquellas cuestiones sobre el subdesarrollo que los dependentistas dejaban sin resolver supuso, a partir de los años setenta, una revitalización de distintas tradiciones teóricas, como fue el caso de las nuevas aportaciones realizadas desde el marxismo, a la vez que se asistió también a un resurgimiento de la tradición neoliberal —a través del retorno al paradigma de la modernización.— Las tesis desarrolladas por la *escuela marxista* entrecruzan elementos del enfoque modo de producción y la escuela de la dependencia, sin negar por ello el enfoque de las relaciones entre el Centro y la Periferia del Sistema en el marco de un *único sistema económico mundial: el capitalista.*

Entre los autores más representativos de esta escuela encontramos a Samir Amin, I. Wallerstein, A. Emmanuel (*El intercambio desigual*, 1969). Desde otra perspectiva B. Warren (*Imperialismo: pionero del capitalismo*, 1980) postula que la expansión del capitalismo mundial conlleva el progreso (y los conflictos) tanto al Centro como a la Periferia.

Samir Amin, egipcio y autor entre otros textos y artículos de *La acumulación a escala mundial* (1970) y *El desarrollo desigual* (1974), estudia los problemas del subdesarrollo desde una óptica global. Siguiendo la teoria de Laclau de la articulación de distintos modos de producción, Amin deriva de esta coexistencia la configuración de una formación social periférica que queda determinada por sus relaciones con el Centro. Estas relaciones están enmarcadas en el sistema económico capitalista mundial y caracterizadas por la transferencia de valor de la Periferia (economía extravertida) al Centro (economía autocentrada) en el marco del *intercambio desigual*, permitiendo la *acumulación global de capital*. A su vez la expansión del sistema capitalista en la Periferia es una *necesidad* del capitalismo central para así poder continuar su proceso de acumulación, lo que se traduce en la integración asimétrica de la Periferia en el mercado mundial.

Wallerstein, autor de *La economía capitalista mundial* (1969), introdujo el concepto de economía-mundo y a partir de ahí analizó el desarrollo histórico del mundo expuesto en sus volúmenes de *The modern world system*. Partidario de un concepto central como sistema mundial o economía-mundo, evitando la terminología capitalismo central y periférico, concibe el subdesarrollo como el resultado de la *expansión de la economía-mundo capitalista* que integra paulatinamente las distintas zonas del planeta desde los estados-Centro, pasando por la «semiperiferia» y Periferia, hasta la «arena externa». Actualmente esta expansión ha tocado a su fin de manera que cualquier cambio en las posiciones relativas de los distintos países en el Sistema Mundial se realizará en el marco de un juego de suma-cero.

La *escuela de la regulación* con representantes como Aglietta, Boyer, Lipietz, entre otros, intenta superar las insuficiencias y distorsiones que a su entender incorporaba el enfoque de la dependencia: por un lado el excesivo determinismo de los dependentistas, resultado de la creencia en la existencia de unas leyes inmanentes del capitalismo que «determinan» la imposibilidad de desarrollo en la Periferia; y, por otro lado, la falta de análisis de las lógicas de acumulación en distintas formaciones sociales. Los regulacionistas —muy sesgados hacia consideraciones institucionales— han estudiado los cambios en el capitalismo a partir de los *modos de desarrollo* —compuestos de una modo de regulación y de un régimen de acumulación— existentes en diferentes formaciones sociales (véase el Capítulo 6).

Sus aportaciones en el campo del desarrollo se han orientado principalmente a poner de manifiesto la heterogeneidad que caracteriza a los países periféricos mediante el estudio de las distintas lógicas de acumulación en algunos países subdesarrollados tales como el «taylorismo primitivo» y el «fordismo periférico» en el caso de los nuevos países industrializados. Los intentos de definir un *régimen de acumulación periférico* han significado un paso adelante en el análisis de la especificidad estructural periférica aunque la tendencia a definir modos de desarrollo específicos para cada formación social no solamente les ha llevado a instalar los mecanismos de regulación como elementos predominantes en sus análisis, sino que también ha impedido el avance de los regulacionistas en el análisis del capitalismo periférico en su conjunto.

En las dos últimas décadas se ha asistido a un resurgimiento estructuralista que ha llegado de la mano de la llamada *macroeconomía estructural* y de la *síntesis neoestructuralista* desde América Latina. Ha sido la respuesta ante la proliferación de las políticas de ajuste ortodoxas, aplicadas por el Fondo Monetaria Internacional (FMI) y el Banco Mundial (BM), que se han venido imponiendo como la única salida a la situación de desequilibrio y estancamiento económico —y por ende de subdesarrollo— en la que se encuentran muchos países periféricos.

La *macroeconomía estructuralista*, encabezada por el estadounidense Lance Taylor (*Structural macroeconomics*, 1983), viene a criticar la «revitalización del credo liberal» —en palabras del propio Taylor— y los problemas socioeconómicos que generan la aplicación de medidas de ajuste y estabilización derivadas del llamado «Consenso de Washington». Dicha revitalización ha tenido una base triple: la aparente incapacidad de las políticas keynesianas para garantizar un crecimiento económico sostenido en los países desarrollados, las transformaciones ocurridas en la economía mundial, que generaron primero la expansión de las corporaciones transnacionales y luego de las finanzas internacionales, y la crisis de la deuda externa a principios de los ochenta en los países subdesarrollados. De ahí el resurgimiento «inevitable» de las tesis neoclásicas y el consiguiente ajuste macroeconómico para superar los problemas de recesión en el Centro y de endeudamiento en la Periferia. Todo ello significó en el campo del desarrollo una creencia renovada en los mecanismos de mercado como solución de todos los males de la economía, lo que se tradujo en la aplicación-imposición (a cambio de créditos) de medidas de *estabilización macroeconómica* —la austeridad fiscal y monetaria— y el *ajuste* —reformas estructurales orientadas a mejorar la asignación de recursos mediante la lógica del mercado—; son los llamados *programas de ajuste estructural* del FMI y el BM.

Las supuestas ventajas de tales recetas para el crecimiento y el desarrollo económico de los países subdesarrollados han sido cuestionadas por Taylor, sobre la base de estudiar los mecanismos que se desencadenan como resultado de la aplicación de dichas medidas. Algunos de los efectos perniciosos de tales mecanismos que este autor menciona son: la inestabilidad financiera, el incremento de la desocupación, la creciente corrupción, la generación de distorsiones en la estructura de precios relativos, entre otras, resultado de la aplicación generalizada de las medidas de estabilización y ajuste. Además de poner de manifiesto los efectos indeseables —y a menudo divergentes con los esperados— de las políticas de ajuste, la macroeconomía estructuralista pone énfasis en la *intervención del Estado* en la economía mediante la aplicación de medidas selectivas —de política industrial y comercial— orientadas al crecimiento económico, desafiando el supuesto «trickle down» (o goteo) derivado de las estrategias favorables al mercado.

Por lo que se refiere al *neoestructuralismo latinoamericano* cabe destacar la compilación que Osvaldo Sunkel realizó en *El desarrollo desde dentro: un enfoque neoestructuralista para America Latina* (1990) como significativa en el intento de sintetizar el pensamiento neoestructuralista con el objetivo de definir una estrategia de desarrollo renovada para los países latinoamericanos frente al dominio del neoliberalismo con sus fórmulas de ajuste y reestructuración económicos. El neoestructuralismo tiene por objetivo recoger y superar las tesis estructuralistas cepalinas sobre la necesidad que los países subdesarrollados —en concreto América Latina— generen por sí mismos los *mecanismos endógenos de acumulación y generación del progreso técnico*.

La realidad latinoamericana caracterizada por la escuela neoestructuralista —inserción internacional conducente a la especialización, modelo productivo desarticulado y elevada concentración del ingreso— indica que el bloqueo al desarrollo sólo podrá ser superado en la medida en que se ataquen los verdaderos factores críticos del crecimiento económico, que a su entender radican más en la oferta que en la demanda. De esta forma, el llamado «desarrollo desde dentro» que ha de conducir a un desarrollo autosostenido debe hacer especial hincapié en la mejora de los recursos productivos, la incorporación del progreso técnico y la atención en el ahorro interno.

Además del nuevo acento que el neoestructuralismo pone en la necesaria *transformación productiva*, enfatizan también la necesidad de restaurar *los equilibrios macroeconómicos* y de renovar la confianza en el *papel del Estado* mediante intervenciones selectivas, claras y descentralizadas hacia objetivos de desarrollo. El otro gran pilar de la síntesis neoestructuralista en la definición de esta estrategia de desarrollo es la necesaria consecución de la *equidad y la justicia social*. De hecho el informe de la CEPAL *Transformación productiva con equidad* (1990) ya recogía la imperiosa necesidad de transformar la estructura productiva de las economías latinoamericanas para mejorar la distribución del ingreso y poder superar la situación de pobreza que todavía asola a la región.

Nuevos conceptos de desarrollo

La ruptura con el paradigma economicista que han incorporado muchas de las teorías del desarrollo vino de la formulación de los nuevos conceptos del desarrollo que aparecen en los años ochenta, cuyos precedentes se remontaban a la década anterior. El denominador común a estas nuevas concepciones del desarrollo es la existencia de un concepto de *desarrollo global o universal* para todas las sociedades y además que éste tiene *más dimensiones que la estrictamente económica*, tales como la social, la ambiental, la humana... considerando que todas ellas son partes integrantes del proceso global de desarrollo. Es así como en este contexto crítico se ha conceptualizado un nuevo paradigma alrededor del concepto de desarrollo, formado por:

a) El concepto de *desarrollo sostenible*, que aparece en el Informe Bruntland (1987) incorporando la dimensión medioambiental al concepto de desarrollo. El precedente lo encontramos en los informes del Club de Roma de los años setenta.
b) El concepto de *desarrollo humano*, formulado por primera vez por el Programa de Naciones Unidas para el Desarrollo (PNUD) en 1990 y entendido como la ampliación de las oportunidades del ser humano, siendo las más importantes la salud, la educación y el acceso a los recursos. El enfoque de las necesidades básicas de los setenta —a pesar de las dificultades que incorporaba— puede considerarse el embrión de tal concepto.
c) El concepto de *desarrollo social*, que se formula en la cumbre de Naciones Unidas en Copenhague (1995) con el objetivo de integrar en el concepto de desarrollo los tres principales problemas que asolan a la humanidad: la pobreza, la desocupación y la marginación social. Se intenta además sintetizar los tres conceptos mencionados en uno sólo: el *desarrollo humano y social sostenible*.

Este nuevo paradigma responde a la problemática que caracteriza actualmente al Sistema Mundial: la *forma que toma el desarrollo capitalista a escala global expresa las contradicciones del mismo, que, entre otros retos, se manifiestan en el deterioro medioambiental y la pobreza.* A pesar de la fuerza de estos conceptos para la acción política, la carga teórica es mucho menor, debilitándose así su capacidad para construir teorías alternativas.

Una valoración del pensamiento actual

Las teorías del desarrollo que se han venido formulando por distintas escuelas de pensamiento económico desde los años sesenta han centrado la mayoría de sus propuestas en la consecución de estrategias de desarrollo de carácter nacional. A su vez el proceso actual de *globalización económica* ha empujado el desarrollo de toda una serie de tesis liberales postulando la bondad del mercado en la asignación eficiente de los recursos, tesis que se han venido configurando como las nuevas propuestas para el desarrollo. En concreto, se aboga desde la teoría neoclásica y desde las instituciones internacionales como el FMI, que el «desarrollo» pasa por el pleno desarrollo del capitalismo —ya que justamente el subdesarrollo es la ausencia del mismo—, lo que se ha traducido en medidas *desregularizadoras, privatizadoras y de apertura comercial.*

No cabe duda que las teorías del desarrollo formuladas desde la heterodoxia económica se ven actualmente acosadas de forma creciente por el contenido ideológico y los cambios reales que conlleva la globalización. En el primer caso, es bien sabido el potencial del pensamiento neoliberal en su pretensión de que aquellas medidas desreguladoras y promercado se configuren como la *única* salida para que los países subdesarrollados no pierdan el tren de los beneficios del crecimiento económico que supuestamente se derivan de las ventajas de la globalización. Ello no está exento de las consideraciones ahistoricistas y mecanicistas ya mencionadas anteriormente, en la medida que se viene mostrando el modelo de desarrollo históricamente dominante —el desarrollo capitalista— como el único posible para el conjunto de las formaciones sociales periféricas.

Con la globalización, tanto las relaciones estructurales capitalistas como las leyes de funcionamiento del capitalismo se hacen mundiales, lo que empuja a que los países adopten medidas tendentes a incrementar la productividad con el fin de ser más competitivos a escala mundial. En el caso de los países subdesarrollados esto se traduce —cuando se da el caso— en efectivamente una adaptación de una parte de la economía nacional al mercado mundial, pero hay otra parte que queda fuera de este circuito capitalista globalizado y competitivo, y en consecuencia grandes sectores de la población de estos países quedan también desplazados de esta dinámica económica, lo que a su vez se traduce en una creciente marginación y empobrecimiento de gran parte de la población mundial.

Con todo, las estructuras de productividad, organización del trabajo, etcétera, que se imponen como resultado de los efectos reales del proceso de globalización, ponen en cuestionamiento de forma continua el *papel del Estado* en los países subdesarrollados, a la vez que éste supone uno de los pocos bastiones que quedan a estos países para iniciar estrategias de desarrollo autosostenidas. De hecho la realidad económica de muchos de estos países está fuertemente vinculada a la dinámica económica mundial sobre la cual el Estado difícilmente puede influir.

No cabe duda pues que los teóricos del desarrollo se enfrentan a un nuevo reto al tener que afrontar la previsible situación de creciente marginación y polarización económica. De ahí que se hayan propuesto enfoques del desarrollo tomando como centralidad del mismo a las *personas* aunque ello esté contrapuesto a las *necesidades de acumulación capitalista*, que de hecho va por otros derroteros; estamos pues ante una contradicción más del sistema capitalista, éste a la vez que enriquece también empobrece.

Para terminar cabe mencionar que la clasificación propuesta no debe entenderse como una lista cerrada de las aportaciones a la teoría del desarrollo, ni mucho menos como escuelas exentas de influencias de distintas corrientes teóricas. De cualquier modo las diferencias entre ellas radican en último término en el método de análisis de la realidad económica y el grado interdisciplinario de su desarrollo teórico.

ASIFICACIÓN DE LOS PAÍSES DEL MUNDO SEGUN SU ÍNDICE DE DESARROLLO HUMANO, 1997

	1997	sa de etización dultos %) 1997	Tasa bruta de matriculación (primaria, secundaria y terciaria combinada) (%) 1997	PIB real per cápita (PPA en dólares) 1997	Índice de esperanza de vida	Índice de escolaridad	Índice de PIB	Valor del Índice de Desarrollo Humano (IDH) 1997	Clasificación según PIB real per cápita (PPA en dólares) menos clasificación según IDH[a]
Desarrollo humano alto	77,0	98,3	89	21.647	0,87	0,95	0,90	0,904	—
1 Canadá	79,0	99,0[b]	99	22.480	0,90	0,99	0,90	0,932	12
2 Noruega	78,1	99,0[b]	95	24.450	0,89	0,98	0,92	0,927	5
3 Estados Unidos	76,7	99,0[b]	94	29.010	0,86	0,97	0,95	0,927	0
4 Japón	80,0	99,0[b]	85	24.070	0,92	0,94	0,92	0,924	5
5 Bélgica	77,2	99,0[b]	100[c]	22.750	0,87	0,99	0,91	0,923	6
6 Suecia	78,5	99,0[b]	100[c]	19.790	0,89	0,99	0,88	0,923	18
7 Australia	78,2	99,0[b]	100[c]	20.210	0,89	0,99	0,89	0,922	15
8 Países Bajos	77,9	99,0[b]	98	21.110	0,88	0,99	0,89	0,921	9
9 Islandia	79,0	99,0[b]	87	22.497[d]	0,90	0,95	0,90	0,919	3
10 Reino Unido	77,2	99,0[b]	100[c]	20.730	0,87	0,99	0,89	0,918	9
11 Francia	78,1	99,0[b]	92	22.030	0,89	0,97	0,90	0,918	4
12 Suiza	78,6	99,0[b]	79	25.240	0,89	0,92	0,92	0,914	6
13 Finlandia	76,8	99,0[b]	99	20.150	0,86	0,99	0,89	0,913	10
14 Alemania	77,2	99,0[b]	88	21.260	0,87	0,95	0,89	0,906	2
15 Dinamarca	75,7	99,0[b]	89	23.690	0,84	0,96	0,91	0,905	– 5
16 Austria	77,0	99,0[b]	86	22.070	0,87	0,95	0,90	0,904	– 2
17 Luxemburgo	76,7	99,0[b]	69	30.863[d]	0,86	0,89	0,96	0,902	– 16
18 Nueva Zelanda	76,9	99,0[b]	95	17.410	0,87	0,98	0,86	0,901	9
19 Italia	78,2	98,3	82	20.290	0,89	0,93	0,89	0,900	2
20 Irlanda	76,3	99,0[b]	88	20.710	0,86	0,95	0,89	0,900	0
21 España	78,0	97,2	92	15.930	0,88	0,95	0,85	0,894	9
22 Singapur	77,1	91,4	73	28.460	0,87	0,85	0,94	0,888	– 18
23 Israel	77,8	95,4	80	18.150	0,88	0,90	0,87	0,883	3
24 Hong-Kong (China)	78,5	92,4	65	24.350	0,89	0,83	0,92	0,880	– 16
25 Brunei Darussalam	75,5	90,1	72	29.773[d]	0,84	0,84	0,95	0,878	– 23
26 Chipre	77,8	95,9	79[e]	14.201[d]	0,88	0,90	0,83	0,870	6
27 Grecia	78,1	96,6	79	12.769[d]	0,89	0,91	0,81	0,867	8
28 Portugal	75,3	90,8	91	14.270	0,84	0,91	0,83	0,858	3

Clasificación según el IDH	Esperanza de vida al nacer (años) 1997	Tasa de alfabetización de adultos (%) 1997	Tasa bruta de matriculación (primaria, secundaria y terciaria combinada) (%) 1997	PIB real per cápita (PPA en dólares) 1997	Índice de esperanza de vida	Índice de escolaridad	Índice de PIB	Valor del Índice de Desarrollo Humano (IDH) 1997	según PIB real per cápita (PPA en dólares) menos clasificación según IDH[a]
29 Barbados	76,4	97,6	80	12.001[d]	0,86	0,92	0,80	0,857	8
30 República de Corea	72,4	97,2	90	13.590	0,79	0,95	0,82	0,852	3
31 Bahamas	73,8	95,8	74	16.705[d]	0,81	0,88	0,85	0,851	– 3
32 Malta	77,2	91,1	78	13.180	0,87	0,87	0,81	0,850	2
33 Eslovenia	74,4	99,0[f]	76	11.800	0,82	0,91	0,80	0,845	5
34 Chile	74,9	95,2	77	12.730	0,83	0,89	0,81	0,844	2
35 Kuwait	75,9	80,4	57	25.314[d]	0,85	0,73	0,92	0,833	–30
36 República Checa	73,9	99,0[b]	74	10.510	0,81	0,91	0,78	0,833	3
37 Bahrein	72,9	86,2	81	16.527[d]	0,80	0,85	0,85	0,832	–8
38 Antigua y Barbuda	75,0[g]	95,0[g, h]	76[b]	9.692[d]	0,83	0,89	0,76	0,828	5
39 Argentina	72,9	96,5	79	10.300	0,80	0,91	0,77	0,827	1
40 Uruguay	73,9	97,5	77	9.200	0,82	0,91	0,75	0,826	5
41 Qatar	71,7	80,0	71	20.987[d]	0,78	0,77	0,89	0,814	–23
42 Eslovaquia	73,0	99,0[b]	75	7.910	0,80	0,91	0,73	0,813	9
43 Emiratos Árabes Unidos	74,8	74,8	69	19.115[d]	0,83	0,73	0,88	0,812	–18
44 Polonia	72,5	99,0[f]	77	6.520	0,79	0,92	0,70	0,802	18
45 Costa Rica	76,0	95,1	66	6.650	0,85	0,85	0,70	0,801	16
Desarrollo humano medio	66,6	75,9	64	3.327	0,69	0,72	0,58	0,662	—
46 Trinidad y Tobago	73,8	97,8	66	6.840	0,81	0,87	0,71	0,797	11
47 Hungría	70,9	99,0[f]	74	7.200	0,76	0,91	0,71	0,795	8
48 Venezuela	72,4	92,0	67	8.860	0,79	0,84	0,75	0,792	–2
49 Panamá	73,6	91,1	73	7.168[d]	0,81	0,85	0,71	0,791	7
50 México	72,2	90,1	70	8.370	0,79	0,83	0,74	0,786	–3
51 Saint Kitts y Nevis	70,0[g]	90,0[g, h]	78[b]	8.017[d]	0,75	0,86	0,73	0,781	–1
52 Granada	72,0[i]	96,0[g, h]	78[b]	4.864[d]	0,78	0,90	0,65	0,777	22
53 Dominica	74,0[g]	94,0[i]	77[b]	4.320	0,82	0,88	0,63	0,776	27
54 Estonia	68,7	99,0[b]	81	5.240	0,73	0,93	0,66	0,773	15
55 Croacia	72,6	97,7	67	4.895[d]	0,79	0,88	0,65	0,773	18
56 Malasia	72,0	85,7	65	8.140	0,78	0,79	0,73	0,768	–7
57 Colombia	70,4	90,9	71	6.810	0,76	0,84	0,70	0,768	1
58 Cuba	75,7	95,9	72	3.100[b]	0,84	0,88	0,57	0,765	47
59 Mauricio	71,4	83,0	63	9.310	0,77	0,76	0,76	0,764	–15
60 Belarús	68,0	99,0[f]	80	4.850	0,72	0,93	0,65	0,763	15

Clasificación según el IDH	Esperanza de vida al nacer (años) 1997	Tasa de alfabetización de adultos (%) 1997	Tasa bruta de matriculación (primaria, secundaria y terciaria combinada) (%) 1997	PIB real per cápita (PPA en dólares) 1997	Índice de esperanza de vida	Índice de escolaridad	Índice de PIB	Valor del Índice de Desarrollo Humano (IDH) 1997	Clasificación según PIB real per cápita (PPA en dólares) menos clasificación según IDH[a]
61 Fiji	72,7	91,8	80	3.990	0,79	0,88	0,62	0,763	26
62 Lituania	69,9	99,0[f]	75	4.220	0,75	0,91	0,62	0,761	22
63 Bulgaria	71,1	98,2	70	4.010	0,77	0,89	0,62	0,758	23
64 Suriname	70,1	93,5	71[b]	5.161[d]	0,75	0,86	0,66	0,757	6
65 Jamahiriya Árabe Libia	70,0	76,5	92	6.697[d]	0,75	0,82	0,70	0,756	–6
66 Seychelles	71,0[g]	84,0[g, h]	61[b]	8.171[d]	0,77	0,76	0,73	0,755	–18
67 Tailandia	68,8	94,7	59	6.690	0,73	0,83	0,70	0,753	–7
68 Rumania	69,9	97,8	68	4.310	0,75	0,88	0,63	0,752	13
69 Líbano	69,9	84,4	76	5.940	0,75	0,82	0,68	0,749	–4
70 Samoa occidental	71,3	98,0[g, h]	66	3.550	0,77	0,87	0,60	0,747	22
71 Federación Rusa	66,6	99,0[f]	77	4.370	0,69	0,92	0,63	0,747	8
72 Ecuador	69,5	90,7	73	4.940	0,74	0,85	0,65	0,747	0
73 Macedonia	73,1	94,0[b]	70	3.210	0,80	0,86	0,58	0,746	28
74 Letonia	68,4	99,0[f]	71	3.940	0,72	0,90	0,61	0,744	15
75 S. Vic. y las Granadinas	73,0[g]	82,0[g, h]	78[b]	4.250[d]	0,80	0,81	0,63	0,744	8
76 Kazajstán	67,6	99,0[b]	76	3.560	0,71	0,91	0,60	0,740	15
77 Filipinas	68,3	94,6	82	3.520	0,72	0,90	0,59	0,740	16
78 Arabia Saudita	71,4	73,4	56	10.120	0,77	0,67	0,77	0,740	–37
79 Brasil	66,8	84,0	80	6.480	0,70	0,83	0,70	0,739	–16
80 Perú	68,3	88,7	78	4.680	0,72	0,85	0,64	0,739	–3
81 Santa Lucía	70,0[g]	82,0[h, i]	74[b]	5.437[d]	0,75	0,79	0,67	0,737	–14
82 Jamaica	74,8	85,5	63	3.440	0,83	0,78	0,59	0,734	15
83 Belice	74,7	75,0[h, j]	72	4.300	0,83	0,74	0,63	0,732	–1
84 Paraguay	69,6	92,4	64	3.980	0,74	0,83	0,61	0,730	4
85 Georgia	72,7	99,0[g, h]	71	1.960	0,80	0,90	0,50	0,729	37
86 Turquía	69,0	83,2	61	6.350	0,73	0,76	0,69	0,728	–22
87 Armenia	70,5	98,8[b]	72	2.360	0,76	0,90	0,53	0,728	26
88 República Dominicana	70,6	82,6	66	4.820	0,76	0,77	0,65	0,726	–12
89 Omán	70,9	67,1	58	9.960[d]	0,76	0,64	0,77	0,725	–47
90 Sri Lanka	73,1	90,7	66	2.490	0,80	0,82	0,54	0,721	22
91 Ucrania	68,8	99,0[h, j]	77	2.190	0,73	0,92	0,52	0,721	27
92 Uzbekistán	67,5	99,0[i]	76	2.529[d]	0,71	0,91	0,54	0,720	19
93 Maldivas	64,5	95,7	74	3.690	0,66	0,89	0,60	0,716	–3
94 Jordania	70,1	87,2	66[b]	3.450	0,75	0,80	0,59	0,715	2
95 Rep. Isl. de Irán	69,2	73,3	72	5.817[d]	0,74	0,73	0,68	0,715	–29
96 Turkmenistán	65,4	98,0[g, h]	90[k]	2.109[d]	0,67	0,95	0,51	0,712	24

Clasificación según el IDH	Esperanza de vida al nacer (años) 1997	Tasa de alfabetización de adultos (%) 1997	Tasa bruta de matriculación (primaria, secundaria y terciaria combinada) (%) 1997	PIB real per cápita (PPA en dólares) 1997	Índice de esperanza de vida	Índice de escolaridad	Índice de PIB	Valor del Índice de Desarrollo Humano (IDH) 1997	Clasificación según PIB real per cápita (PPA en dólares) menos clasificación según IDH[a]
97 Kirguistán	67,6	97,0[g, h]	69	2.250	0,71	0,88	0,52	0,702	19
98 China	69,8	82,9	69	3.130	0,75	0,78	0,57	0,701	6
99 Guyana	64,4	98,1	64	3.210	0,66	0,87	0,58	0,701	2
100 Albania	72,8	85,0[b]	68	2.120	0,80	0,79	0,51	0,699	19
101 Sudáfrica	54,7	84,0	93	7.380	0,50	0,87	0,72	0,695	–47
102 Túnez	69,5	67,0	70	5.300	0,74	0,68	0,66	0,695	–34
103 Azerbaiyán	69,9	96,3[b]	71	1.550	0,75	0,88	0,46	0,695	34
104 República de Moldova	67,5	98,3	70	1.500	0,71	0,89	0,45	0,683	35
105 Indonesia	65,1	85,0	64	3.490	0,67	0,78	0,59	0,681	–11
106 Cabo Verde	68,9	71,0	77	2.990	0,73	0,73	0,57	0,677	1
107 El Salvador	69,1	77,0	64	2.880	0,74	0,73	0,56	0,674	1
108 Tayikistán	67,2	98,9	69	1.126[d]	0,70	0,89	0,40	0,665	46
109 Argelia	68,9	60,3	68	4.460	0,73	0,63	0,63	0,665	–31
110 Vietnam	67,4	91,9	62	1.630	0,71	0,82	0,47	0,664	23
111 República Árabe Siria	68,9	71,6	60	3.250	0,73	0,68	0,58	0,663	–11
112 Bolivia	61,4	83,6	70	2.880	0,61	0,79	0,56	0,652	–4
113 Swazilandia	60,2	77,5	73	3.350	0,59	0,76	0,59	0,644	–15
114 Honduras	69,4	70,7	58	2.220	0,74	0,66	0,52	0,641	3
115 Namibia	52,4	79,8	82	5.010	0,46	0,81	0,65	0,638	–44
116 Vanuatu	67,4	64,0[g, h]	47	3.480	0,71	0,58	0,59	0,627	–21
117 Guatemala	64,0	66,6	47	4.100	0,65	0,60	0,62	0,624	–32
118 Islas Salomón	71,7	62,0[g, h]	46	2.310	0,78	0,57	0,52	0,623	–3
119 Mongolia	65,8	84,0	55	1.310	0,68	0,74	0,43	0,618	26
120 Egipto	66,3	52,7	72	3.050	0,69	0,59	0,57	0,616	–14
121 Nicaragua	67,9	63,4	63	1.997[d]	0,71	0,63	0,50	0,616	0
122 Botswana	47,4	74,4	70	7.690	0,37	0,73	0,72	0,609	–70
123 Santo Tomé y Príncipe	64,0[g]	75,0[l]	57[b]	1.851[d]	0,65	0,69	0,49	0,609	3
124 Gabón	52,4	66,2	60[k]	7.550	0,46	0,64	0,72	0,607	–71
125 Iraq	62,4	58,0[g, h]	51	3.197[d]	0,62	0,56	0,58	0,586	–22
126 Marruecos	66,6	45,9	49	3.310	0,69	0,47	0,58	0,582	–27
127 Lesotho	56,0	82,3	58	1.860	0,52	0,74	0,49	0,582	–2
128 Myanmar	60,1	83,6	55	1.199[d]	0,59	0,74	0,41	0,580	23
129 Papúa-Nueva Guinea	57,9	73,7	37	2.654[d]	0,55	0,61	0,55	0,570	–19
130 Zimbabwe	44,1	90,9	68	2.350	0,32	0,83	0,53	0,560	–16
131 Guinea Ecuatorial	50,0	79,9	64[e]	1.817[d]	0,42	0,75	0,48	0,549	–3
132 India	62,6	53,5	55	1.670	0,63	0,54	0,47	0,545	–1

Clasificación según el IDH	Esperanza de vida al nacer (años) 1997	Tasa de alfabetización de adultos (%) 1997	Tasa bruta de matriculación (primaria, secundaria y terciaria combinada) (%) 1997	PIB real per cápita (PPA en dólares) 1997	Índice de esperanza de vida	Índice de escolaridad	Índice de PIB	Valor del Índice de Desarrollo Humano (IDH) 1997	Clasificación según PIB real per cápita (PPA en dólares) menos clasificación según IDH[a]
133 Ghana	60,0	66,4	42	1.640	0,58	0,58	0,47	0,544	–1
134 Camerún	54,7	71,7	43	1.890	0,50	0,62	0,49	0,536	–11
135 Congo	48,6	76,9	68	1.620	0,39	0,74	0,46	0,533	–1
136 Kenia	52,0	79,3	50	1.190	0,45	0,69	0,41	0,519	16
137 Camboya	53,4	66,0[j]	61	1.290	0,47	0,64	0,43	0,514	10
138 Pakistán	64,0	40,9	43	1.560	0,65	0,41	0,46	0,508	–3
139 Comoras	58,8	55,4	39	1.530	0,56	0,50	0,46	0,506	–1
Desarrollo humano bajo	50,6	48,5	39	982	0,43	0,45	0,38	0,416	—
140 Rep. Dem. Pop. Laos	53,2	58,6	55	1.300	0,47	0,57	0,43	0,491	6
141 Rep. Dem. del Congo	50,8	77,0[h, i]	39	880	0,43	0,64	0,36	0,479	21
142 Sudán	55,0	53,3	34	1.560	0,50	0,47	0,46	0,475	–7
143 Togo	48,8	53,2	61	1.490	0,40	0,56	0,45	0,469	–3
144 Nepal	57,3	38,1	59	1.090	0,54	0,45	0,40	0,463	11
145 Bhután	60,7	44,2	12	1.467[d]	0,60	0,33	0,45	0,459	–3
146 Nigeria	50,1	59,5	54	920	0,42	0,58	0,37	0,456	15
147 Madagascar	57,5	47,0[h, j]	39	930	0,54	0,44	0,37	0,453	13
148 Yemen	58,0	42,5	49	810	0,55	0,45	0,35	0,449	18
149 Mauritania	53,5	38,4	41	1.730	0,47	0,39	0,48	0,447	–20
150 Bangladesh	58,1	38,9	35	1.050	0,55	0,38	0,39	0,440	6
151 Zambia	40,1	75,1	49	960	0,25	0,67	0,38	0,431	8
152 Haití	53,7	45,8	24	1.270	0,48	0,39	0,42	0,430	–4
153 Senegal	52,3	34,6	35	1.730	0,46	0,35	0,48	0,426	–24
154 Costa de Marfil	46,7	42,6	40	1.840	0,36	0,42	0,49	0,422	–27
155 Benin	53,4	33,9	42	1.270	0,47	0,37	0,42	0,421	–7
156 Rep. Unida de Tanzania	47,9	71,6	33	580	0,38	0,59	0,29	0,421	16
157 Djibouti	50,4	48,3	21	1.266[d]	0,42	0,39	0,42	0,412	–7
158 Uganda	39,6	64,0	40	1.160	0,24	0,56	0,41	0,404	–5
159 Malawi	39,3	57,7	75	710	0,24	0,63	0,33	0,399	10
160 Angola	46,5	45,0[h, j]	27	1.430	0,36	0,39	0,44	0,398	–17
161 Guinea	46,5	37,9	28	1.880	0,36	0,34	0,49	0,398	–37
162 Chad	47,2	50,3	29	970	0,37	0,43	0,38	0,393	–4
163 Gambia	47,0	33,1	41	1.470	0,37	0,36	0,45	0,391	–22
164 Ruanda	40,5	63,0	43	660	0,26	0,56	0,31	0,379	6
165 Rep. Centroafricana	44,9	42,4	26	1.330	0,33	0,37	0,43	0,378	–21

Clasificación según el IDH	Esperanza de vida al nacer (años) 1997	Tasa de alfabetización de adultos (%) 1997	Tasa bruta de matriculación (primaria, secundaria y terciaria combinada) (%) 1997	PIB real per cápita (PPA en dólares) 1997	Índice de esperanza de vida	Índice de escolaridad	Índice de PIB	Valor del Índice de Desarrollo Humano (IDH) 1997	Clasificación según PIB real per cápita (PPA en dólares) menos clasificación según IDH[a]
166 Mali	53,3	35,5	25	740	0,47	0,32	0,33	0,375	1
167 Eritrea	50,8	25,0[j]	27	820	0,43	0,26	0,35	0,346	–2
168 Guinea-Bissau	45,0	33,6	34	861[d]	0,33	0,34	0,36	0,343	–5
169 Mozambique	45,2	40,5	25	740	0,34	0,35	0,33	0,341	–2
170 Burundi	42,4	44,6	23	630	0,29	0,37	0,31	0,324	1
171 Burkina Faso	44,4	20,7	20	1.010	0,32	0,20	0,39	0,304	–14
172 Etiopía	43,3	35,4	24	510	0,31	0,32	0,27	0,298	1
173 Níger	48,5	14,3	15	850	0,39	0,14	0,36	0,298	–9
174 Sierra Leona	37,2	33,3	30[e]	410	0,20	0,32	0,24	0,254	0
Todos los países en desarrollo	64,4	71,4	59	3.240	0,66	0,67	0,58	0,637	—
Países menos adelantados	51,7	50,7	37	992	0,44	0,46	0,38	0,430	—
África subsahariana	48,9	58,5	44	1.534	0,40	0,54	0,46	0,463	—
Estados árabes	65,1	58,6	59	4.094	0,67	0,59	0,62	0,626	—
Asia oriental	70,0	83,4	69	3.601	0,75	0,79	0,60	0,712	—
Asia oriental (con exclusión de China)	72,8	96,1	85	14.300	0,80	0,92	0,83	0,849	—
Asia sudoriental y el Pacífico	65,9	87,9	65	3.697	0,68	0,80	0,60	0,695	—
Asia meridional	62,7	52,2	52	1.803	0,63	0,52	0,48	0,544	—
Asia meridional (con exclusión de la India)	63,0	48,4	47	2.147	0,63	0,48	0,51	0,542	—
América Latina y el Caribe	69,5	87,2	72	6.868	0,74	0,82	0,71	0,756	—
Europa oriental y la CEI	68,6	98,7	76	4.243	0,73	0,91	0,63	0,754	—
Países industrializados	77,7	98,7	92	23.741	0,88	0,96	0,91	0,919	—
Total mundial	66,7	78,0	63	6.332	0,69	0,73	0,69	0,706	—

[a] Una cifra positiva indica que la clasificación según el IDH es más alta que la clasificación según el PIB real per cápita (PPA en dólares); una cifra negativa indica lo contrario.
[b] Estimación de la OIDH.
[c] Máximo 100 por 100.
[d] Heston y Summers, 1999.
[e] UNESCO, 1997.
[f] Máximo 99,0 por 100.
[g] UNICEF, 1999a.
[h] Los datos se refieren a un año o período distinto del especificado en el encabezamiento de la columna, difieren de la definición normal o se refieren a sólo parte del país.
[i] UNICEF, 1998b.
[j] Estimación de la OIDH basada en fuentes nacionales.
[k] UNESCO, 1996.
[l] Banco Mundial, 1997b.

Fuentes: Columna 1: A menos que se indique otra cosa, cálculos basados en datos de la ONU, 1998h; *columna 2:* a menos que se indique otra cosa, cálculos basados en datos de la UNESCO, 1999a; *columna 3:* a menos que se indique otra cosa, UNESCO, 1997b; *columna 4:* a menos que se indique otra cosa, cálculos basados en datos de Banco Munidal, 1999f; *columnas 5 a 9:* cálculos de la OIDH.

RESUMEN

Las *diversas teorías del desarrollo* pretenden dilucidar las causas del subdesarrollo y las estrategias necesarias para salir de dicho estadio. Difieren entre ellas respecto al *carácter exógeno o endógeno los factores de desarrollo* y, consiguientemente, respecto a las políticas necesarias a corto, medio y largo plazo. Pero el *concepto de desarrollo* utilizado por todas ellas se centra en la identificación con el proceso de desarrollo capitalista llevado a cabo en el Centro del Sistema, que se define como *progreso, bienestar* y *modernización* institucional. La visión economicista de ese proceso mide la dinámica y el nivel de desarrollo a través del mero crecimiento económico, que cristaliza en el uso del *PNB per cápita*, como indicador sintético del desarrollo de las economías nacionales. La crítica a la óptica economicista ha destacado las *deficiencias* que tiene dicho indicador tanto como indicador económico como en cuanto a indicador de desarrollo, especialmente en las condiciones de subdesarrollo, ya que no refleja convincentemente la riqueza no monetaria, el poder adquisitivo real, el sector informal, la desigual distribución del ingreso, etc. Se ha propuesto, alternativamente, el uso de *indicadores sociales* (sobre salud y nutrición, educación, etc.), que a la postre, más que una alternativa, son necesarias matizaciones al desarrollo económico. Actualmente, la polémica sobre la medición se ha trasladado al propio concepto de desarrollo, en un intento de centrar en las personas y en su relación con el entorno medioambiental la senda del progreso y bienestar. Han surgido así nuevos conceptos de desarrollo como el *desarrollo humano* y el *desarrollo sostenible*, con significativas implicaciones para el futuro de la cooperación internacional para el desarrollo.

LECTURAS PARA LA REFLEXIÓN

«En realidad, ni la teoría del comercio internacional ni la teoría económica general fueron concebidas nunca para explicar las realidades del subdesarrollo y desarrollo económicos. (...)

(...) Como es natural en la realidad en que vivimos, no existe distinción alguna entre los hechos que corresponden a nuestra tradicional división escolástica de las ciencias sociales en disciplinas distintas. El análisis realista de los problemas no puede detenerse nunca ante tales líneas divisorias. En verdad, la distinción que se hace entre los factores que son "económicos" y aquellos que "no lo son" es un artificio inútil y carente de sentido desde el punto de vista de la lógica, que debiera reemplazarse por una distinción entre factores "pertinentes" y "no pertinentes", o mejor aún, entre factores "más pertinentes" o "menos pertinentes", con la particularidad de que no debe esperarse que esta última línea divisoria sea la misma para problemas distintos.»

G. Myrdal: *Teoría económica y regiones subdesarrolladas.*
FCE, 1962 (2.ª edición), págs. 19-21.

«Desde la perspectiva de desarrollo que proporcionan las variables convencionales, la calidad de vida y el bienestar se contemplan exclusivamente como si fueran una expresión lineal de la cantidad producida en la órbita monetaria. (...) Se llegaría —y de hecho se llega— al extremo paradójico de que el estrés, la inestabilidad psicológica, la infelicidad, la destrucción de la vida o la riqueza, en suma, contribuyan decisivamente al crecimiento económico. (...) Como decía R. Garaudy, el crecimiento económico es "el dios oculto de nuestras sociedades. Y se trata de un dios cruel: exige sacrificios humanos".»

J. Torres: *La otra cara de la política económica.*
La Catarata, Madrid, 1994, págs. 212-213.

PALABRAS CLAVE

- Economía del desarrollo
- Progreso
- Bienestar
- Modernización
- Crecimiento económico
- Economicismo
- Indicadores sociales
- Necesidades básicas
- Índices de desarrollo
- Desarrollo humano

BIBLIOGRAFÍA BREVE

M. Blomström y B. Hettne: *La Teoría del Desarrollo Económico en transición.* FCE, México, 1990.

P. Bustelo: *Teorías contemporáneas de desarrollo.* Síntesis, Madrid, 1998.

T. Dos Santos: «La teoría de la Dependencia. Un balance histórico y teórico», en F. Lopez Segrera (de): *Los retos de la globalización. Ensayos en homenaje a Theotonio Dos Santos.* CRESALC/UNESCO, Caracas, 1998, vol. 1.

L. Doyal e I. Gough: *Teoría de las necesidades humanas.* Icaria/FUHEM, Barcelona, 1994.

A. Gunder Frank: *El subdesarrollo del desarrollo.* IEPALA, Madrid, 1991.

R. M. Marini y T. Dos Santos (Coord.): *El pensamiento social latinoamericano en el siglo XX.* IESALC/UNESCO, Caracas, 1999.

J. Martínez Peinado: *El capitalismo global: límites al desarrollo y a la cooperación.* Icaria, Barcelona, 1999.

PNUD: *Informe sobre el Desarrollo Humano*, 1999. Mundiprensa, Madrid, 1999.

P. Streeten: *Fronteras de los Estudios sobre Desarrollo.* FCE, México, 1982.

CAPÍTULO 23
La estructura económica mundial (I): El comercio Centro-Periferia

PEDRO TALAVERA DÉNIZ
JAVIER MARTÍNEZ PEINADO

En los capítulos anteriores se han caracterizado los componentes del Sistema Mundial, su Centro y su Periferia. Las relaciones establecidas entre ambos configuran la estructura económica mundial, es decir, la estructura sistémica. O sea, las relaciones económicas que tienen lugar entre los países desarrollados y los subdesarrollados hacen que cada país se mantenga en el grupo correspondiente, de tal manera que el Sistema reproduce dinámicamente su estructura dicotómica.

En este capítulo se expone cómo las relaciones comerciales Centro-Periferia reproducen la posición de cada país en el Sistema y son así un mecanismo de reproducción de la estructura económica mundial (en el próximo capítulo se procederá de forma similar en lo concerniente a las relaciones financieras). Se pondrá, pues, de manifiesto cómo la estructura exportadora de la Periferia, el deterioro de la relación real de intercambio entre sus exportaciones y sus importaciones, los controles monopolísticos y las características de los mercados mundiales, y la propia política comercial de los países del Centro, hacen del comercio internacional un obstáculo formidable para el desarrollo de la Periferia, contrariamente a lo argumentado por la economía convencional que predica la bonanza de la especialización comercial basada en las ventajas comparativas.

23.1. EL COMERCIO CENTRO-PERIFERIA: ANÁLISIS CUANTITATIVO

Aunque el comercio entre el Centro y la Periferia del sistema es una parte relativamente pequeña de la circulación mundial de mercancías, es determinantemente significativa tanto para la globalidad del sistema como para sus componentes. Al respecto, hay que considerar tanto la *participación en* como la *dirección de* los intercambios comerciales.

La Periferia y el comercio mundial de mercancías

La participación de los distintos países y regiones en el comercio internacional ha sufrido cambios significativos a lo largo de las últimas décadas a causa de los nuevos tipos de especialización productiva. Así, se aprecia un proceso de creciente participación de los países desarrollados y de los nuevos países industrializados asiáticos (NPIAs) y una creciente marginación comercial de determinadas regiones de los países periféricos como son los países africanos y latinoamericanos. Según datos del FMI, en los años noventa los países centrales representaban las tres cuartas partes de las exportaciones totales de bienes y servicios y los países periféricos y en transición sumaban sólo una cuarta parte.

En términos agregados la participación en el comercio mundial de los países periféricos se ha mantenido en las mismas proporciones a lo largo de las últimas décadas. Lo que se ha producido es un vuelco significativo

Cuadro 23.1. Participación en el comercio mundial de mercancías por regiones, 1980-1996 (%).

	Exportaciones		Importaciones	
	1980	**1997**	**1980**	**1997**
Total mundial	100,0	100,0	100,0	100,0
América del Norte	14,5	17,0	15,5	20,1
Europa occidental	40,2	42,9	44,8	41,4
Asia	15,6	26,0	16,7	24,2
América Latina	5,4	5,3	5,9	5,8
Oriente Medio	10,6	3,1	5,0	2,6
PECO,s/CEI	7,8	3,4	7,5	3,5
África	5,9	2,3	4,7	2,3

Fuente: OMC: *Informe Anual*, 1998. Ginebra.

dentro de este grupo. Así, América Latina ha ido disminuyendo su participación en el comercio mundial, pasando del 7,7 por 100 de las exportaciones mundiales en 1960 al 4,6 por 100 en 1996. Igual tendencia se aprecia en el continente africano, que entre esos años reduce a la mitad su participación en el comercio mundial (del 4,4 al 2,1 por 100). Estas cifras son todavía más dramáticas si nos referimos al grupo de países que forman el África subsahariana. Por último, los NPIAs y China tienen los niveles de mayor crecimiento en el comercio mundial, participando de manera creciente en dicho comercio de mercancías.

La explicación sobre este comportamiento comercial de las regiones y países de la Periferia tiene que ver, sobre todo, con su especialización productiva. Para la mayoría de los países periféricos continúa aún vigente la división internacional del trabajo clásica, en el sentido de que siguen especializados básicamente en líneas de producción y exportación de productos primarios con destino a los mercados del Centro, de donde importan mayoritariamente los productos manufacturados.

No obstante, se han producido cambios, originados por la industrialización periférica o la especialización minera o petrolera, en la propia estructura de la Periferia. Se pueden distinguir tres grupos de países con un papel y un peso en el comercio Centro-Periferia claramente diferentes: los exportadores de petróleo, los exportadores de manufacturas y los exportadores de productos básicos excluyendo el petróleo, que sería el grupo más numeroso. Los países exportadores de manufacturas se concentran en los países asiáticos más industrializados y en los países más grandes de América Latina (Brasil, Argentina, México). Estos países van dando cuenta cada vez más del grueso de las exportaciones y de las importaciones de la Periferia, tanto por su mayor dinamismo como por el alto valor de su comercio, en comparación a unos productos primarios cuyos términos de intercambio respecto a los productos manufacturados tienden a deteriorarse secularmente.

Así pues, el comercio de un gran número de países subdesarrollados depende en gran medida de las características y problemas específicos del comercio de productos básicos, que se han agudizado poderosamente durante la actual fase de crisis internacional. Se ha incrementado la inestabilidad de precios y de volúmenes de exportación de dichos productos, ha aumentado aún más el control de las empresas multinacionales en las fases de financiación y comercialización y ha tenido lugar una brusca y generalizada caída de los precios de estos productos básicos en estos años.

Y aunque cabe insistir en el cambio de la composición de las exportaciones periféricas hacia una mayor participación de las manufacturas en la última década, el mantenimiento del carácter primario-exportador en muchas economías periféricas dota de especial relevancia a esta temática. Los Cuadros 23.2 y 23.3 reflejan la composición de las exportaciones e importaciones de la Periferia.

Cuadro 23.2. Composición de las exportaciones de mercancías de las regiones periféricas, 1997 (%).

	Agropecuario	Extractivas	Manufacturas	Total
América Latina	24,7	23,2	51,9	100,0
África	17,6	48,4	27,3	100,0
Oriente Medio	3,5	74,9	20,8	100,0
Asia	8,2	6,7	82,9	100,0

Fuente: OMC: *Informe Anual*, 1998.

Cuadro 23.3. Composición de las importaciones de mercancías de las regiones periféricas, 1997 (%).

	Agropecuario	Extractivas	Manufacturas	Total
América Latina	10,7	9,6	77,4	100,0
África	17,0	9,4	71,0	100,0
Oriente Medio	13,9	6,1	76,7	100,0
Asia	11,4	15,0	71,4	100,0

Fuente: OMC: *Informe Anual*, 1998.

La matriz origen-destino del comercio Centro-Periferia

Hay un elemento fundamental de asimetría en el comercio Centro-Periferia, que es el siguiente: si bien la Periferia es sólo un «apéndice» (estratégica o materialmente todo lo insustituible que se quiera) en el comercio del Centro, en el sentido de que el Centro es el propio mercado del Centro, la Periferia destina la mayor parte de sus exportaciones al Centro, es decir, el Centro es también el mercado de la Periferia.

Desde un punto de vista de la demanda, la «interdependencia» comercial es asimétrica y adquiere la forma de dependencia comercial estructural. Esta asimetría se concreta en términos globales en que mientras la Periferia coloca la mayor parte de sus exportaciones en el Centro, éste apenas destina una quinta parte de sus exportaciones a su Periferia. Concretando más a nivel regional, la diagonal principal del Cuadro 23.4 muestra cómo el comercio intrarregional es muy superior en el Centro que en la Periferia en todas las regiones de ambos.

Cuadro 23.4. Comercio intrarregional e interregional de las exportaciones totales de mercancías de cada región, 1997 (%).

Origen/Destino	AN	AL	EO	Asia	África	OM	PECO,s/CEI
América del Norte (AN)	36,2	15,3	18,6	24,9	1,4	2,5	0,9
Europa occidental (EO)	8,3	2,5	67,0	9,3	2,6	2,6	5,6
América Latina (AL)	52,1	20,5	15,0	8,6	1,2	1,1	1,2
Asia	23,8	2,5	16,5	50,7	1,5	2,6	1,1
Oriente Medio (OM)	12,5	1,7	21,3	52,5	3,8	6,6	0,8
PECO,s/CEI	4,7	1,8	59,7	9,1	1,4	2,5	18,6
Total mundial	19,6	5,6	40,8	24,7	2,2	2,7	3,6

Fuente: OMC: *Informe Anual*, 1998.

Con estas características, cabe plantearse si la especialización de la Periferia en la producción y exportación de productos básicos o en manufacturas intensivas en trabajo la sitúa en una posición ventajosa en el comercio internacional.

23.2. DIVISIÓN INTERNACIONAL DEL TRABAJO Y VENTAJAS COMPARATIVAS

Desde el punto de vista interno de la Periferia cualquier ámbito económico debe vincularse a su papel en el proceso de desarrollo. Y el comercio exterior no es una excepción. La relación teórica entre el comercio internacional y el desarrollo adquiere, pues, una importancia fundamental. Se trata, en definitiva, de diagnosticar si las formas de inserción de las economías periféricas en el mercado mundial contribuyen o no al desarrollo de estos países.

La teoría clásica de las ventajas comparativas de David Ricardo muestra que todos los países ganan con el comercio, exportando los productos o servicios en los que ostentan su mayor ventaja comparativa en productividad e importando aquellos en los que tiene la menor ventaja comparativa. La teoría neoclásica de Heckscher-Ohlin predice que los países exportan los productos que utilizan intensivamente sus factores productivos abundantes. Estos paradigmas eran los fundamentos teóricos que sostenían la existencia de una vinculación favorable entre el comercio internacional y el desarrollo de los países periféricos. Los argumentos convencionales pueden resumirse en los siguientes puntos:

- El comercio exterior estimula el crecimiento económico al incrementarse la producción de productos básicos que se dirige al mercado mundial.
- El comercio exterior fomenta el desarrollo al promover y remunerar a los sectores de la economía que poseen «ventajas comparativas», tanto en recursos naturales como en coste de la fuerza de trabajo.
- Los países deben acatar el principio de las ventajas comparativas, participando en un mercado de libre comercio donde los precios y los costes internacionales de producción determinan cuánto deberá comerciar un país para alcanzar el desarrollo.

Este principio de las ventajas comparativas conduce a una elevación de los ingresos reales de los países por la eficiente utilización de los recursos propios y promueve la igualdad interna e internacional de la rentabilidad de los factores productivos.

La libertad de comercio favorece, en definitiva, el crecimiento y el desarrollo de los países participantes, por lo que se hace necesaria una política comercial abierta y, por tanto, no autárquica.

Estos argumentos se basan en una serie de supuestos poco realistas y que no se cumplen en la mayoría de los casos. La realidad del comercio de los países periféricos parece desmontar los argumentos favorables y los supuestos en los que se basa. En efecto, las condiciones en que se realiza el comercio de dichos países, teniendo en cuenta la estructura del comercio internacional, permite aseverar que el comercio exterior de los países periféricos no estimula necesariamente su desarrollo económico y, por el contrario, tiende a reforzar las desigualdades existentes entre el Centro y la Periferia:

1. *El comercio exterior de los países periféricos no estimula necesariamente su desarrollo económico.*

Un aumento de las exportaciones de productos básicos supone un crecimiento de la producción interna y de los ingresos totales que estimula el crecimiento de la demanda interna y, en general, de la economía del país. Pero este crecimiento no provoca el desarrollo de estos países primario-exportadores, dadas las propias características estructurales de dicho comercio, como son, entre otras:

- Las fluctuaciones de la demanda externa de los países consumidores (desarrollados).
- Las fluctuaciones de los precios de los productos básicos.
- El control comercial de las «trading companies».

Además, se refuerza la propia estructura económica dual, continuando el proceso de desarticulación interna y de dependencia externa.

2. *La política comercial de los países centrales afecta negativamente al comercio de los países periféricos.*

Ello es una consecuencia directa del carácter de las relaciones de dominación-dependencia.

Las políticas comerciales de los países centrales tienen una gran incidencia en el comercio de productos básicos y manufacturados de las economías periféricas.

Dichas políticas consisten en:

- La aplicación de barreras arancelarias y no arancelarias a la importación de productos básicos desde la Periferia (crecientes mientras más elevado sea el grado de procesamiento), aplicación que supone una restricción de la expansión y el volumen de ingresos de las exportaciones, obstaculizando la diversificación industrial y reduciendo el precio efectivo recibido por dichos países, deteriorándose la relación real de intercambio.
- El estímulo, por parte de los países desarrollados, de sus exportaciones de productos básicos a través de subsidios públicos y reducción de impuestos, lo cual hace a dichos productos más competiti-

vos en el mercado mundial frente a las exportaciones de las economías periféricas, que tienen poca capacidad financiera para incentivar sus exportaciones.

Por otra parte, las políticas internas de los países desarrollados influyen decisivamente en el comercio exterior de los países periféricos. Las políticas de ajuste, por ejemplo, imponen restricciones a las importaciones de los productos básicos y manufacturados procedentes de la Periferia.

3. Las empresas multinacionales controlan en muchos casos la producción y comercialización de las exportaciones de los países periféricos, dominando los mercados internacionales de consumidores y apropiándose, por tanto, de una parte importante del valor final de las mercancías producidas.

A ello contribuye la debilidad de la industria nacional de muchos países primario-exportadores, la inexistencia de canales propios de comercialización, que les hace depender de los «trading companies» y la falta de información sobre los mercados de consumo, sobre todo de los países del Centro a los cuales va destinada la mayor parte de las exportaciones de productos primarios. En concreto, según datos de NN.UU, la producción comercializada por las empresas multinacionales llega en muchos casos al 90 por 100 del total exportado. El número de tales empresas es muy pequeño: entre tres y seis empresas comercializaban, a principios de los ochenta, el 85-90 por 100 de productos como el trigo, el azúcar, el café, el cacao, el algodón, el yute o el tabaco; el 80 por 100 del té, el cobre, el estaño o la bauxita; el 70-75 por 100 del arroz, los plátanos, el caucho o los combustibles; etc.

Cuadro 23.5. Comercio, crecimiento económico y desarrollo humano: no hay un vínculo automático, 1985-1997 (%).

País	Crecimiento anual de las exportaciones	Crecimiento del ingreso per cápita	Reducción de la insuficiencia del IDH
Vínculos más fuertes			
Singapur	12,9	6,2	45
Mauricio	7,9	3,7	38
Hong-Kong	13,0	4,8	33
Vínculos más débiles			
Pakistán	9,0	3,0	17
Uganda	8,0	2,4	5

Fuente: PNUD: *Informe sobre el Desarrollo Humano*, 1999.

23.3. EL DETERIORO DE LOS TÉRMINOS DE INTERCAMBIO

El valor total de los ingresos por exportación de los países depende no sólo de la cantidad vendida en el extranjero, sino del precio de las mercancías, de tal manera que si descendiera el precio de las exportaciones se tendría que exportar una mayor cantidad de mercancías para mantener los mismos ingresos. Igualmente, las divisas que gasta un país en el comercio dependen del volumen y del precio de sus importaciones.

La relación real de intercambio (*RRI*) es el cociente entre el precio de una unidad-tipo de bienes exportados y el precio de una unidad-tipo de bienes importados y se expresa así:

$$RRI = P_x/P_m$$

donde P_x y P_m son los índices de precios de las exportaciones e importaciones respectivamente.

La relación real de intercambio, o los términos de intercambio, se deterioran para un país cuando desciende dicho cociente, o sea, cuando los precios de las exportaciones descienden en relación con el precio de las importaciones, aun cuando ambos puedan incrementarse.

Cuadro 23.6. Precios de exportación de algunos productos básicos, 1986-1997 (índice 1990 = 100).

	1986	1988	1991	1993	1995	1997
Alimentos, bebidas y tabaco	98	110	99	97	118	122
Café	235	159	94	83	184	192
Cacao en grano	163	125	94	88	113	128
Té	95	88	91	91	81	117
Tabaco	93	93	106	80	78	104
Materias primas agrícolas	73	111	96	117	135	120
Algodón	65	77	93	70	119	96
Caucho	93	137	96	96	183	118
Minerales metales no ferrosos	64	118	87	72	100	92
Cobre	51	98	88	72	110	86
Estaño	105	118	91	85	102	93
Petróleo crudo	62	64	84	73	75	84
Total	73	88	90	90	106	105

Fuente: OMC: *Informe Anual*, 1998.

Éste ha sido secularmente el caso de las exportaciones de la Periferia, centradas en los productos básicos. Aunque existen discrepancias respecto a la medición de esta relación, así como a sus resultados, es ya unánimemente aceptado que desde 1956 y hasta 1973 (año de la primera subida fuerte del precio del petróleo) se produce un deterioro y/o estancamiento de la relación real de intercambio. Pero es en la década de los ochenta cuando se produce una brusca caída de los precios de los productos básicos que dará lugar a un fuerte deterioro de la relación real de intercambio. En definitiva, y al margen de algunas coyunturas muy concretas determinadas por acontecimientos extraordinarios (conflictos en Oriente Medio y en zonas productoras de minerales y combustibles), desde finales del siglo XIX se observa empíricamente una tendencia al deterioro de los términos de intercambio para la Periferia, agudizada en la década de los ochenta. En el Cuadro 23.6 se observa el comportamiento de los precios de algunos productos básicos típicos en las exportaciones de la Periferia en los últimos años.

Así pues, la Periferia no se ha beneficiado de su comercio exterior a pesar de haberse especializado en productos para cuya producción estaría «especialmente» dotada por la naturaleza (por el clima o el subsuelo), lo cual exige una explicación alternativa a las supuestas «ventajas comparativas».

Los argumentos tradicionales del deterioro de la RRI: la tesis Prebisch-Singer

En 1950, Raúl Prebisch y Hans Singer, en dos trabajos distintos, llegaban a conclusiones parecidas, en las que rechazaban la teoría de las ventajas comparativas del comercio internacional, mostrando que la relación real de intercambio de los productos primarios de exportación de los países periféricos respecto a los productos manufacturados importados de los países centrales tendía a deteriorarse, dado que los precios de aquéllos mostraban un alza menor que la correspondiente a los precios de los productos manufacturados.

Ambos autores argumentaban que la productividad laboral había crecido con mayor dinamismo en los países centrales que en los países periféricos, por lo que la relación de intercambio debía ser más favorable en la Periferia exportadora de productos básicos que en el Centro exportador de manufacturas. Pero las mediciones efectuadas por ambos autores evidenciaban una tendencia contraria. Ello significaba, ni más ni menos, que los países centrales no sólo se habían apropiado de los incrementos de su productividad laboral en las actividades manufactureras, sino que, además, habían captado para su propio beneficio parte de los incrementos de productividad de la producción primaria de la Periferia.

Para explicar este comportamiento de la relación real de intercambio de los países periféricos exportadores de productos básicos, Prebisch y Singer argumentaron basándose en las características de la demanda y de la oferta de los productos primarios, encontrando en cada caso una serie de factores explicativos del deterioro:

a) En lo que se refiere a la demanda, demostraron que la demanda de estos productos tiende a crecer a un ritmo inferior a la demanda de los productos manufacturados, por dos razones:

- La elasticidad-renta de la demanda es inferior en los productos básicos que en los productos manufacturados, haciendo especial mención a la demanda de alimentos que, de acuerdo a las leyes de Engel, aumenta en menor proporción al incremento del ingreso.
- La introducción de progreso técnico en la actividad industrial tiende a reducir el contenido de materias primas por unidad de producto final.

b) Por lo que respecta a los factores que determinan los precios de oferta de los productos, desvelaron cómo están relacionados con el hecho de las diferentes estructuras económicas y sociales de los países centrales y periféricos. En efecto, partiendo de la relación inversa del índice de precios con el índice de productividad y su relación directa con los ingresos[1], constataron que:

- Los países centrales se apropian «cerradamente» de los incrementos de productividad incrementando los ingresos del capital (beneficios) y del trabajo (salarios) en vez de reducir los precios. Ello está motivado por la presión de las organizaciones sindicales que frenan a la baja los salarios y además porque el componente salarial en los países centrales no sólo es un coste de producción, sino un elemento principal de la demanda global.

---

[1] Esta relación se puede explicar de una forma sencilla así: sea V el valor total de la producción, Q la cantidad producida, a el índice unitario de productividad, L la cantidad de trabajo incorporado, v el índice unitario de salario y p el índice unitario de precios. Entonces:

$$V = Q \times p$$
$$Q = L \times a$$
$$V = L \times v$$

Con lo que

$$V = L \times a \times p = L \times v$$

y entonces

$$p = v/a$$

es decir, los incrementos de productividad pueden repercutir o en un aumento de los ingresos (hasta impedir que caiga el nivel de precios) o en una caída de los precios (si la subida de ingresos no compensa la subida de la productividad) o en una combinación de ambas.

— En los países periféricos, por el contrario, la menor capacidad de negociación de los trabajadores en las actividades primarias no traduce los incrementos de productividad en incremento de salarios. Esto aumentaba los beneficios de los empresarios productores y su tendencia tanto a aumentar la oferta de productos básicos como a ceder parte de los incrementos de productividad disminuyendo los precios en vez de aumentar los salarios.

Por ende, tanto el comportamiento dispar de la demanda de productos básicos y manufacturados como los factores que determinan los precios de oferta, resultan fundamentales para comprender la tendencia al deterioro de los términos del intercambio. En términos muy simples, los efectos de este deterioro se manifiestan principalmente en la necesidad de exportar un mayor volumen de productos primarios para importar una cantidad dada de productos manufacturados.

Los nuevos argumentos de los años ochenta

El fuerte deterioro de la relación real de intercambio en los años ochenta tiene una serie de causas que se añaden a las explicaciones tradicionales realizadas por R. Prebisch y H. Singer.

Dichas causas tienen que ver con los avances tecnológicos que están automatizando y robotizando los procesos productivos, reduciendo los componentes de insumos básicos por unidad de producto final, sustituyendo materiales básicos y transformando la agricultura desde sus fundamentos genéticos. Todo ello, a través de la microelectrónica, la biotecnología (biogenética), la robotización y las comunicaciones (telemática).

Los efectos actuales de este cambio de paradigma tecnológico sobre el deterioro de la relación real de intercambio de los países periféricos, además de los cambios en las pautas de consumo de los países centrales, se explican en parte por los mismos enunciados que ya señalaran Prebisch y Singer, o sea:

— Por la reducción de los componentes primarios en el valor final de la producción manufacturera.
— Por la menor elasticidad-ingreso de la demanda de los productos básicos.

Pero adicionalmente a ellos, cabe considerar los siguientes nuevos factores:

a) *Las modificaciones en la estructura monetaria y financiera internacional y sus efectos en los tipos de cambio e interés*: la política económica de ajuste de EE.UU. a principios de los años ochenta tuvo, entre otros efectos, la subida de los tipos de interés y la sobrevaluación del tipo de cambio del dólar.

— La *modificación del tipo de interés* al alza fue una de las causas que motivaron la crisis de la deuda externa de los países periféricos que, a su vez, les obligaron a realizar políticas de ajuste en sus economías para pagar su deuda. Una de esas políticas era lograr superávits comerciales, reduciendo importaciones e incrementando exportaciones. La sobreoferta de exportaciones de productos básicos en los mercados mundiales tendió a deprimir sus precios frente a una demanda más rígida.
— La *apreciación del dólar* en la primera mitad de los ochenta elevó los precios de los productos básicos expresados en otras monedas, estimulando así su oferta y contribuyendo también a deprimir los precios. Este fenómeno se agudizó más aún cuando los países más endeudados devaluaron sus monedas con objeto de facilitar sus exportaciones, incrementando todavía más dicha oferta de productos básicos.

b) *El incremento del proteccionismo de los países centrales*, sobre todo a través de barreras no arancelarias, como son la subvención del incremento de su propia oferta de productos agrarios para el mercado mundial (lo que reduce, lógicamente, la demanda de este tipo de productos procedentes de los países periféricos), o el llamado escalonamiento arancelario, que afecta al procesamiento de los productos básicos y que frena el procesamiento industrial de estos productos que generarían un mayor valor añadido.

c) *La intensificación del proceso de mundialización productiva, comercial y financiera*: las empresas multinacionales se han consolidado como los protagonistas relevantes de los procesos productivos, comerciales y financieros en la actual fase de mundialización económica. En efecto, dichas empresas controlan una proporción muy elevada del procesamiento y comercialización de los productos básicos exportados desde los países periféricos, obteniendo con ello márgenes de beneficio extraordinario. Este proceso de creciente concentración multinacional está relacionado asimismo con el deterioro de la relación real de intercambio, ya que favorece la apropiación de los incrementos de la productividad por dichas empresas en los países periféricos. Al mismo tiempo, en los países del Centro estos aumentos de productividad significan mayores ingresos y nunca reducción de los precios de las manufacturas, con lo que se contribuye de nuevo al deterioro citado.

Como puede apreciarse, estos nuevos factores se refieren, más que a la teoría del comercio, a la estructura del mercado mundial. De hecho, la tesis Prebisch-Singer es un alegato heterodoxo de cómo el libre mercado no beneficia a la Periferia, dados los valores de uso que exporta (productos primarios) y las condiciones en que los produce. Si además el libre mercado no existe, como es el caso, la situación empeora.

Pero es importante subrayar esta diferencia: si el deterioro se produce por la imperfección del mercado, las políticas que tendieran a restaurar la «libre competencia» serían la panacea para el poder adquisitivo de las exportaciones periféricas. Pero si es el tipo de producto exportado o la estructura productiva el causante del deterioro, entonces ni el mercado más puro evitará el deterioro. Aún más: si son fundamentalmente las diferencias estructurales Centro-Periferia las causantes del deterioro, entonces, sea cual sea el tipo de producto exportado por la Periferia (básico o manufacturado), el trasvase de valor desde ella hacia el Centro a través del comercio está asegurado. En ello consiste precisamente la óptica teórica del intercambio desigual que subyace al deterioro de los términos de intercambio.

23.4. LAS TEORÍAS DEL INTERCAMBIO DESIGUAL

Los teóricos del intercambio desigual razonan, en general, en términos de la teoría del valor ricardiana o marxista, y tratan de demostrar cómo son las condiciones sociales de producción del capitalismo periférico las que provocan un trasvase del valor producido en la Periferia hacia el Centro a través de la estructura de precios internacionales.

De entre los autores más significativos en las teorías del intercambio desigual caben ser destacados A. Emmanuel, S. Amin y O. Braun.

Teoría simple del intercambio desigual: la aportación de A. Emmanuel

En su obra *El intercambio desigual*, A. Emmanuel planteó un escenario de economía mundial en el que la libertad relativa de movimientos del capital supondría una tendencia a la formación de una tasa media de ganancia mundial, mientras que la inmovilidad relativa de la fuerza de trabajo (existen más trabas a las migraciones) supondría diferencias salariales muy grandes a nivel internacional y, consiguientemente, tasas de plusvalía también diferentes.

En una situación así (bastante parecida, por cierto, a la realidad económica mundial), Emmanuel demostraba, mediante los esquemas de formación de precios de producción internacionales basados en la teoría del valor marxista, que existiría siempre un trasvase de valor desde el país en que se pagan salarios más bajos a aquel en que se pagan salarios más altos, aunque se haya producido el mismo valor en cada uno. Por tanto, a través del comercio internacional, actuando la ley del valor a escala mundial, se daría una explotación de país a país (de forma similar al esquema marxista de explotación de clase sobre clase, cuando una de ellas se apropia de valor producido por la otra).

La argumentación de este modelo simple de intercambio desigual se puede ejemplificar resumidamente en tres situaciones:

Sean:

K: Capital total invertido.
c: Capital constante consumido.
v: Capital variable.
pl: Plusvalía.
V: Valor total de la producción ($c + v + pl$).
R: Coste de producción ($c + v$).
G': Tasa media de ganancia.
g: Ganancia.
P_p: Precio de producción ($R + g$ o $c + v + g$).

Supónganse dos países, *A* (país desarrollado) y *B* (país subdesarrollado), en los que se produce un determinado valor para ser comercializado internacionalmente. Se pueden dar tres situaciones de intercambio desigual:

1. *Primer caso*: Intercambio desigual en sentido laxo. Tasas de plusvalía iguales, composiciones orgánicas de capital desiguales.

País	*K*	*c*	*v*	*pl*	*V*	*R*	*G'*	*g*	P_p
A	240	50	60	60	170	110	33,3%	80	190
B	120	50	60	60	170	110		40	150
	360	100	120	120	340	220		120	340

La relación valores-precios es:

$$\frac{170}{170} > \frac{150}{190}$$

En este caso, igual cantidad de valor (170 unidades) es intercambiado en términos favorables para el país *A* (vende 170 a 190, apropiándose de 20 unidades producidas en el país *B*).

Sin embargo, esta apropiación no se considera propiamente explotación, puesto que se basa en la lógica capitalista de remunerar el capital (*K*) según su cuantía. En definitiva, el que los precios de producción no coincidan con los valores es algo consustancial al funcionamiento de la acumulación capitalista, a la competencia intercapitalista, etc.

2. *Segundo caso*: Intercambio desigual en sentido estricto. Tasas de plusvalía diferentes, composiciones orgánicas de capital diferentes.

País	*K*	*c*	*v*	*pl*	*V*	*R*	*G'*	*g*	P_p
A	240	50	100	20	170	150	33,3%	80	230
B	120	50	20	100	170	70		40	110
	360	100	120	120	340	220		120	340

La relación valores-precios es ahora:

$$\frac{170}{170} > \frac{150}{190} > \frac{110}{230}$$

En este caso, la diferente tasa de plusvalía debida a los diferentes niveles salariales implica un agravamiento del intercambio desigual, que ahora supone un trasvase de 60 unidades de valor desde el país *B* al *A*.

Para destacar la diferencia salarial como la auténtica causante del intercambio desigual, se fuerza el tercer caso.

3. *Tercer caso*: Tasas de plusvalía distintas, composiciones orgánicas de capital iguales.

País	*K*	*c*	*v*	*pl*	*V*	*R*	*G'*	*g*	P_p
A	240	50	100	20	170	150	25%	60	210
B	240	50	20	100	170	70		60	130
	480	100	120	120	340	220		120	340

La relación valores-precios queda:

$$\frac{170}{170} > \frac{130}{210}$$

Es decir, incluso en el caso de máxima capitalización de la Periferia (por ejemplo, en plantas multinacionales, etc.), el hecho de pagar menores salarios (por sobrepoblación relativa, coerción, ausencia de mercado internacional que remunere igual a las mismas tareas, etc.) supone un trasvase de valor (en el ejemplo, 40 unidades) que es apropiado por el país desarrollado al vender al precio de 210 y comprar a 130, precios que por otra parte se deducen del funcionamiento de la ley del valor a escala mundial (formación de una tasa media de ganancia única).

Según este modelo, independientemente del tipo de producto (valor de uso) exportado por la Periferia, existirá intercambio desigual si se remunera diferencialmente al trabajo y, dado el carácter «nacional» del salario, la explotación provocada por la apropiación de valor producido en la Periferia beneficia a todas las clases sociales del Centro, que verán engrandecido el «pastel a repartir» (según su modelo de distribución funcional de la renta). Éste es uno de los aspectos que atrajo más críticas a la obra de Emmanuel, especialmente desde la ortodoxia marxista (Ch. Bettelheim y otros), para quien la explotación sólo tiene sentido entre clases sociales. En torno a la teoría del intercambio desigual se desarrolló, así, una intensa polémica, con repercusiones no sólo teóricas o académicas, sino incluso políticas.

Implicaciones políticas, críticas y contracríticas

Del modelo de Emmanuel de intercambio desigual se ha criticado prácticamente todo: desde sus supuestos (formación de una tasa de ganancia mundial, inmovilidad de la fuerza de trabajo) hasta sus conclusiones (todas las clases sociales del Centro se benefician de la explotación de todas las clases sociales de la Periferia, el salario es la variable independiente del intercambio desigual), pasando por sus instrumentos de análisis (la teoría del valor, la utilización de los precios de producción de forma contable, la utilización del concepto de explotación en la circulación, etc.). Independientemente del carácter teórico del debate, lo que es ya historia indiscutible es que tuvo implicaciones políticas e ideológicas importantes en la conciencia y el discurso de algunos gobiernos e instituciones de países subdesarrollados, y lo que en aquel momento parecía una atrevida hipótesis hoy es algo unánimemente admitido: hay trasvase de valor de la Periferia al Centro; diversas agencias de las NN.UU. incluso han estimado el monto de dicho trasvase durante los últimos años ochenta: unos 40.000 millones de dólares anuales.

El intercambio desigual es, pues, un hecho inobjetable. Lo que sigue siendo discutible es el modelo explicativo.

Samir Amin argumentó, en el contexto del debate, que más que la diferencia salarial había que considerar las brechas entre las productividades y a través de varios modelos demostró que cuando la brecha de los salarios es mayor que la diferencia entre productividades es cuando hay intercambio desigual. Para Amin, la acumulación de capital a escala mundial supone la pervivencia de los modos de producción precapitalistas dominados por el modo de producción capitalista, de tal forma que incluso la producción no capitalista en la Periferia supone categorías capitalistas (venta, no del trabajo, sino de la fuerza de trabajo). Este «dualismo» afecta a las productividades (como en la tesis Prebisch-Singer), puesto que el desarrollo de las fuerzas productivas es menor en la base económica de la Periferia, pero dada la disociación entre la capacidad de producir y de consumir característica del capitalismo periférico, los salarios pueden ser mucho menores en el país subdesarrollado, puesto que no cumplen un papel comprador. Los bajos salarios no son, pues, la variable independiente, sino que a su vez son resultado de la específica estructura periférica. Desde la perspectiva de Amin, se acaba en una conclusión similar a la de Prebisch: el intercambio desigual y el deterioro de la RRI se producen, en última instancia, al comerciar estructuras capitalistas de tipo diferente, e independientemente de los agravantes comerciales que las prácticas monopolistas y extraeconómicas, o la coyuntura cíclica, puedan suponer.

Otra aportación significativa al debate desde el punto de vista teórico y práctico fue la de O. Braun, que modelizó el intercambio desigual a partir de esquemas «sraffianos[2]». Según este autor, lo que ocurría en realidad es que el dominio de los monopolios comerciales del Centro imponía unos precios bajos a las exportaciones de la Periferia, por lo que la única manera de mantener dichas exportaciones era a través de salarios bajos. Así, en este esquema explicativo los salarios vuelven a ser variable dependiente explicada por la injusta (para la Periferia) estructura del mercado mundial.

Otros autores (Dos Santos, Mandel, etc.) también enfatizaron en su momento este aspecto real del mercado mundial para explicar la apropiación de valor producido en la Periferia por el Centro a través del comercio. Y, a lo largo de los últimos años, la monopolización y las prácticas comerciales han centrado las explicaciones y la búsqueda de salidas a la complicada situación comercial de la Periferia, que, en torno a las diversas explicaciones del deterioro de la RRI, han abarcado desde los intentos de cambio en el tipo de exportaciones hasta los intentos de manipulación o control de los precios, pasando por propuestas de intervención en los organismos internacionales. En el Recuadro 23.1 se resumen las medidas de política económica adoptadas por la Periferia al respecto.

[2] En referencia a la línea de análisis económico abierta por P. Sraffa, con recuperación del pensamiento de D. Ricardo y muy crítico con la economía ortodoxa neoclásica. Tuvo especial importancia en la llamada Escuela de Cambridge.

RECUADRO 23.1. LUCHANDO CONTRA EL DETERIORO COMERCIAL

Los países periféricos han llevado a cabo diversas políticas comerciales encaminadas a favorecer su comercio externo y su desarrollo económico. Las actuaciones se han desarrollado en dos planos: a nivel de políticas nacionales y a nivel internacional en el contexto de las negociaciones en los organismos internacionales, principalmente la UNCTAD (Conferencia de las Naciones Unidas para el Comercio y el Desarrollo).

En el plano de las políticas nacionales podemos citar las siguientes:

1. *Las políticas de promoción y diversificación de las exportaciones tanto de productos básicos como de productos manufacturados.*

Estas políticas se enfrentan a numerosas dificultades para su aplicación tanto desde el lado de la demanda como desde el lado de la oferta.

— Respecto a los *productos básicos* existen numerosos factores que *restringen la demanda* como son, entre otros, la baja elasticidad-ingreso de dichos productos; la tendencia a la baja relativa de los precios de dichos productos; la sustitución tecnológica de los mismos; la intensificación de la protección agrícola de los países centrales... Desde el lado de la *oferta*, los factores restrictivos tienen que ver con la rigidez estructural de los sistemas de propiedad y el uso de la tierra en muchos países periféricos y con la limitación de recursos para la producción.

— Respecto de los *productos manufacturados* las exportaciones de los países periféricos se ven limitadas por las numerosas barreras proteccionistas, arancelarias y mayormente no arancelarias, de los países centrales, sobre todo respecto a los productos tradicionales, con bajo contenido tecnológico, en los que la Periferia es más competitiva, pero cuya liberalización comercial pondría en peligro a los sectores industriales más maduros de los países centrales, con mayor absorción de mano de obra y, consiguientemente, con fuerte peso electoral en estos países.

RECUADRO 23.1. LUCHANDO CONTRA EL DETERIORO COMERCIAL (*Continuación*)

2. *La política de industrialización por sustitución de importaciones.*

Esta política industrializadora intenta reemplazar determinados productos importados por producción nacional y disminuir con ello los déficit crónicos de la balanza comercial. Pero uno de los problemas de este modelo de industrialización era que se producía un cambio en la composición de las importaciones, ya que se dejaban de importarse artículos de consumo, pero se importaban productos intermedios y de capital para generar y continuar un proceso de industrialización sustitutiva. Ello no atenuaba los déficit, comerciales y, por tanto, los desequilibrios externos volvían a ser el estrangulamiento del modelo.

La *política de industrialización exportadora de manufacturas* (modelo ISE), realizada por diversos países tras el modelo ISI, principalmente en el sudeste asiático, ha tenido mayor éxito desde el punto de vista de una mayor inserción competitiva en el mercado internacional.

3. *Las políticas de integración económica.*

Estas políticas, que hasta hace unos años había tenido escaso relieve en los países periféricos, intentan superar las limitaciones propias de la escasa dimensión de algunos mercados, aprovechando los estímulos de una división más racional del trabajo entre los diferentes países que se integran, permitiendo, al mismo tiempo, la coordinación y planificación económica.

4. *Otro tipo de políticas* que se han aplicado, aunque han tenido escasos resultados, han sido:

— La fijación de *precios de sustentación*, por la que un organismo público compra el producto cuando los precios internacionales caen de forma ostensible.
— Las políticas de *tipos de cambio múltiples* para promocionar la exportación de productos determinados.
— El establecimiento de *fondos de redistribución* de parte de los ingresos de las exportaciones.

5. *La nacionalización de los recursos naturales.*

Se trata de evitar las salidas del excedente económico generado en dicha actividad y orientarlo hacia el desarrollo económico nacional en aquellos países que tienen sus riquezas en manos de empresas extranjeras.

En el plano internacional, las medidas que se han tomado se han integrado en el marco de las negociaciones en los organismos económicos internacionales (UNCTAD, FMI, BIRD) o en acuerdos concretos como los Acuerdos de Lomé entre la Unión Europea y los países de África, Caribe y Pacífico. EL objeto de todo ello es la mejora de la posición de los países periféricos en el comercio internacional.

23.5. LAS CARACTERÍSTICAS DEL NUEVO COMERCIO INTERNACIONAL

Las transformaciones del comercio internacional son evidentes desde hace dos décadas aproximadamente. Estas nuevas tendencias del comercio internacional han hecho más obsoletas aún a las teorías clásicas y neoclásicas del comercio internacional, obligando a reemplazarlas por teorías más modernas que expliquen precisamente dichas transformaciones.

Algunas de las características fundamentales que definen el comercio internacional en la actualidad son:

— *El incremento del comercio de mercancías con mayor contenido tecnológico.* Desde principio de los años setenta el comercio de mercancías se ha ido concentrando cada vez más en productos de ingeniería (automóviles, aeronaves, instrumentos científicos, electrónica y otra maquinaria y equipo) que corresponde a sectores con un elevado contenido tecnológico, mientras que los sectores industriales maduros se han estancado e incluso ha disminuido su participación en el comercio mundial.
— *Una mayor convergencia comercial entre países desarrollados.* Si bien después de la segunda postguerra EE.UU. era el líder económico mundial, con una participación mayoritaria en el comercio mundial y una alta competitividad de sus productos en los mercados mundiales, desde los años sesenta algunos países europeos (principalmente Alemania) y Japón iniciaron un proceso de con-

quista de mercados a través de productos cada vez más competitivos con elevado contenido tecnológico. En este sentido, puede afirmarse que en el panorama actual del comercio internacional convergen las tres grandes potencias económicas (la «tríada») que compiten entre sí en los sectores más dinámicos de la economía.

— *Crecimiento considerable del comercio intraindustrial*. El comercio entre productos industriales de la misma categoría se ha incrementado en los últimos años, denominándose a este tipo de intercambios «comercio intraindustrial» (CII). Un porcentaje mayoritario del comercio de los países más desarrollados se produce dentro de un mismo sector industrial, en el que los productos que se intercambian utilizan las mismas combinaciones de factores de producción. La teoría de Hechscher-Ohlin no explicaría, pues, este tipo de comercio que intercambia mercancías con intensidades factoriales iguales o muy parecidas. Además, el CII se desarrolla principalmente en industrias con economías de escala y dominadas por pocas empresas, lo cual significa que este comercio se desarrolla en régimen de competencia imperfecta, generalmente de oligopolio.

Una de las explicaciones de que exista un mayor comercio intraindustrial de productos intensivos en tecnología, desde el lado de la demanda, es el aumento de renta de los países que desvía la demanda hacia mercancías denominadas «de lujo», o sea, con una elasticidad-renta de la demanda superior a la unidad. Pero esta explicación es insuficiente y hay que complementarla con las nuevas características de la oferta. Desde el lado de la oferta, las economías de escala y la competencia imperfecta (monopólica u oligopólica) ayudan a explicar el comercio intensivo en tecnología y el de carácter intraindustrial.

Por tanto, las nuevas teorías del comercio internacional intentan superar la incapacidad de las teorías tradicionales del comercio para explicar tales características.

Resumiendo, las nuevas teorías sobre el comercio se basan en tres ejes básicos:

— El aprendizaje y las economías externas afectan a todos los procesos de desarrollo económico.
— Las economías de escala son mucho más importantes de lo que se pensaba en la teoría neoclásica.
— La naturaleza imperfecta de la mayoría de los mercados, de carácter monopólico u oligopólico.

Estas características tienen implicaciones en las políticas comerciales de los países periféricos, y respaldan que dichas políticas sean selectivas y que la liberalización comercial también lo sea. Así, en primer lugar, muchos países periféricos están adoptando estrategias de exportaciones que consisten en aprovechar «nichos» del mercado a partir de la exportación de productos diferenciados, tanto de manufacturas (diferencias en el diseño, calidad y marca de un producto) como de productos agrícolas (frutas y vegetales fuera de temporada). En estas políticas los gobiernos deben participar de forma activa para identificar esos nichos y promover las exportaciones.

En segundo lugar, si se reconoce que las economías de escala son importantes en una actividad, se puede justificar un período temporal de sustitución de importaciones con barreras proteccionistas que permitiría a las empresas aumentar su producción, disminuir costes y, a largo plazo, exportar a los mercados internacionales («sustitución de importaciones para promover exportaciones»).

Por último, el dominio de tecnologías nuevas, creadas en los países centrales, adaptándolas a las condiciones locales, tiene efectos de aprendizaje que incrementan la productividad y la producción.

En definitiva, en las nuevas teorías del comercio internacional, las conclusiones sobre las políticas comerciales son bastante diferentes a las del modelo neoclásico, ya que mientras éstas se basan en la ventaja comparativa estática, en la neutralidad de incentivos y en la no intervención en el comercio internacional, aquéllas señalan la necesidad de dominar las nuevas tecnologías para producir mercancías y poder diversificar las exportaciones y de esa forma ser más competitivo en el mercado internacional.

RESUMEN

Aunque cuantitativamente el comercio entre el Centro y la Periferia es una pequeña parte del comercio mundial, la interdependencia entre ambas partes del Sistema es estructural y asimétrica, de tal manera que el Centro sale beneficiado de dicho comercio y la Periferia, a través de él, reproduce su situación de dependencia. Tanto por las características de los productos exportados por la Periferia como por las estructuras del mercado mundial, se minimiza el valor retenido en los países periféricos especializados en la producción primaria y se produce un trasvase de valor generado en la Periferia hacia el Centro del Sistema. Este intercambio desigual que se opera al comerciar economías capitalistas estructuralmente diferentes (en capitalización, nivel de progreso y relación productividad-salario) repercute muy negativamente en las posibilidades de crecimiento económico de las economías periféricas, desmiente las supuestas ventajas comparativas de su especialización y se manifiesta en la tendencia secular al deterioro de los términos de intercambio entre los productos exportados e importados por la Periferia. Por otra parte, desde los inicios de la crisis económica, los países centrales han incrementado la adopción de políticas comerciales en defensa de sus intereses nacionales, afectando de manera muy adversa al comercio de los países periféricos. Este recurso al neoproteccionismo afecta sobre todo a los productos agrarios y a los manufacturados con mayor grado de competitividad de los países periféricos en los mercados internacionales. Los cambios en los hábitos de consumo en los países centrales, con progresivos descensos en el consumo de determinados productos, así como los cambios tecnológicos ahorradores de materias primas por unidad de producto elaborado y la sustitución de productos naturales por otros sintéticos, son también circunstancias que añaden nuevas dificultades a la expansión comercial de la Periferia. A todo ello hay que añadir el efecto pernicioso que establecen en el comercio de productos básicos las excesivas fluctuaciones de los tipos de cambio y los tipos de interés internacionales.

LECTURAS PARA LA REFLEXIÓN

«Los países industrializados han ido aumentando las barreras contra las importaciones provenientes de países en desarrollo. De 24 países industrializados, 20 son en términos generales más proteccionistas de lo que eran hace 10 años. Y discriminan más contra los bienes de los países en desarrollo. (...) Estas restricciones le cuestan muy caro a los países en desarrollo: por lo menos 40.000 millones de dólares USA anuales en exportaciones perdidas de bienes y servicios; y, según el Banco Mundial, reducen el PNB de los países en desarrollo en un 3 por100, lo que significa una pérdida anual de 75.000 millones de dólares USA.»

PNUD: *Informe sobre el Desarrollo Humano*, 1992.
Tercer Mundo Editorial Bogotá, 1992, pág. 145.

«En general, parece que el progreso técnico ha sido más acentuado en la industria que en la producción primaria de los países periféricos. (...) En consecuencia, si los precios hubieran descendido en armonía con la mayor productividad, la baja habría tenido que ser menor en los productos primarios que en los industriales; de tal suerte que la relación de precios entre ambos hubiera mejorado persistentemente en favor de los países de la Periferia conforme se desarrollaba la disparidad de productividades. (...) Los hechos no justifican aquel supuesto. (...) La relación de precios se ha movido, pues, de forma adversa a la Periferia; contrariamente a lo que hubiera sucedido si los precios hubiesen declinado conforme al descenso de coste provocado por el aumento de productividad.»

R. Prebisch: *El desarrollo económico de América Latina. Algunos de sus principales problemas*, 1949.

«Compre aquí a precios de allí.»

(Mensaje publicitario de una cadena de grandes almacenes para la campaña de ventas de productos producidos en un país «en desarrollo».)

PALABRAS CLAVE

- Especialización
- Ventajas comparativas
- Interdependencia asimétrica
- Relación real de intercambio
- Deterioro de los términos de intercambio
- Intercambio desigual
- Proteccionismo
- Proteccionismo no arancelario
- Monopolismo comercial
- Comercio interindustrial

BIBLIOGRAFÍA BREVE

S. Amin: *¿Cómo funciona el capitalismo? El intercambio desigual y la ley del valor.* Siglo XXI, Madrid, 1975.

M. Barrat Brown: *Comercio justo, comercio injusto.* Icaria, Más Madera, Madrid, 1998.

A. Di Filippo: «El deterioro de los términos de intercambio treinta y cinco años después». *Pensamiento Iberoamericano*, n.° 11, 1987.

A. Emmanuel: *El intercambio desigual.* Siglo XXI, Madrid, 1972.

P. R. Krugman y M. Obstfeld: *Economía internacional. Teoría y Política.* McGraw-Hill, Madrid, 1993.

T. Lang, C. Hines: *El nuevo proteccionismo.* Ariel Económica, Barcelona, 1996.

J. Spraos: *¿Es desnivelador el comercio? La especulación Norte-Sur y los términos de intercambio.* FCE, México, 1990.

J. Tugores: *Economía internacional e integración económica.* McGraw-Hill, Madrid, 1993.

CAPÍTULO 24
La estructura económica mundial (II): Los flujos financieros Centro/Periferia

Pedro Talavera Déniz

Las economías periféricas han necesitado desde siempre financiación externa para realizar sus actividades económicas. La insuficiencia de financiación interna, por el escaso ahorro interno generado por estos países, así como los continuos déficits de balanza de cuenta corriente derivados de la específica forma de inserción de estos países en la economía mundial, son los aspectos principales que explican la necesidad de utilizar el ahorro externo de los países desarrollados.

Las relaciones financieras norte-sur han sufrido transformaciones profundas a lo largo de las últimas décadas. Concretamente, en las décadas de los setenta a los noventa se asistió a unos cambios espectaculares en los flujos financieros hacia los países periféricos tanto por el volumen como por sus fuentes.

En la segunda mitad de la década de los setenta se produjo un proceso de privatización y bancarización de dichos flujos en un contexto de creciente endeudamiento. La crisis económica de los países periféricos en la década de los ochenta y primeros años noventa se explica principalmente a partir de los efectos de ese proceso de endeudamiento. En los años noventa, una vez realizados los ajustes correspondientes, se produce una vuelta de los capitales privados a determinados países periféricos (los llamados mercados emergentes), que se verán perturbados por la crisis financiera asiática y sus efectos en el resto de los mercados. Pero a partir de 1997 se recrudecen los efectos de la deuda externa de los países más pobres, lo que provoca una movilización internacional de diversas organizaciones de ciudadanos pidiendo la condonación total de la deuda externa de estos países, la mayoría de ellos situados en el África subsahariana.

En este capítulo se abordarán, por una parte, las relaciones financieras norte-sur en las tres últimas décadas y, en concreto, las referidas a los principales flujos financieros privados; y por otra, los efectos que han tenido estas relaciones en las economías periféricas en dicho período. Los flujos financieros de carácter oficial o públicos se estudiarán en el capítulo siguiente.

24.1. LA ESTRUCTURA DE LOS FLUJOS FINANCIEROS A LA PERIFERIA

Existen diversas formas de transferencia financiera hacia los países periféricos. Según la clasificación de la OCDE se pueden distinguir las siguientes:

— Flujos financieros concesionales. Es la Ayuda Oficial al Desarrollo (AOD), que corresponde principalmente a los préstamos y contribuciones realizados en condiciones financieras concesionales tanto por los gobiernos (ayuda bilateral) como por los organismos financieros internacionales (ayuda multilateral). También corresponden a esta categoría las donaciones, la asistencia técnica, la ayuda alimentaria, las ayudas de emergencia, etc.

— Flujos financieros no concesionales. Corresponden a esta categoría principalmente las inversiones directas, las inversiones en cartera y los créditos privados a la exportación con vencimiento a más de un año.

La aportación de los distintos flujos financieros a los países periféricos a lo largo de las últimas décadas se ha ido modificando en función de las necesidades financieras de estos países y, sobre todo, de los intereses políticos y económicos de los países centrales.

En la década de los cincuenta, las aportaciones financieras principales de los países centrales eran de carácter concesional, sobre todo los correspondientes a los préstamos bilaterales. En general, en estos años los flujos de capital externo hacia los países periféricos fueron significativos, coincidiendo con la recuperación económica de los países desarrollados tras la Segunda Guerra Mundial.

El comportamiento de estos flujos financieros fue variando sustancialmente a lo largo de los años sesenta, en el sentido de una disminución relativa de los recursos en forma de ayuda oficial al desarrollo y una creciente participación relativa de los flujos privados. En estos últimos destacan, sobre todo, las inversiones directas en un período de expansión de las empresas multinacionales en los países periféricos y los créditos a la exportación coincidiendo con el auge del comercio internacional de los años sesenta.

Pero en los años setenta se produce una transformación profunda en la financiación externa de los países periféricos, tanto en el volumen de los recursos transferidos como en su composición. Si en los años sesenta las transferencias totales se multiplicaron por dos, en los años setenta casi se quintuplicaron. Respecto a la composición, los préstamos bancarios pasaron a ser el capítulo más importante de financiación externa, sobre todo de los países latinoamericanos, cuando en las décadas anteriores apenas habían tenido relevancia.

Se asiste en estos años a un proceso acelerado de privatización y bancarización de los flujos financieros a los países periféricos, que tendrá una enorme repercusión económica para estos países en los años siguientes.

En la década de los ochenta, los países periféricos, principalmente los latinoamericanos y los africanos, sufrieron la mayor crisis económica desde los años treinta. Una de las causas determinantes de esta crisis fue el endeudamiento con la banca internacional gestada en la segunda mitad de los años setenta. Por tanto, para entender el origen de la crisis económica de la Periferia en la década de los ochenta y su comportamiento posterior en la década siguiente es necesario analizar el origen, la evolución y los efectos del proceso de endeudamiento que tuvo lugar entre 1976 y 1981.

En la década de los noventa, los flujos financieros privados se incrementan en los países periféricos, pero cambia, por un lado, su composición, reduciéndose sustancialmente los préstamos bancarios e incrementándose los bonos y la inversión extranjera directa, y, por otro, aumenta el grado de concentración de dichos flujos en pocos países.

24.2. LA FINANCIACIÓN EXTERNA EN LOS AÑOS SETENTA: EL ORIGEN DE LA DEUDA EXTERNA DE LOS PAÍSES PERIFÉRICOS

En los años setenta se producen profundas transformaciones en las relaciones financieras de los países periféricos, derivadas de los efectos de la crisis económica mundial en los inicios de esa década:

— Por una parte, se crean nuevas necesidades de financiación externa, principalmente de los países no exportadores de petróleo, lo que significa un aumento de la demanda financiera.
— Por otra parte, se producen cambios radicales en los mercados financieros internacionales que van a incrementar, en definitiva, la oferta financiera.

Los principales factores que modifican la demanda y la oferta financiera en la década de los setenta, respecto a las dos décadas anteriores, pueden resumirse así:

a) Respecto a la demanda financiera:

— Incremento considerable del déficit de la balanza de cuenta corriente, debido al aumento del precio del petróleo, la reducción de la demanda de productos básicos por parte de los países centrales y, en el caso latinoamericano, por el propio agotamiento del modelo sustitutivo de importaciones (ISI).
— Diferencias en las tasas de interés: las elevadas tasas de inflación de los países periféricos hicieron atractivo el recurso a las fuentes de financiación externa, con tipos de interés inferiores a los nacionales.
— Los programas de expansión de la inversión pública: aumento de la demanda de préstamos privados que proporcionaba una mayor autonomía y que por ello fueron en muchas ocasiones desviados hacia utilizaciones no productivas (gastos militares, importaciones de bienes de consumo de lujo, financiación de fuga de capitales o déficit fiscal, etc.).

b) Respecto a la oferta financiera:

— Agudización de la competencia entre la banca multinacional, que supuso su expansión hacia la Periferia a través de la instalación de un numero elevado de sucursales subsidiarias y consorcios bancarios.
— Fuerte crecimiento de la liquidez internacional, derivado, sobre todo, del proceso de reciclaje de los petrodólares a partir de 1973 y de la necesidad por parte de la banca internacional de colocar sus recursos prestables en determinados países periféricos ante el estancamiento de la demanda de crédito en los países centrales.
— Fuerte crecimiento de los mercados de eurodivisas y eurobonos, ya que los depósitos en euromonedas no están sujetos a exigencias de reservas y, por tanto, la capacidad de expansión del mercado es muy grande.
— Nuevas características de las técnicas operativas en los mercados de eurodivisas: para reducir el riesgo, muchos de los préstamos fueron sindicados (participación de muchos bancos en la concesión de créditos); los costes de los créditos pasaron a conformarse principalmente por el tipo de interés LIBOR de carácter variable, más el «spread» o tasa de riesgo, y más las comisiones y los gastos de gestión del banco gestor; los plazos de amortización y los períodos de gracia eran inferiores a los préstamos de carácter público.

Otras características financieras en estos años que explican el proceso de endeudamiento de los países periféricos fueron:

1. El tipo de interés real (tipo de interés nominal menos la inflación) fue negativo entre 1974 y 1977, a causa de la importante inflación de los países centrales en esos años, lo que favoreció las posibilidades de endeudamiento de los países periféricos. La enorme oferta de fondos en los mercados internacionales modificó el precio a la baja.
2. La proporción de la deuda con tipos de interés variable se elevó sustancialmente a lo largo de la década de los setenta, lo que creó una tremenda vulnerabilidad externa para los países endeudados, cuando comenzaron a elevarse los tipos de interés internacionales a comienzo de los años ochenta.
3. Los plazos de amortización de los préstamos eran mucho más cortos que los de los préstamos oficiales pero, debido a la competencia que existía entre los bancos, las renovaciones se hacían de manera casi automática, de tal manera que dichos plazos no significaran ningún riesgo.
4. La garantía oficial de la deuda privada a más de un año se elevó sustancialmente a lo largo de los años setenta. Pero además la deuda privada sin garantía gubernamental y la de corto plazo adquirió creciente importancia, sobre todo en América Latina, aunque no lo reflejaran las estadísticas convencionales.

   Esta característica resultó ser muy importante, ya que en los primeros años ochenta la deuda privada con o sin garantía oficial fue estatalizada, incrementándose fuertemente el déficit fiscal de los países endeudados.

En definitiva, por primera vez desde los años veinte los países deudores disponían de una oferta abundante de créditos a bajas tasas de interés. Puesto que el monto de recursos privados prestables a América Latina creció un 30 por 100 anual en la segunda mitad de los años setenta y la tasa de interés real fue cercana a cero, se llegó a la conclusión de que «endeudarse era un buen negocio» y de que se había logrado que el sistema financiero internacional funcionara en forma adecuada para los países periféricos.

Hay que resaltar también que este proceso de endeudamiento externo, sobre todo en América Latina, no se produjo al margen de los cambios políticos (dictaduras militares) y los nuevos patrones económicos aplicados por muchos países en la década de los setenta (el modelo neoliberal). En este sentido, los inicios de los procesos de apertura económica y la reducción del papel del Estado en las estrategias de desarrollo de algunos países latinoamericanos coinciden con este proceso creciente de endeudamiento

24.3. LA FINANCIACIÓN EXTERNA EN LOS AÑOS OCHENTA: LA CRISIS DE LA DEUDA EXTERNA DE LOS PAÍSES PERIFÉRICOS

La financiación externa de los países periféricos sufrió un cambio brutal a partir de 1982. En agosto de ese año se origina oficialmente la crisis de la deuda externa cuando México decide una moratoria unilateral de pagos ante la imposibilidad de cumplir con sus obligaciones financieras. Los factores explicativos determinantes de la crisis de la deuda externa, que dará lugar a una profunda crisis económica de la mayoría de las economías periféricas, excepto los nuevos países industrializados asiáticos, son de carácter externo.

Estos factores se derivan de la recesión económica de los países desarrollados a principio de esta década, que resultaron determinantes en el origen y desarrollo de la crisis económica y financiera del mundo subdesarrollado. Se pueden sintetizar en los siguientes puntos:

— Las políticas de ajuste adoptadas por los países centrales. La política monetaria restrictiva aplicada por la Administración Reagan en 1981, con el objetivo de controlar la inflación, originó un fuerte aumento de los tipos de interés de EE.UU. —además de una apreciación del dólar—, que posteriormente se generalizó al resto de los países centrales. Esto supuso un incremento en el pago del servicio de la deuda ya que un porcentaje muy elevado estaba suscrito a tipos de interés variable.

— La recesión económica internacional desde 1980 hasta 1982. Las políticas de ajuste aplicadas en esos años por los países centrales para hacer frente a sus desequilibrios de balanza de pagos y a la inflación —derivados, sobre todo, del segundo choque petrolero— supuso una profunda recesión económica y una caída del comercio internacional. La disminución de la demanda externa de estos países y la baja de los precios de los productos básicos produjo un deterioro importante en la relación de los precios de intercambio para los países periféricos.

Pero en estos países, y en particular en los latinoamericanos, ya en 1980 la balanza financiera gravitaba muy fuertemente en la cuenta corriente del sector externo. O sea, que el déficit externo no estaba sólo asociado al deterioro de los términos de intercambio, como en el pasado, sino también a la carga que significaba el pago de los intereses de la deuda.

La crisis de la deuda de 1982 marca el comienzo del declive de la financiación externa a los países periféricos, fundamentalmente de los préstamos bancarios. Ya en los últimos años setenta, la política de préstamos de los bancos norteamericanos hacia América Latina era más conservadora, debido a su elevada exposición crediticia con esta región. Pero esta política conservadora fue compensada con la incorporación de otros bancos de Europa y Japón a los préstamos externos, hasta que en 1981 el sistema bancario en su conjunto cambió su política de préstamos.

Como consecuencia de la crisis de la deuda, la financiación externa de los países periféricos sufrió importantes cambios tanto en volumen como en la estructura de las corrientes financiera, así como profundas transformaciones en las políticas de los acreedores oficiales y privados. Estos cambios, que cuantitativamente se reflejan en el cuadro 24.1, pueden sintetizarse en:

— Una contracción general de la financiación externa. En 1990 las corrientes netas de recursos externos a los países periféricos fueron casi un 37 por 100 inferiores en términos reales que las de 1981. Esta reducción fue acompañada del pago de altos tipos de interés que provocaron flujos negativos en muchos países deudores, de tal manera que estos países se convirtieron en exportadores de capitales transfiriendo a los países acreedores un promedio anual de 20.000 millones de dólares durante el período 1983-1990. Como ha señalado la UNCTAD, la contracción de los préstamos de la banca comercial en respuesta a la crisis de la deuda fue la causa más importante del debilitamiento general de las corrientes financieras hacia los países periféricos y de las cuantiosas transferencias netas negativas.

— Una fuerte contracción de la financiación privada. Si en 1981 esta financiación representaba el 52 por 100 de las corrientes financieras netas a los países periféricos, en 1990 era del 39 por 100. Des-

Cuadro 24.1. Composición de los flujos financieros externos a los países periféricos (1970-1997) (%).

	1970	1980	1990	1997
I. FOD	44,7	29,6	53,1	23,6
1. AOD	39,7	23,6	40,2	15,3
Bilateral	34,2	16,8	30,1	10,0
Multilateral	5,5	6,7	10,1	5,3
2. Otra FOD	5,0	6,0	12,9	6,7
II. Créditos exportación	13,6	13,9	3,4	–1,4
III. Flujos privados	41,7	56,5	43,5	77,7
1. IED	18,6	9,7	20,8	33,2
2. Préstamos banca	15,1	42,3	11,5	6,2
3. Bonos	1,5	0,9	3,4	28,1

FOD: Financiación Oficial al Desarrollo. IED: Inversión Extranjera Directa.
Fuente: OCDE: *Cooperation for Development*, varios años.

taca sobre todo la brusca interrupción de los préstamos bancarios hacia estos países, que en 1981 llegaron a representar el 49,9 por 100 del total, pasando a ser del 13,3 por 100 en 1990. La inversión extranjera directa, la otra fuente importante privada de recursos, apenas empezó a recuperarse a partir de 1987, siendo a finales de esta década la corriente financiera más importante con un 22,2 por 100 del total en 1990. Por último, las corrientes netas de créditos a la exportación se contrajeron mucho durante estos años, recuperándose levemente a finales de la década.

— Un crecimiento relativo de la financiación oficial al desarrollo. Si en 1981 representaba sólo un 33,6 por 100 de las corrientes financieras netas, en 1990 sumaba el 54,2 por 100. La ayuda oficial al desarrollo (AOD) ha adquirido un nuevo protagonismo representando el 42,5 por 100 del total de dichas corrientes financieras. Hay que señalar aquí que los préstamos financieros de las instituciones financieras multilaterales (FMI y BM) descendieron tan bruscamente como los de las fuentes privadas, no amortiguando, por tanto, el descenso de éstos.

24.4. LA RENEGOCIACIÓN DE LA DEUDA EXTERNA EN LOS AÑOS OCHENTA

Desde el inicio de la crisis de la deuda, la renegociación se planteó como ineludible. Las instituciones financieras acreedoras y los principales países centrales forzaron efectivamente dicha renegociación ante las enormes dificultades de los países deudores para hacer frente a sus obligaciones financieras evitando, de ese modo, el colapso del sistema financiero internacional. Como en 1982 el 45,4 por 100 de la deuda total de los países periféricos estaba concentrada en América Latina y además esta región suponía el 63,2 por 100 de la deuda total bancaria, era claro que la superación de la posible quiebra financiera internacional pasaba por resolver el problema de la deuda en América Latina. La renegociación más fuerte tuvo lugar, pues, en esta región.

En los años ochenta el proceso renegociador de la deuda latinoamericana ha atravesado diversas fases:

Primera fase: el proceso de ajuste recesivo.

Desde la moratoria de México en agosto de 1982 hasta la Conferencia de Seúl del FMI y el BM en septiembre de 1985, donde se configuró el Plan Baker, se asiste a un proceso de ajuste recesivo que va a tener consecuencias muy negativas para la economía latinoamericana.

Los mecanismos que se pusieron en marcha para gestionar el pago de la deuda a partir de las políticas de ajuste de los países deudores fueron, en primer lugar, una gran coordinación entre los principales bancos acreedores, lo cual les daba una gran fuerza en la renegociación con cada uno de los países deudores, logrando imponer sus condiciones.

En segundo lugar, al considerar los países acreedores que la crisis de la deuda era un problema de liquidez y no de solvencia, apremiaron a los países deudores a aplicar planes de ajuste que tenían como objetivo, entre otros, el de liberalizar divisas para pagar el servicio de la deuda, a través de alcanzar rápidos superávits comerciales, como efectivamente ocurrió. La balanza comercial en América Latina pasó de déficits promedios de 7.000 millones de dólares anuales entre 1978 y 1981 a elevados superávits de 24.000 millones por año entre 1983 y 1987, basados fundamentalmente en una reducción drástica de las importaciones.

En tercer lugar, en esta fase se realizaron tres rondas de reprogramaciones de la deuda. Como el enorme saldo positivo de la balanza comercial no era suficiente para pagar el servicio de la deuda, se reprogramó la amortización de la deuda y se concedieron nuevos préstamos de refinanciación («préstamos no voluntarios»). En estos años, los bancos presionaron a los gobiernos de los países deudores para que asumieran la deuda del sector privado. Esta estatización de la deuda tuvo efectos muy negativos en los déficit fiscales de los gobiernos.

En el curso de estas tres rondas, la banca privada llevó a cabo la reestructuración de la deuda más importante de las finanzas modernas. Se reprogramaron, en concreto, 164.234 millones de dólares y los compromisos de los «préstamos no voluntarios» de los bancos a medio plazo fueron de 30.390 millones de dólares. Pero esta fórmula, que evitó la bancarrota de numerosas instituciones financieras, al mismo tiempo dejaba a los países periféricos endeudados con graves problemas económicos, ya que se vieron obligados a pagar hasta un 5 por 100 de sus PIB como servicio de la deuda, lo que implicaba una enorme transferencia de recursos financieros que bloqueaba cualquier posibilidad de crecimiento económico en aquellos países.

Por último, se produjo una convergencia de intereses y una gestión internacional concertada del endeudamiento externo entre los bancos acreedores, los países deudores, el FMI y los gobiernos acreedores. El mecanismo era sencillo: el país deudor aceptaba el programa de ajuste del FMI (véase el Recuadro 24.1), los bancos se comprometían a reprogramar los pagos de la

RECUADRO 24.1. EL PROGRAMA DE AJUSTE DEL FMI

El FMI atribuye de forma implícita el origen de los desequilibrios externos de los países periféricos a los desajustes de precios o costes relativos y/o a un exceso de demanda en sus economías. Frente a esta interpretación del desequilibrio externo, sólo puede aplicarse, en opinión del FMI, una política orientada hacia la restricción del gasto interno y al cambio en los precios relativos entre bienes comercializables y no comercializables.

Esquemáticamente, las políticas de ajuste del FMI contienen:

— *Política de precios y costes relativos.*

- *Política cambiaria*: maxidevaluación súbita y violenta.
- *Política de precios*: liberalización de precios; eliminación de subsidios (tanto al consumidor como a la planta productiva).
- *Política comercial*: liberalización comercial a ultranza (criterio estático de la ventaja comparativa). Eliminación de subsidios. Eliminación de protección arancelaria y no arancelaria.
- *Política con el capital extranjero*: liberalización de trabas a la inversión extranjera y tratamiento igual al de la inversión nacional.
- *Política salarial*: control salarial que implica descenso en términos reales. Los trabajadores cargan el coste del ajuste.

Efectos: las políticas ortodoxas en lugar de estimular la oferta provocan la desindustrialización de la base productiva, el retorno de los países periféricos a economías primario-exportadoras, según su dotación de recursos naturales, y el deterioro del nivel de bienestar de las clases populares.

— *Política de contracción de la demanda agregada.*

- *Política monetaria y crediticia*: contracción de la oferta monetaria y elevación de los tipos de interés.
- *Política fiscal*: destinada a reducir el déficit publico: lo que lleva a una reducción del gasto corriente del sector público.
- *Política de financiación externa e interna*: que limita la contratación de créditos del sector público a los requerimientos derivados del nivel mínimo de reservas.

Efectos: estas políticas de reducción del gasto tienen el efecto en los países periféricos de producir inflación (al menos en el corto plazo), recesión y el consecuente desempleo, al tiempo que favorece la concentración de los activos y del ingreso.

Según el FMI estas políticas, contempladas en un escenario internacional de expansión económica, liberalización y crecimiento del comercio internacional, reducción de la inflación y de los tipos de interés, supondría para los países endeudados recuperar los equilibrios económicos internos básicos, mejorando su competitividad internacional, lo que les permitiría hacer frente a sus obligaciones financieras externas.

Sin embargo, aunque los países más endeudados aplicaron en sus grandes líneas las políticas de ajuste exigidas por el FMI para el acceso a la reprogramación de sus deudas, los supuestos básicos expuestos anteriormente no se dieron ni en lo relativo a la situación económica internacional, que siguió manteniendo bajos niveles de crecimiento, sobre todo en la primera mitad de los ochenta, ni respecto a las demás hipótesis: los tipos de interés no disminuyeron sustancialmente (sólo lo hicieron lentamente a partir de 1985) y las exportaciones de los países endeudados no crecieron en la intensidad necesaria, debido, entre otras razones, al creciente proteccionismo de los mercados de los países centrales. De ahí que el superávit comercial que se logró fuese debido a una contracción brutal de las importaciones, lo que afectó sustancialmente al propio proceso de crecimiento de estas economías.

deuda, los gobiernos acreedores reprogramaban el endeudamiento oficial con los países deudores en el Club de París y otorgaban préstamos bilaterales para complementar los fondos de los bancos comerciales y del FMI.

Segunda fase: el Plan Baker y el ajuste estructural.

Corresponde al período que va desde septiembre de 1985, fecha de la reunión de Seúl del FMI y del BM, hasta septiembre de 1987, fecha en la que surgió el llamado «menú de opciones del mercado» o Plan Baker B.

La propuesta del secretario del Tesoro norteamericano James Baker reconocía, en primer lugar, que la recesión de los países endeudados no podía continuar indefinidamente, por lo que era necesario pasar del actual ajuste recesivo a otro de carácter expansivo. En segundo lugar, señalaba que era imprescindible aumentar la financiación externa tanto de los organismos financieros internacionales como de la banca privada internacional. Y, por último, se insistía en que el acceso a dicha financiación debería ser condicionado a un proceso de ajuste estructural con crecimiento en las economías deudoras, en el sentido de:

— Mayor liberalización comercial y financiera.
— Racionalización y saneamiento del sector público.
— Estabilización interna.
— Estímulo y protagonismo a la iniciativa privada.

Dicha propuesta asignaba al Banco Mundial una mayor participación, tanto como catalizador de la financiación privada propuesta como de director de la reforma estructural de los países deudores. La notable concentración de la deuda en los países de América Latina (41,4 por 100 de la deuda total de la Periferia en 1985) hizo que este plan se plantease como un intento de solución del problema de la deuda de esta región, ya que de los 15 países seleccionados inicialmente para acogerse a este plan, diez eran latinoamericanos.

El Plan Baker tal como fue establecido fue ampliamente criticado por los países deudores porque los fondos eran claramente insuficientes (29.000 millones de dólares en tres años para 15 países), se mantenía la tasa de interés real excesivamente alta y, además, la banca privada no estaba dispuesta a colaborar en el éxito de la propuesta. La propuesta resultaba, por tanto, claramente insuficiente y no resolvía los graves problemas económicos de los países endeudados.

En este período se inició la cuarta ronda de reprogramación de la deuda, siendo la negociación con México el centro de atención principal, al presentarse como experiencia piloto del Plan Baker. Por primera vez se vinculaba la financiación con el crecimiento económico y con el comportamiento de los ingresos de divisas según las oscilaciones del precio del producto básico fundamental, el petróleo. Además, se daba prioridad a las políticas de reforma estructural a largo plazo, se renegociaban nuevos recursos financieros y se aligeraba la carga de la deuda.

Tercera fase: el Plan Baker B o el «menú de opciones del mercado».

Aunque hasta marzo de 1989 el Plan Baker y la cuarta ronda de reprogramación de la deuda continuaron oficialmente, en septiembre de 1987 el modelo experimentó un cambio muy importante que marca una nueva fase en el proceso de gestión de la deuda externa. Apareció un nuevo «menú de opciones del mercado» para reducir la carga de la deuda de los países más endeudados, que algunos autores han denominado Plan Baker B. Las opciones ofrecidas se basaban en los principios del mercado privado y negociadas de forma voluntaria entre el acreedor y el deudor.

Las opciones principales que se señalaron oficialmente fueron:

— Créditos para actividades comerciales y proyectos.
— Bonos de nuevos recursos (reemplazo total o parcial del conjunto de créditos no voluntarios por una emisión de bonos del país deudor).
— Pagarés convertibles de la deuda.
— Bonos de salida (una parte de la deuda pendiente se convierte en bonos de interés fijo).
— Conversión de la deuda en capital (transformación de deudas pendientes en capital en el país deudor).

La lista excluía de forma explícita todas las opciones no aceptadas por el mercado, tales como la condonación de la deuda, la moratoria, los retrasos parciales en los pagos y los límites impuestos unilateralmente al total del servicio de la deuda.

Este Plan Baker B tuvo muy poco éxito, ya que los bancos internacionales estaban poco dispuestos a colaborar y, sobre todo, dicho Plan no atacaba el problema macroeconómico básico que era cómo financiar de forma sostenida las reformas económicas necesarias para iniciar un proceso de recuperación de la actividad económica de los países endeudados, ya que sin financiación externa y transfiriendo capitales constantemente a los países acreedores era imposible dicha recuperación. La gravedad de la situación económica y social obligó a elaborar un programa más realista: el Plan Brady.

Cuarta fase: el Plan Brady.

El Plan Brady, vigente hasta la actualidad, se constituyó en marzo de 1989 y fue propuesto por el nuevo secretario del Tesoro de EE.UU. Nicholas Brady. Este Plan se proponía crear mecanismos para reducir la deuda y su servicio de manera más decidida a como lo había propuesto el Plan Baker o el «menú de opciones de mercado».

Los aspectos diferentes de este Plan eran:

a) El compromiso de asignar recursos públicos, sobre todo del FMI y del Banco Mundial, para apoyar y estimular operaciones de reducción de la deuda con la banca privada. Este Plan movilizó 30.000 millones de dólares de préstamos, de los cuales 24.000 fueron aportados a partes iguales por el FMI y el BM y el resto por el gobierno del Japón. Este soporte financiero se utilizaría en planes específicos de reducción de la deuda, a través de:

— La recompra en efectivo (*buy back*). El país deudor utiliza reservas en efectivo (propias o prestadas por el BM o el FMI) para la recompra con descuento de parte de su deuda con los bancos acreedores.
— Conversión de deuda vieja con tasa de interés flotante en deuda nueva con plazos más largos y tasa fija. El pago de intereses o del principal debe estar total o parcialmente garantizado, es decir, la deuda pública reestructurada se deberá sustituir con descuento por algún instrumento financiero comerciable.
— Sustitución de deuda por inversión. Un inversionista compra a un banco los títulos de deuda de un país deudor con descuento sobre su valor nominal, generalmente a precio del mercado secundario, y los cambiará por la moneda nacional del país para invertirlos. O sea, se cambia deuda por capital.

b) Los acuerdos de reestructuración de la deuda se desvinculaban de los programas del FMI. El Plan recomendaba que un país deudor podría firmar un programa contingente con el FMI, aunque no tuviera un acuerdo con la banca respecto de su deuda.
c) El Plan proponía que los países donde se localizaba la banca acreedora modificaran sus regulaciones bancarias e impositivas para propiciar las operaciones de reducción de la deuda.

La mayoría de los autores coinciden en señalar que el Plan Brady ha sido posible debido a que los bancos acreedores han considerado superada su crisis. En 1982 los bancos norteamericanos estaban muy sobreexpuestos en América Latina y, en concreto, nueve grandes bancos (Bank of America, Citibank, Chase Manhattan Bank, Manufacturers Hanover, Morgan Guaranty, Chemical Bank, Continental Illinois, Bankers Trust, First National Bank of Chicago) tenían alrededor de 180 por 100 de su capital atado en préstamos a esta región. La enorme transferencia de capitales de los países deudores a los bancos acreedores en los siguientes años bajó considerablemente el grado de exposición de los nueve bancos al 83,6 por 100 a finales de 1988 y al 48 por 100 si se consideran todos los bancos norteamericanos. La crisis de la deuda externa para la banca acreedora había dejado de ser un problema crítico.

24.5. LA CRISIS ECONÓMICA DE LA PERIFERIA EN LOS AÑOS OCHENTA: LA TRANSFERENCIA NEGATIVA DE CAPITALES

La crisis económica de los países periféricos de los años ochenta, después de un período largo (1950-1980) de crecimiento económico, es sin duda la más profunda desde los años treinta. Debido al elevado grado de heterogeneidad de estos países, la crisis no afectó de la misma forma a todos ellos, siendo los países latinoamericanos y los africanos los más afectados. La excepción a este deterioro económico fueron los países de Asia oriental y meridional (incluyendo la India y las economías de industrialización reciente de Asia oriental), que crecieron a una tasa media de alrededor del 5 por 100 anual, y China, que lo hizo a tasas del 9,4 por 100.

La crisis de la deuda externa fue una de las causas determinantes de la crisis económica de los países periféricos. Las políticas de ajuste aplicadas a la mayoría de los países endeudados, siguiendo los acuerdos firmados con el FMI, que tenían como objetivo fundamental el pago de dicha deuda, supusieron una profunda recesión económica y una transferencia neta de capitales hacia los países acreedores muy elevada, sobre todo en América Latina, como refleja el Cuadro 24.2.

La recesión y el estancamiento económico de la década de los ochenta («la década perdida») así como el fenómeno inflacionista tuvieron su origen, principalmente, en el problema de la transferencia de recursos. Para

Cuadro 24.2. Transferencias netas de recursos financieros a grupos de países periféricos importadores de capital (miles de millones de dólares).

	1982	1984	1986	1988	1990	1992	1994	1996	1997(p)
Todos los países	26,9	–29,3	–4,2	–24,1	–26,1	25,3	25,1	17,5	–7,8
África	14,7	2,6	6,8	4,9	–3,2	3,1	8,6	2,4	5,3
África subsah.	7,4	2,3	5,3	7,6	8,3	11,0	8,1	8,1	9,1
Asia	9,9	4,7	5,6	–6,5	5,3	14,5	–0,2	17,8	–30,4
América Latina	3,6	–35,2	–14,1	–22,6	–28,2	7,7	16,7	–2,7	17,3

P: Estimación.
Fuente: NN.UU.: *Estudio Económico Mundial*, varios años.

América Latina esta transferencia equivalió al 6 por 100 del PIB; es decir, que los países latinoamericanos que eran receptores netos de recursos del orden del 2 por 100 del PIB antes de la crisis, pasaron a ser proveedores netos al exterior del orden del 4 por 100 del PIB después de la crisis. Esta transferencia fue también considerable en los países asiáticos (excepto en Oriente Medio), mientras que para el conjunto de los países africanos estas transferencias netas sólo fueron negativas durante unos años. En definitiva, el conjunto de países importadores de capital «exportó» a los países centrales un volumen de capital durante el período 1983-1990 de alrededor de 174.800 millones de dólares.

Para el caso de América Latina, esa transferencia masiva de capitales al Centro sólo fue posible por el paso de un déficit comercial a un superávit comercial en dicho período. La única forma de alcanzar este «récord comercial» fue la reducción drástica de las importaciones, ya que las exportaciones en valor crecieron relativamente poco. El ajuste se centró en una severa y costosa reducción de las importaciones de inputs intermedios y de maquinaria, esenciales para la producción.

Este ajuste recesivo de los países latinoamericanos contrasta con el ajuste de los países asiáticos más industrializados («los cuatro dragones») que por las características de su estrategia exportadora de manufacturas pudieron crear elevados superávits comerciales, no tanto reduciendo importaciones como incrementando las exportaciones de productos manufacturados a los países centrales.

Así, el período 1983-1990 se caracterizó para los países latinoamericanos por:

— Una profunda caída de la actividad económica acompañada por elevados niveles de inflación (que en algunos países llegó a situaciones de hiperinflación), de caída de la inversión productiva y consiguiente aumento del nivel de desempleo y de disminución del consumo.
— Una transferencia neta negativa de recursos derivada, por un lado, del proceso de endeudamiento, y por otro, del deterioro de los términos de intercambio en su comercio exterior, por la caída de los precios de los productos básicos.
— Una contracción del gasto público, componente esencial de las políticas de ajuste, que tuvo efectos dramáticos en los servicios públicos esenciales como la salud y la educación, deteriorándose de esta forma, todavía más, los niveles de vida de las clases populares. Según la UNICEF, en esta década los gastos per cápita en atención a la salud de los 37 países más pobres del mundo se redujeron en casi un 50 por 100 y los gastos en educación en un 25 por 100 aproximadamente. Además, cuando los sectores pobres de la población sufrían una ya aguda reducción de sus ingresos, los gobiernos eliminaron o redujeron mucho los subsidios a los alimentos y otras medidas selectivas de redistribución de la renta, con el pretexto de aumentar la eficiencia en la utilización de los recursos. El ajuste supuso, así, un aumento de la pobreza.

24.6. LA FINANCIACIÓN EXTERNA EN LOS AÑOS NOVENTA: EL REGRESO SELECTIVO DE LOS CAPITALES

En los primeros años noventa la transferencia de capitales hacia los países periféricos cambió de signo. Estos países se convirtieron en receptores netos de transferencia de recursos financieros por primera vez desde 1983. En muchos países periféricos, sobre todo los de ingresos medios, la deuda de la década anterior ha dejado de ser un obstáculo para el acceso al crédito internacional.

Pero hay que hacer varias observaciones importantes:

— La inestabilidad de las finanzas mundiales debida a la constante revolución tecnológica de las comunicaciones, la mayor velocidad con la que se puede transferir internacionalmente la propiedad de activos, la creciente variedad y profundidad de los mercados alrededor del mundo y la creciente relajación de las restricciones políticas de los movimientos financieros internacionales, hace que las nuevas corrientes financieras hacia los países periféricos de ingresos medios sean inestables. Una modificación de las condiciones económicas internacionales, como la recuperación de las economías centrales o la subida de los tipos de interés en estos países, pueden desviar los recursos financieros hacia ellos.
— La transferencia neta de recursos no es positiva en todos los bloques de países. Así, África es la única región de los países periféricos que registró una transferencia negativa en 1992, mientras que Asia occidental (especialmente Kuwait y Arabia Saudita) recibió ese año casi la totalidad de la transferencia neta. América Latina, por último, ingresó recursos financieros a corto plazo. Por tanto, las cifras agregadas ocultan situaciones muy diversas con grandes desigualdades entre países o bloques de países tanto en cuanto al volumen de los préstamos como a las condiciones financieras de los flujos.

El caso de América Latina es especialmente revelador de esta nueva situación, sobre todo si se tiene en cuenta que fue la región con un mayor volumen de transferencia negativa en la década de los ochenta. Entre 1990 y 1994 hubo un incremento notable de nuevos flujos privados voluntarios hacia América Latina y el Caribe, y desde 1991 la transferencia neta de flujos financieros se volvió positiva por primera vez desde 1982. La crisis económica de México de diciembre de 1994 supuso una ruptura con la evolución anterior, ya que 1995 fue un año de crisis económica en la región. La recuperación de los años posteriores se vio interrumpida de nuevo con la crisis de Brasil a comienzos de 1999. Por tanto, se debe matizar este aparente cambio positivo señalando algunas características de estos movimientos financieros en esta década:

— Estos flujos privados se concentraron en casi un 70 por 100 en sólo dos países: Brasil y México, orientándose el resto hacia Argentina, Venezuela y Chile.
— El incremento de estos flujos no ha obedecido a la reapertura de los préstamos bancarios, sino al reingreso de la región a los mercados de capitales (especialmente bonos, colocaciones privadas y pagarés a medio plazo, inversiones en cartera e inversión extranjera directa). El resto de los flujos de capital privado ha sido a corto plazo, aprovechando la drástica caída de las tasas reales de interés a corto plazo en Estados Unidos en 1991, que incrementó en forma considerable el atractivo de los instrumentos de inversión latinoamericanos, cuyos rendimientos eran mucho más altos.
— Una parte importante del capital que llega a América Latina proviene de inversionistas latinoamericanos que regresan a su país de origen. Es el retorno de la «fuga de capitales» que se produjo en los años ochenta.
— Los flujos netos de capital privado a América Latina no dependen sólo de las circunstancias y las políticas de la zona, sino también del equilibrio ahorro-inversión en el resto del mundo, los diferenciales en las tasas de interés y la eficiencia y estabilidad de los mercados internacionales financieros y de capitales.
— Por último, cabe destacar que la renovación de los flujos privados a América Latina a principios de los años noventa han contribuido considerablemente al arranque de la recuperación económica, la restauración de la confianza del sector privado interno y el aumento de los ingresos gubernamentales.

Como se indicó anteriormente, dos hechos van a modificar el ambiente financiero «eufórico» de la primera mitad de esta década: el primero de ellos, la tremenda devaluación del peso mexicano, en diciembre de 1994, derivado de la profunda crisis de su sector exterior que creó un auténtico pánico financiero con una salida masiva de capitales de corto plazo y que se propagó a otros países de la región, sobre todo a Argentina («efecto tequila»), obligando a intervenir a la Administración norteamericana para parar dicha sangría; y el segundo, la devaluación del real brasileño en enero de 1998, como efecto de la crisis financiera asiática, y que tiene efectos importantes, sobre todo, en las relaciones comerciales de MERCOSUR.

24.7. LA CRISIS DE LA DEUDA EXTERNA DE LOS AÑOS NOVENTA

La renegociación de la deuda en los años ochenta, la aplicación de las políticas de ajuste estructural auspiciadas por el FMI y el Banco Mundial, la transferencia masiva de capitales a los países acreedores y la mejora de los equilibrios macroeconómicos en muchos países periféricos, hacían suponer que el problema de la deuda externa había prácticamente desaparecido. Pero determinados cambios ocurridos en la economía internacional en la segunda mitad de la década despertaron el «monstruo de la deuda externa», sobre todo en los países más pobres.

Para conocer el alcance de esta esta crisis se debe, en primer lugar, conocer las dimensiones actuales de la deuda externa, su composición (deuda bilateral, multilateral y privada) y su reparto entre los principales grupos de países; y, en segundo lugar, analizar los llamados indicadores de la deuda externa que nos señalan el peso de dicha deuda en la economía de los países.

Las dimensiones de la deuda externa en las últimas décadas y su reparto por grupos de países puede conocerse observando con detenimiento los Cuadros 24.3 y 24.4.

Cuadro 24.3. Deuda externa desembolsada a largo plazo (LDOD), 1970-1998 (miles de millones de dólares).

	1970	1980	1990	1997	1998(p)
Deuda a largo plazo	61,2	451,6	1.181,1	1.782,8	1.957,5
A) Pública y garantizada por el sector público	45,8	381,1	1.115,5	1.420,1	1.637,1
Acreedores oficiales	32,3	178,2	605,1	794,4	837,6
Multilateral	7,3	48,9	207,8	289,7	317,6
Bilateral	25,0	129,3	397,3	504,7	520,0
Acreedores privados	13,5	202,9	510,4	625,7	799,5
Bonos	1,8	13,1	107,4	298,2	335,0
B) Privada no garantizada	15,4	70,6	65,5	362,7	320,4

P: Estimación.
Fuente: Banco Mundial: *Global Development Finance*, 1999.

Cuadro 24.4. Deuda externa desembolsada a largo plazo (LDOD) por grupo de países periféricos, 1970-1998 (miles de millones de dólares).

	1970	1980	1990	1997	1998(p)
Todos los países	61,2	451,6	1.181,1	1.782,8	1.957,5
Asia del Este y Pacífico	8,0	66,7	222,8	449,7	538,7
Europa oriental y Asia central	4,0	56,3	178,4	309,8	343,3
América Latina y Caribe	27,6	187,3	379,7	558,9	586,1
Medio Oriente y norte de África	4,2	61,7	137,3	149,3	160,9
Asia del Sur	11,3	33,1	113,0	143,9	152,5
África subsahariana	6,1	46,6	149,9	171,1	176,0

P: Estimación.
Fuente: Banco Mundial: *Global Development Finance*, 1999.

A pesar de que los países siguen pagando anualmente su deuda externa o una parte de ella, el monto total de la deuda se ha incrementado considerablemente como se observa en el Cuadro 24.3.

El hecho de que la financiación externa se haya realizado a partir de préstamos públicos de los gobiernos (deuda bilateral), de los organismos oficiales de financiación (deuda multilateral) o de los préstamos privados (deuda privada) es relevante a la hora de poder negociar una posible reducción o condonación de dicha deuda a determinados países. En el Cuadro 24.5 se observa que los países con rentas más bajas tienen una deuda, principalmente, de carácter público (bilateral y/o multilateral), mientras que para los países de renta media el carácter de la deuda es, principalmente, privada.

Por otra parte, un análisis de los indicadores de la deuda externa da muchas pistas para valorar el impacto de la misma sobre la economía de los países periféricos. Así, los indicadores deuda externa/PIB, deuda externa/exportaciones y servicio de la deuda/exportaciones se han incrementado entre la década de los ochenta y la de los noventa, por lo que se podría deducir que a escala global la crisis de la deuda externa sigue teniendo efectos negativos sobre el comportamiento económico de los países. Si se analizan las cifras por grupos de países se observa que este fenómeno es muy diferente, como puede verse en los Cuadros 24.6 a 24.8.

Se puede deducir de estos datos que:

— En África subsahariana la crisis de la deuda sigue siendo un factor determinante de su estancamiento económico. Aunque la deuda africana es contraída principalmente con acreedores oficiales, la carga de la deuda medida por el coeficiente deuda/PIB es la segunda más alta de todas las regiones periféricas, y se ha triplicado en las dos últimas décadas. En esta zona el coeficiente deuda/exportaciones es el mayor del mundo. La fuerte dependencia de África de una serie limitada de exportaciones de productos básicos, cuyos precios se han debilitado considerablemente, se refleja de modo especialmente dramático en ese indicador.

— En América Latina, aunque en el conjunto de los países han ido disminuyendo todos los coeficientes descritos, el problema de la deuda sigue vigente en muchos de ellos, entre ellos los países más pobres como los países centroamericanos y Bolivia.

— En Asia se sigue demostrando que su tasa de crecimiento de la deuda, que aumentaba de modo relativamente rápido, estaba en

Cuadro 24.5. Composición de la deuda a largo plazo, 1998 (%).

	Bilateral	Multilateral	Privada
Todos los países	27	16	57
Asia del Este y Pacífico	21	13	66
Europa oriental y Asia central	32	9	59
América Latina y Caribe	15	13	72
Medio Este y norte de África	53	14	33
Asia del Sur	31	39	30
África subsahariana	44	32	24

Fuente: Banco Mundial: *Global Development Finance*, 1999.

Cuadro 24.6. Ratio deuda externa[a]/PIB (1980-1998) (%).

	1980	1990	1997	1998
Todos los países	21,0	33,5	34,9	37,3
Asia del Este y Pacífico	20,7	31,6	34,5	40,0
Europa oriental y Asia central	44,8	96,9	108,0	126,7
América Latina y Caribe	34,8	44,7	35,8	36,9
Medio Este y norte de África	18,4	37,8	27,4	28,6
Asia del Sur	19,8	35,3	26,2	27,6
África subsahariana	24,1	64,7	68,0	68,3
SILIC *	32,4	130,0	87,6	73,6

[a] Deuda externa total, incluyendo la de corto plazo y el uso de los créditos del FMI.
* Países de baja renta severamente endeudados.
Fuente: Banco Mundial: *Global Development Finance*, 1999.

Cuadro 24.7. Ratio deuda externa/exportaciones (1980-1998) (%).

	1980	1990	1997	1998
Todos los países	85,3	155,8	129,0	146,2
Asia del Este y Pacífico	93,1	113,4	94,9	107,4
Europa oriental y Asia central	44,8	96,9	108,0	126,7
América Latina y Caribe	201,9	256,1	190,9	202,5
Medio Este y norte de África	41,4	119,1	103,3	137,4
Asia del Sur	160,5	317,5	193,1	201,0
África subsahariana	66,4	209,8	201,7	232,1
SHCIC *	107,3	464,2	358,6	321,8

* Países de baja renta severamente endeudados.
Fuente: Banco Mundial: *Global Development Finance*, 1999.

consonancia con su capacidad de crecimiento económico. La crisis financiera asiática originada en 1997 ha sacado a la luz los problemas de la deuda de algunos países de la región.

Si el análisis se hace por países concretos observamos que hay un número considerable de países que están en una situación económica límite a causa de la carga de la deuda externa. En concreto, el Banco Mundial (*Global Development Finance*, 1999) hace una clasificación entre «países altamente endeudados», «moderadamente endeudados» y «menos endeudados» y según sean países de renta baja (renta per cápita inferior a los 785 dólares en 1997) y de renta media (renta per cápita entre 786 y 9.655 dólares en 1997) (véase Apéndice 24.1):

Cuadro 24.8. Ratio servicio de la deuda/exportaciones (1980-1998) (%).

	1980	1990	1997	1998
Todos los países	13,1	17,4	17,0	17,6
Asia del Este y Pacífico	13,4	15,8	11,3	12,0
Europa oriental y Asia central	7,4	14,1	11,5	13,3
América Latina y Caribe	36,3	24,6	35,5	33,8
Asia del Sur	11,7	28,1	20,3	17,9
África Subsahariana	7,3	12,9	12,8	14,9
SILIC*	10,9	22,2	15,7	13,2

* Países de baja renta severamente endeudados.
Fuente: Banco Mundial: *Global Development Finance*, 1999.

— Los países altamente endeudados son aquellos cuyo valor presente de la deuda respecto a las exportaciones es superior al 220 por 100 y respecto al PIB es superior al 80 por 100.
— Los países moderadamente endeudados son aquellos cuyo valor presente de la deuda respecto a las exportaciones oscila entre 220 y 132 por 100 y respecto al PIB oscila entre el 80 y el 48 por 100.
— Los países menos endeudados son aquellos cuyo valor presente de la deuda respecto sus exportaciones son inferiores al 132 por 100 y respecto al PIB son menores del 48 por 100.

Aunque el problema de la deuda externa sigue teniendo efectos negativos en las economías de la mayoría de los países periféricos, los más graves se concentran en los 46 países altamente endeudados, de renta baja y media, según los criterios del Banco Mundial, y, sobre todo, en los 32 países de renta baja, tres de los cuales son centroamericanos y del Caribe (Honduras, Nicaragua y Haití), dos son asiáticos (Vietnam y Myanmar) y los 27 restantes pertenecen al África subsahariana. De los 12 países altamente endeudados de renta media hay 7 países latinoamericanos (Argentina, Bolivia, Brasil, Ecuador, Guyana, Jamaica y Perú).

El estallido de la nueva crisis de la deuda en la década de los noventa se inicia a partir de 1997 por diversas causas, entre las que destaca: la

Cuadro 24.9. Indicadores de la deuda externa de algunos países pobres altamente endeudados (HIPC), 1997 (%).

Países	PV/X	PV/PIB
Angola	181	244
Camerún	345	97
República Democrática del Congo	682	215
Costa de Marfil	305	138
Etiopia	927	138
Guinea-Bissau	1.769	258
Honduras	181	91
Madagascar	369	85
Mozambique	708	153
Nicaragua	510	268
Sierra Leona	619	86
Sudán	1.423	203
Tanzania	403	83

PV/X: Valor presente de la deuda externa respecto a las exportaciones.
PV/PIB: Valor presente de la deuda externa respecto al PIB.
Fuente: Banco Mundial: *Global Development Finance*, 1999.

caída de los precios de los productos básicos de exportación que ha supuesto una reducción significativa de los ingresos en divisas; el aumento de las tasas de interés interno sobre los nuevos préstamos; y la reducción de los flujos financieros hacia los países periféricos desde el inicio de la crisis financiera asiática en 1997. Las consecuencias de esta crisis no se han hecho esperar: continuación de las políticas de ajuste estructural, aumento de los niveles de desempleo; reducción drástica de los gastos sociales; aceleración de las privatizaciones; degradación de los niveles de sectores como la enseñanza y la sanidad; etc. En definitiva, mayores niveles de pobreza para amplias capas de la población.

24.8. UNA SOLUCIÓN PARCIAL AL PROBLEMA DE LA DEUDA EXTERNA: LA INICIATIVA HIPC

En septiembre de 1996, el FMI y el Banco Mundial con el aval del G7 aprueban la iniciativa HIPC («Heavily Indebted Poor Countries») y en abril de 1997 se realiza la primera reducción de la deuda multilateral de un país concreto: Uganda.

El objetivo de dicha iniciativa era reducir los niveles de endeudamiento de los países más pobres hasta un cierto grado de sostenibilidad. Este grado fue fijado por el FMI y el Banco Mundial basándose en dos indicadores: uno, que el valor actual neto del cociente deuda externa/exportaciones fuera entre el 200 y el 250 por 100; y dos, que el valor actual neto del cociente servicio de la deuda/exportaciones fuera entre el 20 y el 25 por 100 (véase el Cuadro 24.9).

Además para acceder a esta iniciativa había que cumplir determinadas condiciones: países con acceso sólo a financiación multilateral; países altamente endeudados y vulnerables según los indicadores citados; países que cumplan los programas de ajuste estructural del FMI y el Banco Mundial; y países cuya reducción de la deuda por los mecanismos normales sea difícil o imposible.

Los países que cumplían estas condiciones, según el FMI y el Banco Mundial, eran, en septiembre de 1996, un total de 41, de los que 33 se situaban en el África subsahariana:

África subsahariana:
Angola
Benin
Burkina Faso
Burundi
Camerún
Chad
Congo
Costa de Marfil
Etiopía
Ghana
Guinea
Guinea-Bissau
Guinea Ecuatorial
Kenia
Liberia
Madagascar
Mali
Mauritania
Mozambique
Níger
Nigeria
Rep. Centroafricana
Rep del Congo
Ruanda
Santo Tomé y Príncipe
Senegal
Sierra Leona
Somalia
Sudán
Tanzania
Togo
Uganda
Zambia
América Latina/ Caribe:
Bolivia
Guyana
Honduras
Nicaragua
Asia:
Myanmar (Birmania)
República D. de Laos
Vietnam
Próximo Oriente:

La puesta en práctica de esta iniciativa no es nada fácil puesto que, por un lado, hay numerosos actores en el proceso (países HIPC; Club de París; acreedores multilaterales, bilaterales y privados; FMI y Banco Mundial), y, por otro, dichos actores no tienen los mismos criterios a la hora de resolver concretamente los problemas.

De cualquier manera se trata de un avance considerable respecto a anteriores propuestas de solución de la deuda externa. Entre los *aspectos positivos* de esta propuesta destacan: el apoyo, aunque con algunas diferencias, de los actores implicados; la inclusión de todos los componentes de la deuda (bilateral, multilateral y privada); la creación de fondos de créditos especiales para reducir la deuda multilateral; mayor flexibilidad en la negociación con cada país deudor; la inclusión de criterios sociales en los programas de ajuste estructural; el cambio en los criterios del Banco Mundial respecto al problema de la deuda externa.

Pero también esta iniciativa ha sido criticada porque su condicionalidad hace inviable una solución definitiva de este problema y eterniza el grave endeudamiento de numerosos países. Dichas críticas se concretan, sobre todo, en los niveles de sostenibilidad de la deuda exigidos, señalados anteriormente, que para muchas instituciones es demasiado alto y que deja fuera a numerosos países con graves problemas económicos derivados de su endeudamiento eterno. Otras críticas se concretan en temas tales como: los escasos recursos financieros que van a dedicar tanto el FMI como el Banco Mundial a este problema; muchos de los países HIPC no tienen acceso a la iniciativa a corto plazo hasta el año 2000 o 2003; el escaso protagonismo de los países deudores en este proceso y, por el contrario, el total protagonismo del FMI y el Banco Mundial en la toma de decisiones tanto de políticas como de evaluación de los países; las inconcreciones financieras que dificultan la puesta en marcha de la iniciativa; etc.

La lentitud en la puesta en marcha de esta iniciativa se refleja en el escaso número de países que hasta la fecha (1999) se han beneficiado de la misma: Uganda, Bolivia, Burkina Faso y Mozambique.

Ante esta situación la comunidad internacional ha iniciado una campaña en 1998, que se conoce como «deuda externa ¿deuda eterna? Año 2000: libertad para mil millones de personas», para solicitar la condonación de la deuda externa a los países pobres, y que entren en el año 2000 con cero deuda. Para ello han propuesto una serie de propuestas para mejorar la iniciativa como son, entre otras: flexibilizar las condiciones de acceso al alivio de la deuda; redefinir los niveles de sostenibilidad (servicio de la deuda/exportaciones 15-20 por 100 y deuda total/exportaciones 150-200 por 100); incrementar la ayuda oficial al desarrollo. Creemos que introduciendo estos criterios el alivio de la deuda sería mucho más relevante y otros muchos países tendrían acceso a esta iniciativa.

24.9. LA INVERSIÓN EXTRANJERA DIRECTA: LA FINANCIACIÓN NO CREADORA DE DEUDA

La otra corriente financiera de carácter privado que ha tenido efectos muy importantes en las economías periféricas a lo largo de las últimas décadas ha sido la inversión extranjera directa (IED).

La importancia de la IED ha variado según los períodos y los países. En general, los cambios en las corrientes de las inversiones extranjeras directas pueden considerarse resultado de las estrategias de las empresas multinacionales. La IED tiene tres componentes: el nuevo capital accionariado, la reinversión de las ganancias y los préstamos entre las empresas (de la empresa matriz o de otras filiales). Por ello, las corrientes de la IED no captan del todo las actividades de las empresas multinacionales.

Evolución de la inversión extranjera directa

Durante el período colonial, las potencias colonizadoras invertían sus capitales en la explotación de los recursos naturales de sus colonias que eran necesarios para su industrialización. Así, los sectores extractivos (minería y petróleo), los de agricultura de exportación y los servicios vinculados a estas actividades (banca, comercialización, transporte), concentraron inicialmente la localización sectorial de las inversiones extranjeras.

Con la paulatina descolonización de los países periféricos se produce poco a poco un proceso de mayor control de sus recursos mediante la nacionalización, a través de la explotación por empresas mixtas u otros procedimientos. Esta circunstancia, unida al impulso de la industrialización en algunos países periféricos a partir de los primeros años cincuenta, ha hecho que paulatinamente adquiriese mayor importancia la inversión extranjera directa (con la consiguiente presencia de las empresas multinacionales) en los sectores industriales de estos países.

a) La inversión extranjera directa en el período 1950-1970.

En los años cincuenta, la expansión de las empresas multinacionales se dirigía tanto a los países periféricos como hacia los países de Europa occidental en proceso de reconstrucción industrial. Dicha expansión se basaba en la inversión directa así como en la captación de recursos en los mercados financieros de los países en donde se instalaban las filiales de dichas empresas.

En los años sesenta y hasta el primer choque petrolero de 1973, la inversión directa creció a una tasa nominal del orden del 15 por 100 anual acumulativo, tanto hacia los países centrales como hacía los países periféricos, recibiendo los primeros el doble de inversiones que éstos. Desagregando por regiones periféricas, América Latina concentraba a finales de 1966 el mayor volumen de IED total periférica (55 %), seguido de África (17,3 %), Asia (14,7 %) y Oriente Medio (12,9 %).

En los años setenta, entre el primero y el segundo choque petrolero, las tasas de crecimiento de la IED cambiaron notablemente tanto en volumen como en la distribución por países. Así, entre 1975 y 1980, la IED pasaba del 24,4 por 100 de la financiación externa total de los países periféricos al 9,7 por 100. Esta notable desaceleración de la IED hacia los países periféricos se explica por la abundancia de créditos bancarios en estos años que permitía financiar actividades industriales sustituyendo a la inversión directa.

b) La inversión extranjera directa en el período 1980-1990.

Los años ochenta fue la de menor presencia de IED en los países periféricos comparado con las décadas anteriores. Esto puede explicarse por un conjunto de factores, externos e internos, que pueden resumirse en los siguientes:

- Retroceso global de la IED en general y reducción particularmente sensible de la inversión norteamericana.
- Importante crecimiento de la transferencia exterior de capitales desde los países periféricos, convirtiéndose EE.UU. en un gran receptor de capitales externos.
- Debilidad general de los mercados de productos básicos, que atraían una parte de la IED.
- Elevado nivel de endeudamiento de los países periféricos que tenían una IED importante.
- Políticas de ajuste aplicadas en esta fase crítica, que implican una caída de la inversión en general.

Es importante reflejar aquí que EE.UU. pasó a convertirse en el principal país receptor de IED en el mundo, sobre todo en la primera mitad de esta década, a costa no sólo de la disminución de las inversiones a los países periféricos, sino también de los países europeos. Japón pasaba a ser, por el contrario, el principal país de origen de las IED. Entre 1975 y 1985, Estados Unidos pasó de captar el 12,1 por 100 de las IED totales al 38,9 por 100, mientras Europa occidental disminuía del 47,0 al 33,7 por 100 y los países periféricos del 29,3 al 23,3 por 100.

Pero no todos los países periféricos sufrieron de igual forma la caída de las inversiones extranjeras. La corriente de IED se distribuye de forma muy desigual entre los países periféricos, teniendo en cuenta las estrategias de las empresas multinacionales. Así, éstas tienden a concentrarse en países que tengan abundantes recursos naturales, grandes mercados internos o una gran oferta de mano de obra especializada pero de bajo coste. Por ello, en estos años ochenta, el 86 por 100 del total de la IED se dirigió sólo a 18 países y territorios:

— La IED en América Latina se concentra en Argentina, Brasil, Chile, Colombia, México, Trinidad y Tobago y Venezuela. La crisis económica sufrida por la región en los años ochenta y el consiguiente debilitamiento del mercado interno explica la caída de esta corriente, ya que uno de los motivos principales para invertir es precisamente el tener acceso a dicho mercado más que producir para el mercado externo.

— Las corrientes hacia Asia meridional y oriental se han mantenido casi estables en estos años. De los 20 países que comprenden esta área, sólo 8 recibían el 92 por 100 de las IED. Las causas de esta atracción de IED eran: los mercados internos relativamente grandes (China, Indonesia y Tailandia); las industrias manufactureras de bajo coste orientadas hacia la exportación (Hong-Kong, Malasia, Singapur, Taiwan, Corea del Sur), y el petróleo y otros recursos naturales (Indonesia y Malasia).

— En África sólo 5 países recibieron el 90 por 100 de las IED en este período: Argelia, Camerún, Egipto, Nigeria y Túnez. Los motivos de estas inversiones se deben, principalmente, a la explotación de los recursos petroleros. En el resto de los países africanos, la presencia de IED es muy modesta o inexistente, al no darse las causas por las cuales las empresas multinacionales desean invertir, sobre todo a las malas perspectivas de los productos básicos, que durante estos años sufrieron una importante caída en sus precios.

En los años noventa, el comportamiento de las corrientes de la IED hacia los países periféricos ha variado respecto a la década anterior de acuerdo con el inicio de un ciclo de expansión en algunos de estos países. Así, los países que han emprendido en estos años programas de ajuste estructural y de estabilización y cuyas economías crecen con cierta rapidez atraen importantes corrientes de IED, como es el caso de algunos países de Asia y de América Latina. Aunque estas inversiones directas no equivalen necesariamente a formación de capital bruto, ya que muchas veces entrañan la compra de bienes ya existentes, como ocurre en el caso de las privatizaciones de empresas, fenómeno que se ha ido extendiendo sobre todo en los países latinoamericanos. Por último, en la región africana y sobre todo en la zona subsahariana, la transferencia neta mediante inversión directa ha sido prácticamente nula o negativa debido a la profunda crisis económica que sufre la región y que, por tanto, no resulta atractiva para los inversores extranjeros a pesar de los incentivos oficiales que se han creado para atraer esas inversiones (véanse los Cuadros 24.10 y 24.11).

Cuadro 24.10. Flujos de inversión extranjera directa por regiones receptoras, 1987-1998 (miles de millones de dólares).

	1987/92*	1993	1994	1995	1996	1997	1998
Mundo	173,5	219,4	253,5	328,8	358,8	464,3	643,8
Países desarrollados	136,6	133,8	146,4	208,3	211,1	273,2	460,4
Unión Europea	72,6	76,7	77,5	115,5	108,9	126,2	230,0
Estados Unidos	46,2	43,5	45,1	58,7	76,4	109,3	193,4
Países subdesarrollados	35,3	78,8	101,2	106,2	135,4	172,5	165,9
África	3,0	3,5	5,3	4,1	5,9	7,6	7,9
América Latina	12,4	20,0	31,4	32,9	46,1	68,3	71,6
Asia	19,6	54,8	63,8	68,1	82,0	95,5	84,9

* Promedio anual.
Fuente: UNCTAD: *World Investment Report*, 1999.

Cuadro 24.11. Flujos de IED a los principales países periféricos, 1987-1998 (miles de millones de dólares).

	1987/92*	1993	1994	1995	1996	1997	1998
América Latina/Caribe	12,4	20,0	31,4	32,9	46,1	68,5	71,5
Argentina	1,8	2,7	3,4	5,3	6,5	8,1	5,7
Brasil	1,5	1,3	2,6	5,5	10,5	18,7	28,7
Chile	0,9	1,0	2,6	3,0	4,7	5,4	4,8
Colombia	0,5	0,9	1,4	1,0	3,1	5,7	3,0
México	4,3	6,7	12,4	9,5	9,2	12,8	10,2
Venezuela	0,5	0,4	0,8	1,0	2,2	5,1	3,7
Asia	19,6	54,8	63,8	68,1	82,0	95,5	84,8
China	4,6	27,5	33,8	35,8	40,1	44,2	45,5
India	0,06	0,5	1,0	2,1	2,4	3,3	2,2
Corea del Sur	0,9	0,6	0,8	1,8	2,3	2,8	5,1
Malasia	2,4	5,0	4,3	4,2	5,1	5,1	3,7
Singapur	3,7	4,7	8,5	7,2	7,9	9,7	7,2
Tailandia	1,6	1,8	1,4	2,1	2,3	3,7	7,0

* Promedio anual.
Fuente: UNCTAD: *World Investment Report*, 1999.

APÉNDICE 24.1. CLASIFICACIÓN DE LAS ECONOMÍAS ENDEUDADAS

Países de renta baja altamente endeudados	Países de renta media altamente endeudados	Países de renta baja moderamente endeudados	Países de renta media moderamente endeudados	Países de renta baja menos endeudados	Países de renta media menos endeudados
Angola	Argentina	Bangladesh	Argelia	Albania	Barbados
Burkina Faso	Bolivia	Benin	Belice	Armenia	Belarús
Burundi	Brasil	Camboya	Chile	Azerbaiyán	Botswana
Camerún	Bulgaria	Chad	Colombia	Bhután	Cabo Verde
Costa de Marfil	Ecuador	Comoras	Dominica	Eritrea	China
Etiopía	Gabón	Gambia	Filipinas	Lesotho	Costa Rica
Ghana	Guyana	India	Georgia	Mongolia	Croacia
Guinea	Indonesia	Kenia	Guinea Ecuatorial	Nepal	Djibouti
Guinea-Bissau	Jamaica	Laos	Hungría	Tayikistán	Egipto
Haití	Jordania	Pakistán	Macedonia	Turkmenistán	El Salvador
Honduras	Perú	República del Yemen	Malasia	República Kyrgyz	Estonia
Madagascar	República Árabe Siria	Senegal	Marruecos	República de Moldova	Federación Rusa
Malawi		Togo	Mauricio		Fiji
Mali		Zimbabwe	Panamá		Granada
Mauritania			República Eslovaca		Guatemala
Mozambique			San Vicente y las Granadinas		Islas Salomón
Myanmar			Tailandia		Kazajstán
Nicaragua			Túnez		Letonia
Níger			Turquía		Líbano
Nigeria			Uruguay		Lituania
República Centroafricana			Venezuela		Maldivas
República Dem. del Congo					Malta
República del Congo					México
Ruanda					Omán
Santo Tomé y Príncipe					Papúa-Nueva Guinea
Sierra Leona					Paraguay
Somalia					Polonia
Sudán					República Checa
Tanzania					República Dominicana
Uganda					República Isl. de Irán
Vietnam					Rumania
Zambia					Saint Kitts y Nevis
					Samoa
					Santa Lucía
					Seychelles
					Sri Lanka
					Sudáfrica
					Swazilandia
					Togo
					Trinidad y Tobago
					Ucrania
					Uzbekistán
					Vanuatu

Fuente: World Bank Debtor Reporting System.

RESUMEN

En este capítulo se ha explicado cuál ha sido el comportamiento de los flujos financieros externos de los países periféricos desde la década de los setenta hasta la actualidad. Las transformaciones del sistema financiero internacional a partir de dichos años influyen poderosamente en el proceso de privatización y bancarización de la financiación externa de los países periféricos, dando lugar a un proceso creciente de endeudamiento externo que facilitó la actividad económica de dichos países en esos años. A comienzos de los años ochenta, los cambios en las políticas económicas de los países centrales y, en concreto, la subida espectacular de los tipos de interés internacionales derivada de dichos cambios, quebraron los mecanismos de financiación externa de los países periféricos, produciéndose una crisis de la deuda externa que fue una de las principales causas de la profunda crisis económica de dichos países en esa década. Las condiciones de la renegociación de la deuda y los planes de ajuste aplicados por los países endeudados se saldaron con una masiva transferencia de capital de la Periferia hacia el Centro hasta principios de los años noventa. La crisis de la deuda externa ha tomado otra vez fuerza en los últimos años de esta década, sobre todo en los países pobres altamente endeudados (HIPC), lo que ha movilizado a numerosas organizaciones civiles para exigir la condonación de la deuda externa de esos países. Respecto al comportamiento de la inversión extranjera directa en las dos últimas décadas, se aprecian cambios significativos tanto en el volumen de la inversión como en su dirección hacia los diferentes países y los distintos sectores. Este tipo de inversiones comenzó a recuperarse en los primeros años noventa, sobre todo en los países que han alcanzado una mayor estabilidad macroeconómica. Las crisis financieras que se iniciaron con la crisis asiática en 1997 y que, hasta la fecha, ha culminado con la crisis brasileña de enero de 1999, han convulsionado a la economía mundial, modificando el comportamiento de los flujos financieros internacionales.

LECTURAS PARA LA REFLEXIÓN

«Las capitalizaciones de deuda y las privatizaciones en gran escala facilitan la apropiación por parte de capitales extranjeros —a veces en forma mixta con empresarios nacionales— de la capacidad industrial y de servicio de los países endeudados. Todo lo que parezca rentable entra en las reglas del juego; para las deudas sirven los deudores. En una evolución totalmente lógica, en noviembre de 1988 asistimos a la primera transacción de bonos de deuda pública a cambio de personas. La transnacional holandesa Philips compró bonos de la deuda de Brasil por valor de cuatro millones de dólares, a cambio de 1.500 millones de cruzados brasileros con los cuales adquirió a Romario Farías, una estrella del fútbol de 22 años, para el PSV Eindhoven, el club holandés patrocinado por Philips. Farías puede ser considerado el primer prisionero de la guerra de la deuda, si bien obtendrá una abultada recompensa.»

S. George: *La trampa de la deuda*. IEPALA, Madrid, 1990, pág. 325.

«Henry Kissinger dijo en los años setenta que el Tercer Mundo le importaba un rábano. Ahora se ha unido al coro de quienes expresan una seria preocupación por la deuda del Tercer Mundo. El año pasado, en un artículo titulado "La salvación de la economía mundial", escribió que la "raíz del problema de los actuales esfuerzos para resolver el problema de la deuda es que ésta, en el futuro inmediato, es de hecho irresoluble". Y después de criticar al FMI por "contraer la economía, aumentar el desempleo y reducir el consumo" en los países del Tercer Mundo, Kissinger se centró en su principal preocupación: "En ello está en juego la evolución política interna de varios países en vías de desarrollo, entre ellos muchos amigos importantes de Estados Unidos. Si la crisis de la deuda lleva a la aparición de gobiernos antioccidentales, las cuestiones económicas se verán reducidas por las consecuencias políticas". (...) Lo que Kissinger olvida mencionar es que el mismo mecanismo que hace de la cuestión de la deuda un problema político hace que sea tremendamente difícil, si no imposible, llegar a un acuerdo político, incluso contando con dotes de gobernante como las suyas, que permita reconciliar los intereses económicos más allá del control de nadie. La fe de Kissinger en el arte de gobierno es bastante poco modesta o realista teniendo en cuenta el problema técnico-económico al que tendrán que hacer frente los políticos por la acumulación de la deuda, el aumento de los tipos de interés, la acumulación de vencimientos expirados y la llegada, antes o después, de la próxima recesión, aspectos todos ellos que amenazan con hacer explotar la bomba de la deuda».

A. Gunder Frank: «La bomba nuclear y la bomba de la deuda». *El País*, 30-9-1984.

PALABRAS CLAVE

- Flujos concesionales
- Flujos no concesionales
- Servicio de la deuda
- Privatización
- Bancarización
- Renegociación
- Ajuste recesivo
- Plan Baker
- Ajuste estructural
- Mercado secundario
- Menú de opciones
- Plan Brady

BLIBIOGRAFÍA BREVE

J. Atienza: *La Deuda externa y los países del Sur.* Manos Unidas, Madrid, 1998.

Banco Mundial: *Global Development Finance.* Washington, 1999.

R. French-Davis y R. Devlin: «Diez años de crisis de la deuda latinoamericana». *Comercio Exterior*. México, enero 1993.

S. George: *El boomerang de la deuda.* Deriva, Barcelona, 1993.

S. Griffith-Jones (Comp.): *Deuda externa, renegociación y ajuste en la América Latina*. FCE. México, 1988.

UNCTAD: *World Investment Report*. Nueva York, 1999.

CAPÍTULO 25
La estructura económica mundial (III): Cooperación y ayuda al desarrollo

Irene Maestro Yarza

Después de haber llegado a tener un importante peso en los flujos financieros netos percibidos por los países subdesarrollados, la ayuda al desarrollo está atravesando una etapa de profunda crisis. No sólo por lo que se refiere a las cantidades de recursos movilizados, sino por el cuestionamiento de su eficacia y por la reformulación de sus planteamientos en distintos ámbitos. En este capítulo se estudia esta modalidad de transferencia de recursos, analizando cuál fue el proceso que la originó, así como las diferentes modalidades y tipologías que se pueden apreciar, quiénes son sus principales donantes y cuáles son sus motivaciones principales.

25.1. ORIGEN HISTÓRICO DE LA COOPERACIÓN AL DESARROLLO

La cooperación, entendida como forma alternativa a la vía militar en la resolución de los problemas o disputas entre los diferentes países, ha existido desde hace bastante tiempo en el panorama diplomático internacional. Sin embargo, la vinculación entre cooperación y desarrollo se hizo explícita tan sólo a partir de la Segunda Guerra Mundial y, sobre todo, con los subsiguientes cambios experimentados a nivel internacional durante el período de postguerra, especialmente la generalización de los procesos de independencia nacionales y el inicio de la Guerra Fría entre los dos bloques resultantes tras la contienda.

La cooperación al desarrollo se remonta al momento en que se registra la existencia de dos grupos de países claramente diferenciados, por lo que a sus niveles de desarrollo se refiere, y en el que unos, aquellos que disfrutan de una mejor situación, se comprometen —por diferentes motivaciones— a ayudar en los procesos de desarrollo de los otros que soportan unas condiciones más desventajosas.

Para poder instrumentalizar dicha cooperación se fue gestando un entramado institucional capaz de gestionar los flujos de recursos que a partir de ese momento iban a ser transferidos por los «países industrializados» a los «países subdesarrollados». Dicho entramado, que se empezó a constituir inmediatamente después de la conflagración mundial, no se consolidó definitivamente hasta la década de los años sesenta.

Según el Comité de Asistencia al Desarrollo (CAD) de la OCDE, los fundamentos que cimentaron el surgimiento de la cooperación al desarrollo fueron básicamente seis:

1. La incorporación del desarrollo como uno de los objetivos prioritarios incluidos en la Carta fundacional de las Naciones Unidas (NN.UU.) en 1945. Dicha organización aceptaba el compromiso de «emplear la maquinaria internacional para promover la mejora económica y social de todos los pueblos».
2. La creación de dos importantes instituciones financieras multilaterales, gestadas durante la Conferencia de Bretton Woods de 1944, celebrada con el objeto de establecer un nuevo orden económico internacional postbélico. Las dos instituciones fueron: el «Fondo Monetario Internacional» (FMI); y el «Banco Internacional para la Reconstrucción y el Fomento» (BIRF), más conocido como «Banco Mundial».

   Mientras que el cometido inicial del FMI era solucionar los problemas de liquidez internacional que pudieran ir surgiendo, el Banco Mundial debía suplir la falta de un mercado de capital privado internacional eficiente, proporcionando capital a aquellos países que por diversos motivos —devastación tras la guerra o por encontrarse en una situación de subdesarrollo— presentasen unas bajas tasas de ahorro y altas tasas de retorno de la inversión realizada.

   En la base de la gestación de esta institución, y de todo el sistema surgido a partir de Bretton Woods, se hallaba la noción de que el quid del subdesarrollo residía en la escasa acumulación de capital. Por ello, a pesar de que ninguna de las dos instituciones fue creada con el propósito claro y definido de ocuparse de los problemas específicos de los países subdesarrollados en general, ni de la ayuda en particular, no es de extrañar que fuera el BIRF el que asumiera esa responsabilidad.
3. El inicio de diferentes programas de ayuda por parte de las ex metrópolis coloniales, fundamentalmente el Reino Unido y Francia, a sus antiguas colonias. Teniendo en cuenta la difícil situación por la que atravesaban ambos países en aquellos momentos, resulta claro que el sacrificio de recursos que tales programas representaron respondía más a las necesidades de las ex metrópolis por mantener sus ventajosas relaciones con las ahora ex colonias, que al intento de contribuir de manera efectiva al desarrollo de los países que empezaban a percibir su —todavía bastante exigua— ayuda.
4. La puesta en funcionamiento, en 1947, del «Plan Marshall», que consistió en una transferencia masiva de recursos por parte de EE.UU. para la reconstrucción de los países de la Europa occidental (excluida España) tras la Segunda Guerra Mundial. Este Plan, cuyo notable éxito hizo que se tomara posteriormente como modelo de actuación en sucesivas actuaciones de cooperación al desarrollo, no debiera sin embargo considerarse como un ejemplo a seguir para actuaciones en favor del desarrollo ya que, si bien tenía algunos puntos en común con la ayuda (fundamentalmente la importante concesionalidad con la que se llevaron a cabo las transferencias), los países receptores poseían unas características estructurales sustancialmente diferentes a las de los países subdesarrollados.

En el caso de la Europa postbélica se trataba de ayudar a la reconstrucción y despliegue de unas bases estructurales y un tejido productivo suficientemente articulados y ya en proceso de recuperación. Los países subdesarrollados, por contra, poseen una estructura interna caracterizada por la desarticulación productiva y son eminentemente extravertidos, rasgos que dificultan todo proceso de desarrollo. Por tanto, resultan difícilmente extrapolables las medidas que se puedan aplicar a uno y otro grupo de países.

5. El surgimiento del Programa de Asistencia Técnica en 1948, dentro del seno de las NN.UU., como mecanismo complementario a la ayuda financiera, amplió el espectro de actuaciones de cooperación por parte de los diferentes donantes. Posteriormente, en 1965, surgiría el Programa de las Naciones Unidas para el Desarrollo (PNUD), principal organización de Asistencia Técnica dentro del sistema de las Naciones Unidas, que a su vez realiza los mayores esfuerzos en este campo en la actualidad.
6. Por último, la estrategia del «containment» o de contención, adoptada por EE.UU. en la inmediata postguerra, en un intento por contrarrestar la posible expansión de la esfera de influencia soviética en el mundo, también tuvo un importante efecto de potenciación de los esfuerzos de cooperación emprendidos por EE.UU. y sus aliados. De hecho, el argumento de la «seguridad mutua» ha marcado poderosamente la idea que EE.UU. ha tenido durante el último cuarto de siglo sobre la función de su ayuda bilateral, ya que se ha concentrado mucho en aquellos países que le representaban un poder estratégico importante, dentro de su búsqueda por mantener su primacía a nivel mundial.

A finales de los años cincuenta, las seis grandes corrientes o modalidades descritas habían sido canalizadas a través de gran variedad de programas operacionales, que eran administrados de manera independiente y sin tener demasiado en cuenta lo que los demás estaban haciendo. Poco a poco, se consolidaron las instituciones ya existentes y se fueron estableciendo algunos mecanismos coordinadores nuevos, dando lugar a un cierto sistema público de cooperación al desarrollo.

25.2. EL ENTRAMADO INSTITUCIONAL

Dicho sistema de cooperación oficial al desarrollo se consolidó fundamentalmente a lo largo de los años sesenta, década en la que, al amparo de la clara reactivación económica del mundo occidental, la ayuda al desarrollo experimentó un aumento importante, sobre todo como consecuencia de la incorporación de gran parte de los países del Centro del Sistema al grupo de países donantes.

El Comité de Ayuda al Desarrollo (CAD) de la OCDE

Como consecuencia del aumento de países donantes en el contexto de acciones de ayuda al desarrollo, se vio la necesidad de coordinar las diferentes acciones individuales, por lo que se constituyó una primera organización de los donantes bilaterales. Esta organización, que se creó en 1960 con el nombre de Grupo de Ayuda al Desarrollo (GAD), fue una de las primeras decisiones adoptadas en el seno de la recién creada Organización para la Cooperación Económica de Europa (OCEE).

Posteriormente, en 1961, cuando la OCEE se reconvirtió en la actual OCDE (con el objeto de incluir, como países miembros, a los países industrializados no europeos), se mantuvo como uno de los principales objetivos del organismo el proseguir con las actividades de cooperación y de consultas para facilitar el desarrollo económico de los países subdesarrollados. Consecuentemente, el GAD se convirtió en el actual Comité de Ayuda al Desarrollo (CAD).

En la actualidad, la mayor parte de los países de la OCDE forman parte de este organismo, con excepción de algunos pequeños países que no desarrollan una tarea importante en materia de cooperación al desarrollo. En el Cuadro 25.1 se recoge el comportamiento, en términos absolutos, de todos los miembros del CAD. A este respecto conviene recordar que España, junto con Portugal (que había sido miembro fundador, pero que se retiró en 1974), han sido de los últimos países en incorporarse (enero de 1992). Luxemburo lo hacía un año después, y Grecia lo hizo en diciembre de 1999. Además de los países miembros, también participan en las reuniones, como organismos observadores, la Comisión de la Unión Europea (UE), el Banco Mundial y el FMI.

El CAD se creó con el objetivo de asegurar la provisión de unos volúmenes agregados crecientes de recursos a los países subdesarrollados, así como para asegurar la eficaz utilización de dichos recursos. A tal fin, y desde entonces, los países miembros se reúnen periódicamente y revisan tanto la cantidad como la naturaleza de sus contribuciones a los programas de ayuda —bilaterales y multilaterales— y se consultan sobre todos los demás aspectos relevantes de sus políticas de cooperación. Sin embargo, las decisiones adoptadas por el Comité no tienen carácter vinculante, por lo que todas ellas serán, o no, adoptadas por los países miembros si éstos lo consideran conveniente a sus propios intereses.

El CAD también se ha convertido, y quizá sea ésta una de sus principalcs y más efectivas funciones, en el organismo centralizador de toda la información referente a la Ayuda Oficial al Desarrollo (AOD), tanto a nivel bilateral como multilateral, por lo que sus informes anuales de cooperación son de consulta obligada para cualquier estudioso sobre el tema.

Cuadro 25.1. La ayuda de los países del CAD (volumen de la AOD neta de los países del CAD).

	1976-77	1986-87	1996-97
Australia	835	1.125	1.086
Austria	252	342	578
Bélgica	924	1.059	891
Canadá	1.707	2.276	1.930
Dinamarca	653	1.281	1.802
Finlandia	127	518	416
Francia	4.032	7.269	7.287
Alemania	4.887	7.028	7.154
Irlanda	26	79	186
Italia	753	3.822	1.888
Japón	4.804	10.119	9.893
Luxemburgo	—	21	95
Holanda	2.018	2.970	3.290
Nueva Zelanda	181	142	140
Noruega	574	1.229	1.350
Portugal	—	63	248
España	—	378	1.323
Suecia	1.607	1.884	1.973
Suiza	412	821	1.047
Reino Unido	3.215	2.778	3.193
EE.UU.	10.834	12.588	8.061
Total CAD	37.840	57.789	53.832

Cifras en millones de dólares a precios y tipos de cambio de 1996.
Fuente: OCDE/CAD (1999): *Development Co-operation Report*, 1998.

Cuadro 25.2. La ayuda multilateral. Distribución del total de la AOD neta multilateral (porcentaje total AOD multilateral).

	1970-71	1980	1985	1993	1997
AID	19,00	19,80	30,60	26,63	29,96
BID	18,00	4,18	4,14	0,52	1,66
BAfD	—	1,23	2,47	4,07	3,36
BAsD	0,25	1,91	4,63	5,68	5,76
FIDA	—	0,69	3,18	0,49	0,62
NNUU	45,00	31,90	36,00	37,21	27,85
PMA	11,00	6,91	9,19	8,86	6,11
PNUD	19,00	8,47	7,49	7,15	9,28
UE	17,50	13,60	16,60	23,12	29,40
F. Árabes	7,47@	3,67	1,56	1,05	—
Otros*	0,25	23,02	0,82	1,23	1,39
Total	100,00	100,00	100,00	100,00	100,00

* Incluye las aportaciones del FMI en materia de AOD.
@ Dato correspondiente al período 1975-76.
Fuente: OCDE/CAD: *Development Co-operation Report*, varios años.

Los organismos multilaterales

El tupido tejido de organizaciones multilaterales que se empezaron a crear en los momentos inmediatamente posteriores a la Segunda Guerra Mundial también se fue consolidando, y aun ampliando, en los años siguientes, hasta conformar su estructura actual. En el Cuadro 25.2 se aprecia la evolución del peso relativo de cada una de estas instituciones en el conjunto de organismos multilaterales.

Fundamentalmente se distinguen tres grandes bloques:

1. Los *organismos financieros multilaterales*, entre los cuales cabe distinguir: *a*) al FMI, que si bien prácticamente no desarrolla ninguna actividad de ayuda concesional, sí ha adquirido importancia en cuanto a recomendaciones e imposiciones sobre el comportamiento económico que los países subdesarrollados deben seguir si pretenden ser potenciales receptores de ayuda de otros organismos; *b*) el Grupo del Banco Mundial —conformado a su vez por cuatro instituciones: el Banco Internacional de Reconstrucción y Desarrollo (BIRD), la Corporación Financiera Internacional (CFI), la Asociación Internacional de Desarrollo (AID) y el Organismo Multilateral de Garantía de Inversiones (OMGI)—, que mantiene un comportamiento similar al del FMI, si exceptuamos la AID, cuyo objetivo específico es la concesión de créditos en términos de concesionalidad al grupo de países considerados por las NN.UU. como los «menos desarrollados»; y *c*) los bancos de desarrollo regional, creados en la década de los sesenta a imagen y semejanza del Banco Mundial.

Estos bancos de desarrollo regional poseen competencias en financiación al desarrollo en cada una de las tres áreas geográficas del mundo subdesarrollado en las que están ubicados: el Banco Africano de Desarrollo (BAfD), fundado en 1964, con sede central en Abidjan (Costa de Marfil); el Banco Asiático de Desarrollo (BAsD), constituido en 1966 y cuya sede central está en Manila (Filipinas), y el Banco Interamericano de Desarrollo (BID), creado en 1959, con cuartel general, al igual que el Banco Mundial, en Washington. Sus actividades regulares, al igual que en el caso del

Banco Mundial, no se centran en actuaciones de ayuda al desarrollo, sino que abundan más las actuaciones de financiación del desarrollo en condiciones comerciales y no concesionales. A pesar de ello, y siempre siguiendo el ejemplo de su «hermano mayor», el Banco Mundial, a lo largo de los años setenta fueron estableciendo unas «ventanas blandas», destinadas a suministrar créditos concesionales, o incluso donaciones, a los países más pobres del planeta.

2. Los *organismos internacionales con orientación técnico-funcional*, tanto los que se encuentran dentro del sistema de las NN.UU. (PNUD, Programa Mundial de la Alimentación —PMA—, FAO, UNICEF, etc.), como los que están fuera de él (como por ejemplo el Sistema Interamericano, que comprende a la Organización de Estados Americanos —OEA— y sus organismos especializados).

3. Los *fondos multilaterales*, cuya finalidad es financiar (directa o indirectamente) proyectos de desarrollo. También estos fondos pueden encontrarse dentro del ámbito de las NN.UU. (por ejemplo, el Fondo en Materia de Población o el Fondo Internacional de Desarrollo Agrícola —FIDA—) o pueden tener carácter intergubernamental, pero ya fuera del seno de las NN.UU. (como por ejemplo, el Fondo de la OPEP para el Desarrollo Internacional).

La Unión Europea (UE)

La UE constituye un caso especial, de difícil ubicación con respecto a la distinción bilateral/multilateral. Por un lado, posee un claro carácter multinacional, puesto que abarca a un grupo importante de países donantes. Sin embargo, la ausencia de representación en su seno de los países receptores hace que no se trate de un organismo multilateral típico, puesto que una de las partes no se encuentra presente. A pesar de ello, y una vez explicitada su especificidad, hay que aclarar que sus aportaciones a la ayuda al desarrollo se computan, a efectos estadísticos, entre todas las realizadas con carácter multilateral.

La UE, al margen de las actuaciones individuales de sus países miembros, tiene un política de cooperación propia, que está marcada poderosamente por uno de los rasgos que también marcan su política comercial exterior: el trato preferencial, con diferentes niveles, hacia terceros países. Se divide a los posibles beneficiarios en grupos de prioridad para la UE y, en función de la ubicación de cada país en uno u otro grupo, reciben un trato más o menos favorable. Históricamente han existido tres niveles distintos de preferencias, en cuyo establecimiento jugó un papel muy importante el pasado colonial de los diferentes países:

— Aquellos países que habían sido colonias de Gran Bretaña y de Francia son los que más beneficios han obtenido hasta el momento. Configuran el grupo de países denominados ACP (África, Caribe y Pacífico). Estos países están vinculados a la Unión Europea mediante los Acuerdos de Lomé (el acuerdo Lomé IV fue suscrito en 1989, con vigencia de diez años, aunque el protocolo financiero adscrito a él es de tan sólo cinco años y fue renovado en 1994). En la actualidad está en fase de discusión el nuevo convenio marco que ha de regular las relaciones UE-países ACP. Hasta la fecha, estos países han disfrutado de tres tipos de ventajas, no extensivas al resto de países subdesarrollados:

a) Ventajas institucionales: se crearon instituciones para velar por el buen funcionamiento de los Acuerdos de Lomé, en las que están representados los países afectados.
b) Ventajas comerciales: régimen de franquicia arancelaria para los productos industriales provenientes de esos países y transferencias estabilizadoras para compensar el deterioro de la balanza comercial que se pueda producir como consecuencia de la caída del precio internacional de algún producto significativo para estos países —sistemas denominados STABEX, para el caso de los productos agrícolas tropicales, y SYSMIN, para los mineros.
c) Actuaciones específicas de ayuda al desarrollo, concretadas en proyectos específicos financiados por el Fondo Europeo de Desarrollo (FED) (cuyos fondos son extrapresupuestarios y deben ser aportados por los países miembros según los acuerdos que se establezcan entre ellos) y, en ocasiones, por el Banco Europeo de Inversiones (BEI).

América Latina queda excluida de este primer grupo preferencial de países receptores. La entrada de España en la Unión, y su contribución al mencionado FED, forzó la incorporación de la República Dominicana a este grupo de países y posibilitó la opción de los países de América Latina a acceder a los créditos del BEI, siendo éstas las únicas modificaciones introducidas al respecto hasta el momento.

— El segundo bloque de países, en segundo lugar de preferencias de la UE, son los países fronterizos con la Unión, entre los que cabe distinguir los ribereños del Mediterráneo y los de Europa central y oriental. En el primer caso, se trata de una zona de gran interés para Europa por su condición de frontera natural, mercado de gran importancia y zona estratégica. Las relaciones de estos países con la UE están regidas fundamentalmente por tratados bilaterales suscritos entre ambas partes, que en ningún caso comportan condiciones tan favorables como las recibidas por los países ACP. Por su parte, los países de la Europa central y oriental, igualmente vecinos de la Unión, han ido adquiriendo gran relevancia en los programas de cooperación de la UE durante la última década, llegando a ser merecedores de la creación de programas específicos dirigidos en exclusiva a ellos (programas PHARE y TACIS).

— Por último, y en tercer lugar de la escala de preferencias, se sitúan los países de Asia y de América Latina (PVD-ALA), que no reciben ventajas de carácter institucional ni disponen de instrumentos de ayuda al desarrollo. Tan sólo han firmado acuerdos de carácter comercial con algunos países y se han llevado a cabo algunas actuaciones regionales.

25.3. LA AYUDA NO GUBERNAMENTAL: LAS ONGD

Paralelamente al surgimiento y consolidación del entramado institucional de la ayuda pública al desarrollo, descritos en los apartados anteriores, se fue gestando un tejido de organizaciones también dedicadas a la cooperación, cuya característica común era —al menos sobre el papel— su independencia de las actuaciones de los gobiernos de los países donantes. Con el objeto de resaltar dicha característica, y subrayando su carácter alternativo a la cooperación oficial o gubernamental, se les denominó Organizaciones No Gubernamentales (ONG). La imprecisión del término ha hecho que se haya intentado concretar algo más el objetivo de trabajo de esas organizaciones, y que se haya optado por añadirles la coletilla «de Desarrollo», para clarificar a qué tipo de organizaciones no gubernamentales se está haciendo referencia. Así, en la actualidad se las conoce como ONGD. Sin embargo, tal especificación no ha delimitado demasiado el contenido del término, lo que ha propiciado que en la actualidad haya una gran variedad de organizaciones bajo el paraguas de ese nombre común.

El origen de estas organizaciones entronca con las actividades de asistencia y auxilio a víctimas llevadas a cabo por diferentes organizaciones —tanto laicas como confesionales— en la postguerra de la Primera Guerra Mundial y, sobre todo, durante la Segunda Guerra Mundial. Muchas de esas organizaciones, que se habían centrado predominantemente en Europa, pasaron a dar respuesta a emergencias que se fueron presentando por todo el planeta, y de manera especial en los países subdesarrollados. Estados Unidos y el Reino Unido fueron dos de los pioneros más importantes en este tipo de actuaciones. Sin embargo, el espectro de actuaciones de las ONGD habría de irse ampliando en el transcurso del tiempo, según crecían y se diversificaban las necesidades que debían atender, y a medida que eran conscientes de las limitaciones y problemas de su propia función.

Centrándose en las líneas de actuación prioritarias de cada una de estas ONGD, David Korten ha identificado la existencia de cuatro «generaciones» distintas que, aunque coexistiendo en la actualidad, han ido apareciendo de forma sucesiva en el panorama de la cooperación no gubernamental. Una *primera* generación estaría constituida por esas organizaciones «de beneficencia» que, centradas en la ayuda de emergencia o en la distribución de bienes y servicios, surgieron para atender problemas inmediatos. Para este tipo de organización, el problema a solucionar eran las carencias inmediatas de la población de los países subdesarrollados. Y la solución provenía fundamentalmente de la propia ONG, mediante el suministro a individuos o familias concretas de todo lo necesario para paliar tales carencias —alimentos y medicinas principalmente.

En los años cincuenta-sesenta empezaron a fraguarse las ONGD de *segunda* generación, ya mucho más centradas en actuaciones de promoción del desarrollo, que se planteaban su actuación a un nivel comunitario, mediante la ejecución de proyectos de desarrollo. El problema principal a solucionar en esas comunidades era la carencia de recursos económicos, tecnológicos y educativos que les impedía autosatisfacer sus necesidades. Por tanto, el principal papel a desarrollar por la ONGD (tanto del norte como del sur) era movilizar y suministrar todos esos recursos a los países subdesarrollados. La participación activa de la comunidad receptora se consideraba fundamental, y se centraron en una estrategia del fomento de la «autoayuda», que garantizase la autosuficiencia de dichas comunidades. Sin embargo, no se hacían ningún planteamiento crítico sobre el modelo de desarrollo a seguir, ni sobre los factores que habían conducido a la actual situación de los países subdesarrollados.

A partir de los años setenta surgió un tipo de ONGD crítica, que responsabilizaba del subdesarrollo a las injustas estructuras locales, nacionales e internacionales. Consecuentemente, esta *tercera* generación de ONGD, a pesar de continuar con los proyectos de desarrollo como instrumento fundamental para sus actuaciones, los comenzaron a vincular con los procesos de concienciación y de cambio impulsados por los movimientos sociales del momento. Por tanto, la actuación de las ONGD del norte ya no se veía como la de simple movilizadora y transmisora de recursos, sino que se empezó a enfatizar en la idea de la necesidad de llegar a una asociación entre la organización del norte con la contraparte del sur («partenariado»), de tal forma que se acentuará la idea de cooperación entre las dos partes. Se iniciaron campañas de denuncia de las desigualdades norte-sur, y de la necesidad de un Nuevo Orden Económico Internacional (NOEI).

Finalmente, la *cuarta* generación ha surgido en tiempos mucho más recientes. Algunas de las ONGD del norte, muy autocríticas con los resultados del trabajo realizado hasta el momento, y ante las proporciones que el problema del subdesarrollo estaba alcanzando, han ido optando por centrar su actividad mucho menos en los países subdesarrollados y más en los propios países desarrollados, en actuaciones de sensibilización y denuncia sobre la problemática del subdesarrollo, y de presión política para conseguir cambios en los mecanismos generadores del mismo. Por su parte, las ONGD del sur, dentro de esta evolución en la línea de actuación, se han ido centrando en una labor de movilización y «empoderamiento» de los grupos más pobres y excluidos. En el bien entendido que ambas actuaciones se están dando de forma concertada, a través del establecimiento de redes —tanto a nivel nacional, regional o global— con una agenda común de cambios a conseguir a todos los niveles.

En la actualidad coexisten organizaciones correspondientes a los cuatro tipos o generaciones, si bien las constantes autocríticas que bastantes ONGD están llevando a cabo están desembocando en permanentes cambios en las estrategias seguidas por dichas organizaciones.

25.4. CONCEPTOS BÁSICOS

¿Cooperación o ayuda al desarrollo?

Hasta ahora se han utilizado de manera indistinta, como también suele hacer la mayor parte de documentación existente al respecto, dos conceptos que no son completamente idénticos. Por el contrario, uno —la cooperación al desarrollo— engloba al otro y de hecho lo trasciende. Mientras que la ayuda consistirá en la transferencia de diferentes tipos de recursos, la cooperación implicaría, además, cambios de mentalidades y actitudes de los países donantes con respecto a los receptores. Así, por ejemplo, la adopción por parte de los países industrializados de una política comercial más favorable a los intereses de los países subdesarrollados sería una actuación de clara cooperación, aun cuando no implicara la transferencia directa de recurso alguno.

El concepto de ayuda, con un contenido mucho más restringido que el de cooperación al desarrollo, resulta mucho más fácil de delimitar y ciertamente más asequible en su medición —a nadie se le puede escapar la dificultad inherente a la medición de actitudes—. Así pues, es la ayuda el concepto que se mide en las estadísticas de todos los organismos internacionales y de los diferentes programas bilaterales y al que normalmente se hace referencia en la mayoría de los documentos especializados.

Esta matización, que podría parecer de carácter puramente semántico, adquiere dimensiones de orden sustantivo por cuanto implica una consideración de la cooperación como una mera actuación unidireccional (de donante a receptor) y con un carácter básicamente asistencial (especialmente en los casos de donaciones sin exigencia de devolución). De manera que se produce un alejamiento de la idea más amplia de la acción de «cooperar» (del latín *cooperari*: de *cum*, con; y *operari*, trabajar): obrar juntamente con otro u otros para un mismo fin.

Consecuentemente, a pesar de que no se pueden elaborar estadísticas alternativas a las existentes, y por tanto se seguirán utilizando ambos términos como sinónimos, resulta importante no perder de vista la diferenciación mencionada y ser consciente del amplio ámbito de actuación que entraría dentro del concepto de cooperación al desarrollo.

La Ayuda Oficial al Desarrollo (AOD)

La AOD es un término acuñado por el Comité de Ayuda al Desarrollo (CAD) de la OCDE con la intención de posibilitar la comparabilidad y la equidad del esfuerzo realizado por los diferentes donantes. Según dicha definición, se considera AOD al conjunto de transferencias de recursos técnicos y financieros por parte de un país A al gobierno de un país subdesarrollado B o a una institución multilateral, siempre y cuando cumplan con los siguientes tres requisitos:

a) Sean concedidos por el sector público del país donante, en cualquiera de sus representaciones.
b) Se efectúen en condiciones concesionales (donaciones o préstamos con una liberalidad mínima del 25 por 100).
c) Su primordial finalidad, declarada explícitamente, sea coadyuvar al desarrollo económico y al bienestar del país receptor B.

Por tanto, queda excluida de la AOD cualquier tipo de transferencia en la que no estén presentes los tres elementos descritos de manera simultánea, aun cuando puedan favorecer al desarrollo del país receptor (inversiones o préstamos de tipo puramente comercial) o se haga en condiciones concesionales (ayuda militar).

Tampoco se incluyen en esta definición las transferencias efectuadas por ONGD que, como hemos visto, tienen carácter no gubernamental y, por tanto, no pueden enmarcarse en el ámbito de las transferencias oficiales. El volumen de recursos transferidos por estas organizaciones es marginal en el contexto del total de flujos netos recibidos por los países subdesarrollados (nunca ha superado el 5 por 100 y, según previsiones del CAD, apenas superó el 1 por 100 en 1997). Mayor importancia reviste el papel que estas organizaciones juegan como intermediarias en la transferencia de recursos públicos, ya que una parte creciente de la AOD se canaliza a través de ONGD, tanto de las originarias de los propios países donantes como las de los receptores.

Los términos de concesión de la ayuda

El llamado elemento de liberalidad o donación mide el grado de concesionalidad de la transferencia en comparación con las condiciones del mercado, que convencionalmente se considera que adopta un tipo de interés del 10 por 100. Se puede definir como la diferencia entre el valor nominal de un préstamo y el valor actualizado de la futura corriente de pagos que tendrá que efectuar el país beneficiario para su devolución, y se expresa en porcentaje del valor nominal de dicho préstamo. Así, el elemento de liberalidad es inexistente para un crédito a un tipo de interés del 10 por 100, y es del 100 por 100 en el caso de una subvención o donación a fondo perdido (no requiere ninguna devolución). Los llamados «créditos blandos» se sitúan entre esos dos límites.

Pero, además del tipo de interés, también hay otros factores que influyen en las condiciones de dicho préstamo y, por tanto, en su grado de «blandura» o concesionalidad. Tales factores son el período de amortización, el período de carencia, las comisiones bancarias incorporadas y la posibilidad de devolver el préstamo en moneda local. En general, un crédito no conlleva un elemento de liberalidad de más del 25 por 100 si su período de amortización es menor de diez años, a menos que su tipo de interés se sitúe por debajo del 5 por 100 (esto es, menos de la mitad del tipo de interés estándar de mercado).

25.5. LA CUANTIFICACIÓN DE LA AYUDA AL DESARROLLO

La financiación pública en los recursos percibidos por los países subdesarrollados

La Financiación Oficial al Desarrollo (FOD) ha tenido un peso variable en el tiempo en el total de recursos transferidos a los países subdesarrollados. Dicho peso ha dependido en gran medida del comportamiento de los flujos privados, mucho más que del comportamiento de los públicos propiamente dichos. Así, durante la década de los setenta, el creciente peso de los flujos privados se debió sobre todo al enorme incremento del volumen de dichos flujos, que llegaron a rozar el 60 por 100 del total de recursos netos recibidos por los países subdesarrollados. El estancamiento —e incluso retroceso— de este tipo de transferencias hizo que durante los años ochenta fueran los flujos públicos los predominantes (en 1987 llegaron a representar algo más del 66 por 100 del total). Sin embargo, durante la década de los noventa se ha asistido a una franca recuperación de los flujos privados, que esta vez han sido acompañados de una reducción en los volúmenes —tanto reales como corrientes— de financiación pública.

De entre los flujos públicos, la AOD ha sido la más relevante, habiendo representado en torno al 80 por 100 del total de la FOD, si bien dicha proporción se ha ido reduciendo en la última década, y apenas llegó al 65 por 100 en 1997. La parte de la FOD que no constituye AOD está compuesta fundamentalmente por transferencias públicas a países o territorios que el CAD no considera como países o territorios subdesarrollados (los considera en transición), préstamos de fuentes bilaterales y bancos multilaterales —incluidos el Banco Mundial y los bancos de desarrollo regionales—, así como una pequeña parte de otras transacciones tales como la adquisición neta por parte del sector público de títulos o valores emitidos por países subdesarrollados, siempre en términos próximos o iguales a los de mercado.

El objetivo del 0,7 por 100 y su grado de cumplimiento

Por lo que se refiere a las contribuciones individuales de los diferentes donantes, tal y como queda reflejado en el Cuadro 25.1, el principal país donante en términos de volumen de ayuda es Japón, posición que se debe más a la paulatina disminución del programa de ayuda de Estados Unidos que al propio comportamiento de la ayuda japonesa, que de hecho se ha visto reducida en términos reales en los últimos años. Por lo que se refiere a España, se observa un aumento considerable desde mediados de la década pasada, pero todavía se sitúa en los últimos lugares de países del CAD. Bien es cierto que el programa español de cooperación al desarrollo es de los más nuevos del CAD, ya que España fue receptora de ayuda hasta finales de la década de los setenta y no creó su infraestructura de cooperación, de una forma estable y más o menos coordinada, hasta finales de los ochenta.

Además de conocer las transferencias de AOD que cada país donante ha llevado a cabo, en términos absolutos, hay que contrastar dicho esfuerzo con respecto a los recursos que cada país posee. Esto es, es importante conocer qué parte de su PNB destina cada uno de los donantes a ayuda al desarrollo. A este respecto, conviene recordar la existencia del compromiso de destinar el 0,7 por 100 del PNB a AOD, compromiso que fue ratificado por todos los países en la Asamblea General de las NN.UU. de 1970, al aprobarse la «Estrategia Internacional para la Segunda Década del Desarrollo», y que debía alcanzarse a mediados de la década de los setenta. Sin embargo, en la actualidad, más de veinte años después de suscribir dicho acuerdo, son muy pocos los países que cumplen con dicho porcentaje.

Como queda patente en el Cuadro 25.3, en la actualidad tan sólo cuatro países (de un total de veintiún miembros del CAD) alcanzan y sobrepasan dicho 0,7 por 100 y de hecho la tendencia, en términos generales, no ha sido creciente en el tiempo. Por el contrario, la media del CAD, después de haberse mantenido desde 1970 en torno a algo más del 0,30 por 100 del PNB, en 1997 tan sólo ha alcanzado el 0,22 por 100 (el nivel más bajo de la historia).

Por lo que se refiere al comportamiento individual de dichos países, existe una actitud dispar. Mientras algunos han mantenido un nivel de esfuerzo constante a lo largo de los últimos veinte años, con más o menos oscilaciones, otros han experimentado una variación importante digna de ser reseñada. Pero la tónica general ha sido la de una clara tendencia a la disminución, incluso en aquellos países —los nórdicos europeos— que tradicionalmente habían mostrado un comportamiento más solidario y comprometido con los países subdesarrollados.

Cuadro 25.3. La AOD como porcentaje del PNB del país donante.

	1970-71	1978-82	1983-87	1993-94	1996	1997
Australia	0,59	0,50	0,44	0,35	0,28	0,28
Austria	0,07	0,28	0,24	0,32	0,24	0,26
Bélgica	0,48	0,56	0,52	0,35	0,34	0,31
Canadá	0,41	0,45	0,48	0,44	0,32	0,34
Dinamarca	0,40	0,73	0,84	1,03	1,04	0,97
Finlandia	0,09	0,24	0,42	0,37	0,34	0,33
Francia	0,68	0,50	0,59	0,63	0,48	0,45
Alemania	0,33	0,44	0,44	0,35	0,33	0,28
Irlanda	—	0,20	0,23	0,23	0,31	0,31
Italia	0,16	0,15	0,31	0,29	0,20	0,11
Japón	0,22	0,28	0,31	0,28	0,20	0,22
Luxemburgo	—	—	—	0,38	0,44	0,55
Holanda	0,60	0,97	0,97	0,79	0,81	0,81
Nueva Zelanda	0,23	0,31	0,27	0,24	0,21	0,26
Noruega	0,33	0,92	1,08	1,03	0,85	0,86
Portugal	—	0,02	0,07	0,32	0,21	0,25
España	—	0,11	0,08	0,28	0,22	0,23
Suecia	0,40	0,88	0,85	0,97	0,84	0,79
Suiza	0,12	0,23	0,31	0,35	0,34	0,34
Reino Unido	0,42	0,42	0,32	0,31	0,27	0,26
EE.UU.	0,30	0,24	0,23	0,15	0,12	0,09
Total CAD	0,34	0,32	0,33	0,30	0,25	0,22

Fuente: OCDE/CAD: *Development Co-operation Report*, varios años.

De hecho, cuando se suscribió el compromiso del 0,7 por 100 en 1970, ningún país lo cumplía, siendo Francia (0,68 %), Holanda (0,60 %) y Australia (0,59 %) los países que más se acercaban a cumplirlo. Posteriormente, a mediados de la década de los setenta, Holanda (0,77 %) y Suecia (0,78 %) superarían ese 0,7 por 100 y Noruega se acercaría bastante con un 0,68 por 100. Por su parte, Francia y Australia redujeron dicha proporción, alejándose consecuentemente del objetivo fijado por los acuerdos de las Naciones Unidas. Entre finales de la década de los setenta (fecha fijada para el cumplimiento de la recomendación) y principios de los ochenta, dos nuevos países se sumaban a la corta lista de países que satisfacían el requisito del 0,7 por 100: Noruega (0,92 %) y Dinamarca (0,73 %). Entre 1983-1987, Noruega superaría por primera vez el 1 por 100 de sus recursos destinados a AOD. Finalmente, el grupo de cinco países quedaba completo entre 1991-1992, cuando Finlandia, tras un progresivo aumento de su esfuerzo, alcanzaba el 0,70 por 100 de su PNB destinado a AOD. Sin embargo, Finlandia abandonó inmediatamente este grupo «selecto», mediante una drástica reducción en su nivel de esfuerzo en el año siguiente.

Ese paulatino incremento del esfuerzo contributivo de los países nórdicos contrasta con el caso de EE.UU., que ha experimentado una disminución progresiva en su esfuerzo relativo en favor de la AOD. Así, del 0,30 por 100 que destinaba en 1970-1971, ha pasado a destinar tan sólo el 0,09 por 100 (de lejos el país que menos esfuerzo contributivo realiza dentro del CAD). Por su parte países como España, que se situaban bastante por debajo del esfuerzo promedio del CAD, han visto acercar su porcentaje al promedio del CAD, en parte debido al ligero aumento de su propio nivel de esfuerzo, y sobre todo por esa disminución de dicho promedio.

Aplicación de cierto principio de progresividad a la AOD

Hasta ahora se ha hecho referencia al objetivo, unánimemente aceptado y escasamente cubierto, de que todos los países realicen un mismo nivel de esfuerzo. Sin embargo, parece más equitativo aplicar un cierto principio de progresividad a las contribuciones de los países donantes, de manera que aquellos que dispongan de mayores recursos realicen un mayor nivel de esfuerzo (expresado en un mayor porcentaje de su PNB destinado a AOD).

Sin embargo, la práctica habitual dista bastante de este ideal y ni tan siquiera las directrices de los organismos internacionales aspiran a cumplir con dicho principio de equidad. Así, la meta del 0,7 por 100 constituye un sistema de tributación voluntaria de tasa uniforme y, por tanto, no progresiva. Ello implica que los habitantes de Nueva Zelanda, por ejemplo, con un PNB per cápita aproximadamente el doble que el de Japón, deben contribuir con el mismo porcentaje de sus ingresos que los del país asiático. Todo ello, como resulta evidente, difícilmente constituye una base equitativa para las contribuciones en forma de AOD.

Por tanto, si se introdujese este criterio hipotético de progresividad, aun sin modificar el objetivo del 0,7 por 100 del PNB global de los países donantes, las proporciones a aportar por los diferentes países se verían modificadas. Así, países como Suiza, EE.UU. y Japón deberían contribuir con bastante más del 0,7 por 100 de sus respectivos PNB; mientras que otros, como Australia, España, Nueva Zelanda, Irlanda o Portugal, deberían hacerlo con bastante menos del 0,7 por 100 estipulado.

25.6. TIPOLOGÍA DE LA AYUDA OFICIAL AL DESARROLLO

Atendiendo a diversos criterios (vías de canalización, tipo de recursos, formas de articulación, intereses asociados...) se pueden establecer diferentes clasificaciones de modalidades de la AOD.

RECUADRO 25.1. LEY ESPAÑOLA DE COOPERACIÓN PARA EL DESARROLLO

El relativamente joven programa español de cooperación al desarrollo dio un paso muy importante en su consolidación cuando el 18 de junio de 1998 el Congreso de los Diputados aprobó la Ley de Cooperación Internacional para el Desarrollo, que había sido largamente solicitada y profusamente debatida por todos los estamentos relacionados con el mundo de la cooperación española (tanto oficial como no gubernamental). Los objetivos establecidos por la mencionada ley incluyen: *a*) fomentar el desarrollo de los países más desfavorecidos para que puedan alcanzar un crecimiento económico con un reparto más equitativo de los frutos del desarrollo; *b*) contribuir a un mayor equilibrio en las relaciones políticas, estratégicas, económicas y comerciales, promoviendo así un marco de estabilidad y seguridad que garantice la paz internacional; *c*) prevenir y atender situaciones de emergencia; *d*) favorecer la instauración y consolidación de los regímenes democráticos y el respeto de los derechos humanos y de las libertades fundamentales; *e*) impulsar las relaciones políticas, económicas y culturales con los países subdesarrollados. A los instrumentos tradicionales para cumplir con dichos objetivos —cooperación técnica, cooperación económica y financiera, y cooperación humanitaria— se incorpora la educación para el desarrollo y la sensibilización social. Respecto a los destinos geográficos, se sigue señalando a Iberoamérica, los países árabes del norte de África y de Oriente Medio, así como aquellos de menor desarrollo con los que España mantenga especiales vínculos de carácter histórico o cultural, como regiones prioritarias.

Los aspectos donde se han introducido mayores cambios, generando más expectativas de mejora, son aquellos referentes a la planificación y a los órganos gestores y de coordinación. Así, se establece la elaboración de un Plan Director cuatrienal, en el que, previa aprobación por el Congreso de los Diputados, se incorporarán las líneas generales y directrices básicas de la política española de cooperación, señalando los objetivos y prioridades —sectoriales y geográficas—, así como los recursos presupuestarios indicativos para ese período. Los Planes Anuales desarrollarán con esa periodicidad los objetivos, prioridades y recursos establecidos en el Plan Director, y estarán sujetos a un seguimiento y evaluación periódica. El Ministerio de Asuntos Exteriores, como responsable de la ejecución de la política exterior del Estado, es también el responsable de la dirección y de la coordinación de la política de cooperación. Este hecho podría suponer, en caso de materializarse en la realidad, un avance en la unidad de dirección y coherencia entre los distintos departamentos con actuaciones en materia de cooperación dentro de la Administración española.

Por lo que respecta a los órganos consultivos y de coordinación, se establece la consolidación del ya existente Consejo de Cooperación al Desarrollo, órgano consultivo de la Administración General del Estado y de participación en la definición de la política de cooperación, en el que se encuentran representantes de la Administración, agentes sociales, expertos, ONG especializadas, e instituciones y organismos de carácter privado presentes en el terreno de la cooperación. También se prevé la creación de la Comisión Interterritorial de Cooperación para el Desarrollo, como órgano de coordinación, concertación y colaboración entre las diferentes Administraciones públicas (administraciones locales, autonómicas, centrales, etc.).

En cuanto a los recursos materiales a destinar, se establece la continuación de las dos modalidades de financiación actuales: los recursos gestionados por el Ministerio de Asuntos Exteriores, y los que corren a cargo del de Economía y Hacienda. En otras palabras, se sigue dejando la puerta abierta para los créditos a la exportación financiados por el Fondo de Ayuda al Desarrollo (FAD), gestionado por el segundo de los Ministerios citados. Lo que puede suponer la continuidad del ya histórico enfrentamiento entre ambos Ministerios.

En definitiva, es una ley cuyo impacto real, como el de todas las leyes, va a depender mucho de la reglamentación que de ella se haga, de cómo se aplique. Las dificultades para consensuar los diez reglamentos en los que se va a plasmar la mencionada ley no van a ser pocas. De momento las rivalidades entre los dos grandes Ministerios con competencias en esta materia ya han retrasado en varios meses la aprobación del Primer Plan Director, cuya elaboración ha sido la consecuencia más importante de la ley, y cuya aprobación parece estar atascada en los vericuetos de la propia Administración que tendrá que garantizar su cumplimiento.

1. *Según la vía de canalización escogida por el donante, existen dos modalidades de ayuda:*

a) La bilateral, que es la que procede directamente de fuentes gubernamentales y se hace efectiva mediante donaciones o créditos oficiales, no exclusivamente a los gobiernos de los países receptores, sino también hacia beneficiarios institucionales privados (entre los cuales cabe citar en lugar destacado a las ONG), siempre y cuando el gobierno receptor acceda a ello.
b) La multilateral, que es la que se canaliza a través de instituciones públicas multilaterales.

A pesar de que la modalidad bilateral ha sido, de una forma clara y contundente, prioritaria en todo momento, la ayuda multilateral ha ido ganando terreno hasta estabilizarse y representar, en 1997, en torno al 10 por 100 del total de recursos netos transferidos a los países subdesarrollados y al 35 por 100 del total de la AOD (mientras que en 1970 representaba tan sólo el 14 por 100).

El predominio de la ayuda bilateral sobre la multilateral se explica, fundamentalmente, por la preferencia de los países donantes de otorgar (y controlar) directamente los destinos y los usos de su ayuda, en lugar de canalizarla a través de organismos internacionales en los que los países subdesarrollados se encuentran representados y, por tanto, pueden influir en las decisiones adoptadas al respecto.

Aunque, en principio, dichos extremos son ciertos, el poder real de los países subdesarrollados en esos organismos varía sustancialmente entre unos y otros, según el criterio seguido para otorgar poder decisorio. Así, por ejemplo, en el grupo del Banco Mundial, el poder de voto es directamente proporcional a las aportaciones realizadas (por tanto, los países industrializados ejercen un control total); en las NN.UU., el criterio seguido es el de un país, un voto; consecuentemente, el poder está más repartido y los países subdesarrollados pueden llegar a influir más en las decisiones adoptadas.

2. *Según el tipo de recursos transferidos, existen tres modalidades de ayuda:*

— La ayuda financiera es la forma más habitual (casi el 75 por 100 del total de la AOD de los países del CAD se transfiere según esta fórmula) y consiste en toda aquella transferencia que se conceda bajo la forma de subvenciones o de créditos concesionales para la financiación de actividades orientadas al desarrollo del país receptor. Así pues, son recursos financieros que se ponen a disposición del país beneficiario para que éste adquiera las mercancías y los servicios necesarios para llevar a cabo sus proyectos y programas de desarrollo. Sin embargo, lo que se transfiere normalmente no son los recursos financieros como tales, sino los contenidos reales —mercancías y servicios— desde los países donantes hacia los beneficiarios.
— La ayuda técnica es la transferencia de conocimientos técnicos al país receptor para contribuir a su desarrollo. Ocupa el segundo lugar en importancia, aunque bastante por detrás de la financiera, ya que representa una media de algo más del 16 por 100 de la AOD transferida por los países del CAD. Los campos en los que se puede llevar a cabo este tipo de transferencia pueden ser variados. Así, podrá concederse para preparar y ejecutar planes, programas y proyectos de desarrollo; para mejorar la formación profesional del personal encargado de tales actividades en el país receptor o para llevar a cabo operaciones de preinversión (estudios de viabilidad, prospección, etc).

  Tradicionalmente, este tipo de ayuda ha tenido tres componentes: el suministro de expertos y asesores, tanto a nivel consultivo como operativo; la formación general y profesional (tanto en el propio país como en el extranjero), y el suministro del material y equipamiento necesarios para el trabajo de los dos componentes anteriores. Posteriormente se añadieron las actividades de preinversión, fundamentalmente los procesos de identificación de recursos potenciales y la orientación general hacia posibles inversiones productivas.
— La ayuda alimentaria es la menos importante en cuanto a su volumen, representando tan sólo algo más del 3 por 100 del total de AOD transferida por los países del CAD. Esta modalidad consiste en la aportación de productos alimentarios a países subdesarrollados, con el objetivo de potenciar su abastecimiento y garantizar su seguridad alimentaria. Esta ayuda se transfiere tal cual, con la intención de equilibrar el desnivel entre la demanda y la oferta de alimentos en el país destinatario, o bien en el marco de algún proyecto de desarrollo concreto (generalmente proyectos de desarrollo agrícola y rural o de desarrollo de los recursos humanos). Una pequeña parte de la ayuda alimentaria es ayuda de emergencia y se canaliza, sobre todo, a través de ONG o de organismos internacionales.

  Los alimentos no siempre se distribuyen de manera gratuita, sino que en algunas ocasiones son vendidos en el país de destino, obteniéndose unos «fondos de contrapartida», que son utilizados para financiar proyectos relacionados con la seguridad alimentaria.
— Por último, hay que hacer mención de las actividades de sensibilización y educación para el desarrollo, que, aunque no implican transferencia de recursos a los países subdesarrollados (puesto que sus destinatarios son la población de los propios países donantes), son consideradas e incluso definidas legalmente como un cuarto tipo de ayuda.

3. *Según las formas de articulación de la ayuda: por proyectos y por programas.*

Si la ayuda se asigna a un tipo particular de gasto, ya sea para una empresa o sector determinado, se considera que se está articulando para un proyecto, entendiendo por éste a un conjunto de actividades, designadas de forma precisa, para las que se pueden predecir los resultados.

Normalmente, este tipo de ayuda ha sido especialmente preferida por los donantes porque presenta una mayor facilidad para la medición de los recursos a transferir, está sujeto a una continua revisión y evaluación de los costes y beneficios previstos y puede favorecer al donante al facilitar un especial vínculo, entre donante y receptor, en un sector particular (habitualmente aquel en el que el país donante tenga más posibilidades de colocar sus propios productos).

Sin embargo, este tipo de ayuda también presenta algunos inconvenientes importantes. El principal estriba en que ofrece insuficiente atención a la problemática general y a la concepción global del desarrollo del país en cuestión, ya que centra su atención en los compartimentos estancos de los «proyectos».

Si, por el contrario, el detalle de los elementos del gasto no es especificado y se permite el aprovechamiento de la AOD en función de los requisitos de la economía, contribuyendo a que redunde en beneficio de un programa entero de actividades, se trata de la otra modalidad, según este criterio, la ayuda por programas.

Este tipo de ayuda presenta la ventaja de su rápido desembolso, según sea la capacidad administrativa o de absorción del país receptor; pero, por otro lado, es más susceptible de prácticas de desvío de fondos, dado el escaso control y seguimiento que puede hacerse.

En general, la ayuda tiende cada vez más a articularse de una manera mixta. Esto es, por proyectos, pero en el marco de un programa de desarrollo más general, que actúa como elemento coordinador de todas las actividades de cooperación.

4. *Ayuda ligada y ayuda desligada.*

Finalmente, otra clasificación de la ayuda se refiere a si se transfiere de manera ligada o no. Los diferentes tipos de ayuda según este último criterio, siguiendo las correspondientes definiciones elaboradas por el CAD, son las siguientes:

— La AOD no ligada consiste en todos los créditos y subvenciones que puedan ser utilizados para la adquisición de bienes y servicios en cualquier país de la OCDE y en la práctica totalidad de los países subdesarrollados.
— La AOD ligada es aquella que está condicionada a la adquisición de bienes y servicios del propio país donante o está sujeta a modalidades de adquisición que impliquen restricción geográfica (por ejemplo la ayuda en especies).

Una modalidad intermedia entre las dos anteriores es la AOD parcialmente no ligada, que consiste en préstamos y subvenciones vinculados a la adquisición de bienes y servicios del país donante y de un número restringido de países, entre los que se encuentran la práctica totalidad de los países subdesarrollados. Resulta bastante evidente, sin embargo, que esta última modalidad no deja de ser un tipo de condicionalidad encubierta, puesto que pocos son los países subdesarrollados que pueden ofrecer los bienes y servicios que habitualmente se requieren en las actividades financiadas con la AOD.

Con todo, y a pesar de las precisas definiciones mencionadas, no siempre es fácil discernir qué tipo de restricción existe, máxime cuando en muchas ocasiones la condicionalidad de la AOD no se expresa de manera formal, a pesar de existir *de facto*.

25.7. MOTIVACIONES DE LA AYUDA

Si se creyeran las declaraciones oficiales de todos los donantes de ayuda, su motivación y su objetivo principal no es otro que el contribuir al desarrollo de los países receptores. Sin embargo, si se observa la realidad se puede constatar que no son los que más lo necesitan quienes reciben una mayor cantidad de ayuda, ni tampoco la reciben en la manera que les sería más beneficiosa. Los criterios de asignación, en definitiva, no parecen corroborar las declaraciones oficiales.

Por el contrario, parece bastante evidente que los propios intereses de los donantes juegan un papel fundamental en los criterios de asignación de la ayuda e incluso en las cantidades asignadas a tales fines. En definitiva, no hay que perder de vista el hecho de que la cooperación al desarrollo es una parte de la política exterior de los países que la conceden y, por tanto, la actuación de esa cooperación vendrá muy mediatizada por las limitaciones que dicha política exterior impone y por los intereses nacionales que ésta defiende.

Con ello, tampoco debe inferirse que se ignoren completamente las necesidades o las carencias de los países receptores, pero éstas ocupan un segundo plano, por detrás de los intereses del propio donante. Dichos intereses abarcan una gama de ámbitos muy amplia: el mantenimiento de las esferas de influencia, de alianzas políticas o militares, el promover el propio comercio exterior, asegurar el suministro de algunas materias primas, etcétera. Consecuentemente, los lazos históricos, las relaciones comerciales, las consideraciones geopolíticas, así como las afinidades culturales, pueden jugar un importante papel en la elección de los países receptores.

A pesar de todo lo mencionado hasta el momento, el surgimiento de toda una serie de problemas de carácter mundial (el progresivo desequilibrio ecológico, las masivas migraciones mundiales, el sida, etc.), que requieren igualmente soluciones globales, está abriendo un resquicio de esperanza para el futuro. En definitiva, se puede decir que algunos de los intereses de unos y otros países han empezado a interrelacionarse, de tal manera que la salvaguardia de los intereses de unos pasa por la solución de los problemas de los otros.

De esta manera, las motivaciones reales de la cooperación al desarrollo podrían verse afectadas sensiblemente y la solidaridad podría convertirse en un elemento más de la función de utilidad de los economistas. Y todo ello no sólo por las connotaciones de obligación moral que podrían estar ya presentes en algunos círculos, sino también como reflejo de un interés común por remediar una situación que, en cualquier caso, se antoja insostenible a medio plazo.

RECUADRO 25.2. LOS PAÍSES RECEPTORES DE AOD

Un análisis de los principales destinatarios de la ayuda demuestra que los criterios de asignación de la misma no dependen, al menos no solamente, de la situación socioeconómica de los países receptores. Como ya se ha mencionado, no siempre son los países con un menor nivel de PNB per cápita los que están recibiendo una mayor proporción de AOD con respecto a su PNB o en términos per cápita. En la siguiente tabla quedan recogidos los principales países receptores de AOD por áreas geográficas. Tal y como cabía esperar, África es la principal región receptora de ayuda, tanto en valores absolutos como per cápita. En 1998 alcanzó los 17.291 millones de dólares (34,5 por 100 del total de la AOD) y los 24,1 dólares per cápita, sin embargo dicho volumen ha experimentado una paulatina disminución a lo largo de los tres últimos años. Por países se puede señalar que los dos principales receptores africanos (Egipto y Mozambique) presentan una situación económica muy diferente. Mientras que Egipto es el principal receptor de la región, su PNB/hab. es más de seis veces mayor que el del segundo país receptor (Mozambique), cuyo volumen de AOD es casi la mitad de la recibida por Egipto. Sin embargo, si se relativizan estos datos por la población de ambos países, se puede concluir que Mozambique (56,9 dólares) casi duplica la AOD per cápita de Egipto (32,1 dólares), de tal forma que queda compensado, en parte, el desfase entre ambos países receptores. En cualquier caso, Tanzania, con un PNB per cápita sólo ligeramente superior al de Mozambique, está recibiendo una AOD per cápita (30,1 dólares) inferior a la de Egipto.

Asia es la segunda región receptora de ayuda, alcanzando los 15.737 millones de dólares en 1998 (lo que representa el 31,4 por 100 del total de la AOD). Dentro de esta región destacan China, Indonesia y Bangladesh como principales receptores en términos de volumen de AOD. Entre ellos tampoco parece existir una total correspondencia entre el nivel de PNB per cápita y el volumen de ayuda recibida, tanto en términos absolutos como per cápita. Hay un ejemplo claro en esta región, Jordania, para el que se hace muy evidente que países con un PNB per cápita más elevado (1.540 dólares) están recibiendo una mayor AOD en términos per cápita (103,6 dólares) y en relación con su PNB (6,77 %). La región que menos AOD recibe, América, tan sólo recibió 5.578 millones de dólares en 1998 (equivalente al 11,1 por 100 del total). Por países, los principales receptores son Bolivia, Nicaragua, Perú y Haití, todos ellos receptores de menores volúmenes de AOD, pero con elevadas proporciones de AOD per cápita (especialmente Bolivia y Nicaragua), y con importantes proporciones del PNB (sobre todo Nicaragua.)

	PNB/hab. ($) 1997	AOD neta (mill. de dólares) 1996	1997	1998	AOD/hab. ($) 1997	AOD/PNB (%) 1997
ÁFRICA	—	19.962	17.908	17.291	24,1	3,73
Egipto	1.200	2.199	1.934	1.915	32,1	2,53
Mozambique	180	888	947	1.039	56,9	29,07
Tanzania	200	877	944	998	–30,1	13,64
Costa de Marfil	710	964	446	798	31,4	4,72
ASIA	—	18.509	14.033	15.737	4,2	0,39
China	710	2.605	2.013	2.359	1,6	0,23
India	430	1.897	1.641	1.595	2,1	0,39
Indonesia	1.110	1.117	825	1.258	4,1	0,40
Bangladesh	350	1.235	1.007	1.251	8,1	2,31
Pakistán	490	884	594	1.050	4,62	0,97
Jordanía	1.540	505	460	408	103,6	6,77
AMÉRICA	—	7.528	5.468	5.578	11,2	0,28
Bolivia	970	831	698	628	89,9	8,99
Nicaragua	410	931	410	562	87,6	22,08
Perú	2.610	329	393	501	16,1	0,63
Haití	380	369	325	407	43,4	11,57
Total	—	56.372	48.145	50.070	10,3	0,76

RESUMEN

El surgimiento de la cooperación al desarrollo estuvo directamente ligado al proceso de descolonización y al desencadenamiento de la Guerra Fría tras la Segunda Guerra Mundial. Paulatinamente se fue gestando un entramado institucional (NN.UU., OCDE/CAD) que se consolidó durante la década de los sesenta. Las motivaciones prioritarias de los donantes para establecer todo ese sistema de cooperación han tenido poco que ver con las necesidades de los países receptores y mucho con sus propios intereses. La cooperación engloba y trasciende a la ayuda al desarrollo. Mientras que ésta consiste en la transferencia de diferentes tipos de recursos, la cooperación debiera implicar, además, cambios de mentalidades y actitudes por parte de los países donantes con respecto a los receptores. Las estadísticas sólo pueden medir la ayuda y, de manera especial, la Ayuda Oficial al Desarrollo (AOD), término acuñado por el CAD para designar a todos aquellos recursos concesionales de origen público transferidos para contribuir al desarrollo de los países subdesarrollados.

Los países donantes, a pesar de haber suscrito en 1970 un compromiso para destinar el 0,7 por 100 de su PNB a AOD, lejos de cumplir con dicho compromiso han ido reduciendo el nivel de esfuerzo, hasta llegar al mínimo histórico del 0,22 por 100. La ayuda puede canalizarse de manera directa, o vía bilateral, o de manera indirecta, por vía multilateral. El tipo de recursos transferidos hacen que la ayuda sea financiera, técnica o alimentaria. Los recursos concesionales pueden articularse mediante proyectos o programas. Por último, la ayuda se transfiere de manera ligada o desligada, según se impongan o no condicionantes sobre la nacionalidad de los proveedores.

LECTURAS PARA LA REFLEXIÓN

«La cooperación internacional se perfila pues como un "agente" del desarrollo para los países subdesarrollados, en tanto se oriente hacia la consecución del cambio estructural necesario en la economía mundial. De cualquier modo, la cooperación internacional para el desarrollo debe prestarse atendiendo a las necesidades relativas de los países receptores, con objeto de que su contribución al desarrollo del país en cuestión sea efectiva. La cooperación de los países desarrollados a los subdesarrollados debe estar encaminada, por tanto, a las necesidades de estos últimos y no a los intereses políticos o económicos de los países donantes.»

F. Alburquerque: «Hacia una nueva conceptualización de la cooperación internacional para el desarrollo». *Información Comercial Española*, n.º 702, 1992.

«A base de defenderlos, el objetivo de cooperar y su concreción cuantitativa no deben convertirse en fetiches, dotados de una supuesta lógica autónoma. Sumidos en una compleja trama de interdependencia, tienen que reflexionar sobre el resto de relaciones internacionales y no eludir el debate con el sistema global y con el poder político, aun a riesgo de que esa actitud sea poco funcional para conseguir los objetivos inmediatos o "propios" de la cooperación. En el fondo, si el desarrollo es poliédrico la cooperación tiene también que serlo, así como su evaluación, que no puede limitarse a un estrecho economicismo.»

A. Martínez González-Tablas: *La cooperación económica en el contexto mundial emergente*, en Martínez González-Tablas (Ed.): *Visión global de la cooperación para el desarrollo*. Icaria, 1995.

«Mire, su banco no me acaba de gustar porque rasca donde no pica.»

Campesino guatemalteco, en referencia al Banco Interamericano de Desarrollo. Citado en R. Broad: *Unequal alliance*, 1979-1986. Manila University Press, Quezon (Filipinas), 1988. (Traducción: IMY.)

PALABRAS CLAVE

- Cooperación
- AOD
- ONGD
- Donante
- Concesionalidad
- Condicionalidad
- Equidad contributiva
- Proyecto
- Programa
- Solidaridad
- Caridad

BIBLIOGRAFÍA BREVE

J. A. Alonso (Dir.): *Estrategia para la cooperación española*. Ministerio de Asuntos Exteriores, Madrid, 1999.

A. Martínez González-Tablas: *Visión global de la cooperación para el desarrollo. La experiencia internacional y el caso español*. Icaria, Barcelona, 1995.

D. Sogge (Ed.): *Compasión y cálculo. Un análisis de la cooperación no gubernamental al desarrollo*. Icaria, Barcelona, 1998.

③ Després de la 2ª GM. es creen grans corporacions → multinacionals que dominen la dinàmica econòmica. (El 60% del comerç mundial) degut a un poder econòmic major que els països. Els mercats nacionals acaben sent un mundial. (globalització)

La crisi no s'entén si no s'entén el origen.
2ª GM, la humanitat te la capacitat de destruir el món.
Feixistes vs Aliats. Al 1944 els aliats es reuneixen a Bretton Woods per decidir el futur ordre i regulació. (Stalin, Churchill, Truman). No están d'acord amb el sistema de regulació:
Anglaterra (Keynes → moneda mundial representativa), EEUU (Sistema monetari internacional: dólar com a referència (patró dolar) i marcarà una igualtat ($ = or → 35 $ = 1 onça or) fixe, els països tenen or igualat a $, EEUU dona or a qui li vulgui donar, dolars.
La unió soviética no accepta, es separen. Es crea un Fons Monetari
(FMI) Internacional que obliga als països participants a: ① tipus de canvi mantenit fix amb el patró or ② dona autorització per devaluar.
(BIRF) El Banc Internacional Reconstrucció i Foment vol reconstruir el món després de la 2ª GM. EEUU dona recursos per crear plans per ajudar als països: Marshall i MC'Arthur
(Aliats - Unió soviética)
↳ Dona lloc a una tensió entre EEUU i U. soviètica.
Guerra Freda (1949-1971) → Capitalisme vs comunisme → otan vs Pacte Varsovia.
Les ajudes del plà Marshall crea un periode de creixement en tot el món Δ economia consolidació estat Benestar, fins 1968.
① Els enemics d'EUA ajudats per ell (Japó, Alemanya) han superat a EEUU, com que crea ser dèficit en EUA → crisi econòmica. per 1ª vegada es dona ↑atur i ↑ inflació (estanflació) → no es pot fer ni política fisca ni monetaria. Es dubta del pacte: 1971 → els països amb molts $ exigeixen or xk el $ està fluix

(2) Actualitat → Trencar regles → regulació / especulació.
o en el 1r cicle complet amb el crack del 29 es dona els sistemes business.

1) Grant l'especulació és necessària la regulació, el crack 29 corrossega l'indústria. Evitar especulació financera. Reg fins 1981.

2) L'estat apart de Política ~~Monetària~~ tó la Fiscal, ~~amb impostos~~ és un actiu en l'economia és un agent que compra i ven. Per evitar les caigudes l'estat ha de gastar, comprant. Δ Despesa pública, origen estat del Benestar → crea diferències entre privilegiat.

(4) Molta demanda d'or, s'anul·la la convertibilitat (temporal) i devalua el dolar respecte or. 35$ = 1or i al 1973 → 42$ = 1or. Suposa que els que tenen $ s'empobreix per culpa de EUA.

CAPÍTULO 26

La crisis de la economía mundial

↳ el modus de prod. cap. s'expandeix amb proteccionisme (dona lloc a conflictes) i intervé el gap (lliure canvisme)

(1) Els països que depenen del $ són els exportadors els perifèrics. L'OPEP per mantenir ingressos, pot Δ exportacions (però no compren) però al 1973 Δ preu de 3,45$ a 5,5$ el barril va donada la crisi.

Capitalisme ⇄ Max Ben. / Cicles en el mercat

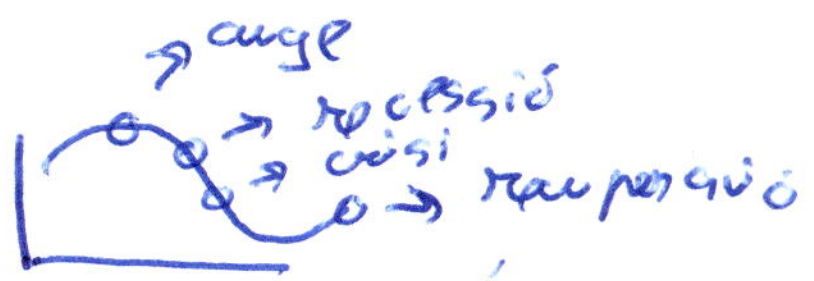

Modus Prod. Cap < Concurrencial / Monopolista — Base — Nacional → Capitalisme Proteccionista → 1870 / Mundial → Sistema Capitalista Mundial ↳ 2GM cooperació per lideratge ↳ G20

↳ Son fases ahistòriques.

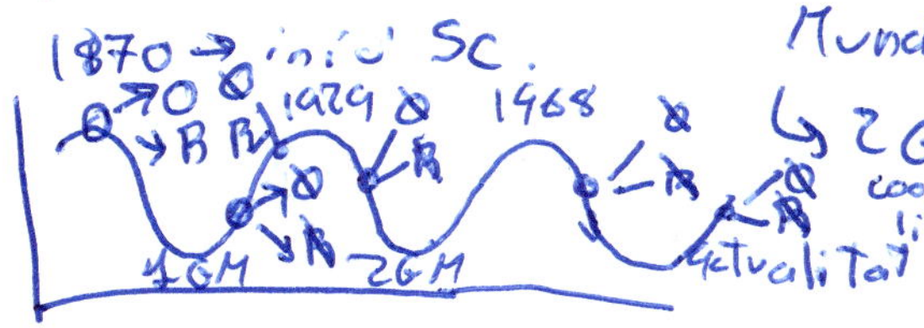

Els EUA i les seves propostes trencades: USA decideix canviar el model, les monedes dia a dia varien en el seu tipus de canvi respecte a altres monedes → Δ inestabilitat monetària → especulació.

→ Del 1870 a ara s'han donat 2 vegades el cicle complet

↳ Un sistema internacional requereix → ordre = líder. (O) → regulació

→ 1870 → líder = Gran Bretanya → Regulació = Patró or.

→ 1929 → No ordre. Regulació = Patró or canvi.

→ 1945 → líder EEUU. Reg = Patró dolar.

Pag 393

Como conclusión del análisis de la estructura del Sistema cabe abordar los problemas actuales a los que se enfrenta su reproducción.

De la misma forma que en la *infraestructura* del Sistema se han detectado en las últimas décadas situaciones consideradas *críticas* (explosión demográfica, deterioro medioambiental, etc.), en el ámbito *estructural* también se asiste, desde hace dos décadas, a un discurso recurrente que habla de *crisis económica*, de *crisis estructural* en las relaciones internacionales o en los modelos de organización productivos, comerciales o financieros, e incluso de *crisis de un modelo social global*, como catarsis y pórtico a la «sociedad del siglo XXI».

Más que una única crisis en la estructura del Sistema, se trata de *diferentes crisis*, referidas a las dificultades de reproducción y de estabilidad en diversos niveles sistémicos de las actuales estructuras. Pero existe una base común a todas ellas, que además es la más persistente en el tiempo, ya que se viene manifestando desde finales de los años sesenta. Esta base común es el *fin de la extensa etapa de auge económico* que tuvo lugar tras la Segunda Guerra Mundial. En términos de ciclo económico, las *depresiones* y las *crisis* a corto y medio plazo han sido moneda común desde el agotamiento del auge postbélico y sus manifestaciones en los diferentes ámbitos económicos (productivos, financieros y comerciales) han sido en ocasiones de una gran crudeza coyuntural.

En este capítulo se describe esta larga *onda descendente* del ciclo económico, articulando la dinámica histórico-estructural de los diferentes agentes y espacios de la crisis en su proceso de *generalización* desde el Centro hacia el Sistema, desde éste hacia la Periferia y desde ésta, de nuevo, hacia el Centro. Como conclusión, se resitúan los componentes y posibilidades de la *recuperación* en el marco de las nuevas hegemonías y subordinaciones que se están construyendo a lo largo de la crisis entre las formaciones sociales del Sistema, al que por otra parte, y tras varias décadas de desconexión, se han reincorporado las sociedades ex «socialistas», con la ex URSS a la cabeza, a cuya crisis específica se dedica el Apéndice 26.1.

26.1. EL DESARROLLO CÍCLICO DEL CAPITALISMO EN EL SIGLO XX

Durante el siglo XX, el desarrollo capitalista ha atravesado por fases cíclicas de recuperación, auge, crisis y depresión. Los ciclos han sido, por sus características y duración, de diverso tipo y atendiendo a diferentes causas, entre las que cabe distinguir los desajustes coyunturales entre la composición de la oferta y de la demanda, las desproporcionalidades entre la productividad y la capacidad de consumo, sobreproducción y caída de beneficios, etc. Estas fluctuaciones cíclicas, consustanciales a la dinámica capitalista, se superponen al movimiento de la acumulación de capital a más largo plazo. En esas *ondas largas* del desarrollo capitalista en este siglo se dan, a grandes rasgos, las siguientes fases:

- Crisis y depresión hasta el fin de la Primera Guerra Mundial.
- Recuperación y auge hasta 1929.
- Crisis y depresión entre 1929 y el fin de la Segunda Guerra Mundial.
- Recuperación y auge entre 1947 y 1967-1973.
- Crisis y depresión entre 1967-1973 y la actualidad.

Por otra parte, y a diferencia de la historia capitalista anterior, el carácter monopolista e imperialista y posteriormente mundial de la fase estructural en la que se desenvuelve la estructura y dinámica capitalista implica unas diferencias fundamentales respecto a los desarrollos cíclicos anteriores, de la siguiente forma:

- Debido al carácter monopolista y a la intervención estatal, tiene lugar un *aumento de la duración de la fase*. En la fase ascendente duran más los auges de los ciclos más cortos y las políticas anticíclicas permiten reducir la duración de las recesiones. Todo ello a costa de políticas que ulteriormente se pueden mostrar como inflacionarias, no competitivas o creadoras de déficit público estructural. En la fase descendente, sin embargo, es al contrario. El monopolismo y el Estado permiten «suavizar» el ciclo, pero no evitarlo, y la profundidad de las recesiones es mayor. Cuesta mucho más salir de la depresión de una manera sostenida y, en todo caso, los períodos de auge son más cortos y de carácter más volátil.
- Debido al carácter cada vez más mundializado, tiene lugar la *generalización internacional del ciclo*. A diferencia de las crisis nacionales del siglo XIX, en el siglo actual la crisis se difunde entre las economías nacionales y afecta al conjunto del Sistema Capitalista Mundial. No al mismo tiempo, ni con la misma intensidad, pero el carácter cada vez más global de la economía (mundialización) ha dado lugar a que la crisis en una economía influya en la economía de otros países, hasta generalizarse en el conjunto del Sistema. Otro tanto pasa con los auges. En definitiva, como el espacio en el que tiene lugar el proceso de valorización del capital es cada vez más mundial que nacional, como más mundiales que nacionales son los agentes económicos (las empresas líderes), los problemas de productividad y competitividad se definen también en el espacio internacional.

Para abordar la explicación de la fase actual de crisis y depresión de la onda larga hay que partir, pues, de la etapa precedente, la fase ascendente de la misma que surge de la segunda postguerra.

El auge posterior a la Segunda Guerra Mundial

La onda del ciclo en la que hoy está inmersa la economía mundial se generalizó a partir de la recuperación de postguerra, entre 1945 y 1950, tanto en Europa como en Japón e incluso en numerosos países periféricos. Sin embargo, tiene su origen en la economía norteamericana, que superó la crisis y depresión iniciadas en 1929 con anterioridad, en plena guerra mundial y merced al considerable incremento de la producción, la actividad económica en general y las ganancias que permitió el esfuerzo industrial ocasionado por la guerra.

Estados Unidos salió indemne de la guerra. Su territorio no resultó afectado. Sus infraestructuras materiales, sus instalaciones, su industria y agricultura salieron altamente reforzados del conflicto. Política y militarmente fueron los vencedores, junto a la Unión Soviética. Se encontraban en inmejorables condiciones para imponer sus criterios (su «liderazgo» mundial) a un mundo diezmado, devastado por la guerra. Así lo hicieron, y bajo su dirección se adoptaron los acuerdos de Bretton Woods (New Hampshire, EE.UU., 22 de julio de 1944) que instaurarían un nuevo orden económico mundial, consistente en:

— Un *sistema monetario internacional* basado en el patrón-dólar y su libre convertibilidad en oro a una paridad fija (1 onza de oro fino = 35 dólares), que asegurase la supremacía norteamericana en el mercado de cambios internacional.
— Una institución de control monetario y financiero a nivel mundial: el *Fondo Monetario Internacional*, cuya misión, entre otras, era controlar la paridad fija moneda nacional-dólar-oro y aprobar o no las devaluaciones o revaluaciones monetarias de cada país.
— Una institución financiera (bancaria) cuyo fin sería fomentar el desarrollo de los países devastados por la guerra: el *Banco Internacional de Reconstrucción y Fomento* (BIRF), hoy denominado Banco Mundial.

En este marco de actuación, y tras el triunfo sobre las potencias del Eje en 1945, Estados Unidos estuvo en condiciones de encabezar política y militarmente el bloque capitalista que surgiría de la ruptura de la alianza con la URSS, que a su vez encabezaría el bloque socialista. En este clima de nueva *guerra fría* Estados Unidos acomete la operación de ayuda económica internacional más importante de la historia: el *Plan Marshall*, así llamado por el General Marshall que lo dirigió.

El objetivo era reconstruir las regiones devastadas de Europa y frenar la expansión del comunismo (doctrina Truman). Para ello, además de intervenciones militares directas en Grecia y Turquía, se puso en marcha el plan de reconstrucción acelerada. El Plan Europeo de Recuperación («Plan Marshall») se plantea en Harvard el 5 de junio de 1947, por el Secretario de Estado General George Marshall. El Plan se aprobó oficialmente el 3 de abril de 1948 y duró hasta el 30 de septiembre de 1951. Representó un gran volumen de transferencias de capitales, ayudas a fondo perdido, préstamos y créditos «blandos» y condiciones favorables para el comercio exterior de los países europeos favorecidos: todos los de Europa occidental menos España. Yugoslavia recibió alguna ayuda. Europa oriental quedaba desde entonces en el ámbito de influencia soviético.

El Plan Marshall permitió el desarrollo y reconstrucción de Europa occidental. Pero también tuvo sus contrapartidas:

— Consolidó definitivamente la ruptura entre los aliados de la guerra (EE.UU., URSS, Inglaterra y Francia) y abrió el período de guerra fría y de conflicto este-oeste.
— Impuso a los países de Europa occidental la constitución de un bloque militar encabezado por los Estados Unidos para enfrentarse a la URSS: la Organización del Tratado del Atlántico Norte (OTAN, 4 de abril de 1949).
— Sustituyó a Inglaterra en su imperio colonial en Asia, con una práctica que desde entonces se conoció como «neoimperialismo», que combina la independencia política y la soberanía nacional, con la dependencia económica y la «lealtad» en política internacional.

De forma similar al Plan Marshall en Europa, Estados Unidos decidió colaborar intensamente en la reconstrucción de otro de sus enemigos en la guerra: Japón. El llamado *Plan MacArthur* representó un proceso similar al europeo y contribuyó, además de a la reconstrucción japonesa, a cerrar el cerco capitalista en torno a la URSS y, sobre todo, a frenar la expansión de la revolución china en Oriente.

En este marco, y gracias al impulso de la reconstrucción europea y japonesa, la economía capitalista vivió una fase de auge que duró sin complicaciones hasta 1967.

Sin embargo, éste es el período de retroceso histórico mayor del capitalismo: grandes zonas del mundo se «desconexionan» del sistema capitalista e inician procesos de transición socialista y la influencia político-económica soviética se extendió por la nueva Periferia (tratado de amistad indio-soviético; colaboración con Egipto de la URSS, posición antiimperialista del recién nacido Movimiento de Países No Alineados liderado por figuras históricas como Sukarno, Tito, Nehru, Nasser, etc.). Aparentemente, el Sistema Capitalista Mundial, en pleno auge económico, estaba en claro retroceso político internacional.

Para los países del Centro sistémico es, sin duda, una época dorada: industrialización acelerada, crecimiento rápido del PNB, aumento del bienestar de la población. Se establece el modelo fordista en Europa y hasta cierto punto en Japón. El comercio internacional crece sin trabas aparentes. La economía del bienestar y los altos niveles de desarrollo económico y social son un hecho.

En los países de la Periferia es la era de la *descolonización*. El Sistema se mantiene como tal, pero cambia de forma. Los países colonizados dejan de serlo, pero siguen insertados en el Sistema de forma periférica y subordinada.

El fin del auge

El auge favoreció el crecimiento de la productividad en todos los países del mundo, en especial en los más devastados por la guerra: Europa y Japón. El crecimiento de la productividad en estos países empezó a ser mayor que el de Estados Unidos y, por tanto, sus productos a ser más competitivos, incluso en el mercado norteamericano.

En 1967, EE.UU. registró un fuerte déficit en su balanza comercial. Al propio tiempo, en ese año EE.UU. se encontraba ya inmerso en la guerra en Vietnam, lo cual le implicaba una fuerte sangría económica.

El grado de deterioro de la economía norteamericana es patente a través de los dos datos siguientes:

— Entre 1947 y 1968 los dólares-billetes en el exterior pasan de 6.400 a 35.700 millones.

— En el mismo período, el volumen de oro en las reservas de Estados Unidos pasa de 24.600 a 10.400 millones de dólares.

La paridad fija del cambio de dolar por oro, establecida por el FMI y pilar del sistema monetario internacional, era de una onza de oro fino = 35 dólares. Este tipo de cambio estable se había mantenido durante todo el auge. Además de ello, otras cláusulas del FMI, y por ende del sistema monetario internacional, establecían la garantía de libre convertibilidad de las monedas, la garantía por el Banco Central de EE.UU. de la conversión de dólares en oro y la necesidad de aprobación del FMI de cualquier devaluación o revaluación.

La situación de EE.UU. mostraba que algo había cambiado. Los aliados «ayudados» en las dos décadas anteriores empezaban a convertirse en peligrosos competidores. Ello dio lugar a que EE.UU. tratase de remediar la situación introduciendo reformas sustanciales en el marco en el que se realizaban las actividades económicas internacionales, es decir, incumpliendo el orden que había diseñado en su interés dos décadas antes.

Así, se intentó hacer frente a la inflación, al desempleo y al déficit de la balanza de pagos con medidas de carácter monetario como la devaluación del dólar. El dólar no podía devaluarse sin afectar al conjunto del sistema monetario internacional, por cuanto era la unidad de referencia para establecer las paridades. Y más aún, era la principal moneda de reserva internacional, con lo cual una devaluación tendría el efecto inmediato de «empobrecer» a todos los países con dólares en sus reservas.

El contexto coyuntural era el siguiente: ante el deterioro de la situación económica americana y su cada vez mayor implicación en la guerra de Vietnam, muchos países habían empezado a solicitar la conversión de sus dólares de reserva en oro. Entre otros y de forma acelerada, Francia, gobernada entonces por el General De Gaulle. Asimismo, la cotización del oro en el mercado libre (Bolsa de Londres) no cesaba de crecer, llegando a superar los 40 dólares/onza.

Así, ante la avalancha de conversiones de dólares en oro y ante la evidencia de la crisis, el presidente Nixon vulneró los Tratados Internacionales, en concreto el del FMI, y decretó en 1971 (15 de agosto) la suspensión de la convertibilidad de dólares en oro. Era la primera ruptura importante de las reglas del juego.

Fue seguida de dos rupturas más, en forma de devaluaciones:

— 1.ª devaluación: el 18 de diciembre de 1971 el Gobierno de EE.UU. decide devaluar el dólar que pasa a tener una paridad de una onza de oro fino = 38 dólares.

— 2.ª devaluación: en febrero de 1973, el Gobierno de EE.UU. decide una segunda devaluación en la que la paridad sería de una onza de oro fino = 42,2 dólares.

La especulación contra el dólar no se hizo esperar y el precio del oro continuaría subiendo: 190 dólares la onza en 1974, 850 dólares la onza en 1980.

De hecho, tras la segunda devaluación pudo darse por muerto y desaparecido para siempre al sistema monetario internacional ideado en Bretton Woods (aunque formalmente no se reconocería hasta 1976). Esas devaluaciones tuvieron repercusiones altamente negativas para la economía de numerosos países, en particular para aquellos cuyas reservas estaban constituidas básicamente por dólares (caso de España y muchos otros) o para aquellos cuya principal actividad se basaba en el comercio exterior (como era el caso de los países exportadores de petróleo).

En sustitución del patrón dólar/oro se estableció la absoluta libertad, el no patrón, es decir, la flotación de las monedas, que impera hasta nuestros días y que representa el ajuste diario de paridades en función del mercado cambiario (excepción a esta plena libertad de flotación es el Sistema Monetario Europeo, con bandas restringidas de flotación para cada una de las monedas. De ahí su fragilidad frente a los especuladores internacionales).

En definitiva: los primeros síntomas del fin del auge y del inicio de la crisis económica mundial tuvieron lugar en EE.UU. y liquidaron una de las principales instituciones de la postguerra: el sistema monetario internacional. La crisis seguiría, a partir de entonces, otros derroteros: su generalización a otros países del Centro y de la Periferia manifestaría que, más que la crisis de una economía nacional (por más que fuera la dominante), lo que entraba en crisis era el modo específico de desarrollo del capitalismo de las décadas anteriores.

26.2. LA GENERALIZACIÓN DE LA CRISIS EN EL SISTEMA

A partir de las primeras manifestaciones de la crisis capitalista norteamericana en el Sistema Mundial (en su orden monetario), se jalonaron una serie de nuevas «crisis» que actuaron como mecanismos de generalización de evidencia del agotamiento estructural del modo de desarrollo vigente en el auge precedente. Estas dos crisis fueron la *crisis del petróleo* y la *crisis de la deuda*.

Primera generalización de la crisis: la crisis del petróleo

Las devaluaciones del dólar perjudicaron en general a todos los países capitalistas (excepto a EE.UU.) que poseían dólares en reserva y comerciaban en esa moneda. Uno de los grupos más afectados fue precisamente el de los países exportadores de petróleo. En efecto, la devaluación les obligaba a vender más para obtener lo mismo, o vender lo mismo para ganar menos. Se empobrecían por una medida externa a sus economías.

Tal situación, unida al incremento de los fletes del petróleo, permitió la toma de conciencia colectiva de los países exportadores de petróleo agrupados en la OPEP, que decidieron adoptar medidas que paliaran la situación. Se trataba de acabar con la política de energía barata e iniciar un ajuste de precios que resultara suficientemente remunerador para los productores. Esta iniciativa coincidía con los intereses de Estados Unidos, motivados por una doble preocupación:

— Provocar un incremento de costes en los países europeos y Japón, fuertes competidores suyos en el mercado internacional.
— Invertir la tendencia a la contracción de las reservas petroleras americanas incrementando el precio del petróleo para hacer rentables explotaciones marginales, especialmente las de Alaska.

La conjunción de intereses norteamericanos y de la OPEP lanzó la escalada de precios del petróleo, que supuso la *primera generalización de la crisis: la crisis energética*. El 16 de octubre de 1973, en plena guerra árabe-israelí del Yon Kippur, la OPEP decide aumentar el precio de 3,45 dólares/barril a 5,5 dólares. Esa escalada se mantendría hasta 1977 y sucesivamente fueron aumentando los precios a 9,31, 10,14 y 12,7 dólares. Los años 1977 y 1978 fueron de estancamiento de los precios. Pero en 1979, tras el derrocamiento del Sha y el establecimiento de una República Islámica en Irán, la crisis se recrudece y vuelve a aumentar el precio hasta 14,54 dólares/barril en 1979 hasta alcanzar el techo máximo en 1982 con un precio de 34 dólares/barril.

Los efectos de esta política fueron diversos según los países, pero tuvieron la virtud de generalizar la crisis a todo el Sistema Capitalista. Los efectos principales fueron los siguientes:

— Fuerte incremento de costes energéticos en los países consumidores, Japón, Europa occidental y buena parte de los países de la Periferia, con el consiguiente encarecimiento de su producción interna y el descenso de su competitividad, en este caso a favor de los países productores de petróleo, como Estados Unidos.
— Explotación de recursos petroleros no rentables en la época de la política de energía barata: yacimientos de Alaska, Mar del Norte (Inglaterra, Noruega), México, etc.

La llamada «crisis del petróleo» se convirtió, así, tanto en un síntoma del agotamiento de un tipo de relaciones internacionales (petróleo barato de la Periferia, gran dependencia energética del Centro no americano, papel pasivo de la Periferia en la explotación de sus recursos, etc.) como en un mecanismo de extensión de la crisis generalizada.

Sin embargo, la percepción general fue la de considerar la subida de los precios del petróleo como el origen de la crisis, manifestada en el cierre masivo de empresas por el aumento de costes energéticos y el reforzamiento estructural de la inflación; el aumento del desempleo y la inflación se convirtieron en las características definitorias de la situación de recesión, calificada como *estanflación*.

Como resultado, en la segunda mitad de la década la situación del capitalismo mundial estaba caracterizada de la siguiente forma:

— En el Centro, descenso de los beneficios y de las inversiones productivas, búsqueda de nuevos paradigmas tecnológicos (especialmente en Europa y Japón, más dependientes de las energías tradicionales), reconversiones en los sectores industriales más típicos del modo de desarrollo fordista (textil y confección, siderurgia, astilleros, automotriz, etc.), aumento de los déficit públicos, etc.

— En la Periferia, la mayor parte de los países vieron frenados bruscamente sus intentos de crecimiento ante el aumento de la factura petrolera. Si el modelo ISI ya había dado síntomas de fracaso, la crisis terminó de oscurecer las perspectivas de las economías periféricas menos subdesarrolladas, que sólo consiguieron mantenerse sobre la base del endeudamiento externo y la orientación exportadora.

Segunda generalización de la crisis: la crisis de la deuda

Un efecto derivado del incremento de los precios de petróleo fue la gran centralización de divisas en manos de los magnates y gobiernos de los países petroleros: los petrodólares, que fluyeron activamente hacia la banca internacional, japonesa y europea, pero principalmente norteamericana.

La banca privada internacional, con el fin de rentabilizar sus enormes depósitos, se lanzó en la década de los setenta a una política de concesión de préstamos y créditos a los países y empresas que los solicitaran, a bajo tipo de interés, con la cláusula de variabilidad de dicho tipo.

La sustitución en la Administración norteamericana de Carter por Reagan representó un cambio drástico en la política económica que pasó de una política de tasas de interés bajas a tasas de interés altas (que pasó del 0,57 por 100 en 1979 al 6,44 por 100 en 1981, superando el 7 por 100 en 1982).

Ello afectó duramente a los deudores, empresas y Estados del Tercer Mundo principalmente. Entre ellos y muy significativamente a los países de América Latina, que habían sido los principales favorecidos en la época de fáciles concesiones crediticias. De un día para otro, lo que era una deuda fácilmente asumible se convirtió en un duro lastre para cada una de las economías latinoamericanas y de otros países de la Periferia. El servicio de la deuda no tardó en alcanzar límites elevadísimos.

México fue el primer país en declarar una moratoria en 1982, y con ella se extendió el pánico en los mercados financieros y cundió el ejemplo en otros países de la región. El problema de la deuda había nacido. *Una medida anticrisis en el Centro llevaba la crisis a la Periferia y la respuesta de ésta (la crisis de la deuda) planteaba otra situación crítica en el Centro*, en el que estaba en peligro el sistema bancario, muy comprometido en el proceso de privatización y bancarización de los flujos financieros Centro-Periferia. En esta última, las empresas privadas, incapaces de pagar su deuda, la transfirieron a sus respectivos Estados y éstos asumían, además de la deuda pública, la denominada *deuda privada públicamente garantizada*. Los propios Estados, para poder hacer frente al pago del servicio de la deuda se endeudaban aún más. Tal situación condujo a América Latina y otros países periféricos hacia la catástrofe, hacia lo que se ha bautizado como «la década perdida».

Los países más endeudados de la Periferia (no del mundo, por cuanto el país mayor deudor del mundo es EE.UU.) eran México y Brasil, con cerca de 100.000 millones de dólares cada uno. Argentina, Venezuela, Chile, Colombia, Perú, Ecuador, Nicaragua, Bolivia, Costa Rica, Jamaica y Uruguay seguían por este orden en América Latina.

Una deuda de tal magnitud representaba sustanciales porcentajes del PNB de cada país: el 76 por 100 del PNB en México, el 51 por 100 en Argentina, el 66 por 100 en Venezuela, el 120 por 100 en Chile, el 90 por 100 en Bolivia, el 198 por 100 en Nicaragua, el 97 por 100 en Costa Rica, el 147 por 100 en Jamaica y porcentajes inferiores al 50 por 100 pero superiores al 30 por 100 en el resto de los países. Ello implicaba que la producción nacional estaba prácticamente hipotecada en toda América Latina.

Pero lo relevante no es el monto global de la deuda. Lo relevante para el deudor es el servicio de la deuda, es decir, lo que anualmente se paga en concepto de intereses, otros costes y devolución del principal. Este servicio es el que representa una auténtica sangría financiera para los países deudores. La financiación del servicio de la deuda sólo puede hacerse mediante las divisas que obtiene el país fundamentalmente a través de sus exportaciones.

Si se tiene en cuenta que con los ingresos por exportaciones se han de pagar los gastos por importaciones, se deduce que el impacto de la crisis de la deuda tuvo necesariamente que reflejarse en la contracción de estas últimas, que se redujeron considerablemente durante la década de los ochenta. Pero ésta no fue la única reducción. Otra, más significativa aún, fue la caída en picado de los flujos de capital extranjero a América Latina.

El pago del servicio de la deuda por parte de los países periféricos endeudados representó un importante flujo de capitales desde la Periferia hacia el Centro, a través de los canales de la banca internacional privada. Tal trasvase de capitales dio lugar a una profundización de la crisis en los países del Tercer Mundo y a un cierto freno de la crisis en el Centro, de tal forma que se ha podido argüir que los países subdesarrollados estaban ayudando a financiar la recuperación de los países desarrollados a costa de su propio hundimiento. Sin embargo, la llamada «crisis de la deuda» no fue otra cosa que un paso más en la generalización y profundización de la crisis económica *mundial*. La resolución relativa del «problema de la deuda», a través de la renegociación de la deuda y sobre todo merced a la aplicación del Plan Brady (cuyas condiciones hacían menos oneroso el pago del servicio de la deuda y, de hecho, permitían satisfacer a los bancos acreedores sin arruinar a los Estados deudores, gracias a una intervención directa en el proceso del gobierno de los Estados, garantizando cobros y pagos respectivamente), no representó el final de la crisis, sino una etapa más de su evolución.

26.3. DIMENSIONES DE LA CRISIS

La onda larga ascendente de la acumulación capitalista sistémica que se inicia después de la Segunda Guerra Mundial comienza a mostrar su agotamiento hacia finales de los años sesenta, con el fin del auge en las economías del Centro y, como reflejo en el marco competitivo entre las principales economías, crisis del Sistema Monetario Internacional. La crisis energética de 1973-1974 supondrá la recesión industial abierta y la dinámica inflacionista. En un marco, pues, de crisis tanto económica como político-social, tanto el Centro como la Periferia, tanto las diversas economías nacionales como la economía internacional, entran desde entonces (1968-1973) en la fase descendente del ciclo largo. El Cuadro 26.1 muestra el comportamiento de algunas macromagnitudes en este declive, cuya cronología básica es la que se muestra.

En términos de plazos medios y cortos, las oscilaciones a lo largo de la onda descendente no ha hecho sino mostrar la creciente importancia de la interrelación entre las diferentes fracciones del capital actuando entre los diferentes elementos del Sistema (las economías nacionales). Así, se asiste a unas décadas marcadas por la transmisión de los problemas de sobreprodución al comercio internacional, subsiguientemente a las balanzas de pagos y al endeudamiento y, en fin, a la esfera financiera. La inestabilidad de esta última, debida a la globalización del capital financiero, que se mueve muy rápidamente buscando beneficios inmediatos, la ha hecho aparecer como la protagonista principal de los episodios más turbulentos (1982-1985 en la Periferia, 1987 y 1990-1992 en el Centro, 1994 en América Latina, 1997-1998 en el sudeste asiático y Rusia, Brasil en 1999...). Pero no se puede olvidar que la crisis es, en definitiva, un momento de la dinámica de la acumulación de capital *en su conjunto*, afectando o manifestándose más o menos gravemente en determinadas esferas o países según la posición de los mismos en la globalidad sistémica. Al respecto, es ilustrativo el esquema que ofrece O. Caputo (Cuadro 26.2).

Cuadro 26.1. La onda descendente.

Tasas de crecimiento	Producto Interior Bruto	Valor añadido manufacturero	Formación bruta capital fijo
1970-1980	3,6	3,5	3,4
1980-1990	2,8	2,8	2,8
1990-1995	1,7	1,6	2,2

Fuente: ONUDI: *Desarrollo Industrial. Informe Mundial*, 1997, Fondo de Cultura Económica.

La dimensión general de la crisis

La crisis y la depresión son estadios de remodelación del modo de desarrollo de la acumulación. En ellas se afecta tanto a la vertiente tecnológica como a la institucional de la base económica:

- En el aspecto técnico se redefinen las *tecnologías* deseables, las disponibles y las que están en uso, marginando las obsoletas y potenciando reconversiones tecnológicas que permitan recuperar beneficios sobre costes menores (especialmente laborales).
- En el aspecto institucional o social se redefinen las *formas de competencia* entre los agentes productivos, desde el punto de vista social (empresas y trabajadores) y desde el punto de vista espacial (nacional e internacional).

La síntesis de ambos aspectos (el técnico y el social) se refleja en la *dinámica de la productividad*, lo que significa que la depresión es el «momento» en el que se efectúan los cambios necesarios para cambiar la dinámica descendente de la productividad, camino a la recuperación cíclica.

Cabe recordar que si hay crisis, y no hay inversión productiva, y se prefiere rentabilizar el capital en la esfera de la especulación, persistiendo así el desempleo, etc., es porque no se consigue suficiente masa de plusvalor, suficiente rentabilidad del capital. El origen del plusvalor que rentabiliza el capital en general es la explotación del trabajo asalariado para producir mercancías. El aumentar la masa de plusvalor es un mecanismo necesario para que la acumulación de capital se reproduzca mediante inversiones iterativas que consiguen la rentabilidad considerada adecuada.

- En el espacio *nacional*, el auge postbélico se había basado en el modo de desarrollo fordista, que definió unos paradigmas tecnológicos y unas formas de competencia intermonopolista y de relaciones laborales apoyadas por la intervención estatal. La caída de la productividad en esas condiciones desde finales de los sesenta demostró los *límites del desarrollo fordista* (y las políticas «keynesianas») para mantener la rentabilidad del capital.
- En el espacio *mundial*, la rígida división internacional del trabajo de la descolonización se verá cuestionada a partir de la globalización. A través de ella el capital puede explotar —en distintos países o economías nacionales— fuerza de trabajo asalariada diferentemente remunerada, lo que dibuja una *división internacional del trabajo cambiante*. La Periferia, ofreciendo capital constante o variable —más lo primero que lo segundo— más barato, ha cumplido siempre ese papel. Hoy, aparte de los países petroleros y de otros primario-exportadores, algunas partes de la Periferia están en condiciones de suministrar capital variable en las condiciones re-

Cuadro 26.2. Las crisis cíclicas en las tres últimas décadas.

	1974-75	1980-82	1990-92	1994, México	1997, sudeste asiático
Origen de la crisis	EE.UU., Europa	EE.UU.	EE.UU.	México	Sudeste asiático
No impactó fuertemente	Japón, sudeste asiático	Japón, sudeste asiático	Sudeste asiático, América Latina	EE.UU., Europa	EE.UU., Europa
Impactó fuertemente	América Latina, África	Europa, América Latina, África	Europa, Japón		Japón
Impacto moderado				América Latina	América Latina
Sobreproducción[a]	PI	PI, MP, E, A	MP, E, A		PI, E, algunas MP
Subproducción	MP, E, A				
Comercio internacional	Tasas negativas	Tasas negativas	Siguió siendo elevado	Siguió siendo elevado	
Tasa de ganancia[b]	Baja[c]	Baja[c]	Alta[e]	Alta[e]	Alta
Inversión interna[b]	Baja[d]	Baja[d]	Alta[f]	Alta	Alta
Crédito internacional	Fuerte crecimiento que ayudó a salir de la crisis	Entró en crisis (deuda)	Suave	Crisis financiera en México y en algunos países de América Latina	Crisis financiera profunda en el sudeste asiático y Japón
Situación monetaria y cambiaria	Inestabilidad	Fuerte devaluación en América Latina	Inestabilidad	Fuerte devaluación en México	Fuerte devaluación en países asiáticos

[a] PI: Productos industriales, MP: Materias primas, E: Energéticos, A: Alimentos.
[b] En los países capitalistas desarrollados.
[c] Esta crisis se da en un período en que la tasa de ganancia es baja y en las crisis baja aún más.
[d] Esta crisis se da en un período en que la tasa de crecimiento de la inversión es baja y en las crisis llega a ser negativa.
[e] Desde finales de los ochenta, en los países capitalistas desarrollados aumenta la tasa de ganancia y no es afectada seriamente por la crisis.
[f] La inversión en este período es relativamente elevada, muy cíclica y baja en los países capitalistas desarrollados durante la crisis, donde llega a ser negativa.
Fuente: O Caputo: «Crisis asiática y economía chilena de la globalización», http://redem.bnop.mx.

queridas por la productividad y competitividad en las industrias manufactureras del Centro del Sistema Mundial para sus propios mercados y ahí es donde se sitúa la emergencia de los «países de industrialización reciente» o «nuevos países industriales». *El auge industrial de la Periferia está ligado a la crisis del modo fordista en el Centro.*

¿Cómo ha quedado, entonces, afectada la productividad? Por más que desde finales de los años setenta algunos sectores (textil, metalmecánica, electrónica) han ido adaptándose al nuevo sistema tecnológico, sufriendo así ciclos cortos (crisis-depresión-recuperación) bautizados como «reconversiones», no han logrado engarzar una recuperación general que diera paso a la etapa dorada del «auge». Y ello ha sido debido, en definitiva, a que con el nuevo sistema tecnológico la explotación del trabajo asalariado en el Centro no consigue crear suficiente plusvalor como para rentabilizar el enorme capital desembolsado mundialmente en toda esa reconversión tecnológica. Para algunos capitales competitivos (que son los multinacionales), explotar mano de obra en la Periferia se ha convertido en la única salida individual, aunque persiste la problemática de la crisis en el Centro (sobre todo en los capitales «nacionales»).

Por otra parte, esta crisis de la economía real tiene su doble en el auge momentáneo de la economía financiera especulativa de la mitad de los años ochenta, hasta que los sucesivos «cracks» volvieron a recordar la dimensión *real* de la economía y su crisis.

En el fondo de esta crisis, por tanto, se encuentra un claro límite del desarrollo capitalista contemporáneo: el modelo fordista y de sociedad de consumo en que se ha basado la acumulación de capital en el Centro ha encarecido extraordinariamente —desde el punto de vista del capital— el capital variable, que es el único que produce plusvalor. El capital ha intentado abaratarlo mediante la innovación tecnológica, agrandando el ejército de reserva y trasladando al Estado el coste de la destrucción de fuerza de trabajo viva. Pero lo único que se ha conseguido por ahora es que el Estado padezca la crisis fiscal y que los capitales con más posibilidades compitan en base a la explotación de fuerza de trabajo periférica, en los «nuevos países industriales» del sudeste asiático o en la «maquila» latinoamericana. Y sigue sin ser suficiente. Incluso la «guerra» intercapitalista propia de la crisis de los ochenta ha llegado al fango de la corrupción (es sintomático el colapso en la credibilidad de la socialdemocracia como gestor político del fordismo en prácticamente todos los países del Centro, con gobiernos democráticos). Las implicaciones sociales y políticas de la crisis recuerdan la necesaria articulación entre la estructura y la superestructura.

Valores mundiales, competencia mundial, crisis nacional

Supóngase que el valor es mundial, lo cual quiere decir que el tiempo de trabajo socialmente necesario (TTSN) para producir cualquier mercancía es aquel que utiliza una planta industrial en cualquier parte del mundo dotada de los medios tecnológicos considerados «normales» o «adecuados» a la tecnología en uso. Los problemas que podrían surgir para definir esta «normalidad» se esfumarían en gran parte con un segundo supuesto: esa planta industrial pertenece a una empresa multinacional que, por tanto, utiliza la misma tecnología en muchos países y si no está fuera del mercado es porque su tecnología no está obsoleta.

Con estos supuestos (*TTSN mundializado y fabricación multinacional*), y en términos de los componentes del valor, esto quiere decir que el factor clave para minimizar el TTSN, o para no perder competitividad ante reducciones de éste por parte de otro, será *v*, el capital variable. Ello lleva directamente al tema de los salarios nacionales diferenciados. Y hablar de este tema tiene dos vertientes: el valor diferencial de la fuerza de trabajo, con procesos de reproducción distintos en el Centro y en la Periferia, por un lado, y las condiciones institucionales de perpetuación de esa diferencia, por otro. En el primer caso hay que hablar del dualismo, de la sobrepoblación relativa, etc. En el segundo, de la ausencia de derechos sindicales y/o de la represión de los mismos, contexto estructural de debilidad de la clase obrera industrial y de desconexión del resto de clases subalternas, etc.

Los tres supuestos, en definitiva, se resumen en la siguiente situación hipotética: *mundialización del valor por medio de empresas multinacionales que fabrican en países con costes laborales estructuralmente distintos.*

En esta situación, la conclusión lógica es que las producciones en los países con menores costes laborales tienen un TTSN menor, son más competitivas. La alternativa para las fábricas en los países con salarios históricos más altos es o reducirlos o, alternativamente, reducir *c* (aumento de productividad tecnológica).

Reducir el capital variable es posible, a grandes rasgos, de dos maneras: abaratando los bienes salariales, o reduciendo el salario. Para conseguir lo primero, curiosamente, es muy útil la producción de los países con menores salarios, si es que son de bienes salariales (alimentos, textiles, electrónica del hogar, automóviles, etc., o componentes). Reducir el salario, sobre todo a nivel nominal, puede ser más difícil, y la consecuencia más inmediata es una reducción del consumo que puede llevar a una crisis de subconsumo, sólo enfrentable con las «importaciones baratas» (ya sea de bienes salariales, ya de materias primas semielaboradas), que a su vez «arruinan» a la producción nacional que se pretendía salvar con la reducción de salarios. En esta línea de reducir los costes salariales nominales se centra la estrategia de la *flexibilidad laboral* y la *precarización del empleo*.

Todo ello es lo que explica la situación actual en el Centro y en la Periferia no marginada. Incluso cabe insertar en el proceso de mundialización-generalización de la crisis su impacto sobre los países no capitalistas. Los países del bloque socialista sucumbieron, además de por profundas razones estructurales internas —a las que se hace referencia en el Apéndice 26.1—, por el impacto de la crisis mundial.

La reunificación de Alemania y la desintegración de la URSS implicaron un ensanchamiento del capitalismo a nivel mundial, abriendo prácticamente el camino a la plena mundialización capitalista de la economía y la sociedad, sin rivales sistémicos. Pero tal situación provocó un desequilibrio internacional al dejar sin contrapeso a la principal potencia económica y militar del mundo occidental: los EE.UU.

Se abre así un nuevo proceso, en el cual el enfrentamiento ya no va a ser entre bloques social y económicamente antagónicos, sino entre países y bloques de países capitalistas. Surge así la rivalidad entre EE.UU., Unión Europea y Japón, cuyos principales elementos son la pugna en el GATT, sobre todo por los acuerdos en materia agrícola y de servicios, las guerras comerciales, la especulación monetaria, etc.

En cada uno de estos países la crisis vuelve a reaparecer tras haber circulado por América Latina y otros países del Tercer Mundo. Vuelven a caer las tasas de crecimiento, llegando en 1993 a ser de decrecimiento en algunas economías. Se frena la inversión, aumenta el paro, cuyos límites actuales son los mayores de la historia y no se consigue dominar plenamente la inflación.

Y lo que tendría que ser un mecanismo de catarsis para el ulterior desarrollo de la acumulación a escala mundial, tiene unas consecuencias sociales y políticas tales a escala nacional que los factores de recuperación parece que se «escapen» de la regulación nacional, quedando los Estados y gobiernos sin discurso autóctono (la crisis viene de fuera, hay que esperar la recuperación también desde fuera). La base de la «competitividad» nacional parece descansar, para muchas economías nacionales, en el empeoramiento de las condiciones de vida y trabajo de sus habitantes.

En suma, la crisis no ha tocado fondo y su resolución exigirá una profunda remodelación de las reglas de juego internacionales. Cabe suponer que tal resolución representará un paso más en el camino de la mundialización, con la consiguiente pérdida de influencia de los Estados «nacionales» y la construcción de unas nuevas reglas de juego económico en el mundo. La crisis desbroza el camino de la mundialización, una evolución estructural en el Sistema; los Estados la frenan.

APÉNDICE 26.1. CRISIS Y DERRUMBE DE LA ECONOMÍA SOVIÉTICA

RAMÓN FRANQUESA ARTÉS

El modelo de crecimiento aplicado desde los primeros planes quinquenales de Stalin y calificado como «extensivo» tropezó con graves dificultades a partir de la segunda mitad de los cincuenta. A comienzos de los sesenta se detectaron ya signos preocupantes en el desarrollo de la economía soviética. Las tasas de crecimiento de la producción se habían desacelerado ostensiblemente respecto a las obtenidas en los años treinta y en el período inmediatamente posterior a la Segunda Guerra Mundial. Existieron algunos intentos de reforma, como la de Kosiguin en 1965, que se adelantaban en 20 años al diagnóstico que formularía Gorbachov. Pero gracias a la explotación de los grandes yacimientos de petróleo y gas en Siberia, Brezhnev pudo aún prorrogar un sistema de gestión obsoleto, sobre la base de suplir las deficiencias estructurales de productividad, con la exportación de recursos primarios.

Cuando llegó la crisis, con la presión económica de la guerra de las galaxias impulsada por Reagan, la capacidad de maniobra se había reducido enormemente y la sociedad había perdido confianza en un proyecto controlado por funcionarios corruptos que practicaban todo lo contrario de la igualdad que predicaban. A lo largo de todo el período de estancamiento, esta contradicción llegó a ser evidente y escandalosa. El descenso en la tasa de crecimiento del Producto Material Neto soviético, iniciado a mediados de los cincuenta, se acentuó con el paso del tiempo y se convirtió en una tasa negativa en el quinquenio 1981-1985. Descendió también la productividad del trabajo, la rentabilidad de los fondos productivos, la introducción de innovaciones tecnológicas, etc. El sistema económico ultracentralizado producía cada vez menos con costes cada vez mayores. La dirección hipercentralizada y burocrática de los procesos económicos y la confusión entre Estado, Partido y Administración económica comportó que la crisis económica alimentase la crisis política.

En una situación de degradación del nivel de vida y envejecimiento de los equipos productivos, los dirigentes vieron peligrar su estatus social, que sólo se justificaba por el supuesto rol que se habían atribuido: ser garantes y gestores del Estado obrero, nacido como alternativa al Estado capitalista en un proceso revolucionario. Planeaba sobre los dirigentes soviéticos en 1985 el fantasma de la Polonia de comienzos de los ochenta.

Después de los paréntesis de Andropov y Chernenko, Mihail S. Gorbachov fue elegido como Secretario General del Partido Comunista de la Unión Soviética (PCUS) en marzo de 1985. Su diagnóstico de la sociedad soviética le condujo a formular la *Perestroika*, que formalmente se planteó como un intento de descentralizar la gestión y democratizar la vida política y económica para permitir un desarrollo socialista.

La perspectiva de los seis años transcurridos desde el ascenso de Gorbachov al poder hasta su derrocamiento, muestra que la *Perestroika* fue más una mera dinámica que un conjunto articulado y coherente de medidas reformadoras. La *Perestroika* fracasó en su intento de reformar el socialismo ultracentralizado y autoritario y abrió paso a la restauración del capitalismo. La dirección del cambio se determinó en la forma en que se articularon y reglamentaron las reformas. En esa aplicación se dirimió si estos cambios iban a ser aprovechados por la sociedad en su conjunto o por quienes detentaban el poder de gestión para su beneficio como grupo social.

En 1985 era evidente que se iban a producir cambios. Ningún sector social (burocracias, trabajadores, ejército, etc.) podía sostener la opción de conservar el sistema en su nivel de paralización anterior. Pero aun existiendo consenso en la necesidad de cambios y una adscripción formal unánime en torno a la *Perestroika*, en la práctica existían intereses muy contrapuestos en el tipo de cambios que había que introducir. Durante mucho tiempo el debate no fue sobre a dónde, sino formalmente sobre el cómo. Es decir, sobre qué medidas había que adoptar antes que otras. La mayor parte de la sociedad fue inconsciente de hasta qué punto le iban a afectar los cambios y no fue más allá de la percepción de un debate sobre velocidades. En el fondo, el problema no era tanto el ritmo, sino qué medidas debían preceder a otras. Quienes tenían el control político, al entrar el Partido en crisis, se articularon en diversas plataformas políticas para poder imponer el proceso que les resultó más favorable a sus intereses.

El planteamiento oficial era que había que sustituir una gestión decidida por el centro (Gosplan) en todos sus aspectos (inversiones, precios, empleo, etc.) por una gestión en la que las empresas, descentralizadas como unidades autogestionadas, se relacionaran a través del mercado entre sí y con los consumidores en la mayor parte de decisiones.

Para ello el primer paso fue relajar el control central, para permitir la aparición de mecanismos económicos nuevos: mercados locales, etc. Sin embargo, ese proceso fue desordenado: no se establecieron mecanismos impositivos que permitieran que los ingresos que antes llegaban al Estado como propietario; no se desarrolló un marco legal de protección a los consumidores y a las empresas y surgió un mercado sin reglas (impagos, estafas, retardos, etc.); no se desarrolló un nuevo marco de protección social (de los salarios fijos, se pasó a una libertad de contratación absoluta que incluso en algunos casos daba lugar a dejar de pagar los salarios).

Las consecuencias prácticas de la descentralización parcial que se efectuó fue que la situación económica empeoró notablemente, a pesar de que se ampliaron las libertades civiles.

En verano de 1989 estallaron las huelgas de los mineros y de los ferroviarios, poniendo en jaque los planes de la *Perestroika* ilustrada (la revolución desde arriba) de Gorbachov. Eran estallidos sintomáticos, por reivindicaciones sindicales y económicas elementales, que podían producirse en cualquier momento en cualquier otro sector. Las explosiones nacionalistas posteriores tuvieron también una fuerte componente económica contra la absorción de recursos locales por la burocracia central. A lo largo de este período cristalizó el desencanto de la población ante la situación y las perspectivas económicas. A pesar del recurso a la importación de bienes de consumo occidentales en 1988, las estanterías de las tiendas estatales seguían vacías o exhibían mercancías de baja calidad. Los productos procedentes de las actividades cooperativas o individuales tampoco alcanzaban a cubrir la demanda y multiplicaban hasta por diez los precios estatales (restaurantes, por ejemplo), beneficiando, en parte, al reducido grupo de trabajadores autónomos o cooperativistas pero, sobre todo, a los intermediarios y especuladores que crearon complejas redes de distribución informal alimentadas también por artículos procedentes de la importación y de las propias fábricas estatales.

Con ello se consolidaron definitivamente las mafias como grupos sociales específicos, relacionadas con parte del aparato estatal. Sin embargo, este malestar social no supo articularse en una alternativa al proceso, sino en una serie de movimientos de resistencia (frecuentemente pasiva y de mera defensa) al descenso de las condiciones de vida. Las causas de la crisis social que empezaba a afectar el nivel de vida de forma visible eran difíciles de entender. En aquellos momentos se empezó a difundir la idea de que toda la responsabilidad había que buscarla en el Partido Comunista (PCUS) y en el socialismo. Curiosamente, a nivel político, los exponentes máximos de estas ideas (como el propio Yeltsin) procedían del PCUS y gozaban de una situación privilegiada justamente por su implicación en la burocracia brezhneviana.

El mensaje que se daba a la sociedad civil era muy simple: la crisis era provocada no por la falta de regulaciones, sino por la falta de rapidez en las reformas. Se exigieron mayores desregulaciones planteando, con una simplista demagogia, que con ellas en 100 días Rusia completaría la reforma económica y se situaría entre las grandes potencias capitalistas (G7).

Las críticas a la *Perestroika* se generalizaron y endurecieron entre los economistas soviéticos. A pesar de que Gorbachov decantaba a su favor las votaciones fundamentales y aparentemente iba concentrando poder político, al mismo tiempo agotaba el margen de confianza depositado en él por la población, los intelectuales y los diversos sectores de la burocracia dirigente. El prestigio que alcanzó fuera del país como estadista pronto no le serviría de nada para resolver las dificultades internas.

El año 1989 marcó el punto de inflexión de la *Perestroika*. Su aplicación aparentemente incoherente por razones de presión social hizo que sólo un determinado tipo de medidas fuesen efectivamente aplicadas. Así, por ejemplo, no llegó a aplicarse la reforma de precios, porque la burocracia necesitaba de los precios fijados oficialmente para obtener beneficios en el mercado negro y efectuar la acumulación de capital que les permitiese adquirir las empresas que gestionaban. Tampoco se llevó a cabo, efectivamente, la democratización de las empresas, al amparo de una enorme pasividad de los trabajadores para hacer aplicar las leyes democratizadoras en el marco de la empresa y, en lugar de ello, se engarzaron en la corrupción paternalista de las viejas direcciones que les aseguraron un pequeño margen de participación en la distribución negra de productos.

Sin embargo, la burocracia aprovechó la ley de cooperativas para legalizar los suministros fraudulentos y, a la vez que se autorizaban negocios vinculados al tráfico comercial especulativo, obstruía la creación de verdaderas iniciativas empresariales y verdaderas cooperativas. Sólo prosperaron las iniciativas vinculadas al tráfico negro de las empresas estatales, desde las que los burócratas ampararon la legalización de «sus» cooperativas y bancos. En este contexto se agravó progresivamente la situación macroeconómica:

- El sistema administrativo dejó de funcionar, pero sistemáticamente se aplazaba la reforma de los precios. Sin ella, *el sistema carecía de signos válidos para relacionar eficiencia, rentabilidad y demanda o eficiencia social.*
- El lapso temporal entre el anuncio y la realización de la reforma *añadía incertidumbre, paralizaba decisiones y estimulaba comportamientos defensivos y especulativos.*

— Faltaba decisión para acometer una reforma agrícola. El desinterés del funcionario-campesino y las pésimas, aunque conocidas, condiciones de recolección, almacenamiento, tratamiento y transporte acabaron en *desabastecimiento de productos básicos*. En este marco, los beneficios de actividades cooperativas o individuales, en cuanto cayeron, voluntaria o violentamente, en las redes mafiosas, albergaron componentes especulativos que contribuyeron a la crispación social.

— Apareció un *enorme desorden financiero* que sería aprovechado por los «liberales» para efectuar las máximas críticas a la gestión de Gorbachov. Poco se conocía entonces que, al llegar después aquéllos al poder, la inflación aún sería mucho más grave. *El déficit se elevó a un nivel equivalente al 10 por 100 del Producto Interior Bruto* y se financió principalmente mediante la apelación al Banco Central. El origen de los crecientes déficits de los años de la *Perestroika* hay que buscarlo en el descenso relativo de los ingresos por la campaña antialcohólica, la disminución de las rentas procedentes de las exportaciones de petróleo y la reducción en el impuesto sobre beneficios de las empresas. Pero también en el aumento de los gastos en su conjunto, pese a la reducción de los gastos en defensa: permanencia e incremento de los subsidios a los productos básicos y a las empresas no rentables; aumento de los gastos en servicios sociales (sueldos de maestros, médicos, investigadores e inversiones en infraestructuras) y una política de inversión modernizadora y tecnológica, sobre todo en el sector de construcción de maquinaria.

Ante esta situación, los liberales encabezados por Yeltsin ofrecieron una fácil solución en un programa de estabilización que suponía privatizar la empresas del Estado (evidentemente en unas condiciones en las que sólo los antiguos funcionarios podían adquirirlas) y transitar decididamente hacia una economía de mercado insertada plenamente en el Sistema Capitalista Mundial. Con el apoyo masivo de los medios mundiales de comunicación, la evolución hacia el capitalismo avanzó irreversiblemente.

Pronto la discusión sobre la reforma económica se convertiría en una aguda lucha política entre los Parlamentos de la URSS y Rusia. Se consolidó una oposición frontal al Gobierno de la URSS, sobre todo en la Federación Rusa, presidida ya por Boris Yeltsin. Gorbachov y Yeltsin aparecían como los contendientes principales, pero era fácil adivinar, tras sus tensiones, la presencia del ejército, del poderoso complejo militar-industrial, del KGB, de las burocracias, de los nuevos partidos de las nacionalidades y de las mafias.

1990 se cerró con pésimos resultados macroeconómicos, los peores de toda la historia de la URSS, con una caída del Producto Nacional entre un 2 y un 4 por 100; una tasa de inflación que duplicaba la del año anterior; una caída en la tasa de inversión que en muchos sectores era descapitalización pura y simple; y la continuidad del desorden financiero y de la sobremonetización consiguientes.

Sin embargo, se acumulaban enormes fortunas fruto de la especulación y de la aplicación no coherente de medidas. Estos «nuevos ricos», que no reparaban en mostrar una ostentación escandalosa de su nueva situación, se constituyeron en grupos sociales de presión que aún distorsionaban más la aplicación de medidas coherentes para el desarrollo económico. No puede dejarse de constatar que esta situación, aparentemente anárquica, tenía una funcionalidad muy clara y muy coherente con los intereses de estos grupos.

En el mercado de bienes de consumo, que afectaba directamente el nivel de vida de la población, el caos era similar. La carencia de productos necesarios, la inseguridad en el suministro de bienes alimenticios básicos y las elevaciones de precios en los mercados libres (legales o ilegales) eran cada vez más agudos. Además, aumentó la resistencia de los campesinos a entregar las cuotas establecidas al Estado a los precios oficiales y su desviación hacia otros compradores que especulaban en el mercado negro.

La crisis no dejaba de agravarse y se empezaron a agudizar, en los más altos niveles de la URSS, las distintas propuestas de solución radical al derrumbe evidente que sufría la sociedad. Aunque mayoritariamente la burocracia optaba por acelerar la liberalización, fenómeno que la estaba enriqueciendo al mismo ritmo que se deterioraba la sociedad, empezaron a surgir planteamientos que sugerían la conservación del sistema autoritario para mantener la cohesión mínima del Estado. Unos y otros se enfrentaban en los organismos de la Administración en una guerra de posiciones entre la propia burocracia en la que participó muy poco la sociedad. La carta de la «casa común europea» y de la integración en el mercado económico mundial, que Gorbachov había jugado con cierta habilidad, también empezó a perder sus virtudes: los créditos llegaban con cuentagotas (aún más remisos a causa del conflicto del Golfo); las *joint-ventures* buscaban exclusivamente su beneficio inmediato y limitaban su actividad; las ayudas económicas se convertían en «campañas de Navidad» para beneficio político de la derecha occidental y desprestigio de la URSS.

Por otra parte, se registró un incremento de movimientos centrífugos en todas las repúblicas. Pese a que en octubre de 1990 el Soviet Supremo proclamaba la preeminencia de la Constitución y leyes Federales sobre las de las repúblicas, no dejaron de proclamarse declaraciones de soberanía y aumentaba, en la práctica, la preeminencia de las leyes republicanas sobre las federales. Gorbachov intentó salvar la situación mediante el impulso de la refundación de la URSS a través de un nuevo *Tratado de la Unión*, al que ya entonces se opusieron las tres Repúblicas Bálticas, así como Georgia, Armenia y Moldavia. Tras un Referéndum celebrado el 17 de marzo de 1991, en que se consiguió un 76 por 100 de respaldo al proyecto, las

Repúblicas Bálticas, que rechazaron el Referéndum, impulsaron los suyos propios iniciando el proceso hacia la independencia.

El 12 de junio de 1991 la URSS se transformaba en un nuevo Estado, la Unión de Estados Soberanos que había de confirmarse en un nuevo Tratado de Unión Federal. Mientras, Yeltsin continuaba afirmando su poder, ganando las primeras elecciones democráticas a presidente de Rusia y aumentando sus competencias frente a un Gorbachov cada vez más debilitado. Con un malestar creciente y una gestión económica cada vez más incompetente, algunos burócratas entendieron que el camino para hacer pervivir sus privilegios era ordenar la situación por medio de una vuelta a los viejos métodos de dirección.

Antes de la firma solemne del Tratado, prevista para el 20 de agosto, se produjo un fallido Golpe de Estado. Formalmente, los golpistas plantearon su acción sobre la base de una supuesta enfermedad de Gorbachov, amparándose en la Constitución. De hecho, fue un intento de mantener parte del anterior *statu quo*, aunque muy claramente los golpistas dieron garantías a la propiedad privada y se propusieron ordenar el tejido económico autoritariamente. Aunque su retórica fuese brezhneviana, realmente ni tan siquiera ellos se planteaban el regreso a la situación anterior. La clave para entender por qué la masa de burócratas que apoyó el golpe fueron en cuestión de semanas asimilados por el nuevo sistema (por Yeltsin) emergido del aplastamiento del golpe, está en la necesidad que aquellos grupos que controlaban la URSS tenían que salir de una situación de bloqueo.

Ambas vías (la golpista y la privatizadora) tenían en común que iban a dejar en claro quién mandaba, y con qué reglas, ante una población harta de provisionalidades. Para la mayor parte de burócratas ello no significaba un cambio de personas (iban a mandar los mismos), sino optar por formas distintas: un «neoestalinismo» que consolidara sus crecientes privilegios puestos en cuestión por la anarquía económica o una privatización acelerada que los convirtiera en propietarios jurídicos efectivos de los bienes que gestionaban cada vez con mayor autonomía.

El golpe cristalizó en la formación de un Comité Estatal para el Estado de Excepción (GKChP), formado por el vicepresidente, el primer ministro, los ministros de interior y defensa de la URSS, el jefe del KGB, el vicepresidente del Consejo de Defensa de la URSS y líder del complejo industrial-militar, el presidente de la Asociación de Empresas Estatales y el presidente de la Unión de Campesinos.

Durante tres días la situación se mantuvo en el aire. En Moscú sólo diez mil personas, de sus ocho millones de habitantes, pararon con su decisión el golpe involucionista: sindicalistas, funcionarios del nuevo gobierno ruso y la posición tajante de Yeltsin determinaron el curso de los acontecimientos con la defensa frente al Parlamento Ruso en improvisadas barricadas.

El final de aquel golpe de opereta abría definitivamente el paso de la URSS al capitalismo. Gorbachov pasó de ser rehén de los golpistas, a ser el chivo expiatorio de todo el proceso de hundimiento social. En cuatro meses desaparecía su cargo de Presidente de la URSS, al irse desgajando (con el impulso de la Rusia de Yeltsin) todas las Repúblicas. El Tratado de la Unión quedó pendiente de firma, se ilegalizó el PCUS y se inició un proceso en que los antiguos burócratas, hoy tan ortodoxos liberales como ayer fueron ortodoxos brezhnevianos, se convertían en fiscales de quienes seguían defendiendo una opción contraria. En septiembre se reconoció la independencia de las Repúblicas Bálticas y se disolvieron los órganos de poder incluido el Congreso de Diputados de la URSS.

En dos meses Yeltsin se hizo con el poder *de facto* en Rusia y desplazó totalmente a Gorbachov. Contrastando con los modos diplomáticos de Gorbachov, Yeltsin desencadenó un proceso oscuro y oculto a la opinión pública y sus Parlamentos: el proceso de disolución de la URSS. De forma secreta se reunieron los presidentes de Rusia, Bielorrusia y Ucrania el 9 de diciembre y propusieron la disolución de la URSS, para dar paso a una *Comunidad de Estados Independientes (CEI)*. El resultado se lo comunicaron un día antes al presidente Bush que a Gorbachov, quien se quedaba sin Estado que presidir. Se crearon unos débiles organismos coordinadores: un Consejo de Estado formado por los presidentes de las Repúblicas y un Comité Económico Interrepublicano que, más que gobernar, pasaron a asumir el papel de Comisión Liquidadora. El Tratado de la Unión, ya totalmente desfigurado, se firmó cuatro meses después de lo previsto, como un tratado de una Comunidad de Estados Independientes (CEI). En este plazo Rusia se apropiaba del patrimonio de la URSS: por decreto de 19 de diciembre, Yeltsin se «apropió» del Kremlin y las divisas de la URSS; antes lo había hecho del Soviet Supremo, de los bienes de la Presidencia Soviética y de los bienes de las estructuras Federales. Por otra parte, la crisis monetaria era tan grave que Yeltsin tuvo que asumir los gastos de toda la URSS (entiéndase ejército, maestros, policías, médicos y otros funcionarios) de forma provisional, al hundirse el sistema presupuestario de la URSS. En el proceso se «apropió» también del Banco Central de la URSS. El día antes de la firma de la CEI, Rusia ocupaba el lugar de la URSS en el Consejo de Seguridad de la ONU.

El 21 de diciembre de 1991, once presidentes de república reunidos en Alma Ata (Kazajstán) constituyeron formalmente la CEI que sustituiría a la URSS. Aun reconociendo el mando del antiguo ministro de defensa de la URSS, todas las repúblicas de la CEI se arrogaron el derecho a tener ejército propio y se abrió una dinámica de conflicto por el reparto del Ejército Rojo, especialmente aguda en el reparto de la Flota del Mar Negro y del armamento atómico entre Ucrania y Rusia.

La URSS desaparecía definitivamente tras la dimisión de Gorbachov y del Soviet Supremo a finales de diciembre de 1991. En una entrevista de despedida declaraba: «de hecho perdimos nuestro país en los años setenta, cuando todo el mundo decía que el capitalismo se estaba pudriendo y que todo iba bien. La verdad es que aquellos fueron unos años preciosos en los que se podían haber iniciado las reformas estructurales y se había de haber introducido la tecnología que estaba naciendo. Llegamos tarde con la *Perestroika*, todo el sistema estaba podrido».

Con ello desaparecía definitivamente el intento de desconexión soviético, a la vez que se iniciaba un proceso acelerado de inserción en el Sistema Capitalista Mundial de las repúblicas que configuraron la URSS, que ni les permitió desarrollarse económicamente, ni ingresar en el club de los países desarrollados, en el Centro del Sistema. Sólo se ha reconocido a Rusia una hegemonía regional en parte de lo que fue el territorio de la URSS, hegemonía que no ha podido evitar (sino más bien lo contrario) sangrientos conflictos en Azerbaiján, Tayikistán, Chechenia, Abjasia, Georgia, Armenia, Moldavia, Kirguizia, Dazguestán, etc. Sí ha permitido, en cambio, la consolidación de una nueva clase social dominante, que en apenas dos años ha acumulado enormes fortunas.

Evidentemente ese proceso no ha conducido a un renacimiento de Rusia, ni de las nuevas repúblicas. Por el contrario, tal como vaticinó Gorbachov, ese proceso no hizo más que abrir paso a nuevas crisis económicas, políticas y militares.

La transformación de las empresas públicas en sociedades por acciones se hizo en beneficio de quienes ya eran sus dueños virtuales: la burocracia económica. Ésta se componía de dirigentes de los ministerios sectoriales y de los «departamentos de producción», instituciones que organizaban la distribución de las materias primas y debían vigilar el intercambio de los productos de las fábricas. La transición produjo cambio de nombres en estas instituciones, pero son en lo fundamental las mismas personas quienes conservan el control administrativo y financiero de las empresas y de ramas enteras. Los sectores esenciales de lo que quedaba de la economía soviética.

La burocracia transformó las empresas que pertenecían al Estado en sociedades por acciones privatizadas. El proceso fue diverso, pero convergente en los objetivos enunciados. Veamos dos ejemplos:

Un grupo de empresas fundaba su propio banco comercial con carácter cooperativo y depositando en él todos sus fondos. Este banco quedaba en manos de los gestores de esas empresas públicas. Entonces las empresas empezaban a emitir acciones, que sin salir a oferta pública eran compradas por el banco. Éste las compraba en su totalidad (frecuentemente por un precio escandalosamente inferior al real) y pasaba a ser el propietario privado de la empresa. Sólo un puñado de gestores estaba al corriente de la operación, de la que quedaban al margen no sólo los trabajadores manuales, sino los cuadros medios, los ingenieros y los especialistas. No era a ellos a quienes se dirigía aquella privatización.

Otro ejemplo. Una cooperativa lanzaba en concertación con un gran complejo estatal un empréstito común con vistas a comprar el complejo. De hecho, la gran empresa podía «comprarse a sí misma», sin recurrir a la concertación con una «cooperativa», lo que en Rusia fue la forma legal que adoptaron las empresas privadas. Si la empresa tenía dificultades de caja, le bastaba llegar a un acuerdo con un banco para obtener un préstamo a largo plazo que le permitiese resolver los problemas de liquidez. Sin embargo, en ese caso, el director recibía sólo una parte de la empresa, cuyo valor se hubiese distribuido entre todos los trabajadores. Esa posibilidad no era la vía que interesaba a la burocracia; en su lugar se obtenía el préstamo a través de una cooperativa interpuesta. Cooperativa en la que evidentemente el director jugaba un papel preponderante. Con ello, a la postre, la empresa acababa perteneciéndole íntegramente.

Yeltsin hizo creer a los trabajadores que la transición al capitalismo los convertiría en una nueva clase media, que era culpa de las ideologías igualitaristas que esos trabajadores no tuviesen un mayor nivel de bienestar y una mayor capacidad de consumo. Una importante parte de la población creyó en esa posibilidad, se movilizó y votó por esa variante. Sin embargo, los resultados poco tienen que ver con las promesas. Hoy, en Rusia, lo que existe en lugar de una clase media es más pobreza y mucha más polarización social que antes.

Una vez el «demócrata» Yeltsin disolvió el Parlamento de la URSS, al secesionar Rusia de la URSS, empezó a tener problemas con el Parlamento Ruso. Tanto más porque la realidad que iba apareciendo tenía poco que ver con las promesas efectuadas y los diputados (por convicción o por miedo a los electores) empezaron a marcar distancias con el Presidente. Se fue desarrollando un conflicto institucional, que fue abierto desde la primavera de 1993. El 21 de septiembre Yeltsin anunció la disolución del Parlamento y la convocatoria de elecciones legislativas anticipadas, a pesar de que la Constitución no le daba facultades para ello. La oposición a estas medidas fue encabezada por el jefe del Soviet Supremo de Rusia (Parlamento permanente), Ruslán Jasbulátov, y por el vicepresidente del país, Alexandr Rutskói.

Si en el momento del golpe, en agosto de 1991, los medios de comunicación mundiales le inmortalizaron como defensor del Parlamento Ruso, en cuanto los diputados empezaron a acotar su proceso de apropiación Yeltsin ordenó su bombardeo.

Aquella crisis se saldó con la toma del Parlamento por el ejército en un enfrentamiento armado que provocó numerosos muertos. Las elecciones legislativas del 12 de diciembre —en las que se aprobó también una nueva Constitución que concedía amplios poderes al Presidente— supusieron un importante ascenso de los nacionalistas radicales y de los antiguos comunistas. El Parlamento quedaba dominado nuevamente por la oposición al Presidente. Yeltsin fue reelegido presidente en las elecciones celebradas en julio de 1996, en una campaña electoral caracterizada por el aumento de la abstención y el control total de los medios de comunicación públicos y privados por el Presidente.

El capitalismo ha dado lugar en Rusia a más de 100 millones de personas en la pobreza; a reducir la esperanza de vida masculina de 62 a 58 años entre 1985 y 1995; a la extensión de nuevas y viejas enfermedades (el sida y la sífilis se han multiplicado por 15, la polio, tuberculosis y difteria han reaparecido después de decenios de ausencia completa); los suicidios triplican a los de la Unión Europea; el presupuesto en educación se ha reducido a la mitad; la inflación ha alcanzado tasas del 1.000 por 100 sin que se atisben síntomas de estabilidad; se han multiplicado por 5 los delitos relacionados con drogas entre 1991 y 1996; Rusia ha entrado en guerra con sus países vecinos y con sus territorios autónomos (Chechenia, Dazguestán, etc.); el PIB era en 1997 el 55 por 100 del de 1990.

Todo ello sin el menor decoro por parte de la clase política que lideró el proceso. A la vez que dio cobertura a la rapiña a gran escala del patrimonio público, aprovechó para, a su vez, embolsarse tanto como pudo los recursos que se recibían del FMI y de otros países. Lógicamente esa nueva clase capitalista no distingue si roba a los ciudadanos rusos, a otros capitalistas o a la principal institución del sistema capitalista mundial. En la Rusia del capitalismo radical, en tanto es posible técnicamente esa apropiación, inevitablemente se producirá.

La deuda rusa sobrepasaba en 1998 lo 200.000 millones de dólares. El propio director del Fondo Monetario Internacional, Michel Camdessus, planteaba: «no vimos que el desmantelamiento del aparato comunista era el desmantelamiento del Estado. Hemos contribuido a crear un desierto institucional en una cultura del engaño, de economía negra, de rapiña». Lo que se olvida es que ese mercado sin reglas era el ideal de muchos neoliberales, es en último termino la tendencia natural (en ausencia de contrapeso social) del modo de producción capitalista. Tendencia que se manifiesta a partir de 1991, no sólo en Rusia, sino en formaciones sociales que, como en el caso de los países que hoy forman la Unión Europea, donde en tanto existió una «amenaza soviética», se desarrollaron niveles muy importantes de estado del bienestar, y en los que a partir del fin de la guerra fría se han desmantelado de forma sustancial.

En la URSS de Brezhnev existía un mercado sumergido de servicios, que resolvía los problemas que el Estado ultracentralizado no podía atender: desde la distribución de hortalizas hasta la prestación de servicios (fontanería, reparaciones, etc.). La Reforma hubiese podido crear relaciones de mercado legalizando esa actividad sumergida. Pero la opción fue otra, y en la actualidad estas actividades continúan al margen de la legalidad, bajo la arbitrariedad de las mafias. El «mercado» que se ha impuesto ha sido el de las grandes empresas estatales, que ahora son privadas. Cabe preguntarse si podía haber sido de otra forma el paso al modo de producción capitalista a finales del siglo XX. Dada la escala de producción alcanzada en la actualidad, que requiere enormes volúmenes de capital, de recursos tecnológicos, de acceso a mercados, plantear como viable la emergencia de un capitalismo en que la hegemonía repose en una clase social que detenta una propiedad de capital muy difusa es plantear una propuesta fuera del marco de la historia. Rusia es una prueba palpable. En un país desarrollado industrialmente, en el que no existían capitalistas, la propiedad podía haberse repartido de forma muy amplia. La experiencia muestra que el tránsito al capitalismo ha conllevado, en la actual fase del sistema, niveles enormes de concentración de la propiedad. Si no existen contrapesos políticos, quienes concentran técnicamente el grueso del capital productivo tienden a utilizar su hegemonía económica para imponer sobre el resto de la sociedad una liberalización a ultranza que limite lo menos posible su hegemonía.

Si contrastamos la experiencia rusa con la china, observamos que paradójicamente sólo el mantenimiento de la propiedad pública en los sectores esenciales de la producción puede garantizar la existencia y la estabilidad de formas más descentralizadas de propiedad, ya sea social, cooperativa o incluso en forma de pequeña propiedad capitalista. La transición rusa, desarrollada en la fase de mundialización del modo de producción capitalista, no podía dar lugar a una sociedad con características de la fase concurrencial, sino a un capitalismo no sólo de formas salvajes (mafia, pobreza, desempleo, precariedad, etc.) sino de un elevadísimo nivel de concentración de la propiedad, hoy en manos de los llamados «nuevos rusos», mañana probablemente en manos de multinacionales.

RESUMEN

El capitalismo atravesó un *prolongado auge* tras la Segunda Guerra Mundial, asentado sobre el *desarrollo fordista* de la industria y los servicios en lo nacional y el orden instaurado en *Bretton Woods* en lo internacional. Este modo de desarrollo consagraba la *hegemonía de EE.UU.* en la base económica y en la superestructura del Sistema. Por ello, cuando la *crisis de sobreacumulación* y el *agotamiento del modo fordista* comenzaron a manifestarse en la economía estadounidense, las políticas adoptadas en ese país para luchar contra el declive extendieron la crisis por todo el Sistema. En la *generalización mundial de la crisis* son hitos la quiebra del sistema monetario internacional, la crisis del petróleo y la crisis de la deuda externa. Las variadas dimensiones de la reestructuración del capitalismo en la larga onda descendente desde finales de los sesenta hasta la actualidad incluyen la *reorganización de las relaciones laborales*, las *reconversiones tecnológicas*, una *nueva división internacional del trabajo* y unas *nuevas formas de competencia internacional* (entre países y bloques), factores todos ellos necesarios para la recomposición de la masa y tasa de ganancia del capital productivo a escala mundial. En ese proceso de recuperación, la dimensión nacional aparece más como un freno que como una palanca de relanzamiento de la acumulación de capital a escala global.

LECTURAS PARA LA REFLEXIÓN

«La crisis de superacumulación del capitalismo mundial se manifiesta, para el capital, en una decadencia de la tasa de beneficio. Al igual que en las crisis anteriores por las que ha pasado el capitalismo en los dos últimos siglos, la actual sólo puede resolverse mediante modificaciones de largo alcance y en profundidad de la división internacional del trabajo obra del capitalismo. Para el capital, esta exigencia se presenta como la necesidad de reducir los costes de producción con objeto de volver a elevar los beneficios. Por tanto, el capital trata de administrar simultáneamente varias medidas económicas terapéuticas al organismo económico mundial. Entre ellas se cuentan las políticas de austeridad, la racionalización de los procesos de producción y la reorganización de los sistemas de trabajo en el Occidente industrializado. Otras conllevan la acelerada incorporación del Este mediante un mayor comercio, pero, lo que todavía es más significativo, mediante la producción en los países socialistas (...) para el mercado capitalista mundial. Otras medidas económicas son la "acelerada" transferencia de algunas industrias manufactureras al Tercer Mundo y la creciente superexplotación de grandes sectores de mano de obra del Sur. (...) Las correspondientes políticas de los gobiernos socialdemócratas, cada vez más conservadores, y las tendencias autoritarias en Occidente, la distensión y la colaboración negociada entre Este y Oeste, y los estados militares y otras formas autoritarias del Tercer Mundo, con conflictos armados más violentos, son los necesarios instrumentos políticos o manifestaciones de las ya mencionadas respuestas a la crisis económica por parte del capital y de sus estados. La respuesta social, política e ideológica de los trabajadores y de otros sectores de la sociedad a este intento del capital de reestructurar el capitalismo determinarán sí, cómo y en qué medida superará el capitalismo su actual crisis y pasará a otro posterior período de expansión.»

A. Gunder Frank: *La crisis mundial*, Bruguera, Barcelona, 1979, págs. 13-14.

«No sabemos qué porvenir aguarda a la economía. Las respuestas dependerán en parte de la capacidad de las naciones y de las clases sociales para imponer un futuro distinto. La crisis tiene elevados costes, pero también admite grandes posibilidades. Frente a la adversidad no hay que quedarse parados creyendo que todo se debe a un fatalismo que viene determinado por la existencia inevitable de ciclos. Hay que actuar para modificar el curso de los hechos, reformar el sistema, ofrecer alternativas, aunque sean parciales, al modo de producción vigente. Para ello lo principal es analizar lo que pasa. Combatir el discurso de la economía ortodoxa y luchar por crear una visión crítica en la sociedad. Un enfoque que sea consciente de que dentro de las coordenadas en las que se mueve la economía mundial no hay respuestas adecuadas al desempleo, la desigualdad y la marginación. Distribuir mejor lo producido y el trabajo existente son los principales retos actuales. Si no se consigue dar respuestas a estas cuestiones, la crisis que se inició en los años setenta seguirá por un largo tiempo instalada entre nosotros.»

C. Berzosa: *La crisis permanente en los países desarrollados, 1973-1993*. Icaria, Madrid, 1994, págs. 60-61.

«Hace una década, cuando la disminución de la productividad era todavía un acontecimiento nuevo, mucha gente pensó que podría ser atribuida a la crisis energética. Se producía en el momento correcto: la disminución de la productividad se hizo evidente por primera vez durante los cinco años que siguieron a la crisis mundial del petróleo de 1973. Esta teoría fue reforzada por el hecho de que la productividad bajó en todas partes, no sólo en los Estados Unidos. (...) Pero (...) si la crisis energética de los setenta provocó el hundimiento de la productividad, entonces la inversión de la crisis energética de los ochenta debería haber estimulado una correspondiente explosión de la productividad. No fue así. (...) Por tanto, no sabemos realmente por qué el crecimiento de la productividad se redujo hasta casi detenerse. (...) Entonces, ¿qué vamos a hacer en los Estados Unidos respecto al crecimiento de la productividad? Nada. Bueno, no exactamente nada. Hay varias cosas que el gobierno puede hacer que podrían acelerar el crecimiento de la productividad sin grandes riesgos políticos, desde favorecer mayores niveles de educación a apoyar algunos consorcios de investigación industrial: Estas cosas se intentarán, y algunas de ellas pueden incluso funcionar un poco. Pero, en la actualidad, el consenso político básico es que una tasa baja de crecimiento de la productividad es algo con lo que América puede vivir. Así, éste es nuestro primer gran problema. El crecimiento de la productividad es el factor individual más importante que afecta a nuestro bienestar económico. Pero no es una cuestión de política económica porque no vamos a hacer nada al respecto.»

P. Krugman: *La era de las expectativas limitadas*. Ariel, Barcelona, 1991, páginas 25-27.

PALABRAS CLAVE

- Onda larga
- Auge postbélico
- Desarrollo fordista
- Sobreacumulación
- Crisis monetaria
- Crisis energética
- Crisis de la deuda
- Reconversión tecnológica

BIBLIOGRAFÍA BREVE

X. Arrizabalo (Coord.): *Crisis y ajuste en la economía mundial. Implicaciones y significado de las políticas del FMI y el BM*, Síntesis, Madrid, 1997.

C. Berzosa: *Economía: crisis o recuperación*. Eudema, Madrid, 1988.

—: «La crisis permanente en los países desarrollados, 1973-1993», en C. Berzosa (Coord.): *La economía mundial en los 90. Hechos y desafíos*. FUHEM/Icaria, Madrid, 1994.

J. A. Moral Santín: *El capitalismo en la encrucijada*. Akal, Madrid, 1980.

J. O'Connor: *Crisis de acumulación*. Península, Barcelona, 1987.

E. Palazuelos (Coord.): *Dinámica capitalista y crisis actual*. Akal, Ávila, 1988.

Nou sistema al món ↗ No ordre/no regulació. Al 1977 segueix Δ el P. petroli.
12$ = Barril → 34 $ Barril ... → Petrodolars. L'OPEP més diners que guans.
Els posen a la Banca Internacional que reparteix massivament → credits a Tots
els països que ho necessitin (Europa i Japó). Beneficia a la economia
a EUA xk els principals competidors no tenen petroli per tant el preu de
la seva energia comença escalada que crea estanflació contra.

↳ Perjudicats els que depenen del $ i no produeixen petroli

PARTE

V

La superestructura del Sistema Mundial: Los organismos económicos mundiales

CAPÍTULO 27
La regulación del comercio internacional: Del GATT a la OMC

PEDRO TALAVERA DÉNIZ

Al final de la Segunda Guerra Mundial, las potencias capitalistas necesitaban rehacer las corrientes de intercambios comerciales que habían quedado estancadas o estaban muy debilitadas, no sólo por el conflicto bélico en sí, sino por las relaciones bilaterales que caracterizaron el comercio internacional en el período de entreguerras. EE.UU., que se había convertido en la única gran potencia económica y comercial al término de la Segunda Guerra Mundial, trató de institucionalizar, de acuerdo con sus intereses, el comercio internacional, y para ello propuso la celebración de una conferencia internacional, en Ginebra donde debía crearse una Organización del Comercio Internacional (*International Trade Organization*, ITO) con la intención de que tuviese el carácter de Agencia especializada de las Naciones Unidas.

En dicha Conferencia, celebrada en 1947, se mantuvieron dos posiciones incompatibles de política comercial. La posición norteamericana quería establecer rápidamente el librecambio multilateral con la abolición de todos los obstáculos al comercio internacional, lo que favorecía sus intereses de primera potencia mundial. Por el contrario, los países europeos, debilitados por la guerra, mantenían posiciones más proteccionistas, pues se veían incapaces de hacer frente a las propuestas fuertemente librecambistas de EE.UU.

Por fin, en marzo de 1948, 53 países firmaron la Carta del Comercio Internacional de La Habana, pero el texto difería de las propuestas norteamericanas iniciales que eran más librecambistas. Por ello, el Congreso norteamericano se negó a dar sanción a la Carta.

Paralelamente a estas discusiones, se celebraban negociaciones para lograr una reducción multilateral de aranceles. En estas negociaciones, que tuvieron lugar en Ginebra, tomaron parte 23 países (13 países desarrollados y 10 países subdesarrollados) y culminaron el 30 de octubre de 1947 en el «Acuerdo General sobre Aranceles de Aduanas y Comercio» (*General Agreement on Tariffs and Trade*, GATT), que fue aceptado provisionalmente por los países participantes hasta la entrada en vigor de la «Carta de La Habana» y de la ITO. En estas condiciones, el GATT no necesitaba de una organización, ya que ésta sería asumida por la futura ITO. Así, el GATT entró en vigor el 1 de enero de 1948, contribuyendo decisivamente al fracaso de la Conferencia de La Habana. Por tanto, el GATT, que nació como instrumento provisional, quedó convertido en un acuerdo definitivo, asumiendo algunas de las funciones de la fracasada ITO.

En este capítulo se tratarán los mecanismos de regulación instaurados a lo largo de las diversas rondas del GATT, sus insuficiencias para la relación comercial Centro/Periferia y la consiguiente creación de la UNCTAD y las nuevas perspectivas de regulación del comercio internacional que se abren con la creación de la Organización Mundial de Comercio.

27.1. EL ACUERDO GENERAL DE ARANCELES Y COMERCIO (GATT)

Los países que firmaron originariamente el GATT establecieron como objetivos lograr un alto crecimiento económico, el pleno empleo y la eficaz utilización de los recursos, bajo la premisa de que la libertad de comercio constituía el procedimiento adecuado para lograr tales fines. La libertad de comercio se conseguiría a través de «acuerdos recíprocos y mutuamente ventajosos dirigidos a la sustancial reducción de aranceles y otras barreras al comercio y a la eliminación del tratamiento discriminatorio en el comercio internacional». De acuerdo con ello, el GATT apoya su acción en una serie de principios, a lo que por otra parte se aceptan excepciones.

Principios del GATT

Son los siguientes:

— *Principio de no discriminación y de reciprocidad.* Es el principio básico de funcionamiento del GATT. Por este principio, los países miembros del GATT (partes contratantes) aceptan la «cláusula de la nación más favorecida», por la cual los países miembros se comprometen a extender a todos los demás países firmantes del acuerdo cualquier concesión comercial efectuada a uno de ellos. Por tanto, ningún país puede conceder a otro ventajas comerciales especiales ni ejercer discriminación contra él. Se trata de favorecer el comercio multilateral (multilateralismo) frente a las posiciones del período de entreguerras que favorecía el comercio bilateral (bilateralismo) y que, en definitiva, frenaba la expansión del comercio internacional.

Pero el GATT admite excepciones a la aplicación obligatoria de este principio, como son:

- Acuerdos preexistentes a la firma del GATT (Inglaterra y la Commonwealth, Unión Francesa, EE.UU. y Filipinas).
- Zonas de libre cambio o uniones aduaneras con acuerdos internos propios, como la CEE, la EFTA, o más recientemente el TLC (art. XXIV del GATT).
- Otras concesiones concedidas por el propio GATT, como por ejemplo el sistema de preferencias arancelarias (SPG).

— *Supresión de medidas no arancelarias.* La protección de la industria nacional debe efectuarse esencialmente mediante medidas arancelarias, prohibiéndose, por tanto, las barreras no arancelarias (NTB, *non-tariff-barriers*) tales como:

- Restricciones cuantitativas a la importación por medio de cuotas o contingentes: se fija un volumen máximo de unidades susceptibles de importación.
- Restricciones voluntarias a las exportaciones (VER, *voluntary export restraint*): fijación de una restricción cuantitativa de manera «voluntaria» de acuerdo con los exportadores.
- Dumping: venta de productos en los mercados exteriores a precios más bajos que los del mercado interior del país exportador.

Otras prácticas restrictivas de carácter no arancelario son: los requisitos técnicos o sanitarios; las formalidades aduaneras; las políticas de compras públicas o adjudicación de obras y contratos públicos; los aspectos monetarios y financieros de las transacciones que pueden tener consecuencias comerciales como los controles de cambio de divisas o las alteraciones de los tipos de cambio.

Dos notables excepciones a este principio, que han sido aceptados explícitamente por el GATT hasta la firma de la Ronda Uruguay (abril 1994), fueron el comercio de productos agrícolas de los países desarrollados y el comercio de fibras textiles y prendas de vestir, cuyo comercio se rige por el llamado Acuerdo Multifibras (AMF) firmado en 1974.

— *Sistema de consultas y acción colectiva*. El objetivo es impedir que los países tomen medidas unilaterales que, al perjudicar los intereses unitarios de terceros, puedan originar una reacción proteccionista en cadena. Con el objetivo de acción colectiva se persigue la cooperación de todos los países miembros en la formulación de las medidas necesarias para conseguir los objetivos del GATT.

El funcionamiento del GATT

El instrumento operativo del GATT eran las Rondas o Conferencias Arancelarias, en las que se discuten y deciden las distintas concesiones que cada país otorga a los restantes y sobre las que se apoya la compleja trama de los acuerdos comerciales multilaterales.

Desde la constitución del GATT en 1947 hasta la actualidad se han celebrado ocho Rondas o Conferencias Arancelarias. En las cinco primeras Rondas, celebradas entre 1947 y 1961, se lograron rebajas arancelarias que se negociaban «producto por producto» y «país por país». Pero en la sexta Ronda (Ronda Kennedy, 1964-1967) se modificaron los procedimientos de negociación, aplicándose un nuevo sistema consistente en rebajas arancelarias de carácter global que se negociaban a escala multilateral.

En esa Ronda empezaron a tener importancia las negociaciones sobre los productos agrícolas. En este sentido, el GATT reconoció que en todos los países las políticas agrícolas eran «específicas» y, por tanto, toleró, con ciertas limitaciones, las restricciones a la importación de productos agrícolas, admitiendo en casos concretos las subvenciones a la exportación de dichos productos y aceptando que los acuerdos sobre esos productos incluyeran cláusulas que contravinieran los principios del GATT si su objetivo era la estabilización de los mercados.

En los años de negociación de la sexta Ronda, el creciente empeoramiento de la balanza comercial de EE.UU. instó a sus autoridades a proponer una mayor liberalización en los intercambios. Fruto de ello fue que se consiguió reducir hasta un 30 por 100 los aranceles entre EE.UU. y la CEE sobre productos industriales, aumentando así los niveles de competencia entre estas dos áreas comerciales.

Entre esta Ronda y la siguiente, en junio de 1971, se alcanzó una importante excepción en la cláusula de la Nación Más Favorecida en favor de los países periféricos, mediante la creación del Sistema de Preferencias Generalizadas (SPG), consistente en la posibilidad de establecer acuerdos de rebajas arancelarias sobre los productos industriales procedentes de los países periféricos por parte de los países centrales, sin exigir el principio de reciprocidad a las economías periféricas. Con este sistema se intentaba facilitar el acceso de dichos productos con carácter preferencial a los mercados de los países centrales.

Pero fue la Ronda de Tokio (1973-1979) la que supuso un salto adelante muy importante en el proceso de mayor liberalización comercial. En esos años de crisis económica se prosiguió en el camino de las rebajas arancelarias, que alcanzaron un promedio entre el 4 y 5 por 100 correspondientes al comercio de productos industriales. Pero en esta Ronda no se trató sólo de medidas arancelarias, ya que se negociaron y concluyeron seis acuerdos sobre medidas no arancelarias (subvenciones y medidas no arancelarias, obstáculos técnicos al comercio, compras del sector público, valoración en aduanas, revisión del código antidumping y procedimiento para el trámite de licencias de importación), además de otros acuerdos sobre distinto productos. Las negociaciones fueron haciéndose más complejas y cubriendo más temas, con lo que las rebajas arancelarias fueron perdiendo importancia.

En resumen, los resultados de estas rondas multilaterales pueden sintetizarse en:

— Bajos niveles arancelarios, por lo menos en los países centrales y en los productos no agrícolas, junto con la eliminación de las restricciones cuantitativas en gran número de estos sectores.

— Códigos de conducta que gobiernan el uso de ciertas medidas no arancelarias aceptadas principalmente por los países centrales.

— Consolidación de la posición del GATT como foro principal para la discusión de la política comercial y el arreglo de disputas.

Pero los acuerdos comerciales alcanzados en las diferentes rondas de negociación del GATT no afectan de la misma forma a todos los países miembros. Los problemas comerciales propios de los países periféricos no se ven reflejados en los acuerdos suscritos, lo que hace que muchos autores hablen de que el GATT fue creado únicamente para solucionar los problemas comerciales de los países desarrollados.

27.2. EL COMERCIO DE LOS PAÍSES PERIFÉRICOS Y EL GATT

Cuando se firmó el GATT en 1947 no se tuvieron en cuenta las características estructurales de los países periféricos y su forma de inserción en el comercio internacional. En efecto, el GATT hizo abstracción en sus propuestas de la realidad existente en el mundo subdesarrollado, aún colonial en su mayor parte por aquellas fechas. Una realidad de dependencia en el plano comercial, financiero, productivo y tecnológico. La aplicación de los principios del GATT señalados anteriormente no iba a permitir en lo más mínimo la superación de esa estructura dependiente. Ello se puede analizar en los siguientes términos:

— La exigencia de igualdad de trato entre los países centrales y periféricos no puede derivar más que en una acentuación de sus diferencias estructurales. Así, la cláusula de la NMF no puede reportar beneficios iguales para todos y la obligación de reciprocidad impone a los países periféricos la necesidad de conceder similares ventajas arancelarias que las que recibe de los países centrales. La exigencia de contrapartidas contenida en dicha cláusula siempre beneficia a los países más industrializados, donde sus elevados niveles de productividad repercuten en una mayor competitividad de sus productos. Mientras que una reducción arancelaria practicada por los países periféricos supone un aumento de las importaciones procedentes del centro industrializado, lo cual representa, sobre todo, un obstáculo a las industrias nacientes de aquellos países.

— La atención preferente del GATT se ha orientado hacia las reducciones arancelarias de productos industriales, quedando al margen los problemas del comercio de productos primarios, de los que dependen en gran medida las economías periféricas. La exclusión de los productos agrícolas de las negociaciones arancelarias, así como la firma del Acuerdo Multifibras, ha representado un trato desfavorable para las relaciones comerciales de los países periféricos. Asimismo, las normativas administrativas, sanitarias o técnicas que actúan como mecanismos proteccionistas por parte de los países desarrollados no han tenido la atención adecuada por parte del GATT.

Por tanto, el GATT ha conseguido rebajas arancelarias sustanciales, pero su papel se ha puesto en entredicho por la discriminación a favor de los países desarrollados y por su carácter conservador de la situación comercial desigual en el plano internacional al no considerar los diferentes niveles de desarrollo existentes, lo cual perpetúa las desigualdades, obteniendo los países periféricos unos beneficios muy limitados.

El crecimiento del número de países que a lo largo de la década de los cincuenta y los sesenta accedieron a su independencia política les hizo tomar cada vez mayor conciencia de sus problemas comunes. Siendo el GATT un acuerdo de efectos desiguales para sus intereses económicos, dichos países presionaron a través de las Naciones Unidas para crear algún organismo que introdujera el debate sobre el problema del comercio y el desarrollo económico y canalizara las negociaciones económicas internacionales. La culminación de estas presiones cristalizó en la creación de la Conferencia de Naciones Unidas sobre el Comercio y el Desarrollo (United Nations Conference on Trade and Development, UNCTAD) en 1964.

27.3. EL COMERCIO DE LOS PAÍSES PERIFÉRICOS Y LA UNCTAD

La participación de las economías periféricas en el comercio internacional desde los años cincuenta estaba siendo decreciente. Si en 1950 las exportaciones de los países periféricos habían alcanzado el 31 por 100 de las exportaciones mundiales, veinte años más tarde dicha participación había descendido hasta el 17 por 100, una cuota casi idéntica a la de principios de siglo. Este largo proceso de marginación creciente en el comercio mundial de mercancías tiene que ver fundamentalmente con la forma de inserción de dichos países en la economía mundial.

Efectivamente, para la mayoría de los países periféricos continúa aún vigente la clásica división internacional del trabajo, en el sentido de que siguen especializados básicamente en líneas de producción y exportación de productos básicos con destino a los mercados de los países centrales, de donde importan mayoritariamente los productos manufacturados. Por supuesto, los procesos de industrialización que se han venido desarrollando en algunos países periféricos, los países más grandes de América Latina y los del área del sudeste asiático, ha modificado la estructura de exportaciones de esos países con una creciente participación de sus productos manufacturados en el comercio mundial.

En la Asamblea General de las Naciones Unidas del 19 de diciembre de 1961 se abrió formalmente el proceso de convocatoria de la UNCTAD (United Nations Conference on Trade and Development), planteándose la necesidad de resolver los problemas comerciales de los países periféricos con el objetivo de alcanzar mayores niveles de desarrollo económico. Dicho proceso culminó con la constitución de la UNCTAD en Ginebra entre el 23 de marzo y el 16 de junio de 1964, siendo su primer secretario general el Dr. Raúl Prebisch.

Las sucesivas Conferencias de la UNCTAD que se reúnen cada cuatro años, se han convertido a lo largo de estos años en el principal foro multilateral donde se plantean las relaciones económicas norte-sur. Los países miembros se agrupan en cuatro listas más o menos homogéneas, con el objetivo de adoptar posturas comunes que permitan una mayor operatividad de las conferencias: la lista A la componen los países de África y Asia; la lista B los países desarrollados; la lista C los países de América Latina y el Caribe, y la lista D los países de la Europa del Este. En la práctica, el peso de los debates se establece entre el llamado «Grupo de los 77» formado por los países periféricos y los países desarrollados.

Los objetivos de la UNCTAD cubren en realidad la totalidad de temas referentes a las relaciones económicas internacionales, a través de las distintas comisiones que se han creado y que son en la actualidad las siete siguientes:

- Productos básicos.
- Manufacturas.
- Financiación del desarrollo.
- Seguros.
- Transporte marítimo.
- Transferencia de tecnología.
- Cooperación económica entre países periféricos (cooperación sur-sur).

Además existe una Comisión especial encargada del funcionamiento del Sistema de Preferencias Generalizadas (SPG). La importancia de esta institución radica en que es el único foro internacional donde los países periféricos tienen mayoría efectiva y que ha ido logrando algunas concesiones de los países desarrollados a lo largo de las negociaciones establecidas

A continuación se hará referencia, en primer lugar, a los problemas relacionados con el comercio de los productos básicos que afectan a la mayoría de los países periféricos y aquellos derivados del comercio de los productos manufacturados de dichos países; y, en segundo lugar, a las soluciones que los organismos internacionales correspondientes (principalmente la UNCTAD) han presentado en los últimos años para solucionar dichos problemas.

El comercio de productos básicos: problemas y soluciones

A) *Los problemas del comercio de productos básicos*

En las últimas dos décadas, correspondiendo con la crisis económica internacional, los problemas del comercio de productos básicos se han agravado, adquiriendo especial importancia, en primer lugar, la inestabilidad de los precios de dichos productos en los mercados internacionales; en segundo lugar, la tendencia a la baja de los precios de estos productos, sobre todo en los años ochenta, y el consiguiente deterioro de los precios de intercambio; y, en tercer lugar, el control que ejercen las empresas multinacionales en el comercio de productos básicos.

1. *La inestabilidad de los precios de los productos básicos.*

Las causas de la inestabilidad de los precios de los productos básicos difieren bastante según el tipo de productos, pero, en general, y como se trató en un capítulo anterior, se mencionan diversas causas, entre las que destacan: la baja elasticidad precio-renta de la demanda; la subordinación de la demanda a los ciclos económicos de los países centrales; la fuerte competencia de los productos sintéticos; los factores políticos (guerras, huelgas...) y las catástrofes naturales (sequías, inundaciones...).

Otra causa importante de la inestabilidad tiene que ver con los mecanismos de formación de los precios en los mercados de los productos básicos. Muchos de estos productos se cotizan en mercados de futuros, en los cuales se efectúa la compra y la venta de dichos productos para su entrega en una fecha posterior. Estos contratos de futuros se utilizan para especular sobre los precios, pero también para transferir los riesgos de las fluctuaciones de los precios, desde los agricultores —que los rehuyen— hasta los especuladores que están dispuestos a asumirlos. Los efectos de esta inestabilidad son, como puede suponerse, fuertemente negativos para las economías de los países periféricos.

2. *La caída de los precios de los productos básicos y el deterioro de la relación real de intercambio.*

Durante los años ochenta se asiste a un derrumbe de los precios de los productos básicos sin precedentes en la historia reciente. Durante este período han emergido una serie de fenómenos nuevos que explican este proceso. El primero de ellos tiene que ver con los nuevos avances tecnológicos que están automatizando y robotizando los procesos productivos, reduciendo los componentes de insumos básicos por unidad de producto final, sustituyendo materiales básicos y transformando la agricultura desde sus fundamentos genéticos. Esta «miniaturización» y «desmaterialización» de algunos procesos productivos tienen, por tanto, efectos negativos sobre la demanda de determinados productos básicos.

Otras causas de la caída de los precios de estos productos tiene que ver con la situación económica internacional de los años ochenta. Concretamente se refiere a dos fenómenos: los efectos de las políticas de ajuste de los países periféricos endeudados y el incremento del proteccionismo de los países centrales.

Respecto al primero de ellos, cabe señalar que un objetivo de las políticas de ajuste que llevaron a cabo los países endeudados en los años ochenta fue alcanzar un superávit comercial elevado reduciendo las importaciones e incrementando las exportaciones. Ello produjo un exceso de oferta de exportaciones de productos básicos en el mercado internacional que empujó hacia abajo los precios de esos productos. Y en segundo lugar, en estos años se incrementa el nivel de proteccionismo, sobre todo no arancelario, de los países centrales y, además, se eleva la propia oferta subvencionada de productos agrarios de dichos países, con lo que se reduce la demanda de productos básicos de los países periféricos.

3. *Las empresas multinacionales y los productos básicos.*

Uno de los problemas que tienen los países productores de productos básicos es el de la reducida capacidad y posibilidades para transformar y comercializar estos productos, al estar estas fases del proceso económico insertas, frecuentemente, en complejos que operan bajo una lógica multinacional que racionaliza —desde la perspectiva más rentables para las empresas matrices— la dispersa localización geográfica y la segmentación productiva llevada a cabo por la internacionalización del capital a escala mundial.

Aunque se ha producido un cambio importante en cuanto a la propiedad de los recursos estatales, que han ido pasando a manos de los gobiernos respectivos, el procesamiento y la comercialización de los productos básicos sigue estando en manos de grandes empresas multinacionales, con lo cual se produce una distribución desigual de los beneficios de la exportación favorable a estas empresas.

B) *Las soluciones para el comercio de productos básicos*

Las soluciones más destacadas que en el plano internacional han visto la luz, en relación con el comercio de los productos básicos para los países periféricos, han sido:

— Programa Integrado de Productos Básicos (PIPB).
— Financiación Compensatoria.
— Asociación de Productores.

1. *El Programa Integrado de Productos Básicos (PIPB).*

El PIPB se aprobó en la IV UNCTAD de Nairobi en 1976. Sus objetivos fundamentales eran:

— Estabilización de los precios de los productos básicos, a fin de evitar sus excesivas fluctuaciones.
— Estabilidad de los ingresos y la mayor seguridad de las exportaciones de los productos básicos.
— Mayor participación de los países periféricos en el «ciclo económico» de sus productos básicos (procesamiento, comercialización, transporte y distribución).

El PIPB incluía los 18 productos considerados más importantes para los países periféricos, que representaban en torno al 60 por 100 de sus exportaciones globales de productos básicos (excluido el petróleo) y comprendía dos tipos de acciones:

— *Los convenios Internacionales sobre Productos Básicos.* Son acuerdos oficiales entre países productores y consumidores de dichos productos para intentar lograr la estabilización de los precios, procurando evitar sus bruscas fluctuaciones, garantizando al mismo tiempo que dichos precios sean justos, equitativos y remuneradores y asegurando los mercados de venta para la exportación, así como los suministros para los importadores o consumidores. Los instrumentos para conseguir tales objetivos son las existencias reguladoras y los controles de producción o de las exportaciones.

  En la práctica se han firmado muy pocos convenios y los que se han hecho han tenido poco éxito. Este fracaso en las negociaciones sobre este tipo de convenios tiene que ver con las posiciones antagónicas de los países productores, de un lado, que aspiran lógicamente a elevar sus precios para hacer frente al incremento de los costes de producción, la inflación y las variaciones de los tipos de cambio; y los países consumidores, de otro, a los que sólo parece interesarles la garantía del suministro de los productos básicos a corto plazo, beneficiándose de la coyuntura favorable para ellos de la caída generalizada de los precios de estos productos.
— *Fondo Común de Productos Básicos.* Es el instrumento encargado de financiar el PIPB, aunque el Fondo no incluye los 18 productos básicos de aquél, sino que abarca sólo diez: cacao, café, azúcar, té, algodón, fibras duras, yute, caucho, cobre y estaño.

  Para conseguir sus objetivos el Fondo Común posee dos líneas de financiación o «ventanillas»: la primera es la encargada de financiar las reservas reguladoras dentro de los convenios internacionales de productos básicos; y la segunda debe financiar el resto de los aspectos contemplados en el PIPB, como son la investigación y el desarrollo, el procesamiento de productos básicos, la promoción de mercados y la comercialización, distribución y diversificación de la producción.

  En esencia, se trataba de que el FC compraría cuando el precio cayera por debajo de una banda de fluctuación del precio objetivo, para vender cuando el precio superara el límite superior de la banda.

Las negociaciones para aprobar este FC fueron largas y difíciles, llegándose a un acuerdo «descafeinado», ya que la financiación propuesta de 3.000 millones de dólares para la primera ventanilla quedó reducida a 400 millones. Y hasta 1988 no entró en vigor el FC por no haber sido ratificado por un número suficiente de países.

En definitiva, el PIPB no cumplió las expectativas creadas para solucionar los problemas del comercio de productos básicos, sobre todo por falta de voluntad política de los países centrales que no veían viable un sistema que requería enormes recursos financieros. Los países periféricos tuvieron que buscar otras soluciones a sus problemas comerciales.

2. *Financiación Compensatoria.*

Es un mecanismo de financiación que permite compensar a los países exportadores de productos básicos cuando los ingresos por esas exportaciones son inferiores a los promedios de los años anteriores. Dichos países necesitan recurrir a la financiación compensatoria de carácter oficial, ya que tiene muchas dificultades para acceder a la financiación privada. En la actualidad existen dos tipos de financiación compensatoria: la del FMI, establecido en 1963, y el sistema de estabilización de ingresos de exportaciones de productos agrícolas, denominado STABEX, y de productos mineros, denominado SYSMIN, que se pusieron en marcha en 1975.

El esquema de financiación compensatoria del FMI es un servicio permanente de crédito con objeto de ayudar a los países miembros subdesarrollados a mantener el nivel de importaciones fundamentales que necesitan, con independencia de las fluctuaciones temporales que puedan tener los ingresos en divisas generados por las exportaciones habituales de dichos países. Pero este sistema de compensación tiene limitaciones bastante importantes, que lo hacen en muchos casos inoperante para cumplir sus objetivos. Una de ellas es que la cantidad que un país puede girar depende de su cuota al FMI, lo que limita la participación de los países periféricos más necesitados que tienen una cuota muy baja en el FMI.

El STABEX de la Unión Europea entró en vigor el 1 de abril de 1976 y estaba limitado originalmente a los países firmantes de la Convención de Lomé de 1975, es decir, a los países de África, Caribe y el Pacífico (países ACP), que comprendía el conjunto de países del área geográfica de colonización histórica de los países europeos, muchos de los cuales están incluidos entre los países más pobres del planeta.

Los acuerdos de la Convención de Lomé contienen, además del STABEX, otras disposiciones comerciales tales como el acceso de los productos agrícolas y manufacturados de los países ACP hacia la UE, sin pago de derechos aduaneros y sin obligación de reciprocidad, y el acceso a la ayuda financiera que proporciona el Fondo Europeo para el Desarrollo (FED) y el Banco Europeo de Inversiones (BEI).

3. *Asociaciones de Productores.*

La identidad de intereses de los países productores de determinados productos básicos llevó a muchos de ellos a buscar mecanismos de cooperación para:

- — Conseguir incidir en el proceso de formación de precios de los productos.
- — Intentar expandir y diversificar los mercados de consumo.
- — Estimular el procesamiento industrial de dichos productos en los propios países.
- — Crear empresas nacionales para controlar los recursos naturales propios, así como la comercialización y transporte de los productos de exportación.

Pero la mayoría de los objetivos citados, que pretendían alcanzar una relación internacional más equitativa en el comercio de productos básicos para los países periféricos, no han podido alcanzarse. A excepción del caso de la OPEP, los escasos éxitos del resto de las asociaciones de productores (de cobre, bauxita, estaño, té...) se debían a las características propias del producto en cuestión, muy diferentes a la del petróleo, así como a otros elementos fundamentales, como el alto grado de control de las empresas multinacionales en la comercialización y distribución de los productos básicos, la escasez de recursos financieros y las discrepancias entre los países miembros.

Los problemas del comercio de los productos manufacturados

Desde los años sesenta los países periféricos han incrementado su participación en el comercio mundial de manufacturas, debido en gran medida a los crecientes niveles de industrialización que han tenido lugar, sobre todo, en los países más grandes de América Latina y en los nuevos países industriales asiáticos (NPIAs). Pero las exportaciones de estos productos a los mercados de los países centrales han sufrido numerosos obstáculos derivados, fundamentalmente, de las políticas proteccionistas de estos países.

En la Primera Conferencia de la UNCTAD celebrada en 1964 ya se plantearon las recomendaciones relativas al problema de la necesaria industrialización de los países periféricos, así como la promoción del comercio de sus productos manufacturados. En la II UNCTAD (1968), los países periféricos presentaron los principios que debían observarse en la aplicación del Sistema de Preferencias Generalizadas (SPG). El SPG se acabó de elaborar en la Comisión Especial de Preferencias de la UNCTAD en 1970, y en junio de 1971 el GATT acordó eximir a las Partes Contratantes del cumplimiento de la disposición del artículo primero de su Convenio Constitutivo, para conceder así un trato preferencial a los países periféricos.

En síntesis, el SPG concede una mayor facilidad de acceso a los mercados de manufacturas de los países desarrollados, a través de la reducción o anulación de derechos arancelarios sin necesidad de reciprocidad, esto es, sin que los países periféricos se vean obligados a reducir en forma equivalente sus aranceles.

Los resultados de la aplicación del SPG para los países periféricos son, en cierta manera, discutibles, por diversos motivos, entre los cuales cabe señalar:

- El SPG sólo cubre los productos manufacturados, por lo que los países potencialmente beneficiarios son los de mayor desarrollo industrial relativo y capacidad de exportación, quedando, por tanto, excluidos la mayoría de los países periféricos exportadores de productos básicos.
- Los sistemas de preferencias, en lugar de realizar rebajas absolutas, permanentes y generalizadas, incluyen reducciones parciales, temporales, discrecionales y limitadas a productos «no sensibles» para las economías de los países centrales, aplicándose además cuotas de importación que muchas veces son muy restrictivas.

Estas limitaciones hacen que los países periféricos demanden continuamente la necesidad de mejorar los esquemas de preferencias, en el sentido de incrementar el número de países beneficiarios, los beneficios arancelarios y el número de productos incluidos, así como el de reducir los obstáculos derivados de las cuotas de importación, las cláusulas de salvaguardia o las normas de origen.

27.4. LA RONDA URUGUAY: DEL GATT A LA OMC

La Ronda Tokio terminó en 1979, siendo la reunión más importante celebrada por el GATT hasta aquel momento; sin embargo, no llegó a solucionar los numerosos problemas que se venían arrastrando desde años anteriores. Entre ellos, el enfrentamiento comercial constante entre las superpotencias económicas (EE.UU., la CEE y Japón), las subvenciones al sector agropecuario de los países desarrollados que distorsionaban el comercio de este sector, el trato discriminatorio contra los países periféricos, etc. Además, la recesión económica de la primera mitad de los ochenta contribuyó a una fuerte contracción del comercio internacional en estos años, acelerando los procesos proteccionistas tanto de los países centrales como de los periféricos.

En este contexto, el GATT organiza en 1986 la Ronda Uruguay cuya inauguración tuvo lugar en la ciudad de Punta del Este (Uruguay). Esta Ronda debía terminar a finales de 1990, pero dadas las posiciones antagónicas de los países miembros, sobre todo entre los países desarrollados, además del enorme número de países que participaron en la misma, retrasaron la aprobación del acta final hasta el 15 de diciembre de 1993 y la firma de la propia Ronda hasta el 15 de abril de 1994 en la ciudad marroquí de Marrakech (véase Apéndice 27.1). La Organización Mundial de Comercio, OMC (World Trade Organitation, WTO), se puso en marcha el 1 de enero de 1995, convirtiéndose en el nuevo organismo internacional encargado de regular el comercio internacional.

Los primeros objetivos de la Ronda Uruguay

Los objetivos propuestos en la Declaración de Punta del Este se resumen en:

- Mayor liberalización y expansión del comercio internacional en beneficio de todos los países y en especial de los países periféricos.
- Potenciación del papel del GATT como base del sistema multilateral abierto de comercio.
- Integración al GATT de los sectores no abarcados en rondas anteriores (agricultura, textiles) y los nuevos temas (propiedad intelectual, inversiones y servicios).
- Mejora de la capacidad de respuesta del GATT a los cambios en la economía internacional.
- Refuerzo del papel del GATT para conseguir un mecanismo eficaz de arbitraje en la solución de diferencias.

Pero era manifiesto que detrás de estos objetivos de carácter general, tanto los países desarrollados como los subdesarrollados tenían objetivos muy concretos, diferentes y, algunas veces, contrapuestos. Así, cuando EE.UU. impulsó la necesidad de crear otras reglas de juego para superar los obstáculos que existían en el comercio internacional en los años ochenta estaba claro que trataba de mejorar su posición en el mercado internacional, sobre todo en aquellas mercancías o servicios en los que tenía mayores niveles de competitividad respecto al resto de los países, como era el caso del sector audiovisual, las telecomunicaciones o el transporte aéreo. También introdujo los temas de la propiedad intelectual y las medidas sobre las inversiones extranjeras que tienen gran relevancia para sus empresas transnacionales.

Por el contrario, los países periféricos solicitaban un mayor protagonismo en el escenario del comercio internacional a través de una mayor integración en la estructura del GATT ya que muchos de ellos no estaban incluidos en este acuerdo. A un nivel más concreto, los objetivos de este grupo de países en las negociaciones de esta Ronda eran: la liberalización de sectores esenciales de sus economías como los productos agrícolas, los textiles o el acero; la reducción del escalonamiento arancelario; la mejora en el sistema de solución de diferencias; etc.

Los temas de negociación propuestos

Pueden agruparse en tres grandes bloques de negociación:

— *Acceso a los mercados*. Se trataba de avanzar en la liberalización del comercio internacional de mercancías. Para ello se formaron los siguientes grupos de negociación:

- Aranceles: el objetivo era reducir los niveles arancelarios existentes en el comercio de mercancías en general.
- Medidas no arancelarias: se trataba de reducir al máximo estas medidas o de su eventual eliminación, ya que se había convertido en una práctica muy usual, sobre todo, en los países centrales.
- Productos textiles: el objetivo era incorporar el comercio de textiles en el seno del GATT y eliminar el Acuerdo Multifibras (AMF) por el que se regía el comercio de este sector y que tenía efectos desastrosos en las economías periféricas.
- Productos agrícolas: el objetivo era, principalmente, reducir los subsidios a la exportación y las subvenciones a la producción de los productos agrícolas, incorporando definitivamente este sector en las negociaciones del GATT. Los principales negociadores fueron los principales países productores de estos productos: EE.UU., la Unión Europea y el llamado grupo Cairns formado por 14 países, tanto desarrollados como subdesarrollados, muy competitivos a escala internacional.
- Producción de recursos naturales: los cuales comprendían los minerales y metales no ferrosos; productos forestales; pescado y productos de la pesca; productos energéticos (carbón subvencionado). Todos ellos tienen una gran importancia en el comercio de los países periféricos.
- Productos tropicales: por la importancia que tiene también en los países exportadores de estos productos: banano, café, cacao, té, etc.

— *Los temas nuevos*. Se trataba de incorporar una serie de actividades importantes del comercio internacional que nunca se habían negociado en el seno del GATT como:

- El comercio de servicios (General Agreement Trade Services, GATS): se pretendía definir un marco multilateral que regulara el comercio de servicios, que representa el 20 por 100 del valor del comercio mundial en estos años.
- La propiedad intelectual relacionada con el comercio (Trade Related Intellectual Propierty Rights,TRIPS): se intentaban elaborar acuerdos sobre derechos de propiedad intelectual que incluyeran: derechos de autor; patentes; marcas; modelos; dibujos; software; denominación de origen; etc.
- Las inversiones relacionadas con el comercio (Trade Related Investment Measures, TRIMS): se consideraba la conveniencia de disciplinar aquellas medidas nacionales relativas a las inversiones, cuyos efectos sobre las corrientes comerciales tuvieran carácter distorsionador. Incluyen, entre otros, la transferencia de tecnología; la repatriación de beneficios y capital; las restricciones bancarias; etc.

— *El funcionamiento del GATT*. Se consideraba necesario abordar los aspectos de procedimiento, legales y formales. El objetivo era mejorar las disciplinas y el fortalecimiento del GATT como mecanismo rector del sistema de comercio. Ello suponía la revisión de los artículos del GATT relacionados con las salvaguardias (caso del Acuerdo Multifibras) o la revisión de los códigos de la Ronda Tokio (subsidios y medidas compensatorias, antidumping, barreras técnicas, procedimiento de licencias de importación), entre otros.

El Acta Final de la Ronda Uruguay

El Acta Final de la Ronda Uruguay, aprobada el 15 de diciembre de 1993, contiene los siguientes acuerdos:

— Acuerdo de creación de la Organización Mundial del Comercio (OMC).
— Acuerdo General sobre Comercio de Mercancías (GATT 1994 que sustituye al GATT 1947).
— Acuerdo General sobre el Comercio de Servicios (GATS).
— Acuerdo sobre los Aspectos Comerciales de Derecho de Propiedad Intelectual relacionados con el Comercio (TRIPS).
— Normas y procedimientos de Solución de Diferencias y mecanismos de Examen de las Políticas Comerciales.
— Cuatro Acuerdos plurilaterales que recogen aspectos sectoriales: Aviación Civil, Lácteos y Carne bovina, Compras del Sector Público.

La creación de la OMC no figuraba entre los primeros objetivos de la Declaración de Punta del Este de 1986. La idea surgió en 1991 por parte de la Comisión de las Comunidades Europeas con el rechazo, en principio, de Estados Unidos. El acuerdo de creación de este organismo que lo equipara con las instituciones creadas en Bretton Woods, como el FMI y el Banco Mundial, fue uno de los grandes acuerdos de la Ronda Uruguay.

Los acuerdos adoptados entrarían en vigor de manera gradual de modo que se permita a los países miembros asumir con mayor facilidad las obligaciones previstas. Así, el desarme arancelario y la eliminación de barreras no arancelarias se realizarían durante un período de diez años, siendo de cinco años para la mayoría de los productos. Un plazo similar se tiene para eliminar las restricciones impuestas en textiles y vestido basadas en las disposiciones del AMF. En agricultura, por otro lado, se prevé un plazo de seis años para reducir las subvenciones a la exportación. En el comercio de servicios, sólo se prevé un Acuerdo Marco con asunción de obligaciones iniciales que en la práctica consistirían en consolidar el *statu quo* del cual se parte.

Por tanto, parece factible que todos los países miembros puedan cumplir con las obligaciones que deben asumir, sobre todo si se tiene en cuenta la existencia de una mayor flexibilidad para los países periféricos.

27.5. LA ORGANIZACIÓN MUNDIAL DEL COMERCIO (OMC)

La Organización Mundial del Comercio pretende ser una organización supranacional que administre y reglamente la normativa multilateral que rige el comercio internacional.

Objetivos básicos de la OMC

Pueden sintetizarse en los siguientes puntos:

- Organización supranacional: administra y reglamenta la normativa multilateral que rige el comercio internacional.
- Acceso a los mercados: evita las restricciones proteccionistas del comercio internacional.
- Predicción de las normas que reglamentan problemas que afectan a los operadores comerciales.
- Abarcar y disciplinar todo el comercio internacional, incluyendo mercancías antes excluidas y servicios.
- Organismo con vocación universal con 118 miembros iniciales previstos frente a los 23 miembros del GATT 1947.
- Solución de diferencias: procedimiento que garantice la exigencia de obtener el reconocimiento de los derechos negociados y del cumplimiento de las obligaciones asumidas.

Principios básicos de la OMC

Los principios en los que se inspira la OMC son:

- Transparencia: todo debe publicarse y notificarse.
- No discriminación entre sus miembros: permite la multilateralización de los derechos adquiridos y los deberes asumidos.
- Trato nacional: no puede discriminarse entre producto nacional e importado.
- Solución pacífica de posibles disputas, mediante un sistema que permita alcanzar un acuerdo entre los países miembros.
- Trato especial y diferenciado para los países periféricos y, dentro de los mismos, un trato de mayor preferencia para los países menos desarrollados (PMA).
- Cooperación para rectificar y actualizar la normativa existente o crear nuevas disciplinas si fueran necesarias.

Funciones y estructura de la OMC

Las principales funciones de la OMC son:

- Facilitar la aplicación de los acuerdos que crea la OMC y de los Acuerdos Comerciales Multilaterales y Plurilaterales.
- Servir de foro para las negociaciones comerciales entre sus miembros, tanto respecto a los acuerdos existentes, como a futuras relaciones comerciales.
- Cooperar con el FMI y el Banco Mundial para lograr una mayor coherencia en la formulación de las políticas económicas a escala mundial.
- Administrar el entendimiento sobre normas y procedimientos que rigen la solución de diferencias.

La estructura de la OMC se basa en:

- Un órgano soberano de la organización que es la Conferencia Ministerial, compuesta por representantes de todos los miembros, que se reunirán por lo menos una vez cada dos años. Desde la creación de la OMC se han celebrado tres Conferencias Ministeriales (Singapur, diciembre 1996; Ginebra, mayo 1998) y la llamada Ronda del Milenio (Seattle, noviembre 1999).
- Un Consejo General que se reunirá cuando sea necesario, en los intervalos entre las reuniones de la Conferencia Ministerial.
- Consejos especializados: Comercio y Mercancías (GATT); Comercio de Servicios (GATS); Derechos de Propiedad Intelectual relacionados con el Comercio (TRIPS).
- Diversos Comités: de Comercio y desarrollo; de restricciones por Balanza de Pagos; de Asuntos Presupuestarios, Financieros y Administrativos; de Comercio y Medio Ambiente.

Las conferencias ministeriales de la OMC: Singapur, Ginebra y Seattle

Cuando se firmó el Acuerdo de Marrakech se acordó que aquellos acuerdos que no había podido culminarse se continuarían negociando en las Conferencias Ministeriales dentro del marco de la OMC.

La primera Conferencia Ministerial de Singapur (diciembre de 1996) llegó a acuerdos importantes sobre: comercio de productos de tecnología de la información; comercio de servicios de telecomunicaciones básicas; Plan de acción a favor de los Países Menos Adelantados (PMA); servicios financieros; establecimiento de grupos de trabajo sobre nuevos temas: comercio e inversión; comercio y política de competencia; comercio y normas sociales; comercio y contratos públicos.

La segunda Conferencia Ministerial de Ginebra (mayo 1998) tuvo un carácter transitorio y político, donde se empezó a preparar la que sería la «Ronda del Milenio» y se pusieron de manifiesto diferentes posiciones por parte de EE.UU., la Unión Europea y los países periféricos. Esta conferencia coincidió con la celebración del cincuentenario de la creación del GATT, donde se destacó la importancia de la liberalización comercial como premisa para un mayor bienestar de todos los pueblos.

La tercera Conferencia Ministerial de Seattle (noviembre 1999) pretendía ser la plataforma de lanzamiento de una nueva Ronda de negociaciones larga que duraría unos tres años. El contenido de dicha Ronda del Milenio ha girado en torno a temas de especial interés para el proceso de liberalización comercial como son: *a*) agricultura, servicios, aplicación de acuerdos vigentes; *b*) inversiones, competencia, contratación pública; *c*) liberalización arancelaria en productos no agrícolas, comercio y medio ambiente, comercio electrónico; *d*) comercio y desarrollo: países menos adelantados; comercio y derechos sociales. Tras tres días de discusiones, la Ronda se saldó sin ningún acuerdo significativo, y con la calificación universal de fracaso.

27.6. VALORACIÓN GLOBAL DE LA RONDA URUGUAY

La firma del Acta Final de la Ronda Uruguay, donde se crea la institución que va a ordenar el comercio internacional de las próximas décadas, es uno de los acontecimientos más importantes ocurridos en los últimos tiempos. Una valoración definitiva de los resultados obtenidos en las negociaciones sólo podrá hacerse después de que hayan pasado los períodos de adaptación correspondientes que aparecen en el documento final. Sin embargo, es posible hacer una valoración preliminar si contratamos los objetivos que se señalaron en 1986 y los acuerdos finales:

— El primer objetivo de la mejora de acceso a los mercados parece que se han alcanzado en un grado razonable, ya que se han reducido los aranceles y se han transformado las barreras arancelarias en aranceles. Además, se han incluido sectores que no aparecían en negociaciones anteriores, como los productos agropecuarios y los textiles.

— El segundo objetivo de fortalecimiento del GATT también se considera alcanzado, ya que los principios básicos del GATT 47 (CNMF y trato nacional) han sido reforzados, así como el principio de solución de diferencias y las medidas de salvaguardia.

— El tercer objetivo de mejorar la capacidad de respuesta del sistema a los nuevos desafíos del entorno internacional parecen resolverse con la constitución de la OMC como foro de negociaciones, así como la posibilidad de una mayor cooperación con los otros organismos internacionales monetarios y financieros (FMI y Banco Mundial).

Pero no todas las valoraciones son positivas ya que diversos autores y asociaciones civiles como las organizaciones no gubernamentales (ONG) son muy críticas con los resultados de la Ronda Uruguay (véase las «Lecturas para la reflexión»). Algunas de estas críticas tienen que ver, sobre todo, con los efectos negativos de determinados acuerdos en las economías de los países periféricos. En concreto, los referentes al comercio de servicios (banca, seguros, telecomunicaciones, audiovisual, etcétera), al tema de las inversiones relacionadas con el comercio (donde destaca el famoso Acuerdo Multilateral de Inversiones, AMI, que se está negociando en la OMC) y a la propiedad intelectual, aspectos todos donde la soberanía nacional de los Estados queda bastante cuestionada y donde las empresas transnacionales adquieren una ventaja considerable y un mayor protagonismo.

Otras cuestiones se refieren a la inexistencia de normas para regular determinadas cuestiones como: las relaciones entre comercio y medio ambiente; las posibles repercusiones que pueden tener las políticas nacionales de defensa de la competencia en la competencia internacional; las tensiones entre los acuerdos de ámbito regional y el sistema multilateral; los problemas del «dumping social» y sus efectos en la formación de precios de los productos exportados.

En definitiva, estamos ante un proceso irreversible de liberalización comercial (globalización comercial) donde no todos son ganadores sino que se producen ganadores y perdedores tanto en el ámbito de países como de empresas concretas. Por el tipo de acuerdos alcanzados y por los primeros resultados de la aplicación de los acuerdos, se tiene la impresión de que los países desarrollados y las empresas transnacionales serían los «ganadores» y los países periféricos y sus empresas nacionales menos competitivas serían los «perdedores»... aunque hay quien dice que aquí todos ganamos.

APÉNDICE 27.1. PAÍSES MIEMBROS DE LA OMC (al 31 de julio de 1999)

Alemania
Angola
Antigua y Barbuda
Argentina
Australia
Austria
Bahrein
Bangladesh
Barbados
Bélgica
Belice
Benin
Bolivia
Bostwana
Brasil
Brunei Darussalam
Bulgaria
Burkina Faso
Burundi
Camerún
Canadá
Chad
Chile
Chipre
Colombia
Comunidad Europea
Congo
Corea
Costa de Marfil
Costa Rica
Cuba
Dinamarca
Djibouti
Dominica
Ecuador
Egipto
El Salvador
Emiratos Árabes Unidos
Eslovenia
España
Estados Unidos
Fiji
Filipinas
Finlandia
Francia
Gabón
Gambia
Ghana
Granada
Grecia
Guatemala
Guinea
Guinea-Bissau
Guyana
Haití
Honduras
Hong-Kong, China
Hungría
India
Indonesia
Irlanda
Islandia
Islas Salomón
Israel
Italia
Jamaica
Japón
Kenia
Kuwait
Lesotho
Letonia
Liechtenstein
Luxemburgo
Macao
Madagascar
Malasia
Malawi
Maldivas
Mali
Malta
Marruecos
Mauricio
Mauritania
México
Mongolia
Mozambique
Myanmar
Namibia
Nicaragua
Níger
Nigeria
Noruega
Nueva Zelanda
Países Bajos
Pakistán
Panamá
Papua-Nueva Guinea
Paraguay
Perú
Polonia
Portugal
Qatar
Reino Unido
República Centroafricana
República Checa
República Democrática del Congo
República Dominicana
República Eslovaca
República Kirguizia
Ruanda
Rumania
Saint Kitts y Nevis
San Vicente y las Granadinas
Santa Lucía
Senegal
Sierra Leona
Singapur
Sri Lanka
Sudáfrica
Suecia
Suiza
Suriname
Swazilandia
Tailandia
Tanzania
Togo
Trinidad y Tobago
Túnez
Turquía
Uganda
Uruguay
Venezuela
Zambia
Zimbabwe

Fuente: Organización Mundial de Comercio: *Informe Anual*, 1999.

RESUMEN

En este capítulo se han expuesto los mecanismos de regulación del comercio internacional después de la Segunda Guerra Mundial, que se definieron a través del Acuerdo General de Aranceles y Comercio (GATT) y que posibilitaron un crecimiento espectacular de dicho comercio desde la década de los cincuenta. Se expusieron, por tanto, cuáles son los objetivos y los principios en que se basa el GATT y los resultados que se han obtenido en las diferentes rondas de negociación, haciendo especial hincapié en la última Ronda Uruguay, firmada el 15 de abril de 1994 en Marrakech (Marruecos). En esta Ronda se acordó la creación de la Organización Mundial del Comercio (OMC), que sustituye al GATT, y que pasará a ser el organismo internacional encargado de la regulación del comercio internacional a partir de 1995. También se ha destacado el caso específico de los problemas comerciales de los países periféricos, tanto referido al comercio de los productos básicos como al de los productos manufacturados, y en este contexto se ha indicado el papel de la UNCTAD (Conferencia de Naciones Unidas para el Comercio y el Desarrollo) como organismo de negociación de los problemas comerciales entre los países centrales y periféricos.

LECTURAS PARA LA REFLEXIÓN

«Ese imponente código de reglas y principios elaborado en La Habana y parcialmente traducido en el Acuerdo General de Aranceles Aduaneros y Comercio (GATT) no responde a una concepción positiva de política económica si por tal se entiende el designio de obrar en forma racional y deliberada sobre las fuerzas de la economía para modificar su curso espontáneo y lograr claros objetivos. Por el contrario, parecen inspirarse en una concepción de esa política, según la cual bastaría eliminar los impedimentos que estorben el libre juego de esas fuerzas en la economía internacional para expandir el intercambio con recíprocas ventajas para todos. Apóyanse, además, esas reglas y principios sobre una noción abstracta de homogeneidad económica que impide reconocer las grandes diferencias de estructura entre centros industriales y países periféricos, con las consecuencias tan importantes que ellas comportan. De ahí que el GATT no haya tenido eficacia para estos países, como la tuvo para aquéllos. En fin, no ha contribuido a crear el nuevo orden de cosas que responda a las exigencias del desarrollo, ni ha podido cumplir tampoco la tarea inasequible de restablecer el que antes existía.»

R. Prebisch: *Nueva política comercial para el desarrollo. Informe de Raúl Prebisch a la Conferencia de las Naciones Unidas sobre Comercio y Desarrollo inaugurada en Ginebra, Suiza, el 23 de marzo de 1964*. FCE, México, 1964, pág. 16.

«Al comienzo de la Ronda Uruguay, en 1986, muchos países del Tercer Mundo se opusieron a los esfuerzos de los países del norte para extender la vigencia del GATT a "nuevos sectores", como eran, servicios, inversiones y derechos de propiedad intelectual. Hasta entonces, el GATT sólo había tenido que vigilar el cumplimiento de las normas en el intercambio de mercancías. Era comprensible la preocupación de los países del sur, en cuanto a que el norte perseguía la liberalización de aquellos sectores económicos en los que gozaba de una ventaja competitiva y donde sus empresas podían ganar terreno y conquistar mercados que habían estado bastante bien protegidos por los gobiernos del sur. Esto vale especialmente para el sector servicios, que atravesaba una fuerte expansión. Las empresas transnacionales, desde los bancos y los seguros, hasta la industria cinematográfica, pedían la supresión de las trabas a su expansión en el Tercer Mundo…

…la liberalización de las inversiones favoreció claramente al norte, de donde proceden la mayoría de las empresas transnacionales. Como estas empresas iban a tener muy pocas restricciones, el sur temía que sus propias empresas nacionales no estuvieran en condiciones, por su menor tamaño, de soportar el embate de las inversiones extranjeras.

En cambio, en lo que atañe a la transferencia de tecnología, el norte se pronunció contra su liberalización y a favor de la sanción de leyes nacionales para la protección de la propiedad intelectual. Pero como la mayoría de las patentes pertenecen a empresas multinacionales, se trata en realidad de una protección legal del monopolio tecnológico de las empresas del norte que, por otra parte, limita drásticamente las posibilidades del sur, en cuanto a la incorporación y aplicación de nuevas tecnologías.

En la practica, la Ronda Uruguay benefició especialmente a las empresas multinacionales. "Libre comercio" equivale ahora en la práctica a un cúmulo de libertades y posibilidades para las empresas multinacionales. En la mayoría de los países, el poder de los gobiernos para reglar las actividades de esas empresas se ha visto coartado. Además, las empresas ya no tienen que temer la aparición de nuevos competidores, ya que éstos tendrán menos posibilidades de avanzar tecnológicamente, debido a las normas sobre propiedad intelectual contenidas en los TRIPS.»

Martin Knor Kok Peng, publicado en *D+C Desarrollo y Cooperación*, n.° 14, julio-agosto 1998, Frankfurt, Alemania.

PALABRAS CLAVE

- Cláusula de nación más favorecida
- Restricciones cuantitativas a la importación
- Restricciones voluntarias a la exportación
- Dumping
- Acuerdo Multifibras
- Ronda Tokio
- UNCTAD
- Programa Integrado de Productos Básicos
- Fondo Común de Productos Básicos
- Financiación compensatoria
- Ronda Uruguay
- Organización Mundial de Comercio

BIBLIOGRAFÍA BREVE

M. A. Díaz Mier: *Del GATT a la Organización Mundial de Comercio.* Síntesis, Madrid, 1996.

OMC: *Informe Anual,* varios años, Ginebra

J. Oyarzun: «Objetivos y resultados de la Ronda Uruguay de los principales bloques comerciales». *BICE*, n.° 2.518, octubre 1996.

D. Tussie: «La política comercial en el marco de la Organización Mundial de Comercio». *Revista de la CEPAL*, n.° 62, abril 1997.

CAPÍTULO 28
Las instituciones de integración económica

JORDI VILASECA i REQUENA
GEMMA CAIRÓ i CÉSPEDES

Los procesos de integración económica entre países se remontan a hace algo más de 30 años, con un transitar variable: en la fase de auge económico la integración aparece con gran vehemencia; por el contrario, en las fases de crisis la integración queda relegada a un segundo plano.

Un ejemplo claro lo representa la construcción de la Unión Europea, que conoció un fuerte impulso integracionista en la fase de auge de la década de los sesenta, un freno relativo durante la crisis de los setenta hasta mediado de los ochenta y ya a finales de esta década, y coincidiendo con un repunte expansionista, se produce un nuevo impulso que tiene como desenlace la sustitución del Tratado de Roma por el Tratado de Maastricht, lo que ha significado profundizar el proyecto europeo de integración.

Un proceso semejante se ha producido en la integración económica en América Latina, con la salvedad de que la crisis ha tenido consecuencias más drásticas sobre los procesos de unificación en curso. Ahora bien, en la actualidad han resucitado las antiguas asociaciones de integración e incluso han aparecido nuevas, que se diferencian de las originales tanto por sus objetivos como por el grado de integración que se proponen.

La definición estricta de integración económica sólo puede ser aplicada a los procesos que se están llevando a cabo en Europa y en América Latina y el Caribe, mientras que la mayoría del resto de asociaciones existentes en el mundo son meros convenios preferenciales de comercio; es decir, no son auténticos procesos de integración y, por tanto, no serán incluidos en este capítulo, aunque sí serán citados los más relevantes.

28.1. LA UNIÓN MONETARIA EUROPEA

La CEE: del Tratado de Roma al Acta Única Europea

La integración europea se inicia en el año 1948 con la creación de la Organización Europea de Cooperación Económica (OECE) que se configuró como una institución cuya finalidad era la coordinación del Plan Marshall destinado a la reconstrucción de los países de Europa occidental devastados por la guerra.

Aunque la OECE no fue un organismo de integración propiamente dicho, es relevante su creación porque, por primera vez y de forma decidida, los países europeos se vinculan bajo las bases de un organismo internacional para fomentar la cooperación mutua.

En el mismo año se crea la primera unión aduanera del continente, bajo las siglas BENELUX, iniciales de los tres países integrantes (Bélgica, Holanda y Luxemburgo).

En 1952 se crea la CECA (Comunidad Europea del Carbón y del Acero), a través del Tratado de París, para coordinar la siderurgia centroeuropea, fuente de serios conflictos en el período de entreguerras.

Doce años después de la finalización de la Segunda Guerra Mundial y bajo el influjo de los procesos anteriores, los países europeos derrotados en la contienda, Alemania e Italia, firman el Tratado de Roma (1957) junto a Bélgica, Luxemburgo, Holanda y Francia, lo que supone la creación de la Comunidad Económica Europea (CEE) y la Agencia Europea de la Energía Atómica (EURATOM): las dos instituciones, junto con la CECA, recibirían el nombre genérico de Comunidades Europeas.

Este corto caminar en el tiempo, pero intenso en lo que se refiere al aumento de las relaciones entre los países europeos, es el inicio de la mayor aventura de integración en el mundo, sin precedentes en la historia, si exceptuamos los procesos de unificación de los Estados nacionales durante el siglo pasado.

En 1973 se produce la primera incorporación de nuevos miembros (Reino Unido, Irlanda y Dinamarca) a las Comunidades Europeas; en 1981 ingresa Grecia; en 1986, España y Portugal, y en 1995, Suecia, Finlandia y Austria, conformando así la Europa de los Quince.

Este mercado común es el más importante del mundo, al menos por dos aspectos sustanciales. El primero es cuantitativo, ya que aunque su población no supera el 7 por 100 del total mundial y su extensión significa el 3 por 100 de la superficie mundial, económicamente genera el 29 por 100 del PIB y el 40,3 por 100 del comercio mundial de mercancías; además, dispone de un PNB per cápita promedio de 24.394 dólares [1].

El segundo es cualitativo, ya que la actual Unión Europea se perfila como una unión económica que tiende a la unidad monetaria y, por consiguiente, se constituye como un subsistema del Sistema Capitalista Mundial.

A continuación se presenta una breve recensión histórica de este proceso de integración.

El Tratado de Roma de 1957 supuso la creación de una entidad supranacional con personalidad jurídica propia cuya misión fundamental era la creación de un mercado común y proponía para un futuro la ampliación del proyecto hacia la constitución de una unión económica. La finalidad de este mercado común, según el propio tratado, era conseguir el desarrollo armónico del conjunto de actividades económicas, para garantizar un crecimiento y una expansión equilibrada de las economías europeas, a fin de evitar una nueva guerra entre sus países. Además, tenía por objeto proseguir el aumento del nivel de vida de los europeos y consolidar las democracias. Sin embargo, aun siendo estos los objetivos escritos y difundidos, lo más relevante desde el punto de vista de la integración era que lo que se perseguía era aproximar las economías de todos los países.

[1] Según datos del Banco Mundial: *Informe sobre el Desarrollo Mundial*, 1999-2000.

La CEE nacía como un área de libre comercio en la cual se suprimían todas las barreras arancelarias y no arancelarias para garantizar la libre movilidad de las mercancías. Para ello se establecía un período transitorio, en tres etapas de cuatro años de duración cada una de ellas, en el que se eliminarían, en la primera, el 30 por 100 de la recaudación intraaduanera, en la segunda otro 30 por 100 y en la tercera el 40 por 100 restante.

Casi simultáneamente, y a instancias del Reino Unido, se creó la Zona de Libre Comercio Europea (EFTA), a través del Convenio de Estocolmo de 1959, constituyéndose posteriormente en el Espacio Económico Europeo (EEE), que en la actualidad lo conforman los países de la Unión Europea junto con Suiza, Noruega y Lietchenstein.

En la CEE, además, se crea un Arancel Exterior Común (AEC) y se suprimen las restricciones cuantitativas al comercio exterior. Todo AEC es, por naturaleza, proteccionista; ello hace que sea contrario al espíritu del GATT. Sin embargo, como la protección media del arancel resultante quedó fijada en torno al 11 por 100, no suscitó ningún conflicto proteccionista debido a que, por ejemplo, EE.UU. tenía una protección media del 17,8 por 100 y el Reino Unido del 18,4 por 100. Precisamente este fue uno de los motivos por el que la Gran Bretaña, al ingresar en 1973 a la CEE, no aceptó el AEC hasta 1979. La aplicación de este arancel se realiza, como en el caso de la liberalización del comercio, en tres etapas.

Ambos períodos transitorios, el referido al desmantelamiento de aranceles interiores y el de la creación del AEC, se aceleraron y finalizaron al octavo año. Respecto a los países que han ingresado en la CEE con posterioridad, el período transitorio se ha aplicado de forma similar, aunque en el caso de España y Portugal el plazo fue menor.

El establecimiento de un mercado común, a priori, no significa armonizar las políticas económicas ya que esto significa un paso más en el proceso de integración. Efectivamente, la armonización de las políticas macroeconómicas configura la etapa superior de una unión económica; sin embargo, la experiencia ha enseñado que la mera circulación de mercancías obliga a coordinar diferentes políticas microeconómicas, como por ejemplo la política de competencia, la referida al transporte, etc. Una de las políticas sectoriales más representativa es la política agrícola común (PAC).

En 1969 se pone en funcionamiento el reglamento agrícola común con el objetivo de resolver los problemas en este sector, derivados básicamente de la propia competencia entre los países europeos agrícolas y las propias características del sector agrícola (elasticidad renta menor que 1, rendimientos decrecientes, pequeños cambios de oferta motivados por causas exógenas provocan hundimientos de precios, etc.). De esta manera, la finalidad de la PAC era garantizar el aumento de la productividad agrícola, dignificar el nivel de vida de los agricultores en relación a otros sectores, estabilizar los precios agrícolas intraeuropeos y garantizar la provisión de productos agrarios a precios razonables para el consumidor. El mecanismo para lograr estos objetivos fue suprimir las restricciones a la importación de alimentos con el resto del mundo, y lo que es más importante, fijar unos precios intraeuropeos muy elevados. En principio, parece que el resultado deseado era fomentar las importaciones, pero en realidad se ha configurado como una política muy agresiva de subvenciones a los agricultores para garantizar los precios altos. Esta política de subvenciones se realiza a través del FEOGA (Fondo Europeo de Organización y Garantía Agraria) que absorbe casi el 50 por 100 del presupuesto total comunitario. Los resultados de la PAC dibujan un panorama muy contradictorio y conflictivo con el resto del mundo (malestar que se manifiesta claramente en el seno de la OMC). La población activa agrícola ha disminuido, lo que supone un gran aumento de la productividad física en el campo; sin embargo, la idea de estabilizar el mercado ha degenerado hacia un instrumento de garantía de precios, lo más lejos de la libre competencia y con unos precios políticos muy costosos para las arcas comunitarias. Además, este sistema de subvenciones ha generado un grave problema de excedentes agrícolas. Sin embargo, lo que sí ha conseguido es garantizar una renta a los agricultores equivalente al salario medio industrial.

El Tratado de Roma significó la creación de un mercado común, lo que supuso liberalizar el comercio de mercancías y, además, el establecimiento de la libertad de movimientos de trabajadores y de capitales.

La libre movilidad de trabajadores no empieza a llevarse a cabo hasta 1968. Sin embargo, desde un principio se observó que existían numerosos problemas para que fuera efectiva. Entre los obstáculos a salvar destacan los derivados de la pluriculturalidad europea, que genera como factor claramente limitativo el problema idiomático, culturales e históricos, así como las diferencias salariales y los diferentes regímenes de seguridad social.

Respecto a la libre circulación de capitales, diferentes problemas de origen interno y externo a la CEE pospusieron su aplicación. La limitación principal vino determinada por la crisis económica mundial, especialmente con la ruptura del orden económico internacional establecido en Bretton Woods, que significó una cierta paralización en todo el proceso integrador. Sin embargo, esta limitación externa supuso a su vez un revulsivo para crear un Sistema Monetario Europeo a partir de 1979 que garantizase un sistema de cambios europeo más estable y redujese la incertidumbre cambiaria.

El límite más importante para llevar a cabo la libre movilidad de capitales tiene su origen en el propio Tratado de Roma. La razón fundamental radica en que el tratado de 1957 únicamente aspiraba a establecer un mercado común, y la práctica ha revelado que el pretender la libre movilidad de capitales obliga necesariamente a armonizar en gran medida la política monetaria de los países, lo que supone ampliar la integración hasta una unión económica, no prevista en el Tratado de Roma. Esta situación, que coincidió en el tiempo con la crisis económica mundial, paralizó y debilitó profundamente todas las instituciones de la CEE.

La superación de la crisis institucional empieza durante 1985, coincidiendo con la recuperación económica mundial. Es decir, el propio contexto económico internacional revitalizará a las Comunidades europeas.

La medida más importante que oxigena el panorama comunitario europeo es la entrada en vigencia, durante 1987, del Acta Única Europea, gestada por la Comisión Delors (Presidente de la comisión en ese momento), que comprende 300 medidas legislativas que tuvieron como principal objetivo la supresión de todas las barreras para diciembre de 1992, de forma que se alcanzase el Mercado Interior Único el 1 de enero de 1993. Entre las medidas propuestas cabe destacar la eliminación de las fronteras físicas (aduanas, controles de inmigración...), técnicas (capitales, trabajadores, homologaciones...) y fiscales (especialmente la armonización del IVA). Además, en el Acta Única se planteaba por primera vez la voluntad de avanzar hacia la unión monetaria.

Para avanzar en el proyecto del mercado interior se esgrimió la necesidad de realizar algunos ajustes en la CE, concretamente en el ámbito presupuestario y en política regional. La nueva política presupuestaria significaba un cambio en la composición de los recursos de que dispone la CE, que a partir de la reforma serían los siguientes: los recursos tradicionales propios de la CE (derivados de la Unión Aduanera y de la PAC); una proporción del IVA que recauda cada uno de los Estados miembros; y por último con carácter complementario el PNB (que además actúa como base para fijar el límite de recursos utilizables por la CE, el 1,27 por 100 del PNB de toda la Comunidad). Los presupuestos comunitarios se aprueban para períodos de siete años mediante un proceso de negociación caracterizado por los conflictos entre los países más ricos de la CE que apuestan por el rigor presupuestario y los países del sur de Europa que reivindican la solidaridad de aquéllos[2].

El segundo gran ajuste requerido por el mercado único era el desarrollo de una política regional a nivel comunitario para compensar los costes derivados de la integración. Por ello se procede a la reforma de los *Fondos Estructurales* compuestos por el Fondo Europeo de Desarrollo Regional (FEDER), el Fondo Europeo de Orientación y Garantía Agrícola (FEOGA) y el Fondo Social Europeo. Aunque en 1975, con la creación del FEDER, ya se estaba planteando la necesidad de corregir los desequilibrios regionales en la CE, la incorporación de los países del sur de Europa durante los ochenta y el avance en el proceso de integración hacía prever el incremento de las disparidades entre regiones europeas y por tanto la necesidad de reducirlas. Fue así como quedaba incorporado en el Tratado de Roma un nuevo título sobre *Cohesión económica y social* cuyo alcance requería la reforma de los Fondos. Para ello se propuso duplicar los recursos de los fondos estructurales así como establecer unos objetivos prioritarios donde éstos deberían ir dirigidos, destacando: el desarrollo de las regiones menos desarrolladas, la reconversión de las regiones industriales y rurales, y la creación de ocupación. La controversia sigue abierta sobre si existe la voluntad real de desarrollar una verdadera política regional a la vista de los escasos recursos de que dispone la CE para ello y la poca disponibilidad de los países miembros a que los ingresos comunitarios se incrementen. Si el proyecto de construcción europea se compromete realmente con la cohesión social, el protagonismo de la política regional común se deberá incrementar, debido a que a las ya existentes disparidades regionales entre los Estados miembros se le sumaran en un futuro aquellas derivadas de la ampliación de la UE hacia los países del Este.

La UE: Tratado de Maastricht y Unión Monetaria

El siguiente paso en el proceso de integración europeo se materializó con la aprobación del *Tratado de Maastricht* en 1991 —sustituyendo al Tratado de Roma—, en el que se incorporaba el proyecto de unión económica y monetaria. Pero la ratificación del Tratado de Maastricht (o *Tratado de la Unión Europea*, de ahí que las Comunidades europeas pasen a denominarse Unión Europea, UE) no se produjo sin dificultades, dado el resultado negativo en el referéndum danés[3] y el ligeramente positivo en el francés. El salto fue cualitativo ya que se tomaba el compromiso de avanzar en la integración más allá del mercado común para pasar a la coordinación de las políticas macroeconómicas de los países miembros, concretamente la política monetaria, lo que significaría el establecimiento de la Unión Monetaria Europea en 1999.

Para la efectiva consecución de la unificación monetaria por parte de los países miembros, y por tanto de la creación de la moneda única europea —lo que significa que todos los países fijan de forma irrevocable sus tipos de cambio—, el Tratado establecía la necesidad de que los países fueran capaces de asegurar la estabilidad económica (y monetaria). Para ello se requería el cumplimiento de los *programas de convergencia* que fijaban las condiciones que debían garantizar aquella estabilidad. En definitiva, los Estados miembros deben pasar un proceso de *ajuste* para poder entrar en la unión monetaria. Éstos son los cinco criterios de convergencia:

[2] En la Cumbre de Berlín de marzo de 1999 se aprobó la *Agenda 2000* que fija la financiación comunitaria para el período 2000-2006, siendo la política agrícola y los fondos estructurales los que se llevan la mayor parte del presupuesto: el 46 y el 33 por 100 respectivamente.

[3] En el segundo referéndum el «sí» venció ante la concesión del *opting out* (en temas monetarios, de ciudadanía...) que la UE hizo a Dinamarca.

— El *déficit público* anual no puede superar el 3 por 100 del PNB.
— La *deuda pública* acumulada no puede superar el 60 por 100 del PNB.
— La *tasa de inflación* no debe superar en 1,5 puntos la media de los tres países comunitarios con menor tasa de inflación.
— Los *tipos de interés* (a medio y largo plazo) no debe superar en 2 puntos la media de los tres países comunitarios con menores tipos de interés.
— Los *tipos de cambio* deben haber permanecido en la banda estrecha del SME (2,25%) en los dos últimos años.

De esta forma el rigor presupuestario, el control de precios y la estabilidad monetaria aparecen como los pilares en el proceso de convergencia económica. Además del coste social que el ajuste representa, estos criterios marcan una convergencia, pero tan sólo en términos *nominales*, dejando de lado la *convergencia real*. La prioridad por la convergencia nominal en la construcción europea no se debe sólo al objetivo de control inflacionario —la tan preciada estabilidad macroeconómica—, sino también a que ésta es de más fácil consecución que la real. Esta última, en caso de existir, establecería como objetivo principal una mayor homogeneidad socioeconómica entre los distintos países miembros, medible a través de la tasa de paro, de la renta per cápita, entre otros indicadores, a la vez que pondría de manifiesto la Europa de dos —o quizá más— velocidades. No cabe duda de que para alcanzar esta convergencia real los esfuerzos deberían ser mucho mayores, a la vez que se iría hacia un tipo de construcción europea que no se limitaría a la actual, es decir, a la creación de un espacio europeo común para la libre movilidad de mercancías y capitales en un entorno de estabilidad monetaria.

El Tratado de Maastricht establecía tres fases para la realización definitiva de la Unión Monetaria, que luego se modificarían sensiblemente:

1.ª Consecución del Mercado Interior Único el 1 de enero de 1993, completando así la libre movilidad de capitales para España, Grecia y Portugal.
2.ª Adopción y profundización de los programas de convergencia cuyo cumplimiento debería permitir el acceso a la tercera fase. Etapa transitoria prevista hasta 1997 que posteriormente se alarga dos años.
3.ª 1 de enero de 1999:

   — Fijación irrevocable de los tipos de cambio y conversión de todas las monedas al *euro* —a 166,386 pesetas por euro.
   — Las operaciones de los mercados financieros se cifran en euros.
   — Creación del Banco Central Europeo (BCE) con funciones de política monetaria en el marco del Sistema Europeo de Bancos Centrales (SEBC).

La puesta en circulación de la moneda única no será efectiva hasta el año 2002.

De los 15 Estados que forman la UE, cuatro miembros han quedado de momento fuera de la Unión Monetaria Europea: Reino Unido, Dinamarca, Suecia y Grecia, este último por no cumplir los criterios de Maastricht. Los otros once quedan integrados monetariamente, rigiéndose a partir de entonces por una única política monetaria dirigida por el BCE.

Los progresos en la esfera política han sido más lentos, pero sustanciales en los últimos años. Primero cabe enumerar cuáles son las instituciones más importantes de la UE: Consejo de Ministros (órgano legislativo), Consejo de Europa (establece las directrices generales de la UE), Comisión Europea (órgano ejecutivo), Parlamento Europeo (órgano básicamente consultivo), Tribunal de Justicia y Comité Económico y Social. El reparto del poder entre Estados miembros en las instituciones comunitarias, concretamente en el Consejo, ha variado ligeramente con la última ampliación, observándose que los países grandes como Alemania, Reino Unido, Italia, Francia y España tienen una relación votos-población desfavorable, mientras que el resto de los 15 disponen de una cuota de poder que se corresponde o incluso sobrepasa sus índices de población.

Así, además de la creación de la Unión Monetaria, el Tratado de Maastricht recogía importantes cambios institucionales que comportaban avances en la esfera política tales como el nacimiento de la ciudadanía de la Unión, la creación del Comité de las Regiones, la dotación de mayor poder a la Comisión y la aprobación de nuevas disposiciones en materia de Política Exterior y Seguridad Común. Cabe destacar la ampliación de los poderes en materia legislativa del Parlamento Europeo con la aprobación del *Tratado de Amsterdam* que entró en vigor en 1999, estableciendo el poder de veto del Parlamento sobre decisiones de los 15 o la ampliación de temas de codecisión, temas sobre los que el Parlamento puede tomar decisiones además del Consejo.

La creación de la Unión Monetaria Europea significa en último término la existencia para los Estados miembros de un único mercado y una única política monetaria en el marco de una economía crecientemente globalizada. Las ventajas en materia de estabilidad de precios, menor incertidumbre y reducción de costes deberá analizarse en un futuro en relación a los costes que se derivan de la unión. De momento puede anunciarse que la fijación de los tipos de cambio impedirá su uso por parte de los Estados como instrumento de ajuste ante las perturbaciones externas que afecten a la economía. De hecho, ante la particularidad del caso europeo de *poca movilidad de la fuerza de trabajo* e *inexistencia de una política fiscal única*, la respuesta a las perturbaciones negativas no será de fácil solución, además del posible agravamiento de las desigualdades regionales ya que no existen mecanismos redistributivos sólidos.

En el ámbito exterior, la dimensión de la Europa integrada se asimila a la potencia norteamericana. La UE-15 cuenta con un mercado de 370 consumidores, su PNB representa el 37 por 100 de los países de la OCDE, participa en un 40 por 100 en el comercio mundial y, a pesar del dominio del dólar en los mercados internacionales de capitales, la Unión Monetaria abre un fuerte potencial a la moneda europea. En definitiva, se constituye en Europa un espacio económico único que puertas afuera prepara al capital europeo para la batalla de la competencia, la competitividad y la acumulación de capital a escala mundial.

Las relaciones exteriores de la UE distinguen entre tres tipos diferentes de países: los Estados miembros, los países asociados que a su vez se dividen en países de asociación comunitaria (representan un tipo de asociación global) y asociación bilateral (tienen esta condición Turquía, Malta y Chipre) y los países terceros o resto del mundo. Los países de asociación comunitaria son, en general, las ex colonias europeas, a las cuales cada país de la Unión debe extender las medidas preferenciales de las que se beneficia al resto de los Estados miembros. Son los países y territorios de ultramar (PTOM) o también denominados países ACP (África-Caribe-Pacífico). En la práctica, estos países se relacionan con la Unión a partir de los llamados Acuerdos de Lomé, en los que se establecen regímenes de intercambio comercial, y el denominado sistema ESTABEX para garantizar la estabilización de los precios de exportación de las mercancías de estos países para asegurar sus ingresos. Esta política de estabilización de precios se gestiona a través del FED (Fondo Europeo de Desarrollo).

En lo que se refiere a futuras ampliaciones, la UE mantiene negociaciones desde 1998 con Polonia, Chequia, Hungría, Eslovenia, Estonia y Chipre para su incorporación a la Unión. Turquía es el candidato histórico, habiendo expresado en múltiples ocasiones su deseo de convertirse en Estado miembro, pero la UE sigue siendo reticente a su adhesión. Por último, cabe destacar la voluntad de la Comisión, a finales de 1999, de empezar a negociar la adhesión de otros países del este de Europa como Letonia, Lituania, Rumania, Bulgaria y Eslovaquia. Aunque cabrá esperar al menos una década para la plena incorporación de aquellos que ya están en proceso de negociación, en el seno de la UE muchas cuestiones (de difícil resolución en un futuro próximo) relacionadas con la ampliación hacia el Este ya están planteadas. Tal es el caso de los cambios en el reparto de poder por parte de los Estados miembros en las instituciones comunitarias o las modificaciones en la distribución de los ya escasos recursos en materia de política regional y agrícola.

28.2. LA INTEGRACIÓN EN AMÉRICA

La integración en América Latina y el Caribe

La idea unionista en América Latina nace a partir de los procesos de independencia, cuando surge la concepción bolivariana de la unidad latinoamericana, enfrentada a la posición que triunfó, que consistía en establecer tantos Estados nacionales como virreinatos existían. Hasta finales de la Segunda Guerra Mundial, los planteamientos eran exclusivamente políticos y no será hasta ese momento cuando aparece por vez primera la necesidad de la integración desde una óptica exclusivamente económica.

América Latina, a lo largo del siglo XX, ha seguido un modelo de desarrollo basado en sustituir las importaciones industriales por producciones nacionales propias a partir de las rentas generadas por las exportaciones de productos primarios. Hasta la década de los cincuenta se aplica este modelo de *industrialización por sustitución de importaciones* (ISI), beneficiándose de la fase expansiva de la economía mundial. Sin embargo, este modelo industrializador mostró su debilidad a mediados de los cincuenta, originada, entre otras razonas, por la estrechez de los mercados internos de cada país, lo que obligó a replantear este modelo. Es precisamente en los años cincuenta cuando la Comisión Económica para América Latina (CEPAL) por primera vez plantea la necesidad de la cooperación económica entre los países latinoamericanos, precisamente para poder profundizar la industrialización y en definitiva el desarrollo de los países.

En 1957, en Buenos Aires se celebra la Conferencia Económica Interamericana donde, por primera vez, se plantea la necesidad de establecer un mercado común latinoamericano. Para ello se solicita a la CEPAL y a la Organización de Estados Americanos (OEA) un informe que deberá fijar las bases para iniciar el futuro proceso de integración. En 1959, la CEPAL presenta los principios fundamentales por los que a su entender deberá seguir este proceso.

En este sentido, la CEPAL propuso iniciar la integración subcontinental a nivel exclusivamente comercial, sugiriendo la creación de una Unión Aduanera. Así pues, la idea era que el proceso de integración latinoamericano debía ser un instrumento para el desarrollo de los países mediante la inclusión de todos ellos y empezar por los niveles exclusivamente comercialistas.

Esta relación entre integración y desarrollo ha caracterizado el perfil de los *primeros procesos* de integración en América Latina, los cuales son sustancialmente distintos a los actuales y, por consiguiente, hoy día se puede hablar de una *nueva generación* de instituciones de integración latinoamericanas, cuyos objetivos son sustancialmente diferentes.

Las instituciones de integración de la *primera generación* nacieron bajo la presión de las siguientes influencias:

— CEPAL: Perseguía la creación de un único mercado común latinoamericano que debía permitir proseguir el modelo ISI
— OEA junto con EE.UU.: Se oponen a la CEPAL ya que consideraban que su ideario alentaba tesis nacionalistas radicales. Aunque no se manifestó en contra de la integración, sostuvo claramente

que era inviable la creación de un único espacio latinoamericano y aconsejaban el establecimiento de pequeños Tratados de Libre Comercio.

— GATT: No se oponía a las tesis de la CEPAL ya que era favorable a la aplicación del artículo XXIV del acuerdo general que alentaba la creación de uniones aduaneras como alternativa a las zonas preferenciales de comercio extendidas por todo el subcontinente, pero prohibidas explícitamente por el Acuerdo General de Tarifas y Comercio.
— FMI: Sostuvo posiciones muy duras en defensa a la doctrina más liberal y se opuso a cualquier forma de integración.
— CE: Acababa de firmar el Tratado de Roma, lo que suponía fortalecer el proteccionismo, sobre todo en lo referente a los productos agrícolas.

A estas influencias hay que añadir la derivada del triunfo de la revolución cubana en 1959, que podía servir de ejemplo para otros países del continente, ejemplo que trató de ser eliminado mediante la política de Alianza para el Progreso patrocinada por EE.UU.

Así pues, con estos antecedentes se llega al año 1960, en el que los procesos definitivos de integración que se firmaron eran una combinación de influencias, sobre todo las dominantes, entre ellas la CEPAL y los EE.UU., a través de la OEA.

El primer tratado es el de Montevideo, firmado en febrero de 1960, dando lugar a la creación de la Asociación Latinoamericana de Libre Comercio (ALALC) entre Argentina, Brasil, Chile, México, Paraguay, Perú, Uruguay y posteriormente Colombia, Ecuador, Venezuela y Bolivia.

El 13 de diciembre de 1960 se firma el Tratado General de Integración Económica Centroamericano (conocido como Tratado de Managua), que da lugar al Mercado Común Centroamericano (MCCA) entre Costa Rica, El Salvador, Guatemala, Honduras y Nicaragua.

El 26 de mayo de 1969, cinco países, Bolivia, Colombia, Chile, Ecuador y Perú, firmaron el Tratado de Cartagena que dio lugar a la creación del Pacto Andino (GRAN). Posteriormente se afilió Venezuela y en 1976 lo abandonó Chile.

El GRAN es una subasociación de la ALALC, cuyo fin es promover y profundizar la integración de los países andinos en el marco del Tratado de Montevideo.

De estas tres asociaciones latinoamericanas, la ALALC fue la más importante por sus dimensiones, ya que representaba el 95 por 100 de la extensión de América Latina y el Caribe, prácticamente el 90 por 100 de la población, y superaba el 93 por 100 del PIB y del comercio total generado en el subcontinente. Sin embargo, el Grupo Andino y el MCCA han sido las más importantes sobre el papel, pero la asociación centroamericana además ha sido muy importante por el éxito efectivo que tuvo en la práctica.

En el espacio caribeño también surgieron diversas asociaciones de integración. El Área de Libre Comercio del Caribe (CARIFTA), en 1965, y como una subasociación de ésta se crea el Mercado Común del Caribe Oriental (MCCO), en 1968, que debía profundizar el grado de integración.

Los resultados de estos procesos de integración de la Primera Generación en términos de comercio fueron bastante importantes: si consideramos el comercio intraasociativo promedio de las asociaciones con respecto el comercio total que generan, el MCCA pasó del 7 por 100 en 1960 al 26 por 100 en 1970; la ALALC de un 8 a un 18 por 100 y el GRAN, teniendo en cuenta que sus países pertenecían a su vez a la ALALC, aumenta su comercio de un 2 por 100 en 1970 a un 6 por 100 en 1975. En general, este comercio intraasociativo empieza a disminuir de forma importante a partir del año 1975 en todas las asociaciones[4].

El desarrollo de los tres procesos de integración ha pasado por diversas etapas claramente diferenciadas, que prácticamente y de forma simultánea se han manifestado en cada uno de ellos de forma análoga.

La *primera etapa* coincide con el estreno de las instituciones y supone un buen ritmo de desarme arancelario y una expansión sin precedentes del comercio intraasociativo. Esta primera etapa tiene una duración aproximada de 10 años, más o menos y según los casos. A este primer período se le suele denominar la *etapa fácil* de la integración y despertó un gran optimismo así como una gran ilusión derivada de aquella concepción que presumía que la integración iba a acelerar el desarrollo económico de los países.

Después de esta etapa, en la cual se consigue una importante expansión del comercio intraasociativo, se pasa a un *período o etapa de freno* en los ritmos de aplicación y en el uso de los instrumentos integradores y por tanto una desaceleración en los niveles de interrelación entre los países participantes. Estas dos etapas marcarán la evolución de la primera generación de los procesos de integración latinoamericanos, evolución que supondrá tanto un importante auge en las relaciones entre los países de América Latina como un estancamiento y una crisis institucional posteriores.

Las causas del deterioro institucional fueron muy diversas y en algunos casos complejas; sin embargo, se pueden señalar una serie de motivos que se manifiestan en todas las asociaciones. Estos puntos en común que permiten explicar el declive de las instituciones de integración, que las arrastró hasta una práctica paralización, pueden agruparse desde tres perspectivas: problemas superestructurales, problemas estructurales y problemas infraestructurales.

Respecto a los superestructurales destacan:

1. Los problemas de tipo político extendidos en todo el subcontinente: debe recordarse que a principios de los ochenta todos los go-

[4] CEPAL (diversos años): *Anuario Estadístico de América Latina y El Caribe*, Santiago de Chile.

biernos eran dictatoriales, lo que lógicamente no favorecía el contacto ni las relaciones entre los países.

2. Por otra parte, los problemas residían en las propias instituciones de integración debido a que jamás se las dotó de un poder decisorio, lo que por una parte desembocó en una gran descoordinación de las políticas económicas nacionales; además, la falta de coordinación económica conllevó a una ineficiente distribución de los costes y beneficios, lo que supuso un gran foco de tensiones y, por otra, nunca se creó un frente común para afrontar los problemas latinoamericanos.
3. También es importante destacar la falta de un proyecto dinámico con aspiraciones de profundizar los procesos de integración.

   A parte de todos estos problemas que en definitiva son superestructurales internos, se detecta como mínimo uno que también es superestructural pero cuyo origen es externo.
4. Tiene relación con la posición de EE.UU. Este país, a menudo, ha manifestado una postura claramente perturbadora en las relaciones intralatinoamericanas.

   Una manifestación clara de este hecho es la Iniciativa para la Cuenca del Caribe que en realidad significó deteriorar las relaciones intracentroamericanas e intracaribeñas.

   Los problemas estructurales también fueron causa importante del deterioro institucional.
5. Otra causa externa del deterioro institucional fue el impacto de la crisis económica mundial originada a finales de la década de los sesenta, que es especialmente aguda en América Latina durante los ochenta, dando lugar a la crisis de la deuda y en definitiva a lo que se ha bautizado como «década perdida».
6. Las nefastas políticas de los gobiernos militares no favorecieron la adaptación de sus economías para afrontar la crisis y tampoco para hacer frente a la nueva situación del mercado mundial.
7. Otras causas de tipo infraestructural son las derivadas de la propia orografía latinoamericana que a menudo ha complicado excesivamente las relaciones de vecindad, como se demuestra en el Grupo Andino, donde el primer obstáculo a batir para aumentar el comercio intraandino es precisamente la cordillera andina.

Esta crisis institucional dio lugar a una revisión de los mecanismos de integración con el objetivo de dinamizar todos los instrumentos creados inicialmente. Es el momento en el cual los países miembros de cada una de las distintas instituciones han de realizar un nuevo esfuerzo para alentar, con nuevas ideas, la necesidad integracionista. A esta nueva fase se la puede denominar la *etapa difícil* de la integración, debido a que el esfuerzo que deben realizar los países participantes puede tener mayores implicaciones en la economía del país.

Así pues, varios organismos se plantearon un cambio en la estrategia, como queda ilustrado en el caso de la CARIFTA, transformada en 1974 en el Mercado Común del Caribe (CARICOM), o en la ALALC, transformada en 1980 en la Asociación Latinoamericana de Integración (ALADI), o asimismo en el proceso del MCCO, transformado en 1981 en la Organización de Estados del Caribe Oriental (OECO).

Este cambio no ha significado una profundización de los procesos de integración, sino más bien lo contrario. Por ejemplo, la sustitución de la ALALC por la ALADI ha reemplazado una institución claramente alentadora del libre comercio a nivel multilateral por una institución que podría calificarse como indeterminada desde la perspectiva de la integración.

Además, esta tercera etapa significó una paralización, por no llamarla una desaparición, del Mercado Común Centroamericano y del Grupo Andino, por problemas muy agudos tanto de tipo interno como externos, pero en general extraeconómicos.

Con este panorama de la experiencia integracionista latinoamericana se entra en la década de los noventa con una situación que se puede calificar como caótica. Precisamente no es hasta finales de la década de los ochenta cuando empieza a cambiar la concepción sobre la integración. Este cambio deja atrás aquella idea cepalina que consideraba la integración como un instrumento al servicio del desarrollo mediante la industrialización por sustitución de importaciones a escala subcontinental.

Esto permite advertir la gestación de una segunda generación en las instituciones de integración económica latinoamericanas. En esta segunda generación no se persigue dar un marco de actuación más amplio para el desarrollo del modelo ISI, sino que la integración pasa a ser un mecanismo de transformación productiva de inserción al mercado mundial. En esta nueva generación incluso varían las posiciones de las asociaciones internacionales, que pasan a ser las siguientes:

- GATT: en 1979 había eliminado la exigencia de la cláusula de nación más favorecida en los acuerdos preferenciales de comercio, lo que automáticamente permitió transformar la ALALC en la ALADI.
- La CEPAL: a finales de los ochenta y de forma decidida promueve la revitalización de las antiguas asociaciones de integración.
- Por su parte, los EE.UU. en 1990 presenta la Iniciativa para las Américas, proponiendo la creación de una Zona de Libre Comercio a nivel continental.

Así pues, a diferencia de los años sesenta, ahora los organismos afectados han cambiado de intereses; mientras la CEPAL promovía un acuerdo subcontinental como forma de integración y los EE.UU. conseguían imponer su criterio de realizar acuerdos parciales y de ámbitos geográficos limitados, actualmente la CEPAL promueve las antiguas instituciones y EE.UU. propone la creación de una Zona de Libre Cambio a nivel continental.

A pesar de estas diferencias, lo más sustancial es la causa que ha revitalizado actualmente la integración latinoamericana. En los sesenta, primaba la relación en la que la integración era un instrumento para la industrialización y por tanto para el desarrollo económico y social. En los noventa, la integración ha emergido vehementemente con el objetivo de configurarla como un instrumento de inserción en el mercado mundial, o sea, un instrumento de especialización en la división internacional del trabajo a escala mundial; en definitiva, en un mecanismo para la mundialización.

Por consiguiente, las antiguas asociaciones actualmente se mantienen y se persigue revitalizarlas. Por ejemplo, la ALALC se transformó en 1980 en la ALADI, lo que supone pasar de una ZLC a una zona preferencial de comercio. Actualmente la ALADI es un acuerdo marco para promover acuerdos entre países, de tipo bilateral o entre varios países que decidan profundizar su grado de integración.

El MCCA está en fase de transformación hacia una Comunidad Económica Centroamericana que debe sustituir el anterior Tratado de Managua.

En 1988, con el protocolo de Quito, se inicia la recuperación del Grupo Andino que, con la suscripción del Acta de la Paz, vuelve a poner en funcionamiento la zona de libre comercio entre los países asociados.

Además de la puesta en marcha de los antiguos procesos de integración, en la actualidad han aparecido nuevas iniciativas. El Grupo de los 3 (G-3) ha significado la creación de una ZLC entre México, Venezuela y Colombia, que ha entrado en funcionamiento en la década de los noventa. Otro acuerdo ha sido el Tratado de Libre Comercio entre México y el MCCA (INCLOURE MERCOSUR NOU). Sin embargo, el tratado más relevante como paradigma del espíritu de la ALADI ha sido el de MERCOSUR, con la firma del Tratado de Asunción de 1991 entre Argentina, Brasil, Paraguay y Uruguay. En realidad, existen cuatro tipos de antecedentes que han desembocado en la configuración del MERCOSUR.

1. Por un lado, el Tratado de la Cuenca del Plata, agrupación de países ribereños con este río, siendo uno de los esquemas de integración más exitosos del continente hasta la fecha, aunque únicamente se refiere a infraestructuras.
2. En segundo lugar, la ALADI, pues se enmarca dentro de los esquemas previstos de tipo parcial, con el fin de agrupar aquellos países con necesidades de cooperación más directa.
3. En tercer término, los acuerdos bilaterales entre Argentina, Brasil, Paraguay y Uruguay, aunque son una combinación de los dos primeros antecedentes mencionados.
4. Por último, la Iniciativa para las Américas, que solamente reconoce los esquemas amplios de integración y no los de tipo bilateral.

El Tratado de Libre Comercio de Norteamérica

En el marco de la «Iniciativa por las Américas» propuesto por el entonces presidente norteamericano Bush en 1990 y con la pretensión de sentar las bases para la integración continental en el futuro, se empieza a gestar la incorporación de México al ya existente Tratado de Libre Comercio entre EE.UU. y Canadá de 1989. Fue en 1994 cuando entró en vigor el Tratado de Libre Comercio de Norteamérica (TLCNA) entre los tres países del norte del continente, coincidiendo con la rebelión zapatista en Chiapas, uno de los Estados mexicanos más pobres.

No era una simple coincidencia ya que la firma del Tratado por parte de México significaba la culminación y profundización del proceso de liberalización económica iniciado a finales de los ochenta por Salinas de Gortari en el marco del programa de ajuste estructural. Se llegó a finales de 1994 con un México descalabrado por la fuerte crisis política interna y las turbulencias financieras que llegaron a afectar al dólar norteamericano. El salvavidas conseguido por Clinton ante el Congreso de EE.UU. y complementado por el FMI en forma de crédito a México permitieron a éste reconducir la situación.

El principal objetivo del TLCNA es la liberalización comercial entre los países integrantes mediante la progresiva eliminación de las barreras arancelarias y no arancelarias, manteniendo cada uno de ellos sus aranceles hacia terceros. Es impensable por el momento ir más allá en el proceso de integración comercial, especialmente en su fase de mercado común —que significaría la libre movilidad de factores—, ya que uno de los temas que más preocupa a EE.UU. es el flujo migratorio procedente de México.

A pesar del previsible incremento de los flujos comerciales y de la inversión entre los asociados, la tradicional dependencia de México hacia EE.UU. se verá considerablemente aumentada, ya observable en la concentración de su comercio hacia el mercado norteamericano y canadiense que llega al 80 por 100 del total. Y es que el TLCNA presenta diferencias respecto al resto de los procesos de integración del continente, siendo la más destacable que el Tratado incluye a dos países desarrollados y uno subdesarrollado. De esta forma, según se conciba la integración, ésta puede no generar las mejoras esperadas especialmente en el caso del país menos desarrollado económicamente, dificultando todavía más la necesaria articulación sectorial en esta economía. Un ejemplo sería el importante crecimiento de las maquilas en la frontera México-EE.UU., que además de ser un buen motivo de inversión por parte de las empresas norteamericanas dado el bajo coste salarial, permite regular los movimientos migratorios.

De hecho, mediante el TLCNA, EE.UU. pretende, estructuralmente, más allá de la liberalización comercial, ir afianzando su posición hegemónica en el marco de los bloques comerciales ante la creciente globalización económica. No se trata por tanto de fundamentar la integración sobre la base del desarrollo económico y el cambio estructural, tan necesario para México y en general para los países latinoamericanos. La lógica es otra. Y es justamente esta lógica la que hace que algunos países de América Latina tengan sus dudas sobre la propuesta norteamericana expresada por Clinton de crear en el 2005 un Área de Libre Comercio de las Américas (ALCA). De momento, y en la línea de la «Iniciativa por las Américas», en la Conferencia de Miami de 1994, 34 Estados del continente firmaron un acuerdo para liberalizar el comercio hemisférico, siendo la Organización de Estados Americanos la institución negociadora del proceso.

La importancia del mercado de EE.UU. para los países de la región no es un motivo poco atractivo para considerar seriamente la propuesta, especialmente si se considera el bajo comercio intrarregional existente. Todo parece indicar que los países de América Latina tratarían de compaginar en la medida de lo posible la promoción del libre comercio continental con las experiencias de integración latinoamericanas de más alcance como el MERCOSUR o el MCCA en la línea del «regionalismo abierto». De todas formas sería deseable en primer lugar consolidar los procesos integracionistas en curso en la región. De cualquier forma, y teniendo en cuenta que el ALCA significaría exclusivamente la liberalización comercial, debería considerarse la distinta naturaleza de ambos tipos de integración y las diferencias estructurales entre países, con el fin de evitar la agudización de los problemas socioeconómicos que presenta América Latina.

28.3. LA COOPERACIÓN ECONÓMICA EN ASIA Y ÁFRICA

Existen otros procesos de cooperación entre países en el resto del mundo, aunque estrictamente no podrían ser calificados como propiamente de integración ya que, en general, son procesos que persiguen el establecimiento de lazos de cooperación configurados formalmente en la creación de espacios preferenciales de comercio.

La primera experiencia de cooperación en Asia fue la Asociación de Naciones del Sudeste Asiático (ASEAN), creada en 1967 y formada actualmente por Brunei, Indonesia, Malasia, Filipinas, Singapur, Tailandia, Vietnam, Myanmar y Laos. En 1992 los países integrantes decidieron avanzar en la creación de una zona de libre comercio, lo que generó los recelos de la otra gran asociación asiática.

La Cooperación Económica de Asia-Pacífico (CEAP, APEC en sus siglas inglesas) nacía en 1989 de la creciente interdependencia económica entre los países de las dos orillas del Pacífico. Forman la APEC los siguientes países: Brunei, China, Corea del Sur, Filipinas, Hong-Kong, Indonesia, Malasia, Singapur, Tailandia, Taiwan, Singapur, Vietnam, Australia, Nueva Zelanda, Papúa-Nueva Guinea, Japón, EE.UU., Canadá y México. Además de la incorporación de nuevos países latinoamericanos, la APEC ha empezado un tímido proceso de liberalización comercial en algunos sectores.

Por último destacar la Asociación del Sur de Asia para la Cooperación Regional (ASACR/SAARC), formada por India, Pakistán, Bangladesh, Sri Lanka, Nepal, Bhután y las Islas Maldivas, creada en 1985. A pesar de que sus integrantes plantearon en 1995 el establecimiento de una zona de libre comercio, los conflictos indopaquistaníes dificultan cualquier avance en materia integracionista.

La cooperación en África toma en algunos casos, al menos sobre el papel, la forma institucional de integración, cuyas asociaciones, en la mayoría de los casos, tienen su origen en los acuerdos aduaneros impuestos por las metrópolis durante el período colonial. Pueden diferenciarse los acuerdos entre los países africanos por claras áreas geográficas:

- — Los países de la antigua África Occidental Francesa, al lograr la independencia política constituyeron en 1958 la Unidad Económica y Monetaria del Oeste Africano (UEMOA), formada por Benin, Togo, Senegal, Burkina Faso, Costa de Marfil y Níger, compartiendo una moneda común: el franco CFA (Comunidad Financiera Africana). Estos países, con excepción de los dos primeros, conjuntamente con Mali y Mauritania, crearon la Comunidad Económica de África Occidental (CEAO) en 1974, con el objetivo de avanzar en el desarrollo de un mercado común. Un año más tarde se amplió la asociación a ocho Estados más del África occidental, creándose la Comunidad Económica de Estados de Africa Occidental (CEEAO/ECOWAS).
- — En África central se constituyó en 1966 la Unión Aduanera y Económica de África Central (UDEAC), integrada por los países que habían pertenecido al África Ecuatorial Francesa, concretamente Congo, Gabón, República Centroafricana, Chad y Camerún. Como en el caso de la CEAO, estos países funcionan con una moneda común bajo un régimen de unión aduanera. La UDEAC se convirtió en 1983 en la Comunidad Económica de los Estados de África Central (CEEAC), incorporando en su ampliación a cinco nuevos Estados.
- — En el área oriental del continente está constituida desde 1994 la Comunidad para el Desarrollo del África del Sur (CDAS/SADC), cuyos orígenes se remontan a la década de los setenta y que actualmente integran Angola, Botswana, Lesotho, Mozambique, Malawi, Swazilandia, Tanzania, Zambia, Zimbabwe, Sudáfrica y Namibia. La cooperación entre Kenia, Uganda y Tanzania los llevó en 1967 a crear la Comunidad Económica de África Oriental (CEAOR), aunque desapareció a finales de los setenta, no volviéndose a dar síntomas de colaboración hasta 1996 con la constitución de la Comisión

para la Cooperación del África Oriental (CCAO/CEAC). Estas dos instituciones, juntamente con la Comunidad Económica de Países de los Grandes Lagos (CEPGL) —formada por Ruanda, Burundi y Zaire— y otros países de la región, crearon en 1995 el Mercado Común del Este de África (MCEA/COMESA), constituyendo con anterioridad una zona de libre comercio en la que se aprobaron las primeras reducciones arancelarias.

A pesar de la expansión y el desarrollo de la integración en el continente africano, la fuerte desestructuración de estas economías, los elevados niveles de pobreza y mortandad y los conflictos regionales, impiden que el avance integracionista se manifieste por el momento en una creciente interdependencia económica regional que implique mejoras reales en los niveles de desarrollo humano y social de la población africana.

RESUMEN

Las primeras experiencias de integración se desarrollan con posterioridad a la 2GM en el continente europeo y en Latinoamérica. Los avances de estos procesos han estado fuertemente condicionados por el ciclo económico, avanzándose en momentos de expansión económica y paralizándose durante la fase de crisis. La Unión Europea presenta la etapa de integración más avanzada, de tal manera que desde el establecimiento de la Unión Monetaria los países asociados funcionarán con una misma moneda. Esta coordinación en materia monetaria no se da en la política fiscal, siendo éste uno de los principales escollos en el avance hacia la integración total. La integración en América Latina ha pasado por una primera etapa de vincular la integración con la profundización de la industrialización, para posteriormente utilizar la integración como herramienta estratégica para la inserción competitiva de estas economías en el mercado mundial y en algunos casos para promover el desarrollo económico. En Norteamérica la liberalización comercial que supone el TLCNA pretende ser el primer paso en el avance hacia la integración continental liderada por EE.UU. Lo que, en el caso europeo y americano, parece configurar dos bloques regionales más o menos sólidos, en la región asiática la forma que tomará el tercer bloque no está todavía clara, visto el carácter más asociativo que integracionista de los acuerdos entre países. África, a pesar de los procesos de integración en curso, sigue quedando al margen de la mayoría de los acontecimientos económicos a escala mundial, también en los de regionalización.

LECTURAS PARA LA REFLEXIÓN

«Europa no tiene suficiente peso específico, pese a que, como ya he subrayado, nuestra nueva presencia económica impresiona a nuestros competidores y tranquiliza a los europeos. El origen de nuestras carencias está claro. Reside en la ficción, deliberadamente sostenida, de la plena soberanía y, en consecuencia, de la eficacia absoluta de las políticas nacionales. (...) Lo cierto es que el Tratado tiene lagunas, pero éstas se explican a menudo por el afán protagonista de algunos países o por una mala evaluación de sus intereses. (...) La Unión Económica y Monetaria se sitúa, en efecto, por sus mismas finalidades, en la encrucijada de la integración económica y la integración política.»

J. Delors: *El nuevo concierto europeo*. Acento, Madrid, 1993.

«El proceso de conseguir la creación del mercado interior pretende, en definitiva, una mejora general de las condiciones económicas, que lleve a un aumento de las perspectivas de desarrollo de las regiones menos favorecidas, pero existen muchos problemas… Ante el mercado interior cada región ha de responder en función de sus factores de competitividad y si, por un lado, una región puede aprovechar sus ventajas específicas para abastecer a un mercado constituido por toda la Unión Europea, por otro, hay sectores que resultan vulnerables y se ven afectados negativamente. Así, muchas industrias de algunas regiones pueden encontrarse en mala situación, necesitando modernizarse a base de aumentar la productividad y perdiendo empleo. Esta situación afecta, sobre todo, a las partes más débiles de la Comunidad, a las regiones donde la baja productividad procede, básicamente, de problemas estructurales.»

R. Puyol y J. Vinuesa: *La unión europea*. Síntesis, Madrid, 1995.

«Al ser percibida la competitividad como fin en sí y la invocación al empleo siendo meramente retórica, resulta imposible *un consenso* en torno a una política de rentas reducida a su mera dimensión-moderación salarial… En Europa, la culminación del cuestionamiento del Estado del Bienestar y del pacto social keynesiano va a coincidir con el desarrollo del proceso de integración tal como ha sido recogido por el Tratado de la Unión Europea. Si conviene ser competitivos y tender hacia un crecimiento no inflacionista en economías abiertas, el proceso de convergencia introduce, en caso de *sacralización a ultranza de la inflación*, el riesgo de introducir un ajuste social regresivo en los Estados miembros de la Unión y, sobre todo, en los Estados menos desarrollados... Al no existir los elementos teóricos necesarios para construir una zona monetaria, el ajuste va a recaer sobre la variable salarial, estimulándose la desregulación sobre el mercado de trabajo y el paro.»

F. Rodríguez Ortiz: *La Unión Monetaria y España: ¿Integración económica o desintegración social?* Universidad de Deusto, Bilbao, 1997.

«La Europa de la CE avanza en esa dirección, aunque en cierto sentido parece el "enfermo" entre regiones, al haber desarrollado un concepto puramente economicista de su proyecto (un "mercado integrado", nada más), por lo que ha de enfrentarse a un gran problema: dotarse del correspondiente poder político. Pero mientras esté pendiente de definición el componente social del proyecto, el mercado común, que sólo es un armazón vacío, se producirán conflictos sociales y, por tanto, políticos insuperables. La posterior consolidación de las economías europeas requerirá la regulación de un Estado, quizá confederal, capaz de imponer un compromiso capital/trabajo a la escala del mercado integrado.»

S. Amin: *El capitalismo en la era de la globalización*. Paidós, Barcelona, 1999.

PALABRAS CLAVE

- CEE-CE-UE
- EFTA-EEE
- PAC
- Fondos Estructurales
- Cohesión económica y social
- Programas de convergencia
- Unión Monetaria Europea
- ALALC-ALADI
- MCCA
- CARICOM
- GRAN
- MERCOSUR
- G-3
- TLCNA
- ALCA
- ASEAN
- APEC
- ASACR
- CEEAO
- CEEAC
- MCEA

BIBLIOGRAFÍA BREVE

Banco de España: *Unión Monetaria Europea: cuestiones fundamentales*, Banco de España, Madrid, 1997

INTAL: *Integración Latinoamericana*. Instituto Latinoamericano de Integración. Buenos Aires. Revista trimestral, diversos años.

J. A. Nieto Solís: *Fundamentos y políticas de la Unión Europea*, Siglo XXI, Madrid, 1995.

R. Puyol y J. Vinuesa: *La unión europea*. Síntesis, Madrid, 1995.

R. Tamames y B. Huerta: *Estructura Económica Internacional*, Alianza, Madrid, 1999.

J. Vilaseca: *Los esfuerzos de Sísifo: La integración económica en América Latina y el Caribe*. Catarata, Madrid, 1994.

CAPÍTULO 29
La regulación del sistema financiero internacional

Ramón Sánchez Tabarés

En este capítulo se expone cómo las instituciones creadas en Bretton Woods con el fin de estabilizar los intercambios financieros y las paridades monetarias (Fondo Monetario Internacional) han tenido las mismas dificultades que aquellas otras destinadas a desarrollar los países de la Periferia (Banco Mundial). Más recientemente, los amplios desequilibrios existentes en los países del Centro han creado dificultades para controlar las transacciones monetarias mediante las políticas tradicionales y han conducido a la introducción de innovaciones financieras que han provocado mayores desajustes y dificultades. La globalización no parece que sea la solución de tales desajustes ni del dualismo existente a escala mundial.

29.1. LA RESOLUCIÓN DE LOS DESEQUILIBRIOS FINANCIEROS: EL FONDO MONETARIO INTERNACIONAL

Al finalizar la Segunda Guerra Mundial se planteó la necesidad de construir un nuevo sistema en el que basar los intercambios internacionales. La creación del patrón de cambios dólar-oro se basaba en un tipo de cambio fijo del dólar con respecto al oro con plena convertibilidad y en una relativa fijeza (± 1 %) de las demás monedas respecto al dólar. Se trataba con él de eliminar los rasgos más onerosos de las guerras comerciales que habían conducido a reducir los flujos comerciales en el período anterior a la guerra.

Este nuevo sistema había de garantizar las siguientes funciones:

a) Ampliar los mecanismos crediticios entre países y al mismo tiempo permitir compensar las deudas existentes.
b) Arbitrar los procedimientos para mantener la solvencia de los países deudores.
c) Desplegar los mecanismos para proporcionar mayor fluidez al comercio internacional.

En el fondo, eso implicaba necesariamente lograr una estabilidad en las paridades de las diversas monedas, impidiendo, o al menos frenando, las devaluaciones monetarias con fines estrictamente comerciales, sin menoscabo de la necesaria autonomía de la política monetaria de los diversos Estados para atender al objetivo de la estabilidad interna.

Por ello era también preciso que los países con déficits comerciales profundos pudieran disponer de créditos en divisas en cuantía suficiente para poder hacer frente a esos desajustes coyunturales. Así no se verían obligados a devaluar su moneda o elevar su tipo de interés, con los subsiguientes efectos negativos sobre el nivel de empleo. Además, el mantenimiento de las paridades, en un marco de cierta flexibilidad, era condición *sine qua non* para poder consolidar un sistema multilateral de pagos, que redundaría a la vez en un comercio internacional más fluido.

Más en concreto, la creación en la conferencia de Bretton Woods de 1944 del Fondo Monetario Internacional (en adelante FMI) y del Banco Internacional de Reconstrucción y Fomento (en adelante BM, siglas de Banco Mundial, tal como fue rebautizado el banco con posterioridad) buscaba la consecución de los siguientes objetivos:

1. Promover las consultas y la colaboración entre los países integrantes de esas instituciones para resolver los problemas monetarios internacionales y prestar fondos a los países con déficit en sus balanzas de pagos.
2. Ayudar a mantener una paridad estable de las diversas monedas.
3. Favorecer los intercambio.
4. Conceder fondos con los que financiar proyectos de desarrollo, tarea encomendada al BM.

Para poder llevar a cabo reajustes en las paridades monetarias, los miembros del FMI necesitan una autorización previa de ese organismo, excepto cuando se produce una única variación, que no puede superar el ± 1 por 100. Tal autorización está condicionada a que exista un desequilibrio profundo y fundamental (elevada tasa de inflación, desequilibrio comercial externo, déficit público elevado...).

En el caso de desequilibrios de naturaleza temporal o cíclica, los países pueden utilizar sus reservas de divisas, acudir al préstamo del FMI, si aquéllas son insuficientes, al tiempo que despliegan medidas de política económica que les permitan soslayar los ajustes en la paridad.

Esos préstamos del FMI a los países deficitarios guardan relación con el volumen de la cuota respectiva, pero no pueden solicitarse en caso de que los desajustes provengan de movimientos especulativos de capital. En tal caso han de ser los instrumentos de política económica las únicas palancas a usar para resolverlos.

La concesión de dichos préstamos está condicionada a la adopción de planes de estabilización y ajuste económico que diseñan los expertos del FMI asesorando a las autoridades nacionales. Dichos planes significan, en general:

— La disminución de los desequilibrios de los presupuestos públicos, habitualmente mediante recortes drásticos en los gastos, con el objetivo de reducir la presión y las expectativas inflacionistas.
— Las devaluaciones monetarias, que facilitan las exportaciones y reducen la presión importadora, para que de esta forma se reduzca el déficit comercial exterior.
— La privatización de empresas públicas que, a la par que sirve para sanear las finanzas públicas, acentúa los criterios de mercado en la actuación de los agentes económicos.

Cuadro 29.1. Crédito otorgado por el FMI (total no reembolsado).

Años	Importe
1979	8,9
1980	8,0
1981	9,5
1982	14,8
1983	23,6
1984	31,7
1985	34,8
1986	36,9
1987	33,4
1988	29,5
1989	25,5
1990	24,4
1991	25,6
1992	26,7
1993	28,5
1994	29,9
1995	36,8
1996	42,0
1997	40,5
1998	56,0

Cifras en millardos de DEG.
Fuente: FMI: *Informes Anuales*, 1995-1998. Washington.

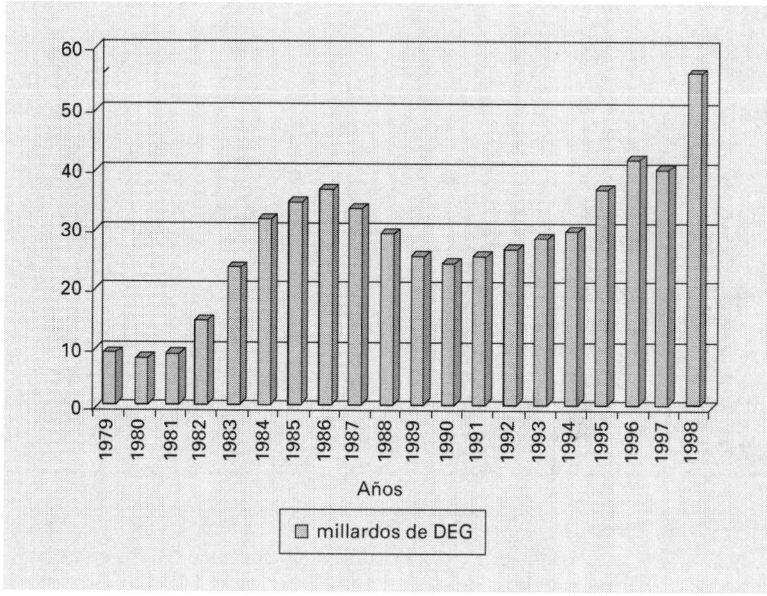

Gráfico 29.1. EVOLUCIÓN DEL CRÉDITO OTORGADO POR EL FMI (total no reembolsado).

La evolución experimentada por los fondos que el FMI destinó a la concesión de créditos se muestra en cifras en el Cuadro 29.1 y visualmente en el Gráfico 29.1

Puede comprobarse que el recurso a dichos fondos, bajo sus diversas modalidades, ha tenido una evolución fuertemente creciente a partir de los años ochenta, debido a que durante esa década aumentó el número de países que tuvieron problemas de desequilibrio en sus respectivas balanzas de pagos, incluyendo también a los países del Centro. Ese tipo de problemas parecen haberse atenuado a finales de los ochenta, y sólo hasta la segunda mitad de los noventa han vuelto a recuperar su trayectoria alcista.

29.2. EL GRUPO DEL BANCO MUNDIAL Y LA FINANCIACIÓN PÚBLICA DEL DESARROLLO

Además del FMI, los acuerdos de Bretton Woods dieron origen de forma complementaria al BM cuyas tareas son las de suministrar financiación para enfrentarse a las dificultades estructurales de las balanzas de pagos y al mismo tiempo ayudar a la reconstrucción y reconversión del aparato productivo mediante el fomento del desarrollo.

El BM puede ser prestamista o fiador y los beneficiarios son los gobiernos de los países miembros o instituciones o empresas oficiales o privadas y, en este último caso, mediante la garantía del propio Estado. De cualquier modo, no se trata de competir con instituciones financieras de carácter privado, sino de complementar sus mecanismos crediticios.

Así pues, de forma paralela y complementaria, el BM realiza la asistencia técnica de dichas operaciones mediante la preparación de programas de desarrollo económico a través del suministro de fondos para la dotación de infraestructuras que permiten la explotación de recursos naturales de todo tipo y la extensión territorial de las actividades productivas.

La participación del BM en tales tareas actúa como catalizador de las inversiones privadas y sirve al mismo tiempo de apoyo a la penetración de las empresas multinacionales en los países de la Periferia. En el mismo sentido, y para cubrir las inversiones en sectores que por su elevado riesgo pueden recibir escasas dotaciones de fondos privados, se creó la *Corpora-*

Cuadro 29.2. Inversiones totales de la CFI en proyectos.

Años	Coste total de proyectos	Número de proyectos	Promedio inversiones	Inversiones CFI	Porcentaje participación de la CFI
1993	17.422	185	21,3	3.936	22,6
1994	15.839	231	18,6	4.287	27,1
1995	19.500	213	25,8	5.500	28,2
1996	19.600	264	30,7	8.100	41,3
1997	17.900	276	24,3	6.700	37,4
1998	17.500	308	16,6	5.100	29,1
1999	13.300	255	20,8	5.300	39,8

Cifras en millones de dólares USA.
Fuente: Corporación Financiera Internacional: *Informes Anuales*, varios años, y elaboración propia.

ción Financiera Internacional y la *Asociación Internacional de Fomento*. Los créditos concedidos por estas instituciones tampoco entran en competencia con los procedentes del sector privado o los del BM y se destinan sobre todo a las zonas menos desarrolladas de los países periféricos.

Tal y como muestra el Cuadro 29.2, la tendencia de las inversiones de la Corporación Financiera Internacional ha seguido una trayectoria creciente, tanto en lo que atañe a su volumen como al número de proyectos que engloba. Ello constituye una prueba de los esfuerzos de los países de la Periferia en atraer inversiones externas y traduce también los cambios de tendencia en el crecimiento de los países del Centro; asimismo, el promedio de dichas inversiones ha tenido una trayectoria similar. En cambio, la participación de la Corporación Financiera Internacional en la financiación de los proyectos ha seguido una tendencia de tipo cíclico y con ciertos rasgos que se pueden definir como erráticos. Esto puede atribuirse a los cambios en la participación de los inversores privados en dichos proyectos de inversión.

29.3. LA CRISIS DEL SISTEMA REGULADOR DE BRETTON WOODS

El sistema monetario establecido en Bretton Woods se basaba en el dólar norteamericano convertible a un tipo de cambio fijo en 35 dólares la onza de oro fino. También se trataba de mantener ese carácter fijo, dentro de ciertos márgenes, en el tipo de cambio entre las distintas monedas y el dólar, paliando los desajustes existentes a través del FMI y el BM, cuya actuación servía para disminuir el uso de las devaluaciones. El sistema trataba de contribuir a un comercio internacional más fluido, al frenar el despliegue de mecanismos proteccionistas que pretendían «empobrecer al vecino».

Este sistema monetario funcionó de forma adecuada mientras EE.UU. mantuvo un superávit en su balanza de pagos y el dólar continuó como la divisa de intercambio por antonomasia. Estos rasgos comenzaron a modificarse en los años sesenta, a medida que se incrementó de forma muy acusada el flujo de capitales desde EE.UU. hacia los países europeos y Japón, y comenzó a aflorar un déficit comercial creciente en EE.UU.

Ese cambio se produjo por una política monetaria expansiva en EE.UU., cuyo exceso de liquidez significó una traslación de la inflación y el incentivo para las inversiones externas desde EE.UU. Tal política, por otra parte, se adaptaba perfectamente a las políticas monetarias restrictivas de los países europeos y la consiguiente escasez de fondos líquidos.

En ambos casos, la política monetaria se centraba especialmente en los problemas del equilibrio interno y la inflación, marginando los desequilibrios exteriores procedentes de desajustes en las balanzas de pagos, que mostraban rasgos de profundas perturbaciones.

A finales de los años sesenta comenzó a plantearse la necesidad de establecer un nuevo sistema de pagos internacionales, a partir, entre otras cosas, de la postura del gobierno francés de convertir sus reservas de dólares en oro, que traducía parcialmente la previsión, más o menos remota, de una devaluación del dólar, teniendo en cuenta su debilidad frente al oro en términos de precios y obedeciendo a los fenómenos inflacionarios en la economía estadounidense.

Los desajustes internos de dicha economía fueron causados por un desmesurado nivel de gasto militar provocado por la guerra de Vietnam y la política monetaria expansiva ya señalada destinada a financiar cómodamente ese mayor nivel de gasto público.

Asimismo, comenzó a insinuarse, como método de ajuste de los desequilibrios en las balanzas de pagos, la posibilidad de ampliar los márgenes de fluctuación de los tipos de cambio en torno a la paridad, e incluso el establecimiento de la flotación monetaria para eludir así las políticas restrictivas. La disminución progresiva del excedente de la balanza por cuenta corriente (comercial, servicios y transferencias) de EE.UU. fortaleció las posturas favorables a la adopción de tipos de cambio flexibles. Por otra parte, aumentó la escasez relativa de dólares respecto a su capacidad para facilitar un volumen de liquidez acorde con el ingente volumen de los intercambios internacionales.

Por todo ello, comenzaba a verse claro que eran precisos ciertos cambios:

— Que se crearan amplios medios de reserva conforme a la evolución del comercio mundial.
— Que se pudiesen arbitrar nuevos mecanismos para resolver los desajustes sin provocar graves problemas internos.

— Que se garantizasen fondos líquidos en consonancia con el crecimiento económico.
— Que se preservase la estabilidad de las monedas.

Para resolver los problemas de la relativa escasez de dólares, en 1967 la asamblea del FMI en Río de Janeiro decidió la creación de los *Derechos Especiales de Giro (DEG)* —en inglés *Special Draft Rigths (SDR)*—, instrumento monetario que pretendía ampliar la liquidez del sistema monetario internacional.

De esta forma se trataba de proveer de liquidez mediante la emisión, por los diversos países, de una moneda fiduciaria internacional, en consonancia con su respectiva participación en el comercio internacional. Así se eliminaba el cuasi monopolio de «señoriaje» hasta entonces atribuido a un solo país, los EE.UU. y al dólar estadounidense.

Esto no resolvía las dificultades para mantener la convertibilidad fija del dólar en oro, como consecuencia de la pérdida de valor de la divisa norteamericana y de la tendencia a incrementar las tenencias de las reservas de otros países en el dorado metal en vez de hacerlo en dicha moneda. Tampoco era solución para mantener fijas las paridades.

Buena prueba de ello es que el 15 de agosto de 1971 el Gobierno de EE.UU. eliminó unilateralmente la convertibilidad del dólar, lo que le permitió poder devaluar su moneda, al menos en términos nominales (porque ya lo estaba en términos reales), y recuperar en parte su capacidad competitiva que había mermado progresivamente.

En 1971 se abandonó la banda estrecha de variación de los tipos de cambio señalados en Bretton Woods (± 1 %), eliminándose así la otra característica dictada en dichos acuerdos, iniciándose de esta forma una era de *tipos de cambios flexibles* aunque controlados por los bancos centrales respectivos.

Hay que aclarar que el control de tipos de cambio se realiza porque dada la lenta reacción de los intercambios comerciales a una devaluación, en razón de su rigidez, sus primeros efectos son la reducción de las entradas de capital y, por tanto, nuevas presiones a la baja sobre el tipo de cambio que pueden llevar a ulteriores desvalorizaciones y a las devaluaciones consiguientes. En cambio, los efectos sobre los precios interiores son muy rápidos y la aceleración de la inflación presiona también para nuevas devaluaciones. Lo contrario ocurre en el caso de una revaluación. Por todo ello no es nada extraño que se produzcan intervenciones por parte de los bancos centrales que impiden una auténtica flotación libre de las cotizaciones de las monedas de acuerdo con las fuerzas del mercado.

Ante las medidas norteamericanas de suprimir la convertibilidad del dólar y las sobretasas adicionales para frenar las importaciones y reducir el déficit comercial, la respuesta de los países europeos fue la de establecer un sistema concertado de flotación que permitía mantener la anterior paridad para las transacciones comerciales y hacía flotar los tipos de cambio en las transacciones de capital, pero sin revaluar sus monedas. Además llevaron ante el GATT el establecimiento de sobretasas a las importaciones, dado que atentaban contra la libertad de comercio y distorsionaban los tipos de cambio. Por supuesto, también se hicieron fuertes críticas a las subvenciones impositivas de las inversiones en nuevo equipo que estuviese fabricado en EE.UU. y a los controles sobre las transacciones de capital que estableció el gobierno de ese país.

Como es lógico, ante las previsiones de una devaluación del dólar, aparecieron movimientos especulativos que hicieron subir los precios de las materias primas, pero paradójicamente, éste acentuó su papel como instrumento de dichas transacciones, al tiempo que los especuladores comenzaron a situarse en nuevos activos monetarios, en marcos o yens y en oro principalmente, para hacer frente a dicha eventualidad, con lo que atizaban las fluctuaciones de las paridades.

La situación pareció normalizarse cuando el dólar se devaluó en términos reales un 9 por 100 en diciembre de 1971 y se establecieron paralelamente nuevos márgenes de fluctuación de ± 2,25 por 100. De esta forma se trataba de conseguir:

— Mayores grados de estabilidad cambiaria.
— El mantenimiento de una liquidez acorde con los volúmenes de comercio internacional.
— El restablecimiento del papel adecuado del oro, de las monedas de reserva y de los DEG.

Con todo ello se pretendía continuar facilitando las transacciones de mercancías y de capital.

Esa devaluación no frenó inicialmente las importaciones norteamericanas (prosiguieron a los mismos niveles en volumen, pero se incrementaron en términos monetarios como consecuencia de la devaluación) y en cambio redujo las exportaciones hacia Europa y Japón, que estaban atravesando una fase recesiva en sus economías. En consecuencia, el déficit comercial continuó creciendo desde 1974 en adelante.

Esto prueba que tales medidas no eran suficientes. Continuaba la desconfianza en que la nueva paridad del dólar pudiera mantenerse e hizo que prosiguiese el flujo de salida de capitales desde EE.UU. Dicho flujo estaba en parte destinado a financiar las inversiones en el exterior de las empresas multinacionales norteamericanas, pero también por razones puramente especulativas y por presiones de otros países del Centro. La prosecución de la intervención del Banco de la Reserva Federal de EE.UU. con la intención de mantener la cotización del dólar, de poco sirvió para reducir el déficit comercial. En febrero de 1973 se devaluó de nuevo el dólar (un 10 %), lo que llevó a los restantes países a dejar flotar sus monedas con el fin de controlar su oferta monetaria.

Cuadro 29.3. Saldos de la balanza comercial y de capitales.

Balanza comercial	Alemania	Bélgica	Canadá	EE.UU.	Francia	G. Bretaña	Holanda	Italia	Japón	Suecia	España	G-11
1984	22,1	–1,2	16,0	–112,5	–4,7	–7,1	5,6	–5,8	44,3	3,4	–4,3	–44,2
1985	28,6	–0,5	12,6	–122,2	–5,3	–3,9	5,4	–6,1	56,0	2,4	–4,2	–37,1
1986	55,8	0,6	7,7	–145,1	–2,1	–13,9	7,0	4,5	92,8	5,0	–6,5	5,9
1987	70,2	–0,2	9,0	–159,5	–8,7	–18,8	5,2	–0,3	96,4	4,5	–13,0	–15,3
1988	79,8	1,2	8,2	–127,0	–8,5	–38,4	8,5	–1,4	95,0	4,9	–18,0	4,2
1989	77,7	1,0	6,3	–115,7	–10,7	–40,4	8,2	–2,2	76,9	4,0	–24,5	–19,3
1990	69,0	1,7	8,3	–109,0	–13,3	–32,7	12,1	1,4	63,6	3,4	–29,2	–24,7
1991	19,9	2,0	3,9	–74,0	–9,7	–18,3	12,0	–0,4	96,1	6,4	–30,3	7,4
1992	28,7	3,7	5,7	–96,1	2,4	–23,4	12,3	3,1	124,7	6,7	–30,4	37,4
1993	41,8	5,8	7,9	–131,4	7,5	–20,2	16,9	32,8	139,6	7,5	–14,9	93,3
1994	51,7	6,9	12,3	–164,6	7,0	–16,5	18,7	35,6	144,4	9,6	–14,8	90,3
1995	66,1	9,6	22,3	–172,0	11,2	–18,4	22,1	44,1	132,1	16,0	–17,7	115,3
1996	71,2	8,9	30,7	–189,4	14,9	–19,6	21,8	60,9	83,6	18,6	–16,0	85,5
1997	71,8	8,1	17,6	–196,0	28,1	–20,5	17,8	46,8	101,6	17,9	–13,3	79,7
Balanza de capitales	**Alemania**	**Bélgica**	**Canadá**	**EE.UU.**	**Francia**	**G. Bretaña**	**Holanda**	**Italia**	**Japón**	**Suecia**	**España**	**G-11**
1984	–12,9	0,513	1,7	72,5	3,0	–22,7	–5,7	3,1	–36,6	–5,813	4,9	2,0
1985	–19,2	–0,179	3,6	108,2	2,1	–9,9	–2,6	0,0	–54,2	–2,892	–3,2	21,8
1986	–39,9	–2,886	9,6	95,8	–1,8	–7,0	–2,3	1,8	–73,5	–2,766	–1,6	–24,7
1987	–24,9	–0,51	13,9	110,1	–4,7	48,2	–0,7	10,0	–45,4	–0,779	14,2	119,4
1988	–71,7	–3,758	20,7	99,2	3,8	15,5	–1,3	16,3	–66,2	0,137	14,6	27,4
1989	–73,1	–5,204	19,7	115,7	5,0	7,4	–5,5	24,6	–47,9	9,897	18,3	68,8
1990	–56,1	–1,651	24,6	14,0	20,6	26,6	–4,9	43,4	–21,5	18,925	24,4	88,4
1991	4,6	–3,155	24,7	14,0	–3,1	27,1	–6,2	24,8	–68,7	–1,399	35,2	47,8
1992	52,4	–7,806	15,5	35,8	–7,4	0,3	–8,2	12,4	–101,2	1,22	9,4	2,4
1993	16,2	–13,563	30,2	–10,9	–16,6	13,4	–10,5	6,9	–104,1	11,541	2,6	–74,8
1994	25,9	–10,182	10,7	88,4	–8,6	–23,3	–9,9	–13,2	–87,4	6,101	8,1	–13,4
1995	33,9	–12,571	5,0	20,8	–20,6	0,2	–17,7	–1,6	–66,7	–5,038	–1,6	–65,9
1996	18,9	–12,188	–4,0	188,4	–21,1	9,8	–7,6	–7,9	–31,4	–10,037	26,5	149,5
1997	–3,3	–11,911	11,8	256,1	–38,4	–4,3	–9,7	–3,5	–122,1	–12,39	14,7	77,0

Cifras en millardos de dólares USA.
Fuente: Balance of Payments Statistics Yearbook, vols. 43 y 49, y elaboración propia.

Se puede decir que esto no es más que el reflejo de un proceso de relocalización productiva. El déficit comercial señala que una parte importante de la demanda interna se cubre mediante importaciones; y éstas provienen parcialmente de las unidades de producción instaladas en el exterior por las propias empresas norteamericanas que se financian mediante las fuertes salidas de capital, sea por inversiones directas o en cartera. Otra parte de esas salidas de capital también son créditos de bancos norteamericanos que buscan mayor rentabilidad en el exterior.

Todo ello condujo a un nuevo marco financiero y monetario. No sólo *las paridades dejaron de ser fijas y se extendió un sistema de flotación ge-*

neralizada; también se consolida entre los países de la Comunidad Europea una flotación conjunta de sus monedas; además, los tipos de interés, en consonancia con el nuevo sistema, pasaron a ser variables. En definitiva, ello implicaba para todos los operadores económicos que era preciso tomar en consideración, en términos de financiación o de rentabilidad, los diversos mercados, tanto en el aspecto de las distintas divisas y su respectiva paridad como en las diferentes tasas de interés y que, por tanto, era preciso efectuar previsiones sobre las oscilaciones de ambas variables.

29.4. LA DESREGULACIÓN DE LOS MERCADOS FINANCIEROS INTERNACIONALES

Hasta los años ochenta, la mayoría de los mercados financieros estaban fuertemente regulados y compartimentados, salvo escasas excepciones; sin embargo, a partir de esa fecha y de forma progresiva, desaparecieron los límites «nacionales» y comenzó a aflorar un *mercado global de capitales*.

La globalización implica diferentes cuestiones: expansión del comercio internacional, crecimiento de empresas multinacionales, aumento de las empresas conjuntas internacionales, incremento de la interdependencia de los flujos de capital, etc. Se trata de encontrar nuevas vías que permitan recuperar una tasa de ganancia en tendencia descendente en ciertos sectores y países que no está compensada con trayectorias alcistas en otros, mediante la globalización de los mercados y la disminución de los límites entre lo real y lo financiero.

El inicio de estos fenómenos se puede situar en el abandono, en 1973, del sistema de tipos de cambio fijos establecido en Bretton Woods, pero las transformaciones posteriores ocurridas en el sector financiero, al margen de cuestiones de carácter nacional, representan un hecho internacional que se sustenta en tres fenómenos: innovación, tecnología y desregulación, fenómenos que espolearon los cambios financieros durante los ochenta y multiplicaron sus efectos al actuar de forma interconectada. La magnitud de dichos efectos queda clara si se examinan las cifras del Cuadro 29.3 desde 1980 en adelante.

Los flujos de capital que se deducen de las estadísticas de las balanzas de pagos muestran en los años ochenta una gran expansión porque crecen también los desequilibrios comerciales. Basta con comparar las cifras de las balanzas de capitales de 1979-1981 con las de 1985-1988: en Alemania pasan de un superávit de dos mil millones de DEG a un déficit de casi treinta y un mil millones; en Japón, de un superávit de once mil millones a un déficit de cincuenta mil millones, y en EE.UU., de veintidós mil millones de déficit a un superávit de ochenta mil millones.

Pero fiarse sólo de este criterio es incorrecto y engañoso. Es incorrecto porque no son fáciles de medir los flujos de capital. A guisa de ejemplo se pueden formular las siguientes cuestiones: ¿qué es una transacción financiera transfronteriza? ¿Cómo se evalúan las reinversiones de beneficios obtenidos en el exterior de una inversión directa? ¿Cómo considerar las modificaciones de valor de los activos exteriores poseídos que provienen de cambios en los precios y no en las transacciones?

Además, aún quedan por considerar los retardos y anomalías en la simple recogida de datos, que hacen que, si se reúnen las balanzas de capital de todos los países del mundo, el resultado tendría que ser cero. En realidad, hay un fuerte excedente en esa cuenta de capital.

Se puede, por tanto, concluir que el empleo de la balanza de pagos como medida de los flujos de capital proporciona una falsa impresión del volumen de las finanzas mundiales. Requiere que cuando los desequilibrios comerciales disminuyan, como ocurrió a finales de los ochenta, también lo haga el volumen de capital, dado que en las cifras de la balanza de pagos el capital aparece en términos netos.

En tal sentido, un país con una balanza equilibrada por cuenta corriente no tiene por definición entradas netas de capital, pero esto no quiere decir que sea financieramente independiente del resto del mundo. Del mismo modo, el equilibrio comercial no traduce una economía cerrada. Un país puede ser al mismo tiempo gran prestamista y gran deudor; el sector público puede pedir prestado en el exterior y las empresas y los particulares remitir fuera sus ahorros, o los bancos aceptar depósitos de extranjeros y enviar este dinero fuera.

No es fácil, por ello, medir los fenómenos financieros internacionales. El Recuadro 29.1 se refiere a esta dificultad y a la estimación de la magnitud de la «burbuja» financiera.

El fenómeno globalizador ha modificado los diferentes mercados y sistemas financieros que estaban segmentados, controlados y protegidos, de forma que éstos se vieron impulsados a adoptar formas de operar que favorecieron a su vez el proceso de globalización. Los conceptos de regulación y segmentación se explican en el Recuadro 29.2.

Mientras existieron controles y regulaciones, los establecimientos financieros tenían protección frente a la competencia externa, obteniendo beneficios oligopólicos y pudiendo mantener bajo el tipo de interés; pero cuando prestatarios y prestamistas se encontraron con grandes variaciones en los tipos provocadas por los desajustes internacionales ambos pugnaron por obtener facilidades para captar clientes y proveedores de fondos y por tanto para reducir los mecanismos de regulación.

En definitiva, la estructura intervencionista se vio alterada a comienzos de los setenta y se rompió durante los años ochenta. La segmentación desapareció con la llegada de nuevos actores; los controles se vieron reducidos y las relaciones bancarias conocieron un aumento de la *titulización*, es decir, de tomas de participación de capital en vez de concesión de crédito bancario, al tiempo que los controles de capital fueron progresivamente eliminados.

De todos modos, esa desregulación progresiva retroalimentada no es más que la aceptación de que las reglas anteriores ya no funcionan.

RECUADRO 29.1. ¿CUÁNTO «DINERO MUNDIAL» SE MUEVE EN EL MUNDO?

Para medir las finanzas internacionales se consideran en primer lugar los préstamos bancarios: en moneda extranjera a los nacionales y a los residentes extranjeros y en moneda nacional a estos últimos. A continuación se añaden las operaciones en bonos extranjeros y las operaciones transfronterizas en bonos y títulos nacionales. Finalmente se incluyen las inversiones directas del exterior, las operaciones transfronterizas en servicios financieros (seguros) y las transacciones en productos derivados como opciones y futuros.

En 1980, el volumen «internacional» (exterior más interior en divisas) de préstamos bancarios fue de trescientos veinticuatro mil millones de dólares. En 1991, pese a los problemas de la deuda del Tercer Mundo que estranguló los nuevos préstamos a mediados de los ochenta y a las dificultades de los bancos para hacer frente a sus necesidades de capital, había aumentado hasta 7,5 billones de dólares.

Si esas cifras se comparan con el PIB de los 24 países miembros de la OCDE, que fue en 1980 de 7,6 billones de dólares y alcanzó en 1991 los 17,1 billones de dólares, los préstamos bancarios internacionales crecieron desde el 4 hasta el 44 por 100 de dicho PIB.

Todas estas cifras muestran que los movimientos de capital en sus diversas facetas se han incrementado y ese incremento no constituye un elemento pasajero si se considera que los rasgos de regulación y compartimentación han desaparecido en la mayoría de países.

Como resultado de los fenómenos de desregulación y como producto de los movimientos reales de la economía se produjeron toda una serie de fenómenos:

— Entre 1970 y 1988 el porcentaje de bonos norteamericanos en manos de extranjeros creció desde el 7 hasta el 17 por 100 y actualmente esa cifra ha continuado creciendo; en el caso de la deuda alemana poseída por extranjeros, la proporción entre 1974 y 1988 pasó del 5 al 34 por 100.

— Los activos derivados, como las opciones, los futuros o los *swaps* de tipos de interés o divisas, pasaron desde 1,1 billones de dólares en 1986 hasta 6,9 billones de dólares en 1991. Y las operaciones en divisas, incluyendo los activos derivados, alcanzan los novecientos mil millones de dólares diarios y han crecido más de un tercio desde abril de 1989.

— En 1970, las transacciones con títulos norteamericanos realizadas por extranjeros, residentes o no, equivalían al 3 por 100 del PIB del país; en el año 1980 fueron el 9 por 100 y en 1990 el 93 por 100. Análogamente, en Alemania las cifras fueron del 3, el 8 y el 58 por 100, y en Japón, 2 (en 1975), 7 y 119 por 100.

— En el período 1980-1990, el volumen de transacciones transfronterizas en activos creció a una tasa acumulativa del 28 por 100 anual, pasando de ciento veinte mil millones de dólares a 1,4 billones al año.

— El flujo de inversiones directas en el exterior (IDE) entre 1986 y 1990 procedentes de EE.UU., Japón, Alemania, Francia y Reino Unido pasó de sesenta y un mil millones a ciento cincuenta y seis mil millones de dólares anuales, es decir, una tasa anual de crecimiento del 27 por 100. Actualmente, el flujo estimado global de IDE se cifra en 1,7 billones de dólares por año.

RECUADRO 29.2. REGULACIÓN Y SEGMENTACIÓN FINANCIERAS

La *regulación* implica trabas legales establecidas por cada país con respecto tanto a las operaciones que pueden realizar los establecimientos financieros como al cumplimiento de determinadas relaciones o coeficientes entre sus deudas, los depósitos de los clientes y sus préstamos por operaciones de crédito. Dichos coeficientes se establecen por razones de solvencia, o para poder colocar más fácilmente las emisiones de títulos públicos, o bien para encauzar las operaciones crediticias favoreciendo a determinados sectores productivos. Las regulaciones, pues, dividen los mercados, concediendo al mismo tiempo un poder monopolístico a los establecimientos financieros al que éstos no están dispuestos a renunciar. Para limitar ese poder, los reguladores públicos controlan el sector, bien estableciendo precios (tipos de interés), bien

RECUADRO 29.2. REGULACIÓN Y SEGMENTACIÓN FINANCIERAS (*Continuación*)

mediante restricciones cuantitativas (de crédito), bien a través de presiones morales. El control es, por tanto, garantía de seguridad: dado que el elemento principal es el precio, no puede permitirse que se mueva libremente.

Por su parte, la *segmentación* significa que las entidades financieras sólo puedan llevar a cabo aquellas operaciones para las que están legalmente autorizadas y que difieren según la clase de entidad de que se trate (cajas de ahorro, bancos, otras entidades financieras). Tiene sus raíces en la especialización de las instituciones financieras debida tanto a las estrategias empresariales como a la presión gubernamental (para hacer frente a situaciones de inestabilidad financiera y para dotar de seguridad a las entidades financieras).

ESQUEMA 29.1. LA CIRCULACIÓN GLOBAL

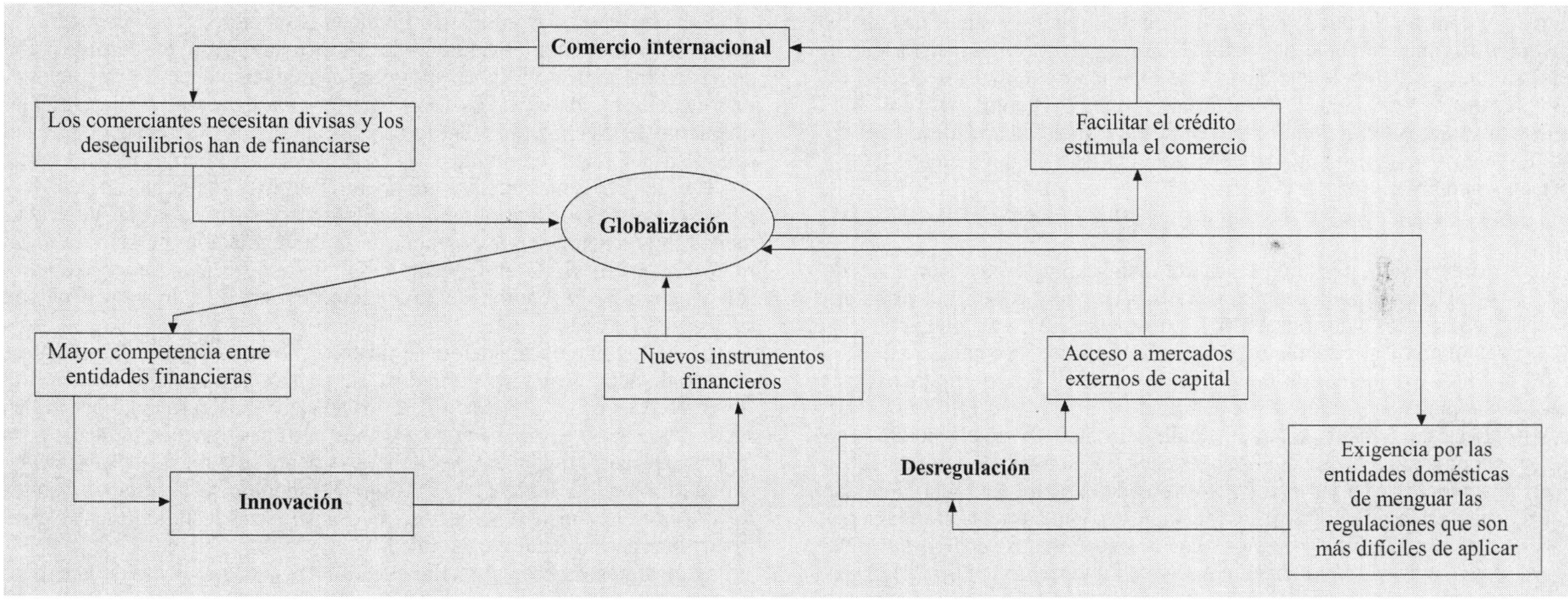

Tal y como muestra el Esquema 29.1, existen relaciones entre las finanzas internacionales y el comercio, la innovación y la desregulación.

— Las relaciones entre comercio y finanzas son bien claras, ya que la expansión del comercio es paralela a la de las finanzas. Por otro lado, resulta más fácil a los importadores acceder al crédito cuanto más amplios y profundos son los mercados internacionales de capitales.

— El proceso innovador se desarrolla para favorecer la expansión y captar clientes en el exterior. Así fue como en los años cincuenta aparecieron los Euromercados, forma mediante la cual los banqueros norteamericanos superaron las restricciones internas sobre los tipos de interés, situando dólares en sus sucursales europeas que concedían crédito a las EMN norteamericanas y europeas.

La introducción de innovaciones hace que los bancos domésticos se vean sometidos a una competencia más amplia y ello conduce a realimentar el proceso.

— A su vez, los reguladores tratan de detenerlo estrechando las medidas, pero en el contexto internacional el capital sigue gozando de movilidad, las regulaciones domésticas vuelven a las instituciones financieras menos competitivas, por lo que crecen las demandas en favor de la desregulación.

La ampliación de los intercambios expande las transacciones financieras, la innovación facilita soslayar las regulaciones y a su vez la desregulación impulsa la expansión de los intercambios financieros.

Así, las políticas respecto a las finanzas internacionales se fueron haciendo más liberales aunque sus responsables fueran en principio reacios a perder el control. Se puede comprobar que las pautas establecidas en los distintos sistemas financieros nacionales se modificaron, a medida que la exposición a la competencia financiera exterior minimizó los efectos de los mecanismos de control borrando los límites existentes entre los diferentes segmentos del mercado. De esta forma, fue extendiéndose el sistema de precios en detrimento de las tarifas. Las fuerzas del mercado irrumpieron y aumentaron los desórdenes.

Ahora bien, también se han de incluir otros elementos de explicación:

— Mientras se produjo un fuerte déficit por cuenta corriente de EE.UU., se produjeron superávits en Japón y Alemania. Estos desequilibrios exteriores entre los tres países de mayor potencial económico exigieron una expansión de los flujos de capital, ya que los países excedentarios tenían que prestar a EE.UU. el capital necesario para hacer frente a sus déficits.
— Las oscilaciones en la cotización del dólar (fuerte elevación de su cotización a comienzos de los ochenta y su caída después de 1985) aumentó la volatilidad de los tipos de cambio, causando aún más problemas en los mercados financieros. Eso aumentó el interés por los otros activos y por los nuevos instrumentos (opciones y futuros), ante el mayor riesgo en las variaciones de los tipos de cambio. Asimismo, los fuertes aumentos de los tipos de interés en dólares —de un promedio del 7,4 por 100 en el período 1975-1979 pasaron al 12,1 por 100 en 1980-1984— estimularon los procesos innovadores ya que los operadores trataban de encontrar formas más capaces de reducir sus riesgos financieros.
— A esto se añadieron las ganancias que podían lograrse por evadir las regulaciones locales; ganancias que dependían de las diferencias de coste del capital entre los mercados locales regulados y los del mercado internacional.

Otros factores de incidencia en el proceso de globalización son el impacto de la tecnología, los cambios en la política económica y de los procesos de desintermediación bancaria.

Parece claro que la tecnología puede ser el factor más destacable en los procesos de desintermediación bancaria. La difusión de ordenadores baratos en las economías industrializadas transformó centenas de industrias y agentes financieros. También la tecnología de las comunicaciones mejoró notablemente y ambas permitieron operar en un mercado global durante las 24 horas, al tiempo que aparecía una amplia serie de nuevos productos financieros, como las operaciones sobre índices o los fondos de pensiones.

Todos estos elementos acentuaron el declinar del papel de los bancos como poseedores y difusores de información y dieron un mayor protagonismo a las entidades de clasificación del riesgo de crédito.

Por otra parte, las entidades financieras crecieron y se hicieron más poderosas al aumentar el volumen de sus recursos, y esto les permitió relacionarse directamente con las empresas; análogamente, en sus operaciones internacionales, los bancos se convirtieron en aseguradores e intermediarios, tanto de las emisiones de títulos y las operaciones de deuda, como del suministro de líneas crediticias.

Un elemento más fue la componente política. Los gobiernos de Reagan y Thatcher supusieron un desplazamiento conservador hacia políticas menos intervencionistas y potenciaron la desregulación, no sólo en el terreno financiero. En Gran Bretaña, y en otros países más tarde, se abolieron los controles de cambios, en parte para indicar que, en lo sucesivo, no se necesitarían regulaciones.

La desregulación financiera se puso de moda en la mayoría de países industrializados e incluso gobiernos supuestamente socialistas, como el francés o el español, adoptaron criterios de este tenor; otro tanto ocurrió en Japón. Para hacer justicia a tales posturas políticas, hay que indicar que la rápida expansión financiera de los años ochenta se hubiera llevado a cabo aunque no hubiera tenido lugar el impulso ideológico antirregulacionista forjado por el entorno macroeconómico, las nuevas tecnologías y las presiones internas en favor del cambio.

En resumen, la desregulación es tanto causa como efecto de la expansión financiera global. Una vez que se admite tal proceso, y las políticas financieras de cada país quedan relegadas a un mero papel de apoyo, la diversidad de políticas económicas tiende a desaparecer. El modelo tradicional, que se basaba en la segmentación, el control, las relaciones privilegiadas y la protección, funcionó hasta finales de los sesenta; empezó a resquebrajarse en los setenta y durante los ochenta la tendencia a su desmantelamiento se hizo más rápida y se convirtió en irreversible.

El caso de las inversiones directas

Las inversiones exteriores directas (IED) constituyen un caso especial, aunque signifiquen un pequeño volumen de los flujos mundiales de capital. Las IED se incrementan muy significativamente en los años ochenta. Casi todo este aumento ocurre entre los países del Centro, como muestra el Cuadro 29.4. Estas inversiones obedecen fundamentalmente a las políticas macroeconómicas empleadas, sobre todo a las variaciones de los tipos de cambio.

Así, aunque a finales de los setenta casi la mitad de todas estas inversiones provenían de los EE.UU., la recesión y los altos tipos de interés redujeron el porcentaje al 24 por 100. La causa de ello fue que muchas empresas norteamericanas empezaron a repatriar capital de sus filiales en el exterior y éstas a su vez pudieron endeudarse sin verse abrumadas por los altos tipos de interés existentes en EE.UU. Los datos de la balanza de pagos señalan tal endeudamiento como una caída en las inversiones en el exterior.

La mayoría de esos flujos siguen procediendo del Centro del Sistema,

Cuadro 29.4. Flujos de inversiones extranjeras directas (IED) (en millardos de dólares USA y porcentajes).

	1985-89	1990-94	1995	1996	1997
SALIDAS IED					
EE.UU.	22,0	52,0	96,7	81,1	121,8
Canadá	5,1	5,7	11,6	11,6	14,0
América del Norte (1)	27,1	57,7	108,2	92,7	135,9
Japón (2)	23,8	25,8	22,5	23,4	26,1
Austria	0,4	1,4	1,1	1,8	1,9
Bélgica-Luxemburgo	3,1	6,0	11,6	8,0	7,9
Dinamarca	0,9	2,2	3,0	2,5	3,7
Finlandia	1,6	1,7	1,5	3,6	4,9
Francia	10,2	27,1	15,8	30,4	35,5
Grecia					
Holanda	7,5	14,4	19,6	23,1	20,4
Irlanda		0,2	0,8	0,7	1,0
Italia	2,9	7,2	6,9	6,0	10,2
Portugal	0,0	0,3	0,7	0,8	1,6
Suecia	5,4	6,0	11,399	5,112	11,465
Alemania	11,3	20,8	38,8	29,5	33,1
Gran Bretaña	26,5	22,7	44,1	35,2	61,4
España	0,8	3,2	3,7	5,2	10,0
UE (3)	70,6	113,3	159,1	152,0	203,2
Suiza (4)	4,8	7,7	12,17	11,599	
SUMA (1 + 2 + 3 + 4)	126,2	204,5	302,0	279,7	365,2
% SUMA/total Centro	95,9	97,8	97,9	96,3	93,8
% América del Norte s/total Centro	20,6	27,6	35,1	31,9	34,9
% Japón s/total Centro	18,1	12,3	7,3	8,1	6,7
% UE s/total Centro	53,6	54,2	51,6	52,3	52,2
% Suiza s/total Centro	3,6	3,7	3,9	4,0	
TOTAL SALIDAS IED Centro	131,6	209,1	308,3	290,3	389,3

	1985-89	1990-94	1995	1996	1997
ENTRADAS IED					
EE.UU.	47,7	35,7	57,7	77,6	93,4
Canadá	2,1	5,5	9,2	6,8	7,1
América del Norte (1)	49,8	41,3	66,9	84,4	100,6
Japón (2)	0,1	1,4	0,0	0,2	3,2
Austria	0,5	1,2	1,9	4,5	2,5
Bélgica-Luxemburgo	3,3	9,6	10,9	13,8	11,9
Dinamarca	0,4	2,1	4,1	0,8	2,8
Finlandia	0,3	0,7	1,0	1,1	1,7
Francia	6,0	17,4	23,7	22,0	23,0
Grecia	0,7	1,0	1,1	1,1	1,0
Holanda	4,2	8,3	11,5	7,8	8,7
Irlanda	0,1	1,0	1,4	2,6	2,7
Italia	2,8	3,9	4,9	3,5	3,7
Portugal	0,7	1,8	0,7	0,7	1,7
Suecia	1,0	3,7	14,9	5,5	9,9
Alemania	3,3	2,6	13,4	–2,7	–0,3
Gran Bretaña	14,5	17,9	22,5	25,8	38,1
España	5,1	11,4	6,2	6,5	5,6
UE (3)	42,8	82,7	118,3	92,9	112,9
Suiza (4)	1,8	2,9	3,6	3,7	
SUMA (1 + 2 + 3 + 4)	94,5	128,2	188,8	181,2	216,7
% SUMA/total Centro	94,1	93,6	91,0	94,6	91,8
% América del Norte s/total Centro	49,6	30,1	32,2	44,1	42,6
% Japón s/total Centro	0,1	1,0	0,0	0,1	1,4
% UE s/total Centro	42,6	36,4	36,4	36,4	36,4
% Suiza s/total Centro	1,8	2,1	1,7	1,9	
TOTAL ENTRADAS IED Centro	100,4	137,0	207,4	191,5	235,9

Cuadro 29.4. Flujos de inversiones extranjeras directas (IED) (en millardos de dólares USA y porcentajes) (*Continuación*).

	1985-89	1990-94	1995	1996	1997		1985-89	1990-94	1995	1996	1997
SALIDAS IED						**ENTRADAS IED**					
ASIA	3,5	8,9	14,7	16,7	17,0	ASIA	9,2	33,6	64,8	73,0	80,0
China	0,7	2,4	2,0	2,1	2,6	China	2,5	16,1	35,8	40,2	44,2
Corea	0,2	1,5	3,6	4,7	4,4	Indonesia	0,4	1,7	4,3	6,2	4,7
						Malasia	0,8	4,2	4,2	5,1	5,1
Singapur	0,2	1,7	4,4	4,1	4,0	Singapur	2,4	4,8	7,4	7,4	8,6
						Tailandia	0,7	1,9	2,1	2,3	3,7
Asia sin especificar	2,4	2,8	2,7	3,8	5,2	Asia sin especificar	1,0	1,8	3,8	3,6	4,2
AMÉRICA LATINA	0,4	1,6	2,9	1,6	4,4	AMÉRICA LATINA	4,9	15,6	30,7	42,4	61,5
Argentina	0,0	0,2	0,2	0,2		Argentina	0,7	3,0	4,8	5,1	6,3
Brasil	0,2	0,7	1,4	0,5	1,0	Brasil	1,4	1,7	4,9	11,2	19,7
						Chile	0,2	1,1	3,0	4,7	5,4
						Colombia	0,6	0,9	2,2	3,3	6,0
						México	1,3	5,4	9,5	9,2	12,5
% Asia/total Periferia	80,0	75,2	79,0	75,5	58,0	% Asia/total Periferia	52,0	56,4	53,2	51,2	43,9
% América Latina/total Periferia	9,1	13,7	15,8	7,1	14,9	% América Latina/total Periferia	27,6	26,3	25,2	29,8	33,8
TOTAL SALIDAS IED PERIFERIA	4,4	11,9	18,56	22,17	29,33	**TOTAL SALIDAS IED PERIFERIA**	17,6	59,5	121,8	142,5	182,2
TOTAL SALIDAS MUNDO	136,0	221,0	326,9	312,5	418,7	TOTAL ENTRADAS MUNDO	118,0	196,5	329,2	334,0	418,1
% CENTRO	96,8	94,6	94,3	92,9	93,0	***% CENTRO***	85,1	69,7	63,0	57,3	56,4
% PERIFERIA	3,2	5,4	5,7	7,1	7,0	***% PERIFERIA***	14,9	30,3	37,0	42,7	43,6

Promedios y cantidades anuales.
Fuente: IMF: *Balance of Payments Yearbook*, varios años, y elaboración propia.

pero se puede observar que la Periferia comienza a experimentar en los últimos años un proceso de crecimiento notable aunque limitado, lo que pone de manifiesto un mayor grado de vinculación a escala mundial propiciado por el proceso globalizador.

En el período 1985-1989 los flujos de capital en forma de inversiones exteriores directas desde EE.UU. experimentaron un descenso en promedio. Tal proceso cambió en años posteriores, pero lo más significativo es que su participación en el contexto de los países industriales disminuye respecto al conjunto de la UE que pasa a ocupar porcentualmente el primer lugar en ese grupo. Por otra parte, el control de las empresas norteamericanas estuvo al alcance de los inversores extranjeros a precios de ganga y éstos se aprovecharon. En 1989, las inversiones británicas directas en el exterior fueron el 17 por 100 del flujo total, casi tanto como las de EE.UU., y en la mayoría de casos se dirigieron hacia ese país. Asimismo, la parte de Japón en el total mundial creció hasta el 24 por 100, en su mayoría con el mismo destino. Sin embargo, este proceso se invirtió en el quinquenio siguiente (1990-1994) y prosigue su descenso hasta 1997.

El reforzamiento de posturas proteccionistas y de fenómenos de integración propició las inversiones exteriores con el fin de anticiparse a futuras barreras arancelarias, como es el caso de una parte importante de empresas japonesas que decidieron invertir para fabricar en EE.UU., y el mismo sentido tienen, por ejemplo, las inversiones de Toyota y Nissan en Europa.

Otro factor adicional en el desproporcionado crecimiento de las inversiones exteriores fue la moda de las fusiones y adquisiciones. Esto fue más habitual en EE.UU. y Gran Bretaña que en Japón o en la Europa continental. En parte, también reflejaban el nuevo espíritu de innovación financiera y de competencia y se incrementaron claramente en la década pasada.

Otro elemento a destacar es que crecen las inversiones procedentes de los países de la periferia, aunque su incidencia a escala mundial sea mínima, fenómeno además que se circunscribe a ciertos países de Asia y en menor medida a casos aislados de América Latina.

En lo referente a las entradas, aunque continúan siendo los países del Centro donde se concentra mayoritariamente el fenómeno, esto parece estar cambiando de orientación a juzgar por la trayectoria experimentada por los últimos datos. En cualquier caso, el fenómeno se concentra mayoritariamente en pocos países de Asia: sobre todo China, y de América Latina: Brasil y México, principalmente.

Las características de un mercado global de capitales

El que exista un mercado global de capitales no significa la desaparición total de las barreras nacionales. En términos nacionales, un mercado de capitales integrado permite que las empresas y los agentes privados realicen transacciones eficientes, es decir, prestamistas y prestatarios pueden llevar a cabo las transacciones con idéntica facilidad dondequiera que se sitúen; además, facilita la distribución del riesgo: los prestamistas se protegen contra los riesgos locales desplegando sus préstamos por el entorno. Finalmente, como ampliación de una idea estricta de eficiencia en la realización de las transacciones, un mercado integrado de capitales implica también la tenencia de títulos diversificada en términos territoriales.

Esa integración permite lograr más fácilmente un equilibrio entre ahorro e inversión. En una economía nacional, cada región no tiene que equilibrar sus cuentas exteriores con las demás. Algunas tienen superávit y otras déficit y el capital se mueve con suavidad entre las regiones para eliminar los desequilibrios. Por definición, una región con un excedente total por cuenta corriente ha de acumular derechos financieros sobre las demás. En la práctica, sus residentes, empresas y personas, pueden ver crecer sus depósitos bancarios, en tanto que los bancos prestarán este excedente de liquidez a los prestatarios de otras regiones, cuyas tenencias netas de activos descenderán.

Está claro que la capacidad de endeudamiento de las regiones en déficit tendrá un tope; pero si el mercado de capitales nacional es eficiente, los desequilibrios se financian sin mayores problemas. Un sistema bancario nacional extendido por las regiones puede funcionar durante mucho tiempo hasta crear un único mercado de capitales.

Merced a que esos flujos de capital no tienen virtualmente obstáculos, el que los desequilibrios por cuenta corriente sean fácilmente financiables implica que, en términos agregados, las decisiones regionales de ahorro no están vinculadas con las de inversión, por lo que las regiones con elevados volúmenes de ahorro no tienen necesariamente por qué tener volúmenes de inversión grandes; tales excedentes pueden ir a cualquier otra parte. Asimismo, las regiones con volúmenes de ahorro escaso no necesitan disminuir su inversión, ya que el capital para financiarla puede estar fácilmente disponible fuera.

Por lo que atañe al coste del capital dentro de las economías nacionales, los tipos reales de interés no varían en términos regionales y por tanto dicho coste es el mismo para todos los prestatarios de igual solvencia y lo mismo tendría que ocurrir si el mercado de capitales estuviera integrado por todo el globo.

Tras más de diez años de rápidos cambios, ¿se puede afirmar que los mercados de capitales mundiales están integrados, que las transacciones son eficientes? Para ver si los mercados de capital divididos comportan costes de transacción, basta comparar los ingresos de idénticos activos en diferentes mercados.

La comparación de los datos referidos a los tipos de interés pagados por los depósitos a tres meses en dólares en EE.UU. respecto a los de los eurodólares para el mismo vencimiento entre 1973 y 1992 permite comprobar que las diferencias fueron escasas. En cambio, al hacer lo mismo para los depósitos en francos franceses a tres meses en Francia y fuera de ella, las diferencias son mucho más apreciables, sobre todo en los años setenta y ochenta; pero a partir del año 1988, cuando desaparecieron los controles de capital, la diferencia es mínima.

Y esto mismo podría comprobarse para otros países del Centro.

Si un mercado de capitales integrado implica sólo que no existen barreras a añadir a los costes de las transacciones internacionales para idénticos activos, entonces el mercado de capital global es un hecho. Sin embargo, medido en otros términos de estándar de integración, el resultado no parece tan claro.

Desde otro punto de vista la diversificación de las inversiones es una buena forma de reducir el riesgo pues poseer activos extranjeros y nominados en otras monedas reduce los riesgos vinculados a una economía nacional concreta por razones de políticas económicas inadecuadas. Esto puede aplicarse a cualquier instrumento financiero, pero resulta más claro con las acciones, cuya rentabilidad depende más sensiblemente del rendimiento de la economía como un todo.

29.5. LA GLOBALIZACIÓN Y LA POLÍTICA ECONÓMICA

La mayor libertad en los flujos de capital complica la tarea de los gobiernos para dirigir las economías en una trayectoria en la que existe la recesión y la inflación. La razón es que es más difícil que antes emplear las palancas tradicionales, fiscal y monetaria, para dirigir las economías; pero también porque la nueva situación es más proclive a las crisis financieras que antaño, debido a las emergencias provocadas por una excesiva acumulación de deuda, por las elevadas oscilaciones en los precios de los activos, por la transmisión internacional de los impactos financieros que surgen en todas partes o por todas ellas en su conjunto.

En lo que atañe a la política económica, hay que subrayar la moda del monetarismo al comienzo de los ochenta. En un principio y de manera simple, no era más que la pretensión de controlar la inflación reduciendo o encareciendo la oferta monetaria. Al contrario de lo que los gobiernos habían previamente pensado, la política monetaria se convirtió en el mecanismo por antonomasia para dirigir la economía. El Recuadro 29.3 hace referencia al «catecismo» monetarista.

La tarea de controlar la oferta monetaria era fácil en principio, pues estaba claro lo que constituía el dinero: las disponibilidades de billetes y monedas por los residentes, más las cuentas corrientes a la vista. Se podía influir directa o indirectamente en la oferta de este dinero mediante los controles sobre los créditos bancarios o las variaciones de los tipos de interés o una combinación de ambas cosas. Elevando los tipos de interés se volverían más atractivos los activos menos líquidos que rinden intereses, y para adquirirlos se disminuirían las tenencias en dinero. Mediante los controles directos puede impedirse que los bancos ofrezcan intereses por los depósitos a la vista; también se protege a los bancos de los competidores exteriores, que verían tales restricciones como la oportunidad para ofrecer préstamos en el mercado doméstico a intereses más bajos o activos con interés a los depositantes o ambos. En resumen, combinando tipos de interés y controles se podría manejar la oferta monetaria.

Durante los años ochenta este tipo de procedimientos se volvieron inviables. Al aligerarse la regulación financiera, los bancos pudieron ofrecer intereses en las cuentas a la vista y otros activos muy líquidos (*cuasidinero*). Al proseguir la desregulación, los tipos de interés pagados por estos activos estuvieron cada vez más determinados por el mercado. Los gobiernos aun pudieron influir sobre los tipos de interés a corto plazo, creando y manipulando la escasez de liquidez en los mercados monetarios domésticos. Pero en adelante no pudieron hacerlo tan fácilmente sobre los diferenciales de los diversos activos, es decir, la diferencia entre el tipo de las cuentas corrientes a la vista y el de los depósitos a plazo. La política monetaria necesitó ser mucho más sutil.

También se había de atender con mayor cuidado a lo que ocurría dentro de las propias fronteras. Si un gobierno eleva los tipos de interés para reducir el crecimiento monetario, disminuye, en consonancia, la liquidez; probablemente esto llevará a una entrada de capitales exteriores y a una fuerte apreciación de la moneda; así pues, parece obvio que si los gobiernos eligen aumentar los tipos de interés con el objetivo de adecuar la oferta monetaria, deben aceptar que eso afecte al tipo de cambio. En cambio, si escogen limitar las variaciones de los tipos de cambio, entonces los tipos de interés no se situarán de acuerdo con las condiciones internas previstas.

RECUADRO 29.3. LAS RECETAS DEL MONETARISMO

Para reforzar su fe, los monetaristas tenían una fórmula: la teoría cuantitativa del dinero, que sostiene que la suma del dinero en circulación multiplicada por su velocidad (número de veces que circula por la economía durante un año) debe ser igual al nivel de precios multiplicado por la producción. Si se supone que la velocidad de circulación es constante y que la producción se fija de acuerdo con elementos como la productividad o la oferta de trabajo, es decir, por consideraciones de oferta y no de demanda, entonces la reducción del crecimiento de la moneda también reducirá la demanda, lo que a su vez afectará a los precios más que al producto y la inflación se reducirá.

Antes de desmenuzar este argumento, merece la pena destacar que los monetaristas tenían razón en muchas cosas. Los resultados de crear demasiado dinero fueron la inflación y la recesión. También el argumento principal de que la producción estaba condicionada, excepto a corto plazo, por factores de oferta y no por la demanda, es hoy aceptado por casi todas las principales corrientes del pensamiento económico y, juzgándolos por sus palabras más que por sus hechos, también por muchos gobiernos. En otras palabras, el monetarismo contenía algunas verdades hasta entonces olvidadas.

Pero para que el monetarismo tenga éxito son necesarias dos cosas. Ha de ser posible, en primer lugar, que los gobiernos puedan controlar la oferta monetaria y, en segundo lugar, debe existir una relación estable entre la cantidad de moneda y la demanda de la economía. Es decir, la velocidad de circulación debe ser constante o al menos predecible, tal y como supone la teoría cuantitativa. Pero debido sobre todo a las innovaciones y a la expansión financieras, ninguna de estas condiciones se daban en las grandes economías en los ochenta.

Por ello puede afirmarse que la globalización financiera ha limitado el uso de los tipos de interés como herramienta de la política monetaria, aunque las nuevas dificultades de esta política van más allá. Para controlar el dinero hay que saber qué es «dinero» y, a causa de la innovación y del crecimiento de las finanzas internacionales, esto ya no está tan claro; los «billetes ocultos en el colchón» no financian transacciones financieras, sino ahorro a largo plazo.

En efecto, dado que en la actualidad las cuentas corrientes a la vista se pueden vincular a un depósito, cuando su saldo es inferior a cierta cantidad se pueden traspasar fondos desde la cuenta a plazo; por tanto es posible mantener el depósito a la vista con escasos fondos sin dejarlo en descubierto. ¿Se reduce de esta forma el «dinero»? Actualmente es mucho más fácil para los bancos, a través del teléfono, mover fondos entre cuentas sin necesidad de aviso. Por tanto, quizá todos los depósitos bancarios han de ser considerados como dinero.

Pero también hay otros fondos que pueden considerarse dinero además de los depósitos bancarios. Los créditos y tarjetas representan medios para realizar una transacción y en cierto sentido también son dinero. Lo mismo acontece con las cuentas a la vista vinculadas a los fondos de ahorro o de pensiones, o las tenencias de divisas por parte de los residentes o los depósitos en divisas que pueden convertirse rápidamente en moneda nacional. Se puede concluir, que cualquier tipo de activo financiero que puede hacerse líquido rápidamente y sin ningún coste es dinero, ya que puede convertirse en capacidad de gasto.

Así pues, la innovación está ampliando continuamente esta visión, al reducir el coste y el tiempo necesarios para llevar a cabo tales transformaciones.

Ello provoca que las variaciones de los tipos de interés, la innovación financiera y algunos otros elementos puedan hacer variar sustancialmente las diversas concepciones de lo que constituye dinero, y hacer su manejo extremadamente complicado. Mientras que una forma de medir la oferta de dinero indica que la política monetaria es restrictiva y la inflación tiende a la baja, otra puede señalar todo lo contrario; y el control no resulta fácil. Según las circunstancias, las variaciones de los tipos de interés no modifican las diversas ofertas monetarias de la misma manera; por el contrario, podrían conducir a desplazamientos de unas a otras.

La globalización también ha modificado las reglas de la política fiscal, aunque sus efectos han sido más ambiguos que los de la política monetaria. En cierta forma, los fiscalistas se han visto fortalecidos con la innovación financiera. El drama de la deuda internacional en los ochenta fue, según cierta interpretación, un ejemplo de política fiscal expansiva. Los problemas empezaron en los setenta, cuando los bancos internacionales comenzaron a «reciclar» los excedentes que los exportadores de petróleo habían depositado. Al menos, con el estímulo tácito de sus gobiernos, los bancos mostraron una nueva actitud para prestar a los gobiernos de la Periferia, lo que condujo a éstos a gastar mucho más de lo que podían financiar mediante impuestos o endeudándose en sus menguados mercados financieros internos.

Cuando el «monetarismo» elevó los tipos de interés a comienzos de los ochenta, las deudas no pudieron seguirse financiando. Los deudores se enfrentaron a una década de distorsiones financieras y de retroceso económico, y los acreedores a una crisis de solvencia.

En el caso norteamericano el capital internacional jugó también un papel importante en la cobertura de las necesidades financieras del sector público, como lo demuestra el empeoramiento de la balanza por cuenta corriente de los EE.UU., que pasó de un superávit en 1980 a un déficit en 1987. Si hubieran existido controles de capital, EE.UU. hubiera tenido que financiar su déficit en el mercado interno y ello hubiera exigido aumentos aún mayores de los tipos de interés internos; o, alternativamente, si se hubiese aumentado la creación interna de dinero, habría aumentado la tasa de inflación.

Hay otro aspecto de la disciplina de los mercados financieros sobre la política fiscal que ha operado mejor. La apertura de los mercados de capital, o la posibilidad de evadir los controles, permite a cualquier prestamista interno, es decir, a quien mantenga su propia moneda o los títulos de deuda pública de su propio país, emitir un voto de desconfianza a sus políticas desplazándose a otra moneda.

Ésta es una forma de eludir la «imposición» punitiva que significa una inflación elevada sobre sus ahorros, es la llamada *fuga de capitales* (practicada generalizadamente, pero con especial relevancia en América Latina durante los ochenta). En cierto sentido, la fuga de capitales impulsa la disciplina que los mercados ejercen sobre las políticas de los gobiernos, y que se ve disminuida por la existencia de controles sobre los nuevos préstamos exteriores.

29.6. LOS CONTROLES DE LOS MOVIMIENTOS DE CAPITAL Y LOS RIESGOS DE INESTABILIDAD

Cuanto más abiertos y más integrados estén los mercados financieros, más sensibles serán los flujos de capital a cambios en los tipos de interés o a modificaciones de la política presupuestaria que puedan afectarles. Y cuanto mayor sensibilidad, mayor será el impacto que los cambios en las paridades tendrán sobre los diversos instrumentos de la política económica.

En otro aspecto, la mayor competencia y la innovación proporcionan también una mayor confianza. Costes de transacción menores y mayores volúmenes de operaciones amplían la liquidez de los mercados. Y eso significa «seguridad», porque con ella un vendedor puede encontrar un comprador más fácilmente.

Pero esto no es todo. La nueva dimensión de las finanzas añade otros riesgos que pueden contribuir al inicio de una crisis: mayor inestabilidad de las divisas, mayor rapidez en la transmisión de los desajustes económicos internos y nuevas oportunidades de *apalancamiento* (es decir, obtener, mediante los nuevos instrumentos financieros *derivados*, mayores beneficios con menores cantidades invertidas); pero también ha debilitado o, en cierto sentido, complicado los remedios tradicionales de la política económica.

A pesar de tales problemas, es probable que una vuelta hacia mercados financieros regulados más estrictamente fracase por la misma razón que ocurrió la desregulación interna: los mercados financieros se han unificado y si un solo país trata de regular el suyo más estrictamente podría encontrarlo entregado a manos de la competencia exterior.

La regulación internacional plantea dificultades, no solamente porque no es fácil ponerse de acuerdo sobre características comunes de seguridad financiera, como porque hay dificultades en encontrar el ritmo adecuado de cambio en el sector financiero. Esa regulación coordinada internacionalmente tiene que someterse a los requisitos que los bancos deben mantener frente a sus préstamos.

Hay además otra fuente de riesgo en los mercados financieros actuales, referida a la solvencia de los deudores, que hace que si en los mercados internos ya resulte complicado establecer un equilibrio adecuado entre estabilidad y eficiencia, en el contexto internacional esa tarea aún puede ser más compleja.

Ante la primacía actual de la desregulación financiera internacional frente al control gubernamental nacional interesa más que nunca que los gobiernos no se conviertan en una fuente de inestabilidad financiera. Se proclama que los déficits presupuestarios deben mantenerse bajos; que los bancos centrales realicen su tarea sin excesivas interferencias políticas; que el crecimiento estable y pausado ha de ser considerado el objetivo por antonomasia porque ni las tasas de crecimiento elevadas prueban una adecuada dirección económica, ni los ocasionales descensos han de llevar a los gobiernos a intentar estimular la demanda a cualquier precio, aunque eso hace que pasen a un segundo plano los problemas del desempleo y del descenso del nivel de actividad.

Se puede decir que se está imponiendo un nuevos paradigma en la relación comercio-finanzas a escala mundial: en los años setenta, los flujos de mercancías dirigían los tipos de cambio y la flotación de monedas tenía un papel válido. En los años noventa son los flujos de capital los que orientan los tipos de cambio. Y *este nuevo paradigma ha modificado profundamente el papel de la regulación superestructural a través de las políticas monetaria y presupuestaria y ha hecho aflorar nuevos riesgos para la estabilidad económica, financiera e, incluso, política.*

RESUMEN

La función de los organismos internacionales en la regulación de los desajustes muestra el papel predominante que han tenido los EE.UU. en su creación. Sin embargo, la mengua del predominio norteamericano en términos económicos no ha disminuido su poder político en dichos organismos. Como fruto de la merma de este poder y del surgimiento de una estructura mundial tripolar, han aparecido nuevos marcos financieros que han puesto en entredicho el orden económico creado en 1947 en Bretton Woods. Con el proceso de globalización, el papel que todavía tienen el FMI y el BM en la consolidación de un aparente nuevo orden económico internacional se ha visto modificado y, asimismo, lo han hecho las formas de operar de las políticas monetaria y fiscal.

La *desregulación* y la *globalización* financieras han debilitado los instrumentos de control de los movimientos de capital que desplegaban los gobiernos. Aunque no se pueda hablar aún de un único mercado de capitales, sí han disminuido las limitaciones a dichos movimientos, haciendo aflorar dificultades para retener las inversiones productivas y dando impulso a una importante *burbuja financiera*. Los *nuevos instrumentos financieros*, las fuertes *variaciones de los precios y de los tipos de interés* y la necesidad de *asegurar el coste o la rentabilidad* del capital-dinero son los factores que han tenido primacía a la hora de calcular los beneficios del capital productivo. Con ello se han desviado fondos desde la economía real hasta la especulativa.

LECTURAS PARA LA REFLEXIÓN

«A comienzos de los setenta y continuando a mayor ritmo en los ochenta, el sector financiero que se basaba en la segmentación, control, relaciones y protección, dejó de funcionar. (...) En los países económicamente más importantes, la mayoría de los controles se habían suprimido y en casi todas partes se habían reducido o lo fueron pronto (...). Una regla que funciona en economía es que los sistemas de regulación que distorsionan los precios tienen fallos continuos, les guste o no a las autoridades. Esas distorsiones de precios producen escaseces y oportunidades de beneficio. Para explotar estas oportunidades, las empresas y el público en general encuentran formas de soslayar las disposiciones. Como resultado, la desregulación no es a menudo más que el reconocimiento de que tales reglas ya no funcionan. En tal caso, la desregulación es tanto un efecto como una causa.

(...) La extraordinaria expansión de los flujos de capital interfronterizos durante los últimos diez años prueba que las barreras que separaban los mercados nacionales de capital han desaparecido. ¿Es así? En cierto modo la evidencia sugiere algo distinto que es paradójico. Los observadores hablaron rápidamente de un mercado global de capitales, suponiendo que las limitaciones que quedaban sobre los movimientos de capital contaban bien poco (...). El mundo había cambiado más de lo que los expertos creían, pero menos de lo que imaginaban.

La confusión es explicable. La idea de un mercado integrado de capitales es compleja. Hay muchas definiciones de «integración», y cada una contiene pruebas diferentes, estadísticamente imperfectas. No es pues sorprendente que lo que parece una cuestión simple "¿existe un único mercado global de capitales?" sea controvertido.

¿Cómo sería un mercado de capitales global integrado? (...) En dicho mercado (...) prestamistas y prestatarios pueden realizar sus transacciones con facilidad dondequiera que se encuentren. (...) Facilita la *diversificación en el riesgo*. (...) Un tercer criterio se refiere al equilibrio entre *ahorro e inversión*. (...) Un cuarto y último criterio se refiere al coste del capital. En las economías nacionales, como norma, las *tasas de interés reales* no varían de región a región. Lo mismo (...) debe aplicarse a un mercado de capital integrado que se extiende por todo el globo.»

The Economist: «World Economy», 19 de septiembre de 1992. (Traducción: RST.)

«(...) Entre finales de los años cincuenta y 1971 (...) se hicieron un conjunto de modificaciones operativas e institucionales en el sistema de Bretton Woods para beneficiar sobre todo a los países en desarrollo, como reflejo de una visión convencida de que tales países se enfrentaban a problemas relacionados con su balanza de pagos que eran de distinto tamaño o naturaleza de los que tenían los países desarrollados. Estos cambios incluyeron un aumento en la cuantía de las cuotas para dar a los países más pequeños un mayor acceso a los créditos del Fondo y la introducción en 1963 de facilidades financieras compensatorias (FFC) para permitir una compensación financiera temporal frente a la caída de los ingresos por exportaciones.

Sin embargo (...) los países en desarrollo permanecieron excluidos en términos oficiales del (...) debate financiero de los años sesenta que se centró sobre la cuestión de la adecuación de la liquidez internacional y de los medios que la creaban. Este debate, que culminó con la creación en 1969 de los Derechos Especiales de Giro, tendió a ignorar los aspectos distributivos del problema de la liquidez y los problemas específicos de los países en desarrollo.

(...) Sin embargo [éstos] encontraron eco en la Conferencia de Naciones Unidas para el Comercio y el Desarrollo (UNCTAD) que planteó una serie de propuestas para reformar el sistema financiero internacional de forma que [les] proporcionara mayores beneficios.

Pero ¿se han visto perjudicados o beneficiados los países en desarrollo por el sistema de Bretton Woods? (...) En la medida en que el sistema estimula el crecimiento económico y la expansión comercial mundiales, los países en desarrollo ganan, aunque se pueda preguntar si ganan tanto como lo hacen los países desarrollados. (...) Al poder disponer de recursos del Fondo, los países en desarrollo pudieron desplegar métodos para la estabilización y el ajuste de la balanza de pagos, que no hubieran sido posibles sin disponer de esta fuente de financiación.

No obstante (...) la mayoría de los recursos del Fondo se vinculan con programas de estabilización mediante los instrumentos de condicionalidad.

(...) [Por lo que atañe a] las deficiencias del sistema de Bretton Woods para los países en desarrollo pueden señalársele con diversos grados de agregación.

En términos desagregados, el volumen y el tipo de facilidades disponibles por el Fondo para los países en desarrollo puede criticarse por no reflejar adecuadamente las necesidades financieras de tales países.

En términos más agregados, la distribución de la carga del ajuste; (...) las consecuencias macroeconómicas globales del método de ajuste propiciado; y (...) la distribución del señoriaje (v. gr. los beneficios de la creación de moneda internacional).

(...) En conjunto estas deficiencias [provienen de que] el énfasis se situó en la estabilización interna como medio para corregir los déficit de la balanza de pagos. Los países con superávit (...) eludían cualquier tipo de presión significativa para corregir sus desequilibrios. En vez de ello la presión del ajuste caía sobre los países deficitarios. Aunque no todos ellos estaban expuestos a presiones similares para ajustar. Sobre todo EE.UU. podía financiar sus déficits endeudándose creando dólares adicionales. Incluso otros países industriales, cuya moneda no funcionaba como instrumento de reserva, podían a menudo acceder a volúmenes sustanciales de financiación internacional. Por tanto, fueron esencialmente los países en desarrollo con monedas que no eran de reserva y poca solvencia en términos crediticios los que soportaron el peso principal del ajuste.

(...) Finalmente, con el método de creación de reservas anclado (...) tan centralmente en el dólar, EE.UU. obtuvo beneficios monopolistas, dado que el valor de los dólares, en términos de su contrapartida en recursos reales, superó sus costes de producción.»

G. Bird: *Managing Global Money. Essays in International Financial Economics*. MacMillan Press, Londres, 1988, págs. 203-205. (Traducción: RST.)

PALABRAS CLAVE

- Paridades fijas
- Cuota
- Derechos especiales de giro
- Tipos de cambio flexibles
- Flotación
- Desregulación
- Mercado global de capitales
- Control
- Fuga de capitales
- Volatilidad

BIBLIOGRAFÍA BREVE

J. de la Iglesia (Coord.): *El orden económico mundial.* Síntesis, Madrid, 1994.

J. M. Revuelta Lapique: «Evolución de la economía mundial: Los organismos económicos internacionales», en M. Varela (Coord.): *Organización Económica Internacional. Problemas actuales de la Economía Mundial.* Pirámide, Madrid, 1991.

A. Walter: *World Power and World Money,* Harverster Wheatsheaf, Londres, 1993.

Índice de autores/as

Índice analítico